시편 강해 2

시편 강해 2

김서택 지음

초판 1쇄 인쇄 2018년 10월 16일
초판 2쇄 발행 2020년 9월 15일

발행처 도서출판 이레서원
발행인 문영이
출판신고 2005년 9월 13일 제2015-000099호

기획, 마케팅 김정태
편집 송혜숙, 오수현
총무 곽현자

경기도 고양시 일산동구 백석로71번길 46, 1층 1호
Tel. 02)402-3238, 406-3273 / Fax. 02)401-3387
E-mail: jireh@changjisa.com
Website: jireh.kr / Facebook: facebook.com/jirehpub

책값은 표지에 있습니다.

ISBN 978-89-7435-509-8
ISBN 978-89-7435-497-8 (세트) 04230

이 도서의 국립중앙도서관 출판예정도서목록(CIP)은 서지정보유통지원시스템 홈페이지(http://seoji.nl.go.kr)와 국가자료공동목록시스템(http://www.nl.go.kr/kolisnet)에서 이용하실 수 있습니다. (CIP 제어번호: 2018030921)

시편
강해

2

김서택

이레서원

차..례..

서문

시편은 하나님의 무한한 능력의 보물 창고입니다. 우리는 시편 말씀을 읽기만 해도 은혜가 되고, 특정 구절을 묵상하기만 해도 우리 영혼이 되살아나는 체험을 할 수 있습니다.

많은 위대한 성도들이 시편 말씀으로 위기를 이겨 냈고, 시편의 내용으로 지어진 찬송들은 지금도 자주 불려 성도들에게 큰 힘과 위로를 줍니다. 때로 시편에서 고통에 찬 예수 그리스도의 육성을 듣기도 합니다. 예를 들면, 시편 22편입니다. 시편 중 많은 시가 다윗이라는 탁월한 인물에 의해 쓰였습니다. 다윗에게는 하나님의 말씀을 소화해서 노래와 시로 만들 수 있는 뛰어난 영감이 있었습니다.

시편을 읽다 보면 하나님의 백성에게는 왜 그렇게 고난이 많고 또 왜 그렇게 그들을 미워하는 사람들도 많은지 이해가 잘 되지 않습니다. 그러나 놀랍게도 그 위기에 몰린 성도들이 모두 믿음으로 위기를 이기고 승리했습니다.

시편은 진리의 보고이지만, 그 세계 안으로 성큼 들어가서 축복을 내 것으로 만드는 것은 쉽지 않습니다. 그래서 시편을 누구든지 잘 이해하고 은혜받을 수 있도록 설교집으로 출판하게 되었습니다.

저에게는 오랜 기간에 걸쳐 시편을 연구하고 묵상하여 기록한 노트가 있습니다. 그것을 바탕으로 새벽 예배 때 설교를 해서 출판한 적도 있습니다. 이번 『시편 강해』는 그때보다 더 깊이 묵상하고 강해한 설교 내용입니다.

이 강해의 결과로 말할 수 없이 큰 은혜와 축복을 받았습니다. 우리 교회를 넘어 우리나라의 모든 성도가 시편의 이 보물을 발견하여 자신의 것으로 만들 수 있기를 바랍니다.

이 부족한 설교집을 기꺼이 책으로 출판해 주신 이레서원 사장님과 편집부 직원분들께 감사드립니다. 그리고 늘 제 설교를 들어주시고 기쁨과 눈물로 영광의 성소에서 함께하신 대구동부교회 모든 성도님께 감사드립니다.

대구 수성교 옆에서

김서택 목사

53

시 51:1-19

주의 성령을 거두지 마소서

한 목사님의 이야기입니다. 그는 미국에서 목회에 성공을 해 교인 수가 3만 명 정도 되었습니다. 최근 그는 자신이 알코올에 빠져 정상적인 목회를 할 수 없다는 충격적인 발표를 했습니다. 미국의 다른 한 목사님은 포르노에 중독이 되어 결국 자살하려고 했는데, 예배드리고 나오는 교인의 모습을 보고는 회개하고 성 중독 치료를 받았다고 합니다. 아무리 성공한 목회자라 하더라도 한 인간에 불과합니다. 이들은 성공했기 때문에 오히려 자신의 우월감에 도취되어 성적인 죄에 더 빠지기 쉽습니다. 사람이 성공하려면 스스로 엄청난 압박을 주어야 하는데, 그 압박을 풀지 못하니까 마약이나 도박, 성적인 범죄에 빠지는 것입니다.

그러나 성공한 자들이 한 번 넘어지면 그 실패가 미치는 파장은 매우 큽니다. 우리나라에서도 이미 고위 공직자나 성공한 목회자들이 이런 성적인 죄를 저질러 큰 충격을 주었습니다. 죄가 밝혀지자 그들 인생은 물론이고, 기독교 전체가 불신을 당하게 되었습니다. 예수께서는 "음욕을 품고 여자를 보는 자마다 마음에 이미 간음하였느니라”(마 5:28)고 말씀하셨습니다. 그러나 하나님께서는 인간으로 하여금 행동으로 죄짓지 못하게 막으셨습니다. 그럼에도 불구하고 인간이 연약함으로 죄를 짓게 되면, 모든 삶이 파멸하게 됩니다.

시편 51편은 다윗이 성적인 죄에 빠진 후 고백한 시입니다. 선지자 나단이 다윗의 죄를 폭로한 것입니다. 물론 다윗은 자기 죄가 폭로된 즉시 이 시를 쓰지는 않았습니다. 처음 다윗은 그 죄를 수습할 수 없어 정신이 없었으나 자신의 수치스러운 인생이 하나님 앞에서 회복되자 그 크신 은혜와 축복을 찬양하지 않고는 견딜 수 없었습니다. 다윗에게 가장 처참했던 순간은 적에게 포위되어 죽음의 순간을 기다릴 때도, 사울 왕에게 쫓겨나 모든 것을 잃어버렸을 때도 아닙니다. 다윗은 성적인 죄에 빠졌을 때 가장 고통스러웠습니다. 하나님께서 주의 성령을 거두어 가셨기 때문입니다. 그러나 하나님께서는 눈물로 회개하고 다시 말씀을 붙든 다윗에게 성령의 감동을 회복시켜 주셨습니다. 또한 그에게 ‘정직한 영을 새롭게 하사’ 지위와 명예도 회복시켜 주셨습니다.

1. 과거의 죄를 지울 수 있는가?

어렸을 때 우리는 친구들과 놀다 실수를 하면 ‘물려 달라’고 하면서 떼를 썼습니다. 한 친구가 공을 힘껏 던졌는데 제 실력을 발휘하지 못하자 속상한 나머지 다시 하게 해 달라고 떼를 썼습니다. 사실 이미 저질러 놓은 실수를 뒤로 물릴 수 있다면 그보다 더 다행스러운 일은 없을 것입니다. 하지만 가장 끔찍한 죄를 짓고 난 후 그 죄를 물려 달라고 말할 수 있는 사람은 세상에 아무도 없습니다. 죄의 결과가 무서운 까닭은 죄지은 자의 인격과 인생이 철저하게 불신을 당하게 되기 때문입니다. 그런데 다윗은 이스라엘 왕으로서 도저히 해서는 안 되는 성적인 간음죄를 저질렀습니다. 더욱이 살인죄까지 저지르고 말았습니다. 그 뒤 다윗은 하나님께 용서를 구하며 이렇게 기도합니다.

> 1, 2절 "하나님이여 주의 인자를 따라 내게 은혜를 베푸시며 주의 많은 긍휼을 따라 내 죄악을 지워 주소서 나의 죄악을 말갛게 씻으시며 나의 죄를 깨끗이 제하소서"

다윗도 인간이기 때문에 아름다운 여인을 보고 정욕을 느꼈을 것입니다. 그런데 다윗은 욕망에 눈이 멀어 중요한 사실을 생각하지 못했습니다. 첫째, 다윗은 자기가 얼마나 중요한 사람인지 잊고 있었습니다. 다윗은 하나님의 사람이었고, 그의 입에는 하나님의 말씀이 있었습니다. 다윗에게는 어느 누구도 흉내 낼 수 없는 하나님의 존귀하심과 능력이 있었습니다. 사람들은 다윗이 하는 놀라운 일들을 보고 그를 믿었습니다. 이 세상에 무조건 믿을 수 있는 사람은 아무도 없습니다. 그런데 사람들은 하나님의 종이 하나님의 말씀을 순수하게 붙잡고 능력을 행할 때 믿게 됩니다. 이것은 돈과 명예로 살 수 없는 값진 재산입니다.

두 번째, 다윗은 자기가 얼마나 쉽게 죄에 넘어질 수 있는 죄인인지를 생각하지 못했습니다. 인간은 죄성을 가진 죄인이기 때문에 쉽게 죄를 지을 수 있습니다. 하나님의 종이라도 마찬가지입니다. 그래서 하나님의 종은 성공하면 성공할수록 스스로 더 조심해야 합니다.

세 번째, 다윗은 사람들이 자기를 얼마나 시기하고 있는지 생각하지 못했습니다. 하나님의 종이 능력을 행하면, 사람들은 두 가지 반응을 보입니다. 하나는 하나님의 능력이 나타나 감사해하는 자들입니다. 다른 하나는 '저 사람도 넘어졌으면' 하는 마음으로 시기하는 자들입니다. 네 번째, 다윗은 자기가 넘어짐으로 인해 얼마나 많은 사람들이 충격을 받고, 하나님의 나라가 큰 손상을 입는지 생각하지 못했습니다.

하나님의 종은 죄에 노출되는 것을 피해야 합니다. 다윗은 하나님의 종이전에 인간으로서 가까이해서는 안 되는 여인을 가까이하고, 사랑해서는 안 되는 여인을 사랑했습니다. 하나님의 종이 범한 죄는 이처럼 충격을 줍니다.

다윗이 죄를 지을 당시 그는 이미 미친 왕이자 종이었습니다. 그러다 나단 선지자가 그의 죄를 폭로하자 제정신이 들었습니다. 다윗은 선지자 나단 앞에서 죄를 인정했습니다. 이제 다윗은 살 수 있는 길이 없었습니다. 그는 모든 것을 잃고 추방되든지 아니면 죽어야 하는 죄인이었습니다. 그런데 이때 다윗은 하나님의 말씀을 붙잡았습니다. 이것이 다윗의 장점입니다. 다윗은 절망의 순간이 올 때마다 자기 생각이 아닌 하나님의 말씀을 붙잡았습니다. 하나님 말씀 안에는 이미 저지른 죄를 무효로 할 수 있는 하나님의 인자하심이 있습니다. 하나님은 그의 아들 예수 그리스도를 통해 죄인을 용서하셨습니다. 하나님의 은혜의 복음은 구원의 능력이 됩니다.

다윗은 하나님께 '주의 인자를 따라…내 죄악을 지워 주소서'라고 요청하고 있습니다. 개역한글에는 '주의 인자를 좇아…내 죄과를 도말하소서'로 번역되어 있습니다. 이 구절은 이미 죄는 지었지만, 죄를 짓지 않은 것처럼 깨끗하게 지워 달라는 뜻입니다. 이미 죄는 지어 놓고 전혀 죄를 짓지 않은 것처럼 해 달라고 말할 수 있을까요? 다윗은 하나님의 율법 안에 있는 핵심을 잘 알고 있었습니다. 하나님은 우리의 죄를 깨끗하게 하실 수 있다는 사실 말입니다.

여기서 '인자'는 죄인에 대한 하나님의 한없는 사랑을 의미합니다. 하나님은 죄를 인정하고 회개하는 자에게 한없는 자비와 인자를 베푸십니다.

하지만 죄를 숨기는 악인에게는 심판을 내리십니다.

모든 인간은 누군가 죄를 지으면 분노하면서 그를 용서하지 않으려고 합니다. 그들은 죄인을 비난하며 처벌을 요구합니다. 그래야 다른 사람이 조금이라도 피해를 덜 입기 때문입니다. 이것이 인간의 마음입니다.

그러나 하나님에게는 놀라운 성품이 있습니다. 하나님은 할 수만 있으면 인간의 죄를 책임지려고 하십니다. 이것이 '복음'입니다. 복음 안에는 죄를 깨끗하게 하는 능력이 있습니다.

죄지은 자는 '죄를 지어서 미안합니다'라고 말만 해서는 안 됩니다. 하나님의 말씀을 붙잡고 죽어야 사는 삶을 살아야 합니다. 즉 죄를 범한 자는 모든 비난을 뒤집어쓰고 직책까지 내려놓을 때 다시 살 수 있습니다. 이 때 비로소 깨끗한 사람으로 살게 됩니다.

2. 다윗이 지은 죄

다윗이 지은 죄는 무지한 자가 술에 취해 자기도 모르게 저지른 죄가 아닙니다. 다윗의 죄는 아주 교묘했습니다. 굉장히 지능적으로 저지른 죄였습니다. 그리고 그가 한 번 죄를 짓고 난 후부터는 죄가 그의 인격과 생각을 다 지배하게 되었습니다.

3절 "무릇 나는 내 죄과를 아오니 내 죄가 항상 내 앞에 있나이다"

다윗은 하나님께 자기의 죄를 지워 달라고 해서 자기 죄를 모르는 척하겠다는 뜻이 아니라고 말합니다. 다윗은 '나는 내 죄과를 아오니 내 죄가 항상 내 앞에 있나이다'라고 기도합니다. 여기서 '죄과'는 자기의 '죄명'을 뜻합니다.

사람이 죄를 지어 감옥에 갇히면, 그 사람의 죄는 그를 떠나지 않습니다. 죄가 그를 지배하게 됩니다. 마찬가지로 다윗 앞에는 언제나 죄명이 적혀 있었습니다. 죄가 다윗을 떠나지 않았습니다.

죄가 무서운 이유가 여기에 있습니다. 인간은 죄를 지을 수 있는 자신이야말로 정말 대단한 자라고 생각합니다. 또한 인간은 얼마든지 죄를 숨길 수 있다고 자부합니다. '지금 내게 있는 권세 앞에 누가 감히 나를 고발하겠는가?'라는 착각에 빠져 있습니다. 그러나 아무리 대단한 자도 죄를 짓는 순간부터 죄의 종이 됩니다. 죄가 이끄는 대로 끌려갈 수밖에 없습니다. 결국 죄가 드러나는 순간 이제껏 얻은 모든 지위와 명예는 날아가게 됩니다.

하나님의 백성 역시 죄의 유혹을 느낍니다. 하지만 죄의 결과가 얼마나 끔찍한지 잘 알기 때문에 죄를 짓지 않습니다. 바울은 "죄의 삯은 사망이요"(롬 6:23)라고 했습니다. 그러나 인간은 교만하여 죄의 결과를 믿지 않습니다.

4절 "내가 주께만 범죄하여 주의 목전에 악을 행하였사오니 주께서 말씀하실 때에 의로우시다 하고 주께서 심판하실 때에 순전하시다 하리이다"

다윗은 '주께만 범죄하여'라고 말하고 있습니다. 다윗은 다른 사람이 모르도록 자기 죄를 감추었습니다. 다윗은 이제 하나님만 모르는 체하시면 얼마든지 넘어갈 수 있다고 생각했습니다. 그런데 하나님의 눈을 감게 하려는 것이 얼마나 바보 같은 행동인지 모릅니다. 하나님이 눈을 감으시면 이 세상이 어떻게 유지될까요? 인간은 그토록 미련합니다.

그런데 다윗은 하나님의 말씀이 옳다는 것을 깨달았습니다. 과거 다윗은 하나님의 말씀이 미련하다고 생각했습니다. 그런데 돌아보니 다윗 자신은 미련했고, 하나님의 말씀이 옳았습니다. 비로소 다윗은 하나님 말씀에는 "죄에서 벗어나 의롭다 하심"(롬 6:7)을 얻는 복음이 있다는 것을 믿게 된 것입니다.

다윗은 죄의 본성에 대해 이렇게 고백합니다.

> **5절** "내가 죄악 중에서 출생하였음이여 어머니가 죄 중에서 나를 잉태하였나이다"

아기가 선천적으로 병을 앓고 있다면, 이 아기는 어머니 배에서부터 병을 안고 태어난 것입니다. 아프리카의 많은 아기들은 선천적으로 에이즈에 걸려 태어난다고 합니다. 우리 인간 역시 병을 안고 태어납니다. 인간은 광기 어린 기질로 태어납니다. 인간은 나이가 들면서 점점 더 죄악으로 달려갑니다. 우리가 예수를 믿는 이유는 모두 이 병에 걸렸기 때문입니다. 그런데 예수님은 이 죄의 위험을 막아주사 우리로 하여금 안전하게 살게 하십니다.

> **6절** "보소서 주께서는 중심이 진실함을 원하시오니 내게 지혜를 은밀히 가르치시리이다"

하나님은 마음이 정직한 자를 원하십니다. 마음이 정직하려면 하나님이 '은밀히 가르치시는' 지혜의 말씀을 들어야 합니다. 하나님의 말씀을 통해 성령이 우리 안을 비추면, 우리는 죄를 알게 됩니다. 초대 교회 당시 베드로의 설교를 듣고 마음에 찔려 처음 예수를 믿은 많은 자들이 이렇게 말했습니다.

“오호라 나는 곤고한 사람이로다 이 사망의 몸에서 누가 나를 건져내랴”_롬 7:24

인생에서 가장 중요한 것은 하나님 앞에서 죄를 씻음 받는 것입니다.

7절 “우슬초로 나를 정결하게 하소서 내가 정하리이다 나의 죄를 씻어 주소서 내가 눈보다 희리이다”

율법은 누구든지 시체를 만져 부정하게 되었거나 한센병에 걸렸다 나으면 ‘우슬초’에 물을 적셔 뿌리라고 말합니다. 죄는 시체처럼 썩는 냄새가 납니다. 죄는 한센병처럼 살이 썩어 가는데 감각이 없는 것과 같습니다. 인생에서 가장 중요한 복은 많은 돈을 벌어 성공하거나 공부를 잘해 높은 자리에 올라가는 것이 아닙니다. 하나님 앞에서 우슬초로 죄 씻음을 받는 것입니다. 하나님이 깨끗하게 해 주시면 ‘죄’라는 이 무서운 병에서 놓임을 받을 수 있습니다.

8절 “내게 즐겁고 기쁜 소리를 들려주시사 주께서 꺾으신 뼈들도 즐거워하게 하소서”

우리에게 가장 기쁜 소식은 ‘너의 죄가 씻음 받았다’는 하나님의 선언입니다. 내 안에 살이 썩어 가고 있는데 하나님의 말씀을 듣고 우슬초로 뿌림을 받아 병이 낫게 된 것입니다. 여기서 ‘주께서 꺾으신 뼈’는 이제 소용이 없어 인생을 거의 포기하다시피 했다는 의미입니다. 그런데 필사적으로 하나님의 말씀을 붙잡자 이 치명적인 병이 낫게 되었습니다.

이것이 복음의 능력입니다. 그런데 어떻게 이 복음을 시시한 것으로 생각할 수 있습니까? 복음을 세상의 성공과 바꿀 수 있겠습니까?

3. 하나님의 치료의 능력

죄는 인간에게 무서운 화상을 입은 것과 같은 고통을 줍니다. 죄는 독약을 마신 것과 같아서 우리 속사람을 변형시켜 놓습니다. 얼굴에 심한 화상을 입으면 그 고통은 견디기 어렵습니다. 더욱이 화상으로 변형된 자신의 얼굴을 보면 더 절망할 것입니다. 마찬가지로 죄는 우리의 속사람과 감정을 고통스럽게 만듭니다. 인간에게 가장 고통스러운 것은 마음에 성령이 계시지 않는 것입니다.

먼저 다윗은 하나님께 새 마음을 달라고 부탁합니다.

> 10절 "하나님이여 내 속에 정한 마음을 창조하시고 내 안에 정직한 영을 새롭게 하소서"

그동안 다윗의 마음은 악하게 변했습니다. 다윗은 마음과 생각, 감정에 이르기까지 거짓으로 괴물이 되고 말았습니다. 인간의 마음이 악해지면 얼마나 악해질 수 있는지 짐승도, 마귀도 놀랄 정도입니다. 하나님의 백성 역시 은혜를 잃어버리면 괴물이 됩니다. 그러나 하나님은 상한 심령을 고치시사 새롭게 하십니다.

죄는 인간의 내면세계를 무섭게 파괴합니다. 인간은 단지 내면 깊숙이 볼 수 없기 때문에 잘 알지 못합니다. 인간은 죄를 지으면 감정이 무뎌져 더 잔인하고 교활해집니다. 눈물이 마르고, 수치심 같은 감정이 사라집니다. 인간은 연약하여 그 심각성을 잘 느끼지 못합니다. 그런데 그리스도인은 압니다. 이전에 가졌던 마음이 이런 마음이 아니기 때문입니다.

'내 안에 정직한 영을 새롭게 하소서'라는 구절은 내 안에 새로운 인격을 창조해 달라는 뜻입니다. 인간이 죄를 지으면 속사람이 위선적으로 변합니다. 이런 식으로 한 번 변질되면 도저히 회복할 수 없습니다. 그러나 하나님 앞에 흘리는 눈물의 기도는 속사람을 새롭게 합니다.

얼마나 많은 사람이 마음이 괴로워서 자살을 하는지 모릅니다. 마음의 병은 인간의 힘으로 고치기 어렵습니다. 치료한다고 해도 증세만 완화시키는 정도에 불과합니다. 그런데 하나님은 우리의 마음을 성령으로 치료하십니다.

이제 다윗은 하나님께 성령의 은혜를 회복시켜 달라고 기도합니다.

11절 "나를 주 앞에서 쫓아내지 마시며 주의 성령을 내게서 거두지 마소서"

아름다운 마음을 가지려면 사랑과 기쁨이 있어야 합니다. 이 마음이 성령께서 주시는 마음입니다. 하나님 백성에게는 성령이 주시는 기쁨과 능력이 있는데, 이것은 최고의 축복입니다. 만일 성도의 마음에 기쁨과 사랑이 없다면 병이 든 것입니다. 교만은 하나님 백성에게서 성령의 능력을 거두어 갑니다.

이스라엘의 초대왕 사울은 처음에는 참 훌륭한 자였습니다. 그러나 하나님의 말씀에 불순종하고 난 후 성령이 떠났습니다. 그 후부터 사울의 마음에 의심과 불안의 영이 찾아와 발작을 일으켰습니다. 사울은 자기에게 내재한 불안과 분노를 다스리지 못해 신경 증세까지 보였습니다. 신하들은 그의 정신 발작을 다스리기 위해 음악 치료를 받게 했습니다. 다윗이 수금을 켜면 불안이 좀 진정될 정도로 사울은 우울증이 심했습니다.

후에 사울은 다윗을 시기하여 그를 몇 번이나 죽이려다 결국 놉에 있는 제사장들을 의심해 팔십오 명이나 죽였습니다. 또한 사울은 무당에게 찾아가 죽은 사무엘의 이야기를 들으려 했습니다. 하지만 그다음 날 기브아 산에서 많은 이스라엘 백성과 함께 목이 잘리고 시체는 벽에 전시되는 비참한 죽음을 맞이합니다.

그런데 다윗 역시 밧세바를 범한 후 점점 더 악해지고 교활해집니다. 특히 다윗은 하나님의 성령에 아주 민감한 자였습니다. 그는 성령의 감동으로 많은 시를 썼습니다. 그런데 다윗은 더 이상 시를 쓸 수 없고, 하나님도 노래할 수 없었습니다. 다윗은 죄 용서를 구한 후에 다시금 하나님께 성령의 은혜를 회복시켜 달라고 간청합니다. 성령의 은혜가 회복되지 않으면 살아도 산 것이 아니요, 죽은 것이기 때문입니다. 다윗은 매일 지옥을 경험하고 있습니다. 그래서 다윗은 '정직한 영을 새롭게 하사…주의 성령을 내게서 거두지 마옵소서'라고 더욱 간절히 기도합니다.

성령이 임하면 마치 화상을 입은 곳에 시원한 생수를 붓는 것처럼 시원해집니다. 성령이 임하면 목이 말라 고통당하는 주의 백성이 기쁨으로 충만하게 됩니다. 성령이 임하면 광기로 발작을 일으키는 자가 제 정신을 차리게 됩니다. 그뿐만 아니라 지혜가 샘솟게 됩니다.

'나를 주 앞에서 쫓아내지 마시며'라는 구절은 하나님이 교만한 사람을 예배에서 쫓아내시는 것을 뜻합니다. 어리석은 자는 스스로 예배드릴 필요가 없다 여겨 안 드리지만, 실제로는 하나님이 그를 쫓아내시고 성령을 거두어 가십니다. 이로 인해 어리석은 자의 마음은 사악함으로 더 가득 차게 됩니다.

신앙을 가진 자도 때로는 우울증으로 괴로움을 겪는데, 이것은 하나님이 성령을 거두셔서 그런 것이 아닙니다. 인간의 연약함으로 생각해야 합니다. 성도에게는 성령 충만한 것이 정상입니다. 성령이 충만하면 인간적인 염려나 근심이 들어올 틈이 없습니다. 성령이 임하면 다른 것은 필요 없고 주님 한 분만으로 만족합니다.

이 때 구원의 기쁨이 회복됩니다.

12, 13절 "주의 구원의 즐거움을 내게 회복시켜 주시고 자원하는 심령을

주사 나를 붙드소서 그리하면 내가 범죄자에게 주의 도를 가르치리니 죄인들이 주께 돌아오리이다"

구원 받은 기쁨이 얼마나 큰지 모릅니다. 이제 우리는 구원 받았습니다. 우리는 죽음에서 생명을 얻었습니다. 이것을 모르기 때문에 많은 사람이 광기로 죽어갑니다. '주의 도'를 가르치면 죄인이 돌아올 것입니다.

하나님께서 기쁘게 받으시는 제사는 형식적인 종교 생활이나 예배가 아닙니다. 하나님께서 원하시는 제사는 우리의 상한 심령입니다.

16, 17절 "주께서는 제사를 기뻐하지 아니하시나니 그렇지 아니하면 내가 드렸을 것이라 주는 번제를 기뻐하지 아니하시나이다 하나님께서 구하시는 제사는 상한 심령이라 하나님이여 상하고 통회하는 마음을 주께서 멸시하지 아니하시리이다"

다윗은 하나님이 원하시는 제사는 짐승의 제사가 아니라는 것을 알았습니다. 하나님이 구하시는 제사는 상한 심령입니다. 인간이 다른 사람에게서 마음의 상처를 받으면 연약한 심령에 피가 흐릅니다. 하나님은 상한 마음을 그대로 내어 놓고 예배드리는 것을 가장 기뻐하십니다. 그것이 가장 정직한 예배이기 때문입니다.

우리는 하나님 앞에서 가장 고통스럽고 병든 부분을 내어놓아야 합니다. 하나님은 그런 심령을 치료해 주십니다. 예배하는 자가 자신의 가장 부족한 부분을 내어놓을 때 하나님은 치료의 은혜를 베푸십니다. 예배하는 자가 자신의 허물과 죄를 내어놓을 때 하나님은 변화의 은혜를 크게 베푸십니다. 하나님께서 성령의 능력으로 구원의 즐거움을 회복시켜 주실 줄 믿습니다.

54

시 52:1-9

악한 자의 공격

맹수가 사나운 본성을 지니고 있는 것은 먹이를 잡아먹고 적을 물리치는 데 아주 유리합니다. 얼마 전 텔레비전에서 밤에 살모사가 쥐를 잡아먹는 장면을 보여 주었습니다. 뱀은 어두워도 물체를 열로 감지하기 때문에 밤에도 얼마든지 활동할 수 있습니다. 살모사가 숨어 있다 지나가는 쥐를 물자 그 독 때문에 쥐는 잠시 버둥거리더니 죽었습니다.

또 얼마 전에는 몽골의 북쪽, 추운 산악 지방에서 양을 치는 목축민들의 생활을 보여 주었습니다. 산악 지방에서 양과 소에게 가장 위험한 짐승은 늑대입니다. 늑대는 먹을 것이 없으면 마을로 내려와 양이나 소를 잡아먹는데, 늑대 네 마리가 소 한 마리를 이틀이면 뼈까지 다 먹어 치운다고 합니다.

사회에 나가 보면 하나님을 믿는 자보다 하나님을 믿지 않는 자가 더 성공하는 것을 볼 수 있습니다. 요즘 사람들은 자신의 지식을 이용해 상대방을 아주 날카롭게 공격합니다. 심지어는 혀 밑에 독이 있는 독사처럼 악한 말로 다른 사람을 죽게 합니다. 세상 사람들은 아주 사나운 본성을 지니고 있습니다. 그에 비해 하나님 백성은 입에 독이 없고, 다른 사람에 대해 공격적인 본성을 지니고 있지 않습니다. 하나님 백성은 도저히 이 세상에서 악한 자들을 이겨낼 수 없습니다.

시편 52편은 다윗의 마스길, 즉 교훈시입니다. 다윗은 이 시를 쓸 당시 사울을 피해 성막으로 도망쳤습니다. 이 때 다윗은 독사보다 더 악한 사람을 보았습니다. 그는 바로 에돔 사람 도엑입니다. 독사라고 해 봐야 한두 사람을 물어 죽이지만, 도엑은 제사장 팔십오 명을 사울에게 밀고해서 죽입니다.

사마천의 『사기』를 보면, 중국의 최고위직까지 올라갔던 신하들 중 거의 한두 명을 제외하고는 모두 시기심에 걸려 비참하게 처형을 당합니다. 한편 권력의 무서운 속성을 알고 목숨을 건진 한두 명은 어느 정도 뜻을 이룬 후에 모든 것을 버리고 숨어 지냅니다. 왕이 아무리 자기를 붙잡아도 병들었다는 핑계를 대고 말입니다. 소크라테스는 아테네 법정에서 유죄 판결을 받으면서 만약 자신이 관직에 있었다면 오늘까지 이렇게 순수하게 살아 있지 못했을 것이라고 말했습니다.

정직한 자에게는 이 세상의 높은 자리가 위험합니다. 높은 자리에 오르려면 아첨하고, 양심도 팔아야 합니다. 그렇지 않으면 경쟁자들의 시기심으로 죽음을 당할 가능성이 높습니다. 하나님 백성은 높은 자리에 욕심을 내서는 안 됩니다. 하나님 백성은 철저히 자신을 지켜야 합니다. 혹시 높은 자리에 올라가더라도 그 자리에 연연해해서는 안 됩니다. 하지만 요즘 목회자들 가운데 교회를 크게 건축해서 명예와 돈에 욕심을 내려는 자들이 있습니다. 그들은 결국 스스로 부패해서 망합니다. 하나님의 백성은 낮은 자리로 기뻐해야 하고, 작은 행복으로 만족해야 합니다.

1. 악한 자의 계획

세계의 야생 동물에는 육식 동물과 초식 동물이 있습니다. 그런데 육식 동물이 초식 동물을 항상 잡아먹고 사는 것을 봅니다. 마찬가지로 이 세상에는 하나님을 두려워하는 자와 하나님을 두려워하지 않는 자가 있습니다. 하나님을 두려워하지 않는 자는 성공하기 위해 수단과 방법을 가리지 않습니다. 이런 자들은 상황 판단이 예리하고, 행동도 아주 민첩해 어디에 줄을 서야 성공하는지 잘 압니다. 반면 하나님을 두려워하는 자는 아무래도 판단이 둔하고 행동도 민첩하지 못합니다. 결국 이 세상에서는 판단이 민첩하고 행동이 빠르며 아첨을 잘하는 자가 하나님을 믿는 자보다 성공합니다. 오히려 하나님을 믿고 의지하는 자는 성공의 기회를 잘 살리지 못해 세상에서 밀려날 때가 많습니다.

시편 52편의 표제는 시 전체를 어떻게 해석해야 할지 그 방향을 잘 제시해 줍니다. '다윗의 마스길, 인도자를 따라 부르는 노래, 에돔인 도엑이 사울에게 이르러 다윗이 아히멜렉의 집에 왔다고 그에게 말하던 때에'라고 되어 있습니다. 지금 다윗은 사울의 의심을 받아 아무도 모르게 성전으로 도망치고 있습니다. 사울은 이미 정신 이상 증세로 스스로를 통제하지 못하는 상태에 이르렀습니다. 이 의심의 병 때문에 부하를 살해하고 싶은 충동을 심하게 느끼기도 했습니다. 사울은 다윗을 시기해 두 번이나 창으로 죽이려 했습니다. 집으로 도망친 다윗을 죽이기 위해 군사들까지 보내기도 했습니다. 사울은 굉장히 위험한 상태였기 때문에 누가 조금이라도 자극을 주면 분노가 폭발해 언제 사람을 죽일지 몰랐습니다. 하지만 사울이 왕이기 때문에 아무도 조언하지 못했습니다.

이 때 다윗은 하나님의 성전으로 도망쳐 제단 뿔을 잡으면 살 수 있으리라고 생각했습니다. 하지만 다윗은 성전의 제단 뿔이 자기를 지켜 줄 수 없다는 것을 알았습니다. 사울이 하나님의 율법을 존중한다면 얼마든지 제단 뿔을 잡고 살 수 있지만, 지금같이 사울이 광기를 부리는 상황에서 제단 뿔이 아무 도움이 되지 않는 것을 다윗은 안 것입니다. 지금 다윗에게는 무엇이 옳고 그른가 하는 것은 이미 지났고, 죽지 않고 살아야 하는 것이 중요했습니다. 평소 다윗이 하나님의 말씀을 사랑하고 자주 묵상한 결과입니다.

다윗은 성전까지 왔지만 제사장에게 자기 어려움을 이야기하지 않았습니다. 그는 '고해성사'를 하지 않은 것입니다. 대신 다윗은 먹을 것을 달라고 해 먹었습니다. 물론 식사 때가 아니어서 정상적인 떡이 아닌 성소에서 물린 진설병을 먹었습니다. 그런데 이것은 율법을 어기는 행위였습니다. 다윗에게는 율법을 어기는 것보다 더 중요한 것이 자기가 사는 것이었습니다. 다윗은 자기에게 무기가 하나도 없기 때문에 제사장에게 무기가 있으면 좀 달라고 했습니다. 그런데 그곳에 사울의 양을 치던 목자장이 있었습니다. 이 자는 철저히 사울파였고, 에돔 사람이었습니다. 다윗은 이 자의 눈빛이 좀 예사롭지 않았습니다. 아니나 다를까 다윗이 떠난 후에 이 자가 바로 사울에게 가서 다윗이 거기에 온 것과 제사장들이 다윗을 도와준 것을 고자질해서 제사장 팔십오 명을 죽이게 했습니다.

여기서 다윗은 사울에게 고자질을 해 하나님의 제사장 팔십오 명을 죽게 한 도엑을 저주합니다.

> **1절** "포악한 자여 네가 어찌하여 악한 계획을 스스로 자랑하는가 하나님의 인자하심은 항상 있도다"

도엑은 에돔 사람이었기 때문에 이스라엘에 대한 열등감을 가지고 있었습니다. 도엑은 자기와 별로 다를 바 없는 양치기 다윗이 이스라엘에서 유명하게 되어 높은 자리에 올라간 것을 시기했습니다. 더욱이 도엑은 사울에게 아첨을 해서라도 높은 자리에 올라가야겠다는 계획을 세우고 있었습니다. 그러나 이것은 헛된 야망이고 욕심이었습니다. 이방인 출신인 도엑이 하나님의 백성과 대등하게 봉사하는 자체가 큰 축복이고 성공이었습니다. 도엑은 여기서 더 높아질 생각을 해서는 안 되었습니다. 하나님의 나라는 세상 나라와 다르기 때문입니다.

하나님은 낮은 자리에 있는 자를 사랑하고 축복하십니다. 그런데 도엑은 이방인임에도 불구하고 이스라엘 안에서 높아지려 했습니다. 그가 높아질 수 있는 방법은 결국 정신이 온전하지 않은 사울에게 아첨하고 고자질하는 것밖에 없던 것입니다.

다윗은 도엑을 가리켜 '포악한 자'라고 부릅니다. 도엑은 이스라엘 안에 있지만 이스라엘의 선한 영향을 전혀 받지 않았습니다. 이는 마치 로마 병정들이 하나님의 아들과 가까이 있으면서 건진 것은 겨우 냄새나는 겉옷에 불과했던 것과 같습니다. 그들은 예수님을 십자가에 못 박은 자들이었습니다.

이에 비해 한 강도는 예수님에게 이렇게 말했습니다.

"예수여 당신의 나라에 임하실 때에 나를 기억하소서"_눅 23:42

그러자 예수님은 그 강도에게 이렇게 말씀하십니다.

"오늘 네가 나와 함께 낙원에 있으리라"_눅 23:43

다윗은 '하나님의 인자하심은 항상 있도다'라고 말합니다. 하나님의 인자하심은 언제나 살아 있습니다. 하나님은 약하고 부족한 자들을 언제나 지켜 주십니다. 그래서 우리는 세상 일에 낙심할 필요가 없습니다.

요즘 젊은이들 중에는 양심을 팔아서라도 성공하고 싶어 하는 자들이 많이 있습니다. 그때마다 기억해야 합니다. '하나님의 인자하심은 항상 있도다.' 하나님은 약한 자를 절대 버리지 않으시고, 살아갈 길을 주십니다.

2. 인간의 가장 무서운 무기

인간은 많은 도구를 만들어 문명의 발달을 가져왔습니다. 그런데 도구 중에는 인간에게 도움이 되는 것도 있지만 무서운 피해를 주는 것도 있습니다. 인간은 활과 창, 칼로 사람과 짐승을 죽였습니다. 그중에서도 인간이 만든 가장 무서운 무기는 폭탄입니다. 인간은 원자 폭탄 같은 핵무기를 만들어 불을 뿜어내려 하고 있습니다.

그러나 인간은 이런 무기를 사용하지 않고도 입안에 있는 아주 작은 무기를 이용해 사람을 두렵게 하거나 죽일 수도 있습니다.

2절 "네 혀가 심한 악을 꾀하여 날카로운 삭도같이 간사를 행하는도다"

인간은 혀만으로도 상대에게 심한 해를 끼칠 수 있습니다. 이유는 인간의 혀 밑에는 독사의 독이 들어 있기 때문입니다. 시편 기자는 악한 자의 혀가 얼마나 날카로운지 '삭도'와 같다고 말합니다. 여기서 '삭도'는 '면도날'을 말합니다. 악한 자의 혀는 두 가지 방법으로 성도를 공격합니다.

하나는 하나님의 백성을 직접 공격하는 것입니다. 악한 자는 하나님 백성의 잘못을 기억해 놓았다가 모두 나쁜 쪽으로 돌려서 일제히 공격합니다. 악한 자는 변명할 기회도 주지 않고 자기 멋대로 공격합니다. 사실 마귀가 가장 잘 쓰는 방법이 이 방법입니다. 마귀는 하나님의 백성을 말로 대적합니다. 마귀는 하나님의 백성을 시기하는 자들을 충동질해서 계략을 꾸밉니다. 그런데 하나님의 백성은 말을 잘 못할 뿐만 아니라 거짓과 분노로 이렇게 공격을 당하면 막아내지 못합니다.

다른 하나는 하나님의 백성을 모함해서 걸려들게 하는 것입니다. 악한 자는 더 무섭고 치명적인 방법을 만들어 냈습니다. 그것은 하나님의 백성을 높은 권력을 가진 자에게 고자질해서 망하게 하는 것입니다.

도엑은 자기 혀로 직접 다윗을 공격하거나 제사장을 저주하지 않았습니다. 차라리 도엑이 그렇게 했다면 한 번 욕을 먹고 끝날 일이었습니다. 그러나 도엑은 질투심에 가득 찬 사울에게 찾아가 다윗과 제사장들을 고자질함으로써 사울로 하여금 분노하게 했습니다. 결국 제사장들과 가족을 다 죽이게 했습니다.

이처럼 악한 자는 하나님의 백성에 대해 갈라진 혀를 가지고 있습니다. 악한 자는 하나님의 백성을 직접 공격해서 자신감을 잃게 합니다. 또한 악한 자는 뒤에서 음모를 꾸며 하나님 백성을 모함합니다. 이 때 혀는 아주 무서운 칼날로 변해 많은 의인을 죽입니다.

여기서 왕이 왜 남의 사사로운 참소를 들으면 안 되는지 잘 알 수 있습니다. 왕이 중심에 서 있지 않으면, 악한 자가 독사와 같은 혀로 남을 참소하여 얼마든지 죽일 수 있기 때문입니다.

3, 4절 "네가 선보다 악을 사랑하며 의를 말함보다 거짓을 사랑하는도다
간사한 혀여 너는 남을 해치는 모든 말을 좋아하는도다"

높은 자리에 있는 자는 듣기 싫은 말을 직언하는 것보다 아첨해 주는 것을 좋아합니다. 그래서 권력을 가진 자에게 가장 위험한 것은 간사한 혀입니다. 간사한 혀는 듣기 좋은 말만 해 주는데, 결국 그 안에 독이 들어 있습니다. 이것은 성도들에게도 마찬가지입니다. 많은 목회자가 하나님의 말씀

으로는 안 되니까 하나님의 말씀 안에 조금씩 독을 타서 성도들에게 먹입니다. 그러면 많은 성도들이 모이기는 합니다. 또 헌금이 모여 크게 성공합니다. 하지만 이런 목회자들은 간사한 말을 하는 자들입니다.

그러면 하나님은 왜 아첨하며 고자질하는 자를 성공하게 해서 많은 제사장들을 죽게 하셨을까요? 하나님은 그의 백성이 처음부터 정직하고 바르기를 원하셨습니다. 제사장 팔십오 명은 성전 제사를 더럽힌 홉니와 비느하스의 후손이었습니다. 물론 이들이 조상의 죄를 지은 것은 아니지만, 아직 철저히 개혁하지 않고 있었습니다. 조상이 지은 죄에서 벗어나기 위해서는 다시 거듭나는 결단을 해야 합니다. 성도는 처음 믿을 때부터 세상을 따라가지 말아야 합니다.

누군가가 하나님의 일을 한다고 하면서 간사한 말을 하면 절대 친구가 되지 말아야 합니다. 그는 하나님이 기뻐하시지 않는 자이기 때문입니다.

5절 "그런즉 하나님이 영원히 너를 멸하심이여 너를 붙잡아 네 장막에서 뽑아내며 살아 있는 땅에서 네 뿌리를 빼시리로다"

아첨하는 자가 빨리 성공하는 것은 틀림없습니다. 이들은 정당하지 못한 방법으로 많은 수입을 벌어 들입니다. 그런데 엉뚱한 사람의 부정이 밝혀지면서 아첨하는 자의 부정까지 나옵니다. 놀라운 것은 그의 신분과 재산, 명성까지 모두 날아가고 맙니다. 하나님이 하시는 것입니다.

하나님의 백성은 높은 정상에 올라가는 것이 삶의 목적이 되면 반드시 망합니다. 우리는 내게 주어진 일을 최선을 다해 열심히 하다보면 높은 자리에 올라갈 수 있지만 빨리 거기서 내려와야 합니다. 높은 자리는 많은 사람들이 시기하는 자리입니다. 그 자리는 돈에 눈이 멀어 부패하게 되는 자리이기 때문에 오래 버티려고 욕심을 부리면 망하고 맙니다. 그러나 하나님이 오래 있게 하실 때도 있습니다. 그때는 정말 깨끗하게 있어야 살아남을 수 있습니다.

3. 하나님을 의지하는 자의 승리

다윗도 할 수만 있으면 사울에게 아첨하여 살아남으려고 했습니다. 그러나 다윗은 사울과 도저히 타협할 수 없었습니다. 사울은 다윗이 가진 성령의 능력을 시기했습니다. 다윗이 사울의 부하가 되어 살아남으려고 하면 성령의 능력을 버려야 했습니다. 그러나 이것은 다윗에게 죽는 것과 같았습니다. 그래서 다윗은 하나님의 말씀만을 믿고 정처 없이 도망칩니다.

짧게 보면 악한 자에게 아첨해서 살아남는 것이 성공하는 것 같지만 길게 보면 악한 자가 완전히 망하기 때문에 사는 것이 오히려 죽는 것입니다. 그러나 그것을 깨달았을 때는 이미 너무 늦습니다. 결국 사울과 같이 했던 자들은 길보아 산에서 모두 전사하고 말았습니다. 하나님의 백성이 성령의 감동 없이 나아가면 결국 망하게 됩니다. 사람들이 그들의 어리석음을 보고 이렇게 욕합니다.

> **6, 7절** "의인이 보고 두려워하며 또 그를 비웃어 말하기를 이 사람은 하나님을 자기 힘으로 삼지 아니하고 오직 자기 재물의 풍부함을 의지하며 자기의 악으로 스스로 든든하게 하던 자라 하리로다"

그러면 하나님은 왜 그의 백성이 고난 받는 것을 오랫동안 내버려두실까요? 여기에 중요한 하나님의 뜻이 있습니다. 먼저 하나님은 악한 자가 성공하는 것을 통해 사람의 마음을 시험하십니다. 이 세상에서 쉽게 성공하는 것은 축복 받는 것이 아니라 인생을 망치는 것입니다. 사실 많은 사람들이 할 수만 있으면 쉽게 돈을 벌어 성공하려고 합니다. 하지만 그것은 자신의 인생을 버리는 것입니다. 그런 사람의 생각 속에는 탐욕과 거짓만 가득 차 있습니다.

다음으로 하나님을 나의 힘으로 삼는 것은 결코 쉬운 일이 아닙니다. 하나님과 함께 나아가기 위해서는 고생도 감수해야 합니다. 때로는 절망의 순간이 기다릴 때도 있습니다. 그러나 하나님의 말씀을 붙잡고 살아갈 때 하나님은 조금씩 나의 능력이 됩니다. 성도는 하나님의 말씀이 아닌 것을 받아들여서는 안 됩니다. 그런 것은 내 힘이 될 수 없습니다.

그동안 한국 교회 안에서도 쉽게 복을 받고 부흥하는 것을 많이 가르쳤습니다. 그러나 전부 아첨하는 말뿐이었습니다. 성도는 순수한 하나님의 말씀이 아닌 것을 받아들여서는 안 됩니다. 그것은 '재물의 풍부함'과 '자기의 악'을 의지하는 삶일 뿐입니다. 하나님은 다윗으로 하여금 그가 의지할 수 있는 것은 다 실패하게 하셨습니다. 오히려 고난 가운데 다윗이 하나님의 말씀을 강하게 붙잡자 성공하게 하셨습니다.

8절 "그러나 나는 하나님의 집에 있는 푸른 감람나무 같음이여 하나님의 인자하심을 영원히 의지하리로다"

감람나무는 아주 오래 삽니다. 감람나무는 연료와 음식, 약으로 사용됩니다. 이처럼 우리가 하나님을 끝까지 의지하면 '하나님의 집에 있는 푸른 감람나무'같이 다른 사람을 살리고 도와줄 수 있습니다. '하나님의 인자하심을 영원히 의지하리로다'라는 다윗의 찬송과 같이 우리의 부족함을 알고 그의 인자하심을 의지하면 하나님은 언제나 도와주십니다. 우리가 교만하지 않으면 하나님은 반드시 도와주십니다.

9절 "주께서 이를 행하셨으므로 내가 영원히 주께 감사하고 주의 이름이 선하시므로 주의 성도 앞에서 내가 주의 이름을 사모하리이다"

하나님은 '이를 행하신 분'입니다. 하나님은 하나님의 백성을 망하게 한 자들을 멸하십니다. 하나님의 백성을 짓밟은 자들을 흔적도 없이 흩으십니다. 그 자리에 새로운 감람나무를 심어 번성하게 하십니다. 거기에는 하나님의 이름이 있습니다. 우리에게는 하나님의 상표가 붙어 있습니다. 하나님이 책임지고 보증해 주십니다. 우리가 하나님을 내 능력으로 삼기만 하면 영원히 하나님의 능력으로 성공할 수 있습니다.

이 세상 높은 자리에 올라가는 것을 목표로 삼지 마십시오. 하나님을 내 능력으로 삼는 것에 삶의 목표를 두십시오.

55

시 53:1-6

무지한 자의 한계

얼마 전 미국에서는 자동 운전 시스템으로 움직이는 테슬라 자동차가 앞에서 좌회전하는 은색 트럭과 햇빛을 혼동하는 바람에 자동차와 트럭이 충돌하는 사고가 발생했습니다. 이 사고로 운전자가 사망했습니다. 이런 식으로 자동 운전 시스템이 앞에 있는 트럭이나 옆에 있는 건물을 햇빛과 구별하지 못하고 돌진해 충돌한다면 많은 사고가 발생할 것입니다. 더욱이 자동 조절 장치가 고장이 나 모든 차들이 굴러 떨어지거나 자동차들끼리 충돌한다면, 이런 운전 시스템을 모두 정지해야 할 것입니다.

그리스도인들은 세상을 살아가면서 어려움을 겪습니다. 요즘 사람들은 다른 사람의 생명이나 행복에 대해 배려하지 않습니다. 세상 사람들은 점점 더 탐욕적으로 변하고 있습니다. 점점 더 난폭해지고 있습니다. 하나님 백성은 이 난폭한 세상에서 미래를 향한 길을 헤쳐 나가야 하는데, 그것을 뚫지 못해 많은 어려움을 겪습니다.

또한 그리스도인들은 복잡한 상황에 처해 있는 나라의 운명에 대해서도 심각한 고민을 할 수밖에 없습니다. 북한은 핵전쟁을 하려고 자꾸 미사일을 발사합니다. 우리나라의 미래는 어떻게 될까요? 혹시 어수룩하게 있다 악한 자들에게 잡아먹히는 것은 아닐까요? 이렇게 개인 위주로 욕심을 부리다 북한이 정말 핵무기를 발사하면 어떻게 될까요?

시편 53편을 보면 아주 익숙한 느낌이 듭니다. 이유는 시편 53편이 앞서 시편 14편과 비슷하기 때문입니다. 처음 1절부터 '어리석은 자는 그의 마음에 이르기를 하나님이 없다 하도다'라고 똑같이 시작하고 있습니다. 어떻게 보면 이 두 시는 같은 시라고 볼 수 있습니다. 시편 14편과 53편은 모두 인간의 전적인 타락과 부패를 보여 줍니다. 그런데 후반부에 가면서 조금 차이가 납니다. 시편 53편은 14편에 비해 좀 더 동적인 시입니다. 무지한 악인들이 에워싸고 있는 포위망을 뚫고 탈출하는 것을 역동적으로 보여 주고 있기 때문입니다.

1. 인간의 구별

인간은 자기와 다른 사람을 어떤 기준에서 구별하는 것을 아주 좋아합니다. 세상은 일단 성공한 사람과 실패한 사람을 구별합니다. 세상은 공부를 많이 한 사람과 많이 하지 못한 사람으로 구별합니다. 세상은 잘 생긴 사람과 못 생긴 사람으로 구별합니다. 그러나 하나님께서는 '어리석은 자'와 '지혜 있는 자'로 구별하십니다.

> **1절** "어리석은 자는 그의 마음에 이르기를 하나님이 없다 하도다 그들은 부패하며 가증한 악을 행함이여 선을 행하는 자가 없도다"

하나님도 사람을 구별해서 보십니다. 하나님의 기준은 그 마음에 하나님이 있느냐 없느냐 하는 것입니다. '어리석은 자'는 그 마음에 하나님이 없는 사람입니다. 반면 '지혜 있는 자'는 그 마음에 하나님이 있는 사람입니다. 하나님께서는 세상의 성공이나 지식, 외모가 아니라 그 마음에 하나님이 있느냐 없느냐 하는 것을 가지고 판단하십니다.

그렇다면 마음에 하나님이 있는 사람은 어떤 자일까요? 반면 마음에 하나님이 없는 사람은 어떤 자일까요? 마음에 하나님이 있는 것과 없는 것이 인생에 어떤 영향을 미칠까요?

마음에 하나님이 있는 사람은 하나님을 믿는 자를 말합니다. 하나님을 믿는다는 것은 하나님을 믿으려고 애쓰는 것과 다릅니다. 하나님이 존재한다는 것을 믿는 것과도 다릅니다. 하나님은 눈에 보이지 않지만 온 세상을 만드셨습니다. 하나님은 세상의 모든 것을 알고 계십니다. 마음에 하나님이 있는 사람은 이 사실을 믿습니다. 더욱이 이들은 하나님이 말씀을 주셔서 그분의 뜻을 깨닫게 하신다는 것 역시 믿습니다.

반면 마음에 하나님이 없는 사람은 하나님의 말씀을 알지 못합니다. 이들은 자기 능력에 따라 얼마든지 성공할 수 있다고 생각합니다. 이런 사람들은 외모나 능력이 뛰어날지 모르지만 자동 조절 장치가 고장이 나 자기 멋대로 달리는 자동차와 같습니다.

다윗은 가장 비천한 자리에서 높은 자리까지 올라간 자였습니다. 그는 무명의 목동 시절을 보냈습니다. 가족과 형들에게 업신여김을 당하기도 했습니다. 한때 다윗은 악기를 연주하는 악사였습니다. 다윗은 때로는 도망자 신세가 되어 적에게 쫓겨 다녔습니다. 그러나 나중에는 장군이 되어 왕의 신분까지 지냈습니다. 여기서 다윗은 이 세상에서 가장 성공한 사람은 그 마음에 하나님이 있는 사람이라고 담대히 선포합니다. 우리가 이 세상에 살면서 가장 중요한 것은 하나님을 알고, 그분의 지배를 받는 것입니다.

시편 53편은 모든 사람으로 하여금 자기 마음에 무엇이 있는지 살펴보게 합니다. 인간의 마음에는 과연 무엇이 있습니까? 돈이 있습니까? 이성에 대한 정욕이 있습니까? 아니면 하나님이 계십니까?

우리 안에 하나님의 말씀이 있으면, 그 말씀에 순종하게 됩니다. 하나님의 뜻을 따라 먼 곳까지 가서 모든 것을 할 수 있게 됩니다. 그렇다면 마음속에 하나님이 있는 자가 하나님이 없는 자와 경쟁해서 이길 수 있을까요? 세상 사람들은 세상 목적으로만 달려가기 때문에 노력하면 성공할 수 있습니다. 하지만 하나님을 믿는 자들은 하나님과 세상 사이에 분산되기 때문에 불리한 것은 사실입니다. 하나님을 믿는 청소년과 청년들에게는 세상 사람들에게 없는 '불'이 있습니다. 이 불은 하나님이 주시는 열정의 불입니다. 하나님을 모르는 자들의 지성이 차가운 얼음 같다면, 하나님을 믿는 자들의 열정은 불같이 타오르는 열정입니다. 이 뜨거운 열정이 바른 방향을 잡게 되면 감당할 수 없는 능력이 나타납니다.

하나님을 믿지 않는 자들은 인간의 마음이 얼마나 부패한지 잘 모릅니다. 우리는 음식을 먹을 때 부패한 음식이 아닌지 주의해야 합니다. 만일 부패한 음식을 먹으면 그 먹은 것을 다 토해야 합니다. 성경은 마음에 하나님이 없는 사람은 빨리 부패한다고 말합니다. 사람은 반드시 부정한 일에 빠져야 부패한다고 말할 수 없습니다. 사람의 마음은 행동 이전에 벌써 부패했기 때문입니다.

다윗은 '그들은 부패하며 가증한 악을 행함이여 선을 행하는 자가 없도다'라고 강조해 말합니다. 마음의 부패는 마음과 생각이 허망해지는 데서부터 시작됩니다. 마음에 하나님이 계시지 않기 때문에 이상한 생각에 빠집니다. 비현실적인 공상에 빠집니다. 하나님을 믿지 않는 자들은 겉으로 보기에는 아주 논리적이고 똑똑한 것 같지만 실제로는 비현실적인 생각을 많이 합니다.

반면 하나님 백성의 마음은 방향성을 가지고 있습니다. 여기서 부패하지 않는다는 말은 마음이 방향성을 가지고 있는 것을 의미합니다. 우리는 구체적으로 어디로 가는지 모르지만 하나님 말씀의 인도함을 받아 나아가게 됩니다. 물론 우리의 생각이 허망해지거나 절망할 때도 있지만 그럼에도 불구하고 하나님의 말씀을 따라 가게 됩니다. 우리는 때때로 이성의 유혹에 빠지기도 하고, 술의 유혹에 넘어질 때도 있지만 결국 거기서 나와 하나님이 허락하신 길을 가게 됩니다. 그것이 바로 우리 마음이 하나님을 향해 그분을 찾아가는 것입니다. 선을 향해 나아가는 것입니다. 하나님의 말씀 없이는 선을 행할 자가 이 세상에 단 한 사람도 없습니다.

2. 하나님의 관찰

하나님은 이 세상에 대해 무관심하시지 않습니다. 모든 사람의 생각과 행동을 세심하게 관찰하십니다.

> 2, 3절 "하나님이 하늘에서 인생을 굽어살피사 지각이 있는 자와 하나님을 찾는 자가 있는가 보려 하신 즉 각기 물러가 함께 더러운 자가 되고 선을 행하는 자 없으니 한 사람도 없도다"

하나님은 지각을 가지고 하나님의 도움을 받고자 애쓰는 자를 찾으십니다. 하나님은 그분을 찾는 자가 있는지 살펴보십니다. 하나님이 우리에게 관심을 가지고 관찰하시는 것은 이 세상의 성공이 아닙니다. 하나님은 하늘에서 인생을 굽어살피시며, 우리가 하나님에 대한 생각을 품고 있는지를 보십니다. 하나님은 종교 행위가 웅장한 것을 찾지 않으십니다. 만일 하나님이 많은 사람들이 모여 행하는 거창한 종교 의식을 원하신다면, 오늘날의 대형 교회가 하는 것이 맞을 것입니다. 그리고 이스라엘 백성이 망해야 할 이유도 없었을 것입니다.

그러나 하나님은 하나님에 대한 '지각이 있는 자'를 찾으십니다. 하나님은 말씀에 대한 반응을 가장 중요하게 생각하십니다. 하나님의 말씀을 들을 때, 우리 마음에 찔림과 감동이 있고 부르짖는 마음이 샘솟는 것은 하나님의 지각이 있기 때문입니다. 하나님에 대해 '지각이 있는 자'는 반드시 하나님의 부흥을 사모하게 됩니다. 하나님이 내 삶의 중심이 되기를 바랍니다. 이것이 바로 하나님을 찾는 것입니다. 하나님이 내 삶의 중심이 되지 않으면 삶은 엉망이 됩니다.

다윗은 3절에서 '각기 물러가 함께 더러운 자가 되고'라고 말합니다. 여기서 '물러간다'는 슬금슬금 뒷걸음질치는 것을 뜻합니다. 이것은 방황하는 것보다 더 강한 반발입니다. 사람이 길을 찾지 못하면 방황합니다. 그런데 많은 사람들이 하나님의 진리를 알면서도 일부러 뒷걸음질쳐서 어두운데 숨습니다. 이유는 하나님의 진리를 모르는 것이 훨씬 제멋대로 생각하고 행동할 수 있기 때문입니다. 이런 사람들은 하나님의 진리로 씻는 것을 싫어합니다. 스스로 하나님께 나아올 수 있는 자는 단 한 사람도 없습니다. 하나님의 강권적인 힘이 필요합니다.

그러나 우리에게는 희망이 있습니다. 우리가 하나님 말씀 앞에 반응하고 하나님을 찾으면 하나님은 큰일을 행하십니다. 하나님에게는 그분을 찾는 이들을 버려야 할 이유가 없습니다. 우리는 하나님의 부흥을 찾아야 합니다. 부흥의 불을 더 열망해야 합니다. 그러면 놀랍게도 세상 사람들이 정신을 차리게 됩니다. 인간성이 회복되며, 전쟁의 위기도 줄어들게 됩니다. 우리는 주위를 살펴볼 때, 지금 기도가 얼마나 필요한가를 깨달아야 합니다. 지금이야말로 하나님을 간절히 찾아야 할 때입니다.

3. 하나님의 능력

우리는 악한 자에게서 억울하게 공격을 당할 때가 많습니다. 이럴 때면 하나님을 믿는 것이 믿지 않는 것보다 더 손해인 것 같습니다. 성도는 공격하는 자와 맞서 싸울 수도 없고, 모든 것을 차지하고자 덤벼들 수도 없습니다.

> 4절 "죄악을 행하는 자들은 무지하냐 그들이 떡 먹듯이 내 백성을 먹으면서 하나님을 부르지 아니하는도다"

여기서 다윗은 '죄악을 행하는 자들은 무지하냐'라고 묻습니다. 하나님을 믿지 않고 자기 멋대로 사는 자들이 무지하냐는 것입니다. 이들은 세상에서 절대 무지하지 않습니다. 오히려 이들은 똑똑하기 때문에 하나님을 믿지 못합니다. 이들은 겉으로는 바르고 정의로운 것 같지만 속으로는 죄로 가득 찬 자들입니다. 그런데 이들은 '떡 먹듯이 내 백성을 먹으면서' 하나님의 백성을 괴롭힙니다. 하나님의 백성은 세상에서 쓸모없을 때가 많습니다. 하지만 하나님의 백성은 하나님 앞에 모여 겸손히 기도하고 말씀을 사모하기 때문에 세상을 이길 수 있습니다.

하나님은 기드온을 보리떡같이 만드셨습니다. 그러나 하나님은 기드온에게 이 보리떡으로 미디안을 치는 환상을 주셨습니다.

> **"기드온이 그곳에 이른즉 어떤 사람이 그의 친구에게 꿈을 말하여 이르기를 보라 내가 한 꿈을 꾸었는데 꿈에 보리떡 한 덩어리가 미디안 진영으로 굴러 들어와 한 장막에 이르러 그것을 쳐서 무너뜨려 위쪽으로 엎으니 그 장막이 쓰러지더라"**_삿 7:13

이처럼 우리가 하나님께 온전히 나아갈 때 세상을 이길 수 있습니다. 세상 사람들은 하나님을 부르지 않습니다. 세상은 하나님의 떡을 먹으면서 당연하다고 생각합니다. 그러나 하나님의 백성은 기도합니다. 하나님의 백성이 눈물로 기도할 때 세상의 정체가 드러납니다.

<u>5절</u> "그들이 두려움이 없는 곳에서 크게 두려워하였으니 너를 대항하여 진 친 그들의 뼈를 하나님이 흩으심이라 하나님이 그들을 버리셨으므로 네가 그들에게 수치를 당하게 하였도다"

결국 세상 사람들은 '두려움이 없는 곳에서 크게 두려워하여' 수치를 당하게 됩니다. 이들은 아무것도 보지 못합니다. 사람이 아무것도 보지 못하면 부딪치는 소리만 들어도 두렵습니다. 이 세상 사람들은 보지 못하면서 무작정 걸어가고 있습니다. 그러다 큰 충돌이 일어나게 됩니다. 그것은 바로 하나님과의 충돌입니다. 세상 사람들이 하나님과 충돌하면 무력해질 수밖에 없습니다. 하나님은 크고 두려운 분이시기 때문입니다.

그런데 하나님을 붙잡고 기도하면 우리를 공격하는 세력이 사실은 뼈만 남은 해골 부대라는 것을 깨닫게 됩니다. 우리는 마치 대단한 세력이 우리를 에워싸 공격하는 줄 알았습니다. 하지만 하나님의 눈으로 보니 모두 해골에 불과했습니다. 다윗은 '너를 대항하여 진 친 그들의 뼈를 하나님이 흩으심이라'고 말합니다. 하나님은 그 뼈들을 흩으실 것입니다. 우리는 그들을 수치스럽게 할 것입니다. 그들은 아무 힘이 없습니다. 우리는 세상의 정체를 드러내 부흥을 일으켜야 합니다. 그렇지 않으면 이 세상 세력에 포로가 되어 종노릇할 수밖에 없습니다.

<u>6절(상)</u> "시온에서 이스라엘을 구원하여 줄 자 누구인가 하나님이 자기 백성의 포로 된 것을 돌이키실 때에"

하나님의 백성이 왜 세상의 포로가 되었을까요? 그들 안에 믿음이 없고 부흥의 불이 꺼졌기 때문입니다. 세상 사람들은 사실 어리석은 자들입니다. 그들은 온 세상을 두루 돌아다니지만 조절 장치가 고장이 나 큰 사고를 일으킬 것입니다. 세상은 우리를 떡으로 알고 먹으려 합니다. 그럴수록 우리는 더욱 하나님께 부르짖어야 합니다. 부흥의 불이 다시금 일어나야 합니다. 그러면 하나님이 세상의 뼈를 흩으실 것입니다. 하나님이 우리를 자유하게 하실 것입니다.

56

시 54:1-7

갈 곳이 없는 사람

우리나라는 어떤 어려움이 와도 좌절하지 않고 끝까지 견뎌 내는 민족성이 있습니다. 그런 정신으로 아무것도 없는 잿더미 위에 성공적인 삶을 만들어 냈습니다. 그러나 지금 우리나라는 과거 악착같이 어려움을 이겨 냈던 근성이 많이 사라진 것 같습니다. 많은 사람들이 자살을 하고 삶을 포기합니다.

세상 사람들은 어려움에서 벗어나기 위해 몸부림칩니다. 그러다 막다른 곳을 만나면 자포자기해 버립니다. 이 세상에서 자기 힘으로 할 수 있는 것이 아무것도 없다고 생각하기 때문입니다.

그러나 예수 믿는 자에게는 막다른 골목에서도 살 길이 있습니다. 하나님의 백성에게는 절망의 순간에도 길이 있습니다. 이 얼마나 놀라운 사실입니까? 예수님은 우리에게 '절망하라'고 말씀하시지 않습니다. 예수님은 "구하라 그리하면 너희에게 주실 것이요 찾으라 그리하면 찾아낼 것이요 문을 두드리라 그리하면 너희에게 열릴 것이니"(마 7:7)라고 말씀하십니다.

예수님은 우리가 어려움을 당할 때 '하나님을 바라보라'고 말씀하십니다. 이스라엘 백성이 애굽을 탈출한 후 홍해 앞에 섰을 때 인간의 생각이었다면 하나님을 원망했을 것입니다. 애굽 군대에게 잡혀 죽음을 당하거나 바다에 투신했을 것입니다. 그러나 이스라엘 백성은 모세의 말을 듣고 하나님을 바라보았습니다. 이 때 하나님은 바다가 갈라지는 기적을 체험하게 하셨습니다. 이스라엘 백성은 믿음으로 하나님을 더욱 찬송하게 되었습니다.

시편 54편은 위기에 빠진 다윗이 하나님께 부르짖는 내용입니다. 시편 54편의 표제를 보면 이 시가 보통 시가 아니라는 것을 알 수 있습니다. 사람이 남을 도우려 하다가 덫에 걸리면 살 길을 잃게 됩니다. 그러나 다윗은 이런 절망의 순간에도 용기를 잃지 않고 하나님께 기도합니다. 다윗은 하나님 편에 서서 운명과 부딪쳐 싸우는 길을 선택한 것입니다.

1. 다윗이 빠진 함정

시편 54편의 표제는 '다윗의 마스길, 인도자를 따라 현악에 맞춘 노래, 십 사람이 사울에게 이르러 말하기를 다윗이 우리가 있는 곳에 숨지 아니하였나이까 하던 때에'입니다.

다윗은 사울의 의심 때문에 모든 직책과 재산, 부인마저 빼앗기고 도망치게 되었습니다. 그때 다윗은 인간이 한 번 잘못 판단했을 때 얼마나 쉽게 죽을 수 있는가를 깨달았습니다. 다윗이 사울을 찾아가 무조건 잘못했다고 빈다고 해서 그가 살 수 있는 것이 아닙니다. 악한 자가 하라고 하는 대로 하면 살 것이라고 생각하는 것 역시 정말 어리석습니다. 그것은 사는 길이 아니라 바로 죽는 길입니다.

다윗은 지금 유다 광야에 있는 아둘람 굴에 숨어 있습니다. 다윗은 도망자로서 숨어 있어야 했습니다. 이 때 다윗은 가장 배고프고 추우며 비참했습니다. 그런데 다윗은 그리 멀지 않은 '그일라'라는 지역에 블레셋 사람이 쳐들어와 곡식을 약탈해 간다는 정보를 듣게 되었습니다. 다윗은 십 사람과 그일라 사람을 그냥 지나칠 수 없었습니다.

다윗이 조금이라도 생각이 있는 자라면 약탈당하고 있는 이스라엘 백성을 못 본 체했을 것입니다. 그래야 자신이 살 수 있기 때문입니다. 지금 사울은 다윗을 찾아내기 위해 눈에 불을 켜고 있습니다. 다윗이 움직이면 당장 그의 위치가 노출되어 사울의 추격을 받게 될 것입니다. 그런데 다윗은 계산적으로 생각하지 않았습니다. 다윗은 당장 어려움에 빠지는 한이 있더라도 이스라엘 백성을 돕고 싶었습니다. 다윗은 하나님께 기도했습니다.

하나님은 다윗에게 이렇게 말씀하셨습니다.

"다윗이 여호와께 묻자와 이르되 내가 가서 이 블레셋 사람들을 치리이까 여호와께서 다윗에게 이르시되 가서 블레셋 사람들을 치고 그일라를 구원하라 하시니"_삼상 23:2

이처럼 다윗은 이해 타산적인 사람이 아니었습니다. 다윗이 그만큼 순수했다는 뜻입니다. 하나님은 순수한 사람을 좋아하십니다.

결국 다윗은 블레셋 사람과 싸워 그들을 쫓아내고 그일라 사람을 구하는데 성공했습니다. 그일라 사람들은 다윗이 도와준 것이 고마워 양식과 집을 주었습니다. 다윗은 인간다운 생활을 할 수 있게 되었습니다.

그런데 다윗은 '만일 사울이 내가 그일라 성에 살고 있는 것을 알게 되면 어떻게 될까?' 하는 생각이 들었습니다. 그렇게 되면 사울은 아마도 이 성을 포위해 다윗을 죽일 것입니다. 그렇다면 다윗이 그일라 성에 살고 있다는 것을 사울이 어떻게 알게 되었을까요? 다윗이 도와준 그일라 사람, 곧 십 사람들이 사울에게 다윗을 밀고할 가능성이 있었습니다. 이 때 다윗은 고민에 빠졌습니다. '그일라에서 조금이라도 더 인간답게 살 것인가?' 아니면 '그일라에서 도망쳐 끝없는 방랑 생활을 또 할 것인가?' 다윗은 아무리 생각해도 그 답을 찾을 수 없었습니다. 다윗은 하나님께 다시 물어보았습니다. 하나님의 대답은 너무 실망스러웠습니다.

"다윗이 이르되 그일라 사람들이 나와 내 사람들을 사울의 손에 넘기겠나이까 하니 여호와께서 이르시되 그들이 너를 넘기리라 하신지라"_삼상 23:12

하나님은 다윗에게 '내가 지켜 줄 테니 걱정하지 말고 여기에 있으라'고 하신 것이 아니라, '그일라 사람들은 너를 배신할 것이니 그들을 믿어서는 안 된다'고 응답하셨습니다. 아마도 다윗은 그일라 사람 몇 명이 사울에게 자기를 밀고하기 위해 이미 떠났다는 것을 안 것 같습니다. 다윗은 이제 겨우 인간답게 살 수 있을 것 같았는데 도대체 이 황량한 곳에서 어디로 가야 하겠습니까? 다윗의 눈앞에 펼쳐진 세상은 희망이 아닌 도무지 갈 곳이 없는 절망의 세계였습니다. 그러나 다윗은 이런 절망을 눈앞에 두고도 하나님을 생각하며 과감하게 도전합니다. 이것이 바로 시편 54편이 갖는 아름다움입니다. 어려움이 있어도 젊음이 있으면 과감하게 부딪쳐볼 수 있습니다. 그러나 우리 믿는 자들에게는 젊음보다 더 큰 것이 있습니다. 우리에게는 위대한 하나님의 능력이 있습니다.

2. 다윗의 용기

만일 다윗이 미련한 자였다면 '미래야 어떻게 되든 그일라에서 일단 즐겁게 지내 보자'라고 생각했을지도 모릅니다. 그일라에서는 따뜻한 물로 목욕할 수 있고, 양이나 소를 잡아 포도주도 마실 수 있으니 이렇게 편안한 곳이 또 어디 있겠습니까? 그러나 다윗이 싸워야 하는 적은 미래의 막연한 어려움이 아니었습니다. 다윗이 지금 싸우고 있는 적은 집요한 사울이었습니다. 다윗은 과거 골리앗과 싸워 이겨야 했던 것처럼 이제는 사울과 싸워 이겨야 했습니다. 그런데 다윗이 사울과 싸우는 것은 골리앗과 싸우는 것보다 더 어려운 문제였습니다. 골리앗은 힘만 센 무지한 자였기 때문에 돌로 죽이면 되었습니다. 하지만 다윗은 사울을 죽일 수 없었습니다. 그는 사울을 때릴 수도 없었습니다. 그런데 사울은 여전히 하나님의 이름으로 다윗을 죽이려 하고 있습니다.

지금 하나님을 믿는 자들끼리 싸우고 있는 것입니다. 누가 진짜 하나님을 믿는 자인가요? 지금 유리한 사람은 사울이지, 다윗이 아닙니다. 다윗은 사울의 머릿속에 들어가 사울을 이겨야 했고, 사탄의 머릿속에 들어가 사탄이 틀렸다는 것을 증명해야 했습니다.

다윗은 도망치기 전에 먼저 하나님의 도우심과 판단을 요청합니다.

> **1절** "하나님이여 주의 이름으로 나를 구원하시고 주의 힘으로 나를 변호하소서"

'나를 변호하소서'라는 구절이 개역한글에는 '나를 판단하소서'로 되어 있습니다. 다윗은 도저히 갈 곳이 없는 상황에서 하나님께 두 가지를 요청합니다. 첫 번째, 다윗은 '하나님이여 주의 이름으로 나를 구원하시고'라고 요청합니다. 하나님의 이름으로 나를 구원해 달라는 것입니다. 여기서 '구원하시고'는 내 생명을 지켜 주시고 하나님의 약속을 이룰 수 있게 해 달라는 뜻입니다. 하나님은 다윗에게 기름을 부으셨습니다. 하나님은 앞으로 다윗을 이스라엘의 지도자로 사용하겠다고 약속하셨습니다. 그러나 현실은 하나님의 약속과 너무 달랐습니다. 하나님은 다윗에게 기름을 부으셨지만 다윗은 죽게 되었습니다. 하나님은 다윗에게 지도자가 될 것이라고 약속하셨지만 다윗은 지금 쫓기고 있습니다.

우리는 믿음과 현실이 너무 다를 때 낙심하게 됩니다. 지금 내가 이런 어려움에 빠진 것은 하나님이 나를 도와주시지 않기 때문이라고 생각합니다. 그리고 이 세상이 알아주는 것은 돈과 권력이지, 신앙 같은 것은 아무 소용이 없다는 생각마저 듭니다. 그 결과 너무 많은 믿음의 사람들이 현실에서 실패합니다. 그러나 우리에게 오직 한 가지 남아 있는 것은 하나님의 이름입니다. 다윗에게 남아 있는 것은 하나님의 이름이었습니다. 이 세상 끝까지 남아 있는 것이 하나 있습니다. 우리는 하나님의 사람이고, 하나님이 우리를 지명하셨다는 귀한 사실입니다.

"야곱아 너를 창조하신 여호와께서 이제 말씀하시느니라 이스라엘아 너를 조성하신 자가 이제 말씀하시느니라 너는 두려워 말라 내가 너를 구속하였고 내가 너를 지명하여 불렀나니 너는 내 것이라"_사 43:1

두 번째, 다윗은 '주의 힘으로 나를 변호하소서'라고 요청합니다. 즉 하나님이 보시기에 가능성이 없다면 지금이라도 나를 버리시라는 것입니다. 만일 내 중심이 하나님 보시기에 틀리지 않고, 내 믿음이 하나님이 주신 바른 믿음이라면 하나님은 끝까지 책임을 지셔야 합니다.

우리는 적당하게 주저앉아서는 안 됩니다. 하나님이 우리에게 바른 믿음을 주셨다면, 끝까지 결과를 기다려 보아야 합니다. 악한 마귀는 매일 우리 귀에 주저앉으라고 속삭입니다. 악한 마귀는 매일 우리에게 하나님을 신뢰해서는 안 된다고 속삭입니다. 그러나 적당한 선에서 만족하는 것은 실패하는 것입니다.

2절 "하나님이여 내 기도를 들으시며 내 입의 말에 귀를 기울이소서"

다윗에게 가장 큰 특권은 하나님께 직접 기도할 수 있다는 사실입니다. 이것이 다윗에게 하나님의 이름이 있는 중요한 증거입니다. 다윗은 어떤 형편에서도 하나님께 직접 기도했습니다. 반대로 사울은 어떻습니까? 하나님은 사울의 기도를 듣지 않으셨습니다. 사울은 왕이지만 자기가 어디로 가고 있는지 몰랐습니다. 사울은 자기 앞에 어떤 인생이 기다리고 있는지 전혀 몰랐습니다. 자기 충동에 따라 살아갔습니다.

스페인에 가면 투우 경기가 아주 인기 있습니다. 투우 경기를 보면 덩치 큰 소와 투우사가 대결을 합니다. 그런데 소는 투우사가 흔드는 천만 보고 화가 나서 닥치는 대로 돌진합니다. 그러나 투우사는 이리저리 소를 피하면서 급소에 칼을 꽂습니다. 세상 사람들은 많은 돈과 명성, 권력을 가지고 닥치는 대로 살아갑니다. 그들은 자기 인생의 미래에 무엇이 기다리고 있는지 알지 못합니다. 충동에 따라 달려가는 것입니다. 그러나 하나님의 백성은 하나님의 이름과 능력을 가지고 있습니다. 우리는 하나님의 이름 앞에 그 말씀을 의지하여 살아가는 것이 얼마나 멋진 인생인지 알아야 합니다. 하나님 백성은 망하지 않습니다. 하나님 백성은 아름다운 미래를 맞이할 것입니다.

지금도 우리에게는 하나님께 직접 보고할 권한이 있습니다. 우리는 사람을 붙들고 하소연할 필요가 없습니다. 하나님께만 보고하면 됩니다.

다윗은 하나님 앞에서 당당하게 요구합니다.

3절 "낯선 자들이 일어나 나를 치고 포악한 자들이 나의 생명을 수색하며 하나님을 자기 앞에 두지 아니하였음이니이다"

여기서 '낯선 자들이 일어나 나를 치고'는 개역한글에서 '외인이 일어나 나를 치며'라고 번역되어 있습니다. 여기서 '낯선 자'보다는 '외인'이 더 이해하기 쉽습니다. 이스라엘 백성은 하나님의 양떼입니다. 그들은 오직 하나님의 말씀으로 살아야 합니다. 그런데 여기에 이방인이 들어와 있습니다. 양이 아닌 들개와 이리가 하나님의 우리 안에 들어와 하나님 백성의 가죽을 덮어쓰고 오히려 하나님의 말씀을 따라가는 자를 치고 있습니다.

여기서 '외인' 혹은 '낯선 자'는 누구를 말할까요? 그는 사울입니다. 다윗의 판단에 따르면, 사울은 이미 하나님의 양이 아닙니다. 사울은 겉으로는 잘 믿는 체하지만, 하나님의 백성이 아닙니다. 다윗은 사울과 그의 부하들이 하는 행동이 아주 낯설었습니다. 그들의 행동은 하나님 백성이 하는 행동이 아닙니다. 그들은 다윗의 생명을 치려고 합니다. 이들은 '하나님을 자기 앞에 두지 않은' 자들입니다. 이들에게는 하나님이 없습니다. 이들은 무슨 일을 할 때 하나님을 위해 한다고 하지만 그것은 핑계에 불과합니다. 이들은 전부 자기의 야망과 욕심을 위해 하나님의 이름을 이용하는 자들에 불과합니다.

오늘도 마찬가지입니다. 얼마나 많은 사람들이 자기의 성공을 위해 하나님의 이름을 쓰고 있습니까? 또한 하나님의 말씀을 도용하고 있습니까? 이들은 하나님의 백성에게 아주 낯선 자들입니다. 이들은 하나님 나라에서 전혀 가치를 가질 수 없는 자들입니다. 모순되게도 이런 자들이 명예와 권력을 다 쥐고 있습니다. 하지만 그런 것을 조금도 부러워할 필요가 없습니다. 우리에게는 유혹에 불과합니다. 우리는 하나님 나라를 향해 계속 전진해야 합니다.

3. 하나님은 나를 돕는 자

다윗은 그일라 사람들을 돕는 바람에 숨어 있던 아둘람 굴로도 돌아갈 수 없게 되었습니다. 다윗은 피할 곳조차 없게 된 것입니다. 이 때부터 사울의 추격은 더 맹렬해졌습니다. 그럼에도 불구하고 다윗은 놀라운 고백을 합니다.

> **4절** "하나님은 나를 돕는 이시며 주께서는 내 생명을 붙들어 주시는 이시니이다"

다윗에게는 지금 그를 도울 수 있는 사람이 아무도 없습니다. 그는 돈도, 군사력도, 성도 없습니다. 그러나 다윗에게는 오직 한 가지 남은 것이 있습니다. 그분은 바로 하나님이십니다. 다윗은 하나님을 두 가지 역할을 하는 분으로 생각했습니다. 하나는 다윗을 돕는 분이십니다. 여기서 '나를 돕는 이시며'는 '상담자' 또는 '모사', '전략가'를 의미합니다. 전쟁할 때 왕이 모든 것을 하지 않습니다. 왕의 눈이 되어주는 자가 있습니다. 그는 왕의 참모인데, 모사이자 군사 전문가입니다. 그는 적의 약점을 파악하고, 지형과 일기 같은 모든 상황을 고려해 작전을 세웁니다. 그리고 왕에게 조언합니다. 왕은 그대로 하기만하면 전쟁에서 승리합니다. 이처럼 하나님은 다윗에게 전략가가 되어주셨습니다. 그의 눈이 되어주신 것입니다.

다른 하나는 다윗을 붙들어 주시는 분입니다. 다윗에게 하나님은 '내 생명을 붙들어 주시는' 분이었습니다. 왕이 전쟁터에 나가면 많은 장수들이 그 주위를 에워쌉니다. 그들은 왕이 다치지 않게 왕을 보호합니다. 왕은 그냥 달리기만 하면 됩니다. 마찬가지로 하나님은 다윗의 생명을 지켜 주셨습니다.

다윗은 무려 삼천 명이나 되는 사울의 정예 부대의 추격을 받으면서도 사울의 생명을 두 번이나 살려 주었습니다. 한 번은 다윗이 숨어 있는 굴 근처까지 사울의 군대가 추격해 왔습니다. 그렇지만 사울은 자기 앞에 있는 동굴 안에 다윗이 숨어 있다고는 꿈에도 생각하지 못했습니다. 그래서 사울은 그 안에 들어가 그냥 잠을 잤습니다. 이 때 다윗은 슬그머니 다가가 사울의 옷자락을 벱니다. 사실은 이 때 사울이 죽은 것입니다.

"다윗이 일어나서 사울의 겉옷 자락을 가만히 베니라"_삼상 24:4

그런데 사울은 의심 증세가 더 심해져 또 다윗을 추격했습니다. 그때 하나님은 사울의 부대에게 잠을 주셨습니다. 이 때 왕과 경호원, 보초까지 모두 정신없이 곯아떨어졌습니다. 다윗은 "사울의 머리 곁에서 창과 물병을 가지고"(삼상 26:12) 나왔습니다. 이 때 사울은 또 한 번 죽은 것이나 마찬가지였습니다. 악한 자들이 아무리 많은 군사와 무기로 쳐들어와도 하나님이 잠을 주시면 이길 수 없습니다.

5절 "주께서는 내 원수에게 악으로 갚으시리니 주의 성실하심으로 그들을 멸하소서"

하나님은 악한 자를 반드시 악으로 갚으십니다. 사울은 결국 길보아 산에서 많은 군사 및 자기 아들들과 함께 죽게 됩니다. 하나님은 이 세상의 악을 모두 갚으십니다. 이 심판을 피하는 길은 예수 그리스도의 보혈과 믿음밖에 없습니다. 인간의 죄는 모두 심판받습니다. 그러나 하나님은 '성실하심으로' 적을 멸하십니다. 여기서 '성실하심으로'는 하나님이 우리를 잊지 않으시는 것을 의미합니다. 하나님은 고난당한 성도를 잊지 않으십니다.

또한 하나님은 적을 정확하게 내리치십니다. 하나님은 적절한 때에 정확한 방법으로 악한 자를 치셔서 하나님의 백성을 구원합니다.

다윗은 자신의 미래를 아주 긍정적으로 보게 되었습니다. 하나님은 절대 그냥 넘어가는 분이 아닙니다. 우리는 "믿음이 없이는 하나님을 기쁘시게 하지 못합니다"(히 11:6). 우리는 믿음 없이는 하나님의 심판을 피할 수 없습니다. 인간이 아무리 유능하고 똑똑해도 하나님의 심판을 피할 수 없습니다.

> **6, 7절** "내가 낙헌제로 주께 제사하리이다 여호와여 주의 이름에 감사하오리니 주의 이름이 선하심이니이다 참으로 주께서는 모든 환난에서 나를 건지시고 내 원수가 보응받는 것을 내 눈이 똑똑히 보게 하셨나이다"

다윗은 절망의 순간에 확신에 차 있습니다. 도저히 갈 곳 없는 자신이 안전하게 승리한 것은 하나님의 은혜였습니다. 그래서 다윗은 하나님께 감사의 제사를 드릴 것을 확신하고 있습니다. 다윗은 '주의 이름에 감사하오리니 주의 이름이 선하심이니이다'라고 말합니다. 하나님께서 이름을 주신 것이 감사하고, 그 이름이 선하다는 것입니다. 여기서 '선하심이니이다'는 참 멋지다는 뜻입니다. 이 세상에서 최고 멋진 이름은 하나님의 이름입니다. 우리는 이 하나님의 이름을 자랑해야 합니다.

다윗은 골리앗과 싸우면서 이렇게 말했습니다.

> **"너는 칼과 창과 단창으로 내게 나아오거니와 나는 만군의 여호와의 이름 곧 네가 모욕하는 이스라엘 군대의 하나님의 이름으로 네게 나아가노라"**_삼상 17:45

그리고 다윗은 단숨에 골리앗을 쓰러뜨렸습니다.

하나님은 우리를 모든 환난에서 이기게 하십니다. 하나님은 원수들이 심판받는 것을 우리 눈으로 똑똑히 보게 하실 것입니다. 악하고 교활한 자를 두려워하지 마십시오. 미래를 두려워하지 마십시오. 하나님이 약속하신 아름다운 미래를 믿고 담대하게 나아가시기 소망합니다.

57

시 55:1–23

인생 최대의 위기

세상에는 최고 전성기를 달리다 갑자기 몰락하면서 인생의 최저점으로 곤두박질치는 자들이 있습니다. 이들은 자기가 실패하리라고는 꿈에도 생각하지 못했습니다. 이들은 승승장구했기 때문에 이런 실패가 더 이해되지 않습니다.

다윗의 인생에도 이런 순간이 있었습니다. 다윗은 한창 성공의 길을 달리고 있던 순간, 예루살렘의 쿠데타라는 두려운 일을 만났습니다. 그때 다윗은 가장 사랑하고 믿었던 자식과 신하들에게 나라와 모든 것을 빼앗겼습니다. 특히 다윗은 마음에 큰 상처를 입고 빈털터리로 도망칠 수밖에 없었습니다. 다윗의 정치 인생은 끝난 것 같았습니다. 다시는 재기할 수 없을 것 같았습니다. 그런데 다윗은 예루살렘에서 도망을 치면서도 하나님을 향한 믿음을 놓지 않았습니다. 다윗에게는 그를 믿고 그와 함께 기도하는 자들이 있었습니다. 놀라운 것은 기세등등했던 다윗의 원수들은 다 망했습니다. 하지만 다윗은 다시 성공해 예루살렘으로 돌아옵니다. 이것이 바로 '왕의 귀환'입니다.

다윗은 하나님의 은혜로 이스라엘을 다시 다스리게 됩니다. 예수께서도 제자와 민족의 배신으로 십자가 위에 못 박혀 죽으셨습니다. 그러나 사망 권세를 깨뜨리고 다시 온 세상의 왕이 되셨습니다.

시편 55편의 표제는 '다윗의 마스길, 인도자를 따라 현악에 맞춘 노래'입니다. 이 시는 다윗이 예루살렘 왕으로 성공의 길을 달리다 갑자기 왕좌를 뺏기고 쫓겨났을 때 지은 시입니다. 그러나 다윗은 다시 살아 돌아왔습니다. 우리도 절망에 빠질 때가 있습니다. 그러나 하나님 백성은 살아서 돌아오게 됩니다. 우리는 이 놀라운 사실에 믿음을 지킬 수 있습니다.

1. 다윗이 붙잡은 것

등산할 때 사람들이 필수로 꼭 챙기는 것이 긴 밧줄입니다. 사람이 절벽을 오르다 위험한 상황이 생기면 절벽보다 더 긴 밧줄이 필요하기 때문입니다. 하지만 다윗에게는 위기의 순간에 챙겨 갈 수 있는 것이 아무것도 없었습니다. 더욱이 다윗은 예루살렘에 반란이 일어났을 때 과연 누가 내편인지 알 수 없었습니다. 다윗은 예루살렘에서 쫓겨날 때 절벽에서 떨어지는 심정이었습니다. 그러나 다윗은 이런 위기의 순간에 하나님께 기도할 수 있는 믿음이 있었습니다.

1절 "하나님이여 내 기도에 귀를 기울이시고 내가 간구할 때에 숨지 마소서"

다윗은 예루살렘에서 도망치면서 하나님께 기도했습니다. 다윗은 극단적인 혼란 가운데 있었지만 무엇보다 먼저 하나님께 기도했습니다. 하나님과 긴밀히 대화하는 것을 잊지 않았습니다. 여기서 '내 기도에 귀를 기울이시고'는 지금부터 내 모든 기도와 사소한 이야기를 다 들어주셔야 한다는 의미입니다. 다윗에게는 지금 길이 전혀 보이지 않습니다. 어디로 가야 하며 누구의 말을 믿어야 할지 전혀 알지 못합니다. 다윗은 캄캄한 어두움 가운데서 어디론가 가야 합니다. 하나님은 다윗에게 말씀하셔야 했습니다.

그리고 다윗은 '내가 간구할 때에 숨지 마소서'라고 기도합니다. 사실 하나님이 무엇이 무섭다고 숨으시겠습니까? 하나님을 믿는 자들은 하나님이 숨으신 것 같은 절망감에 빠질 때 가장 어려움을 느낍니다. 하나님은 눈에 보이지 않으시기 때문에 가만히 계시면 우리는 아무것도 할 수 없습니다. 하나님이 움직이시면, 우리는 살 수 있습니다. 그러나 하나님이 가만히 계시면, 우리는 죽습니다. 그래서 우리는 하나님께 '숨지 마소서'라고 기도해야 합니다.

또한 하나님이 움직이실 때 그것을 민감하게 알아차리는 감각이 필요합니다. 우리가 미련해서 하나님이 미리 말씀으로 경고하셔도 전혀 눈치 채지 못하는 것이 문제입니다. 그래서 다윗은 하나님께 "제가 좀 더 알아들을 수 있게 말씀해 주십시오"라고 부탁합니다.

2절 "내게 굽히사 응답하소서 내가 근심으로 편하지 못하여 탄식하오니"

여기서 '내게 굽히사 응답하소서'는 하나님이 위에서 말씀하시면 우리는 미련해 도무지 알아듣지 못한다는 뜻입니다. 평소 우리는 하나님이 우리에게 말씀하시는 것을 거의 알아듣지 못하고 살아갑니다. 그러다 절망에 빠지면 너무 당황합니다. 하나님이 가까이 오셔서 귀를 기울여 주셔야만 이 어려움에서 빠져나올 수 있습니다. 다윗은 깊은 절망에 빠져 탄식합니다. 다윗은 가슴이 너무 답답해 제대로 기도할 수 없었습니다. 인간은 이처럼 절망에 빠지면 기도할 수 없습니다. 그러다 가슴의 답답함이 조금 풀리면 하나님께 감사의 기도가 나옵니다. 이것이 인간의 연약한 모습입니다.

특히 지금 다윗에게 보이는 모습은 암담합니다.

> **3절** "이는 원수의 소리와 악인의 압제 때문이라 그들이 죄악을 내게 더 하며 노하여 나를 핍박하나이다"

평소에는 전혀 그렇지 않았는데 일단 일이 벌어지자 악인들이 폭력을 휘둘렀습니다. 다윗은 놀라움에 도무지 이해되지 않았습니다. 분노의 모든 화살이 다윗을 겨냥하고 있었습니다. 그는 아픔과 사망의 위험을 느꼈습니다.

> **4절** "내 마음이 내 속에서 심히 아파하며 사망의 위험이 내게 이르렀도다"

인간은 마음이 아플 때 가장 고통스럽습니다. 특히 요즘 우리 사회는 마음이 아픈 자들이 많습니다. 이들은 극단적으로 자살을 선택하기도 합니다. 너무 안타까운 우리 사회의 어두운 모습입니다. 사실 마음이 아픈 것은 진찰을 해도 잘 나타나지 않습니다. 불안과 분노가 계속될 때 자기도 모르는 사이에 마음이 아프기 시작합니다. 처음에는 고무줄을 당겼다 놓으면 원상회복이 됩니다. 하지만 자꾸 당기면 고무줄이 늘어나 원상회복이 잘 안 됩니다. 그러다 더 당기면 끊어져 버립니다.

또한 인간은 배신을 당하면 가슴이 아픕니다. 예수님도 가룟 유다에게 배신을 당하고는 가슴이 아프셨습니다. 그러나 그것으로 끝나지 않았습니다. 사망의 위험이 닥쳤습니다. 다윗은 자기 자식과 신하에게 배신을 당해 가슴이 아팠지만 거기서 지체할 수 없었습니다. 모두가 다윗을 죽이려고 찾고 있었기 때문입니다.

5절 "두려움과 떨림이 내게 이르고 공포가 나를 덮었도다"

다윗이 절망에 한 번 빠지자 두려움과 공포가 그를 완전히 뒤덮었습니다. 다윗은 숨을 쉴 수 없었습니다. 그런데 다윗에게는 하나님에 대한 믿음이 있었습니다. 사람과 돈에 대한 신뢰가 아니었습니다. 이 믿음이 다윗에게 유일한 밧줄이었습니다. 다윗에게는 기도 응답에 대한 믿음이 있었습니다.

2. 다윗이 보지 못한 현실

우리는 때때로 새가 부러울 때가 있습니다. 새는 날개가 있어 높은 하늘로 훨훨 날아갈 수 있습니다. 감옥에 갇힌 죄수는 새가 되어 자유로운 세계로 날아가기를 원합니다.

다윗은 자기가 왕이어서 모든 것을 마음대로 할 수 있다고 생각했습니다. 하지만 다윗은 왕궁에 갇힌 죄수와 같아서 마음대로 할 수 있는 것이 아무것도 없었습니다. 다윗은 이제라도 새가 되어 먼 곳으로 마음껏 날아가고 싶었습니다.

6절 "나는 말하기를 만일 내게 비둘기같이 날개가 있다면 날아가서 편히 쉬리로다"

인간은 때로 심적인 압박이나 관계에서 오는 미움을 떨쳐 버리고 싶어 먼 곳으로 가고 싶은 생각이 들 때가 있습니다. 예수님은 제자들에게 "공중의 새를 보라"(마 6:26)고 말씀하셨습니다. 그런데 우리가 새처럼 먼 곳으로 날아갈 수 없는 이유는 붙잡고 있는 것이 너무 많아 그런 것입니다. 또 어느 곳으로 간다고 해서 모든 문제가 해결되는 것은 아닙니다. 문제는 여기서 풀어야지, 다른 곳으로 피한다고 해서 해결되지 않습니다.

그런데 다윗이 피하고 싶은 곳은 단순히 먼 곳이 아니었습니다. 다윗은 하나님에게로 피하고 싶었습니다. 과연 하나님이 계신 곳은 어디일까요?

7, 8절 "내가 멀리 날아가서 광야에 머무르리로다 내가 나의 피난처로 속히 가서 폭풍과 광풍을 피하리라 하였도다"

하나님의 백성에게 광야는 참 좋은 곳입니다. 물론 광야 시절은 가난과 고생으로 기억되는 무명 시절입니다. 우리는 광야에 있을 때 이렇게 성공할 줄 몰랐습니다. 그러나 우리는 성공한 후에 오히려 순수성을 잃어버렸습니다. 하나님을 향한 열정도 잃어버렸습니다. 우리는 다시 아무도 없는 광야로 가서 자신의 문제를 진지하게 생각해 보아야 합니다.

지금 거친 폭풍이 불고 있습니다. 도대체 우리의 피난처가 어디에 있을까요? 다윗은 예루살렘에서 도망치면서 그 피난처를 다시 찾게 됩니다. 다윗에게는 함께 기도하는 자들이 있었습니다. 이들 중에는 가난한 자도 있었고, 블레셋에서 개종한 자도 있었습니다. 이들은 다윗의 가치를 알았습니다. 이들은 죽는 한이 있어도 다윗을 지키려 했습니다. 여기서 다윗은 다시 일어서게 됩니다.

우선 다윗이 겪어야 했던 현실은 너무 잔인하며 폭력적이었습니다.

9절 "내가 성내에서 강포와 분쟁을 보았사오니 주여 그들을 멸하소서 그들의 혀를 잘라 버리소서"

다윗은 반역자들인 줄도 모르고 이들과 함께 예루살렘에서 정치를 했습니다. 다윗은 이들이 정말 하나님을 믿고 백성을 사랑하는 줄로 믿었습니다. 그러나 이들은 살인자이며, 악한 자들이었습니다. 그들의 혀는 너무 악했습니다. 그래서 다윗은 하나님께 '주여 그들을 멸하소서 그들의 혀를 잘라 버리소서'라고 기도합니다. 다윗은 이 정도로 사람을 몰랐습니다. 다윗에게는 이것도 죄입니다. 그는 승리와 성공에 도취되어 같이하는 자의 본질을 보지 못한 것입니다. 인간은 어떻게든 사람의 겉모습을 보게 되어 있습니다. 더욱이 모든 일이 성공하면 더 믿게 되어 있습니다. 그러나 그들은 뒤에서 악을 행하고 있었습니다. 그들은 믿어서는 안 되는 자들이었습니다. 그중에는 자식과 최고의 신하들이 있었습니다.

반역의 주동자였던 압살롬은 머리부터 발끝까지 흠잡을 데 없는 자였습니다. 압살롬은 긴 머리를 가진 자로, 다윗이 사랑한 아들이었습니다. 그러나 그는 너무 악한 자였습니다. 대부분의 신하와 왕족은 말씀에 근거한 다윗의 통치에 염증을 느끼고 있었습니다. 다윗이 너무 강하기 때문에 말하지 않고 있었던 것뿐입니다.

> 12-14절 "나를 책망하는 자는 원수가 아니라 원수일진대 내가 참았으리라 나를 대하여 자기를 높이는 자는 나를 미워하는 자가 아니라 미워하는 자일진대 내가 그를 피하여 숨었으리라 그는 곧 너로다 나의 동료, 나의 친구요 나의 가까운 친우로다 우리가 같이 재미있게 의논하며 무리와 함께하여 하나님의 집 안에서 다녔도다"

차라리 나를 대적하는 자 같으면 미리 경계심을 가지고 피하지만, 평소 너무 친한 자가 배신하면 꼼짝 못하고 속습니다. 가장 가까운 사람을 조심해야 합니다. 사람이 친한 사이다 보면 주의를 덜 기울이게 됩니다. 어떤 때는 죄인 줄 알면서도 용납합니다. 이로 인해 서로 죄에 빠지게 됩니다. 원수보다 가장 믿는 사람을 더 조심해야 합니다. 인간은 모두 죄인입니다.

다윗은 겉으로는 친한 척하지만, 속으로는 다른 마음을 가지고 있는 자들의 실체를 보게 되었습니다.

> 20, 21절 "그는 손을 들어 자기와 화목한 자를 치고 그의 언약을 배반하였도다 그의 입은 우유 기름보다 미끄러우나 그의 마음은 전쟁이요 그의 말은 기름보다 유하나 실상은 뽑힌 칼이로다"

이것이 하나님의 말씀으로도 변화되지 못한 자들의 본성입니다. 아무리 하나님의 종이라도 성령에 붙잡히지 않으면 언제라도 이렇게 변할 수 있습니다. 그래서 우리는 먼저 내 자신을 믿지 말아야 합니다. 나에게 잘해 주는 사람도 믿어서는 안 됩니다.

다윗도 여인 밧세바를 좋아하는 바람에 결국 시험에 들었습니다. 이것이 빌미가 되어 다윗의 아들 압살롬은 아버지의 첩들을 백주에 전부 강간하게 됩니다. 이 세상은 나그네 길입니다. 이 세상에는 완전한 행복과 이상적인 나라가 존재할 수 없습니다.

3. 다윗의 저주와 결심

다윗은 자기가 모든 일을 잘한 것은 아니라고 인정합니다. 그럼에도 불구하고 신하와 왕족은 그것을 핑계로 다윗의 통치를 거부했습니다. 이들은 하나님의 말씀을 불신하고 자기 나라를 세우려 했습니다. 결국 이 악인들은 하나님의 나라를 빼앗아 인간의 나라로 만들려 했습니다. 다윗은 이들을 저주합니다.

15절 "사망이 갑자기 그들에게 임하여 산 채로 스올에 내려갈지어다 이는 악독이 그들의 거처에 있고 그들 가운데에 있음이로다"

다윗은 사람이 행복해하는 정치를 하지 않았습니다. 이스라엘은 하나님의 나라였기 때문입니다. 그러나 사람들은 특별한 영웅을 원했습니다. 자기들의 마음에 드는 그런 영웅 말입니다. 예를 들어, 사람들은 운동 경기에서 상이란 상은 다 휩쓴 선수에게 열광합니다. 그러나 그 선수는 운동과 사람들의 열광을 위해 모든 것을 희생한 사람입니다. 자칫 잘못하면 선수가 우상이 됩니다. 그러나 우상의 말로는 비참합니다. 사람들은 이런 영웅이 조금이라도 자기를 실망시키면 즉시 돌아서기 때문입니다.

다윗을 배신한 아히도벨은 천재였지만 압살롬이 자기주장을 받아들이지 않자 즉시 고향 집으로 가서 자살해 버렸습니다.

"아히도벨이 자기 계략이 시행되지 못함을 보고 나귀에 안장을 지우고 일어나 고향으로 돌아가 자기 집에 이르러 집을 정리하고 스스로 목매어 죽으매 그의 조상의 묘에 장사되니라"_삼하 17:23

압살롬은 아버지 다윗을 죽일 기회가 있었지만 허영심에 빠져 시간을 주었습니다. 결국 다윗은 재기에 성공합니다. 그들에게는 '사망이 갑자기' 임해 '산 채로 스올에' 내려가게 되었습니다.

하나님은 우리가 영웅이 아니라 약점을 가진 겸손한 인간이기를 원하십니다.

16절 "나는 하나님께 부르짖으리니 여호와께서 나를 구원하시리로다"

하나님은 우리로 하여금 완전해서 사는 것이 아니라 하나님께 기도하지 않을 수 없기 때문에 살게 하십니다. 우리는 우리 힘으로 살 수 없습니다. 우리는 하나님께 부르짖는 힘으로 살 수 있습니다. 하나님이 붙잡아 주셔야 살 수 있습니다.

17절 "저녁과 아침과 정오에 내가 근심하여 탄식하리니 여호와께서 내 소리를 들으시리로다"

다윗은 하루 세 번씩 근심하고 탄식했다고 말합니다. 다윗은 '저녁과 아침과 정오에' 근심하고 탄식했습니다. 다윗은 하루 종일 탄식한 것입니다. 하나님의 백성에게 찾아오는 불청객은 염려와 근심, 분노입니다. 이런 염려와 분노는 수시로 찾아오는데, 그때마다 기도하지 않고는 견딜 수 없습니다. 하나님은 우리의 부르짖는 소리를 들어주십니다. 그런데 어떻게 들어주시는지는 말씀하지 않으십니다. 그 이유는 사람마다 응답하시는 방법이 다르기 때문입니다.

먼저 하나님은 다윗에게 가시 같았던 아비도벨을 죽게 하십니다. 아히도벨은 자기 성질을 이기지 못해 죽었습니다. 그리고 하나님은 압살롬의 허영심을 추켜세워 전면전을 벌이게 하셨습니다. 이로써 다윗에게 시간을 벌게 하셨습니다. 결국 압살롬은 전쟁터에서 그렇게 아끼던 긴 머리털이 나뭇가지에 걸리면서 죽고 말았습니다. 그리고 다윗을 아끼고 사랑하던 백성은 압살롬의 교만한 군대와 싸워 승리하게 됩니다.

하나님께서 다윗의 기도를 들어주셨을 때, 대적하는 자들의 수가 이상하게도 줄어들었습니다. 반대로 다윗의 군대는 점점 더 힘을 내게 되었습니다.

18, 19절 "나를 대적하는 자 많더니 나를 치는 전쟁에서 그가 내 생명을 구원하사 평안하게 하셨도다 옛부터 계시는 하나님이 들으시고 그들을 낮추시리이다 그들은 변하지 아니하며 하나님을 경외하지 아니함이니이다"

다윗에게 반역한 자들은 하나님의 말씀을 듣고도 변하지 않았습니다. 그들은 하나님의 능력을 보고도 변하지 않았습니다. 오늘날 교회에도 이런 자들이 있습니다. 그래서 우리는 늘 교만하지 않게 조심해야 합니다.

다윗은 고통 중에 있는 성도들에게 이렇게 말합니다.

22절 "네 짐을 여호와께 맡기라 그가 너를 붙드시고 의인의 요동함을 영원히 허락하지 아니하시리로다"

이것은 다윗의 입에서 나온 말이지만 실제로는 우리를 향한 하나님의 음성입니다. 하나님은 우리가 지고 있는 무거운 짐을 여호와께 맡기기를 원하십니다. 우리는 지금 너무 많은 짐을 지고 이것을 해결하기 위해 몸부림치고 있습니다. 우리는 미래의 어려움을 해결해 보기 위해 많은 생각을 합니다.

하지만 우리가 하나님 편에 서 있으면, 하나님은 우리를 붙들어 주실 것입니다. 하나님은 우리가 흔들리는 것을 영원히 허락하지 않으실 것입니다. 물론 잠시 흔들릴 수 있습니다. 그러나 하나님은 우리로 하여금 영원히 흔들리지 않게 하실 것입니다.

다윗은 하나님의 말씀을 믿지 않고, 인간의 머리로 세상의 성공을 바라는 자들이 망할 것이라고 말합니다.

23절 "하나님이여 주께서 그들로 파멸의 웅덩이에 빠지게 하시리이다 피를 흘리게 하며 속이는 자들은 그들의 날의 반도 살지 못할 것이나 나는 주를 의지하리이다"

아무리 하나님의 백성이라 해도 인간이 모인 곳에는 악한 모략과 자랑이 있기 마련입니다. 악인은 인간의 명예와 권력에 도취되어 끝까지 하나님 앞에 머리를 숙이지 않습니다. 이런 자들은 아무리 말을 잘하고 지도력이 뛰어나다 해도 언젠가는 죽게 되어 있습니다. 결국 그들에게 남는 것은 아무것도 없습니다.

왜 하나님은 우리에게 이런 절망의 때를 허락하실까요? 그것은 우리가 일시적인 성공에 도취되어 사람과 자신의 능력을 믿으려 하기 때문입니다. 우리는 가까운 사람은 물론 자기 자신도 믿어서는 안 됩니다. 매 순간 어려웠던 광야를 생각하며 끝까지 하나님을 의지해야 합니다.

58

시 56:1-13

성도의 눈물

맹수가 아무리 사납고 힘이 세도 함정에 걸리면 거기에서 빠져나올 수 없습니다. 이 때 맹수는 빠져나오기 위해 소리를 지르며 뛰어 보지만 결국 힘이 빠져 죽게 됩니다. 하나님의 백성도 살다보면 고난의 덫에 빠질 때가 있습니다. 이 고난의 함정은 물질적인 가난일 수도 있고, 세상에서 오해를 받아 법정에 서는 일일 수도 있습니다. 그런데 하나님의 백성은 이런 고난에 빠졌을 때 자기 힘으로 해결해 보기보다는 눈물을 많이 흘립니다. 이처럼 하나님 앞에서 가장 아름다운 자는 고난 가운데서도 눈물을 흘리며 말씀과 기도로 은혜를 받습니다.

시편 56편의 표제는 '다윗의 믹담 시, 인도자를 따라 요낫 엘렘 르호김에 맞춘 노래, 다윗이 가드에서 블레셋인에게 잡힌 때에'입니다. 여기서 '믹담 시'는 '황금 시'라는 뜻입니다. 이 시는 시편의 많은 시들 중에 '금메달 시'라는 뜻입니다. 하나님은 고난 가운데서도 낙심하지 않고 믿음으로 승리한 자들에게 최고의 상을 베푸십니다.

표제에서 '요낫 엘렘 르호김에 맞춘 노래'는 직역하면 '멀리 있는 말 못하는 비둘기'라는 뜻입니다. 비둘기는 아주 슬픈 소리를 내며 웁니다. 그런데 어떤 비둘기는 울지 못하고 고개를 흔들며 눈으로만 말합니다. 마찬가지로 다윗은 고난에 빠졌을 때 다른 사람에게 자기의 사정을 말할 수 없었습니다. 다윗은 어느 누구에게도 진실을 말할 수 없었습니다. 눈물만 흘릴 뿐이었습니다. 그래서 시를 연주하면서 이런 곡조가 있었습니다. 반주 없이 노래한다든지 아니면 고개를 흔들면서 부른다든지 아니면 저음으로 노래하는 기법이 있었습니다.

그리고 '다윗이 가드에서 블레셋인에게 잡힌 때에'라고 말하고 있습니다. 다윗이 가드에서 블레셋 왕 아기스를 찾아간 이야기는 사무엘상 21장에 기록되어 있습니다. 그런데 시편 56편을 보면 사무엘상 21장에 기록된 것과 실제 상황이 다르다는 것을 알 수 있습니다. 사무엘상 21장에 보면, 아기스의 신하들이 아기스에게 "무리가 춤추며 이 사람의 일을 노래하여 이르되 사울이 죽인 자는 천천이요 다윗은 만만이로다 하지 아니하였나이까"(삼상 21:11)라고 말합니다. 다윗은 이 말을 마음에 두고 두려워하여 "그들 앞에서 그의 행동을 변하여 미친 체하고 대문짝에 그적거리며 침을 수염에 흘렸습니다"(삼상 21:13). 결국 아기스는 이런 다윗을 죽이지 않게 됩니다.

그러나 시편 56편을 보면 다윗은 상당 기간 붙잡혀 있으면서 두들겨 맞고 욕설을 당했습니다. 다윗은 엄청난 모욕과 고통을 당한 것입니다. 그런데 다윗은 그런 고통 가운데서도 용기를 잃지 않고 하나님께 신실하게 나아갔습니다. 다윗은 하나님의 말씀을 암송하며 찬송했습니다. 놀랍게도 다윗은 결국 살아서 나오게 되었습니다.

1. 다윗이 빠진 함정

다윗은 사울의 미움을 받으면서 함정에 떨어졌습니다. 다윗은 사울 앞에서 몇 번이나 암살을 당할 뻔했습니다. 다윗은 이 위험을 겪고 결국 도망치게 됩니다. 다윗은 먼저 사무엘에게 도망쳤습니다. 사무엘에게는 성령의 강한 능력이 있어 쫓아오는 자마다 다윗을 잡아가지 못했습니다. 나중에는 사울이 직접 잡으러 오지만 사울도 성령의 감동을 받아 다윗을 잡아가지 못했습니다. 그러나 다윗은 사무엘이 언제까지 자기를 지켜 줄 수 없다는 것을 알았습니다. 그래서 다윗은 성전으로 도망쳤습니다. 죄 없는 사람이 성전 뿔을 잡고 있으면 잡아가지 못하기 때문입니다. 그런데 다윗은 성전이 자기를 지켜 주지 못한다는 것을 알았습니다. 그래서 다윗은 거기서 음식을 먹고 골리앗의 칼만 얻어 도망쳤습니다. 그 결과 다윗을 도와준 성전 제사장 팔십오 명은 도엑에게 죽임을 당했습니다.

이 때 다윗은 블레셋 나라 중 가드로 도망치기로 생각했습니다. 하나님은 다윗이 이스라엘에 있기를 원하셨습니다. 하나님의 선지자도 찾아와서 다윗에게 이스라엘에 있으라고 했습니다. 그러나 이스라엘에는 다윗이 도망칠 곳이 없었습니다. 하나님은 그곳에 그냥 있으라고 말씀하시는데 도저히 그곳에 있을 수 없을 때, 우리는 마음이 답답합니다.

그런데 다윗은 블레셋 가드 왕궁에 발을 디딘 순간, 자기가 함정에 빠졌다는 것을 알게 되었습니다. 다윗이 물맷돌로 죽인 장수 골리앗은 가드 출신이었습니다. 가드 사람들은 골리앗을 자랑스러워했습니다. 그런 이유로 골리앗을 죽인 다윗을 용서하지 않고 있었습니다. 다윗은 원수 사울을 피해 도망쳤지만 하필이면 자기를 가장 미워하는 가드 사람들에게로 도망치게 된 것입니다. 다윗은 자기 판단이 맞다 생각했지만, 결국 최악의 결정을 내리고 만 것입니다. 다윗은 할 수 있는 것이 아무것도 없었습니다. 다윗은 누구에게도 말할 수 없는 심적 고통을 가슴에 묻고, 밤이면 하나님께 울음으로 토로했습니다. 더욱이 소리조차 내지 못하고 울었습니다.' 다윗은 자기 인생이 이제 끝난 것 같았습니다.

가드 감옥에 갇혀 있는 다윗을 꺼낼 수 있는 자는 아무도 없었습니다. 하나님밖에는 다윗을 도울 수 있는 분이 없었습니다. 하지만 하나님은 다윗을 도와주시지 않는 것 같았습니다. 그런데 다윗의 가슴 속에는 하나님의 말씀이 살아 있었습니다.

> **1절** "하나님이여 내게 은혜를 베푸소서 사람이 나를 삼키려고 종일 치며 압제하나이다"

다윗은 '하나님이여 내게 은혜를 베푸소서'라고 기도를 시작합니다. 다윗은 아첨이나 비굴한 웃음으로 이 상황을 모면하지 않았습니다. 다윗은 가드 왕 아기스와 그 신하들 앞에서 아무 말도 하지 않았습니다. 다윗은 하나님께 계속 기도할 따름이었습니다. 다윗은 오직 하나님만을 향해 은혜를 베풀어 달라고 기도했습니다. 다윗은 희망을 품고 가드 왕궁에 들어갔지만, 상황이 좋지 못한 것을 알고는 가슴이 철렁했습니다. 그때부터 다윗은 잠시도 쉬지 않고 계속 기도했습니다.

'하나님이여 내게 은혜를 베푸소서'라는 구절이 개역한글에는 '하나님이여 나를 긍휼히 여기소서'로 되어 있습니다. 이 번역이 더 적절한 것 같습니다. 어려움에 빠진 성도가 하나님 앞에서 얼마나 불쌍한지 모릅니다. 그러나 하나님이 긍휼히 여기시면 성도는 살 길이 있습니다. 예수님 앞에 나온 두 명의 소경도 "다윗의 자손이여 우리를 불쌍히 여기소서"(마 9:27)라고 소리질렀습니다.

다윗의 사정 역시 정말 비참했습니다. 가드 사람들은 다윗을 집어삼키기 위해 그를 때렸습니다. 다윗은 '사람이 나를 삼키려고 종일 치며'라고 말합니다. 가드 왕 아기스의 신하들은 하루 종일 다윗을 채찍으로 때리면서 억압했습니다.

2절 "내 원수가 종일 나를 삼키려 하며 나를 교만하게 치는 자들이 많사오니"

다윗의 원수들은 다윗을 하루 종일 심문했습니다. 그들은 다윗을 완전히 자기들의 먹이로 생각했습니다. 자기 마음대로 때리고 욕했습니다. 그들은 자신들이 마치 신이나 되는 것처럼 다윗 위에 군림했습니다. 다윗은 그 신하들 앞에서 파리 목숨밖에 되지 않았습니다. 아기스 왕궁에서 다윗에게 동정적인 사람은 단 한 명도 없었습니다. 하나님의 백성은 이런 적대적인 분위기에 빠지면 아무것도 할 수 없습니다.

이 때 다윗이 의지할 수 있는 분은 오직 하나님 한 분밖에 없었습니다. 다윗은 시간만 나면 결사적으로 하나님께 기도했습니다.

3절 "내가 두려워하는 날에는 내가 주를 의지하리이다"

때때로 우리가 두려움에 빠질 때면 하나님밖에 의지할 분이 없습니다. 보통 때도 하나님을 의지하지만, 이런 함정에 빠지면 더 하나님밖에 의지할 분이 없습니다.

아브라함도 이와 비슷한 경험을 했습니다.

"여호와께서 아브람에게 이르시되 너는 너의 고향과 친척과 아버지의 집을 떠나 내가 네게 보여 줄 땅으로 가라"_창 12:1

아브라함이 처음 가나안 땅에 들어갔을 때 흉년이 찾아왔습니다. 아브라함은 하나님 말씀에 순종해 가나안 땅으로 들어갔지만, 그곳에서 큰 기근을 만났습니다. 아브라함은 이해되지 않았습니다. 그래서 아브라함은 별 생각 없이 애굽으로 내려갔습니다. 하지만 하나님께서는 아브라함이 흉년이 든 가나안 땅에 남는 것을 원하셨습니다. 하나님은 아브라함이 하나님 말씀을 붙잡고 죽을 각오로 씨름해 보길 원하셨습니다. 하지만 그때까지만 해도 아브라함의 신앙 수준은 목숨 걸고 말씀을 지킬 정도는 아니었습니다.

아브라함은 하나님의 말씀을 불순종해 애굽으로 내려갔다 그의 아내 사라를 바로에게 빼앗길 뻔했습니다. 하지만 하나님께서는 바로의 왕궁을 질병으로 치셨습니다. 바로는 두려움에 사라를 아브라함에게 내주었습니다. 그래서 아브라함은 애굽을 무사히 떠날 수 있었습니다.

우리 역시 갈 길을 몰라 때로는 죽을 길을 찾아 들어가기도 합니다. 이때 하나님이 우리를 불쌍히 여겨 주셔야 합니다. 이 두려운 날에 다윗은 하나님을 붙잡았습니다.

2. 다윗에게 생긴 자신감

다윗은 죽음의 함정에 빠져 매일 매를 맞으며 심문당했습니다. 그러나 다윗은 협박에 굴복하지 않았습니다. 대신 다윗은 하나님의 말씀을 암송했습니다.

> **4절** "내가 하나님을 의지하고 그 말씀을 찬송하올지라 내가 하나님을 의지하였은즉 두려워하지 아니하리니 혈육을 가진 사람이 내게 어찌하리이까"

다윗은 이런 위기 가운데서도 하나님만 의지했습니다. 여기서 '내가 하나님을 의지하고…내가 하나님을 의지하였은즉'은 모든 인간적인 방법을 포기했다는 의미입니다. 다윗은 모든 수단을 포기했습니다. 이것이 더 이상하게 보일지도 모릅니다. 누구든지 이런 지경에 처하면 살기 위해 필사적으로 노력하기 때문입니다. 그러나 다윗은 하나님만 의지했습니다. 다윗이 이럴 수 있었던 것은 신앙이 그만큼 성숙했기 때문입니다.

다윗은 하나님의 말씀을 계속 암송했습니다. 다윗에게는 성경 구절이 완전히 자기 것으로 되면서 삶의 노래가 되었습니다. 다윗은 하나님의 말씀을 가지고 찬송을 부르게 되었습니다. 그러자 다윗에게 이런 효과가 나타났습니다. 원수들이 협박해도 다윗의 신앙심에는 영향을 미치지 못했습니다. 원수들이 죽인다 해도 다윗의 신앙은 건드릴 수 없었습니다. 어느 순간부터 다윗은 블레셋 사람이 무섭지 않았습니다. 처음에는 육체적 고통이 너무 고통스러웠지만, 시간이 지나면서 두렵지 않았습니다.

다윗은 육체를 가진 인간이 자신을 어떻게 하지 못한다는 결론을 담대히 내렸습니다. 4절 후반절에서 '혈육을 가진 사람이 내게 어찌하리이까'라고 고백합니다. 다윗은 하나님이 포기하시지 않는 이상 인간이 자신을 죽이지 못한다는 것을 믿었습니다.

다윗은 블레셋 사람들이 한 일을 생각해 봅니다.

> **5절** "그들이 종일 내 말을 곡해하며 나를 치는 그들의 모든 생각은 사악이라"

블레셋 사람들은 다윗이 하는 말을 전부 거꾸로 받아들였습니다. 그들은 다윗이 하는 모든 말을 믿지 않았을 뿐만 아니라 이상하게 해석했습니다. 다윗은 그들의 생각이 사악한 것을 보고 오히려 불쌍하게 여겼습니다.

6절 "그들이 내 생명을 엿보았던 것과 같이 또 모여 숨어 내 발자취를 지켜보나이다"

블레셋 사람들은 할 수 있으면 핑계를 대서 다윗을 처형하려고 했습니다. 그들은 숨어서 다윗이 하는 모든 것을 지켜보았습니다. 그러나 다윗이 하는 행동은 똑같았습니다. 블레셋 사람들이 보기에는 다윗이 모르는 말을 중얼거리는 것 같았습니다. 다윗은 이상한 노래를 부르는 것 같았습니다. 그러나 그것은 하나님께서 다윗에게 주신 지혜였습니다. 이것이 바로 다윗이 사는 길이었습니다.

7절 "그들이 악을 행하고야 안전하오리이까 하나님이여 분노하사 뭇 백성을 낮추소서"

인간의 눈으로 보면, 지금 블레셋 사람들이 안전한 것 같습니다. 반대로 다윗의 생명은 위태로워 보입니다. 그러나 하나님의 눈으로 보면, 블레셋 사람들이야말로 멸망할 자들입니다. 그들은 하나님의 거룩한 자를 만나고 있습니다. 후에 다윗의 인격에 감화되어 이스라엘로 따라온 자들이 있습니다. 그들이야말로 복 받은 자들입니다.

"주 여호와가 이같이 이르노라 내가 뭇 나라를 향하여 나의 손을 들고 민족들을 향하여 나의 기치를 세울 것이라 그들이 네 아들들을 품에 안고 네 딸들을 어깨에 메고 올 것이며 왕들은 네 양부가 되며 왕비들은 네 유모가 될 것이며 그들이 얼굴을 땅에 대고 네게 절하고 네 발의 티끌을 핥을 것이니 네가 나를 여호와인 줄을 알리라 나를 바라는 자는 수치를 당하지 아니하리라"_사 49:22-23

결국 하나님은 블레셋 사람을 낮추실 것입니다. 나중에 블레셋은 다윗에게 종이 됩니다. 하나님은 그의 종을 높이시고, 악한 자를 낮추셔서 티끌을 핥게 하실 것입니다. 하나님 백성은 연단을 받아 자신의 가치를 되찾아야 합니다. 성도는 세상이 아무리 악해져도 겁을 낼 필요가 없습니다. 성도는 하나님의 손에 붙들린 자입니다. 세상의 가치로 우리 자신을 평가하는 것은 우리를 과소평가하는 것입니다.

3. 하나님의 보물

하나님은 자기 백성이 고통 가운데 흘리는 눈물을 가장 가치 있게 생각하십니다. 어느 누구도 연단 받는 것을 가치 있다고 생각하지 않습니다. 누구나 연단 받을 때는 가난하고 배고픈 법입니다. 그런데 하나님은 자기 백성이 연단 받을 때 가장 귀하게 여기십니다. 그때 우리는 가장 순수하고 깨끗하기 때문입니다.

> **8절** "나의 유리함을 주께서 계수하셨사오니 나의 눈물을 주의 병에 담으소서 이것이 주의 책에 기록되지 아니하였나이까"

우리는 성도가 연단을 받으면 비참하게 생각합니다. 이스라엘 백성은 애굽에서 나와 광야 생활을 할 때 춥고 배고팠습니다. 그러나 하나님은 광야 생활하는 이스라엘 백성을 가장 사랑하셨습니다. 바로 그 기간이 하나님과 이스라엘 백성이 깊이 교제할 수 있는 때였습니다. 우리가 고난을 받을 때가 하나님과 가장 가까운 때입니다. 그때 우리는 하나님 말씀의 깊은 뜻을 알게 되고, 하나님의 사랑도 경험하게 됩니다.

이어서 다윗은 '나의 눈물을 주의 병에 담으소서'라고 기도합니다. 성도가 어려운 일을 당해 눈물 흘릴 때 이것은 눈물을 흘리는 것이 아니라 보석을 흘리는 것입니다. 또한 하나님의 말씀을 듣고 눈물 흘릴 때 이것은 보석을 흘리는 것입니다. 하나님은 이 눈물을 병에 담아 귀하게 보관하십니다. 눈물 흘린 많은 백성이 존귀하기 때문입니다.

인간이 분해서 눈물 흘릴 때는 그 맛이 쓰다고 합니다. 그러나 인간이 감격해서 눈물 흘릴 때는 그 맛이 달다고 합니다. 하나님 백성이 흘리는 눈물은 단 눈물입니다. 이런 눈물이 많아야 백성이 복을 받습니다. 눈물이 많아야 부흥이 일어납니다. 이것은 하나님의 변함없는 약속입니다.

9절 "내가 아뢰는 날에 내 원수들이 물러가리니 이것으로 하나님이 내 편이심을 내가 아나이다"

다윗은 가드에서 이런 일을 경험했습니다. 다윗이 자신을 너무 비참하게 한 신하가 오지 않게 해 달라고 기도하자 정말 그 자가 오지 않았습니다. 이처럼 하나님은 우리가 감당하지 못할 시험은 주시지 않습니다.

"오직 하나님은 미쁘사 너희가 감당하지 못할 시험 당함을 허락하지 아니하시고 시험 당할 즈음에 또한 피할 길을 내사 너희로 능히 감당하게 하시느니라"_고전 10:13

인간은 이것을 모르기 때문에 미리 겁을 내고 절망합니다. 그러나 그렇게 할 필요가 없습니다. 기도하면 하나님은 시험을 낮추어 주십니다. 다윗은 이 귀한 깨달음을 통해 하나님이 자기편인 것을 알 수 있었습니다.

다윗은 또 하나님을 의지하고 말씀을 찬송합니다.

10절 "내가 하나님을 의지하여 그의 말씀을 찬송하며 여호와를 의지하여 그의 말씀을 찬송하리이다"

다윗은 시간이 지날수록 인간적인 방법을 더 생각하지 않게 되었습니다. 하나님의 말씀을 붙잡고 그분을 의지하는 것이야말로 가장 근본적인 해결책이었습니다.

11절 "내가 하나님을 의지하였은즉 두려워하지 아니하리니 사람이 내게 어찌하리이까"

다윗은 하나님을 굳게 의지하자 두려움이 사라졌습니다. 또한 다윗은 '하나님이 나와 함께하시는데 누가 내게 제멋대로 할 수 있겠는가?'라는 담대함이 생겼습니다.

성도는 함정에 빠졌을 때 너무 많이 생각하면 안 됩니다. 성도는 실수한 것을 자꾸 생각하면 안 됩니다. 지금 우리가 하나님을 의지하면 산 것입니다. 인간이 자기 마음대로 할 수 없습니다.

이 때 다윗은 하나님이 주시는 확신을 갖게 되었습니다.

12, 13절 "하나님이여 내가 주께 서원함이 있사온즉 내가 감사제를 주께 드리리니 주께서 내 생명을 사망에서 건지셨음이라 주께서 나로 하나님 앞, 생명의 빛에 다니게 하시려고 실족하지 아니하게 하지 아니하셨나이까"

다윗은 '주께서 내 생명을 사망에서 건지셨음이라' 고백하며 감사드리고 있습니다. 다윗은 하나님이 한평생 생명의 빛 가운데 걸어가게 하실 줄 믿었습니다. 지금도 우리가 하나님을 의지하면, 육체를 가진 인간이 우리를 해칠 수 없습니다. 성도 여러분, 아무것도 두려워하지 말고 끝까지 하나님을 의지합시다.

59

시 57:1-11

새벽을 깨우는 믿음

요즘이야 서울 청계천이 시냇물이 흐르는 멋진 쉼터로 변했지만, 옛날에는 서울에서 갈 곳이 없는 가난한 자들이 모여 사는 판자촌이었습니다. 그곳에서 목회하셨던 어느 목사님의 글을 읽어 보니 거기에 사는 분들은 거의 '넝마'라고 해서 헌 옷을 줍거나 고물을 수집하는 일을 해서 먹고 살았습니다. 그들은 정말 가난했습니다. 그러다 청계천이 개발되면서 그분들은 모두 다른 곳으로 이주하게 되었습니다.

저는 처음 서울에 올라왔을 때, 있을 곳이 없어 아시는 분 양계장의 방 한 칸에 얹혀살았습니다. 그때가 제 인생에서 가장 가난하고 힘들 때였습니다. 그런데 돌아보니 그곳은 하나님의 보호를 받은 멋진 곳이었습니다. 저는 그때 하나님을 가장 많이 찾았습니다. 꿈 많고 순수했던 그 시절이야말로 제 마음의 상상의 날개를 마음껏 펼 수 있는 행복한 때였습니다. 그래서인지 제 설교에는 늘 양계장이 나옵니다.

인간은 누구나 자기 인생에서 가장 비참한 시절이 있을 것입니다. 아마 그 시절을 떠올리면, 동네나 집이 생각날 것입니다. 다윗에게 가장 가난하고 불안했던 시절은 아둘람과 엔게디 굴에서 생활할 때였습니다. 다윗은 이 굴에 살면서 물과 양식을 구하기가 어려웠습니다. 특히 사울이 언제 들이닥칠지 모르는 불안감 속에서 하루하루를 살아가야만 했습니다. 굴에서 목욕한다는 것은 상상할 수 없는 일이었습니다. 더욱이 추위는 극심했습니다. 하루하루 사는 것이 고통스러웠습니다. 다윗은 그 정도로 비참하고 궁핍한 시기를 보냈습니다.

그러나 다윗에게 가장 두려운 것은 불안이었습니다. 사울이 군대를 데리고 언제 덮칠지 몰랐습니다. 실제로 사울이 다윗이 숨어 있는 굴 안까지 들어온 적이 있습니다. 그런데 다윗은 이토록 불안한 가운데 최고 아름다운 시를 썼습니다. 시편 57편이야말로 다윗의 '황금 시'라 할 수 있습니다. 표제를 보면 '다윗의 믹담 시'라고 말하고 있습니다. 이것은 '다윗의 황금 시'라는 뜻입니다.

시편 57편으로 지은 곡이 많습니다. 시편 57편 1절 하반절에 보면, '주의 날개 그늘 아래'라는 표현이 나옵니다. '주 날개 밑 내가 편안히 쉬네'라는 찬송이 있습니다. 시편 57편 8절에는 '비파야, 수금아, 깰지어다 내가 새벽을 깨우리로다'라는 구절이 나옵니다. '내가 새벽을 깨우리라'는 복음성가곡도 있습니다. 어떻게 이토록 비참한 상황 속에서 이렇게 주옥같이 아름다운 찬송을 지을 수 있었을까요? 하나님 백성은 고난 가운데 있을 때 가장 마음이 깨끗하고 순결합니다.

시편 57편의 표제는 '다윗의 믹담 시, 인도자를 따라 알다스헷에 맞춘 노래, 다윗이 사울을 피하여 굴에 있던 때에'입니다. 여기서 '알다스헷'은 '멸망시키지 마소서'라는 뜻입니다. 멸망당하지 않는 자들이라면 곡이 너무 무겁거나 비참하면 안 될 것입니다. 그래서 좀 가볍고 밝은 곡조가 아닐까 하는 생각이 듭니다.

1. 하나님의 날개를 발견함

다윗은 굴에 숨어 있으면서 이 위대한 시를 썼습니다. 다윗은 그일라 사람들을 돕는 것을 기점으로 그 앞에는 아둘람 굴에, 그 뒤에는 엔게디 굴에 숨어 있었습니다. 다윗이 시편 57편을 쓸 당시 어느 굴에 숨어 있었는지 궁금해 하는 자들이 있습니다. 그런데 시 내용을 살펴보면, 두 굴 모두를 말하고 있습니다. 다윗이 아둘람 굴에 숨어 있을 당시는 너무 비참하며 불안했습니다. 그런데 다윗이 엔게디 굴에 숨자 실제로 사울이 추격해 왔습니다. 본 시편에는 다윗이 숨어 있는 굴에 사울이 직접 들어오기까지 아주 급박한 순간이 묘사되어 있습니다.

> **1절** "하나님이여 내게 은혜를 베푸소서 내게 은혜를 베푸소서 내 영혼이 주께로 피하되 주의 날개 그늘 아래에서 이 재앙들이 지나기까지 피하리이다"

다윗은 사울을 피하여 도망다니면서도 기도의 줄을 놓지 않았습니다. 다윗은 인간 사회에서 쫓겨나 굴에 살고 있으면서도 하나님께 계속 기도했습니다. 다윗은 '내게 은혜를 베푸소서 내게 은혜를 베푸소서'라고 기도합니다. 개역한글에는 '나를 긍휼히 여기시고 나를 긍휼히 여기소서'라고 번역되어 있습니다. 다시 말해, 다윗은 하나님께 나를 잊지 말아 달라고 기도하고 있습니다. 다윗은 하나님이 자기를 잊는 시간이 자기가 바로 죽는 시간이라는 것을 알고 있었습니다.

만일 하나님이 우리를 항상 기억하고 계신다면, 하나님은 우리가 먹지 않으면 죽고, 너무 추워도 견디지 못한다는 것을 아실 것입니다. 하나님이 우리를 기억하시기 때문에 우리는 하루하루 살아가는 것입니다. 만약 하나님이 우리를 잊으신다면, 우리는 살 수 없습니다.

이 때 다윗은 '내 영혼이 주께로 피하되 주의 날개 그늘 아래' 피한다고 말합니다. 다윗은 사울이 마치 맹수처럼 자기를 쫓는 순간에 다른 곳이 아니라 하나님의 날개 안에 피하여 숨기를 원했습니다. 만일 우리가 이 세상에서 하나님의 품을 발견할 수 있다면, 그것보다 더 다행스러운 일은 없을 것입니다.

다윗은 '내 영혼이 주께로 피하되'라고 말합니다. 여기서 '영혼'은 아무것도 가지지 못한 다윗의 정신을 뜻합니다. 다윗은 육신도, 재산도 아닌, 오직 그의 영혼이 하나님에게 피한다고 말하고 있습니다. 다윗은 그의 영혼이 파멸되지 않기를 바라고 있습니다. 그런데 하나님의 날개 그늘이 어디에 있을까요?

다윗은 아둘람 굴로 피했을 때 아주 부담스러운 자들을 만났습니다. 그들은 사울의 치하에서 억울함을 당해 쫓겨난 자들이었습니다. 그런데 그들 사백 명은 다윗에게 몰려와 함께 있었습니다. 다윗은 지금 자기 하나도 제대로 지킬 수 없는 절박한 처지였습니다. 그런데 무려 사백 명이나 되는 자들이 다윗에게 찾아왔으니 그는 더 궁핍할 수밖에 없었습니다. 물론 다윗 한 사람의 입 같으면 사냥이나 도둑질을 해서 살아가겠지만, 무려 사백 명이나 되는 자들의 양식을 어디서 구할 수 있을까요? 그리고 다윗 자신도 쫓겨 다니는 신세인데, 어떻게 이들의 답답함을 풀어 줄 수 있을까요?

다윗에게는 하나님의 말씀으로 위로해 줄 수 있는 방법밖에 없었습니다. 그래서 다윗은 어쩔 수 없이 이 사백 명을 하나님의 말씀으로 먹이는 목회를 하게 됩니다. 다윗은 하나님의 말씀을 묵상하면서 깊은 은혜를 받았습니다. 하나님은 이 모든 상황 가운데 그분의 날개로 따뜻한 위로가 되어주셨습니다.

다윗은 축축하고 추운 아둘람 굴이 아주 아늑하며 따뜻하다고 느꼈습니다. 다윗은 말씀이 없는 예루살렘 왕궁보다 이 굴 속이 더 따뜻하다고 생각했습니다. 다윗이 예루살렘 왕궁에 있을 때는 재산과 지위가 있었습니다. 하지만 시기와 질투, 의심 가운데 진정한 행복을 느낄 수 없었습니다. 그런데 다윗은 아둘람 굴에 거하며 하나님의 말씀을 듣는 자들 안에서 하나님의 위로와 행복을 발견했습니다. 그래서 다윗은 이렇게 결심합니다. '이 재앙이 끝나기까지 이 사백 명과 함께 하나님의 말씀을 나누고, 계속 기도하겠다.'

도망한 이 사백 명은 다윗을 귀찮게 하는 자들이 아니라 살리는 자들이었습니다. 다윗은 이 사백 명 때문에 하나님의 말씀을 연구하고, 가르치게 되었습니다. 도망한 사백 명의 이야기를 들어주느라 자기 생각에 빠질 시간이 없었습니다. 그래서 다윗은 정신이 아주 건강했습니다. 그런데 사울은 오직 다윗만 미워했기 때문에 그의 정신은 더욱 병들게 되었습니다.

이 위기의 시대에 하나님의 날개 아래 들어가려면 말씀을 바르게 가르치는 공동체 안에 들어가야 합니다. 그러면 하나님은 이 모든 재앙이 끝나기까지 우리를 지켜 주십니다.

> **2절** "내가 지존하신 하나님께 부르짖음이여 곧 나를 위하여 모든 것을 이루시는 하나님께로다"

우리는 하나님의 날개 아래 가만히 있으면 안 됩니다. 하나님의 품 안에서 부르짖으며 기도해야 합니다. 부르짖는 기도야말로 우리가 하나님을 전적으로 의지하는 표시입니다. 즉 내 모든 소망을 하나님께 맡기는 표시입니다. "열두 해를 혈루증으로 앓아 온 한 여자가"(막 5:25) 예수님의 옷자락을 붙잡았을 때 병이 나았습니다.

"예수의 소문을 듣고 무리 가운데 끼어 뒤로 와서 그의 옷에 손을 대니 이는 내가 그의 옷에만 손을 대어도 구원을 받으리라 생각함일러라 이에 그의 혈루 근원이 곧 마르매 병이 나은 줄을 몸에 깨달으니라"_막 5:27-29

우리가 하나님을 향해 강하게 부르짖을 때 하나님은 우리의 모든 병과 고통을 책임져 주십니다. 하나님이 주시는 평안과 능력이 우리를 사로잡게 됩니다. 하나님께 부르짖으며 기도하는 것은 하나님의 옷자락을 잡는 것과 같습니다. 하나님이 어떤 분이십니까? 하나님은 지극히 크신 분입니다. 하나님은 지존하신 분입니다. 하나님은 우리를 위해 모든 것을 감당하시는 분입니다.

개역한글은 '지존하신 하나님'을 '지극히 높으신 하나님'으로 번역했습니다. 우리를 위해 모든 것을 감당하시는 하나님이 계신데 나 혼자 고민하고 절망하는 것은 바보 같은 행동입니다.

<u>3절</u> "그가 하늘에서 보내사 나를 삼키려는 자의 비방에서 나를 구원하실지라 하나님이 그의 인자와 진리를 보내시리로다"

지금 추격자들이 다윗을 삼키려 합니다. 그런데 다윗은 '나를 삼키려는 자의 비방'이라고 말합니다. 이들은 그냥 돌아다니는 것이 아니라 다윗에 대해 나쁜 말을 하면서 다녔습니다. 그래서 이스라엘 사람들은 다윗을 나쁜 사람으로 오해하고 있었습니다.

다윗은 육체적으로나 정신적으로 의지할 곳이 없었습니다. 이 때 하나님은 하늘에서 누군가를 보내셨습니다. '그가 하늘에서 보내사'는 '하나님의 천사'를 의미합니다. 하나님은 악한 자들이 다윗 가까이에 절대 오지 못하게 천사를 보내 막고 계셨습니다. 그리고 하나님은 다윗에게 '인자와 진리'

를 보내셨습니다. '인자'는 죄인에 대한 하나님의 자비하신 성품을 말합니다. 하나님은 연약한 자를 상상할 수 없는 방법으로 지켜 주십니다. 그런데 여기에서 '인자와 진리'가 함께 나옵니다. '진리'는 하나님의 말씀을 의미합니다. 우리가 하나님의 말씀을 붙잡으면 하나님이 반드시 도와주십니다. 하나님은 우리에게 반드시 일용할 양식을 주셔서 죽지 않게 지켜 주십니다. 그때 하나님의 말씀이 살아 있는 말씀이 되고, 하늘 문이 열리게 됩니다. 우리의 마음이 뜨거워져 기도가 응답되는 놀라운 은혜도 경험하게 됩니다.

2. 하나님의 능력

다윗은 아둘람 굴의 비참한 환경에서 하나님의 인자하심을 경험했습니다. 다윗은 악한 자들의 배신으로 함정에 빠졌지만, 이 순간에도 하나님의 능력을 경험했습니다.

4절 "내 영혼이 사자들 가운데에서 살며 내가 불사르는 자들 중에 누웠으니 곧 사람의 아들들 중에라 그들의 이는 창과 화살이요 그들의 혀는 날카로운 칼 같도다"

다윗의 영혼은 지금 '사자들'과 같이 살고 있습니다. 사자들이 정신을 차리지 못해 다윗이 인간인 줄 모르지만 알기만 하면 당장 그를 잡아먹을 것입니다. 그리고 '불사르는 자'는 적을 찾기 위해 집이란 집은 다 태우고 있습니다. 풀과 나무까지 다 태웁니다. 이런 자들 앞에서 다윗이 살아남는다는 것은 불가능해 보입니다.

다윗은 자기도 쫓기는 처지였지만, 그일라 사람들이 블레셋 사람들의 습격을 당했다는 말을 듣고 그들을 도와 블레셋 사람들을 물리쳤습니다. 그러나 그일라 사람들은 사울에게 가서 다윗을 밀고했습니다. 만일 다윗이 그일라 성에 있었다면, 그대로 사울의 포로가 되었을 것입니다. 그러나 다윗은 하나님께 기도한 후 유리한 조건인 그일라를 포기하고, 엔게디로 도망쳤습니다.

여기서 다윗은 이들을 '사람의 아들들'이라 부릅니다. 사람이란 사람은 모두 다윗의 적이었습니다. 다윗에게는 믿을 사람이 아무도 없었습니다. 더 놀라운 것은 다윗이 엔게디 굴에 숨었을 때, 사울의 군대가 굴 입구까지 왔습니다. 사울의 군대가 사람 그림자가 왔다 갔다 하는 것을 보고 이 굴을 찾아낸 것입니다. 심지어 사울은 굴 안으로 들어왔습니다. 다윗은 '이제야말로 죽겠구나!' 하고 생각했을 것입니다.

그러나 사울은 단지 잠을 자기 위해 들어왔던 것입니다. 사울은 다윗과 그 부하들이 보는 앞에서 코를 골며 잠을 잤습니다. 이제 사울은 다윗의 포로가 되었습니다. 다윗은 얼마든지 사울을 죽일 수 있었습니다. 다윗은 이 광경을 보고 이렇게 찬양합니다.

> **5절** "하나님이여 주는 하늘 위에 높이 들리시며 주의 영광이 온 세계 위에 높아지기를 원하나이다"

하나님은 하늘 높이 계십니다. 그러나 이 세상에는 죄와 불신의 구름이 덮여 하나님의 영광이 비취지 않습니다. 그러나 하나님은 말씀을 사랑하는 자들을 위해 하나님의 영광을 온 세상에 비추십니다. 하나님은 악의 구름을 제거하시고, 이 영광을 은혜 가운데 비추십니다. 하나님의 영광이 얼마나 찬란한지 악한 자들은 눈을 뜨지 못합니다. 사울은 다윗이 숨은 굴까지 찾아왔지만 그 안에서 잠을 자고 말았습니다. 이처럼 악한 자들은 하나님의 백성을 망하게 하기 위해 그 직전까지 쳐들어오지만, 하나님의 영광에 눈이 어두워져 아무것도 하지 못합니다.

이제 다윗은 자기가 빠졌던 함정을 이렇게 이야기합니다.

> **6절** "그들이 내 걸음을 막으려고 그물을 준비하였으니 내 영혼이 억울하도다 그들이 내 앞에 웅덩이를 팠으나 자기들이 그중에 빠졌도다"

다윗은 그일라 사람들을 도우려 했지만, 오히려 그물에 걸려 아무것도 할 수 없었습니다. 사울은 마치 그물을 조이듯 다윗을 잡으려 했습니다. 다윗은 정말 억울했습니다. 자신의 위치만 탄로났을 뿐 도망칠 곳마저 없어지게 되었습니다. 그러나 사울은 결국 그 웅덩이에 자기가 빠지고 말았습니다.

3. 새벽을 깨우는 믿음

우리는 인생을 살면서 어두운 때와 밝을 때를 경험합니다. 우리는 삶의 어두운 터널을 지날 때 길을 몰라 정처 없이 헤맵니다. 반면 삶의 환한 시기를 지날 때는 성공과 좋은 직책, 돈과 권력이 있습니다. 그런데 인간은 언제 어두움이 물러가고, 환한 축복이 올지 알지 못합니다. 그러나 다윗은 비참한 상황 가운데 만난 하나님을 통해 믿음이 어두움의 때를 물러가게 할 수 있다는 귀한 깨달음을 얻었습니다. 믿음으로 기다리면 환한 아침이 찾아온다는 사실 말입니다.

영적 어두움은 하루아침에 없어지지 않습니다. 영적 어두움이 때로는 백 년 이백 년, 천 년 동안 계속될 때가 있습니다. 밤이 지나면 저절로 아침이 오지만, 영적인 어두움은 새벽을 깨워야 옵니다.

다윗이 사울에게 쫓기고 있을 때, 사실은 영적 어두움이 계속되고 있었습니다. 이 때는 바른 말씀도, 뜨거운 기도도 없었습니다. 세상의 모든 관심이 돈과 권력에 집중되어 있었습니다. 다윗이 골리앗을 이길 무렵, 잠시 아침이 찾아온 것 같았지만 다시 밤으로 돌아갔습니다. 그런데 다윗은 비참한 동굴 생활에서 이런 은혜를 깨달았습니다.

> **7절** "하나님이여 내 마음이 확정되었고 내 마음이 확정되었사오니 내가 노래하고 내가 찬송하리이다"

'내 마음이 확정되었고 내 마음이 확정되었사오니'라는 구절은 다윗이 이제 확신하게 되었다는 의미입니다. 모든 환난과 고통은 영적 어두움인데, 이 영적 전쟁은 저절로 물러가지 않습니다. 그렇다고 폭력으로 싸울 문제도 아닙니다. 영적 어두움은 오로지 기도와 찬양으로 물리칠 수 있습니다. 어두움의 세력은 뜨거운 영적 부흥으로 물러갑니다.

어두움이 덮히면, 하나님의 백성이 가장 고통 받습니다. 우리가 어두움이 오게 내버려 두었기 때문입니다. 이제 다윗은 영적 부흥을 위해 결단을 내립니다. 그는 가장 먼저 하나님을 찬양합니다.

> **8절** "내 영광아 깰지어다 비파야, 수금아, 깰지어다 내가 새벽을 깨우리로다"

그동안 다윗은 잠들어 있었습니다. 다윗은 자신감을 잃어버렸기 때문입니다. 다윗은 자기가 얼마나 대단한 자인지 깨닫지 못했습니다. 그러나 이제 다윗은 자신의 가치를 깨닫게 되었습니다. 다윗은 밤을 물리치고 새벽이 오게 할 자였습니다. 다윗의 비파와 수금 역시 잠들어 있었습니다. 다윗이 찬양할 자신감을 잃어버렸기 때문입니다. 그러나 이제 다윗은 하나님을 찬양할 이유를 알게 되었습니다.

마틴 루터는 새벽을 깨우는 자였습니다. 그는 수백 년 동안 잠들어 있던 유럽을 깨웠습니다. 그는 잠들어 있던 성경과 오르간, 인간의 양심을 깨웠습니다. 영적인 밤은 저절로 물러가지 않습니다. 우리가 말씀과 찬양, 기도로 새벽을 깨워야 어두운 밤은 물러갑니다.

영적인 아침은 이스라엘만이 아니라 온 세계에 퍼져갑니다.

> **9절** "주여 내가 만민 중에서 주께 감사하오며 뭇 나라 중에서 주를 찬송하리이다"

한 지역에서 부흥이 일어나면 이 부흥은 전 세계로 퍼집니다. 수많은 사람들이 아침을 주신 하나님을 찬양하게 됩니다.

> **10절** "무릇 주의 인자는 커서 하늘에 미치고 주의 진리는 궁창에 이르나이다"

죄인을 불쌍히 여기시는 하나님의 사랑은 하늘에까지 미칩니다. 죄인을 향한 하나님의 사랑이 온 하늘에 가득합니다. 하나님의 말씀은 하늘 꼭대기까지 미칩니다.

이제 다윗은 하나님을 다시 찬양합니다.

> **11절** "하나님이여 주는 하늘 위에 높이 들리시며 주의 영광이 온 세계 위에 높아지기를 원하나이다"

하나님은 하늘 높은 곳에 좌정해 계십니다. 단지 인간의 눈이 어두워 하나님을 보지 못합니다. 하나님의 영광은 온 세계에 가득하지만 인간의 눈이 어두워 보지 못할 뿐입니다. 성도는 영적 부흥을 통해 하나님의 보좌를 봅니다. 그러나 죄인은 눈이 어두워 하나님의 영광을 보지 못합니다.

지금 우리나라는 영혼의 깊은 밤을 보내고 있습니다. 이 새벽을 깨울 수 있는 자들이 바로 우리 성도입니다. 하나님이 우리를 이곳까지 오게 하신 것은 어두움을 물리치기 위해서입니다. 하나님께서 그 영광을 우리에게 다시금 보여 주시길 소망합니다. 예배를 깨워 하나님을 찬양합시다.

60

시 58:1-11

불의한 권력자

언론은 사회적으로 권력자들의 불의를 감시하는 기능을 합니다. 하지만 조직 사회에서 직장 상사가 불의를 행하는 일이 빈번히 일어납니다. 얼마 전에는 한 젊은 검사가 상사의 폭언과 폭행을 견디다 못해 자살하는 사건이 있었습니다. 보통 '검사'라고 하면 출세에 성공한 자로 비치지만, 그들 조직 안에는 서열을 중시하는 군대 문화가 있어 상사가 부하 직원에게 욕을 하거나 때리는 일이 빈번히 일어나는 것을 보게 됩니다.

더욱이 사회에서 여성과 힘없는 자들은 상사에게서 부당한 대우를 많이 받습니다. 때로는 시키는 대로 하지 않는다고 해서 직장에서 쫓겨나기도 합니다. 한때 대기업 총수들도 최고 통치자의 권력에 좌지우지되어 사회 질서에 따른 기업의 이윤 추구보다는 정권이 움직이는 대로 기업을 경영했습니다.

세계 2차 대전 당시 독일의 히틀러와 과학자들은 거의 천재적인 능력을 지니고 있었습니다. 그러나 하나님은 독일을 망하게 하시고, 세상에 평화가 오게 하셨습니다. 만일 악한 자가 권력자가 된다면, 그 권력을 악용해 더 많은 사람을 고통스럽게 할 것입니다.

시편 58편의 표제는 '다윗의 믹담 시, 인도자를 따라 알다스헷에 맞춘 노래'입니다. '믹담'은 '황금 시'라는 뜻입니다. 다윗은 도망쳐 온 곳에서 누가 진정 악한 자인지 알게 되었습니다. 다윗은 악한 통치자들을 하나님의 이름으로 저주했습니다. 여기서 '알다스헷'은 '멸망시키지 마소서'라는 뜻을 가진 곡조를 가리킵니다.

1. 권력자의 책임

인간 사회에서는 단 몇 명만 모여도 권력이 생깁니다. 인간 모두가 자기 하고 싶은 대로 하면, 한순간에 큰 혼란이 생길 것입니다. 그래서 각 개인의 주장과 발언권을 모아 한 사람에게 주는 것입니다. 그런데 권력을 맡은 자가 전체의 뜻을 잘 살펴 모두가 만족하는 운영을 해 주면 좋겠지만, 그렇지 못할 때가 많습니다. 어떤 자들은 권력을 가지고 자기 배를 채웁니다. 심지어 그 권력에 군림해 약한 자를 괴롭힙니다.

그런데 권력을 맡은 자들 중 준비가 잘되어 다른 사람을 위해 공평과 정의를 잃지 않고, 유능하게 일하는 자가 많지 않습니다. 안타깝게도 전혀 준비되지 않은 자가 권력을 손에 쥐고 자기 배만 채웁니다. 이들은 주체하지 못할 권력을 힘없는 자들을 억누르는 데 사용합니다. 그 결과 사람들의 불만이 생깁니다.

권력자는 무조건 권력을 가지려 하기 이전에 권력이 무엇인지 심도 있게 의문을 가져야 합니다. 자기가 그 자리에 서면 어떤 신념과 목표로 운영할지에 대해서도 깊이 고민해야 합니다. 이것은 목회자에게도 마찬가지입니다. 목회자는 무조건 대형 교회를 세워 유명한 목회자가 되기 이전에 목회의 본질이 무엇인지 고민해야 합니다. 또한 교회가 세상에서 어떤 사명을 감당해야 하는지 회의감을 가지고 정의해 보아야 합니다. 목회자는 하나님 앞에 기도하면서 자신의 사명을 감당해야 그 권한을 남용하지 않고, 광기에 빠지지 않게 됩니다.

다윗은 사울과 그의 신하들을 책망합니다. 처음 다윗이 사울에게 인정받으려고 열심히 뛰어다닐 때는 그의 잘못을 잘 알지 못했습니다. 막상 왕궁에서 쫓겨나보니 사울과 그 신하들이 분명 잘못된 길로 가고 있다는 것을 깨닫게 되었습니다. 그래서 다윗은 그들을 향해 왜 정의에 대해 입을 다무는지 책망합니다.

> **1절** "통치자들아 너희가 정의를 말해야 하거늘 어찌 잠잠하냐 인자들아 너희가 올바르게 판결해야 하거늘 어찌 잠잠하냐"

어기서 '통치자들'은 일차적으로 사울과 그의 신하들을 가리킵니다. 그러나 좀 더 넓은 의미에서는 이 세상의 모든 권력자를 포함합니다.

이 세상 모든 권력자는 다른 사람들을 바른 길로 인도해야 하는 안내자입니다. 그래서 모든 권력자는 무엇이 옳은지 항상 생각해야 합니다. 하나님은 인간에게 성공의 대가로 권력을 주시지 않았습니다. 오히려 하나님은 많은 자들에게 옳은 일을 행하게 하기 위해 권력을 주셨습니다. 권력자가 '어떻게 하면 돈을 더 많이 가질 수 있지?'만 생각하면 악한 권력자가 됩니다. 그래서 권력자는 항상 '무엇이 옳은 것인가, 어떻게 하면 공평할 수 있는가?'를 생각하고 결정해야 합니다. 후에 하나님은 모든 권력자들을 판단하실 것입니다. 하나님은 자기에게 주어진 지위와 권력을 마음대로 남용한 자에게 반드시 책임을 물으십니다.

그런데 사울과 그 신하들은 정의와 아무 상관이 없는 자들이었습니다. 그들은 모두 권력을 성공의 대가로 생각했습니다. 그들은 권력을 더 높은 자리로 올라가는 수단으로 사용했습니다. 사울과 그 신하들은 무엇이 옳은 것인지 생각하지 않았습니다. 그들은 오직 자기 자리를 유지하기 위해 아첨을 해서라도 더 높은 자리에 올라가고자 했습니다. 그들은 옳은 일이 무엇인지 알면서도 입을 다물었습니다. 그래서 많은 자들이 어려움에서 구제받지 못하고 집과 직장에서 쫓겨났습니다.

이스라엘 백성은 모두 하나님의 양입니다. 그러기에 이스라엘 왕과 권력자는 양떼를 바른 길로 인도하는 목자입니다. 목자는 양을 잡아먹기 위해 존재하는 자가 아닙니다. 오히려 목자는 양들에게 아버지와 어머니 같은 존재입니다. 그래서 목자는 양 한 마리, 한 마리의 이름과 특성을 알았고 혹시 그들이 길을 잃고 사라지면 절벽 끝까지 가서라도 찾아왔습니다. 양은 다른 짐승과 달리 공격을 위해 훈련받지 않습니다. 양은 공격용 짐승이 아니라, 좋은 풀과 맑은 시냇물을 먹고 마시고 자라 양질의 털을 만드는 것이 목적이기 때문입니다.

그래서 이스라엘의 권력자들은 하나님의 말씀을 잘 알아야 합니다. 또한 말씀에 대한 체험과 확신이 있어야 합니다. 하나님 말씀의 결과는 눈에 보이지 않습니다. 그러나 목자는 양들을 하나님의 말씀으로 이끌면 부흥과 복이 온다는 것을 믿어야 합니다. 그렇지 않으면 권력자들이 세상 나라같이 전쟁과 무역을 해서 자기 배를 불리게 됩니다. 그러면 하나님의 백성은 굉장히 피폐해집니다.

2. 악한 권력자의 본질

권력자는 두 부류로 나뉩니다. 한 부류는 다른 사람을 섬기기 위해 그 자리에 서 있는 자입니다. 다른 한 부류는 다른 사람 위에 군림하기 위해 있는 자입니다. 물론 권력자가 남을 어떻게 섬기느냐 하는 것은 단순한 문제가 아닙니다. 그러나 적어도 다른 사람을 섬기기 위해 그 자리에 있는 자는 백성이 고통으로 신음할 때 가만히 있지 않고 어떡해서든 그들을 도우려 할 것입니다. 섬김의 자세를 가진 자는 어려운 자가 도와달라고 부르짖을 때 귀찮아하지 않습니다. 오히려 이들은 어려움에 빠진 자를 기꺼이 도웁니다. 반대로 권력으로 군림하려 하는 자는 다른 사람들이 도와달라고 하면 귀찮아합니다. 그들은 윗사람에게 뇌물을 갖다 주는 것을 더 좋아할 것입니다.

> **2절** "아직도 너희가 중심에 악을 행하며 땅에서 너희 손으로 폭력을 달아 주는도다"

이스라엘의 권력자들에게는 백성을 돕고자 하는 마음이 전혀 없었습니다. 그들은 윗사람의 마음에 들어 승진하는 것에만 관심이 있었습니다. 그들은 정의가 있어야 할 자리에 '폭력'을 달아 주었습니다. 여기서 '달아 주는도다'는 정의를 저울에 비유해 공평하게 하는 것을 뜻합니다. 권력자는 어느 한쪽에 치우치지 않고 언제나 공평해야 합니다. 그러나 이스라엘의 권력자들은 폭력의 하수인들이었습니다. 그들은 사울의 불의를 집행하는 자들이었습니다. 그래서 성전 제사장 팔십오 명은 다윗을 도왔다는 누명을 쓰고 모두 죽임을 당했습니다.

그런데 예루살렘과 유다에는 권력자들이 가난한 자들의 집을 빼앗는 일이 흔했습니다. 이렇게 집을 빼앗긴 자들이 갈 데가 없으니까 모두 다윗에게로 도망을 쳐 굴에서 생활한 것입니다. 권력자가 조심해야 하는 이유는 그가 말만 하면 그대로 다 해 주는 자가 있기 때문입니다. 그래서 권력자는 죄를 짓기 쉽습니다.

이스라엘 백성은 왜 이런 자들이 권력의 자리에 있어야 하는지 도무지 이해되지 않았습니다. 정의로운 자가 권력의 자리에 앉아야 하는데, 이스라엘조차 가장 탐욕스러운 자가 권력의 자리에 앉아 있었습니다. 다윗은 예루살렘에 있을 때부터 시기와 견제를 받았고, 드디어 쫓겨나고 말았습니다.

준비된 사람을 얻는 것이 가장 어렵습니다. 대부분의 사람들은 준비가 안 된 상태에서 높은 자리에 오릅니다. 그들은 감당도 못하면서 세상을 힘들게 합니다. 그러나 하나님의 손으로 준비된 사람은 세상을 요란하게 하지 않습니다. 그들은 마치 숙련된 기술자처럼 세상의 모순을 바르게 고쳐 사람들로 하여금 행복과 부흥을 느끼게 합니다. 더불어 하나님은 이런 악한 통치자들을 통해 우리의 행복이 얼마나 불안한지 깨닫게 하십니다. 우리가 바른 길을 찾는 것은 결코 쉽지 않습니다. 바른 길은 하나님의 말씀 속에 깊이 숨어 있습니다. 이것을 찾아내 현실에 적용하려면 사람의 생각도 바뀌어야 합니다. 뿐만 아니라 매우 지혜로워야 합니다.

하나님은 악한 통치자가 근본부터 비뚤어진 자라고 말씀하십니다.

> **3절** "악인은 모태에서부터 멀어졌음이여 나면서부터 곁길로 나아가 거짓을 말하는도다"

악인은 어머니 뱃속에서부터 하나님의 말씀과 멀어져 있습니다. 그래서 악인은 '곁길로 나아가 거짓'을 말합니다. 백성을 사랑하는 지도자는 한순간에 탄생하지 않습니다. 어렸을 때부터 바른 교육을 받고 자라야 합니다.

바른 지도자가 되려면 먼저 인간이 되어야 합니다. 지도자는 작은 이익에 연연해해서는 안 됩니다. 또한 적은 것을 가지고 다른 사람과 끝까지 싸워 이기려 해서도 안 됩니다. 지도자는 희생정신이 있어야 합니다.

젊을 때는 누구나 성공의 야망에 빠져 높은 자리에 올라가려고 몸부림칩니다. 하지만 막상 높은 자리에 올라가면 너무 외롭습니다. 주위는 시기하고 아첨하는 자들로 들끓게 됩니다. 이 때 자칫 잘못하면 천 길 낭떠러지로 떨어집니다. 그리고 준비가 안 된 상태에서 높은 자리에 올라가면 자기도취에 빠져 광기를 부리게 됩니다. 이런 사람들은 높아지면 높아질수록 더 위험해집니다.

4절 "그들의 독은 뱀의 독 같으며 그들은 귀를 막은 귀머거리 독사 같으니"

마음에 백성에 대한 사랑과 긍휼이 없는 자는 말하는 것마다 사람의 마음을 아프게 합니다. 그들은 남을 의심합니다. 다른 사람이 자기 자리를 차지할지 모른다는 의심 때문에 미움으로 가득 차 있습니다. 이들은 자기 혀에 독이 있는 줄 모르고 말합니다. 인간이 권력에 욕심을 가지면 가질수록 악한 말로 다른 사람의 마음을 병들게 합니다.

이 악한 권력자들은 듣지 못하는 귀머거리와 같아서 아무리 충고를 해도 절대 듣지 않습니다. 자기가 하고 싶은 대로 밀고 나갑니다. 이들은 스스로를 통제할 정도로 아직 성숙하지 않습니다. 정치인이나 지식인은 타인의 말을 절대 듣지 않습니다. 자기주장만 끝까지 합니다. 타인의 충고를 듣는 훈련이 되어 있지 않기 때문입니다.

지도자들은 하나님의 음성을 들을 수 있는 영감이 있어야 합니다. 특히 교회 지도자들은 성경을 정확하게 해석할 수 있는 능력이 있어야 합니다. 성경만이 우리가 나아갈 길을 제시하기 때문입니다.

5절 "술사의 홀리는 소리도 듣지 않고 능숙한 술객의 요술도 따르지 아니하는 독사로다"

독사라도 요술사의 음악에 따라 춤을 추고, 말도 들으면 유익할 때가 있습니다. 하지만 욕심에 차 있는 권력자들은 천하에 무용지물입니다. 그들은 고집스럽고 무능합니다. 교회가 사람을 변화시킬 수 있는 능력은 무궁무진합니다. 그러나 권력과 학식에 도취된 자들은 사실 알코올 중독자보다 더 깨닫기 어려운 자들입니다.

"아무나 천국 말씀을 듣고 깨닫지 못할 때는 악한 자가 와서 그 마음에 뿌려진 것을 빼앗나니 이는 곧 길가에 뿌려진 자요"_마 13:19

예수님은 이런 자들을 길가에 뿌려진 씨와 같다고 말씀하셨습니다.

3. 악한 권력자의 최후

하나님이 악한 자에게도 돈과 권력, 학식을 주시는 것은 그들을 사랑하사 기회를 주시는 것입니다. 그러나 하나님이 아무리 사랑하셔도 깨닫지 못하는 자들이 있습니다. 이런 자들은 하나님이 주신 축복을 가지고 오히려 하나님을 대적합니다. 일본은 세계 2차 대전 때 많은 사람을 죽였습니다. 또한 일본은 많은 신을 숭배하는 나라입니다. 그럼에도 불구하고 하나님은 일본이 세계 경제 2위 대국까지 오르게 하셨습니다. 그러나 그들은 여전히 하나님의 사랑을 깨닫지 못합니다. '강대국'이라는 자부심으로 스스로를 자랑합니다.

6절 "하나님이여 그들의 입에서 이를 꺾으소서 여호와여 젊은 사자의 어금니를 꺾어내시며"

악한 권력자는 독사같이 다른 사람을 물어서 죽이려 하지만 어느 순간 하나님은 그 입에서 이를 꺾으실 것입니다. 독사가 입에 아무리 독이 있어도 이가 없으면 물 수 없습니다. 결국 악한 권력자는 내부의 반발과 국민의 투쟁으로 망하게 됩니다. 그들에게 있는 강력한 핵무기와 군대는 아무 소용없게 됩니다. 다윗은 '젊은 사자의 어금니'라고 표현합니다. 사자는 먹이를 어금니로 물어서 완전히 먹어 치웁니다. 그 어금니를 뽑아 버리면 아무리 물어도 소용없습니다. 사자가 노루의 목을 물어도 어금니가 없기 때문에 치명상을 입히지 못합니다. 이와 같이 악한 권력자들은 돈과 무기를 쓰지 못하게 됩니다.

7절 "그들이 급히 흐르는 물같이 사라지게 하시며 겨누는 화살이 꺾임 같게 하시며"

'급히 흐르는 물'은 금세 사라져 보이지 않습니다. 이 물 옆에 있는 움막도 그대로 쓸려나가 보이지 않게 됩니다. 또한 힘이 없는 '화살'은 아무리 조준을 잘해도 스스로 꺾여 바로 날아가지 못합니다.

8절 "소멸하여 가는 달팽이 같게 하시며 만삭 되지 못하여 출생한 아이가 햇빛을 보지 못함 같게 하소서"

달팽이는 빨리 가지 못합니다. 그래서 천천히 가다 강한 햇빛을 만나면 결국 죽게 됩니다.

9절 "가시나무 불이 가마를 뜨겁게 하기 전에 생나무든지 불붙는 나무든지 강한 바람으로 휩쓸려가게 하소서"

'가시나무 불'은 불을 붙이면 활활 타는 것 같지만 금방 꺼져 가마솥을 뜨겁게 할 수 없습니다. 가마솥을 뜨겁게 하려면 통나무 장작을 넣어야 합니다. 그래야 오래 타면서 물을 끓일 수 있습니다. 정치인들은 요란한 정책으로 현란하게 떠들지만, 금방 꺼지고 말 가시나무 불과 같습니다. 결국 올바른 길을 찾아간다는 것은 보물을 찾는 것만큼이나 어려운 일입니다. 우리는 성공한 권력자들을 따라가려고 할 것이 아니라 하나님의 길을 찾아야 합니다.

인간이 진정 행복할 수 있는 방법은 하나님의 축복과 함께하는 것입니다. 이 축복은 하나님 말씀의 부흥과 함께 옵니다. 우리가 하나님의 말씀을 들으면 믿음이 생깁니다. 또한 기도할 때 하나님의 길을 발견하게 됩니다. 하나님이 아닌 다른 길로 가는 자들은 악한 자들입니다. 그들의 끝은 실패입니다.

10절 "의인이 악인의 보복당함을 보고 기뻐함이여 그의 발을 악인의 피에 씻으리로다"

의인은 악인이 망하는 것을 좋아하지 않습니다. 언젠가는 모든 것이 하나님의 말씀대로 됩니다. 모두가 정의가 회복되는 것을 보고 기뻐합니다. 진리를 알고 기뻐합니다. '의인이 그의 발을 악인의 피에 씻으리로다'라는 구절은 악인이 의인의 발 앞에 비참하게 망하는 것을 의미합니다. 인간의 모략과 정책은 모두 실패합니다.

11절 "그때에 사람의 말이 진실로 의인에게 갚음이 있고 진실로 땅에서 심판하시는 하나님이 계시다 하리로다"

모든 것이 악인의 뜻대로 되지 않습니다. 하나님은 악인을 심판하사 망하게 하십니다. 반면 의인은 축복으로 갚아 주십니다. 그때 인간은 믿음으로 사는 것이 진정 가치가 있다는 것을 깨닫게 됩니다. 하나님이 계신 것을 믿게 됩니다.

지금 당장은 야망을 쫓아 사는 자들이 성공하는 것처럼 보입니다. 하지만 하나님은 이들도 선하게 사용하십니다. 그러기에 우리는 모든 것이 하나님의 뜻대로 이루어지길 기도해야 합니다. 눈에 보이는 세상 권력보다 더 큰 하나님 나라의 능력을 바라보는 성도들이 되길 바랍니다. 하나님의 축복이 이 땅에 임하기를 소망합니다.

61

시 59:1-17

하나님은 나의 요새

많은 탈북자들이 목숨을 걸고 북한을 탈출합니다. 그들은 고향을 떠나 북한군의 감시를 피해 두만강을 건넙니다. 추위 속에 그 강을 건너다 혹 들키기라도 하면 총살을 당하든지 아니면 다시 붙잡혀 수용소에서 죽을 수도 있습니다. 이들은 그 위험을 무릅쓰고 남한에 와서 정착합니다. 탈북자들이 중국으로 들어간다 해도 그곳은 중국 공안과 북한 체포조가 있어 위험합니다. 그래서 남한까지 와야 합니다. 만일 탈북자들이 도망치다 돕는 사람을 만나면 안전할 것입니다. 아마 이들은 시편 59편을 매우 잘 이해할 것입니다.

시편 59편의 표제는 '다윗의 믹담 시, 인도자를 따라 알다스헷에 맞춘 노래, 사울이 사람을 보내어 다윗을 죽이려고 그 집을 지킨 때에'입니다. 시편 59편 역시 다윗의 황금 시에 해당합니다. 여기서 '알다스헷'은 '멸망시키지 마소서'라는 뜻을 가지고 있습니다. 다윗은 사울의 진노를 피해 집으로 도망갔습니다. 그런데 추격자들은 다윗을 죽이려고 그의 집을 지키고 있습니다. 이런 배경에서 시편 59편을 쓴 것입니다.

이 때 다윗은 추격자들이 끝까지 자기를 추격해 올 것을 알았습니다. 그래서 다윗은 그들을 개에 비유합니다. 개는 도망자를 끝까지 추격합니다. 다윗은 도망치면서 오직 한 가지만 머릿속에 붙잡았습니다. 바로 '하나님은 나의 요새'라는 고백입니다. 도망자가 목표로 하는 요새가 있을 때 거기까지 도망치면 성공한 것입니다. 그러나 다윗에게는 요새나 피난처가 없었습니다. 다윗은 '주는 나의 요새시며 나의 환난 날에 피난처심이니이다'라고 노래하고 있습니다.

1. 실제이신 하나님

하나님의 백성이 위기를 만날 때 돈이나 직책은 아무 쓸모가 없습니다. 얼마나 많은 돈을 가지고 있고, 세상에서 높은 직책이 있는가 하는 것은 그리 중요하지 않습니다. 이런 위기 때는 누가 나에게 실제로 도움을 줄 수 있느냐가 더 중요합니다. 바로 하나님이 나에게 얼마나 실제로 역사하시는가가 중요합니다. 우리는 하나님을 머리로만 믿고 있지 않은지 돌아보아야 합니다. 하나님이 지식이나 재산, 아버지 이상으로 실제적인 분이십니까?

우리는 하나님을 믿는다고 말하지만 눈에 보이지 않기에 멀리 떨어져 있는 분으로 느낄 때가 많습니다. 또한 우리는 기도하지만 막상 어려움을 만나면 내 힘으로 해결해야 한다고 생각할 때가 많습니다. 그러나 다윗에게는 한 가지 특별한 재주가 있었습니다. 하나님은 다윗의 삶 속에 살아 역사하셨습니다. 다윗은 어려울 때 실제로 하나님을 붙잡았습니다. 다윗은 하나님을 향해 말했습니다. 그는 하나님과 친밀히 동행했습니다.

1절 "나의 하나님이여 나의 원수에게서 나를 건지시고 일어나 치려는 자에게서 나를 높이 드소서"

다윗은 사울의 미움을 받고 위기에 몰렸을 때 가장 먼저 하나님을 생각했습니다. 자기 생각과 능력으로는 이 위기에서 벗어나지 못한다고 생각했습니다. 그래서 다윗은 가장 먼저 하나님께 기도드렸습니다. 하나님의 백성이 어려움을 당할 때 하나님은 자기 백성을 기억하고 도우십니다. 그런데 우리가 하나님을 얼마나 실제로 믿고 있느냐가 중요합니다.

성경에는 위기 때 하나님을 체험한 자들이 등장합니다. 베드로는 감옥에 갇혀 죽게 되었을 때 살아 계신 하나님의 능력을 경험했습니다. 천사가 찾아와 베드로를 감옥 밖으로 데리고 나간 것입니다.

"홀연히 주의 사자가 나타나매 옥중에 광채가 빛나며 또 베드로의 옆구리를 쳐 깨워 이르되 급히 일어나라 하니 쇠사슬이 그 손에서 벗어지더라 천사가 이르되 띠를 띠고 신을 신으라 하거늘 베드로가 그대로 하니 천사가 또 이르되 겉옷을 입고 따라오라 한대"_행 12:7, 8

또한 아람 군대가 도단을 포위했을 때, 엘리사는 그 성을 에워싸고 있는 하나님의 '불말과 불병거'를 보았습니다. 그리고 자기의 종인 게하시도 볼 수 있게 해 달라고 하나님께 기도했습니다.

"대답하되 두려워하지 말라 우리와 함께한 자가 그들과 함께한 자보다 많으니라 하고 기도하여 이르되 여호와여 원하건대 그의 눈을 열어서 보게 하옵소서 하니 여호와께서 그 청년의 눈을 여시매 그가 보니 불말과 불병거가 산에 가득하여 엘리사를 둘렀더라"_왕하 6:16, 17

우리 역시 위기의 순간에 하나님을 볼 수 있다면 이런 기도를 드릴 수 있습니다. 다윗은 하나님이 자기를 능히 건지실 것이라고 믿었습니다. 또한 하나님이 자기를 높이 들어 악한 자가 붙잡지 못하게 하실 것이라고 확신했습니다. 다윗은 어떻게 해서 이렇게 실제로 하나님을 경험할 수 있었을까요? 다윗이 평소 하나님의 말씀을 묵상하고 신뢰했기 때문입니다. 우리 눈에 보이지 않는 하나님을 실제로 느낀다는 것은 대단히 어려운 일입니다. 그런데 우리가 하나님의 말씀을 붙잡을 때 불가능한 일이 일어납니다. 우리 역시 처음에는 모두 믿음이 부족한 자들이었습니다. 그러나 하나님을 가까이 경험하니 위기 때 하나님과 대화할 수 있게 된 것입니다.

그리고 다윗은 지금 자기를 죽이려고 하는 자들이 얼마나 불공평한 자들인지 하나님께 말씀드리고 있습니다.

> **2절** "악을 행하는 자에게서 나를 건지시고 피 흘리기를 즐기는 자에게서 나를 구원하소서"

다윗은 죄지은 것이 없습니다. 그런데 지금 다윗을 추격하는 자들은 인간 사냥꾼들입니다. 이들은 정당한 이유 없이 다윗을 죽이려 합니다. 이들은 돈을 받고 사울에게 고용된 자들로, 무엇이 옳고 그른지 관심이 없습니다. 이들은 다윗에게 어떤 동정도 갖고 있지 않습니다. 이들은 살인 전문가들로, 무기를 사용하는 데 능숙합니다. 그러나 다윗은 혼자이고, 무기도 없습니다. 다윗에게는 이들의 손에서 벗어날 힘이 없습니다. 다윗은 하나님께 이들의 손에서 자기를 건져내 달라고 기도합니다.

> **3절** "그들이 나의 생명을 해하려고 엎드려 기다리고 강한 자들이 모여 나를 치려 하오니 여호와여 이는 나의 잘못으로 말미암음이 아니요 나

의 죄로 말미암음도 아니로소이다"

가장 숙련된 추격자들이 다윗의 집을 매복하고 있습니다. 이들은 모두 강한 자들입니다. 이들은 다윗을 보면 당장 죽일 것입니다. 그러나 다윗은 지금 억울합니다. 그는 잘못한 것이 아무것도 없기 때문입니다. 그런데 왕은 재판도 없이 즉각 심판을 내리려 합니다. 다윗에게 변명할 기회도 주지 않았습니다.

이런 상황 속에서 다윗은 하나님께 간절히 기도합니다.

4절 "내가 허물이 없으나 그들이 달려와서 스스로 준비하오니 주여 나를 도우시기 위하여 깨어 살펴주소서"

다윗은 '주여 나를 도우시기 위하여 깨어 살펴주소서'라고 기도합니다. 하나님이 깨셔야 지금 이 순간 다윗이 살 수 있습니다. 하나님이 다윗을 잊으시면 그는 영영 죽을 수밖에 없습니다.

5절 "주님은 만군의 하나님 여호와, 이스라엘의 하나님이시오니 일어나 모든 나라들을 벌하소서 악을 행하는 모든 자들에게 은혜를 베풀지 마소서"

이 순간이야말로 하나님이 그의 백성을 대적하는 모든 자들에게서 은혜를 거두사 그들을 벌하실 때입니다. 다윗은 모든 열방에 에워싸여 도망칠 곳이 없습니다. 다윗은 자신을 가로막고 있는 적들을 멸하여 주시길 하나님께 간절히 소망하고 있습니다. 이로 인해 다윗은 하나님을 더 바라보게 되었습니다. 또한 다윗은 더 큰 능력을 받게 되었습니다. 다윗은 모든 영적인 적들을 물리쳐 주셔서 자기로 하여금 하나님을 더욱 붙들게 해 달라고 기도한 것입니다.

때때로 우리가 위기에 처하면, 사탄은 우리로 하여금 기도하지 못하게 합니다. 또한 우리로 하여금 말씀을 듣지 못하게 하여 우리를 고립시킵니다. 하지만 우리는 이 고립을 뚫고 하나님께 나아가야 합니다.

2. 추격자들의 정체

다윗의 추격자들은 아주 집요하고 사나워서 다윗을 죽이기 전에는 절대 추격을 멈추지 않았습니다. 그래서 다윗은 이들을 아주 사나운 개에 비유합니다.

6절 "그들이 저물어 돌아와서 개처럼 울며 성으로 두루 다니고"

지금 다윗을 추격하는 자들은 사울이 몰고 다니는 사냥개 같은 자들입니다. 이 사냥개는 도망자를 추격할 때 냄새를 맡고 추격하는데, 먼 곳에서부터 쏜살같이 따라와 추격자들을 물어뜯습니다. 이 추격자들은 온 성을 살피며 다윗을 찾아내려고 합니다. 그들은 드디어 다윗이 숨어 있는 집까지 추격해 옵니다. 이들은 얼마나 사나운 자들인지 모릅니다. 도무지 겁을 내는 자가 없습니다.

7절 "그들의 입으로는 악을 토하며 그들의 입술에는 칼이 있어 이르기를 누가 들으리요 하나이다"

이 추격자들은 입만 벌리면 악한 말을 내뱉습니다. 쉴 새 없이 악한 말을 하는 '그들의 입술에는 칼이' 있습니다. 그들은 어떻게 하면 사람을 잔인하게 죽일까 하는 것에만 관심이 있습니다. 하나님과 사람을 전혀 두려워하지 않습니다. 사울은 이스라엘의 왕이라고 하면서 살인 개를 키우고 있던 것입니다.

다윗의 저주가 뒤에 또 나옵니다.

> 14, 15절 "그들에게 저물어 돌아와서 개처럼 울며 성으로 두루 다니게 하소서 그들은 먹을 것을 찾아 유리하다가 배부름을 얻지 못하면 밤을 새우려니와"

이 개들은 낮에는 놀다 밤만 되면 도망자들을 찾아 온 성을 뒤지면서 돌아다닙니다. 성공하지 못하면 밤을 새우면서 짖습니다. 다윗은 이런 추격자들을 벗어날 수 없었습니다. 그런데 나중에 하나님께서 이 사냥개들을 바보로 만드신 것을 알게 되었습니다. 원래 사냥개는 도망치는 자들에게는 용감하지만, 주인에게는 꼬리를 내리게 되어 있습니다.

이 때 다윗은 사울의 진노를 피해 며칠 집에서 쉬면 괜찮을 줄 알고 집으로 피했습니다. 얼마나 어리석은지 모릅니다. 그때 하나님은 다윗의 부인 미갈을 사용하셨습니다. 미갈이 보니, 다윗은 문제의 심각성을 전혀 느끼지 못하고 있었습니다. 사울은 다윗을 당장 죽이려고 하는데 다윗은 자기가 죽을 줄도 모르고 집에 피해 있던 것입니다. 사울의 추격자들이 가장 먼저 수색할 곳은 다윗의 집이었습니다.

미갈은 다윗에게 이렇게 말합니다.

"사울이 전령들을 다윗의 집에 보내어 그를 지키다가 아침에 그를 죽이게

하려 한지라 다윗의 아내 미갈이 다윗에게 말하여 이르되
당신이 이 밤에 당신의 생명을 구하지 아니하면 내일에는 죽임을 당하리라 하고
미갈이 다윗을 창에서 달아 내리매 그가 피하여 도망하니라"_삼상 19:11, 12

그런데 이 추격자들이 다윗의 냄새를 전혀 맡지 못했습니다. 정말 놀라운 사실입니다. 이들은 다윗이 창문으로 도망칠 거라고는 생각지도 못했습니다. 그래서 문만 지키고 있던 것입니다. 그리고 미갈은 다윗이 안전하게 도망칠 수 있도록 시간을 벌기 위해 위장을 합니다.

"미갈이 우상을 가져다가 침상에 누이고 염소 털로 엮은 것을 그 머리에 씌우고
의복으로 그것을 덮었더니 사울이 전령들을 보내어 다윗을 잡으려 하매
미갈이 이르되 그가 병들었느니라"_삼상 19:13, 14

그러자 사울은 추격자들에게 다윗을 직접 보고 침상 째 끌고 오라고 말합니다. 그런데 그들이 들어가 보니 다윗은 이미 도망쳤고 침대에 누워 있는 것은 신상뿐이었습니다.

"사울이 또 전령들을 보내어 다윗을 보라 하며 이르되 그를 침상 째 내게로 들고 오라
내가 그를 죽이리라 전령들이 들어가 본즉 침상에는 우상이 있고 염소 털로 엮은 것이
그 머리에 있었더라 사울이 미갈에게 이르되 너는 어찌하여 이처럼 나를 속여 내 대적
을 놓아 피하게 하였느냐 미갈이 사울에게 대답하되 그가 내게 이르기를 나를 놓아
가게 하라 어찌하여 나로 너를 죽이게 하겠느냐 하더이다 하니라"_삼상 19:15-17

다윗은 처음에는 도망치느라 정신이 없었습니다. 그러나 얼마 후 하나님이 사울의 신하들을 바보로 만드셨다는 사실을 깨닫게 되었습니다. 그때 다윗은 자기의 삶 가운데 도우시는 하나님을 확신했습니다. 하나님이 나의 요새이고 피난처이시기 때문에 두렵지 않다는 확신 말입니다.

3. 하나님은 나의 요새

이처럼 하나님은 사울의 딸인 미갈의 입을 이용해 다윗으로 하여금 위기를 깨닫게 하셨습니다. 그리고 하나님은 사울의 신하들을 어리석게 하셨습니다. 다윗은 도망치면서 자신은 이미 하나님의 요새 안에 있다는 사실을 깨닫게 되었습니다.

8절 "여호와여 주께서 그들을 비웃으시며 모든 나라들을 조롱하시리이다"

사울은 뛰어난 추격자들을 이용해 다윗을 죽이려고 했지만, 하나님은 웃으셨습니다. 추격자들이 인간에게는 아주 무서운 사냥개였는지 모르지만, 하나님의 눈에는 버릇없는 개에 불과했습니다. 하나님은 이 같은 방식으로 모든 나라들을 조롱하십니다. 인간은 하나님의 지혜 앞에서 바보입니다. 인간은 가장 지혜 있게 행한다고 하면서 결정적인 순간에 어리석게 행동합니다.

애굽의 바로는 가장 용감하고 강한 군대를 가진 왕이었습니다. 그러나 바로는 하나님을 알지 못했습니다. 그래서 하나님은 바로와 신하들에게 무서운 재앙을 허락하셨습니다. 바로는 그렇게 믿던 나일 강이 피로 변하게 되는 데서부터 불 우박이 떨어지고, 가축이 전염병에 걸려 죽으며, 태양이 어두워지고, 급기야는 장자가 모두 죽는 재앙까지 당하게 됩니다. 바로와 그 백성은 하나님이 준비하신 매로 맞은 것입니다.

하나님이 장자의 죽음과 같은 재앙을 행하신 것은 '너희들은 모두 죽었다'는 것을 의미합니다. 정확하게 장자만 골라 죽게 하신 것은 '너희들은 내 손바닥 안에 있기 때문에 모두 죽은 것으로 생각하라'는 뜻이었습니다. 그럼에도 불구하고 바로는 홍해 앞에 서 있는 이스라엘 백성을 죽이려고 추격하다 결국 홍해에 빠져 죽습니다.

지금 우리 주변에는 사울의 추격자 같은 나라가 있습니다. 우리는 속히 하나님을 우리 편으로 만들어야 합니다.

> 9절 "하나님은 나의 요새이시니 그의 힘으로 말미암아 내가 주를 바라리이다"

도망자에게 가장 중요한 것은 '요새'입니다. 도망자가 자기가 알고 있는 요새 안으로 도망치기만 하면 추격자들은 더 이상 따라오지 못합니다. 그러면 다윗의 요새가 어디였을까요? 유감스럽게도 다윗에게는 눈에 보이는 요새가 없었습니다. 그러나 하나님의 말씀과 지혜가 그의 요새였습니다. 다윗은 하나님의 지혜가 함께하는 이상 사울과 신하들이 자기를 이길 수 없다는 것을 알았습니다. 다윗은 '내가 주를 바라리이다'라고 기도합니다. 다윗은 하나님의 영감이 떠오르면서 하나님을 생각하게 되었습니다.

> 10절 "나의 하나님이 그의 인자하심으로 나를 영접하시며 하나님이 나의 원수가 보응받는 것을 내가 보게 하시리이다"

다윗이 하나님께로 도망치자 하나님은 다윗을 '그의 인자하심'으로 영접해 주셨습니다. 하나님의 천사들이 다윗을 반기며 지나가게 했습니다. 반면 원수들은 앞으로 나가지 못하게 했습니다. 우리는 위기 때 하나님의 말씀을 붙잡아야 합니다. 우리는 그 말씀으로 인해 하나님의 요새 안에 들어

갈 수 있습니다. 성도는 하나님이 준비하신 고난의 학교에서 더욱 지혜로운 믿음의 사람으로 빚어질 것입니다.

11절 "그들을 죽이지 마옵소서 나의 백성이 잊을까 하나이다 우리 방패 되신 주여 주의 능력으로 그들을 흩으시고 낮추소서"

다윗은 사울의 부하들을 죽이지 말아 달라고 기도합니다. 그들이 사라지면 하나님을 잊어버리고 교만해질 수 있기 때문입니다. 이 세상에 악한 자들이 있는 것은 우리로 하여금 교만하지 못하게 하려는 것입니다. 하나님이 우리에게 어려움을 주시는 이유는 우리를 더욱 겸손하고 정직하게 하시기 위해서입니다. 우리가 겸손해지면 악한 자들은 다 흩어집니다. 그들은 더 있어야 할 이유가 없기 때문입니다.

12절 "그들의 입술의 말은 곧 그들의 입의 죄라 그들이 말하는 저주와 거짓말로 말미암아 그들이 그 교만한 중에서 사로잡히게 하소서"

사람의 입에서 나오는 말이 그 사람의 인격입니다. 악한 자는 말이 정직하지 않습니다. 악한 자는 하나님 앞에서 가치가 없는 자입니다. 악한 자가 자신을 바꾸지 않으면 결국 소멸되고 말 것입니다. 하나님은 소멸하는 불이시기 때문입니다.

13절 "진노하심으로 소멸하시되 없어지기까지 소멸하사 하나님이 야곱 중에서 다스리심을 땅끝까지 알게 하소서"

하나님 백성 중에는 하나님이 계시기 때문에 인간이 왕이 될 수 없습니다. 하나님 백성 가운데 최고가 되려고 하는 자들은 다 망하고 말 것입니다. 하나님이 야곱 중에 계시기 때문입니다.

우리는 끝까지 하나님을 의지하며 찬송해야 합니다.

> 16, 17절 "나는 주의 힘을 노래하며 아침에 주의 인자하심을 높이 부르오리니 주는 나의 요새이시며 나의 환난 날에 피난처심이니이다 나의 힘이시여 내가 주께 찬송하오리니 하나님은 나의 요새이시며 나를 긍휼히 여기시는 하나님이심이니이다"

다윗과 같이 '주의 힘'을 노래합시다. 세상에서 아무리 강한 자도 하나님의 능력 앞에서는 사나운 개에 불과합니다. 하나님이 매를 드시면 악한 자들은 멸망하게 됩니다. 우리는 하나님을 피난처로 삼아야 합니다. 하나님은 인자하시며 긍휼히 여기시는 분입니다. 우리 주변의 강대국과 악한 자를 두려워하지 맙시다. 우리 주 하나님을 나의 힘으로 삼으시기 바랍니다.

62

시 60:1-12

그 틈을 기우소서

많은 정치인이 권력만 가지면 모든 것이 자신의 뜻대로 될 줄 압니다. 하지만 권력으로 되지 않는 것이 있습니다. 특히 국가에 재난이 닥칠 때 가장 무력한 자가 권력을 가진 자입니다. 과거 우리나라에 IMF가 발생했을 때, 대통령과 장관은 다른 나라에 돈을 빌려 달라고 사정해야 했습니다. 수많은 대기업과 은행이 무너졌고, 거리에는 실업자들이 넘쳐났습니다. 소중한 자국 기업들이 다른 나라로 넘어가는 것을 지켜보아야 했습니다.

요즘 우리나라 국제 및 국내 정세는 불안하기만 합니다. 그런데 이런 정세 속에 권력자들은 해결의 실마리를 찾지 못하고 있습니다. 북한은 핵무기를 갖추고 핵 실험을 합니다. 국내에서는 지진 발생으로 불안이 고조되고 있습니다. 거기에다 중요 대기업들의 경제 성장률이 하락하고 있습니다. 또한 정치권에서는 야당과 여당이 서로 자기가 옳다고 싸우고 있습니다. 그야말로 권력자들이 할 수 있는 것이 아무것도 없어 보입니다.

이렇듯 권력을 쥐고 무조건 성공하는 것이 중요한 것이 아닙니다. 하나님의 축복을 확보하는 것이 더 중요합니다. 하나님의 축복이 없는 상태에서 어려움이 생기면 큰 고통을 당합니다. 권력을 쥐었지만 할 수 있는 것이 아무것도 없기 때문입니다.

로마 장군 중에 예루살렘을 함락시킨 장군이 있습니다. 그는 후에 황제가 되는데 바로 티투스 장군입니다. 그는 처음 아버지 베스파니우스 장군과 함께 유다를 정복하다 아버지가 로마 황제가 되어 알렉산드리아로 떠나자 남아서 예루살렘을 함락시킵니다. 나중에 아들 티투스가 로마 황제가 되는데, 그는 로마 황제로서는 선한 정치를 하려고 했습니다. 그러나 로마에 큰 화산이 폭발해 많은 사람들이 죽고, 전염병까지 퍼지자 그도 병에 걸려 죽고 맙니다. 그 후 티투스의 동생 도미티니아누스가 황제가 되는데, 그는 광기가 있어 기독교를 심하게 박해했습니다. 이 때 요한이 밧모 섬에 유배당했습니다. 그러나 도미티아누스는 결국 암살당합니다. 이처럼 하나님의 축복이 없는 정치는 성공이 아니라 독을 마시는 것과 같습니다.

다윗에게도 어려운 위기의 순간이 있었습니다. 그때가 바로 시편 60편의 배경이 됩니다. 다윗에게 가장 어려운 문제는 같은 민족 이스라엘이 다윗파와 사울파로 나뉘어 집요하게 싸운 것이었습니다. 더욱이 다윗은 남동쪽의 모압과 북쪽의 아람 그리고 남쪽의 에돔 심지어 남서쪽의 블레셋 등 동서남북에 있는 적들과 동시에 전쟁을 해야 했습니다.

우리에게도 여러 가지 어려움이 한꺼번에 몰아닥칠 때가 있습니다. 이 때 하나님이 우리를 버리셨다고 생각하기 쉽습니다. 그러나 이것이 우리가 치러야 하는 실전입니다. 우리가 믿는 것과 실전을 치르는 것 사이에는 상당한 차이가 있습니다. 우리가 이 실전에서 이겨야 진정한 승리자가 될 수 있습니다.

시편 60편의 표제는 '다윗이 교훈하기 위하여 지은 믹담, 인도자를 따라 수산에듯에 맞춘 노래, 다윗이 아람 나하라임과 아람 소바와 싸우는 중에 요압이 돌아와 에돔을 소금 골짜기에서 쳐서 만 이천 명을 죽인 때에'입니다.

시편 60편은 '수산에둣에 맞춘 노래'입니다. 지금까지는 '알다스헷'에 맞춘 노래가 많았습니다. '알다스헷'은 '멸망시키지 마소서'라는 뜻을 가진 곡조입니다. '알다스헷'은 멸망할 수밖에 없는 상황 속에 필사적으로 부르는 노래임을 알 수 있습니다. 그에 비해 '수산에둣'은 '증거의 백합화'라는 뜻으로, '전쟁의 노래'를 의미합니다. 우리로 치면 군가에 가까운 곡조입니다. 특히 다윗에게 가장 무서운 적이 아람이었는데, 아람은 유브라데 강을 기준으로 두 나라로 나뉘어져 있었습니다. 그런데 소바 왕 하닷에셀은 정복욕이 아주 강한 왕으로 스스로 다윗의 라이벌이라고 생각했습니다. 그런데 다윗은 하나님과의 갈라진 틈을 메움으로 모든 전쟁을 이깁니다.

1. 현실에서 겪는 것

우리는 모든 일이 형통하면 아무 걱정이 없을 것 같지만, 사실 우리에게 가장 무서운 적은 생활과 직장에서의 안정입니다. 우리는 직장이 안정되고, 집 문제가 해결되면 하나님께 더 감사할 것 같지만, 안정되는 순간 생각이 더 복잡해지고 불만도 많아져 삶이 더 타락하게 됩니다. 사람의 욕망은 끝이 없기 때문입니다. 예를 들어, 어떤 사람은 직장에서 정규직이 되면 모든 것이 해결될 줄 알았는데, 막상 정규직이 되고 보니 상사가 괴롭히고 맡게 된 일도 마음에 들지 않아 하루에도 몇 번이나 다른 직장으로 옮기고 싶은 생각에 고통을 겪습니다. 또 어떤 사람은 결혼만 하면 불만이 없을 줄 알았는데, 막상 결혼해 보니 남편 때문에 후회를 합니다.

그래서 하나님은 우리에게 한 번씩 어려움을 주십니다. 그때 우리는 하나님이 우리를 버리신 것 같은 생각이 들어 신앙적으로 힘을 잃어버립니다.

다윗은 하루 빨리 이스라엘의 왕이 되는 것이 소원이었습니다. 사울이 길보아 전투에서 죽은 후 다윗이 왕이 되기는 했지만, 이스라엘 전체의 왕은 아니었습니다. 그는 오직 유다 지파의 왕이었습니다. 더욱이 다윗은 사울이 남긴 잔당과 칠 년 내전을 치러야 했습니다. 이 때 다윗은 가장 힘들었습니다. 다윗은 칠 년 동안 같은 동족인 이스라엘 백성과 싸워야 했습니다. 같은 성도끼리 싸운 것입니다.

그러다 아브넬이 자기 왕을 배반하고 다윗에게 넘어오는 바람에 결국 사울파에 내분이 생겨 다윗이 이스라엘 전체의 왕이 됩니다. 아마 다윗 생애에 이보다 더 행복하고 아름다운 때는 없을 것입니다.

"아브넬이 자기를 대신하여 전령들을 다윗에게 보내어 이르되 이 땅이 누구의 것이니이까 또 이르되 당신은 나와 더불어 언약을 맺사이다 내 손이 당신을 도와 온 이스라엘이 당신에게 돌아가게 하리이다 하니"_삼하 3:12

그러나 이 일 후에 이스라엘은 국내외적으로 큰 어려움에 빠집니다. 다윗도 아주 큰 위기에 처합니다. 이스라엘 안에서는 의견이 분열되어 서로 정신을 차리지 못하고 흥청거렸습니다. 또 밖에서는 여러 나라들이 다윗을 망하게 하기 위해 이스라엘을 공격해 왔습니다.

1절 "하나님이여 주께서 우리를 버려 흩으셨고 분노하셨사오나 지금은 우리를 회복시키소서"

여기서 '주께서 우리를 버려 흩으셨고 분노하셨사오나'라는 구절이 무엇을 의미하는지 정확히 알 수 없습니다.

우선 사울이 블레셋과 싸우다 길보아 산에서 수많은 이스라엘 백성과 함께 몰살한 것을 생각할 수 있습니다. 이 때 이스라엘은 이미 파산 상태였습니다. 사울이 수많은 장병과 함께 죽은 것은 이스라엘이 정신적, 군사적, 경제적으로 망한 것을 의미합니다. 그 후로 이스라엘은 힘을 회복하지 못합니다. 다윗은 이 사건을 하나님께서 이스라엘에게 분노하시고 그들을 흩으신 것으로 생각했습니다.

이스라엘은 블레셋과의 패전으로 파산 상태였는데, 거기에다 무려 칠 년 동안이나 동족끼리 서로 싸웠으니 나라꼴이 말이 아니었습니다. 사울파가 망하고 다윗이 이스라엘 전체의 왕이 되었지만, 이스라엘은 도저히 일어서기 어려웠습니다.

더욱이 다윗은 왕이 된 후에도 이스라엘 지도자들과 백성 안에서의 깊은 불신 때문에 아무것도 할 수 없었습니다. 다윗은 이런 현실이 사울과 이스라엘 백성의 잘못 때문이라고 생각하지 않았습니다. 다윗은 하나님과 이스라엘 백성 사이에 갈라진 틈이 생겼기 때문에 이 모든 것이 일어난 것이라고 생각했습니다. 하나님이 이스라엘 백성과 다윗으로 하여금 교만하지 않게 하려고 어려움을 주신 것이라고 생각했습니다.

2절 "주께서 땅을 진동시키사 갈라지게 하셨사오니 그 틈을 기우소서 땅이 흔들림이니이다"

이 때 다윗은 '주께서 땅을 진동시키사 갈라지게 하셨사오니'라고 말합니다. 어쩌면 이 때 진짜 지진이 발생했는지도 모릅니다. 이 세상에 지진이 나게 하는 분은 하나님이십니다. 그런데 지진으로 갈라진 땅이 붙지 않고 계속 갈라져 있다고 말합니다. 다윗은 하나님께 '그 틈을 기우소서'라고 기도합니다. 여기서 '기우소서'는 마치 찢어진 옷을 실과 바늘로 깁듯 갈라진 땅을 붙게 해 달라는 뜻입니다. 그런데 이스라엘의 땅만이 아니라 백성의 정신도 갈라진 것을 볼 수 있습니다. 단순히 땅이 갈라진 것은 인간이 공사를 해서 메울 수 있지만, 정신적으로 갈라진 것은 인간이 메울 수 없습니다.

하나님은 땅의 흔들림에 비유된 이스라엘 백성의 상태를 영적인 지진으로 보여 주었습니다. 이스라엘 백성이 겉으로는 안정되어 보였지만, 영적으로는 내진 설계가 안 된 건물과 같았습니다. 그래서 어려움이 한 번 찾아오면 다 흔들렸습니다. 기초가 없기 때문입니다. 이스라엘 백성이 과거보다 잘 사는 것은 틀림없지만, 그들이 누리는 축복은 언제 무너질지 몰랐습니다. 이스라엘 백성은 극히 불안한 상태였습니다. 더욱이 다윗을 왕으로 인정하지 않는 자들이 자기 멋대로 행동했습니다. 이스라엘 백성과 하나님 사이에도 틈이 갈라져 하나 되지 못하고 있었습니다.

이런 급박한 상황에도 이스라엘 백성은 정신을 차리지 못했습니다. 그래서 다윗은 '그 틈을 기우소서'라고 간절히 기도합니다. 이스라엘의 갈라진 틈은 오직 하나님 말씀과 기도만이 메울 수 있습니다. 그러기에 하나님께 갈라진 틈을 채워 달라고 묵묵히 기도해야 합니다.

다윗은 이스라엘이 혼란스러웠던 이유를 알게 됩니다.

> **3절** "주께서 주의 백성에게 어려움을 보이시고 비틀거리게 하는 포도주를 우리에게 마시게 하셨나이다"

그동안 이스라엘 백성이 혼란스러웠던 이유는 그들이 술에 취해 비틀거렸기 때문입니다. 인간이 술에 취하면 아무리 똑바로 걸어가려 해도 걸어가지 못합니다. 아무리 바른 말을 하려 해도 잘되지 않습니다. 하나님은 이스라엘 백성이 너무 교만하니까 그들로 하여금 오만의 술에 취하게 하셨습니다. 하나님은 인간 스스로 자만에 빠지는 것을 가장 싫어하십니다. 인간이 교만하면 자꾸 위험한 행동을 합니다. 교만한 자들은 결국 중심을 잡지 못해 절벽에서 거꾸로 떨어져 죽게 됩니다. 우리는 미리 고통을 당하는 한이 있어도 오만의 술에서 깨어나야 합니다. 이것이 사는 길입니다.

우리는 어려움을 만날 때, 냉철하게 현실을 보아야 합니다. 지금 내가 오만하게 생각하는 것이 무엇인지 깨달아야 합니다. 그렇지 않고 지금 누리고 있는 성공과 인기에만 만족하면, 한순간에 그 갈라진 틈으로 굴러 떨어지고 맙니다.

큰 건물에 작은 균열이 생기면, 건물 전체가 붕괴하는 사고로 발전할 수 있습니다. 지금 우리나라는 많은 부문에 있어 균열이 있습니다. 이런 상황에서 성장만 추구하면 나라 상황은 더 악화될 것입니다. 이런 때일수록 침착하게 우리 자신을 돌아보아야 합니다.

2. 하나님의 방법

다윗이 시편 60편을 썼을 때, 그의 상황은 굉장히 어려웠습니다. 다윗이 이스라엘 왕이 되기는 했지만, 이스라엘 백성은 분열되어 있었습니다. 그런데 아람 소바 왕 하닷에셀은 야망이 큰 자였습니다.

이 때 다윗은 암몬과 아주 긴 전쟁을 하게 됩니다. 그런데 암몬 왕은 다윗을 전쟁에 끌어들인 뒤 그를 칠 목적으로 많을 돈을 주고 아람 군대를 삽니다. 아람 왕은 다윗을 격분하게 하려고 다윗이 보낸 사신들의 수염을 잘라 수치를 주었습니다. 그러나 다윗은 이 전쟁에 말려들지 않기 위해 요압을 보내 싸우게 했는데 싸움이 빨리 끝나지 않았습니다. 아람의 두 군대가 이스라엘을 북쪽에서부터 공격하려고 이동하고 있었습니다. 더욱이 암몬 남쪽에 있는 에돔도 유다를 공격하려고 준비하고 있었습니다. 블레셋까지 다시 대항하려고 준비하고 있었습니다. 이스라엘은 동서남북에서 전쟁이

나려고 하니 어느 쪽부터 손을 써야 할지 알 수 없었습니다. 이 때 하나님은 다윗에게 기준을 보여 주셨습니다.

4절 "주를 경외하는 자에게 깃발을 주시고 진리를 위하여 달게 하셨나이다"

여기서 중요한 것은 '주를 경외하는 자'라는 말입니다. 하나님을 경외하지 않는 자는 이런 지혜가 없어 위기를 당하면 우왕좌왕하다 결국 망하게 됩니다. 인명 구조에 있어 '골든타임'이 중요합니다. 배가 기울어지거나 건물에 불이 나거나 교통사고가 났을 때 사람을 살릴 수 있는 시간이 있는데 그것을 놓치면 그 사람을 살릴 수 없습니다. 책에서 이론적으로 배운 것은 실전에 아무 소용이 없습니다. 책에서만 배우면 사고가 났을 때 어떻게 할지 몰라 우왕좌왕하게 됩니다. 그러나 실전에서 배우면 위기가 왔을 때 바로 행동해서 시간을 아낄 수 있습니다. 책만으로는 실제 상황에 대처할 수 없습니다. 실전에 부딪쳐서 살아남는 훈련을 받아야 합니다.

'주를 경외하는 자'는 하나님을 실제로 느끼는 자를 의미합니다. 어떻게 하면 하나님을 실제로 느낄 수 있을까요? 바로 이것이 위기의 순간에 사느냐 죽느냐 하는 것을 결정합니다.

우리는 하나님의 말씀을 듣고 배움으로 하나님을 알게 됩니다. 그러나 우리는 머리로는 하나님을 알지만, 현실에서는 하나님의 능력을 체험하지 못합니다. 그래서 하나님의 말씀을 믿고 현실에 적용하려면 여지없이 실패합니다. 현실과 하나님의 말씀 사이에는 큰 격차가 있기 때문입니다. 그럼에도 불구하고 우리가 낙심하지 않고 하나님의 말씀을 붙들고 살아갈 때, 이상하게도 하나님의 뜻이 이루어지는 것을 하나씩 체험하게 됩니다. 분명 내 힘으로 할 수 없는 것인데, 이상하게도 믿었던 대로 됩니다. 그때 우리는 하나님을 실존 가운데 체험하게 됩니다. 하나님은 머릿속으로만 존재하는 분이 아닙니다. 하나님은 멀리 계시지 않습니다. 하나님은 지금도 우리와 함께하십니다. 그때 우리는 하나님을 두려워하게 됩니다. 이것이 바로 하나님을 경외하는 것입니다.

하나님은 큰 혼란 속에서도 하나님을 경외하는 자에게 깃발을 주셔서 모든 사람이 몰려들게 하십니다. 하나님은 그분의 말씀을 붙드는 자에게 능력과 기적을 베푸십니다. 이로써 갈라진 틈을 메울 수 있고, 백성의 분열된 마음도 하나로 모을 수 있습니다. 이 때 다른 사람의 반응을 두려워할 필요가 없습니다. 우리가 살 수 있는 길은 하나님밖에 없습니다. 하나님의 능력만이 우리를 살게 합니다. 그분을 감출 필요가 없습니다. 그래서 '깃발을 주시고 진리를 위하여 달게 하셨나이다'라고 말씀하고 있습니다. 위기 때 나라를 살리는 것은 하나님의 말씀을 믿는 믿음밖에 없습니다.

그때 하나님은 사랑하는 자들을 살리기 위해 능력을 주십니다.

> **5절** "주께서 사랑하시는 자를 건지시기 위하여 주의 오른손으로 구원하시고 응답하소서"

우리가 하나님의 진리를 확고하게 붙들 때 하나님은 우리에게 놀라운 지혜를 주십니다. 바로 그 지혜가 적의 머리를 꿰뚫고, 그들의 허점도 찌릅니다.

다윗은 모압과 암몬을 치기 위해 절대 출동하지 않았습니다. 대신 요압을 보냈습니다. 그때 아람 소바 왕 하닷에셀과 다메섹 왕은 예루살렘이 빈 줄 알고 북쪽에서부터 공격했습니다. 다윗은 두 아람 왕과 싸우고, 요압은 모압과 싸웠습니다. 이스라엘은 동시에 여러 적과 싸워야 했습니다. 다윗은 다윗대로, 요압은 요압대로 고전했습니다. 인간적으로 생각하면, 다윗과 이스라엘은 패배할 수밖에 없는 실정입니다.

특히 아람 소바 왕 하닷에셀은 대단한 실력을 가진 자였습니다. 모압도 아주 강한 나라였습니다. 그런데 요압은 모압을 이기는 대신 더 남쪽에 있는 에돔에 내려가 에돔을 이깁니다. 그래서 표제에도 '요압이 돌아와 에돔을 소금 골짜기에 쳐서 만 이천 명을 죽인 때에'라고 말하고 있습니다. 에돔은 돌로 된 나라였습니다. 에돔은 난공불락의 성이어서 절대 함락시킬 수 없는 나라였습니다. 요즘으로 치면 나라 전체가 요새로 된 나라였습니다. 영화 인디아나존스 중에 돌로 된 성전이 나오는데 거기가 바로 에돔의 한 신전입니다. 요압은 모압과 싸우려고 했지만, 모압은 성에서 나오지 않고 대신 돈을 받은 에돔 군대 만 이천 명이 이스라엘 군대를 치려고 나왔습니다. 이 때 요압은 에돔 군대와 먼저 싸워 소금 골짜기에서 만 이천 명을 죽이는 엄청난 승리를 거둡니다. 다윗은 이 보고를 듣고 하나님이 이스라엘을 버리지 않고 함께하신다는 확신을 가지게 되었습니다. 하나님은 하나님이 사랑하시는 자를 위해 진실로 구원을 베푸십니다.

이 때 다윗은 하나님의 음성을 듣습니다.

> **6절** "하나님이 그의 거룩하심으로 말씀하시되 내가 뛰놀리라 내가 세겜을 나누며 숙곳 골짜기를 측량하리라"

'하나님의 거룩하심'이란 속성은 하나님이 불의를 절대 참지 못하시는 것을 의미합니다. 그러나 하나님 백성이 영적으로 둔한 상태에 있으면, 하나님의 거룩하심이 역사할 수 없습니다. 그러나 하나님 백성이 진리의 말씀을 붙잡으면 하나님의 거룩하심이 역사합니다. 그래서 다윗은 '하나님이 그의 거룩하심으로 말씀하시되 내가 뛰놀리라'고 말합니다. 이것은 하나님이 마음껏 활동하시는 것을 의미합니다. 세겜은 요단 서편에 있지만 우상 세력이 강한 곳이었습니다. 한편 숙곳은 요단 동편 경계에 있는 도시였습니다. 하나님은 우상 세력을 나누고, 경계선을 다시 측량해 새롭게 바꿀 것이라고 말씀하셨습니다. 이는 하나님 백성 내부에 있는 고름은 짜내고, 경계선은 무한정으로 넓힌다는 의미에서 하신 말씀입니다.

하나님은 이스라엘 그 어느 곳도 포기하지 않을 것이라고 말씀하셨습니다.

> **7절** "길르앗이 내 것이요 므낫세도 내 것이며 에브라임은 내 머리의 투구요 유다는 나의 규이며"

이스라엘 백성이 하나님의 말씀을 바로 붙잡으면 하나님은 이스라엘 한 지파도 포기하지 않으실 것입니다. 요단 동편에 있는 길르앗이 하나님의 땅이며, 양쪽에 걸쳐 있는 므낫세도 하나님의 땅입니다. 산지 에브라임은 하나님의 투구이고, 유다는 하나님의 왕홀입니다.

하나님은 이방 나라를 모두 종으로 쓰겠다고 말씀하십니다.

> **8절** "모압은 나의 목욕통이라 에돔에는 나의 신발을 던지리라 블레셋아 나로 말미암아 외치라 하셨도다"

하나님은 모압에서 목욕을 하실 것입니다. 인간은 모든 일과를 마친 후 땀과 먼지를 씻기 위해 목욕을 합니다. 즉 '모압은 나의 목욕통이라'는 구절은 하나님이 모압을 맨 나중에 함락시킬 것이라는 뜻을 내포합니다. 한편 '에돔에는 나의 신발을 던지리라'고 말합니다. 사람이 신발을 던질 때는 보통 이런 이유일 때가 많습니다. 먼 여행이 끝난 다음, 다시 여행을 시작하기 전에 종에게 신발을 맡길 때 말입니다. 다음은 '블레셋아 나로 말미암아 외치라 하셨도다'라고 이어갑니다. 블레셋은 하나님을 대신해 외치는 역할을 하게 될 것입니다. 이처럼 하나님은 모든 이방 나라를 종으로 사용하실 것입니다.

3. 하나님의 도우심

인간적으로 볼 때, 다윗에게는 에돔이 참 골치 아픈 나라였습니다. 에돔은 나라 전체가 요새화되어 있어 도저히 그 안에 들어가 사람들을 끄집어낼 수 없었습니다.

그래서 다윗은 하나님을 믿으면서도 인간적으로 걱정했습니다.

> **9절** "누가 나를 이끌어 견고한 성에 들이며 누가 나를 에돔에 인도할까"

다윗은 아람과 싸우면서도 에돔이 걱정이었습니다. 에돔은 이스라엘을 늘 미워했고, 강한 기질로 공격했기 때문입니다. 그러나 하나님은 놀라운 방법으로 에돔을 끌어내셨습니다. 그것은 바로 돈의 힘이었습니다. 모압 왕이 자국의 힘으로 이스라엘과 싸우기 싫으니까 에돔에 돈을 주어 대신 싸워 달라고 한 것입니다. 그래서 에돔 군인 만 이천 명이 소금 골짜기에서 싸웠습니다. 결국 에돔은 모압이 한 부탁에 응하는 바람에 망하게 되었습니다. 이 모든 일이 하나님이 하신 것입니다.

다윗 역시 첫 전쟁에서 패전했습니다.

> **10절** "하나님이여 주께서 우리를 버리지 아니하셨나이까 하나님이여 주께서 우리 군대와 함께 나아가지 아니하시나이다"

다윗은 첫 전쟁에서 하나님이 그들과 함께 가시지 않는 것을 체험했습니다. 이스라엘 백성은 아람과 에돔 군대와의 싸움에서 여지없이 패했습니다. 하나님이 그렇게 하신 이유는 따로 있습니다. 하나님은 이스라엘 백성으로 하여금 마주한 현실을 가볍게 보지 말라고 경고한 것입니다.

우리는 모든 일에 철저한 결단과 각오가 있어야 합니다. 다윗은 생각을 바꾸게 됩니다. 즉 적당하게 믿어서는 안 되고 결단함으로 믿어야 한다는 것입니다.

11절 "우리를 도와 대적을 치게 하소서 사람의 구원은 헛됨이니이다"

이 때 비로소 다윗은 인간을 의지했던 연약함을 버리게 됩니다. 다윗은 인간을 기대하는 것이 아무 소용이 없다는 것을 깨달았습니다. 하나님을 믿으려면 각오함으로 믿어야 한다는 생각에 이르렀습니다.

우리가 '하나님을 믿노라' 하면서도 자기 뜻대로 안 된다고 원망, 불평하는 것은 어리석은 일입니다. 우리는 마주한 현실을 쉽게 생각해서는 안 됩니다. 우리는 하나님을 믿으면서도 철저하게 현실적이어야 합니다.

그때 하나님의 능력을 발휘할 수 있습니다.

12절 "우리가 하나님을 의지하고 용감하게 행하리니 그는 우리의 대적을 밟으실 이심이로다"

우리가 적당히 하나님을 믿는 것이 아니라 각오함으로 믿을 때 하나님은 우리 편에서 일하십니다. 하나님이 우리의 대적을 밟으시고, 우리 역시 하나님의 능력으로 담대히 싸워 나갈 것이기에 승리는 우리의 것입니다.

지금 같은 위기의 시기에 우리가 살 수 있는 길은 마음을 다해 하나님을 의지하는 것밖에 없습니다. 그저 '잘되겠지'라고 생각해서는 안 됩니다. 내 뜻대로 되지 않는다고 하나님을 원망해서도 안 됩니다. 우리는 하나님이 움직이시도록 계속해서 그분을 의지하고 신뢰해야 합니다.

63

시 61:1-8

땅끝에서 드리는 기도

높은 산을 올라가다보면 절벽 위에 서 있게 될 때가 있습니다. 그러나 절벽을 만나면 더 이상 앞으로 갈 수 없습니다. 절벽에서 더 나아가면 떨어져 죽기 때문입니다. 인생에서도 벼랑 끝에 설 때가 있습니다. 우리는 살아가면서 경제적으로 파산하기도 하고, 악한 자들에게 고통을 당하기도 합니다. 한편 병으로 더 이상 견디기 어려운 한계 상황에 도달하기도 합니다. 아마 거기서 한 걸음만 더 뒤로 밀린다면 끝없는 낭떠러지에 떨어지고 말 것입니다. 이 때 우리는 살아남아야 합니다. 하나님은 "사람이 감당할 시험밖에는 너희가 당한 것이 없나니 오직 하나님은 미쁘사 너희가 감당하지 못할 시험당함을 허락하지 아니하시고 시험당할 즈음에 또한 피할 길을 내사 너희로 능히 감당하게 하시느니라"(고전 10:13)고 약속하셨습니다.

시편 61편의 표제에는 특별한 상황 설명이 없습니다. 단지 '다윗의 시, 인도자를 따라 현악에 맞춘 노래'라고 되어 있습니다. 그런데 2절을 보면 다윗이 얼마나 기가 막힌 상황에서 이 시를 썼는지 알 수 있습니다. 다윗은

'내 마음이 약해질 때에 땅끝에서부터 주께 부르짖으오리니'라고 말합니다. 보통 우리는 '땅끝'이라고 하면, 예루살렘에서 아주 먼 땅으로 생각합니다. 그러나 다윗이 말한 '땅끝'은 절벽으로 되어 있어 더 이상 갈 곳이 없는 막다른 곳을 의미합니다. 수천 높이의 절벽 밑에는 시퍼런 바다 혹은 용암이 있어 인간이 도저히 살 수 없습니다. 다윗에게 '땅끝'은 바로 이런 곳입니다.

그러나 우리가 아무리 절벽 끝에 서 있어도 하나님에게는 살 길이 있습니다. 그러기에 너무 두려워하지 말아야 합니다. 다윗이 절벽 끝에서 살아 돌아온 것처럼 우리에게도 얼마든지 살 길이 있습니다.

1. 담대한 기도

사람이 큰 어려움에 빠지면 정신을 차리지 못합니다. 기도한다는 것은 어렵기만 합니다. 우리를 보더라도 기도는 정신적 여유가 좀 있을 때 나오는 것이지, 사람이 사느냐 죽느냐 하는 절박한 문제에 빠지면 도저히 할 수 없는 것이라 생각하는 자가 많습니다. 그런데 다윗에게는 위기의 순간에 아주 강하게 기도할 수 있는 능력이 있었습니다.

1절 "하나님이여 나의 부르짖음을 들으시며 내 기도에 유의하소서"

사람은 인생에서 감당할 수 없는 큰 시험이 닥치면, 처음에는 그 현실을 인정하지 않으려 합니다. 그럼에도 불구하고 어려움이 현실로 나타나면 크게 분노하면서 혹시 그것을 피할 수 있는 길이 있는지 찾습니다. 그러다 도저히 피할 길이 없으면, 그때는 모든 것을 포기합니다. 아마 이 점에 있어 우리 믿는 자들도 마찬가지일 것입니다.

그런데 성도는 이런 절망 속에서 배우는 것이 있습니다. 하나는 인간이 아무리 뛰어나다 해도 하나의 피조물에 불과하다는 사실입니다. 지금까지는 내 자신이 마치 대단한 존재라고 생각했습니다. 마음만 먹으면 모든 것이 내 뜻대로 될 것이라고 생각했습니다. 그런데 큰 환난을 당하고 보니 역시 인간은 하나의 흙덩어리에 불과했습니다. 인간은 아주 평범한 피조물인 것입니다. 이처럼 우리는 하나님이 한 번만 세게 누르시면 죽을 수밖에 없는 피조물입니다.

또 하나 놀라운 것이 있습니다. 우리는 하나님의 성도라는 사실입니다. 인간은 슈퍼맨이 아니기 때문에 위기를 당할 때 그 위기에서 벗어날 능력이 없습니다. 하지만 하나님 백성은 위기 때 기도할 수 있는 특권이 있습니다. 하나님 백성은 위기 때 하나님께 강력하게 기도할 수 있습니다. 하나님은 반드시 그 기도를 들어주십니다. 다윗은 죽을 수밖에 없는 위기를 당했을 때 하나님 앞에 강하게 부르짖었습니다.

많은 신학자들이 시편 61편을 다윗이 아들 압살롬의 반역으로 요단 동편으로 도망쳤을 때 지은 시라고 생각합니다. 압살롬을 위시한 많은 적들이 다윗을 향해 창을 들고 전진해 왔습니다. 다윗이 한 걸음만 뒤로 물러서면 천 길 낭떠러지로 떨어질 수밖에 없었습니다. 다윗은 그야말로 땅끝에서 있는 심정이었습니다. 다윗은 더 이상 도망칠 곳이 없었습니다. 그런데 그때 다윗은 사람을 원망하지 않고 하나님께 기도했습니다. 하나님이 다윗의 기도에 관심을 가져야 할 이유가 어디에 있을까요?

2절 "내 마음이 약해질 때에 땅끝에서부터 주께 부르짖으오리니 나보다 높은 바위에 나를 인도하소서"

다윗은 지금 마음이 많이 약해져 있습니다. 여기서 '내 마음이 약해질 때에'라는 구절은 이제 모든 것을 포기하고 싶은 다윗의 심정을 말해 줍니다. 원래 다윗은 아들 압살롬을 상대로 이길 생각이 없었습니다. 반역자가 아들이기 때문입니다. 다윗은 전쟁이 지겨웠고, 왕을 더 오래 할 마음도 없었습니다. 그는 이 땅끝에서 죽고 싶은 마음만 들었습니다.

그런데 다윗은 한순간 정신이 들었습니다. '이스라엘은 나의 나라가 아니고 하나님의 나라'라는 생각이 든 것입니다. 사탄이 지금 아들 압살롬을 통해 이스라엘을 삼키려 하고 있다는 깨달음도 들었습니다. 인간적으로 볼 때, 다윗은 굳이 이 전쟁에서 또 피를 흘리며 싸워 이기고 싶은 생각이 들지 않았습니다. 하지만 신앙적으로 볼 때, 사탄에게는 이스라엘에 일어날 부흥의 불을 꺼뜨리고 모든 이스라엘 백성을 마귀의 종으로 만들려는 계획이 있었습니다. 지금 이스라엘의 부흥은 땅끝에 조금 남아 꺼지려 하고 있습니다. 다윗은 이 부흥의 불씨를 꺼뜨려서는 안 된다는 생각이 들었습니다.

다윗은 하나님께 지금 자기가 드리는 기도가 아주 중요한 기도라고 말합니다. 그러기에 하나님께서 꼭 유의해서 들으셔야 한다고 말합니다. 하나님에게도 가장 중요한 것이기 때문입니다. 사탄은 어느새 이스라엘 안에 들어와 가장 중요한 자들을 다 포섭해 이스라엘의 부흥을 꺼뜨리고 있습니다. 이 부흥의 불씨는 땅끝에서 깜빡거리고 있습니다. 부흥의 불씨가 꺼지기 직전입니다. 그래서 다윗은 하나님께 지금 즉시 성령의 기름을 부으셔서 이 부흥의 불이 꺼지지 않게 해 달라고 강하게 기도한 것입니다.

우리가 우리 자신을 위해 기도하는 것은 잘 응답되지 않을 때가 많지만 하나님 백성의 부흥을 위해 기도할 때는 기도 응답이 빠릅니다. 그리고 기도하면 기도의 불이 붙으면서 담대한 기도가 나옵니다. 우리 한 사람만 보면 별로 중요하지 않게 생각할 때가 많지만, 우리는 모두 부흥을 일으킬 수 있는 불덩어리입니다. 그래서 우리는 우리 안에 있는 불을 일으켜 주시고,

마귀를 이길 수 있게 해 달라고 기도드려야 합니다. 우리가 땅끝까지 밀려간 것은 다른 말로 하면 하나님의 대반격이 시작된 것입니다. 우리가 막다른 벼랑 끝에서 하나님께 부르짖으며 기도할 때 하나님은 그것을 신호탄으로 해서 천사를 보내시고, 기적도 일으키셔서 다시 일어서게 하십니다.

다윗은 '나보다 높은 바위에 나를 인도하소서'라고 말합니다. 다윗은 자기를 좀 더 높은 곳으로 인도해 달라고 기도합니다. 즉 하나님을 향해 더 확실하게 신호를 보낼 수 있도록 담대히 기도하게 해 달라는 것입니다. 믿는 우리는 어려울 때 기도하는 것을 최고 우선순위로 삼아야 합니다. 믿는 우리는 절대 마음이 약해져서는 안 됩니다. 믿는 우리는 자기 상황만 생각하고 모든 것을 포기한 채 죽으려 해서는 안 됩니다. 우리 한 사람, 한 사람이 모두 하나님 앞에서 불덩어리입니다.

2. 땅에서 승리한 자들

성경을 보면, 이렇게 땅끝까지 밀려났다가 승리한 민음의 용사들이 많이 등장합니다. 대표적인 사람이 모세입니다. 모세는 바로 왕궁에 살면서 세상적으로 성공의 길을 걷고 있었습니다. 모세가 계속 세상의 길을 갔더라면 높은 자리를 하나 얻었을 것입니다. 그러나 모세는 하나님 백성을 도우려다가 애굽의 노예 감독을 죽이게 됩니다. 모세는 즉시 미디안으로 도망칩니다. 미디안은 그 당시 문명에서 보면 땅끝에 해당하는 지역으로, 모세는 그곳에서 미디안 사람의 사위가 됩니다. 모세는 그곳에서 무려 사십 년 동안 장인의 양을 칩니다.

하지만 모세는 이 절망의 땅에서 하나님의 음성을 듣고 하나님의 손에 붙들립니다. 하나님은 불타는 떨기나무 가운데서 모세를 만나 주셨습니다.

모세에게는 땅끝이 하나님을 만난 곳입니다. 모세는 그곳에서 능력을 받았습니다.

"하나님이 이르시되 내가 반드시 너와 함께 있으리라 네가 그 백성을 애굽에서 인도하여 낸 후에 너희가 이 산에서 하나님을 섬기리니 이것이 내가 너를 보낸 증거니라"_출 3:12

그 후 모세는 인류 역사상 전무후무한 능력으로 기적을 일으키게 됩니다. 모세는 이스라엘을 노예에서 건져냅니다.

다른 사람이 삼손입니다. 삼손은 태어나기도 전에 하나님께 드려진 나실인이었습니다. 그리고 하나님은 삼손에게 큰 힘을 은사로 주셨습니다. 삼손의 힘은 인류 역사상 어느 누구도 따라올 수 없는 특별한 능력이었습니다. 그러나 삼손은 여인 들릴라의 유혹에 빠져 하나님과의 약속을 깨고 음란한 죄에 빠집니다. 그 결과 삼손은 머리카락이 밀리며, 눈알이 뽑혔고, 노예로 블레셋 감옥에 갇혀 맷돌을 돌리게 되었습니다. 블레셋 감옥은 삼손에게는 땅끝이었습니다. 아무도 삼손을 찾아오는 자가 없었습니다. 삼손은 자기 힘으로는 그곳에서 나올 수 없었습니다. 그런데 놀랍게도 감옥 안에서 삼손의 머리카락이 자랐습니다. 아무리 블레셋 감옥이라 해도 하나님의 은혜는 막을 수 없습니다. 삼손은 블레셋 땅에서 하나님께 부르짖었습니다. 삼손은 한 번만 자기에게 힘을 주셔서 블레셋 사람을 치게 해 달라고 기도했습니다.

"삼손이 여호와께 부르짖어 이르되 주 여호와여 구하옵나니 나를 생각하옵소서 하나님이여 구하옵나니 이 번만 나를 강하게 하사 나의 두 눈을 뺀 블레셋 사람에게 원수를 단번에 갚게 하옵소서 하고"_삿 16:28

하나님은 삼손의 기도를 들으시고 그에게 힘을 주셨습니다. 삼손은 블레셋 사람이 모인 집 기둥을 잡고 힘을 썼는데, 그 집이 무너지면서 삼천 명이 죽었습니다.

또 다른 사람이 엘리야입니다. 엘리야는 "우리와 성정이 같은 사람이로되 그가 비가 오지 않기를 간절히 기도한즉 삼 년 육 개월 동안 땅에 비가 오지"(약 5:17) 않았습니다. 엘리야는 하늘에서 불도 떨어지게 했습니다. 그러나 이스라엘 백성은 엘리야의 능력을 보고서도 하나님께 돌아오지 않았습니다. 오히려 아합의 왕비 이세벨은 더 포학해져서 엘리야를 체포해 죽이라는 명령까지 내렸습니다. 그때 엘리야는 너무 침체되어 이스라엘에서 유다로 도망칩니다. 그는 유다에서도 불안해 브엘세바로 도망칩니다. 그 후 광야 안 로뎀 나무 아래로 들어가 하나님께 자기를 죽여 달라고 기도합니다. 엘리야는 지쳐 아무것도 할 수 없었습니다.

"자기 자신은 광야로 들어가 하룻길쯤 가서 한 로뎀 나무 아래에 앉아서 자기가 죽기를 원하여 이르되 여호와여 넉넉하오니 지금 내 생명을 거두시옵소서 나는 내 조상들보다 낫지 못하니이다 하고 로뎀 나무 아래에 누워 자더니 천사가 그를 어루만지며 그에게 이르되 일어나서 먹으라 하는지라"_왕상 19:4, 5

하나님은 며칠 동안 엘리야를 거기서 쉬게 한 후 하나님의 산 호렙으로 가게 하셨습니다. 하나님은 그곳에서 기적을 보게 하시고, 하나님의 세미한 음성도 듣게 하셨습니다. 하나님은 불도, 지진도 아닌 세미한 음성 가운데 계셨습니다. 이 세상에서 가장 어려운 것이 사람의 마음이 변하는 것입니다. 엘리야는 그것을 너무 쉽게 생각했습니다. 엘리야는 하늘에서 불이 떨어지고, 비가 오면 이스라엘 백성이 하나님께 돌아올 줄 알았습니다. 그러나 사람의 마음은 기적이나 재앙으로 변하지 않습니다. 하나님의 세미한 음성만이 사람의 마음을 바꾸고 기적을 일으킵니다.

예수님에게는 골고다 십자가가 땅끝이었습니다. 예수님이 삼 년 동안 열심히 복음을 전하고 기적을 행하신 결과는 유다 백성의 불신이었고, 또 가룟 유다의 배반이었습니다. 결국 예수님은 자기 동족의 배반으로 십자가에 달려 처형당하게 되셨습니다. 예수님은 십자가 위에서 내려오실 수 없었습니다. 아무도 십자가에 달린 주님을 도울 수 없었습니다. 그때 예수님은 십자가 위에서 소리를 지르며 외치셨습니다.

"제 구 시에 예수께서 크게 소리지르시되 엘리 엘리 라마 사박다니 하시니 이를 번역하면 나의 하나님, 나의 하나님 어찌하여 나를 버리셨나이까 하는 뜻이라"_막 15:34

하나님은 그의 아들 예수님을 버리셨습니다. 그러나 하나님은 "안식 후 첫 날 새벽에"(눅 24:1) 예수님을 죽은 자 가운데서 다시 살리셨습니다. 예수님은 죄와 사망 권세를 이기시고 우리 모두의 죄를 용서하셨습니다. 예수님은 약속하신 성령을 우리에게 부어 주셔서 부흥이 일어나게 하셨습니다.

사도 요한은 구십이 넘은 나이에 로마 황제 도미티아누스의 핍박으로 밧모 섬에 유배되어 갔습니다. 밧모 섬은 그 당시 땅끝이었습니다. 사도 요한은 죄수의 신분으로 그곳 채석장에서 강제 노동을 해야만 했습니다. 그가 밧모 섬에서 살아나와 다시 성도들을 만날 가능성은 거의 없었습니다. 그러나 사도 요한은 주의 날에 밧모 섬에서 하나님의 계시를 보고 책을 기록하게 되었습니다. 요한이 본 계시는 당시 어려움을 당한 교회와 성도들에게 가장 강력한 말씀이 되었습니다.

성도에게 땅끝은 인간적으로 보면 최악의 상태지만, 하나님에게는 위대한 부흥의 시작입니다. 땅끝은 인간으로서는 더 이상 가능성이 없어 보이는 황폐한 곳이지만, 그곳에서 드리는 고백이야말로 진짜 신앙 고백입니다.

하나님은 그 기도를 멸시하지 않고, 꼭 들어주십니다.

3. 하나님과의 약속

하나님 백성은 양입니다. 맹수가 득실거리는 세상에서 살아남기가 너무 어렵습니다. 자칫 잘못하면 벼랑 끝에 서기 쉽습니다. 사실 산양은 절벽 끝에 서는 재주가 탁월합니다. 산양은 맹수가 잡으러 오면 절벽으로 뛰어오르기도 하고, 아주 작은 바위 위에도 얼마든지 서 있을 수 있습니다. 그러나 집에서 키우는 양은 절벽에 서 있는 재주가 없습니다. 그래서 양에게는 집이 필요하고, 또 목자가 반드시 필요합니다. 그런데 우리 눈에는 목자가 보이지 않습니다. 우리 눈에는 집도 없는 것 같습니다. 그러나 다윗은 우리를 지켜 주는 집과 망대가 있다고 말합니다.

<u>**3, 4절**</u> "주는 나의 피난처시요 원수를 피하는 견고한 망대이심이니이다 내가 영원히 주의 장막에 머물며 내가 주의 날개 아래로 피하리이다"

이 세상 어디에 우리의 집이 있을까요? 하나님 말씀이 들리는 곳이 우리의 집입니다. 야곱은 형 에서를 피해 브엘세바에서 하란을 향해 도망치다 돌을 베개 삼고 들판에 누워 잠을 자야 했습니다. 사실 사람이 들판에 누워 있다는 것은 자기가 할 수 있는 것이 아무것도 없다는 것을 의미합니다. 마치 시체와도 같습니다. 그러나 야곱은 그 들판에서 하나님의 음성을 듣습니다. 그는 여기가 하나님의 집이요, 하늘의 문이라고 고백합니다.

"이에 두려워하여 이르되 두렵도다 이곳이여 이것은 다름 아닌 하나님의 집이요

이는 하늘의 문이로다 하고 야곱이 아침에 일찍이 일어나 베개로 삼았던 돌을 가져다가 기둥으로 세우고 그 위에 기름을 붓고 그곳 이름을 벧엘이라 하였더라 이 성의 옛 이름은 루스더라"_창 28:17-19

우리에게 하나님의 음성이 들릴 때, 우리의 목자는 아주 가까이에 있습니다. 어린 아이가 엄마 목소리를 듣고 안심하듯, 양은 목자의 음성을 듣고 안심합니다. 하나님의 말씀을 듣는 곳이 내가 안전하게 살 수 있는 집입니다. 다윗은 거기가 바로 '주의 장막'이며, '주의 날개 아래'라고 말합니다. 마치 병아리가 어미 닭의 품속에 들어가 있으면 따뜻하기 때문에 밖에서 바람이 불고, 개나 고양이가 덤벼들어도 안전한 것과 같습니다. 하나님의 말씀을 듣는 곳은 하나님의 날개 아래이자 그분의 장막입니다. 우리는 거기서 안전하게 살 수 있습니다.

그런데 전쟁 같은 큰 재난이 올 때는 더 강력한 대피처가 필요합니다. 적이 몰려올 때 집이나 장막으로는 막을 수 없습니다. 성채나 망대가 있어야 합니다. 그곳은 바로 하나님의 신실한 백성이 정기적으로 모이는 곳입니다. 예수님은 "두세 사람이 내 이름으로 모인 곳에는 나도 그들 중에 있느니라"(마 18:20)고 말씀하셨습니다. 하나님 백성은 신실하게 모여 하나님을 예배해야 합니다. 하나님 백성은 극장에서 공연을 보듯 구경하는 자세로 모여서는 안 됩니다. 예배하는 공동체로 신실하게 모일 때 하나님의 불이 나타납니다.

하나님은 우리를 양으로 부르셨지만, 훈련시키실 때는 독수리같이 훈련시키십니다. 그러기에 하나님은 우리를 절벽 끝에 세우기도 하시고, 절벽 위에서 떨어뜨리기도 하십니다. 우리가 절벽 끝에 서 있다고 해서 반드시 떨어져 죽지는 않습니다. 하나님은 우리를 품에 안으셔서 안전한 곳으로 데리고 가십니다.

다윗은 땅끝에서 하나님께 기도하면서 두 가지 약속을 받았습니다.

5절 "주 하나님이여 주께서 나의 서원을 들으시고 주의 이름을 경외하는 자가 얻을 기업을 내게 주셨나이다"

여기서 '나의 서원'은 다윗이 하나님께 드린 약속을 말합니다. 그러나 이것은 하나님께서 다윗에게 주신 약속입니다. 첫 번째 약속으로, 하나님은 다윗에게 '주의 이름을 경외하는 자가 얻을 기업'을 주겠다고 하셨습니다. 여기서 '기업'은 다윗이 이 땅에서 하나님께 봉사할 수 있는 어떤 일을 말합니다. 즉 하나님은 다윗이 다시 이스라엘을 섬길 수 있음을 약속하셨습니다. 세상은 경쟁이 치열하지만, 하나님은 그분을 경외하는 자에게 기업을 주십니다.

두 번째 약속으로, 하나님은 다윗에게 다윗보다 훨씬 강한 왕을 주어 이스라엘을 오래 다스리게 하겠다고 하셨습니다.

6, 7절 "주께서 왕에게 장수하게 하사 그의 나이가 여러 대에 미치게 하시리이다 그가 영원히 하나님 앞에서 거주하리니 인자와 진리를 예비하사 그를 보호하소서"

다윗은 자기 자신이 이스라엘의 왕이지만, 부족한 것이 많아 결코 이스라엘을 안전하게 통치할 수 없다는 것을 깨달았습니다. 다윗에게는 자기보다 훨씬 강한 왕이 필요했습니다. 그때 하나님은 다윗에게 왕을 약속하셨습니다. 그 왕은 이스라엘을 아주 오래 통치하시고, 하나님 앞에 언제나 거주하시는 다윗보다 훨씬 높은 분입니다.

“그가 철장을 가지고 그들을 다스려 질그릇 깨뜨리는 것과 같이 하리라

나도 내 아버지께 받은 것이 그러하니라”_계 2:27

주 예수 그리스도는 악한 자를 멸하시는 분입니다. 그는 철장 권세로 온 세상의 악한 자들을 마치 질그릇을 깨뜨리듯이 멸하실 것입니다. 예수님은 한번은 우리를 위해 약한 모습으로 오셨지만, 십자가 죽음 후에 더 강해지셨습니다.

8절 “그리하시면 내가 주의 이름을 영원히 찬양하며 매일 나의 서원을 이행하리이다”

인간은 약하지만, 하나님은 절대 약하지 않으십니다. 주 예수 그리스도는 아주 강하신 분입니다. 주님은 우리를 능히 절벽 끝에서 지키실 것입니다. 주님은 주의 백성에게 기업을 주실 것입니다. 하나님을 의지하는 담대한 신앙으로 나아갑시다.

64

시 62:1–12

잠잠히 기다림

인간은 어려움을 당할 때 다른 이의 도움을 받아야 살 수 있습니다. 누군가가 어려움을 당했는데, 아무도 도와주지 않으면 죽을 수밖에 없습니다. 어떤 배가 바다에 침몰했다고 합시다. 가까운 곳에 다른 배나 구조선이 있어 빨리 그곳으로 가면, 물에 빠진 사들을 신속히 구조할 수 있습니다. 하지만 혼자 힘으로 헤엄을 쳐 육지까지 나오기는 어렵습니다. 또한 어떤 사람이 심각한 병에 걸려 죽어간다고 합시다. 옆에 누군가가 빨리 병원에 데리고 가면, 치료를 잘 받아 살릴 수 있습니다. 하지만 아무도 몰라 그냥 내버려두면 죽을 수밖에 없습니다.

큰 사고를 당한 사람이 구조를 받아서 살아 돌아온다는 것이 얼마나 다행스러운지 모릅니다. 그러나 억울한 사고로 사람이 죽으면 비참한 마음이 듭니다.

그런데 주를 믿는 성도에게는 하나님이 가까이 계시며, 언제든지 우리를 도와주신다는 믿음이 있습니다. 그런데 문제는 하나님이 우리를 빨리 도와

주지 않으십니다. 이 때 우리는 이런 갈등에 빠집니다. '하나님을 언제까지 기다려야 하는가? 더 늦기 전에 내 힘으로 살아야 하는 것은 아닌가?'

시편 62편은 다윗이 압살롬의 반역으로 쫓겨나 절망하던 중에 지은 시입니다. 시편 62편의 표제는 '다윗의 시, 인도자를 따라 여두둔의 법칙에 따라 부르는 노래'입니다. 여기서 '여두둔'은 다윗 당시 지휘하던 자들 중 한 사람을 가리킵니다. 다윗 당시 삼 대 지휘자가 있었는데 아삽과 헤만, 바로 여두둔입니다. 그런데 이 지휘자들마다 노래를 부르는 방법이 달랐습니다. 시편 62편은 여두둔의 법칙에 따라 부른 노래입니다.

다윗은 궁중에서 갑자기 쿠데타를 당해 모든 것을 잃고 도망쳤습니다. 배로 비유하자면, 배가 뒤집어진 것과 같습니다. 지금 다윗과 그 백성은 살아 있기는 하지만 앞으로 얼마나 더 살 수 있을지 아무도 모릅니다. 이런 상황 속에서 다윗은 결코 서두르지 않고 잠잠히 하나님의 구원을 기다리겠다고 노래합니다.

1. 하나님을 기다리는 비결

우리는 보통 다른 사람이 어려움을 당하면 '이렇게 해라 혹은 저렇게 해라' 하는 식으로 상담을 잘합니다. 그러나 막상 내 자신이 그런 위기를 당하면 어떻게 할지 몰라 우왕좌왕하면서 시간을 헛되게 보냅니다.

만일 어려운 위기를 당했을 때 누군가가 그 위기에서 살아남는 방법을 꿰뚫어 보고, 전체를 지휘할 수 있다면 이보다 더 좋은 일은 없을 것입니다. 사실 어려운 위기가 생겼을 때 답을 아는 자가 있다면 이 자는 영웅일 것입니다. 그러나 영화에서는 그런 영웅이 있을지 모르지만 현실에서는 그렇지 않습니다.

특히 다른 나라 사람들이 보기에 우리나라 국민은 대부분 성격이 아주 급하다고 합니다. 우리나라는 '빨리 빨리' 하는 병에 걸려 있습니다. 우리나라는 평소 안전사고에 별로 신경 쓰지 않습니다. 모든 일을 빨리 하다 이것이 적중하면 크게 성공하는 것이고, 실패하면 망하는 것입니다.

우리는 인간에게서 모순된 두 모습을 봅니다. 하나는 평화로울 때 보이는 모습입니다. 인간은 아무 위기가 없으면 자기가 가진 돈과 권력, 지식의 힘을 믿습니다. 큰 사고가 나지 않을 때, 권력 있는 자들은 무서울 것이 없습니다. 모든 것이 자신이 말한 대로 이루어지고, 어려움 역시 자신의 힘으로 이길 수 있기 때문입니다. 그러나 일단 큰 사고가 발생하면 권력도, 돈도 힘을 발휘하지 못합니다. 지식 역시 할 수 있는 것이 아무것도 없습니다. 오직 인간은 그 무서운 재앙의 힘 앞에서 죽을 수밖에 없습니다.

그런데 하나님은 그의 백성에게 미리 많은 어려움을 주셔서 인간이 아무것도 아니라는 것을 깨닫게 하십니다. 인간은 평소 아무리 똑똑하고 유능해도 병에 걸리거나 사업에 실패하면 아무것도 아닙니다. 세상은 가난하고 힘없는 하나님의 백성을 무시하며 집어삼키려고 합니다. 그때 하나님 백성은 보이지 않는 하나님을 의지하는 법을 배웁니다.

다윗은 큰 환난을 당해 위기에 빠졌을 때, 아무것도 자신할 수 없었습니다. 그러나 다윗은 당황해하지 않고 잠잠히 하나님을 바라보겠다고 노래합니다.

1절 "나의 영혼이 잠잠히 하나님만 바람이여 나의 구원이 그에게서 나오는도다"

인간은 누구나 위기를 만나면 살아남기 위해 이리저리 뛰게 됩니다. 그러나 하나님 백성에게는 놀라운 삶의 비결이 하나 있습니다. 전지전능하신 하나님이 우리 가까이에 계시고, 바로 그 하나님이 우리를 도우십니다. 우리가 언제 어디서나 하나님의 도움을 받을 수 있다면, 걱정할 것이 없을 것입니다. 우리는 많은 어려움 가운데 하나님의 도움을 바랍니다. 하지만 우리는 하나님의 도움을 받지 못할 때가 많습니다. 이것이 우리가 신앙에서 실패하는 이유입니다. 이것은 반드시 풀어야 할 비밀입니다. 하나님은 전지전능하시고, 모든 것을 하실 수 있는데 왜 우리는 삶 속에서 하나님의 도움을 받지 못할까요?

다윗은 암담한 상황 속에서도 하나님의 도움을 믿었습니다. 다윗은 어떻게 위기 속에서 하나님의 도움을 믿음으로 기대할 수 있었을까요? 성도에게는 이런 상황 속에서도 하나님의 임재를 반복적으로 경험하는 훈련이 중요합니다.

평소 기도하지 않고 기도 응답도 체험해 보지 않은 자가 갑자기 어려움이 닥쳐 열심히 기도한다고 한들 하나님이 자신의 기도에 반드시 응답하실 것이라고 자신하지 못할 것입니다. 인간이 머리로 믿는 것과 실제로 믿음이 역사하는 것 사이에는 큰 차이가 있기 때문입니다.

전능하신 하나님은 우리와 가까이 계시지만 하나님과 우리 사이에는 불신의 벽이 있습니다. 우리는 기도해도 응답을 잘 체험하지 못하며, 위기 때도 하나님의 도움을 잘 받지 못합니다. 즉 우리는 어려울 때 기도로 하나님의 도우심을 받을 때도 있지만, 받지 못할 때도 있습니다. 그래서 우리는 평소 하나님과 나 사이를 가로막고 있는 이 벽을 허무는 연습을 해야 합니다. 이 때 무조건 기도를 많이 한다고 해서 되지 않습니다. 하나님의 바른 말씀을 듣고 마음이 뜨거워지는 것이 무엇보다 중요합니다. 우리 귀에 하나님의 말씀이 성경대로 들리고, 내 마음이 뜨거워지면 하나님과 나 사이의 불신의 벽은 녹아집니다. 그리고 이 때 작은 기도가 많이 응답되는 훈련을 해야 합니다. 이것은 모든 부분에 있어서도 마찬가지입니다.

그런데 최고 어려운 것이 하나님이 임재하시고 응답하시는 훈련입니다. 평소 아무 어려움이 없을 때는 여유롭게 신앙생활을 잘하는 것 같지만 막상 환난을 당하면 정신을 차리지 못합니다. 그런데 평소 하나님의 말씀을 붙들고 기도하는 훈련이 되어 있으면 하나님은 반드시 오셔서 도와주십니다. 우리는 눈물로 기도할 때 심령이 뜨거워집니다. 이것이 삶 속에 녹아내릴 때, 우리는 하나님을 매일 가까이 경험할 수 있습니다.

다윗은 위기 가운데서도 '나의 영혼이 잠잠히 하나님만 바람이여'라고 고백합니다. 다윗은 어떤 자세로 기도하면 하나님이 틀림없이 도우실지를 알았습니다. 그래서 다윗은 불안과 두려움을 이기고 하나님만 생각했습니다.

우리가 위기를 만날 때 가장 큰 어려움이 불안과 두려움입니다. 예수님의 제자들은 예수님과 함께 갈릴리 호수를 건너다 바람과 물결이 거칠게 덮치자 죽는 줄 알고 무서워서 소리질렀습니다. 그 배에는 온 세상의 창조주가 타고 계셨지만, 제자들은 믿지 못했던 것입니다. 아직 제자들은 어려움이 생기면 자신의 경험으로 해결하려 했습니다. 그래서 제자들은 그 배에 예수님이 계신 것을 생각지 못했습니다. 우리는 평소 하나님이 나에게 오시는 훈련을 해야 합니다. 그렇지 않으면 어려운 일을 당할 때 제자들처럼 우왕좌왕하게 됩니다.

다윗에게 다른 구원은 없었습니다. 다윗에게는 오직 하나님 한 분밖에 없었습니다. 다윗은 하나님이 구원하시지 않으면 죽을 각오까지 되어 있었습니다. 다윗은 이 위기를 하나님이 자신의 신앙을 시험하시는 것으로 생각했습니다. 하나님의 도움은 언제 올까요? 하나님은 우리가 견딜 수 있는 한계를 넘어설 때 도우십니다. 왜 하나님은 그렇게 늦게 도우실까요? 그래야 우리가 교만하지 않고 온전히 하나님께만 영광을 돌리기 때문입니다.

다윗은 하나님의 도움을 아주 구체적으로 생각합니다.

2절 "오직 그만이 나의 반석이시요 나의 구원이시요 나의 요새이시니 내가 크게 흔들리지 아니하리로다"

밀물이 밀려올 때, 큰 바위 위에 서 있으면 바다에 빠지지 않습니다. 그런데 하나님의 반석은 손과 발이 있어 우리가 물에 빠져도 건져내십니다. 하나님의 바위는 움직이는 바위와 같습니다. 적군이 몰려오면 이 바위는 요새로 변해 모든 화살과 창의 공격으로부터 지켜 줍니다. 만일 적들이 요새 위로 오르면, 요새는 부르르 떨며 그들을 떨어뜨릴 것입니다. 그러나 우리는 요동하지 않을 것입니다. 요새 안은 아늑하고 안전하기 때문입니다. 우리가 지진이나 핵 공격을 막으려면 빨리 하나님을 요새로 만들어야 합니다. 우리가 싸우기 이전에 하나님이 요새가 되어야 합니다. 하나님이 요새가 되려면, 한 사람의 힘으로는 안 되고 부흥의 불이 붙어야 합니다. 공동체 안에서 뜨거운 부흥이 일어나야 합니다.

영국은 세계 2차 대전 때 부흥의 불이 식으면서 나치 독일로부터 엄청난 공습을 받았습니다. 하나님의 바위와 요새는 움직이는 바위와 요새입니다. 우리는 이것을 찾아내야 위기 때 살 수 있습니다.

2. 하나님의 백성을 망하게 하는 자들

우리는 때때로 생각지 못한 사고를 당하거나 병에 걸립니다. 그러나 사실은 눈에 보이지 않는 곳에 우리의 신앙을 시기하는 악한 영이 있습니다. 이 악한 영은 우리를 망하게 합니다. 결국 이 악한 영이 사고를 일으켜 우리를 공격하는 것입니다.

3절 "넘어지는 담과 흔들리는 울타리같이 사람을 죽이려고 너희가 일제히 공격하기를 언제까지 하려느냐"

3절에 보면, 누군가가 사람을 죽이려 하고 있습니다. 이들은 힘없는 자를 죽이려고 덤벼드는 세력을 가리킵니다. '넘어지는 담'은 버틸 힘이 없는 담을 말합니다. 그리고 '흔들리는 울타리'는 조금만 힘을 주면 누구든지 넘어지게 할 수 있습니다. 힘없는 담과 울타리는 누구를 말할까요? 바로 우리 인생입니다. 인간이 아무리 성공하고 높은 자리에 올라가도 힘이 없는 담과 같아서 누군가가 세게 밀면 무너질 수밖에 없습니다. 그러기에 우리는 절대 권력과 돈, 지식이나 자기 능력을 의지해서는 안 됩니다. 권력과 돈, 지식과 능력을 붙잡았다가는 담이 넘어질 때 같이 넘어질 수밖에 없습니다.

세상 사람들은 우리 믿는 성도도 자기들과 같다고 생각합니다. 그래서 뿌리를 파내고 힘을 주면 모두 쉽게 넘어진다고 생각합니다. 그러나 하나님 백성에게는 세상 사람들이 알지 못하는 뿌리가 있습니다. 하나님의 백성에게는 그들이 깨닫지 못하는 기초가 있습니다. 바로 하나님의 말씀과 믿음입니다. 처음에는 세게 흔들면 넘어질 것 같지만, 이상하게도 넘어지지 않고 버팁니다. 어떤 경우에는 넘어진 것 같아도 줄기가 남아 있어 다시 부흥이 일어납니다.

4절 "그들이 그를 그의 높은 자리에서 떨어뜨리기만 꾀하고 거짓을 즐겨 하니 입으로는 축복이요 속으로는 저주로다"

다윗은 '그들이 그를 그의 높은 자리에서 떨어뜨리기만 꾀하고'라고 말합니다. 여기서 '그'는 다윗을 의미하지만, '그리스도'를 의미하기도 합니다. 나아가서는 성도들을 의미합니다. 마귀는 우리 믿는 자들에게 언제나 부드러운 말로 다가오지만, 그 말 안에는 저주와 독이 들어 있습니다. 오늘날 많은 사람들이 입으로 저주의 말을 많이 합니다.

그런데 세상이 이렇게 독을 뿜고, 하나님의 백성을 높은 데서 떨어뜨리려고 흔드는 것은 우리의 믿음을 시험해 보는 것입니다. 이럴 때일수록 하나님의 백성은 더욱 하나님을 의지해야 합니다. 그때 하나님의 능력이 나타납니다.

모세는 하나님의 명령을 거역한 바로와 그 신하들에게 열 가지 재앙을 내리고, 이스라엘 백성을 이끌고 홍해로 왔습니다. 그러나 모세가 백성을 이끌고 온 곳에는 양쪽에 산이 있고, 앞에는 홍해가 가로놓여 있었습니다. 그 뒤를 바로 군대가 병거를 이끌고 따라오고 있었습니다. 바로는 이스라엘 백성을 죽이고자 했습니다. 이 때 이스라엘 백성은 소리지르면서 모세와 하나님을 원망합니다. 인간적으로 생각해 보면, 이것은 당연한 것일지도 모릅니다. 그러나 모세는 이스라엘 백성에게 이렇게 말합니다.

"모세가 백성에게 이르되 너희는 두려워하지 말고 가만히 서서
여호와께서 오늘 너희를 위하여 행하시는 구원을 보라
너희가 오늘 본 애굽 사람을 영원히 다시 보지 아니하리라"_출 14:13

모세는 조용히 하나님의 구원을 기다려 보자고 말합니다. 모세가 이렇게 하나님을 담대하게 기다릴 수 있던 것은 하나님에 대한 체험이 있기 때문입니다.

모세는 열 가지 재앙을 체험하면서 하나님이 열한 번째 능력도 얼마든지 행하실 수 있다고 믿었습니다. 모세는 어쩌면 하나님이 지금까지 행한 열 번의 재앙보다 더 큰 일을 행하실지 모른다고 생각했습니다.

이런 믿음은 머리로 배워서 되지 않습니다. 결국 자기가 직접 하나님을 경험해야 합니다. 다른 사람의 등에 업혀 신앙 생활하는 사람은 기도 응답을 체험해도 자기가 응답받은 것이 아니기 때문에 믿음이 생기지 않습니다.

그에 비해 사울은 초기 블레셋과 싸울 때 하나님을 기다리지 못했습니다. 사무엘은 이스라엘 백성을 위해 하나님께 번제를 드려 주겠다고 약속했습니다. 그런데 블레셋 군대가 해변의 모래처럼 많이 쳐들어오자 이스라엘 백성은 겁이 나서 달아났습니다. 사울은 이 광경을 보고 자기가 번제를 드렸습니다. 사울은 사무엘을 기다릴 수 없었습니다. 백성이 흩어지는 것이 두려웠기 때문입니다. 또한 하나님이 늦게 응답하신다고 생각했습니다. 얼마 전만 해도 하나님은 삼십삼만 명을 모이게 하셔서 암몬 족속을 멸하셨습니다. 하지만 사울은 이 사건을 단지 우연이라고 생각했습니다.

사울이 사무엘을 가다릴 수 없던 이유가 어디에 있습니까? 그 이유는 사울이 자기 힘으로 블레셋과 싸우려 했기 때문입니다. 사울이 믿음에 서 있었다면 백성이 도망치는 것을 볼 때 '열 명이 가든지 백 명이 가든지 승부에는 관계가 없다. 설사 모두 간다 하더라도 나는 하나님의 말씀으로 일어서겠다'라고 결심하며 하나님을 기다렸을 것입니다.

우리가 세상에서 믿음으로 나아갈 때 즉시 좋은 결과가 나타나는 것은 아닙니다. 인간적인 방법을 쓰는 것보다 오히려 믿음으로 행하는 것이 결과가 좋지 않을 때가 많습니다. 바로 그때가 하나님이 나의 믿음을 달아보시는 시간입니다. 하나님은 우리에게 가장 좋은 것을 주기 전에 우리의 믿음을 달아보십니다. 우리는 그 시험에 합격해야 가장 좋은 하나님의 축복을 받을 수 있습니다.

마귀는 하나님의 도움이 빨리 오지 않으면 이렇게 우리를 충동질합니다. "하나님을 의지해 봐야 시간 낭비고 아무 소용이 없다." 그러나 우리가 믿음 안에서 중심을 잘 잡으면 이런 요동을 막을 수 있습니다.

이것이 바로 '그리 아니하실지라도'의 신앙입니다. 다니엘 때 사드락, 메삭, 아벳느고가 느부갓네살 왕의 신상에 절하지 않아 풀무 불에 들어가게 되었을 때 그들은 이렇게 말했습니다.

"왕이여 우리가 섬기는 하나님이 계시다면 우리를 맹렬히 타는 풀무 불 가운데에서 능히 건져내시겠고 왕의 손에서도 건져내시리이다 그렇게 하지 아니하실지라도 왕이여 우리가 왕의 신들을 섬기지도 아니하고 왕이 세우신 금 신상에게 절하지도 아니할 줄을 아옵소서"_단 3:17, 18

성도는 어려움 가운데 이렇게 결단해야 합니다. "하나님은 반드시 나를 건져내신다. 그리 아니하실지라도 나는 절대 마귀에게 머리를 굽히지 않는다."

3. 자기 자신과 다른 성도에 대한 설득

우리에게 가장 무서운 적은 결국 자기 자신일 때가 많습니다. 그래서 우리는 무엇보다 자기 자신에게 하나님의 말씀을 전해야 합니다. 자기 자신을 하나님의 말씀으로 길들이는 것이 중요합니다.

다윗은 위기 중에 먼저 자기 자신을 설득합니다.

5절 "나의 영혼아 잠잠히 하나님만 바라라 무릇 나의 소망이 그로부터 나오는도다"

우리가 어려움에 처할 때 물론 말씀으로 이기지만, 때로는 시간이 지나면서 우리 안에 의심이 생깁니다. 이 때마다 우리는 자기 자신을 설득해야 합니다. '나의 영혼아 잠잠히 하나님만 바라라'고 설득해야 합니다. 우리는 하나님을 기다려야 합니다. 모든 소망이 하나님에게서 나오기 때문입니다. 다윗에게는 이스라엘의 부흥에 대한 소망이 있었습니다. 이 소망은 하나님이 주신 것입니다. 우리 마음에 소망이 있는 것은 하나님이 주신 것이기 때문입니다. 하나님은 이 소망을 따라 우리를 도우십니다. 하나님이 우리와 함께하시지 않으면 소망도 생기지 않습니다.

다윗은 또 하나님을 이렇게 고백합니다.

> **6절** "오직 그만이 나의 반석이시요 나의 구원이시요 나의 요새이시니 내가 흔들리지 아니하리로다"

우리의 믿음이 확신과 불안 사이를 왔다 갔다 하는 것은 흔들리는 것이 아닐까요? 그러나 이런 것은 흔들리는 것이 아닙니다. 여기서 흔들린다는 것은 하나님을 믿지 못하고 세상 사이를 왔다 갔다 하는 것을 말합니다.

> **7절** "나의 구원과 영광이 하나님께 있음이여 내 힘의 반석과 피난처도 하나님께 있도다"

하나님의 구원은 비참한 구원이 아니라 영광의 개선입니다. 하나님은 어려움을 통해 우리로 하여금 하나님의 큰 능력을 체험하게 하십니다. 하나님이 '내 힘의 반석과 피난처'이신 것을 체험하게 하십니다. 하나님은 환난을 통해 우리에게 반석과 피난처를 갖게 하십니다.

이제 다윗은 모든 성도들에게 이렇게 말합니다.

8절 "백성들아 시시로 그를 의지하고 그의 앞에 마음을 토하라 하나님은 우리의 피난처시로다"

하나님의 백성은 날마다 하나님을 의지해야 합니다. 하나님의 백성은 모든 일에 하나님의 힘을 의지해야 교만하지 않게 됩니다. 마귀 또한 틈타지 않습니다. 그리고 하나님의 백성은 답답한 일이 있을 때 하나님 앞에 마음을 토해야 합니다. 우리가 타인에게 좋지 않은 말을 듣거나 혼자 생각한 좋지 않은 것들이 다 상한 음식과 같습니다. 이런 것들은 우리 영혼에 식중독을 일으킵니다. 그러기에 하나님 앞에 다 토해야 합니다. "내가 하나님 앞에 더러운 것을 다 토해 버리면 하나님 앞이 더러워져서 어떻게 합니까?"라고 생각하십니까? 그러나 하나님은 그런 것을 좋아하십니다.

하나님은 인간이 하나님 앞에서 얼마나 미약한지 잘 알고 계십니다.

9절 "아, 슬프도다 사람은 입김이며 인생도 속임수이니 저울에 달면 그들은 입김보다 가벼우리로다"

이 구절이 개역한글에는 "진실로 천한 자도 헛되고 높은 자도 거짓되니 저울에 달면 들려 입김보다 경하리로다"로 번역되어 있습니다. 인간이 아무리 천하고 무지해도 많이 모이면 힘을 가지게 됩니다. 인간이 많이 모이면 그 안에 다양한 재능을 가진 자들이 있게 마련입니다. 인간이 많이 모이면 무엇이든 할 수 있을 것 같습니다. 더욱이 권력까지 있으면 신이라도 될 것 같습니다. 그러나 사람은 입김이며, 인생도 거짓입니다. 저울에 달아보면 먼지보다 가볍습니다. 인간의 시선에서는 다수의 인간이 대단한 것 같지만, 하나님의 눈에는 개미떼밖에 되지 않습니다. 그러나 우리 인간에게는 이 개미떼가 그렇게 대단하고 무서운데 어떻게 해야 합니까? 우리는 결사적으로 하나님 속으로 파고 들어가야 합니다. 우리는 세상의 화려함과 대단함에 속으면 안 됩니다.

하나님은 우리에게 이렇게 말씀하십니다.

> 10절 "포악을 의지하지 말며 탈취한 것으로 허망하여지지 말며 재물이 늘어도 거기에 마음을 두지 말지어다"

'포악'은 인간의 잔인한 힘을 의미합니다. 무지막지한 힘을 가진 자는 누구든지 멸할 수 있습니다. 또한 탈취한 재물이 많은 자는 사치스럽게 살 수 있습니다. 그러나 하나님 앞에서는 이런 힘이 아무것도 아닙니다.

> 11절 "하나님이 한두 번 하신 말씀을 내가 들었나니 권능은 하나님께 속하였다 하셨도다"

'하나님이 한두 번 하신 말씀'은 하나님이 분명하게 확인하셨다는 것을 의미합니다. 하나님은 한 번만 말씀하셔도 틀림이 없는데, 또 말씀하신 것은 더욱 확실한 것입니다. '권능'은 하나님께 속한 것입니다. 그렇다면 인간이 휘두르는 권능은 무엇일까요? 하나님이 잠시 빌려 주신 것입니다. 이것은 결코 인간의 것이 아닙니다. 그런데 인간은 이런 권력을 가지면 절대적으로 휘두르려 합니다.

그러나 절대 권력을 가진 자도 하나님 앞에서는 아무것도 아닙니다. 하나님은 아무리 악한 자의 권력도 단숨에 빼앗으실 수 있습니다. 하나님의 능력 앞에서는 아무리 대단한 독재자라도 한 마리 미친한 것에 불과합니다. 하나님이 매를 드시면, 그들은 겁을 먹고 달아날 수밖에 없습니다.

12절 "주여 인자함은 주께 속하오니 주께서 각 사람이 행한 대로 갚으심 이니이다"

하나님은 우리에게 사랑을 주십니다. 하나님의 사랑은 악한 자의 권력을 이깁니다. 하나님은 악한 자의 권력을 영원히 심판하십니다. 그래서 하나님을 믿지 않는 자들이 권력을 가지는 것은 망하는 길입니다. 주를 믿는 성도는 하나님을 나의 힘으로 삼아야 영원히 살 수 있습니다. 성도는 보이는 것에 흔들려서는 안 됩니다. 성도는 나의 반석과 요새 되신 하나님 위에 굳게 서서 세상 물결에 넘어지지 않아야 합니다.

65

시 63:1-11

생명보다 강한 인자

우리가 준비 없이 산이나 큰 황무지를 갔다 길을 잃어버리면 아주 당황하게 됩니다. 특히 먹을 것과 물이 없어 배는 고프고 목은 마른데 날까지 어두워지면 불안과 두려움에 빠져 정신없이 길을 찾으려고 할 것입니다. 이 때 길 잃은 자에게 사람 사는 동네나 따뜻한 집이 얼마나 그리운지 모릅니다. 한 그릇의 따뜻한 식사와 한 컵의 시원한 물이야말로 생명수와 같을 것입니다. 만일 길 잃은 자가 기진맥진해서 숲을 헤매다가 사람이 사는 집에서 나오는 불빛을 보면 '이제 살았구나!' 하는 생각이 들면서 그 빛을 향해 미친 듯이 달려갈 것입니다.

성도는 때때로 세상에서 길을 잃을 때가 많습니다. 우리는 때로는 병과 가난으로, 때로는 가족의 죽음으로 인생의 길을 잃어버립니다. 이 때 다른 사람들을 보면 그렇게 부러울 수 없습니다. '다른 사람들은 아무 문제없이 정상적으로 사회생활 하는데 왜 나만 이렇게 병과 가난으로 불행 가운데 버려져 있어야 하는가?' 하는 생각이 듭니다.

시편 63편의 표제는 '다윗의 시, 유다 광야에 있을 때에'입니다. 아마도 다윗은 유다 광야에서 길을 잃고 고생하다가 살아난 적이 있는 것 같습니다. 학자들은 이 때가 다윗이 압살롬에게 쫓겨나 유다 광야에 있을 때였을 것이라고 추측합니다. 그러나 다윗은 압살롬에게 쫓겨나기 이전에 이미 광야 경험을 몇 번 했습니다. 시편 63편의 내용을 보면 이 전에 광야 체험이 있었던 것을 알 수 있습니다. 여기서 '유다 광야'는 다윗의 인생에서 도저히 내려갈 데 없는 밑바닥 인생이자 절망의 순간을 의미합니다.

인간은 보통 이런 상황에 처하면 사느냐 죽느냐의 문제로 고통을 겪습니다. 이 때 누군가의 도움을 받지 못해 굶어 죽으면 그의 인생은 실패로 끝납니다. 다행스럽게도 다른 누군가의 도움을 받아 삶을 살아가는 자도 있습니다. 그러나 하나님 백성에게는 사느냐 죽느냐의 문제보다 더 중요한 체험이 있습니다. 바로 광야에서 하나님을 만나는 체험입니다.

1. 유다 광야에서 만난 하나님

사람이 많이 모여 사는 대도시에는 우리에게 필요한 것들이 모두 갖추어져 있습니다. 그러나 사람이 살지 않는 산꼭대기나 들판에는 먹을 것과 집이 없어 들짐승 혹은 새들이나 살 수 있지, 사람은 도저히 살 수 없습니다. 그런데 가끔 어떤 사람들은 이런 들판이나 산꼭대기에서 길을 잃고 헤맬 때가 있습니다. 아마도 사람 사는 곳에서 죄를 짓고 도망쳐 왔든지 아니면 다른 곳으로 가려다가 길을 잃어버린 자일 것입니다. 사람이 이런 빈들이나 산꼭대기에 혼자 있게 되면 사람이 너무 그립고, 도시에 가고 싶을 것입니다. 그러나 하나님 백성은 이런 광야에서 생각지 못한 체험을 하게 됩니다.

1절 "하나님이여 주는 나의 하나님이시라 내가 간절히 주를 찾되 물이 없어 마르고 황폐한 땅에서 내 영혼이 주를 갈망하며 내 육체가 주를 앙모하나이다"

다윗은 들판에 혼자 버려져 있습니다. 그는 먹을 것과 마실 물이 없는 상태에서 육체적으로 너무 지친 가운데 있습니다. 아마 다른 사람 같으면 집으로 돌아갈 생각만 할 것입니다. 그런데 다윗은 '내가 간절히 주를 찾되'라고 말합니다. 그는 '물이 없어 마르고 황폐한 땅에서 내 영혼이 주를 갈망하며'라고 말합니다. 이것은 우리 상식으로는 이해되지 않습니다. 어떻게 지쳐 있는 사람이 주를 갈망하게 되었을까요?

다윗은 소년 때였는지 아니면 청년 때였는지 알 수 없지만 이와 비슷한 절망의 순간에 하나님을 체험했습니다. 다윗은 또다시 이런 절망에 처하게 되었을 때, 옛날에 만난 그 하나님을 다시 체험하기를 갈망했습니다.

다윗이 보낸 소년 때를 생각해 봅시다. 그는 형들이 많은 집에서 막내로 자랐습니다. 집은 가난했습니다. 다윗은 형들에 비해 아무것도 내세울 것이 없기 때문에 양을 치면서 늘 열등감에 빠져 있었습니다. 그는 자신의 정체성을 몰라 정신적으로 많이 방황했습니다. 자기 인생에 미래가 없다고 생각했습니다. 더욱이 다윗은 사무엘 선지자가 제사드리는 곳에 가지 못해 더 우울했습니다.

그런데 다윗은 사무엘 선지자가 광야 들판으로 찾아와 그의 머리에 기름을 붓고 기도할 때 성령을 체험했습니다.

"사무엘이 기름 뿔 병을 가져다가 그의 형제 중에서 그에게 부었더니 이 날 이후로 다윗이 여호와의 영에게 크게 감동되니라"_삼상 16:13

다윗은 자신이 완전히 변하여 새 사람이 되는 것을 체험했습니다. 그는 이 체험으로 마음속에 하나님의 기쁨과 사랑이 충만했습니다. 비로소 하늘 문이 열리는 것을 알았습니다. 하나님과 자신이 긴밀하게 연결되어 있다는 사실을 체험한 것입니다. 다윗은 하늘 영광이 임하자 죽는 것이 두렵지 않았습니다. 모든 열등감과 염려, 걱정이 사라졌습니다. 하나님의 사랑만으로 만족스러웠습니다. 다윗은 이대로 죽어도 좋다는 생각에 광야에서 울면서 하나님을 찬양했습니다.

또한 다윗은 사울에게 쫓겨 유다 광야로 도망쳤을 때, 그에게 몰려온 억울한 자들에게 하나님의 말씀을 전하고 기도하면서 하나님의 영광이 다시 임하는 체험을 했습니다. 다윗은 어디로 도망가야 살 수 있을지 걱정하다가 하나님의 말씀과 성령이 임하자 기쁨으로 충만해졌습니다. 이번에도 다윗은 사람이 아닌 하나님이 그리웠습니다. 다윗은 예루살렘에서 인간의 영광과 풍족함을 누리고 있었지만, 하나님의 은혜에 굶주려 있었습니다. 그래서 다윗은 자기 인생에 또 어려움이 찾아오면, 반드시 하나님의 은혜를 되찾을 것이라고 생각했습니다.

우리는 광야 같은 고난 속에서 하나님을 만날 때 두 가지를 체험합니다.

> **2절** "내가 주의 권능과 영광을 보기 위하여 이와 같이 성소에서 주를 바라보았나이다"

우리는 고난 중에 하나님의 권능을 체험합니다. '주의 권능'은 우리를 새롭게 하는 능력으로, 우리 안에 있는 모든 염려와 근심의 찌꺼기를 제거합니다. 권능은 우리를 완전히 새 사람으로 변화시킵니다. 다음으로 우리는 고난 중에 영광을 체험합니다. 하나님은 우리에게 영광을 부어 주십니다. 하나님의 영광 앞에서 세상의 성공과 자랑은 배설물밖에 되지 못합니다.

이와 같이 전혀 생각지 못한 의외의 장소에서 하나님을 만난 자들이 많습니다. 모세가 하나님을 만난 곳은 바로의 궁전이 아닌 미디안 광야였습니다. 모세는 무려 사십 년 동안 도망자 생활을 하다 떨기나무 아래에서 하나님을 체험했습니다. 모세는 하나님의 율법을 받기 위해 시내 산에 올라가서 또 하나님을 만납니다. 그때 모세는 사십 일 동안 먹지도, 마시지도 않고, 잠도 자지 않은 상태에서 하나님의 말씀을 받았습니다. 한편 야곱은 상속 문제로 형 에서와 다투다 경쟁에서 완전히 밀려났습니다. 야곱은 생명의 위협을 당해 도망치던 중 들판에서 돌베개를 하고 잠을 자다 하나님의 영광을 체험했습니다.

우리가 하나님을 만나기 전에는 세상이 전부인 줄 알고 명예와 돈, 그리고 성공을 붙들고 살아갔습니다. 하지만 우리는 갈 곳을 알지 못하는 유다 광야에서 하나님의 영광을 체험한 후 새로운 길을 찾게 되었습니다.

2. 생명보다 강한 인자

요즘 젊은 사람들은 사랑한다고 하면 서로 좋은 감정을 가진 정도로 생각합니다. 그러나 자기에게 손해가 생길 것 같거나 더 유리한 것이 생기면 옛날 감정은 버리고 새로운 것을 금세 붙잡습니다. 그래서인지 요즘 사회 분위기는 서로 믿지 못하고, 오히려 다른 사람을 믿으면 바보스럽게 바라봅니다.

그래도 옛날에는 한 번 사랑하면 끝까지 사랑하는 순수한 자들이 있었습니다. 누군가를 사랑하면 그 사람이 병들어도, 실수를 하거나 사업에 실패해도 사랑했습니다. 구약 성경에서 '인자'는 어떤 사람을 한 번 사랑하면 목숨을 다해 끝까지 사랑하는 것을 말합니다.

한 책에서 본 이야기입니다. 한 소년이 친척 집에 놀러갔다 우연히 가까운 이웃집에서 한 소녀를 만났습니다. 이 아이들은 함께 놀다 "우리 앞으로 결혼하자"고 약속했습니다. 소년은 집으로 돌아가 그 약속을 까맣게 잊어먹었습니다. 그 후 많은 세월이 흘렀습니다. 그런데 이 소년은 커서 어머니 때문에 결혼하지 못하고 있었는데, 결국 어머니가 돌아가셨습니다. 이 소년은 나이가 많이 들어 결혼하지 못할 거라 생각했습니다. 그런데 우연히 그 친척 집을 방문했다가 옛날에 결혼을 약속했던 소녀가 생각났습니다. 그래서 그 소녀가 아직 거기에 살고 있는지 찾아가 보았습니다. 마침내 찾아가 보니, 그 여자 아이는 옛날 약속을 기억하고 아직 처녀로 살고 있었습니다. 소년은 그 소녀를 만나 옛날 그 약속을 진짜 믿었느냐고 물어보았습니다. 그러자 소녀는 당연히 믿었다면서 그래서 아직까지 기다리고 있었다고 말했습니다. 그래서 그 나이 든 처녀 총각은 결혼하게 되었습니다.

어떻게 그 소녀는 소년과 장난처럼 이야기했던 약속을 믿고 몇십 년을 기다렸을까요? 이야기에 불과하지만 이해되지 않습니다. 이 소녀는 정말 제 정신이었을까요?

그런데 우리에 대한 하나님의 사랑이 이렇게 놀랍습니다. 하나님은 우리가 태어나기 전부터 우리를 알고 계셨습니다. 하나님은 우리가 반항하고 못된 행동을 할 때도 우리를 사랑하십니다. 하나님은 우리가 세상에 나가 방황할 때도 우리를 사랑하십니다. 하나님은 우리를 끝까지 사랑하십니다.

다윗은 유다 광야에서 죽음보다 자신을 더 사랑하시는 하나님의 사랑을 알게 되었습니다.

3절 "주의 인자하심이 생명보다 나으므로 내 입술이 주를 찬양할 것이라"

우리에 대한 하나님의 사랑은 죽음보다 더 강합니다. 가장 큰 사랑은 죽기까지 사랑하는 사랑일 것입니다. 그러나 우리에 대한 하나님의 사랑은 죽음도 이기는 사랑입니다.

다윗은 유다 광야에서 하나님과 사랑에 빠졌습니다. 보통 '다윗' 하면 요나단이 다윗을 사랑한 것을 떠올립니다. 그런데 다윗은 광야에서 하나님을 만났습니다. 다윗은 성부 하나님이 아닌 성자 예수 그리스도를 만났습니다. 다윗은 성자 예수님이 자기를 위해 죽을 각오까지 되어 계시다는 것을 알았습니다. 하나님의 아들 예수님은 다윗을 얼마나 사랑하셨는지 그를 위해 죽을 각오까지 하셨습니다. 그러나 예수 그리스도는 죽을 각오만 한 것이 아니라 다윗을 영원히 살리기 위해 다시 살 각오도 하셨습니다.

이처럼 우리에 대한 하나님의 사랑은 죽음을 이기고 우리에게 영생을 주십니다. 하나님은 지금도 우리에게 이 같은 사랑을 주고 싶어 하십니다. 예수 그리스도는 죽음을 통과해서 그분의 모든 것을 주셨습니다. 이것이 하나님의 사랑입니다. 우리가 이 하나님의 사랑을 받으면, 눈물로 주님을 찬양하게 됩니다.

> **4절** "이러므로 나의 평생에 주를 송축하며 주의 이름으로 말미암아 나의 손을 들리이다"

한 남자가 한 여인을 자신의 모든 것, 심지어 목숨까지 아끼지 않고 사랑한다면, 이 여인은 이 세상에서 부족할 것이 없을 것입니다. 아마 이 여인은 '나는 한 남자에게서 목숨 건 사랑을 받았다'는 자부심을 가지고 살 것입니다. 우리 역시 하나님에게서 이런 사랑을 받으면 한평생 부족할 것이 없습니다. 우리는 하나님의 아들 예수님이 죽기까지 우리를 뜨겁게 사랑하셨다는 자부심을 가지고 살아야 합니다.

이런 자에게는 남들이 알 수 없는 찬송이 마음속에 있습니다. 그는 '나의 평생에 주를 송축하며 주의 이름으로 말미암아 나의 손을 들 것'입니다. 우리가 하나님을 향해 손을 든다는 것은 우리 마음이 하나님만 향한다는 뜻입니다. 우리는 하나님만 바라며 그분의 사랑으로 만족할 것입니다. 이 세상 그 무엇에도 마음을 두지 않을 것입니다. 주님은 우리의 사랑이며, 하나님, 또 구주이십니다.

3. 하나님으로 인한 만족

인간은 사람에게 인정받고 세상에서 아무리 성공해도 무엇인가 마음에는 허전한 것이 있습니다. 이는 마치 영양가 부족한 음식은 아무리 먹어도 배가 차지 않고 속이 허전한 것과 같습니다. 이 세상의 성공과 만족은 우리의 영혼을 채워 주지 못합니다. 마찬가지로 이 세상의 돈과 명예는 우리의 영혼을 배부르게 하지 못합니다.

그런데 우리가 하나님의 말씀과 사랑을 먹으면, 영혼부터 배가 불러와 진정한 만족을 얻게 됩니다.

> **5절** "골수와 기름진 것을 먹음과 같이 나의 영혼이 만족할 것이라 나의 입이 기쁜 입술로 주를 찬송하되"

영양가 없는 음식은 아무리 먹어도 만족함이 없지만, '골수와 기름진 것'을 먹으면 아주 오래 배가 부릅니다. 이 때 '나의 입이 기쁜 입술로' 변하게 됩니다. 입술로 노래가 나오면 행복한 것입니다. 하나님은 우리를 최고로 행복하게 하시는 분입니다.

6절 "내가 나의 침상에서 주를 기억하며 새벽에 주의 말씀을 작은 소리로 읊조릴 때에 하오리니"

사람은 침상에서 잠을 잡니다. 이 때 혼자 하루를 정리하면서 자신의 인생에 대해 깊이 생각합니다. 다윗은 밤에 잠을 잘 때마다 자기 인생에서 만난 하나님을 고백했습니다. 다윗은 광야에서 하나님을 만난 것이 가장 신기했습니다. 다윗은 작은 소리로 이런 말을 했을 것입니다. '내가 하나님을 안 것은 참 신기한 일입니다. 내가 하나님의 사랑을 받았다는 것이 믿어지지 않습니다.' 이처럼 우리의 인생에는 참 신기한 일이 많습니다.

다윗은 하나님께 두 가지를 고백합니다.

7절 "주는 나의 도움이 되셨음이라 내가 주의 날개 그늘에서 즐겁게 부르리이다"

먼저 하나님은 다윗에게 도움이 되셨습니다. 오늘까지 다윗을 있게 한 것은 하나님이셨습니다. 다윗은 하나님이 만드신 작품이었습니다. 우리 역시 하나님이 만드신 작품입니다. 다음으로 하나님은 다윗을 하나님의 날개 그늘 아래 두셨습니다.

하나님은 언제나 우리를 그분의 날개 아래 두십니다. 삶 가운데 때로는 좋을 때도 있고, 고생할 때도 있지만 하나님은 항상 함께하십니다. 하나님의 날개 밑은 따뜻하고 포근해 악한 자가 쳐들어올 수 없습니다. 하나님의 날개 아래서는 전쟁과 지진이 날 수 없습니다.

그러나 우리는 의식적으로 하나님께 가까이 가야 합니다.

8절 "나의 영혼이 주를 가까이 따르니 주의 오른손이 나를 붙드시거니와"

우리가 의도적으로 하나님을 가까이하지 않으면 자기도 모르는 사이에 부패하고 교만해져 하나님의 날개 밖으로 삐져나가게 됩니다. 그러면 사탄이 공격을 합니다. 그러나 우리가 하나님을 가까이하면 하나님의 오른손이 붙잡으시기 때문에 사탄이 우리를 완전히 정복하지 못합니다. 결국 원수들이 망하게 됩니다.

9, 10절 "나의 영혼을 찾아 멸하려 하는 그들은 땅 깊은 곳에 들어가며 칼의 세력에 넘겨져 승냥이의 먹이가 되리이다"

악한 자는 하나님의 종을 시기해 자꾸 대적하고 죽이려 합니다. 그러나 하나님의 종은 하나님이 지키시기 때문에 악한 자가 완전히 죽이지 못합니다. 오히려 하나님의 종을 광야로 보내어 다시 은혜를 회복하게 할 따름입니다. 악한 자는 좋은 것을 다 가진 것 같지만 결국 땅 깊은 곳에 들어가게 됩니다. 악한 자의 처소는 부패한 곳으로, 하나님의 심판이 임합니다. 그러기에 악한 자는 가장 성공한 그곳에서부터 땅속으로 들어가게 됩니다. 그들은 칼에 찔려 승냥이의 먹이가 됩니다.

11절 "왕은 하나님을 즐거워하리니 주께 맹세한 자마다 자랑할 것이나 거짓말하는 자의 입은 막히리로다"

이제 왕은 즐거워합니다. 광야에서 하나님의 은혜를 다시 찾았기 때문입니다. 하나님의 이름으로 맹세한 성도도 모두 기뻐합니다. 이스라엘에 하나님의 능력이 회복되었기 때문입니다. 그러나 온갖 거짓말로 하나님의 진리를 어지럽게 한 자들은 모두 망하게 될 것입니다.

66

시 64:1-10

가장 어려운 싸움

몸 안에 염증이 생기거나 병균이 침투하면 우리 몸의 피를 이루는 백혈구가 병균과 치열하게 싸워 몸의 건강을 지키려고 합니다. 그런 치열한 싸움의 과정에서 열이 나기도 하고, 통증이 생기기도 합니다. 우리 몸이 병균을 이기면 열도 떨어지고, 통증도 사라져 정상을 되찾게 됩니다. 그런데 우리 몸에 무서운 것은 열이 나지 않는 암입니다. 암은 처음에는 거의 지각증세가 없습니다. 환자는 자신이 건강한 줄 알지만, 어느 순간부터 암세포가 자라면서 생명을 위협합니다. 환자가 암을 초기에 발견해 치료를 잘하면 얼마든지 살 수 있습니다. 그러나 너무 늦게 암을 발견해서 암 세포가 전이되면 환자는 죽게 됩니다. 그런데 암이 재발되고, 전이가 되었는데도 끝까지 암과 싸워 건강을 되찾는 분도 있습니다.

마찬가지로 어느 사회든지 불의의 세력은 다 있습니다. 그런데 이런 불의의 세력이 정권과 연결되면 암세포가 되어 나라 전체에 급격하게 퍼집니다. 그 결과 나라가 망하는 비운에 처합니다.

다윗은 사울을 하나님의 기름부음 받은 종으로 믿고 존경했습니다. 사울이 다윗을 죽이려고 블레셋 사람들에게 그를 보내었는데, 다윗은 아무 소리 하지 않고 들어가 싸웠습니다. 그만큼 다윗은 사울에게 충성했습니다. 그런데 다윗은 어느 날부터 왕의 신하들이 자기를 모함하고 미워하는 것을 알게 되었습니다. 그래도 다윗은 끝까지 사울을 믿었습니다. 그러나 다윗은 사울이 도엑의 말을 듣고 하나님의 제사장 팔십오 명을 죽이는 것을 보고 이스라엘이 정상이 아니라는 것을 알게 됩니다. 사울에게는 정신 착란 증세와 감정 통제의 장애가 있었습니다. 사울은 나중에 엔돌의 무당을 찾아가 굿을 하고 거기서 죽은 귀신의 이야기를 믿게 됩니다. 결국 사울은 길보아 산 전투에서 수많은 이스라엘 백성과 함께 몰살을 당합니다.

다윗은 이스라엘이 미신과 불신의 암에 걸린 것을 알게 되지만, 그의 힘으로는 이것을 해결할 능력이 없었습니다. 그래서 다윗은 두려워하면서 기도할 수밖에 없었습니다. 후에 이스라엘은 수많은 사람이 죽고 나라가 거의 망하면서 사울과 그 불의의 세력을 수술하게 되었습니다. 이 불신의 병을 고치는 데 아주 오랜 세월이 걸렸습니다. 그런데 이스라엘을 살린 것은 말씀과 기도를 통한 영적 부흥이었습니다. 다윗은 하나님 앞에서 이스라엘의 회복을 이룬 주역이었습니다.

1. 악의 세력으로 인한 두려움

어디든 악한 자들이 세력을 떨치면 주변 사람들이 고통을 받습니다. 어느 날 다윗은 이스라엘의 고위직에서 강제로 쫓겨났습니다. 그뿐만 아니라 다윗은 살해의 위협까지 받았습니다. 그래서 다윗은 도망쳤는데, 주변 사람들은 이 문제를 심각하게 생각하지 않았습니다. 심지어는 다윗과 아주 친한 요나단까지도 다윗이 너무 예민해서 그런 것이라고 생각했습니다.

그런데 다윗은 사울 왕궁에서 큰 불의를 보았습니다. 사울의 측근 인사들이 아주 악한 자들이었습니다. 사울의 측근 인사들은 이스라엘 왕궁에서 진실하고 정직한 자들을 몰아냈습니다. 또한 그들은 자기들의 말을 듣지 않는 신하들을 감옥에 집어넣었습니다. 다윗도 이것을 직접 겪기 전에는 깨닫지 못했습니다. 더 심각한 것은 이 모든 악의 핵심에 사울이 있었습니다. 사울은 악한 인사 문제를 지시했습니다. 그는 불의에 눈을 감아 주었습니다. 다윗은 자신의 힘만으로는 악한 세력과 싸워 이길 수 없다는 것을 깨달았습니다. 지금 이스라엘은 '불의'라는 엄청난 암에 걸려 있습니다.

다윗은 '악한 자들로부터 살아남을 수 있을까?' 하는 생각에 두려움이 밀려왔습니다. 그래서 다윗은 가장 먼저 악한 자들의 모략과 음모로부터 자기 생명을 지켜 달라고 기도합니다.

> **1절** "하나님이여 내가 근심하는 소리를 들으시고 원수의 두려움에서 나의 생명을 보존하소서"

왕 주위에 악한 자들이 자리 잡으면, 그들은 일단 바르게 정치하려고 하는 자들을 몰아내려고 핑계를 댑니다. 그리고 자기 말에 무조건 복종하고 아첨하는 자를 그 자리에 세웁니다. 정직한 자는 악한 자가 하는 말을 듣지 않을 뿐만 아니라 그들이 계획하는 것이 말도 되지 않는 탐욕이라는 것도 잘 압니다. 다윗은 사울 왕궁에서 이것을 경험했습니다. 다윗과 비슷한 위치에 있는 자나 그보다 높이 있는 자들이 자꾸 말로 다윗을 공격하며 미워했습니다. 그들은 다윗에게 견딜 수 없는 고통을 주었습니다. 처음 다윗은 그 이유를 알지 못했습니다. 이 악한 자들은 교만하고 탐욕스러워 무조건 자기에게 복종하는 자만 좋아했습니다. 이 모든 원인은 사울에게 있었습니다

다. 사울은 잘난 체하고 아첨하는 자만 좋아했습니다. 반면 사울은 정직하게 바른 방법으로 일하는 자를 미워했습니다.

다윗은 이 문제를 두고 걱정했습니다. 처음 다윗은 '어떻게 하면 왕과 다른 신하들의 마음에 들어 쫓겨나지 않고 잘 버틸 수 있을까?'를 생각했습니다. 다윗의 기도 내용을 보면 이를 잘 알 수 있습니다. 다윗은 '내가 근심하는 소리'를 하나님께서 들어주시고, '원수의 두려움에서 나의 생명'을 지켜 달라고 기도합니다.

하나님의 백성도 높은 자리에 오르면 나라의 실세인 악한 자들로부터 미움 당할 때가 있습니다. 악한 자들은 정직한 자가 자기 말을 듣지 않는 줄 압니다. 이 악한 자들은 무조건 아첨하고 복종하며 양심을 팔라고 부추깁니다. 이 때 정직한 자는 절대 양심을 팔아서는 안 됩니다. 이런 악한 자들에게 아첨하고 그들이 하자는 대로 하면 간단히 해결되겠지만, 후에는 같이 망하게 됩니다. 그러기에 정직한 자는 이런 압박과 두려움, 염려를 하나님께 다 말씀 드리고 양심을 지켜야 합니다. 그리고 할 수 있으면 이런 자들을 멀리해야 합니다. 이것이 사는 길입니다. 악한 자들은 자기 주위에 반드시 악한 자들을 두어 사람을 악하게 만듭니다. 우리는 악한 자의 모함으로 죽어서는 안 됩니다. 어떤 때는 자리에서 쫓겨나 밀려나는 것이 오히려 사는 길이 될 수 있습니다. 다윗은 사울에게 쫓겨났기 때문에 결국 악한 자가 되지 않고, 죽지도 않았습니다.

우리는 하나님께 내 양심과 생명을 지켜 달라고 기도해야 합니다. 나라를 위해 일하는 자들이 너무 자리에 집착하면, 악한 자에게 이용당하거나 양심을 팔게 됩니다. 결국 이들은 자기 영혼을 헐값에 팔고, 후에 모든 비리가 드러났을 때 악한 자와 같이 망합니다.

2절 "주는 악을 꾀하는 자들의 음모에서 나를 숨겨 주시고 악을 행하는 자들의 소동에서 나를 감추어 주소서".

악한 자들은 권력의 자리에 올라가면 그 자리에서 많은 이익을 얻으려고 합니다. 이들은 부자를 협박하기도 하고, 다른 누군가를 공격해 재산을 약탈하기도 합니다. 그런데 이 악한 자들은 자기가 나서지 않고, 다른 사람을 내세워 남의 재산을 약탈합니다.

그래서 다윗은 하나님께 기도합니다. 다윗은 어떻게 해서든 '악을 꾀하는 자들의 음모'에 말려들지 않게 하셔서 나쁜 일에 휩쓸리지 않게 하시고, 자기도 피해를 입지 않게 해 달라고 간절히 기도합니다. 하지만 다윗은 이들의 음모에 휩쓸리지 않을 수 없었습니다. 다윗이 이 악한 자들에게 눈의 가시였기 때문입니다.

이 악한 자들은 매일 소동을 일으켰습니다. 이들은 잠시도 가만히 있지 않고 정직한 자를 걸려 넘어지게 했습니다. 다윗은 자기와 사울의 악한 신하들이 물과 기름같이 전혀 맞지 않다는 것을 깨달았습니다. 그리고 이스라엘은 겉보기에만 하나님을 믿는 나라이지, 속을 들여다보면 왕에서 신하에 이르기까지 썩을 대로 썩은 부패한 나라였습니다. 다윗을 제외한 거의 모든 자들이 왕에게 아첨하고 불의를 행했습니다. 이런 자들이 이스라엘을 운영하고 있었습니다. 다윗은 불안해 견딜 수 없었고, 언제 죽임을 당할지 몰랐습니다. 결국 다윗은 이스라엘 왕궁에서 쫓겨나는 것이 사는 길이었습니다.

2. 악한 자의 소행

다윗은 권력을 가진 신하들이 자기 마음대로 다른 사람들을 내쫓는 것을 보았습니다.

3절 "그들이 칼같이 자기 혀를 연마하며 화살같이 독한 말로 겨누고"

악한 자들은 처음에는 권력자 앞에서 엎어지라면 엎어질 정도로 충성을 바칩니다. 그러다 어느 순간부터는 왕도 자기 없이는 아무것도 못한다는 것을 알기 때문에 큰 소리칩니다. 이것은 절대적으로 최고 권력을 가진 자의 책임입니다. 최고 권력자 자신이 교만하기 때문에 그런 자들을 세우는 것입니다. 최고 권력자는 교만한 자를 물리치고 바르게 일할 사람을 세워야 위기 때 살 수 있습니다.

그런데 악한 자들은 모르는 자에게도 이렇게 무례하게 말하는데 하물며 자기보다 낮은 자에게는 더 심한 말을 하지 않겠습니까? 악한 자들은 자기 혀를 마치 칼같이 연마해서 할 수 있으면 가장 독한 말로 다른 사람의 눈과 심장을 쏘아 쓰러뜨리는 훈련을 합니다. 그러나 악한 자는 말만 날카로운 것이 아니라 그 안에 독이 들어 있어 한 번 복종하지 않으면 즉시 보복해서 망하게 합니다.

4절 "숨은 곳에서 온전한 자를 쏘며 갑자기 쏘고 두려워하지 아니하는도다"

이 악한 자들은 자기 정체를 절대 드러내지 않습니다. 그리고 이들은 자기 말에 무조건 복종하는 하수인들을 이용해 돈을 갈취합니다. 반면 자기 말을 듣지 않는 자들을 모함하고 쫓아 버립니다. 여기서 '온전한 자'는 개역한글에는 '완전한 자'로 번역되어 있습니다. 이들은 하나님의 말씀으로 바르게 행하는 자들을 융통성이 없고 미련하다고 해서 죽이려고 합니다. 악한 자들은 숨어서 활을 쏘기 때문에 보통 사람들은 이들의 정체를 알지 못합니다. 또한 이들에게 당하는 자들은 자기가 무엇 때문에 당하는지 잘 알지 못합니다. 그런데 이 악한 자들은 두려워하지 않습니다. 이들은 너무 오만해서 아무에게도 겁을 내지 않습니다. 자기들은 성공했고, 최고 권력자도 자기 마음대로 할 수 있다고 생각하기 때문입니다. 그러나 악한 자들은 자신들이 최고 권력자와 결탁하면 나라가 망한다는 사실을 모릅니다. 자신들이 암 덩어리 같은 세력이라는 것을 모르는 것입니다.

5절 "그들은 악한 목적으로 서로 격려하며 남몰래 올무 놓기를 함께 의논하고 하는 말이 누가 우리를 보리요 하며"

악한 자들은 자기들끼리 잘 통합니다. 이들은 곳곳에 자기 편을 두어 서로 봐 주고 나라 전체를 자기들 소유로 만듭니다. 그런데도 만족하지 못합니다. 이들은 악한 행동을 중단하는 즉시 힘을 잃게 될까 봐 두려워합니다. 그들은 자기들의 악한 소행을 보는 자가 아무도 없다고 생각합니다. 그런데 누가 보아도 악한 행동을 계속하면 그 규모가 점점 커져 사람들이 알게 됩니다. 이 때 악한 자들이 망합니다.

6절 "그들은 죄악을 꾸미며 이르기를 우리가 묘책을 찾았다 하나니 각 사람의 속뜻과 마음이 깊도다"

이 악한 자들은 어떻게 하면 나라 전체를 자기 것으로 만들 수 있느냐에만 관심이 있습니다. 이들은 최고 권력자를 자기 손에 넣어 돈과 권력을 누렸습니다. 다윗은 '각 사람의 속뜻과 마음이 깊도다'라고 말합니다. 이들은 다른 사람들이 생각지 못하는 것까지 찾아내 오랫동안 권력과 부를 누릴 모든 계획을 세워 놓은 것입니다.

3. 하나님의 반격

하나님은 악한 자들이 권력을 잡고 나라를 좌지우지할 때 두 가지 방법으로 대항하십니다. 하나는 그대로 내버려 두셔서 나라를 망하게 합니다. 마치 암이 너무 퍼져 의사가 수술을 포기해 환자가 죽게 되는 것과 같습니다. 다른 하나는 하나님이 이 악한 자들이 저지른 비행을 모두 드러내셔서 망하게 하는 것입니다. 이는 환자가 살 수 있는 가능성이 있을 때 의사가 암 조직을 수술해서 환자를 살리는 것과 같습니다.

하나님은 이스라엘을 사랑하셔서 사울과 그와 결탁된 악한 자들을 수술하셨습니다. 이 때 하나님은 천적을 사용하셨습니다. 아무리 강한 자도 천적이 있는 법입니다. 악한 자들이 천적의 손에 걸려들면 결국 망하게 됩니다.

예를 들어, 뱀이 아무리 강해도 독수리나 매는 이길 수 없습니다. 사울과 이스라엘의 천적은 블레셋이었습니다. 사울과 이스라엘 권력자들은 갑자기 쳐들어온 블레셋과 전쟁을 하다 모두 몰살당하고 말았습니다.

한 국가의 권력자와 악한 자들의 천적은 언론이고 시민입니다. 이들이 저지른 죄가 신문에 나오면, 그들은 버티던 권력의 자리에서 쫓겨나 죄인이 됩니다.

7절 "그러나 하나님이 그들을 쏘시리니 그들이 갑자기 화살에 상하리로다"

하나님은 악한 자들을 향해 어느 날 갑자기 활을 쏘십니다. 악한 자들이 기고만장해서 권력의 좋은 자리를 다 차지하고, 의로운 자들을 핍박하며 돈을 모으는 것을 가만히 보고 계시다가 활을 쏘십니다. 하나님이 쏘신 화살이 점점 커지면서 악한 자들이 몰락하게 됩니다. 그때 그들이 저지른 모든 비행이 드러납니다. 비로소 이 악한 자들이 아무것도 아님을 알게 됩니다. 이들이 그토록 붙잡아온 것은 아무 능력 없는 것에 불과합니다. 아무것도 아닌 자들이 무엇을 믿고 그렇게 큰 소리치고, 잘난 체하는지 이해되지 않습니다.

악한 자들이 하나님의 화살에 한 번 맞으면 빠져나가지 못합니다. 하나님의 화살은 빠져나갈 수 없게 되어 있기 때문입니다.

> **8절** "이러므로 그들이 엎드러지리니 그들의 혀가 그들을 해함이라 그들을 보는 자가 다 머리를 흔들리로다"

악한 자들은 하나님의 화살에 맞으면 엎드러집니다. 그들이 한 말은 너무 악해서 아무도 그들을 좋아하지 않습니다. 그들은 평소 자기들이 행한 악을 자기 입으로 떠듭니다. 이 때문에 결국 조사를 하면 그들이 저지른 부정이 다 드러납니다. 사람들은 이들이 망하는 것을 보고 머리를 흔듭니다.

> **9절** "모든 사람이 두려워하여 하나님의 일을 선포하며 그의 행하심을 깊이 생각하리로다"

사람들은 절대 권력을 가진 자도 망하는 것을 보면서 하나님을 두려워합니다. 특히 이스라엘은 하나님의 복을 받은 나라인데, 이런 축복의 나라도 믿음으로 바로 가지 않으면 얼마든지 망할 수 있다는 것을 하나님은 깨닫게 하셨습니다.

우리나라 역시 축복 받은 나라입니다. 우리가 바른 믿음으로 나가면 얼마든지 세계에서 최고로 복을 받은 나라가 될 수 있습니다. 하지만 우리는 하나님의 일을 깊이 생각하지 않고, 하나님의 축복도 너무 가볍게 여깁니다. 그 결과 암 같은 어두움이 사회 전 영역에 퍼지게 된 것입니다.

우리는 사회와 한 배를 탔습니다. 그런데 성경을 보면, 같이 사는 길이 있습니다. 요나는 자기가 탄 배가 폭풍을 만나 침몰하려고 하자 자기 책임이라면서 자기를 바다에 던지라고 했습니다.

"그가 대답하되 나를 들어 바다에 던지라 그리하면 바다가 너희를 위하여 잔잔하리라 너희가 이 큰 폭풍을 만난 것이 나 때문인 줄을 내가 아노라 하니라"_욘 1:12

왜 요나만 죄인이겠습니까? 그 배에 탄 사람들과 선원들도 다 죄인입니다. 그러나 요나가 하나님의 말씀에 불순종한 것을 회개하고, 죽을 각오를 했을 때 모두 살게 되었습니다. 오히려 요나는 능력의 종이 되어 니느웨까지 살리게 되었습니다.

"니느웨 사람들이 하나님을 믿고 금식을 선포하고 높고 낮은 자를 막론하고 굵은 베 옷을 입은지라"_욘 3:5

사도 바울은 죄수의 몸으로 배를 타고 로마로 끌려가다가 유라굴로라는 폭풍을 만났습니다. 이 때 바울은 하나님의 말씀으로 사람들을 위로했습니다.

"내가 너희를 권하노니 이제는 안심하라 너희 중 아무도 생명에는 아무런 손상이 없겠고 오직 배뿐이리라"_행 27:22

그리고 바울은 그들로 하여금 배를 버리고 양식을 먹게 했습니다. 그래서 한 사람도 죽지 않고 다 살았습니다.

"음식 먹기를 권하노니 이것이 너희의 구원을 위하는 것이요 너희 중 머리카락

하나도 잃을 자가 없으리라 하고 떡을 가져다가 모든 사람 앞에서 하나님께 축사하고 떼어 먹기를 시작하매 그들도 다 안심하고 받아먹으니"_행 27:34-36

우리는 하나님이 너무 늦기 전에 암 조직을 발견하게 해 주신 것을 감사해야 합니다. 우리는 하나님께 이 나라를 회복해 달라고 기도해야 합니다. 기독교는 모든 고통을 감수해야 합니다.

> 10절 "의인은 여호와로 말미암아 즐거워하며 그에게 피하리니 마음이 정직한 자는 다 자랑하리로다"

의인은 어떻게 여호와로 말미암아 즐거워할 수 있을까요? 이스라엘이 이 암 조직을 수술하려면 많은 자들이 죽어야 하고, 또 오랜 시간이 걸려야 합니다. 그런데 어떻게 이 고통 중에 즐거워할 수 있을까요? 결국 하나님은 그들을 살리기 위해 이런 암 조직을 허락하신 것입니다.

하나님이 그저 망하게만 하려 했다면, 이런 암 조직을 깨닫게 하시지 않았을 것입니다. 이 때 다윗과 의인들은 깨달았습니다. 우리가 말씀을 붙잡지 않으면 결국 부패의 암 조직이 생긴다는 사실 말입니다. 다윗은 사울과 신하들의 부패를 통해 신앙의 비결을 알게 되었습니다. 아무리 정치를 잘하고, 공부를 잘해도 하나님의 말씀을 붙잡지 않으면 영적인 암에 걸립니다. 우리는 세상을 기대해서는 안 됩니다. 우리가 하나님께로 피해야 하나님이 바로 잡아 주십니다. 하나님이 주시는 고통을 끝까지 잘 참고 감사드리는 성도가 됩시다.

67

시 65:1–13

하나님의 은택

대학 수학 능력 시험은 국가적인 행사입니다. 우리 사회에서 성공의 길을 가려면 그만큼 좋은 대학을 나와야 합니다. 수능 시험 당일이 되면 신문기자들은 너나 할 것 없이 수능을 막 치르고 나온 수험생과 엄마가 서로 껴안는 장면을 주요 일면에 냅니다.

인간은 모두 행복하기를 바랍니다. 그런데 인간에게 필요한 것이 세상에 다 있는 것 같습니다. 이 세상에는 좋은 학벌과 직장, 인기, 명품이 있습니다. 인간은 이 세상에서 인정받아야 유명해질 수 있습니다. 그래서 인간은 할 수 있는 한 세상에서 인정받기 위해 애를 씁니다.

시편 65편은 하나님이 주신 은혜와 축복에 감사드리는 시입니다. 이 시편의 내용을 보면, 하나님이 풍성한 곡식과 복을 주신 것에 대한 감사가 담겨 있습니다. 그런데 세상 사람들이 복을 받고 좋아하는 것과 하나님의 백성이 복을 받고 기뻐하는 것에는 근본적인 차이가 있습니다. 세상 사람이 추구하는 복은 돈을 많이 벌거나 공부를 잘해 행복한 것처럼 눈에 보이는 결과에 있습니다. 그러나 이들은 어떻게 이런 복이 자기에게 오게 되었는지 알지 못합니다. 이들은 지금 빵을 많이 가지고 있지만 어떻게 이 빵이 만들어졌는지는 모르는 자들과 같습니다. 하나님을 모르는 자는 지금 가지고 있는 빵이 다 없어지면 굶을 수밖에 없습니다. 세상 사람들은 퍼즐이 다 끼워지지 않은 것처럼 복의 결과만 가지고 있는 것입니다. 반면 하나님의 백성은 복의 근원을 아는 자들입니다. 이들은 빵 만드는 법을 알고 있는 자들과 같습니다. 하나님의 백성 중에 복을 받은 자는 이 퍼즐을 다 맞춘 자입니다. 이들은 항상 복을 만들어 낼 수 있습니다.

다윗이 시편 65편을 쓸 수 있었던 것은 진정한 복의 비밀을 알았기 때문입니다. 사도 바울은 "나는 비천에 처할 줄도 알고 풍부에 처할 줄도 알아 모든 일 곧 배부름과 배고픔과 풍부와 궁핍에도 처할 줄 아는 일체의 비결을 배웠노라"(빌 4:12)고 말했습니다. 그리고 사도 바울은 자기가 예전에 자랑하던 것을 전부 배설물로 여기는 것은 "예수를 아는 지식이 가장 고상하기 때문이라"(빌 3:8)고 했습니다. 사도 바울 역시 하나님의 복의 비결을 안 자였습니다.

1. 축복의 비결을 안 사람들

우리가 예수를 믿는다고 해서 모두 축복의 비결을 터득했다고 할 수 없습니다. 오히려 우리는 예수 믿고 난 후부터 본격적으로 축복의 길을 찾아야 합니다. 예수님은 "좁은 문으로 들어가라"(마 7:13)고 하셨습니다. 여기서 '좁은 문'은 아주 작고, 낡은 문을 말합니다. 이 문은 너무 낡아 다 무너져가기에 최근에는 사람들이 거의 들어가 본 적이 없습니다. 이렇듯 하나님의 축복의 길은 감추어져 있어 찾는 자가 없고, 그 길로 가는 자도 없습니다.

그러면 사람들이 몰려가는 곳은 어디일까요? 거기는 지금 당장 써먹을 수 있는 복이 있는 곳입니다. 축복의 근원은 상관없고 당장 만들어진 복이 있는 곳인 것입니다. 문제는 이렇게 만들어진 복이 다 나가면, 그때는 아무것도 없게 됩니다.

그런데 하나님 백성 중에는 아주 드물게 하나님의 복을 찾은 자들이 있습니다. 이들은 이런 노래를 부릅니다.

> **1절** "하나님이여 찬송이 시온에서 주를 기다리오며 사람이 서원을 주께 이행하리이다"

여기서 '찬송이 시온에서 주를 기다리오며'는 하나님의 백성이 그분을 찬송하기 위해 기다리고 있는 것을 의미합니다. 이들이 하나님을 기다리는 이유는 하나님의 복을 받는 데 성공했기 때문입니다.

그런데 이 세상의 복은 '시온'이 아니라 '세상'에 있습니다. 이 세상에는 좋은 학벌과 명성, 돈과 명예도 있습니다. 인간은 이 세상에서 성공하면 모든 것을 자기 마음대로 누릴 수 있습니다. 그런데 이들은 왜 시온에서 하나님을 기다리고 있는 것일까요? 이들은 하나님의 복의 핵심을 발견했기 때문입니다. 이들은 하나님이 주시는 복의 비결을 알았습니다.

스티브 잡스는 신제품이 나오기 전에 폴라 티를 입고 나와 온 세상 앞에서 애플사의 신기술과 신제품에 대해 발표했습니다. 그때 모든 사람들이 그 새 기술과 제품에 감탄하며 박수갈채를 보냈습니다.

그런데 진정한 성공은 하나님이 시온에서 우리 인간에게 보여 주시는 새로운 기술과 결과입니다. 그때 인간은 '서원을 주께 이행하리이다'라고 찬송하게 됩니다. 즉 수많은 자들이 하나님의 축복을 보고 믿음에 등록하며, 또 지원합니다. 어떤 기업이 신제품을 개발하면 전 세계 사람들과 기업들이 그 제품을 구입하기 위해 신청하고, 지원하는 것과 같습니다. 하나님의 백성은 하나님이 시온에서 새로운 능력을 행하시고, 새로운 제품을 보여 주실 때 신이 납니다.

그런데 하나님의 백성에게 가장 놀라운 것은 하나님이 우리의 기도를 들으시고 응답하시는 것입니다.

2절 "기도를 들으시는 주여 모든 육체가 주께 나아오리이다"

이 말씀은 우리 인간에게 매우 귀중한 사실입니다. 만일 하나님이 우리의 기도를 들으시면, 이 세상에 걱정할 것이 아무것도 없을 것입니다. 사실 우리는 위급할 때 하나님의 뜻을 알 수 없어 얼마나 방황하는지 모릅니다.

그런데 다윗은 어느 날 하나님이 자기의 기도에 응답하시는 것을 알게 되었습니다. 다윗이 하나님께 기도하는 데 성공했다는 소식을 듣고, 온 세상 사람들이 다윗에게 나왔습니다. 그들 역시 하나님의 도우심이 필요했기 때문입니다. 어떤 자는 다윗에게 찾아와 자기가 죽을병에 걸렸다면서 하나님께 기도해 달라고 부탁했습니다. 또 어떤 자는 가족이 포로로 붙잡혀갔는데 돌아올 수 있게 해 달라고 부탁했습니다. 그때 다윗은 세상 사람들이 겉으로 보기에는 돈과 성공으로 만족하고 있는 줄 알았는데, 모두에게 하나님의 도움이 필요하다는 것을 깨닫게 되었습니다. 이 귀한 사실을 하나님의 백성만 모르고 있었습니다. 우리는 세상에 복이 다 있는 줄 알고 세상을 사랑하고 세상으로 가려 합니다. 그런데 세상 사람들은 하나님께 기도하기를 원하는 것입니다.

그러면 세상 복을 가지고 있으면서 하나님께 기도할 줄 모르는 사람이 나을까요? 아니면 우리같이 세상 것은 별로 가지고 있지 않지만 하나님께 기도할 수 있는 사람이 나을까요?

하나님의 복을 받는 것이 쉬운 일이 아닙니다. 우리가 오직 하나님의 말씀을 구할 때 그 안에서 아주 조금씩 금 부스러기를 모으게 됩니다. 우리가 복을 만들려면 모은 금 부스러기를 불에 녹여야 합니다. 그리고 나면 아주 소량의 금을 얻게 됩니다. 그것이 조금씩 모이면 나중에는 틀림없이 금덩어리가 됩니다.

세상에서는 돈만 주면 즉시 금귀고리나 팔찌를 살 수 있습니다. 이 때문에 아무도 고생하려 하지 않습니다. 그러나 세상의 금은 없어질 수 있습니다. 결국 누구든 망하지 않을 수 없습니다. 그런데 하나님의 말씀에서 금을 찾는 자는 불황이 없습니다. 하나님의 말씀에서 항상 복을 구할 수 있고, 그것이 점점 더 커져 가치도 높아지기 때문입니다. 그래서 하나님 말씀의 가치를 아는 자는 하나님의 복을 찾습니다. 이들은 시온에서 날마다 하나님이 보여 주시는 말씀에 놀라고, 그 은혜에 감탄합니다.

2. 하나님 백성의 함정

하나님 말씀을 찾는 자는 두 가지만 조심하면, 하나님의 놀라운 축복을 계속 누릴 수 있습니다.

첫 번째가 죄와 세상 욕심에 빠지지 않는 것입니다.

3절 "죄악이 나를 이겼사오니 우리의 허물을 주께서 사하시리이다"

우리가 아무리 하나님의 말씀을 사랑한다고 해도 우리 마음속에는 세상의 성공과 정욕을 쫓는 마음이 있습니다. 이것이 위험한 이유는 우리가 하나님의 복을 누리면서 세상의 복도 함께 누리게 되기 때문입니다. 하나님은 우리에게 돈도 많이 벌게 하시고, 세상에서 유명하게도 하시며, 높은 자리에도 앉게 하시기 때문에 우리는 자기도 모르는 사이에 교만해집니다. 그래서 하나님의 백성이 복을 받은 후에 자기가 대단한 자인 줄 알고 더 높은 명예와 돈을 구합니다. 나아가서는 자기가 대단하다고 생각해 육체의 정욕을 따라갑니다.

다윗도 이 유혹에 넘어가고 말았습니다. 그래서 다윗은 다른 여인과 육체의 정욕에 빠졌고, 더 큰 성공과 더 넓은 영토를 원하기도 했습니다. 다윗은 '죄악이 나를 이겼사오니'라고 고백합니다. 다윗은 자기 나름대로 죄에 빠지지 않으려고 노력했지만 결국 죄에 빠지고 말았습니다.

이처럼 하나님의 종과 백성이 은혜를 받을 때 은혜만 오는 것이 아니라 세상의 성공도 같이 와서 죄에 빠뜨립니다. 그러나 한 번 성공한 자가 죄에 넘어지지 않기는 너무 어렵습니다. 이미 자기 자신을 대단한 자로 착각하기 때문입니다. 이 때 우리는 자기 자신의 상태를 하나님의 말씀 앞에 점검해 보아야 하는데, 그럴 수 있는 자가 많지 않습니다. 이 때 병에 걸리면 오히려 더 유익할 수 있습니다. 사도 바울은 병에 걸려 고통을 많이 받았습니다. 그러나 지기 병을 낫게 해 달라고 기도했을 때 하나님은 더 이상 기도하지 말라고 말씀하셨습니다.

"여러 계시를 받은 것이 지극히 크므로 너무 자만하지 않게 하시려고
내 육체에 가시 곧 사탄의 사자를 주셨으니 이는 나를 쳐서
너무 자만하지 않게 하려 하심이라"_고후 12:7

그러나 다윗은 죄에 걸려들어 말할 수 없는 수치와 치욕을 당했습니다. 그래서 믿는 자들 중에서 성공한 자의 교만은 어떻게 할 수 없습니다. 결국 자기 자신이 깨달아야 하는데 깨닫기가 어렵습니다. 하나님이 사랑의 매로 치시는 것이 좋은데, 하나님의 매는 너무 아픕니다. 하나님의 백성은 성공했을 때 교만과 죄를 조심해야 합니다. 그러나 아무리 죄를 지어도 회개하면 하나님은 허물을 고쳐 주십니다.

두 번째가 세상 성공을 포기하고 하나님의 집 마당에서 사는 것입니다.

> 4절 "주께서 택하시고 가까이 오게 하사 주의 뜰에 살게 하신 사람은 복이 있나이다 우리가 주의 집 곧 주의 성전의 아름다움으로 만족하리이다"

우리가 인간인 이상 이 세상에 살다보면, 우리의 생각과 습관이 죄로 오염될 수밖에 없습니다. 어떤 때는 우리가 눈으로 보고, 들으며, 생각하는 모든 것이 죄일 때도 있습니다. 그런데 만일 하나님의 백성이 죄로 오염되면, 이 세상에 오는 축복도 오염된 것이 옵니다. 결국 아주 빨리 썩게 됩니다. 그래서 하나님은 이 세상을 사랑하셔서 그의 백성을 하나님 가까이로 오게 하십니다. 이들은 '주의 뜰'에 살게 됩니다. 이들은 하나님의 성전에 가까이 있기 때문에 주야로 기도하고 말씀을 듣습니다. 이들은 세상에 오염되지 않은 하나님의 복을 받습니다.

하나님의 복을 발견한 성도는 두 가지만 조심하면 됩니다. 하나는 죄에 빠지지 않는 것이고, 다른 하나는 성전을 가까이하는 것입니다. 우리가 이것만 할 수 있으면, 하나님의 복을 믿어도 됩니다.

3. 하나님의 능력과 축복

우리는 하나님이 얼마나 능력이 많으신지 모를 때가 많습니다. 인간이 눈으로 볼 수 있는 영역이 너무 작기 때문입니다. 한편 인간은 지구에서 가장 안전하고 좋은 부분만 보고 있기 때문에 하나님의 능력을 알지 못합니다.

5절 "우리 구원의 하나님이시여 땅의 모든 끝과 먼 바다에 있는 자가 의지할 주께서 의를 따라 엄위하신 일로 우리에게 응답하시리이다"

'땅의 모든 끝과 먼 바다에 있는 자'는 세상 끝에서 하나님을 모르는 자들을 의미합니다. 이 세상 사람들은 하나님을 알든 모르든 지구상의 가장 좋은 부분만 알고 있습니다. 그러나 우리는 화성이나 달에만 가더라도 인간으로서는 도저히 살 수 없는 우주를 보게 될 것입니다. 우주에는 공기와 중력, 동식물과 양식이 없습니다. 그곳에는 엄청난 열기와 추위가 도사리고 있고, 무시무시한 유성들이 날아다닙니다. 인간이 사는 지구만 하더라도 어마어마한 크기의 사막과 드넓은 바다, 그리고 산악 지대가 있습니다. 이런 곳에서는 인간이 살 수 없습니다. 특히 북극과 남극 같은 극지방에는 상상할 수 없는 추위와 눈 폭풍이 있습니다.

그러나 하나님은 추운 지방은 추운 지방대로, 더운 지방은 더운 지방대로 인간과 동식물이 죽지 않게 지켜 주십니다.

6절 "주는 주의 힘으로 산을 세우시며 권능으로 띠를 띠시며"

하나님은 산이 무너지지 않게 큰 힘으로 붙들고 계십니다. 하나님은 '권능으로 띠를 띠시기' 때문에 항상 힘이 있습니다. 하나님은 마치 씨름 선수같이 이 지구를 붙들고 계십니다.

그러나 이 세상은 무너져 망하려고 합니다.

7절 "바다의 설렘과 물결의 흔들림과 만민의 소요까지 진정하시나이다"

인간은 지구상의 좋은 면만 보기 때문에 성공하면 마음이 교만해져 타락하게 됩니다. 그래서 하나님은 한 번씩 태풍과 추위, 거센 비를 주셔서 인간으로 하여금 두렵게 하십니다. 바다에는 엄청난 풍랑과 폭풍이 일어납니다. 특히 인간은 소요를 일으키는 것을 좋아합니다. 인간은 전쟁을 하느라 몰려듭니다. 인간은 모여서 시위하며, 큰 공사도 합니다. 그러나 하나님은 결국 이 모든 소요를 진정시키십니다.

8절 "땅끝에 사는 자가 주의 징조를 두려워하나이다 주께서 아침 되는 것과 저녁 되는 것을 즐거워하게 하시며"

여기서 '땅끝에 사는 자'는 하나님에 대해 전혀 알지 못하는 자를 의미합니다. 그러나 이들도 추위와 폭풍, 기근이 오는 것을 조심하고 대비합니다. 그런데 이런 폭풍과 기근이 계속 되지 않고, 다시 평안한 아침과 저녁이 오는 것은 행복한 일입니다. 이렇듯 우리는 하나님의 기적의 손길 가운데 하루를 살아갑니다.

하나님은 우리를 위해 모든 좋은 것을 아끼지 아니하고 주십니다. 우선 하나님은 우리에게 물을 주어 살게 하십니다.

9절 "땅을 돌보사 물을 대어 심히 윤택하게 하시며 하나님의 강에 물이 가득하게 하시고 이같이 땅을 예비하신 후에 그들에게 곡식을 주시나이다"

하나님은 이 세상을 사랑하셔서 물을 아주 풍부하게 주셨습니다. 하나님은 하늘에서 비를 내려 주어 강이 흐르게 하십니다. 인간은 그 강에서 식수를 구하고, 농사도 짓습니다. 만약 물이 없다면, 우리는 살 수 없을 것입니다.

이렇듯 우리가 하루하루 살아가는 것은 놀라운 하나님의 능력입니다. 하나님은 우리 뇌와 심장, 위와 혈관을 지켜 주셔서 매일을 살아가게 하십니다. 그리고 하나님은 인간에게 지혜와 지식을 주어 하나님이 주신 복을 더 발전시키게 하십니다.

10절 "주께서 밭고랑에 물을 넉넉히 대사 그 이랑을 평평하게 하시며 또 단비로 부드럽게 하시고 그 싹에 복을 주시나이다"

하나님이 많은 물을 주셔도 인간이 가만히 있으면 양식이 생기지 않을 것입니다. 그러나 인간은 밭고랑을 만들고, 이랑도 평평하게 해 하나님이 주신 복을 발전시킵니다. 또한 인간은 도시를 만들어 직업을 전문화함으로써 행복을 만들어 갑니다. 그러나 이 모든 것은 하나님이 우리에게 지혜를 주셔서 가능한 것입니다. 우리는 하나님께 감사드려야 합니다.

11절 "주의 은택으로 한 해를 관 씌우시니 주의 길에는 기름방울이 떨어지며"

하나님이 어떤 해는 더 많은 일조량을 주어 풍년이 들게 하십니다. 그래서 하나님이 가시는 길에는 기름방울이 떨어집니다. 감람유나 포도주 같은 농사가 잘되어 통에 실어서 갈 때 길에 넘쳐 쏟아지는 것입니다. 이것이 바로 하나님의 발자국입니다. 하나님이 한 번 지나가시면 모든 일이 형통하게 됩니다.

하나님은 농사만 잘되게 하시는 것이 아니라 목축도 잘되게 하십니다.

12, 13절 "들의 초장에도 떨어지니 작은 산들이 기쁨으로 띠를 띠었나이다 초장은 양떼로 옷 입었고 골짜기는 곡식으로 덮였으매 그들이 다 즐거

이 외치고 또 노래하나이다"

하나님의 기름이 초장에 떨어지니 산이 기쁨으로 띠를 띠웁니다. 풀이 가득한 것입니다. 그리고 들의 초장은 양떼로 옷을 입고, 골짜기는 곡식으로 덮입니다. 하나님이 주신 축복의 열매입니다.

결국 이 세상의 모든 복은 에스겔이 본 것처럼 성전 문지방에서 흘러내린 생수가 만든 복입니다.

"그가 나를 데리고 성전 문에 이르시니 성전의 앞면이 동쪽을 향하였는데
그 문지방 밑에서 물이 나와 동쪽으로 흐르다가
성전 오른쪽 제단 남쪽으로 흘러내리더라"_겔 47:1

하나님의 백성으로부터 흘러내리는 작은 생수가 이 세상을 아름답고 풍성하게 만듭니다. 지금 우리나라는 세상의 복만 붙잡다가 아주 척박한 불모의 땅으로 변했습니다. 정치, 사회, 경제, 교육 전 분야가 돌밭으로 변했습니다. 청년과 청소년들은 영적으로 굶주려 가고 있습니다.

우리가 하나님을 가까이하면 복의 근원을 찾게 됩니다. 그러나 우리가 하나님을 멀리하면 복을 받을 수 없습니다. 성도는 하나님을 가까이함으로 모든 어려움을 이겨야 합니다. 이 세상에 하나님의 복이 항상 있게 하는 축복의 통로가 됩시다.

68

시 66:1-20

연단 받은 신앙

우리는 흙과 땅을 아무 가치 없는 것이라고 생각합니다. 사람들은 흙을 발로 밟고 다니고, 때로는 땅에 침을 뱉기도 합니다. 그러나 봄이 되어 흙이 따뜻한 기운과 수분을 받아들여 푸른 싹을 내고, 나중에 꽃을 피우는 것을 보면 신기한 생각이 듭니다. 흙 자체는 아무것도 아니지만 도자기 기술자가 진흙을 이겨 그릇을 만들어 불에 구우면 아주 단단하고 아름다운 도자기가 나옵니다. 또 바위는 아무것도 아니지만 그 안을 파고 들어가 철과 보석 및 금 원료를 캐내어 불에 녹이면 아주 훌륭한 칼과 보물로 사용할 수 있습니다. 때때로 하나님은 우리를 흙과 같이 낮추셔서 다른 사람들이 우리를 짓밟고 지나가게 하십니다. 또한 하나님은 우리를 불 같은 시험에 넣으셔서 연단하십니다. 그때 우리는 하나님이 하시는 일이 이해되지 않고, 비참함을 느낍니다.

시편 66편은 우리가 고난 받는 과정과 결과를 파노라마같이 보여 줍니다. 우리는 고난 가운데 하나님 앞에서 영광스러운 모습으로 변화합니다.

우리는 이제껏 '신앙의 연단이면 연단, 하나님의 축복이면 축복' 하는 식으로 부분적으로만 알았는데, 시편 66편은 우리 신앙의 위대함과 연단, 그리고 하나님의 축복을 모두 보여 줍니다.

옛날 대장간에 가 보면, 칼 만드는 자가 쇳덩이를 불에 넣어 시뻘겋게 달군 후 망치로 두드려 편편하게 합니다. 그리고 그것을 물에 넣어 식힌 후 다시 불에 시뻘겋게 달군 후 또 망치로 두드립니다. 그런 과정을 여러 번 반복하고 나면 칼이 아주 단단한 강철이 되어 무엇이든 벨 수 있는 명검이 됩니다. 마찬가지로 하나님은 우리로 하여금 예수님을 믿고 난 후 적당하게 세상에 섞여 사는 것을 원하시지 않습니다. 하나님은 우리가 명검, 하나님의 비싼 도자기가 되기를 원하십니다. 그래서 하나님은 우리를 무서운 죄에서 구원하신 후 불과 물로 연단하셔서 하나님의 귀한 보물이 되게 하십니다.

1. 온 땅이 하나님의 구원을 찬송함

우리는 하늘이 내는 소리를 잘 들을 수 있습니다. 하늘이 내는 거센 바람소리나 천둥치는 소리를 자주 듣습니다. 또한 우리는 바다가 내는 소리를 잘 들을 수 있습니다. 바다는 보통 때 작은 파도 소리를 내지만, 큰 태풍이 불면 무서운 소리를 냅니다.

그러나 땅은 웬만해서는 소리를 내지 않습니다. 땅에서 나는 소리는 새나 벌레, 인간이 내는 소리이지 땅 자체는 언제나 침묵을 지키고 있습니다. 그러다 땅도 한 번씩 소리를 낼 때가 있습니다. 바로 화산 폭발이나 큰 지진같이 무서운 재앙이 덮칠 때입니다. 큰 지진이 일어나면 산이 무너지면서 큰 소리가 납니다. 화산이 폭발하면 큰 소리와 함께 화산재와 뜨거운 용암이 쏟아집니다.

그런데 시편 66편의 기자는 이렇게 말합니다.

1, 2절 "온 땅이여 하나님께 즐거운 소리를 낼지어다 그의 이름의 영광을 찬양하고 영화롭게 찬송할지어다"

시편 기자는 지금까지 긴 세월 동안 침묵만 지키고 있던 땅으로 하여금 이제는 가장 즐거운 소리로 하나님을 찬송하라고 명령합니다. '그의 이름의 영광을 찬양하고 영화롭게 찬송할지어다'라고 명령합니다. 땅이 이 명령에 순종하면 온 땅에 소리가 날 것입니다. 플룻이나 나팔 소리가 날 것이며, 큰 북이나 작은 북 소리도 낼 수 있을 것입니다. 사실 우리는 오랫동안 땅이 하나님을 찬송하는 소리를 듣지 못했기 때문에 땅은 소리를 낼 수 없다고 생각했습니다. 그러나 땅에는 바위와 산, 평지와 호수, 그리고 굴도 있어 얼마든지 아름다운 소리를 낼 수 있습니다. 그런데 하나님이 침묵하라고 하셨기 때문에 소리를 내지 못하고 있었던 것입니다.

물론 땅은 인간이 행한 한심한 일도 많이 보았습니다. 땅은 인간의 죽은 시체를 말없이 묻게 해 주었습니다. 인간이 땅을 약탈하고 땅에 깊은 상처를 내 그 안에 있는 보물과 자원을 다 꺼내 가도 가만히 있었습니다. 그러나 이제는 도저히 가만히 있을 수 없었습니다. 하나님의 말씀으로 땅이 갈라지면서 하나님 백성이 구원받는 모습을 보게 된 것입니다.

드디어 땅은 하나님이 하신 놀라운 일을 찬양합니다.

3절 "하나님께 아뢰기를 주의 일이 어찌 그리 엄위하신지요 주의 큰 권능으로 말미암아 주의 원수가 주께 복종할 것이며"

땅은 '주의 일이 어찌 그리 엄위하신지요'라고 말합니다. 이것은 하나님이 하시는 일이 두렵다는 의미입니다. 하나님은 세상의 부와 권세, 영광을 다 가졌지만 그분의 말씀을 무시하고 업신여긴 애굽 왕과 신하들에게 벌을 주셨습니다. 땅은 그 심판을 보며, 하나님의 벌이 너무 무서웠습니다. 땅은 하나님이 그분의 말씀을 무시하는 자들에게 주시는 벌보다 더 무서운 벌을 보지 못했습니다. 하나님은 애굽 땅에 개구리와 파리, 메뚜기 떼를 보내시고 불 우박을 내리셨습니다. 후에는 장자까지 죽는 재앙을 내리셨습니다. 그때 온 땅은 즐거운 소리로 하나님을 찬양했습니다. 땅도 교만한 인간이 하나님의 말씀을 업신여기는 것을 참을 수 없었습니다. 땅은 땅이 황폐하게 되거나 곡식이 우박과 메뚜기 떼의 공격으로 죽는 것은 참을 수 있었습니다. 하지만 인간이 하나님의 말씀을 업신여기는 것은 참을 수 없었습니다. 그래서 온 땅은 하나님이 행하신 심판을 보고 하나님을 찬송하게 되었습니다.

예수님이 예루살렘에 입성하셨을 때, 처음에는 어른들이 나와 "호산나 다윗의 자손이여 찬송하리로다 주의 이름으로 오시는 이여 가장 높은 곳에서 호산나 하더라"(마 21:9) 하고 예수님을 찬송했습니다. 그러다 대제사장의 눈치를 보고 입을 다물어 버렸습니다. 그러자 어린 아이들이 나와 아주 큰 소리로 예수님을 찬송했습니다. 이 때 대제사장과 서기관들은 예수님에게 와서 이렇게 말했습니다.

> **"대제사장들과 서기관들이 예수께서 하시는 이상한 일과 또 성전에서 소리질러 호산나 다윗의 자손이여 하는 어린이들을 보고 노하여 예수께 말하되 그들이 하는 말을 듣느냐 예수께서 이르시되 그렇다 어린 아기와 젖먹이들의 입에서 나오는 찬미를 온전하게 하셨나이다 함을 너희가 읽어 본 일이 없느냐 하시고"**_마 21:15, 16

예수님은 '만일 아이들이 찬송하지 않으면 이 돌들이 소리를 지를 것이라'고 대답하셨습니다. 하나님의 아들이 이 세상에 오셔서 인간의 죄를 대신해 죽으려고 하는 그 순간, 어린 아이들이 잠잠하면 돌들이 참지 않고 소리를 지르게 된다는 것입니다.

시편 기자는 다시 한 번 하나님을 노래합니다.

4, 5절 "온 땅이 주께 경배하고 주를 노래하며 주의 이름을 노래하리이다 할지어다 와서 하나님께서 행하신 것을 보라 사람의 아들들에게 행하심이 엄위하시도다"

이 세상에서 가장 위대하고 자랑스러운 일은 땅에 높은 건물을 짓거나 성이나 무덤을 만드는 것이 아닙니다. 인간이 전쟁을 해서 아주 넓은 땅을 차지하는 것도 아닙니다. 하나님이 인간에게 믿음을 주어 하나님 말씀에 순종하게 하시는 것이야말로 가장 놀라운 일입니다. 하나님은 그들을 위기에서 건져내십니다. 이 세상에서 가장 위대한 것은 하나님 말씀의 능력이 이 땅위에 나타나는 것입니다. 그때 온 땅은 하나님을 경배하며 노래할 것입니다.

그런데 하나님의 아들이 아버지 말씀에 순종하여 이 세상에 오신 것이 가장 놀라운 일입니다. 이것은 땅이 경험할 수 있는 최고의 영광입니다. 그런데 더 놀라운 것은 하나님의 아들이 인간을 대신해서 죽으시고, 죽음에서 다시 사신 것입니다. 복음서를 보면, 예수님의 무덤 주위에 있던 바위가 터지고 땅이 흔들렸다고 말씀하고 있습니다.

"이에 성소 휘장이 위로부터 아래까지 찢어져 둘이 되고 땅이 진동하며 바위가 터지고"_마 27:51

땅이 가장 놀랐던 일은 하나님이 이스라엘 백성을 위기에서 건져주시기 위해 바다를 육지로 변하게 하시고, 하나님의 백성으로 하여금 걸어서 물을 건너가게 하신 것이었습니다.

6절 "하나님이 바다를 변하여 육지가 되게 하셨으므로 무리가 걸어서 강을 건너고 우리가 거기서 주로 말미암아 기뻐하였도다"

이스라엘 백성이 애굽을 떠난 후 그들은 바다에 갇히게 되었습니다. 이스라엘 백성 앞에는 홍해가 가로 놓여 있고, 양 옆에는 산이 있었습니다. 설상가상으로 뒤에서는 애굽 군대가 이스라엘 백성을 죽이려고 병거를 몰고 쳐들어오고 있었습니다. 이 때 하나님은 바다를 갈라지게 해 열 시간 넘게 벽이 되어 서 있게 하셨습니다. 이런 능력은 화산 폭발이나 지진, 쓰나미와 비교되지 않습니다. 핵무기와도 비교되지 않습니다. 그런데 화산 폭발이나 지진, 핵무기는 전부 파괴하고 죽이는 능력이지만, 바다를 가른 하나님의 능력은 생명을 살리는 능력입니다. 하나님이 바다를 갈라 서 있게 하셨다는 것은 하나님이 우리를 위해 못하실 일이 없다는 것을 보여 줍니다. 하나님은 이 일을 한 번만 행하신 것이 아닙니다. 이스라엘 백성이 가나안 땅에 들어갈 때도 요단 강을 벽처럼 쌓아 올리셔서 이스라엘 백성으로 하여금 무사히 강을 건너가게 하셨습니다.

그리고 하나님은 여리고성을 무너뜨리시고, 태양과 달이 기브온 골짜기에 서 있게 하는 능력을 행하셨습니다.

"여호와께서 아모리 사람을 이스라엘 자손에게 넘겨 주시던 날에 여호수아가 여호와께 아뢰어 이스라엘의 목전에서 이르되 태양아 너는 기브온 위에 머무르라 달아 너도 아얄론 골짜기에서 그리할지어다 하매 태양이 머물고 달이 멈추기를 백성이 그 대적에게 원수를 갚기까지 하였느니라"_수 10:12, 13

우리는 전쟁에서 이기고, 큰 기업을 경영해 높은 건물을 지어야만 대단다고 생각하지만, 땅은 그런 것으로 놀라지 않습니다. 땅은 하나님의 능력이 이 땅 위에 나타나는 것을 보고 놀랍니다. 우리가 하나님의 말씀을 믿고 순종하면 하나님은 무슨 일이든 행하실 수 있습니다.

7절 "그가 그의 능력으로 영원히 다스리시며 그의 눈으로 나라들을 살피시나니 거역하는 자들은 교만하지 말지어다"

하나님은 무한한 능력으로 이 세상을 붙들고 계십니다. 하나님은 그의 백성을 위해 언제나 능력을 행할 준비가 되어 있으십니다. 그러나 거역하는 자들에게는 교만하지 말라고 경고하십니다.

2. 연단하시는 하나님

하나님이 우리를 위해 비나 눈 대신 보석을 내려주시고, 세상의 모든 부와 권력을 가지게 하신다면 얼마나 좋겠습니까? 또한 우리 모두가 지혜로워 천재가 된다면 얼마나 좋겠습니까?

하나님은 이스라엘 백성을 위해 바다를 가르셨지만, 그들을 뜨거운 광야로 데리고 가셔서 무려 사십 년 동안 물과 양식이 없는 곳에서 살게 하셨습니다. 왜 하나님은 큰 능력을 가지고 계시면서 우리를 가난하게 하시고, 인생 최저점에서 멸시와 천대를 받게 하실까요? 하나님이 우리를 연단하지 않으시면, 우리는 하나님의 보물이 될 수 없기 때문입니다.

9절 "그는 우리 영혼을 살려 두시고 우리의 실족함을 허락하지 아니하시는 주시로다"

하나님은 우리 육신이 살찌는 것보다 우리 영혼이 잘되기를 바라십니다. 만일 하나님이 우리를 연단하지 않으시고, 좋은 것만 주신다면 우리 영혼은 세상의 썩을 것으로 가득 차서 죽고 말 것입니다. 아무리 훌륭한 도자기 기술자라도 흙을 반죽해 굽지 않으면, 그 흙은 아무 가치 없는 흙에 불과합니다. 시편 기자는 '우리의 실족함을 허락하지 아니하시는 주시로다'라고 말합니다. 여기서 '실족함'은 교만해서 크게 죄짓고 망하는 것을 의미합니다. 하나님의 종들 중에 크게 성공하면 꼭 돈이나 성 문제로 실족하는 것을 보게 됩니다. 이유는 그가 하나님의 연단을 받지 않았기 때문입니다. 그래서 하나님은 우리를 연단하십니다. 하나님은 우리가 아무 가치 없는 빈 그릇이 되길 원하지 않으십니다.

10절 "하나님이여 주께서 우리를 시험하시되 우리를 단련하시기를 은을 단련함같이 하셨으며"

은을 바위에서 캐내면, 이것이 은인지 돌조각인지 잘 구별되지 않습니다. 그러나 기술자는 그 은 부스러기를 더 부수어 가루로 만들고, 그다음에는 뜨거운 용광로에 넣어 은물을 만듭니다. 그런데 은이 녹은 물에도 불순물이 들어 있기 때문에 기술자는 녹이는 과정을 여러 차례 반복합니다. 결국 순수한 은만 남을 때까지 녹이고 부수는 일을 계속합니다. 마지막에는 그야말로 불순물이 거의 없는 순수한 은만 남게 됩니다. 이것이 바로 하나님의 보석입니다.

그래서 하나님은 우리로 하여금 많은 연단을 받게 하십니다.

11절 "우리를 끌어 그물에 걸리게 하시며 어려운 짐을 우리 허리에 매어 두셨으며"

인간은 좀처럼 하나님의 그물에 걸리지 않습니다. 죄인 된 인간은 하나님이 붙잡으시려고 하면 재빨리 그 그물을 빠져나가려 합니다. 세상으로 달려나가 자기 마음대로 살려고 합니다. 그러나 어떻게든 하나님의 그물에 걸려들게 되는데 그때는 무슨 수단과 방법을 써도 빠져나갈 수 없습니다. 이 때 인생 최저점에서 아무것도 하지 못하고 하나님의 손에 연단 받게 됩니다. 시편 기자는 '어려운 짐을 우리 허리에 매어두셨으며'라고 말합니다. 여기서 '허리'는 간, 쓸개와 연결되어 있어 담즙이 나오는 곳을 의미합니다. 우리는 더 이상 마음대로 살 수 없습니다. 우리는 매일 그 쓰디쓴 담즙을 삼키면서 눈물을 음식으로 삼고 낮아지게 됩니다.

그런데 12절은 하나님 백성이 연단 받는 모습을 적나라하게 보여 줍니다.

12절 "사람들이 우리 머리를 타고 가게 하셨나이다 우리가 불과 물을 통과하였더니 주께서 우리를 끌어내사 풍부한 곳에 들이셨나이다"

하나님은 우리를 얼마나 낮아지게 하시는지 세상 가장 낮은 곳에 우리를 내버려두시고, 사람들로 하여금 '우리 머리'를 밟고 지나가게 하십니다. 우리 인격은 이제 세상에서 가장 아래 있습니다. 사람들은 우리를 더 이상 인간으로 보지 않습니다. '우리 머리'를 흙으로 보고 그냥 밟고 지나갑니다. 그리고 하나님은 우리를 불과 물 중 하나만 통과하게 하시는 것이 아니라 불과 물 모두 통과하게 하십니다. 그것도 한 번이 아니라 우리가 가진 개성과 교만이 완전히 녹아 없어질 때까지 반복해서 통과하게 하십니다.

이것은 마치 철로 도구를 만들 때, 처음 불에서 꺼낸 것은 단단하지 못하고, 힘도 없기 때문에 대장장이가 불에 달구고, 때리며, 물에 식히는 것을 반복하는 것과 같습니다. 결국 인간은 교만과 모난 개성이 다 사라져 하나님 앞에 아무것도 아닌 자가 됩니다. 그때 하나님은 그 그릇에 하나님의 축복과 능력을 담으십니다.

3. 능력의 사람

우리가 하나님의 연단을 받고 나면, 교만과 정욕의 찌꺼기가 빠져나갑니다. 그곳에는 오직 하나님 말씀과 성령의 역사만 남게 됩니다. 그때 하나님은 우리를 풍부한 곳으로 인도하십니다. 우리 안에 세상 욕망과 교만이 없어지면 하나님은 우리를 더 이상 고난의 구덩이에 있게 하지 않으십니다. 하나님은 우리를 고난에서 끌어내사 풍성한 곳으로 인도하십니다. 그곳은 바로 하나님의 무한한 능력이 있는 곳입니다. 연단을 통과한 자는 하나님의 무한한 능력과 축복의 세계로 들어가게 됩니다.

특히 그들은 예배를 통해 하나님께 더 가까이 나아가며, 기도로 능력 받게 됩니다.

> 13, 14절 "내가 번제물을 가지고 주의 집에 들어가서 나의 서원을 주께 갚으리니 이는 내 입술이 낸 것이요 내 환난 때에 내 입이 말한 것이니이다"

하나님 백성도 세상의 불순물이 많이 섞여 있기 때문에 세상을 좋아합니다. 세상에서 성공하고 잘 사는 것을 그렇게 사모할 수 없습니다. 그런데 우리가 하나님을 알면 세상은 아무것도 아닙니다. 존귀와 영광과 능력은 오직 하나님께 있습니다. 그래서 우리의 복과 능력 되신 하나님께 나아가려고 합니다. 그런데 우리가 하나님께 나아갈 수 있는 길이 어디에 있을까요? 그것은 나의 열정이나 행위가 아니라 하나님 말씀에 순종하는 데 있습니다. 하나님 말씀에서 가장 중요한 것이 예배로 하나님께 나아가는 것입니다. 그때 번제물을 가지고 하나님의 집에 들어가서 옛날 서원한 것을 하나님께 다 갚게 됩니다.

그런데 시편 기자는 '내 환난 때에 내 입이 말한 것이니이다'라고 고백하고 있습니다. 하나님은 우리가 환난 받을 때 기도한 것을 들으십니다. 그리고 우리는 그때 받은 은혜를 절대 잊지 않습니다. 고난 중에 만난 하나님이 진짜 하나님이시기 때문입니다. 우리가 환난을 받고 아무리 비참해진다고 해도 하늘 문을 열어 하나님과 우리 사이에 막힌 담을 헐 수 있다면, 우리는 무한정으로 하나님의 능력을 쓸 수 있습니다.

엘리야가 기도할 때 하늘 문이 닫히면서 비가 오지 않았습니다.

"엘리야는 우리와 성정이 같은 사람이로되 그가 비가 오지 않기를 간절히 기도한즉 삼 년 육 개월 동안 땅에 비가 오지 아니하고"_약 5:17

또한 엘리야가 번제를 드릴 때 하나님은 하늘에서 불을 떨어뜨리셨습니다. 이로써 엘리야는 응답을 받았습니다.

"여호와여 내게 응답하옵소서 내게 응답하옵소서 이 백성에게 주 여호와는 하나님이신 것과 주는 그들의 마음을 되돌이키심을 알게 하옵소서 하매 이에 여호와의 불이 내려서 번제물과 나무와 돌과 흙을 태우고 또 도랑의 물을 핥은지라"_왕상 18:37, 38

한편 엘리사는 하나님의 불말과 불병거를 눈으로 보았습니다. 그때 포위되어 있던 사마리아 사람들이 먹을 것이 없어 아들을 삶아 먹었는데, 하나님은 네 명의 문둥병자를 통해 기적적으로 사마리아 성을 구원하셨습니다.

"기도하여 이르되 여호와여 원하건대 그의 눈을 열어서 보게 하옵소서 하니 여호와께서 그 청년의 눈을 여시매 그가 보니 불말과 불병거가 산에 가득하여 엘리사를 둘렀더라"_왕하 6:17

베드로와 요한은 금과 은은 없지만 예수님의 이름으로 장애가 있는 걸인을 치료하고, 많은 사람들로 하여금 예수님을 믿게 했습니다.

"베드로가 이르되 은과 금은 내게 없거니와 내게 있는 이것을 네게 주노니 나사렛 예수 그리스도의 이름으로 일어나 걸으라 하고 오른손을 잡아 일으키니 발과 발목이 곧 힘을 얻고 뛰어 서서 걸으며 그들과 함께 성전으로 들어가면서 걷기도 하고 뛰기도 하며 하나님을 찬송하니"_행 3:6-8

우리가 예배드리는 것은 하나님께 잘 보이려고 하는 것이 아닙니다. 예배는 하늘 문을 여는 것이며, 하나님과 우리 사이에 있는 불신의 장벽을 무너뜨리는 것입니다. 우리는 예배에 승리함으로 가장 능력 있는 사람이 될 수 있습니다.

16, 17절 "하나님을 두려워하는 너희들아 다 와서 들으라 하나님이 나의 영혼을 위하여 행하신 일을 내가 선포하리로다 내가 나의 입으로 그에게 부르짖으며 나의 혀로 높이 찬송하였도다"

우리가 고난 받을 때는 감히 다른 사람들에게 나의 하나님에 대해 증거할 자신이 없습니다. 그러나 연단이 끝나고 하나님의 능력이 나타나면, 하나님이 내게 행하신 것을 이야기할 수 있습니다. 하나님은 나로 하여금 불과 물을 통과하게 하셨습니다. 하지만 불과 물은 나를 해치지 않았습니다. 이제 우리는 사람을 두려워하지 않고, 오직 하나님만 마음껏 찬송할 수 있습니다.

그런데 우리가 마음속에 거짓을 품고 기도하면 하나님은 듣지 않으십니다.

18절 "내가 나의 마음에 죄악을 품었더라면 주께서 듣지 아니하시리라"

여기서 '마음에 죄악을 품었더라면'이라는 구절은 마음속에 죄악이 조금도 없어야 한다는 뜻이 아닙니다. 우리 속에는 죄악이 없을 수 없습니다. 그러나 우리가 하나님 앞에 정직할 때, 하나님은 반드시 우리 기도를 들으십니다. 그러나 사람에게 보일 목적으로 기도하거나 위선적으로 신앙이 좋은 체하기 위해 예배드리면 하나님은 그 기도와 예배를 받으시지 않습니다. 우리는 하나님 앞에서 죄인일 수밖에 없습니다. 우리가 죄인인 사실을 솔직하게 인정하고, 가식 없이 진실하게 예배드릴 때 하나님은 우리 기도를 반드시 응답해 주십니다.

19, 20절 "그러나 하나님이 실로 들으셨음이여 내 기도 소리에 귀를 기울이셨도다 하나님을 찬송하리로다 그가 내 기도를 물리치지 아니하시고 그의 인자하심을 내게서 거두지도 아니하셨도다"

하나님은 '내 기도 소리'에 귀를 기울이십니다. 하나님은 정직한 기도에 집중하십니다. 그리고 '내 기도'를 물리치지 않으십니다. 하나님은 그분의 신실한 사랑을 거두지 않으시고 우리가 믿음으로 승리할 때까지 끝까지 도우십니다. 좋으신 하나님, 전능하신 하나님을 끝까지 의지하고 찬송하는 성도가 됩시다.

69

시 67:1-7

하나님의 광채

최근 우리는 세계적인 기상 이변으로 많은 사람들이 고통 받는 것을 보고 있습니다. 미국 동부 지역에는 폭설과 눈 폭풍으로 동네가 고립되는가 하면, 유럽에서는 유래 없는 홍수가 나서 도시가 물바다가 되어 사람들이 보트에 가재도구를 실어 옮기는 모습을 볼 수 있습니다. 우리나라도 점점 기온이 올라 이제는 아열대 기후에 가깝습니다. 과거에는 바다에서 흔히 볼 수 있었던 물고기 대구가 사라지고, 열대 지방에 있는 상어가 나타나고 있습니다. 경북 지방은 원래 사과 산지로 유명했는데, 이제는 기온이 올라 사과는 더 북쪽으로 올라가야 재배가 가능합니다. 앞으로 우리나라에도 망고 같은 열대 지방 식물이 재배된다고 합니다. 북극에서는 얼음이 녹는 바람에 곰들이 더 먼 곳까지 가서 사냥을 해야 하고, 남극에서는 거대한 빙산이 녹아 바다에 떨어지고 있습니다.

이 세상에 생존하는 인간과 동식물이 도무지 벗어날 수 없는 것이 태양의 온도입니다. 인간이 과학 기술을 발달시키고, 동물이 동작이 빠르다 해도 태양이 빛과 열을 보내지 않으면 결국 인간과 동식물은 멸종할 수밖에 없습니다. 그러나 인간과 동식물은 하나님으로부터 따뜻한 온도와 빛을 아무 대가없이 무한정 공급받으면서도 모르고 있습니다.

우리 눈에 보이지 않지만 태양보다 더 중요한 것이 있습니다. 그것은 바로 하나님의 말씀입니다. 하나님의 말씀이 있기 때문에 인간은 아름답게 살아갈 수 있고, 태양과 달도 제대로 돌아갈 수 있습니다. 하나님의 말씀은 이 세상 모든 것이 아름답게 살아갈 수 있는 기본적인 능력입니다. 그래서 우리는 지금 당장 눈앞에 멸망이 온 것 같아도 살 수 있는 방법이 있습니다. 지금이라도 하나님의 말씀을 듣고 열매 맺는 것입니다. 즉 하나님께 감사하고 찬양하는 것입니다.

시편 67편은 비교적 짧은 시입니다. 이 시는 온 백성이 하나님이 주신 축복을 찬양하는 내용으로 되어 있습니다. 그러나 이 시를 깊이 살펴보면, 우리가 이렇게 기뻐할 수 있는 비밀이 숨어 있습니다. 즉 이 비밀을 아는 자만이 하나님의 구원을 기뻐할 수 있습니다.

1. 하나님의 얼굴 빛

우리는 이 세상을 내 힘으로 살아가는 것 같지만 사실 우리가 살아가는데 절대적인 영향을 주는 것이 있습니다. 그것은 바로 태양이 주는 빛과 온도입니다. 그런데 인간은 하루하루 먹고 사는 일에 바빠 태양의 중요성을 모르고 살아갑니다.

시편 기자는 이 빛의 중요성을 지적합니다.

1절 "하나님은 우리에게 은혜를 베푸사 복을 주시고 그의 얼굴 빛을 우리에게 비추사"

'우리에게 은혜를 베푸사'가 개역한글에는 '우리를 긍휼히 여기사'로 번역되어 있습니다. 여기서 '긍휼히 여기사'와 '은혜를 베푸사'는 약간의 차이가 있습니다. 즉 '긍휼히 여긴다'는 그냥 내버려두면 죽을 수밖에 없기 때문에 불쌍히 여기시는 것을 말합니다. 예를 들어, 어린 아기들은 너무 약하기 때문에 그냥 내버려두면 죽을 수밖에 없습니다. 부모가 헌신적으로 돌보아 주지 않으면 단 하루도 살 수 없습니다. 마찬가지로 하나님의 눈에 인간은 너무 약하고 힘이 없어 잠시라도 하나님이 지켜 주시지 않으면 모두 죽을 수밖에 없는 존재입니다. 인간은 스스로 대단한 것처럼 생각할지 모르지만 그런 것입니다.

한편 '은혜를 베푸사'는 하나님이 우리를 무조건적으로 사랑하시는 것을 말합니다. 하나님은 우리에게 비와 태양빛을 주실 때 무슨 대가를 바라고 주시지 않습니다. 하나님은 무조건적으로 은혜를 베푸십니다. 우리가 이렇게 생명을 유지하는 것은 하나님의 무조건적인 사랑이 있기 때문입니다.

시편 기자는 하나님이 '그의 얼굴 빛을 우리에게 비추사'라고 말합니다. '얼굴 빛을 비추신다'는 하나님이 우리에게 주시는 모든 것을 말합니다. 대표적인 것이 태양빛입니다.

시편 67편에서 '그의 얼굴 빛을 비춘다'는 것은 태양빛을 염두에 두고 말한 것입니다. 즉 태양이 빛나는 것은 하나님이 우리를 기뻐하시며, 우리에게 기꺼이 모든 좋은 선물을 주시고 싶어 하는 모습을 의미합니다. 그러나 우리는 매일 태양빛에 살면서도 하나님의 사랑을 느끼지 못합니다.

그런데 식물에게는 놀라운 비밀이 하나 있습니다. 식물의 씨앗은 보잘것없이 작고, 볼품도 없지만 태양의 온도와 습도가 맞아 떨어지면 폭발적인 변화를 일으킵니다. 즉 씨앗을 땅에 뿌릴 때는 그냥 씨를 허비하는 것 같은

데 온도가 올라가고, 비가 와서 습도만 맞으면 싹이 나와 자라기 시작합니다. 그런데 식물의 줄기와 잎은 씨앗과는 비교할 수 없을 정도로 크게 자랍니다. 놀랍게도 식물은 자라기만 하는 것이 아니라 꽃을 피웁니다. 꽃은 아름다울 뿐만 아니라 그 안에 꿀이 있어 곤충을 끌어당깁니다. 식물은 꽃에서 다시 열매를 맺습니다.

사실 태양빛에 제대로 반응하는 것은 동물이나 인간이 아니라 식물입니다. 특히 식물 중에서도 꽃이 피고 열매를 맺는 식물이 하나님의 얼굴 빛에 대해 제대로 감사할 줄 아는 존재입니다. 인간과 동물은 식물을 업신여길 때가 많습니다. 인간은 식물을 베어 땔감으로 씁니다. 동물도 그 그늘 아래 쉬면서 열매만 따먹습니다. 그러나 식물에게는 하나님의 얼굴 빛에 제대로 반응할 줄 아는 능력이 있습니다.

그러나 이 세상에는 우리가 미처 깨닫지 못하는 하나님의 또 다른 얼굴 빛이 있습니다. 그것은 식물도 알지 못하고, 오직 하나님의 백성만 아는 비밀입니다. 바로 하나님 말씀의 빛입니다.

2절 "주의 도를 땅 위에, 주의 구원을 모든 나라에게 알리소서"

이 세상에는 태양빛보다 더 중요한 빛이 있습니다. 그것은 바로 '주의 도'의 말씀입니다. 그런데 인간은 하나님의 도가 얼마나 중요한지 알지 못합니다. 하나님의 도는 태양과 지구 표면 및 해수면, 그리고 인간과 동식물이 아름답게 유지되게 지켜 줍니다. 인간과 모든 동식물은 태양빛 없이는 살 수 없는데, 그 태양빛을 지켜 주는 것이 바로 하나님의 도입니다. 인간과 동물은 해수면이 더 이상 올라오지 않기 때문에 살아갈 수 있는데, 그 해수면을 지켜 주는 것이 바로 하나님의 도입니다. 하나님의 도가 흔들리면 태양은 식고, 바다에는 쓰나미가 일어납니다. 또한 땅은 지진으로 갈라지게 됩니다.

시편 기자는 '주의 도를 땅 위에, 주의 구원을 모든 나라에게 알리소서'라고 말합니다. 이것은 하나님의 도와 구원이 같이 움직이는 것을 보여 줍니다. 하나님의 말씀이 선포되는 곳에는 모든 미신과 억압, 전쟁과 질병이 물러갑니다. 그리고 자유와 기쁨, 축복과 건강이 옵니다. 이것이 하나님의 구원입니다. 그래서 인간은 태양빛만으로 살 수 없습니다. 물론 인간은 태양빛 외에도 돈과 집, 결혼 배우자도 필요하다고 말할 것입니다. 그런데 이 모든 것이 하나님의 말씀 안에 있습니다.

하나님 백성에게는 놀라운 비밀이 하나 있습니다. 하나님 백성에게 하나님의 말씀이 임하면 살아나기 시작합니다. 말씀의 능력으로 우리 안에 부흥이 일어납니다. 우리가 복을 받고, 세상도 살리는 길은 다른 인간적인 방법을 쓴다고 해서 되지 않습니다. 하나님의 말씀이 권세 있게 선포되고, 우리가 눈물과 아멘으로 받아들이면, 부흥이 일어납니다. 아주 빠른 속도로 하나님의 구원이 나타납니다.

이스라엘 백성은 광야에서 모세의 가르침에 반발했습니다. 이스라엘 백성은 하필이면 왜 아론이 제사장이 되어야 하느냐며 반대했습니다. 그때 하나님은 모든 족장들의 지팡이를 거두어 하나님의 언약궤 앞에 두게 하셨습니다. 단 하룻밤 동안에 아론의 지팡이에만 싹이 나고, 꽃이 피며, 열매가 맺혔습니다.

"모세가 이스라엘 자손에게 고하매 그 족장들이 각기 종족대로 지팡이 하나씩 그에게 주었으니 그 지팡이 합이 열둘이라 그중에 아론의 지팡이가 있었더라 모세가 그 지팡이들을 증거의 장막 안 여호와 앞에 두었더라 이튿날 모세가 증거의 장막에 들어가 본즉 레위 집을 위하여 낸 아론의 지팡이에 움이 돋고 순이 나고 꽃이 피어서 살구 열매가 열렸더라"_민 17:6-8

다른 족장들의 지팡이는 죽은 지팡이였지만, 아론의 지팡이는 살아 있는 지팡이였습니다. 마찬가지로 하나님 백성은 살아 있는 지팡이들이기 때문에 하나님의 말씀을 듣기만 하면 아주 빠른 시간 안에 꽃을 피우고 열매도 맺습니다. 이것이 하나님의 말씀에 대해 살아 있는 반응입니다. 이 때 하나님은 우리 믿는 자들을 통해 온 세상에 복을 내려주십니다. 즉 말씀이 흥왕하고 영적인 부흥이 일어날 때 세상도 더 아름답게 됩니다.

요즘 지구가 정상이 아니라는 생각이 들 때가 많습니다. 우리나라는 해수면 온도가 올라가니까 콜레라 위험까지 생기고 있습니다. 우리는 이유를 알 수 없는 전염병으로 많은 조류와 짐승을 살처분하고 있습니다. 한편 더 많은 사람들이 우울증으로 고생하고 있습니다. 자살자 역시 늘어나고 있습니다. 정치권도 정상이 아닌 것 같습니다. 이는 하나님 말씀의 빛이 약해졌기 때문입니다. 영적인 엘니뇨가 그 원인입니다.

예수님이 이 땅에 오셨을 때 세상은 정상이 아니었습니다. 동네에는 귀신 들린 자와 병 걸린 자가 수두룩했습니다. 그리고 많은 자들이 질병과 내전으로 죽었습니다. 이로 인해 예수님은 갈릴리를 가리켜 "사망의 땅과 그늘에 앉은 자들"(마 4:16)이라고 말씀하셨습니다. 그러나 예수님이 말씀을 전하심으로 귀신은 떠나고, 병은 나았습니다. 더불어 사람들은 하나님의 사랑에 감격하게 되었습니다.

2. 하나님의 아름다운 통치

우리가 하나님의 말씀을 듣고 믿으면 하나님의 통치 속으로 들어가게 됩니다. 그런데 하나님의 통치는 능력입니다. 우리는 모두 능력을 받게 됩니다.

3절 "하나님이여 민족들이 주를 찬송하게 하시며 모든 민족들이 주를 찬송하게 하소서"

누구든지 하나님의 말씀을 듣고 믿으면 하나님을 찬송하게 됩니다. 옛날 동화같이 어떤 사람이 마법에 걸려 돌이 되었다고 합시다. 그는 말도 하지 못하고, 움직이지도 못할 것입니다. 그러던 어느 날 마법이 풀려 말도 하고 움직일 수도 있다면, 그는 가장 먼저 눈물을 흘릴 것입니다. 그가 눈물을 흘린다는 것은 살아 있다는 증거입니다. 즉 감격하고 있는 것입니다. 그리고는 그의 팔과 다리가 춤을 출 것입니다. 그는 다시 움직일 수 있어 매우 기쁠 것입니다. 그리고 그는 노래할 것입니다. 그의 기쁨은 평범한 언어로 표현할 수 없기 때문입니다.

시편 기자는 '민족들이 주를 찬송하게 하시며 모든 민족들이 주를 찬송하게 하소서'라고 기도합니다. 이제 그가 움직일 수 있기 때문입니다. 그는 눈물을 흘릴 것이며, 팔과 다리로 춤출 것입니다. 또한 입으로는 노래할 것입니다. 그는 하나님의 말씀으로 자신의 소중한 인생을 다시 찾았기 때문입니다.

사람이 행복할 수 있는 길은 하나님의 다스림을 받는 길밖에 없습니다.

4절 "온 백성은 기쁘고 즐겁게 노래할지니 주는 민족들을 공평히 심판하시며 땅 위의 나라들을 다스리실 것임이니이다"

온 백성은 하나님의 말씀을 듣고 기뻐하며 즐거워합니다. 그 이유는 하나님이 심판하고 다스리시기 때문입니다. 도대체 하나님의 다스림이 어떤 다스림이기에 사람들은 그렇게 기뻐하고 즐거워할까요? 우리는 예수를 믿지만 지금 그렇게 즐거워하고 있습니까? 우리는 하나님의 말씀을 듣기는 하지만 그렇게 기쁜 것 같지 않습니다. 그 이유가 무엇일까요? 우리의 신경이 우리도 모르는 사이에 많이 마비되어 버렸기 때문입니다.

중풍에 걸렸던 분들은 추운 날씨에도 불구하고 다리와 팔 근육이 굳어지지 않게 계속 걸으면서 운동합니다. 마찬가지로 우리의 감정과 영성은 점점 굳어져 돌과 같이 됩니다. 그래서 영성이 마비되지 않고, 살아 있는 것이 중요합니다. 우리의 영적 감각이 살아 있으면 하나님께 감사가 터져 나옵니다. 눈물이 나오며, 팔과 다리는 춤을 출 것입니다. 사실 우리가 이렇게 하면, 다른 사람은 너무 감정에 치우쳐 있거나 비정상적이라고 말할 것입니다. 맞습니다. 우리가 비정상인 것이 정상입니다.

우리의 감정과 팔다리는 점점 굳어져 다시 마비됩니다. 이것은 마치 삼손이 성령이 충만했을 때는 밧줄도 끊고 성문도 부수었지만, 성령이 떠나시자 여인에게 속아 머리털이 밀린 채 노예로 맷돌을 돌린 것과 같습니다. 우리는 하나님의 축복보다 이 세상의 행복에 치우쳤습니다. 우리는 다시 하나님의 세계로 돌아가야 합니다. 하나님의 세계는 모든 결박을 끊어 버리는 능력이 있습니다. 하나님의 세계는 내 자신의 가치를 찾게 해 주며, 참으로 가치 있는 것을 알게 합니다.

우리가 하나님의 통치 안에 들어가면 눈에 보이는 것이 달라집니다. 이 세상에서 누리는 성공과 안정된 삶이 최고 중요한 줄 알았는데, 하나님의 통치 안에서 하나님의 영광과 능력을 보게 됩니다.

하나님 백성이 세상에서 고난 받는 것은 참 가치 있는 일입니다. 하나님 백성이 겪는 고난 끝에는 반드시 하나님의 칭찬과 축복이 있습니다. 그래서 하나님 백성은 편하게 사는 것보다 고난 받는 것이 훨씬 낫습니다. 우리가 하나님의 말씀으로 죄와 싸우는 것이 마땅합니다. 물론 우리는 혈기와 분노로 싸우지 않아야 합니다. 우리는 하나님의 말씀과 기도로 싸워야 합니다. 그 결과 죄 대신 하나님의 성령이 옵니다.

우리는 무한정으로 하나님의 능력을 구할 수 있습니다. 예수님은 “세례 요한의 때부터 지금까지 천국은 침노를 당하나니 침노하는 자는 빼앗느니라”(마 11:12)고 말씀하셨습니다. 우리가 가만히 있으면 아무것도 얻지 못합니다. 그러나 우리가 하나님의 말씀 안에서 하나님의 축복과 능력을 간절히 구하면 그만큼 얻을 수 있습니다. 하나님 나라는 공평합니다. 하나님은 외모나 직책을 보지 않으십니다. 하나님은 참으로 그분을 찾고 두드리는 자에게 응답하십니다.

3. 땅끝이 하나님을 경외함

우리가 조금이라도 하나님을 생각한다면 하루하루 살아가는 것이 참으로 기적이라는 것을 알 것입니다. 인간은 하나님의 기적 없이는 단 하루도 살 수 없습니다. 우리가 어떻게 하나님의 말씀을 믿고, 또 하나님을 알게 되었나 하는 것은 놀라운 사실입니다. 마치 우리는 삼중고에 고통 받는 장애인처럼 하나님의 음성을 듣지도, 보지도 못하고, 말할 수도 없었습니다. 우리는 헬렌 켈러같이 하나님의 음성을 들을 수 없었습니다. 그런데 어느 날 헬렌 켈러의 선생님은 그녀의 손에 따뜻하게 비취는 태양빛을 보고 손바닥에 ‘햇빛’이라고 써 주었습니다. 이것이 그녀가 세상을 안 첫 걸음이었습니다.

어느 날 우리는 누군가가 전해 주는 하나님의 말씀을 들었습니다.

“하나님이 세상을 이처럼 사랑하사 독생자를 주셨으니 이는 그를 믿는 자마다 멸망하지 않고 영생을 얻게 하려 하심이라”_요 3:16

그는 “하나님이 나를 사랑하셔서 독생자를 주셨다”라고 말해 주었습니다. 이 말씀이 하나님의 세계와 처음 만난 순간이었습니다. 우리의 닫혔던 마음을 처음 연 암호는 '하나님이 세상을 이처럼 사랑하셨다'는 말씀이었습니다.

그런데 이 하나님의 암호가 얼마나 많은 사람의 마음을 열고, 참된 자유를 주었는지 민족을 이루게 되었습니다. 모든 민족이 하나님을 알고 난 후에 그분을 찬송하게 되었습니다. 그들은 살아나게 되었고, 또한 말하게 되었습니다.

> **6절** "땅이 그의 소산을 내어주었으니 하나님 곧 우리 하나님이 우리에게 복을 주시리로다"

땅이 식물을 자라게 하는 것은 기적입니다. 땅에 떨어진 씨는 죽은 것 같습니다. 그러나 적당한 온도와 습도가 주어지면 식물이 폭발적으로 자랍니다. 풀과 나무, 벼와 채소가 자랍니다.

이것은 우리 믿음에도 마찬가지입니다. 우리에게 하나님의 말씀과 성령이 능력 있게 임하면 기적이 일어납니다. 그것이 바로 우리가 복 받는 길이고, 온 세상이 사는 길입니다. 영적인 복은 물질적인 복과 차원이 다릅니다. 물질적인 복은 쉽게 부패합니다.

> **7절** "하나님이 우리에게 복을 주시리니 땅의 모든 끝이 하나님을 경외하리로다"

하나님은 우리에게 복을 주기를 원하십니다. 그러나 하나님은 바른 방법으로 주기를 원하십니다. 영적인 부흥이 먼저 일어나고, 그다음 범사에 복을 받는 것입니다. 이 때 비로소 인간은 아름답게 변화합니다. 돈과 권력이 많다고 해서 복된 것이 아닙니다. 우리는 아름다운 삶에 관심을 가져야 합니다. 그것은 하나님을 생각하는 것입니다.

시편 기자는 '땅의 모든 끝이 하나님을 경외하리로다'라고 말합니다. 이것은 하나님을 두려워하는 것을 의미합니다. 하나님에 대해 신기하게 생각하는 것입니다. 우리가 하나님을 알고, 믿게 된 것이 신기한 일입니다. 하나님의 축복의 세계에 들어가게 된 것이 신기한 일입니다. 우리는 하나님과 우리 자신을 생각할 때 매일 신기해야 합니다. 그러나 요즘 우리는 세상을 따라가는 데 치우쳐 하나님과 함께 누리는 기쁨을 잃어버렸습니다. 우리의 영성이 마비된 것입니다. 우리 안에 세상의 독이 점점 퍼져갑니다. 하나님께 우리 마음속에 있는 세상의 독을 제거해 달라고 함께 기도합시다. 성도 여러분, 주의 은혜로 다시 기뻐하며 눈물 흘릴 수 있기를 바랍니다.

70

시 68:1-18

약한 자의 편이신 하나님

이 세상 살다보면, 특히 가난하고 어려운 사람들이 어려움을 만나 자신의 것을 다 잃고 절망에 빠지는 것을 볼 수 있습니다. 그런데 신앙을 가진 분들 중에도 가난으로 인해 미래에 살 소망이 없는 분들이 많이 있습니다. 하나님은 우리를 사랑하신다고 하면서 왜 어려움을 주시는지 이해되지 않습니다.

그런데 놀라운 사실은 우리가 가난하고 힘들 때 정신적으로 가장 순수하고 깨끗합니다. 그때 믿음이 정말 뜨겁습니다. 오히려 사람이 성공한 후에 신앙이 형식적으로 변합니다. 어려울 때 오히려 전능하신 하나님이 우리와 함께 계십니다. 하나님은 우리의 삶을 인도하십니다. 하나님 백성에게 가장 아름답고 신선할 때는 가난하고 불안할 때입니다. 그때 하나님의 큰 능력이 우리와 함께하십니다.

시편 68편 5절에 보면, '하나님은 고아의 아버지시며 과부의 재판장이시라'고 말씀합니다. 고아와 과부는 세상에서 정말 먹고 살 방법이 없는 가난하고 힘없는 자를 말합니다. 반대로 우리가 세상에서 성공하면, 하나님에게서 멀어지고 세상으로 만족하기 때문에 위험에 빠집니다. 하나님 백성은 경제적으로 성공하고 부유함을 누릴 때 위험에 빠지기 쉽습니다. 그때 하나님 백성은 부패해서 무너지게 됩니다. 우리는 이 두 가지를 모두 경험했습니다. 한국 교회는 가난하고 어려울 때 하나님을 붙들고 간절히 기도했습니다. 그때 우리는 순수했습니다. 그러나 한국 교회 성도들이 하나님의 복을 많이 받아 부유하고 유명해지자 하나님의 말씀을 가볍게 생각했습니다. 자기 생각에 빠져 예배당 건물만 높이 짓고 만족했습니다. 그 결과 한국 교회는 무너지고 말았습니다.

1. 하나님 백성이 한 체험

우리는 하나님을 믿는다고 하면서도 인간이기 때문에 세상에서 성공하고 돈을 많이 벌 때 기쁨을 느낍니다. 학생들은 좋은 대학에 합격하면 기쁠 것입니다. 어른들은 회사에서 승진하거나 사업에 성공하면 기쁠 것입니다. 그런데 우리나라 사람들은 별로 행복하지 못합니다. 지금 우리나라는 금방이라도 쓰러질 것 같은 위기감에 싸여 있고, 자칫 잘못하면 옛날같이 잿더미가 되지는 않을까 하는 불안한 마음도 듭니다. 세상이 주는 기쁨과 행복은 마치 모래로 집을 지은 것과 같습니다. 모래로 아무리 고층 건물을 지어도 작은 충격을 주거나 바람이 세게 불면 다 넘어집니다.

이스라엘 백성은 애굽에서 노예로, 광야에서 떠돌이로 생활했습니다. 이때 이스라엘 백성은 수십 년 넘게 노예 생활을 했기 때문에 가진 것도, 배운 것도 없었습니다. 이스라엘 백성은 하나님을 믿고, 하나님의 말씀을 듣는 것밖에 가진 것이 없었습니다. 애굽 사람들은 이스라엘 백성을 천민으로 취급했고, 상종도 하지 않았습니다.

그런데 이스라엘 백성은 엄청난 체험을 하게 되었습니다. 하나님은 이스라엘 백성을 위하여 일어나셨습니다.

> **1절** "하나님이 일어나시니 원수들은 흩어지며 주를 미워하는 자들은 주 앞에서 도망하리이다"

오랜 시간 하나님은 침묵하고 계셨기 때문에 이스라엘 백성은 자기들이 얼마나 대단한 백성인지 알지 못했습니다. 이 세상에서 가장 위대한 백성은 하나님을 믿지 않는 애굽 사람들인 줄 알았습니다. 애굽은 대단한 군사력과 땅을 가지고 있었습니다. 선진 학문과 신전 같은 것이 탁월했습니다. 애굽은 부강했습니다. 반대로 이스라엘 백성은 벽돌을 만들고 성을 쌓는 강제 노동을 했습니다.

그런데 어느 날 하나님이 일어나셨습니다. 이스라엘 백성은 하나님이 일어나신 것을 어떻게 알았을까요? 하나님은 말씀의 종을 보내어 하나님의 말씀을 듣게 하셨습니다. 그러나 하나님의 말씀을 전한 모세에게는 부하도, 무기도 없었습니다. 하나님의 말씀은 검증되지 않은 말에 불과한 것이 아닐까요? 오늘날 많은 사람들이 하나님을 믿는다 하면서도 하나님의 말씀은 검증이 안 된 목회자의 생각에 불과하다고 생각합니다. 그러나 모세가 전한 하나님의 말씀은 달랐습니다. 모세의 말 한 마디, 한 마디가 능력이었습니다. 모세의 말에 원수들은 흩어졌습니다. 또한 하나님을 미워하는 자들은 모두 도망치게 되었습니다.

처음에는 바로도 모세의 말을 우습게 생각했습니다. 미디안에서 하나님의 부르심을 받은 모세는 다시 애굽으로 돌아가 바로에게 이렇게 말했습니다.

"그 후에 모세와 아론이 바로에게 가서 이르되 이스라엘의 하나님 여호와께서 이렇게 말씀하시기를 내 백성을 보내라 그러면 그들이 광야에서 내 앞에 절기를 지킬 것이니라 하셨나이다"_출 5:1

그러자 바로는 이렇게 대답했습니다.

"바로가 이르되 여호와가 누구이기에 내가 그의 목소리를 듣고 이스라엘을 보내겠느냐 나는 여호와를 알지 못하니 이스라엘을 보내지 아니하리라"_출 5:2

그리고 이스라엘 백성에게 노동을 더욱 가중시켰습니다.

"너희는 백성에게 다시는 벽돌에 쓸 짚을 전과 같이 주지 말고 그들이 가서 스스로 짚을 줍게 하라 또 그들이 전에 만든 벽돌 수효대로 그들에게 만들게 하고 감하지 말라"_출 5:7, 8

세상의 현실 앞에서 하나님의 말씀과 모세의 믿음은 아무 소용없어 보였습니다. 그러나 하나님 말씀은 곧 능력을 나타냈습니다. 모세의 말 한 마디에 나일 강은 피로 변했고, 수많은 개구리가 강에서 올라왔습니다. 모세가 재를 날리니 몸에 종기가 생겨 고통을 받았습니다. 더욱이 많은 가축이 병으로 죽어갔습니다. 하늘에서 불 우박이 떨어지고, 심지어는 태양이 캄캄해지는 재앙이 일어났습니다. 나중에는 모든 장자가 죽었습니다.

2절 "연기가 불려 가듯이 그들을 몰아내소서 불 앞에서 밀이 녹음같이 악인이 하나님 앞에서 망하게 하소서"

불에서 나오는 연기는 파급력이 큽니다. 사람이 연기에 질식되면 숨을 쉴 수 없습니다. 그러나 바람이 연기를 모두 흩어 버리면 연기는 아무것도 아닙니다. 마찬가지로 악의 세력이 가득할 때 하나님 백성이 겁을 먹고 가만히 있으면 모두 악한 연기에 질식해서 죽습니다. 그러나 그들이 뜨겁게 기도해서 하나님의 바람이 불면, 악한 연기는 모두 흩어져 아무도 해치지 못합니다.

여기서 시편 기자는 악인이 '불 앞에서 밀이 녹음같이' 망하게 해 달라고 기도합니다. 여기서 '밀'은 밀납, 즉 양초를 말합니다. 가끔 밀납으로 유명 정치인이나 배우를 모형으로 만들어 전시해 놓으면 실물과 거의 구별되지 않을 정도로 똑같아 보입니다. C. S. 루이스가 쓴 나니아 연대기를 보면, 원숭이가 사자 가죽을 뒤집어쓰고 사자 행세를 합니다. 인간과 짐승이 모두 사자인 줄 알고 복종합니다. 이 원숭이가 말도 되지 않는 명령을 내려도 짐승들은 '우리가 어떻게 아즐란의 뜻을 다 알겠느냐?'라고 하면서 맹목적으로 복종합니다. 악한 짓을 시키는 대로 합니다. 그런데 나중에 원숭이가 사자 가죽을 벗었을 때, 짐승들은 못생긴 원숭이 한 마리가 사자 행세를 한 것을 알게 되었습니다. 그들은 모두 사자 가죽에 속은 것입니다.

요즘 정치인이나 지식인은 자신이 대단한 자인 것처럼 행세합니다. 그러나 실제로는 이들 모두 밀납으로 만든 가짜 영웅입니다. 이 때 성도들이 뜨겁게 기도하면 하나님의 불이 임하면서 이렇게 만들어진 밀납 인형들이 녹아내리게 됩니다. 그때 사람들은 악한 정치인과 돈 많은 부자의 실체를 보게 됩니다.

이스라엘 백성은 애굽에서 노예로 있을 때 하나님의 놀라운 능력을 보았습니다. 이스라엘 백성은 바로와 신하들에게 열 가지 재앙이 내리는 것을 보았습니다. 마찬가지로 하나님 백성이 가장 능력 있고 행복할 때는 가난하고 의지할 것이 없을 때입니다. 이 때 자기 자신을 보면 아무것도 아니지만, 하나님의 말씀을 믿으면 바람이 불어서 연기를 사라지게 합니다. 불이 붙어 가짜 인형들을 다 녹게 만듭니다.

하나님 백성은 자신들이 성공하지 못한 것을 부끄러워할 필요가 없습니다. 이 때야말로 하나님이 일어서시기 때문입니다. 마침내 하나님의 기적이 나타날 때인 것입니다.

3절 "의인은 기뻐하여 하나님 앞에서 뛰놀며 기뻐하고 즐거워할지어다"

이스라엘 백성은 그들 앞에서 홍해가 갈라졌을 때 진정 기뻐했습니다. 이 때 이스라엘 백성은 기쁨의 춤을 추면서 뛰놀았습니다. 하나님 백성이 강할 때는 오히려 가난하고 자랑할 것이 아무것도 없을 때입니다. 물론 이스라엘 백성은 하나님을 원망하고, 모세를 의심하기도 했습니다. 그럼에도 불구하고 그들은 하나님 말씀을 들었고, 하나님의 능력이 나타났습니다.

4절 "하나님께 노래하며 그의 이름을 찬양하라 하늘을 타고 광야에 행하시던 이를 위하여 대로를 수축하라 그의 이름은 여호와이시니 그의 앞에서 뛰놀지어다"

하나님이 어떤 분이십니까? 하나님은 광야에서 이스라엘 백성과 함께 행하셨습니다. 이스라엘 백성이 광야에서 행진할 때 하나님은 하늘에서 그들과 함께 행진하셨습니다. 이스라엘 백성은 하나님이 가실 수 있도록 대로만 만들면 되었습니다. 이스라엘 백성이 어떻게 하나님이 가실 대로를 만들 수 있을까요? 그들이 하나님 말씀을 믿고 가면, 어디든 그곳이 하나님의 대로였습니다.

그런데 가장 중요한 말씀이 5절에 등장합니다.

5절 "그의 거룩한 처소에 계신 하나님은 고아의 아버지시며 과부의 재판장이시라"

세상에서 가장 가난하고 힘이 없는 자는 고아입니다. 고아는 부모가 없기 때문에 자기 힘으로는 도저히 세상을 살아갈 수 없습니다. 혹은 시설에서 그들을 돌보아 준다고 하지만, 부모의 사랑이 없는 허전함은 결코 채워지지 않을 것입니다. 그런데 하나님은 고아의 아버지가 되어주십니다. 그리고 과부는 재판에서 이길 수 없습니다. 과부는 아는 것도 없고, 변호사를 살 돈도 없기 때문입니다. 더욱이 과부는 아무도 알아주는 사람이 없습니다. 그러나 하나님은 과부의 재판장이 되어주십니다. 하나님은 과부의 변호인이자 재판장이십니다. 그래서 하나님은 과부의 사정을 재판에 반영해 결정을 내리십니다. 여기서 '고아'와 '과부'는 고난당하는 성도를 말합니다. 하나님은 약한 자의 편이 되어주십니다. 우리가 가난하고 힘이 없을 때 하나님은 우리의 편이 되어주십니다.

6절 "하나님이 고독한 자들은 가족과 함께 살게 하시며 갇힌 자들은 이끌어내사 형통하게 하시느니라 오직 거역하는 자들의 거처는 메마른 땅이로다"

여기서 '고독한 자들'은 빚 때문에 감옥에 갇혀 가족을 만날 수 없는 자들을 말합니다. 그들은 빚을 갚기 전에는 가족에게로 돌아갈 수 없습니다. 그러나 하나님은 그들의 빚을 갚아 주어 집으로 돌아오게 하십니다. 또한 하나님은 감옥에 갇힌 자들을 풀어 주어 모든 일이 형통하게 하십니다.

그러나 교만한 자들은 메마른 땅으로 쫓아내십니다. 그들은 문명의 혜택을 받지 못한 채 비참하게 살아갑니다. 하나님 백성은 비록 가난하지만 하나님 말씀의 은혜를 붙들 때 가장 소망이 있습니다. 무조건 가난하다고 해서 소망이 있는 것이 아닙니다. 하나님의 말씀으로 은혜를 받을 때 소망이 있습니다.

2. 광야에서 베푸신 능력

이스라엘 백성은 출애굽할 때보다 광야를 돌아다닐 때 더 비참했습니다. 이스라엘 백성이 애굽에 있을 때는 적어도 물과 양식이 있었습니다. 이스라엘 백성이 애굽에서 종노릇할 때는 종이라서 그렇지 적어도 굶어 죽거나 목말라 죽을 정도는 아니었습니다. 최저 생계가 보장되었던 것입니다.

그러나 이스라엘 백성이 하나님의 능력으로 애굽을 떠난 후에는 오히려 먹고 사는 것이 보장되지 않았습니다. 이스라엘 백성이 걷는 광야는 낮 온도가 오십 도가 넘을 정도로 더웠고, 밤 기온은 영 도에 가까울 정도로 추웠습니다. 거기에다 광야에는 그늘도, 목욕탕도, 식당과 학교도 없었습니다. 이스라엘 백성은 사십 년 동안 자녀들을 학교에 보내지 못했습니다. 광야에서 목욕한다는 것은 상상할 수 없었습니다. 더욱이 광야에는 먹을 양식과 물이 없었습니다. 이스라엘 백성은 모세의 말을 따라왔다 굶어 죽을 수밖에 없었습니다.

그때 하나님은 이렇게 말씀하셨습니다.

"너를 낮추시며 너를 주리게 하시며 또 너도 알지 못하며 네 조상들도 알지 못하던 만나를 네게 먹이신 것은 사람이 떡으로만 사는 것이 아니요 여호와의 입에서 나오는 모든 말씀으로 사는 줄을 네가 알게 하려 하심이니라"_신 8:3

사람이 어떻게 먹을 양식과 물 없이 살 수 있을까요? 그러나 이스라엘 백성이 죽을 각오로 하나님의 말씀을 붙들었을 때, 그 말씀은 살아 있는 능력의 말씀이 되었습니다.

<u>7, 8절</u> "하나님이여 주의 백성 앞에서 앞서 나가사 광야에서 행진하셨을 때에 땅이 진동하며 하늘이 하나님 앞에서 떨어지며 저 시내 산도 하나님 곧 이스라엘의 하나님 앞에서 진동하였나이다"

그동안 이스라엘 백성은 하나님의 말씀이 살아 역사한다는 것을 잘 알지 못했습니다. 그러나 이스라엘 백성이 죽을 각오로 시내 산까지 왔을 때 하나님의 말씀을 육성으로 들을 수 있었습니다. 하나님의 말씀을 육성으로 들은 자는 이 세상에 거의 없습니다. 그러나 이스라엘 백성은 광야 시내 산에서 하나님의 말씀을 들었습니다. 먹을 것과 마실 것이 없는 광야에서 하나님을 만난 것입니다. 이스라엘 백성은 공부할 수 없고, 농사도 지을 수 없는 척박한 곳에서 살아 있는 하나님의 말씀을 들었습니다. 그때 시내 산은 진동했고, 산 전체가 불덩이로 변했습니다. 이것은 어마어마한 능력이었습니다. 이 정도의 위력이라면 핵무기 수억만 개의 위력인 것입니다.

북한이 전 세계로부터 지탄을 받으면서도 핵무기를 보유하려는 것은 그 위력이 엄청나기 때문입니다. 그러나 이스라엘 백성은 핵무기의 수억만 개 되는 위력이 하나님의 말씀에 있다는 것을 알게 되었습니다. 이것은 우리에게도 마찬가지입니다. 하나님이 우리에게 고난을 주실 때, 그럼에도 불구하고 우리가 하나님의 말씀을 붙들면 그 말씀은 살아 있는 말씀이 됩니다. 이 말씀을 붙잡고 기도할 때, 하나님은 기도에 응답하십니다. 이 말씀을 붙잡고 설교할 때, 하나님은 교회에 부흥을 허락하십니다.

9절 "하나님이여 주께서 흡족한 비를 보내사 주의 기업이 곤핍할 때에 주께서 그것을 견고하게 하셨고"

하나님은 광야에 있는 이스라엘 백성에게 비를 주셨습니다. 그러나 하나님은 비보다 더 큰 것을 주셨습니다. 광야는 비가 내려도 땅이 척박해 농사를 지을 수 없습니다. 또 농사를 짓는다 해도 몇 달이 지나야 열매를 거둘 수 있습니다. 그러나 하나님은 이스라엘 백성이 매일 먹고 살 수 있는 만나를 주셨습니다. 또한 하나님은 반석을 쳐서 생수가 나오게 하셨습니다. 이것이 하나님 말씀의 능력입니다. 하나님은 이스라엘 백성의 병을 치료해 주셨고, 그들의 적도 물리쳐 주셨습니다. 이스라엘 백성이 말씀의 능력을 체험한 후에는 하나님께 부르짖기만 하면 모든 것을 해결해 주셨습니다. 우리 역시 하나님의 말씀이 살아 있는 것을 체험해야 합니다. 이런 체험을 바탕으로 무슨 일이든 기도하면 하나님이 다 들어주실 것입니다. 이것이 우리가 진정으로 복 받는 길입니다.

10절 "주의 회중을 그 가운데에 살게 하셨나이다 하나님이여 주께서 가난한 자를 위하여 주의 은택을 준비하셨나이다"

하나님은 가난한 주의 백성을 절대로 굶어 죽게 하지 않으십니다. 단지 하나님 백성이 그분의 말씀을 멀리하기 때문에 망하는 것입니다. 그래서 우리는 가난해져야 합니다. 마음으로라도 가난하게 되어야 살 수 있습니다. 그분의 말씀과 세상의 성공을 다 가지려 할 때, 우리는 하나님이 베푸신 능력을 잃어버리게 됩니다.

3. 세상을 정복함

당시 나라들은 무기와 기술, 견고한 성과 군대를 가지고 있었습니다. 그에 비해 이스라엘 백성은 가진 것이 아무것도 없었습니다. 하나님은 이런 이스라엘 백성으로 하여금 가나안 땅을 정복하라 하셨습니다. 이것은 마치 돌멩이를 들고 탱크와 싸우라는 것과 같았습니다.

그러나 이스라엘 백성은 가나안 족속을 모두 이길 수 있었습니다. 이스라엘 백성에게는 하나님 말씀의 능력이 있었기 때문입니다.

> 11, 12절 "주께서 말씀을 주시니 소식을 공포하는 여자들은 큰 무리라 여러 군대의 왕들이 도망하고 도망하니 집에 있던 여자들도 탈취물을 나누도다"

하나님은 이스라엘 백성에게 무기와 군대를 주지 않으셨습니다. 하나님은 적을 이길 수 있는 전략도 주지 않으셨습니다. 하나님은 단지 그의 말씀을 주셨습니다. 그런데 이 말씀을 공포한 자들은 '여자들'이었습니다. 이것은 두 가지 의미가 있습니다. 하나는 이스라엘에서는 여자들의 신앙이 중요했다는 것을 보여 줍니다. 즉 여자들이 하나님의 말씀을 믿으니 가정도, 이스라엘도 흔들리지 않았던 것입니다. 다른 하나는 이스라엘 백성이 얼마나 힘이 없던지 모두 여자와 같았다는 것을 보여 줍니다. 여자는 남자와 싸우면 힘으로는 이길 수 없습니다. 그런데 이스라엘 백성이 하나님의 말씀을 믿고 나갈 때, 하나님의 사자가 그들 앞에 먼저 나가 강한 적들을 치셨습니다. 이 때문에 적들은 도망쳤습니다. 그래서 여자들도 전리품을 탈취하며 전쟁에서 이겼습니다.

여자들이 탈취할 때 얼마나 결사적인지 모릅니다. 하나님의 백성도 하나님이 주신 것은 가져야 합니다. 이것은 승리의 전리품입니다.

13절 "너희가 양 우리에 누울 때에는 그 날개를 은으로 입히고 그 깃을 황금으로 입힌 비둘기 같도다"

하나님은 우리를 양 우리에 눕히십니다. 여기서 '양 우리'는 하나님의 교회를 나타냅니다. 그때 우리는 양에서 비둘기로 변합니다. 즉 우리는 날개는 은이고, 깃은 금으로 입힌 아름다운 비둘기로 변합니다. 우리가 세상에서 양으로 살아갈 때는 이리 떼들에게 쫓기기도 하고, 비에 젖기도 해 모양이 초라할 수 있습니다. 그러나 우리는 하나님의 우리에 누울 때, 다시 한 번 영광스럽게 변화합니다. 이 때 우리는 공중을 날아다닐 수 있게 됩니다.

눈에는 보이지 않지만, 하나님의 백성과 세상 나라는 분명히 다릅니다. 세상 나라는 모든 영광과 힘을 가지고 있으면서도 하나님의 백성을 시기해 멸망시키려 합니다. 그러나 하나님은 세상 나라를 모두 멸하고, 우리를 사로잡아 높은 하늘 보좌로 올라가십니다.

14절 "전능하신 이가 왕들을 그중에서 흩으실 때에는 살몬에 눈이 날림 같도다"

전능하신 주님이 세상 나라를 치시면, 그들은 높은 산에서 눈이 날리듯 흩어지게 됩니다. 그런데 이 세상에는 두 종류의 산이 있습니다. 하나는 하나님 백성의 산이고, 다른 하나는 세상 나라의 산입니다.

15, 16절 "바산의 산은 하나님의 산임이여 바산의 산은 높은 산이로다 너희 높은 산들아 어찌하여 하나님이 계시려 하는 산을 시기하여 보느냐

진실로 여호와께서 이 산에 영원히 계시리로다"

여기서 '바산의 산'은 요단 동쪽에 있습니다. 이곳은 하나님의 산이지만, 시온 산 같은 산은 아닙니다. 세상 나라의 산은 지식과 돈, 권력을 가진 산입니다. 그러나 하나님 백성의 산은 광야이고, 시내 산이며, 시온 산 같은 가난한 산입니다. 세상 나라의 산은 하나님의 백성을 시기해 멸망시키려 하지만 하나님은 이 백성 가운데 계십니다.

그런데 하나님 백성의 산에는 수많은 천사들이 있습니다.

17, 18절 "하나님의 병거는 천천이요 만만이라 주께서 그중에 계심이 시내 산 성소에 계심 같도다 주께서 높은 곳으로 오르시며 사로잡은 자들을 취하시고 선물들을 사람들에게서 받으시며 반역자들로부터도 받으시니 여호와 하나님이 그들과 함께 계시기 때문이로다"

하나님의 산에는 천사들이 천천이고 만만입니다. 즉 천사들의 부대가 백만이기 때문에 세상 나라의 힘으로는 이길 수 없습니다. 그러나 예수 그리스도는 이 세상에 오셔서 십자가에 못 박혀 죽으셨습니다. 이것만 보면 하나님이 전쟁에서 지신 것 같습니다. 그러나 예수 그리스도는 죽음에서 다시 살아나셔서 모든 적들을 물리치셨습니다. 한편 우리 믿는 자들과 반역자들을 모두 붙잡아 하늘로 데리고 가셨습니다. 이 반역자들 중에 우리가 있습니다. 하나님의 아들은 온 세상을 전리품으로 받으셨습니다. 그러나 하나님의 아들이신 예수 그리스도는 우리에게 먼저 성령의 능력을 주셨습니다. 우리가 구하기만 하면 모든 것을 주십니다.

"아무것도 염려하지 말고 다만 모든 일에 기도와 간구로,

너희 구할 것을 감사함으로 하나님께 아뢰라"_빌 4:6

주 안에서 아무것도 두려워하지 맙시다. 주님의 능력을 믿고 기도로 승리하는 성도들이 되시기 바랍니다.

71

시 68:19-35

짐을 지시는 하나님

옛날에는 무거운 짐을 지고 먼 길을 가는 자들이 많았습니다. 옛날 나무꾼들은 산더미만큼 많은 나무를 지게 위에 지고 장에 가서 팔았습니다. 또 연탄 배달하는 분들은 수레에 무거운 연탄을 가득 싣고 고개를 힘들게 넘어갔습니다. 이 때 누군가가 뒤에서 수레를 밀어 주고, 지게를 대신 져준다면 훨씬 힘이 덜 들 것입니다.

모든 사람들은 나름대로 무거운 짐을 지고 하루하루를 살아갑니다. 직장인은 직장에서 매일 스트레스를 받아가면서 많은 업무를 해야 하는 짐을 지고 있습니다. 한 집안의 가장은 가장 나름대로 돈을 벌어 자녀 교육, 주택, 생활비를 부담해야 하는 짐을 지고 살아갑니다. 여성은 여성대로, 자녀는 자녀대로, 정치인은 정치인대로 모두 무거운 짐을 지고 살아갑니다. 대기업 회장은 회장이라 좋을 것 같지만 투자, 노조, 정부 문제 등과 같은 무거운 짐을 지고 살아갑니다. 한편 목회자는 목회자 나름대로 다양한 성격의 사람들이 모인 교회를 아름답게 이끌고 나가야 하는 무거운 짐이 있습니다.

그런데 사람들이 이 짐을 잘못 지게 되면 인생을 망치게 됩니다. 어떤 기업가는 짐을 잘못 지는 바람에 감옥에 가기도 하고, 어떤 가장은 짐을 잘못 지는 바람에 집안 식구 전체가 빚더미에 앉게 되기도 합니다. 우리가 짊어지고 있는 이 무거운 인생의 짐을 누가 좀 대신 져주거나 같이 져주면 좋을 텐데, 세상에 이런 사람은 아무도 없습니다. 그래서 사람들은 모두 인생의 무거운 짐을 지고 죽을 때까지 허덕이면서 살아갈 수밖에 없습니다.

그런데 이스라엘 백성은 자신들의 무거운 짐을 누군가가 대신 져주는 것을 경험했습니다. 그들은 애굽의 포로로 있을 당시 육체노동으로 도저히 견딜 수 없는 지경에 이르렀습니다. 그때 어느 순간 이 무거운 짐이 다 벗겨지는 것을 경험했습니다. 하나님이 이스라엘 백성의 짐을 져주셨기 때문입니다. 하나님 백성에게는 이 세상을 살아가는 데 놀라운 비밀이 하나 있습니다. 하나님이 우리의 짐을 져주신다는 사실입니다. 예수님은 무거운 짐을 지고 살아가는 인생들을 향해 이렇게 말씀하셨습니다.

"수고하고 무거운 짐 진 자들아 다 내게로 오라 내가 너희를 쉬게 하리라"_마 11:28

하나님은 날마다 우리의 무거운 짐을 지십니다. 그래서 우리의 짐을 하나님께 맡기면 훨씬 가벼워집니다. 문제는 '우리가 어떻게 해야 무거운 짐을 하나님께 맡길 수 있느냐?' 하는 것입니다.

1. 하나님께 짐을 맡기는 법

우리가 이 세상을 살아가는 것은 무거운 짐을 지고 살아가는 것과 같습니다. 나라의 책임자에게는 실업, 경제, 국방 문제라든지, 전쟁이나 대형사고 같은 위기를 수습해야 하는 무거운 짐들이 있습니다. 특히 이 짐이 아주 무거워질 때가 있습니다. 나라 경제가 어려워지거나 전쟁이 나면 더욱 그렇습니다. 이 때 모든 국민이 무거운 짐을 지고 허덕입니다.

반면 사람들이 전혀 무겁게 느끼지 않고 날아가듯이 갈 때가 있습니다. 스키 타는 사람들을 보면 산에 올라갈 때는 힘이 들지만, 비탈을 타고 내려올 때는 가볍게 날듯이 내려옵니다. 또 바다에서 항해를 하거나 서핑 하는 사람들도 바람을 타기만 하면 저절로 배가 나가고, 서핑을 즐길 수 있습니다. 마찬가지로 나라에 하나님의 축복이 임하고, 부흥이 일어나면 무슨 일을 하든 신이 나고 잘되게 됩니다. 그러나 나라에 하나님의 축복이 사라지고 고난의 때가 임하면 하는 일마다 안 되고, 백성은 같은 일을 하는데도 나쁜 결과가 나옵니다.

이스라엘 백성은 이것을 경험한 적이 있습니다. 이들은 하는 일마다 성공하고, 일도 전혀 힘들지 않은 때가 있었습니다. 그에 반해 하는 일마다 안 되고, 하루하루 먹고 사는 것이 너무 어려워 견딜 수 없는 때가 있었습니다. 그런데 이스라엘 백성은 이 모든 것이 자신의 능력보다는 하나님과의 관계에 있다는 것을 깨닫게 되었습니다.

19절 "날마다 우리 짐을 지시는 주 곧 우리의 구원이신 하나님을 찬송할지로다"

이스라엘 백성은 하나님이 우리의 짐을 져주시기를 기뻐한다는 것을 알았습니다. 이스라엘 백성이 이 사실을 깨달은 것은 정말 귀한 축복입니다.

이스라엘 백성이 광야에서 아말렉과 싸울 때 어떤 때는 아무리 힘을 써도 아말렉 군대에 밀렸습니다. 또 어떤 때는 별로 힘을 들이지 않는데도 아말렉 군대를 물리칠 수 있었습니다. 그 비결은 바로 산 위에 있는 모세의 팔에 달려 있었습니다. 모세가 이스라엘 백성을 위해 팔을 높이 들면, 이스라엘 백성이 힘이 생겨 아말렉 군대를 쉽게 물리칠 수 있었습니다. 하지만 모세가 팔이 아파 팔을 내리면, 아말렉 군대가 힘을 내 이스라엘 백성을 밀어붙였습니다. 모세는 산 위의 돌에 앉아 있었고, 아론과 훌은 양쪽에서 모세의 팔을 하나씩 들고 하루 종일 서 있었습니다.

"모세의 팔이 피곤하매 그들이 돌을 가져다가 모세의 아래에 놓아 그가 그 위에 앉게 하고 아론과 훌이 한 사람은 이쪽에서, 한 사람은 저쪽에서 모세의 손을 붙들어 올렸더니 그 손이 해가 지도록 내려오지 아니한지라 여호수아가 칼날로 아말렉과 그 백성을 쳐서 무찌르니라"_출 17:12, 13

그러자 이스라엘 백성은 하루 종일 힘을 내 아말렉 군대를 물리칠 수 있었습니다.

이스라엘 백성이 가나안 땅을 정복할 때도 어떤 때는 그들이 나타나기만 하면 가나안 족속이 겁을 집어 먹고 달아나는 바람에 전쟁에서 쉽게 이길 수 있었습니다. 또 어떤 때는 온 힘을 다해 싸워도 전쟁에서 졌습니다. 이스라엘 백성이 전쟁에서 이긴 것은 그들이 잘해서가 아니라 여호와의 사자가 이스라엘 편에 서서 먼저 가나안 족속을 치셨기 때문입니다.

반면 이스라엘 백성이 성공에 도취되어 기도하지 않고, 교만한 마음으로 전쟁에 임하자 전쟁에서 졌습니다. 여호와의 사자가 함께하지 않으셨기 때문입니다. 이스라엘 일부 지도자와 백성은 이 비결을 알았습니다. 이스라엘 백성이 하나님의 말씀에 죽도록 충성하자 영적인 부흥과 축복이 임했습니다. 하나님의 복이 임하자 무슨 일을 해도 형통하고 짐이 가벼웠습니다.

이것은 결혼 문제에 있어서도 마찬가지였습니다. 이삭은 나이가 마흔이 될 때까지 결혼하지 못했습니다. 그때 아브라함은 자기 종을 보내 이삭의 신부를 구해 오라고 했습니다. 그러면서 아브라함은 자기 종에게 하나님의 사자가 먼저 가서 네 길을 인도하실 것이라고 했습니다.

"이르되 나의 주인 아브라함의 하나님 여호와를 찬송하나이다 나의 주인에게 주의 사랑과 성실을 그치지 아니하셨사오며 여호와께서 길에서 나를 인도하사 내 주인의 동생 집에 이르게 하셨나이다 하니라"_창 24:27

하나님 백성에게는 놀라운 비밀이 하나 있습니다. 우리의 상황이 아무리 어렵고 절망적이라도 그것에 집착하지 않고 먼저 하나님의 말씀을 붙들면 영적 부흥이 일어납니다. 또한 하나님이 우리 짐을 져주십니다.

반대로 이스라엘 백성이 세상에 집착해 하나님을 무시하고 자기 힘으로 성공하려고 하자 처음에는 일이 잘되는 것 같았지만 짐이 점점 무거워져 나중에는 그 짐에 깔려 쓰러지게 되었습니다.

다윗은 '하나님은 고아의 아버지와 과부의 재판장'이시라고 말합니다. 하나님은 그의 백성이 약할 때 옆에 서서 도우십니다. 그때 하나님 백성의 마음이 가장 가난하고 진실하기 때문입니다. 반대로 하나님 백성이 강할 때는 자기 힘으로 모든 것을 하려고 하기 때문에 하나님은 구경할 수밖에 없으십니다. 그래서 하나님 백성이 하나님의 도우심을 받으려면 힘을 빼야 합니다.

이스라엘 백성이 전쟁에서 이겼을 때, 그들에게는 힘이 들어가 있었습니다. 이스라엘 백성은 처음에는 일이 잘되는 것 같았습니다. 그러나 시간이 가면 갈수록 너무 힘들었습니다. 나중에는 포로가 되어 더 많은 세금을 내야 했습니다. 이스라엘 백성은 모든 것을 잃어버렸습니다. 그들에게는 가진 것이 하나도 없었습니다. 이 때 이스라엘 백성은 자기 힘보다 하나님을 조금씩 의지하게 되었습니다. 그런데 이상하게도 그들이 짊어진 짐이 가볍게 되었습니다. 후에는 손도 대지 않았는데 적들이 도망쳤습니다.

사도 바울은 "내가 약할 그때에 곧 강함이니라"(고후 12:10)고 고백했습니다. 그도 힘이 있을 때는 잘해 보려고 많은 계획을 세우고, 노력도 해 보았습니다. 그러나 큰 능력이 나타나지 않았습니다. 그런데 사도 바울이 감옥에 갇혀 아무것도 할 수 없을 때, 오히려 지진과 함께 옥문이 열리면서 회개의 역사가 일어났습니다.

그런데 우리가 인간인 이상 눈에 보이지 않는 하나님의 능력을 믿는다는 것이 참 어렵습니다. 우리는 우리의 힘을 의지하려고 합니다. 그러나 하나님은 크신 분이기 때문에 우리의 짐 같은 것은 새끼손가락 하나로도 얼마든지 들 수 있으십니다.

결국 우리는 사람 수와 돈을 믿어서는 안 됩니다. 그러면 자기 짐을 자기가 죽을 때까지 지고 가야 합니다. 우리가 하나님의 말씀을 믿으면, 하나님이 우리에게 찾아오셔서 우리의 짐을 가볍게 해 주십니다.

하나님은 우리를 사망의 지경에서도 살려 주십니다.

20절 "하나님은 우리에게 구원의 하나님이시라 사망에서 벗어남은 주 여호와로 말미암거니와"

다윗과 이스라엘 백성은 여러 번 죽음의 위기에 빠졌습니다. 그들은 자기 힘으로는 죽음의 위기에서 벗어날 수 없었습니다. 그러나 그들이 죽을 각오로 하나님을 의지했을 때, 하나님은 상상하지 못할 방법으로 다윗과 이스라엘 백성을 죽음의 자리에서 벗어나게 하셨습니다. 그래서 다윗은 하나님을 '구원의 하나님'이라고 부르고 있습니다. 우리가 하나님을 불렀을 때, 하나님이 우리에게 오실 자신이 있어야 합니다. 이것은 사람의 힘으로 되지 않습니다. 평소 하나님과 친밀히 지내야 합니다. 바로 하나님의 말씀을 믿고 마음이 뜨거워지는 역사가 있어야 합니다. 우리가 하나님의 말씀을 듣지 않았는데 부르짖는다고 해서 하나님이 우리 짐을 지신다는 보장이 없습니다.

하나님은 부르짖는 백성의 짐만 져주시는 것이 아니라 원수의 머리, 곧 정수리를 깨뜨리십니다.

> **21절** "그의 원수들의 머리 곧 죄를 짓고 다니는 자의 정수리는 하나님이 쳐서 깨뜨리시리로다"

이스라엘 백성이 원수를 이기려면 그들의 머리를 깨뜨려야 합니다. 예를 들어, 뱀과 싸울 때 꼬리를 쳐 봐야 아무 소용이 없습니다. 그러나 아무리 독사라도 머리를 치면 결국 죽습니다. 그러나 악한 자들은 머리가 여러 개일 뿐만 아니라 머리를 자르면 또 생기기 때문에 도무지 이길 수 없습니다. 그리스 신화에 보면 장사 헤라클레스가 머리가 아홉 개인 거대한 독사 히드라와 싸우는데 머리를 한 개 자르면 또 여러 개가 생겼습니다. 헤라클레스는 히드라의 머리를 자르고는 그 자른 곳을 불로 태워 다시는 생기지 못하게 했습니다.

우리는 우리 힘으로 악한 마귀를 이길 수 없습니다. 마귀는 머리가 아홉 개 달린 독사와 같기 때문입니다. 하나님 백성이 죽을 각오로 하나님의 말씀을 붙들면 부흥이 일어납니다. 하나님은 악한 마귀의 머리를 깨뜨리실 것입니다. 우리는 이 세상에서 무엇을 먹을까 입을까 염려할 것이 아니라 하나님의 말씀을 붙잡고 일어나면 됩니다. 모세같이 손을 들고 기도하고, 팔을 내리지 않으면 됩니다. 우리가 연약하면 연약할수록 하나님은 더 큰 기적을 행하십니다.

2. 성전에 임하시는 하나님

하나님은 절망 가운데 있는 하나님의 백성을 그 깊은 절망의 자리에서 나오게 할 것이라고 약속하셨습니다.

> 22절 "주께서 말씀하시기를 내가 그들을 바산에서 돌아오게 하며 바다 깊은 곳에서 도로 나오게 하고"

바산은 요단 동편의 땅으로 그 너머에는 황무지가 있습니다. 이스라엘 백성이 자신의 힘을 의지할 때는 전혀 힘을 낼 수 없었습니다. 오히려 그들은 영토를 지키지 위해 많은 고생을 해야 했습니다. 또 그들은 전쟁에 져서 모압과 암몬, 에돔에 붙들려갔습니다. 바다 건너까지 포로로 팔려갔습니다. 그들은 바다 밑에 빠진 것처럼 큰 고통에 빠져 있었습니다.

그러나 그들은 하나님이 말씀하시니 놀랍게도 포로 된 곳에서 돌아와 가족을 만날 수 있었습니다. 사람이 인질로 붙들렸다 풀려나서 가족에게 돌아올 수 있다는 것이 얼마나 감격스러운지 모릅니다.

하나님은 그의 백성으로 하여금 적을 쳐서 이기게 하십니다.

> 23절 "네가 그들을 심히 치고 그들의 피에 네 발을 잠그게 하며 네 집의 개의 혀로 네 원수들에게서 제 분깃을 얻게 하리라 하시도다"

하나님께서 이스라엘 백성에게 얼마나 큰 힘과 능력을 주시는지 그들이 적을 심히 친다고 말합니다. 이스라엘 백성은 적에게 결정타를 던집니다. 적들이 얼마나 많이 죽고 피를 흘렸는지 그 피에 발을 잠근다고 합니다. 적들의 피가 거의 강같이 되어 흐르게 된 것입니다. 피가 그 정도니 시체는 얼마나 많이 쌓였겠습니까? 그리고 적으로부터 빼앗은 전리품이 얼마나 많은지 이스라엘 백성이 풍족하게 나누는 것은 물론이고 개까지 전리품을 받아가게 된다고 말합니다.

앞서 이스라엘 백성이 적을 이길 때 '집에 있던 여자들도 탈취물을 나누도다'라고 했습니다. 즉 여인들이 행복해야 모든 사람이 행복한 것입니다. 그런데 이스라엘 백성은 개들까지 행복하게 된 것입니다. 여기서 이 '개'는 상징적인 표현으로 볼 수 있습니다. 평소 가난해서 무시당하던 자들까지 다 복을 받게 된 것입니다. 나라에 부흥이 일어나면 가난한 자와 병든 자 모두 축복을 받게 됩니다.

그 이유는 하나님이 성전에 임하시기 때문입니다.

> 24절 "하나님이여 그들이 주께서 행차하심을 보았으니 곧 나의 하나님, 나의 왕이 성소로 행차하시는 것이라"

이스라엘 백성은 부흥이 일어날 때 하나님이 행차하시는 것을 보았습니다. 이스라엘 백싱이 하나님의 말씀을 업신여기고 세상을 따라갈 때 성소는 있으나 마나한 곳이었습니다. 성소는 마치 사용하지 않는 집처럼 썰렁했습니다. 그러나 이스라엘 백성이 하나님의 말씀을 사랑하고 기도에 힘쓰자 하나님이 성소에 행차하셨습니다. 누구든지 성소에 가서 예배드리면 마음이 뜨거워지고, 기도 응답을 받았습니다.

하나님이 성소에 행차하시면, 가장 먼저 말씀이 달라집니다. 또한 찬송과 기도가 살아나게 됩니다.

> 25절 "소고 치는 처녀들 중에서 노래 부르는 자들은 앞서고 악기를 연주하는 자들은 뒤따르나이다"

여기서 소고 치고, 노래 부르며, 악기를 연주하는 자들이 하나님을 찬양합니다. 즉 찬양이 뜨거워집니다. 찬양은 하나님을 맞이하는 것이자 높여 드리는 것입니다. 이 때 하나님은 우리 안에 왕으로 좌정하사 어려움을 해결해 주십니다. 그래서 하나님께 찬송하는 일을 아까워해서는 안 됩니다. 찬송하는 일에 돈을 아껴서도 안 됩니다. 한 여자가 예수님의 머리에 매우 값진 향유를 붓자 사람들이 이렇게 책망했습니다.

"어찌하여 이 향유를 허비하는가 이 향유를 삼백 데나리온 이상에 팔아 가난한 자들에게 줄 수 있었겠도다"_막 14:4, 5

하나님의 말씀을 듣고, 기도하며, 찬송하는 자는 근원이 다른 자입니다.

26절 "이스라엘의 근원에서 나온 너희여 대회 중에 하나님 곧 주를 송축할지어다"

'이스라엘의 근원'은 다른 말로 표현하면 '하나님의 근원'을 말합니다. 하나님 백성은 세상에 속한 자들이 아니고 하나님의 뿌리에서 나온 자들입니다. 그래서 그들은 세상보다 하나님을 더 좋아합니다. 그들은 세상의 사고방식보다 하나님의 생각을 더 좋아합니다.

3. 세상을 이기는 하나님의 백성

세상 사람들은 무기와 돈, 권력이 있기 때문에 얼마든지 약한 나라를 정복할 수 있습니다. 그러나 하나님 백성은 약한 자들입니다. 하나님 백성은 돈과 권력이 많은 것도 아닙니다.

더욱이 하나님 백성은 포로로 붙들려가 얼마 남지 않게 되었습니다.

> **27절** "거기에는 그들을 주관하는 작은 베냐민과 유다의 고관과 그들의 무리와 스불론의 고관과 납달리의 고관이 있도다"

한때 이스라엘 백성은 열두 지파나 되었고, 수십만 명의 군사들이 있었습니다. 그러나 그들이 자기 힘을 의지하자 네 지파와 약간의 지도자만 남게 되었습니다. 여기서 '고관'은 하나님을 의지하는 자들로 하나님의 축복의 뿌리가 됩니다.

드디어 하나님은 소수의 백성에게 능력을 명하셨습니다.

> **28절** "네 하나님이 너의 힘을 명령하셨도다 하나님이여 우리를 위하여 행하신 것을 견고하게 하소서"

하나님은 '너의 힘'을 명령하셨습니다. 이것은 우리로 하여금 세상 원수를 두려워하지 말고, 용기를 내 일어나라는 뜻입니다. 하나님은 우리가 겁먹지 않고 힘을 낼 때 도우십니다. 하나님은 우리가 가진 모든 복을 견고하게 하십니다. 우리는 받은 축복을 빼앗길 수 없습니다. 우리는 부흥을 마귀에게 내어줄 수 없습니다. 그러기 위해서는 내가 있는 곳에서 힘을 내야 합니다.

그때 세상의 모든 왕과 짐승들이 하나님의 백성 앞에 굴복합니다.

> **29절** "예루살렘에 있는 주의 전을 위하여 왕들이 주께 예물을 드리리이다"

하나님의 성전에서 기적이 일어나고, 히스기야 때같이 적들이 전멸하자 이방 왕들이 성전을 두려워해 사신을 보내어 예물을 바쳤습니다. 그때 우리는 히스기야같이 성전의 금과 은을 자랑해서는 안 됩니다. 우리는 기도의 능력을 자랑해야 합니다.

30절 "갈밭의 들짐승과 수소의 무리와 만민의 송아지를 꾸짖으시고 은 조각을 발 아래에 밟으소서 그가 전쟁을 즐기는 백성을 흩으셨도다"

여기서 '갈밭의 들짐승'과 '수소의 무리', 그리고 '만민의 송아지'는 말을 듣지 않는 자들을 뜻합니다. 그들은 얼마나 고집이 센지 아무리 이야기를 해도 절대 말을 듣지 않습니다. 그러나 하나님은 그들을 모두 꾸짖으셔서 코에 고삐를 꿸 것입니다. '은 조각'은 우상을 말합니다. 그들이 은으로 우상을 만들면 하나님은 밟아서 부서뜨릴 것입니다. 특히 전쟁을 좋아하는 백성이 있습니다. 이들은 아주 공격적인 자들입니다. 그러나 하나님이 그들을 흩으실 것입니다.

31, 32절 "고관들은 애굽에서 나오고 구스인은 하나님을 향하여 그 손을 신속히 들리로다 땅의 왕국들아 하나님께 노래하고 주께 찬송할지어다"

하나님이 애굽에 재앙을 내리실 때, 애굽의 고관들 중에는 빨리 항복하고 모세의 말을 믿은 자들이 있었습니다. 그들은 불과 우박 재앙이 일어났을 때 가축과 종을 살릴 수 있었습니다. 지금도 하나님의 백성에게 부흥이 일어나면, 악한 자들에게는 하나님의 재앙이 임합니다. 그때 안 믿는 자들도 기도하고, 말씀대로 하면 살게 됩니다.

33절 "옛적 하늘들의 하늘을 타신 자에게 찬송하라 주께서 그 소리를 내시니 웅장한 소리로다"

옛날 사람들은 하늘에서 번개가 칠 때 하나님이 번개를 타고 날아다니시는 것으로 생각했습니다. 그런데 번개는 한 번 '번쩍' 하면 하늘 이 끝에서 저 끝까지 순식간에 움직입니다. 이렇듯 하나님은 번개같이 움직이십니다. 하나님은 절대 행동이 느린 분이 아니십니다. 단지 우리가 늦게 순종하고, 더디 믿기 때문입니다. 하나님은 '웅장한 소리'를 내며 임하십니다. 이 소리는 천둥소리이고, 악한 정부가 망하는 소리입니다.

34절 "너희는 하나님께 능력을 돌릴지어다 그의 위엄이 이스라엘 위에 있고 그의 능력이 구름 속에 있도다"

여기서 '너희는 하나님께 능력을 돌리지어다'는 하나님께 모든 능력이 있는 것을 믿으라는 의미입니다. 어떤 군대나 무기도 하나님의 허락 없이는 움직이지 못합니다. 모든 능력은 하나님의 것입니다. 하나님의 위엄은 이스라엘 위에 있고, 그의 능력은 구름 속에 있습니다.

35절 "하나님이여 위엄을 성소에서 나타내시나이다 이스라엘의 하나님은 그의 백성에게 힘과 능력을 주시나니 하나님을 찬송할지어다"

하나님은 그의 백성에게 힘과 능력을 주십니다. 하나님이 능력을 주시면 우리는 모든 일을 감당할 수 있습니다. 우리가 약할 때가 바로 기회입니다. 세상을 두려워하지 맙시다. 우리의 마음과 기도가 뜨거워지면 하나님의 역사가 나타납니다.

72

시 69:1–18

절망의 늪에서

비행기를 타고 가다보면, 갑자기 기압이 낮은 곳을 지날 때 비행기가 많이 흔들립니다. 비행기가 잘 날아가다 갑자기 흔들리면 승객들이 놀라 소리를 지릅니다. 그러나 비행기가 진짜 난기류에 휩쓸려 추락할 때가 있습니다. 이 때 승객들은 비행기가 추락하기까지 얼마나 두려울까요?

보통 사람은 두 종류의 어려움을 당합니다. 하나는 속전 속결형입니다. 물건이 높은 데서 갑자기 떨어지면, 한순간 땅에 부딪치면서 깨집니다. 이처럼 속전 속결형은 한순간에 어려움이 닥치면서 정신없이 깨지고 다치는 것입니다.

다른 하나는 완만형입니다. 완만형은 당장 죽거나 깨지는 것은 아니지만 서서히 수렁에 빠져 들어가는 것입니다. 즉 어려움이 계속되면서 점점 더 큰 어려움으로 빠져 들어가는 것입니다. 예를 들어, 처음에는 조금 어려운 줄 알았는데 이 어려움이 계속되면서 나중에는 허리까지 와 잘 움직일 수 없게 됩니다. 다음에는 가슴까지 와 가슴이 답답하게 됩니다. 그다음에는 목까지 차 숨도 제대로 쉴 수 없게 됩니다. 급기야 콧구멍까지 잠기게 되어 사느냐 죽느냐 하는 기로에 봉착하게 됩니다. 이 때 위기에 빠진 자가 아무리 소리를 질러도 도와주는 자가 없습니다. 혼자 이 고통을 겪어야 합니다.

성경을 보면 이런 과정을 생생하게 겪었던 자가 있습니다. 바로 요나 선지자입니다. 그는 하나님이 말씀하신 니느웨로 가지 않고, 반대쪽인 다시스로 갔습니다. 그는 다시스로 가는 배 안에서 폭풍을 만나 바다에 빠지게 됩니다. 그는 바다 깊은 곳으로 점점 가라앉았습니다. 그러다 물고기 뱃속에 들어가게 되었습니다. 그러나 물고기 뱃속에서도 물은 자꾸 밀고 들어왔습니다. 요나는 죽음의 순간이 다가오는 것을 고스란히 체험해야 했습니다.

예수님도 십자가 위에서 양손과 양발에 큰 못이 박혀 말할 수 없는 고통을 견뎌야 하셨습니다. 예수님은 손과 발에 박힌 못을 빼고 내려오실 수 없었습니다. 예수님은 십자가 위에서 모든 힘과 진액을 쏟으시고 죽으셨습니다.

하나님은 우리가 이렇게 끝을 알 수 없는 질병과 고통으로 절망해할 줄 알고 다윗의 시를 통해 미리 말씀해 주셨습니다. 다윗이 정확하게 어떤 상황에 처해 있는지 알 수 없지만, 얼마나 부르짖었으면 목이 다 쉬어 버렸습니다. 얼마나 하나님의 도움을 기다렸는지 눈을 뜰 수 없었습니다. 다윗은 마치 깊은 수렁에 빠졌는데, 이제는 물이 그의 영혼까지 흘러 들어왔다고 말합니다. 이 때 다윗은 자기 자신을 설득해 두려움을 이깁니다.

오늘날도 가장 큰 문제는 우리의 가슴과 영혼 속에 두려움이 들어와 있는 것입니다. 이 두려움이 점점 차 올라와 우리를 위협합니다. 이 때 우리는 두려움의 물부터 빼내야 살 수 있습니다.

1. 절망에 빠진 성도

우리가 살아가는 데 모든 길이 안전하면 아무것도 걱정할 것이 없을 것입니다. 그런데 요즘 보면 '싱크 홀'이라는 것이 있습니다. 단단한 땅인 줄 알고 발을 내디뎠는데, 알고 보니 그 밑에 엄청난 구멍이 있어 사람이 밑바닥으로 떨어져 크게 다치거나 죽는 경우가 있습니다.

그러나 우리는 이런 싱크 홀을 우리 삶 주위에서도 많이 봅니다. 어떤 분은 자신이 아주 건강한 줄 알았는데, 어느 순간 건강이 무너지면서 죽음의 고통을 겪어야 하는가 하면, 또 어떤 분은 자신이 투자한 은행이 안전할 줄 알았는데, 어느 순간 부도가 나면서 돈 한 푼도 찾지 못하는 경우가 있습니다. 지금 우리나라 국민은 '혹시 우리나라도 싱크 홀처럼 한순간에 꺼지는 것은 아닐까?' 하는 두려움을 가지고 있습니다.

다윗은 자신이 가는 길이 가장 안전한 줄 알았습니다. 그는 원수 골리앗을 죽인 영웅이었고, 왕의 사위였습니다. 다윗은 이스라엘에서 가장 인기 있는 자였습니다. 그러나 어느 날 갑자기 몰락하면서 쫓기기 시작했습니다. 다윗은 끝을 알 수 없는 수렁 속으로 끌려 들어가고 있는 자신을 보았습니다.

> **1절** "하나님이여 나를 구원하소서 물들이 내 영혼에까지 흘러 들어왔나이다"

다윗의 시 첫 마디는 '하나님이여 나를 구원하소서'입니다. 우리는 지금 다윗이 어떤 어려움에 빠져 있는지 알 수 없습니다. 다윗이 사울에게 쫓겨 완전히 막다른 골목에 이르렀는지, 아니면 블레셋 사람들에 의해 감옥에 갇혀 죽을 운명에 처했는지 알 수 없습니다.

우리는 히스기야를 통해 절박한 어려움을 더 생생하게 볼 수 있습니다.

앗수르 군대가 히스기야를 포위해 그는 죽을 날만 기다리고 있었습니다. 또한 히스기야는 죽을병에 걸렸습니다. 히스기야는 유다 왕들 중 드물게 하나님의 말씀대로 산 자였습니다. 그러나 그는 도저히 회복될 수 없는 병 때문에 절망했습니다.

"그때에 히스기야가 병들어 죽게 되매"_왕하 20:1

여기서 다윗이 하나님께 '나를 구원하소서'라고 말하고 있지만, 한 번만 말한 것이 아닌 것 같습니다. 아마도 다윗은 하나님께 살려 달라고 수백 번 기도했을 것입니다. 그러나 다윗은 점점 더 심한 위기에 빠졌습니다. 다윗은 물에 빠져 죽어가는 사람의 비유를 들고 있습니다. 사람이 물에 빠지면 처음에는 무엇인가를 붙들고 살려 합니다. 굳은 의지로 몸부림칩니다. 그러나 물은 점점 더 불어나 급기야는 코까지 올라옵니다. 조금만 더 늦으면 물이 코로 들어와 물에 빠져 죽을 수밖에 없습니다. 그러나 물이 영혼에 들어와 숨을 쉴 수 없을 정도로 답답하고, 그로 인해 절망감에 죽어가는 것이 더 어려운 문제입니다.

다윗은 좀 더 구체적으로 설명합니다.

> **2절** "나는 설 곳이 없는 깊은 수렁에 빠지며 깊은 물에 들어가니 큰 물이 내게 넘치나이다"

다윗은 지금 '깊은 수렁'에 빠졌습니다. 그는 자기가 가는 길이 안전한 길인 줄 알았지만, 알고 보니 수렁이었습니다. 사람이 물에 빠지면 죽지 않으려고 몸부림을 치는데, 그러면 몸이 더 굳어져 물속에 깊이 빠집니다.

다윗은 하나님께 살려 달라고 부르짖으며 기도합니다. 그런데 어떻게 된 일인지 하나님은 기도를 듣지 않으십니다.

3절 "내가 부르짖음으로 피곤하여 나의 목이 마르며 나의 하나님을 바라서 나의 눈이 쇠하였나이다"

다윗은 아무 소망이 없었습니다. 예수님도 십자가 위에서 얼마나 기도하셨는지, "나의 하나님, 나의 하나님 어찌하여 나를 버리셨나이까"(막 15:34)라고 소리지르셨습니다. 예수님은 그 갈증과 부르짖음으로 혀가 붙어 버렸습니다. 땀과 피로 눈을 뜰 수 없었습니다. 그러나 하나님은 예수님을 건져 주시지 않았습니다.

그런데 다윗은 그가 쓴 누명 때문에 더 답답했습니다. 이에 비해 원수들은 승리했습니다.

4절 "까닭 없이 나를 미워하는 자가 나의 머리털보다 많고 부당하게 나의 원수가 되어 나를 끊으려 하는 자가 강하였으니 내가 빼앗지 아니한 것도 물어 주게 되었나이다"

하나님의 말씀대로 살지 않는 자는 오히려 어려움 없이 살아갑니다. 그들은 양심의 가책 없이 살아갑니다. 그런데 믿음으로 살려 하는 자에게는 이런 시련이 옵니다. 이렇게 고통당하는 것이 하나님께 영광이 되지 않을 때 더 부끄럽습니다.

하나님은 성도를 화목 제물로 받기 원하십니다. 하나님은 이 세상을 구원하기 위해 하나님의 아들 예수 그리스도를 화목 제물로 삼으셨습니다. 우리 믿는 자들도 화목 제물로 삼아 세상을 살리려 하십니다. 우리는 '예수님만 십자가 위에서 죽으셨으면 됐지, 왜 내가 죽어야 하느냐?'고 생각합니다. 그런데 예수님의 십자가 공로가 부족해서 그런 것이 아닙니다. 하나님은 성도도 십자가에 동참하기를 원하십니다.

2. 영혼을 살리는 길

성도들은 끝을 알 수 없는 어려움에 빠집니다. 이 때 가장 무서운 것이 영혼에 물이 들어와 차는 것입니다. 그러면 일단 호흡이 곤란해지고, 분노가 가득 차게 됩니다. 결국 삶에 대한 의욕을 모두 잃어버리게 됩니다.

다윗 역시 마음속에 자신과 다른 사람에 대한 분노로 가득 차 있는 것을 볼 수 있습니다. 4절에 보면 '까닭 없이 나를 미워하는 자'에 대해 이야기하고 있고, 5절에서는 자기 자신을 미워하고 있습니다.

> **5절** "하나님이여 주는 나의 우매함을 아시오니 나의 죄가 주 앞에서 숨김이 없나이다"

세상 사람들은 약기 때문에 이런 위기에 훨씬 덜 빠집니다. 그러나 하나님을 믿는 자들은 하나님을 기다리다 기회를 놓칩니다. 그리고는 가장 최악의 길을 선택합니다. 그러다가 구덩이인 줄도 모르고 빠지게 되는데 자기 자신이 생각해도 너무 미련하고 우매해 인정하지 않을 수 없습니다. 왜 우리는 말씀대로 살지 않는 자들처럼 약지 못할까요? 왜 우리는 남들보다 못한 길을 선택할까요? 그것은 어쩔 수 없습니다. 하나님이 우리를 미련하게 만드셨기 때문입니다.

그런데 우리가 믿는 것이 하나 있습니다. 그것 때문에 우리는 끝까지 견딜 수 있고, 하나님을 의지할 수 있습니다.

6절 "주 만군의 여호와여 주를 바라는 자들이 나를 인하여 수치를 당하게 하지 마옵소서 이스라엘의 하나님이여 주를 찾는 자가 나로 말미암아 욕을 당하게 하지 마옵소서"

믿는 우리가 하루하루 살아가고 있는 길을 다른 사람들이 다 보고 있습니다. 성도가 가는 길은 믿음의 길이요, 하나님을 의지하는 길입니다. 사람들은 이것을 알고 있습니다. 사실 쫓겨난 다윗을 찾아와 같이한 자들이 사백 명이 넘었습니다. 다른 많은 자들도 다윗이 결국에는 승리할 것을 다 믿고 있었습니다.

그런데 하나님의 약속과 달리 다윗이 비참하게 죽으면 얼마나 많은 사람이 수치를 당하겠습니까? 하나님을 의지하는 자는 수치를 당하지 않습니다. 우리는 이것을 믿습니다. 우리는 중간 과정은 잘 알지 못합니다. 하지만 하나님을 의지하고 바라는 자는 결국 수치를 당하지 않습니다.

우리는 미련해서 중간에 실수하기도 하고, 잘못된 길로 갈 때도 있습니다. 수렁과 절망의 늪에 빠질 때도 있습니다. 그러나 우리는 하나님을 의지하는 자는 절대 수치를 당하지 않는다는 것을 믿습니다. 하나님은 우리의 삶을 아름답게 해 주십니다. 그리고 하나님의 백성에게는 세상에 없는 폭발력이 있습니다. 바로 하나님의 성전을 사모하는 열심입니다.

한편 우리는 비참함을 느낄 때가 있습니다. 그때는 마치 우리 얼굴을 수치로 바르는 것과 같은 기분이 듭니다.

7절 "내가 주를 위하여 비방을 받았사오니 수치가 나의 얼굴에 덮였나이다"

우리도 그렇지만 다른 사람들도 '하나님을 잘 믿는 자가 왜 저렇게 못사는 걸까?' 하고 잘 이해하지 못합니다. 우리도 인생을 멋지게 살고 싶은데,

하나님은 우리 얼굴을 엉망으로 만들어 고개도 들지 못하게 하십니다.

거기에다 가족조차 오지 못하게 합니다.

> 8절 "내가 나의 형제에게는 객이 되고 나의 어머니의 자녀에게는 낯선 사람이 되었나이다"

우리가 잘 살아야 형제도 환영합니다. 우리가 비참하게 살면 오는 것을 꺼려하고, 심지어는 오지도 못하게 합니다. 가족은 우리를 미워하게 됩니다. 가족은 우리가 부끄러운 것입니다.

그런데 우리 믿는 자들은 이렇게 가난하고 어려울 때 진정한 성전을 발견하게 됩니다.

> 9절 "주의 집을 위하는 열성이 나를 삼키고 주를 비방하는 비방이 내게 미쳤나이다"

하나님 백성이 환난을 당하면 숨을 쉴 수 없을 정도로 마음이 답답하지만, 하나님의 말씀이 떨어지면 불이 붙게 됩니다. 세상은 도무지 알 수 없는 비밀입니다. 어려운 위기 가운데 우리 마음은 오히려 기름밭으로 변합니다. 하나님의 말씀을 잘 들으면, 영혼 속에 들어와 있던 물이 빠지면서 숨을 쉴 수 있게 됩니다. 그때 우리는 진정한 성전을 발견하게 됩니다. 하나님의 말씀이 있는 내 마음이 성전인 것입니다. 하나님이 내 마음 중심에 좌정해 계십니다. 우리는 세상 자랑은 잃어버렸지만, 하나님을 내 마음에 모시게 됩니다. 다윗은 도망친 곳에서 성전을 발견했습니다.

예수님은 예루살렘 성전에서 장사하는 자들을 채찍으로 내쫓으셨습니다.

"노끈으로 채찍을 만드사 양이나 소를 다 성전에서 내쫓으시고 돈 바꾸는 사람들의 돈을 쏟으시며 상을 엎으시고 비둘기 파는 사람들에게 이르시되 이것을 여기서 가져가라 내 아버지의 집으로 장사하는 집을 만들지 말라 하시니 제자들이 성경 말씀에 주의 전을 사모하는 열심이 나를 삼키리라 한 것을 기억하더라"_요 2:15-17

우리가 하나님의 말씀을 들으면, 그 열정의 불이 고난과 우리 자신까지 삼켜 버립니다. 우리는 세상에서 건강과 명성을 잃을지 몰라도 하나님을 갖게 됩니다.

진정한 성전은 예수님을 모신 우리 마음입니다. 진정한 성전은 부자가 많이 모인 큰 교회가 아니라 예수님의 이름으로 두세 사람이 모인 곳입니다.

3. 하나님이 응답하시는 때

하나님께 기도할 때 응답이 빠를 때가 있는가 하면, 어떤 때는 아무리 기도해도 응답이 늦을 때가 있습니다. 그런데 우리는 기도 응답의 정확한 때를 알지 못합니다. 그래서 우리는 항상 기도해야 합니다.

교회에서 예배드릴 때도 늘 은혜롭지만, 폭발적인 응답이나 축복이 일어날 때도 있습니다. 그러나 우리는 그때를 정확히 모릅니다. 그래서 우리는 모든 예배에 참석해야 합니다.

이 세상에서 가장 비참한 것이 소외되는 것입니다. 다른 사람은 다 알고 있는데 나만 모르면 얼마나 속이 상하는지 모릅니다. 그러나 하나님의 축복에는 소외감이 더 심한 편입니다. 하나님의 영광과 축복의 맛을 모르면 영원히 소외될 수밖에 없기 때문입니다.

다윗도 하나님이 응답하시는 때를 알지 못해 계속 기도하고 참을 수밖에 없었습니다. 그러자 사람들은 다윗을 이해하지 못하고 비방하며 조롱했습니다. 그들은 인간적인 방법을 써 타협하면 될 일을 다윗은 그렇게 하지 않는다고 생각했기 때문입니다.

> 10, 11절 "내가 곡하고 금식하였더니 그것이 도리어 나의 욕이 되었으며 내가 굵은 베로 내 옷을 삼았더니 내가 그들의 말 거리가 되었나이다"

우리가 하나님이 기도에 응답하시는 시간을 정확하게 안다면 그때만 기도하면 될 것입니다. 그러나 우리는 그 시간을 모르기 때문에 언제나 기도할 수밖에 없습니다. 사람들은 이것을 시간 낭비로 생각했습니다. 그래서 기도 응답도 없는데 울면서 금식하는 자들을 향해 욕했습니다. 또 사람들은 굵은 베를 입고 기도하는 자들을 향해 유별나게 믿는다고 말했습니다.

더욱이 하나님을 믿는다 하면서도 세상에 취한 자들이 있었습니다. 이들은 기도에 목숨 건 자들을 더 비난하고 이상하게 생각했습니다.

> 12절 "성문에 앉은 자가 나를 비난하며 독주에 취한 무리가 나를 두고 노래하나이다"

여기서 '성문에 앉은 자'는 재판하는 자와 그 도시의 높은 자를 의미합니다. 그들은 다윗이 하나님만 의지하며 기도하는 것을 보고는 광신적이라고 생각했습니다. 그리고 '독주에 취한 무리'는 세상에 취한 자들을 뜻합니다. 이들은 이미 세상으로 배가 부른 자들입니다. 그들은 아무것도 부족한 것이 없습니다. 그래서 이들은 다윗에게 빨리 패배를 인정하라고 요구했습니다. 그런데 하나님은 기도에 응답하셨습니다. 그때 모든 것이 달라졌습니다.

13절 "여호와여 나를 반기시는 때에 내가 주께 기도하오니 하나님이여 많은 인자와 구원의 진리로 내게 응답하소서"

하나님이 다윗을 반기시는 때가 있었습니다. 이것이 한글개역에는 '여호와여 열납하시는 때에'라고 되어 있습니다. 하나님은 우리의 기도를 듣고 기다리시다가 어느 수준이 되었다고 생각하면 기도에 응답해 주십니다. 그 때 우리는 구원의 기쁨을 누리게 되며, 이 세상에 승리한 모습으로 나타나게 됩니다. 이 때 모든 기도가 응답됩니다.

14-16절 "나를 수렁에서 건지사 빠지지 말게 하시고 나를 미워하는 자에게서와 깊은 물에서 건지소서 큰 물이 나를 휩쓸거나 깊음이 나를 삼키지 못하게 하시며 웅덩이가 내 위에 덮쳐 그것의 입을 닫지 못하게 하소서 여호와여 주의 인자하심이 선하시오니 내게 응답하시며 주의 많은 긍휼에 따라 내게로 돌이키소서"

우리는 하나님의 인자하심을 이해하지 못합니다. 부모의 자식에 대한 사랑은 절대 포기할 수 없는 사랑입니다. 마찬가지로 하나님은 우리에 대한 자기의 사랑을 절대 포기하지 않으십니다.

"우리가 아직 죄인 되었을 때에 그리스도께서 우리를 위하여 죽으심으로 하나님께서 우리에게 대한 자기의 사랑을 확증하셨느니라"_롬 5:8

하나님 사랑은 그분의 생명을 다 걸고 우리를 건지신 사랑입니다. 하나님은 모든 어려움에서 우리를 건지실 것입니다.

73

시 69:19-36

믿음의 위대한 승리

시편 69편 전반부는 하나님 백성이 큰 수렁에 빠져 죽어가는 모습을 보여 줍니다. 우리는 삶 속에서 모든 것이 빨리 끝났으면 좋겠는데, 오래 끌면서 사람의 피를 말릴 때가 있습니다. 어떤 성도는 아주 긴 투병 생활로 힘이 빠지는 경험을 합니다. 다른 어떤 성도는 가난으로 고통을 겪습니다. 또 다른 어떤 성도는 재판하면서 힘을 다 잃어버립니다. 이렇듯 하나님 백성에게 닥쳐오는 고난과 질병은 아무리 신앙이 좋은 분이라 하더라도 침체에 빠지게 합니다. 그로 인해 자신감을 잃게 됩니다.

존 번연이 쓴 〈천로역정〉을 보면, 크리스천이 장차 멸망할 도시인 장망성을 떠나 천성인 좁은 문을 향해 떠난 지 얼마 되지 않아 절망의 늪에 빠집니다. 크리스천은 이 절망의 늪에서 허우적거리다가 다행히도 전도자의 도움을 받습니다. 그래서 이 늪에서 빠져나오게 됩니다. 그런데 크리스천과 함께 믿음의 길을 떠났던 '연약'이라는 자는 절망의 늪에서 낙담해 세상으로 돌아가고 맙니다. 그런데 믿음의 형제자매들도 자기도 모르게 절망의 늪에 빠져 허우적거릴 때가 있습니다.

다윗은 1절에서 '물들이 내 영혼에까지 흘러들어왔나이다'라고 말합니다. 다윗은 이 절망의 늪에서 아직 육체가 죽은 것은 아니지만, 영혼은 이미 죽었다고 말하고 있습니다. 다윗의 영혼은 이미 물에 빠져 죽은 것입니다.

그런데 다윗은 끝까지 말씀을 붙잡았습니다. 그것은 6절의 '주 만군의 여호와여 주를 바라는 자들이 나를 인하여 수치를 당하게 하지 마옵소서'라는 말씀이었습니다. 다윗은 이 말씀으로 다시 일어섰습니다. 우리도 때로는 지금 나에게 닥쳐오는 일들을 이해할 수 없어 답답함을 겪지만, 그럼에도 불구하고 끝까지 말씀을 붙잡아야 합니다. 하나님을 바라는 자는 절대 수치를 당하지 않습니다. 우리는 이 말씀 하나로 일어설 수 있습니다.

그리고 하나님은 믿는 우리에게 놀라운 축복을 허락하십니다. 다윗은 9절에서 '주의 집을 위하는 열성이 나를 삼키고'라고 말합니다. 우리가 당면한 상황을 생각하면 낙심되지만, 하나님의 말씀을 듣고 교회를 생각하면 다시 불이 타오릅니다. 이 불이 있어야 마귀를 이길 수 있습니다. 우리의 신앙은 뜨겁지도 않고, 차지고 않은 미지근한 상태에 있으면 안 됩니다. 우리가 우리 자신과 세상을 바라보면 희망이 없지만, 하나님의 말씀을 듣고 교회를 생각하면 마음속이 뜨거워집니다. 그러면 다시 살아날 길이 생깁니다. 기적이 일어납니다.

시편 69편 후반부는 하나님의 백성을 괴롭히고 비참하게 한 악한 자들의 결과는 멸망임을 보여 줍니다. 그런데 이 부분에서 결정적으로 중요한 구절이 있습니다.

> 21절 "그들이 쓸개를 나의 음식물로 주며 목마를 때에는 초를 마시게 하였사오니"

바로 이 구절이 시편 69편 후반부를 푸는 열쇠입니다. 이 말씀을 보면, 시편 69편이 예수님의 시인 것을 알 수 있습니다. 예수님이 십자가 위에서 목말라 하실 때 유대 지도자들은 "쓸개 탄 포도주를 예수께 주어 마시게"(마 27:34) 했습니다. 유대 지도자들은 아무 생각 없이 예수님의 입을 더 쓰게 하려고 쓸개를 주었지만, 놀랍게도 하나님의 말씀이 성취되고 있었습니다.

시편 69편에는 악인들을 향한 저주의 기도가 나옵니다. 그러나 예수님은 십자가 위에서 악한 자들을 향한 저주의 말씀을 한 마디도 하지 않으셨습니다. 오히려 예수님은 "아버지 저들을 사하여 주옵소서 자기들이 하는 것을 알지 못함이니이다"(눅 23:34)라고 말씀하셨습니다.

그렇다면 시편 69편에 나오는 악인에 대한 저주의 시는 어떻게 된 것일까요? 이것은 예수님이 말씀하시지 않아도 악한 자들이 어떻게 될 것을 말씀하고 있는 것입니다. 악한 자들은 지금 아무 어려움 없이 너무 당당하게 살아가고 있지만, 사실은 망해 가고 있습니다. 지금 예수를 믿지 않는 자들은 모두 영적으로 죽어가고 있습니다. 믿음의 눈으로 보면, 지금 우리는 수술을 받아 아프지만 살아나고 있습니다. 물론 우리는 아직 병원 침대에 누워 있지만, 어려운 수술은 다 끝나 회복 중에 있습니다. 그러나 믿지 않는 자들은 저주받은 상태 아래 있습니다. 이들은 세상의 좋은 것을 가지고 마음대로 살아가고 있지만, 얼마 가지 않아 모두 감옥에서 수치를 당할 것입니다.

1. 하나님 백성에 대한 비방

하나님 백성은 믿음으로 살려고 애쓰는 자들입니다. 그런데 하나님 백성이 어려움에 처하면 다른 사람들은 기다렸다는 듯이 조롱과 미움을 보냅니다. 하나님 백성은 어려움을 당하는 것도 이해되지 않는데, 주변 사람들이 욕하고 조롱하면 더욱 마음이 상하게 됩니다. 왜 이들은 하나님 백성을 그렇게 비방하고 조롱할까요?

> **19절** "주께서 나의 비방과 수치와 능욕을 아시나이다 나의 대적자들이 다 주님 앞에 있나이다"

그러나 하나님을 믿지 않는 자들이 하나님 백성을 비방하는 것은 당연합니다. 하나님 백성은 가장 위급할 때 눈에 보이지 않는 것을 믿는다고 끝까지 고집부리기 때문입니다.

세상 사람들은 모두 눈에 보이는 것을 믿습니다. 이들은 돈과 세상의 권력, 지위를 믿습니다. 그러나 하나님 백성은 눈에 보이지 않는 것을 믿습니다. 하나님 백성은 하나님을 믿습니다. 그런데 하나님은 눈에 보이지 않습니다. 하나님 백성은 하나님의 능력을 믿습니다. 그러나 하나님의 능력은 눈에 보이지 않습니다. 하나님 백성은 하나님의 말씀을 믿습니다. 그러나 하나님 말씀의 능력은 눈에 보이지 않습니다. 사실 믿지 않는 자들이 하나님 백성을 조롱하고 욕하는 것은 그들 나름대로 답답해서 그런 것이라고 볼 수 있습니다. 하나님 백성은 어려운 일을 당할 때 무모하고 비실제적이기 때문입니다. 하나님 백성은 어려움 앞에서 눈에 보이지 않는 것을 믿을 뿐만 아니라 도움이 오지 않는데도 끝까지 기다립니다.

20절은 예수님이 십자가 위에 달리셨을 때 적용된 말씀입니다.

> **20절** "비방이 나의 마음을 상하게 하여 근심이 충만하니 불쌍히 여길 자를 바라나 없고 긍휼히 여길 자를 바라나 찾지 못하였나이다"

예수님은 십자가 위에서 자기를 불쌍히 여겨 줄 사람을 찾으셨지만 아무도 찾을 수 없었습니다. 오히려 "백성은 서서 구경하는데 관리들은 비웃어 이르되 저가 남을 구원하였으니 만일 하나님이 택하신 자 그리스도이면 자신도 구원할지어다 하고"(눅 23:35) 비웃었습니다.

사실 예수님이 조금만 현실을 인정해서 대제사장과 타협했더라면 십자가 위에서 죽으실 이유가 없었을 것입니다. 예수님이 바리새인 및 서기관과 사이좋게 지냈더라면 십자가 위에서 그렇게 비참하게 죽으실 이유가 없었을 것입니다. 그러나 예수님은 하나님과 그분의 말씀을 믿었기 때문에 십자가 위에서 죽음을 감당하셨습니다. 사람들이 보기에는 이 모습이 너무 미련하고 우직했습니다. 예수님은 십자가 위에서 너무 고통스러워 이렇게 외치셨습니다.

"제 구 시에 예수께서 크게 소리지르시되 엘리 엘리 라마 사박다니 하시니 이를 번역하면 나의 하나님, 나의 하나님 어찌하여 나를 버리셨나이까 하는 뜻이라"

_막 15:34

그러자 사람들은 비웃으며 이렇게 말했습니다.

"곁에 섰던 자 중 어떤 이들이 듣고 이르되 보라 엘리야를 부른다 하고 한 사람이 달려가서 해면에 신 포도주를 적시어 갈대에 꿰어 마시게 하고 이르되 가만 두라 엘리야가 와서 그를 내려주나 보자 하더라"_막 15:35, 36

다윗도 쫓겨 다닐 때 만일 머리를 숙이고 복종했더라면 사면받았을 것입니다. 그런데 다윗은 끝까지 하나님의 말씀을 믿었습니다. 다윗은 온갖 고생을 하면서 도망쳐 다녔습니다. 그러니까 사람들이 욕하고 조롱한 것입니다.

왜 하나님의 백성은 현실적이지 못할까요? 단지 우리도 세상을 믿고 싶은데 그렇게 되지 않는 것입니다. 우리가 하나님을 만난 후에는 절대 옛날로 돌아갈 수 없는 것과 같습니다. 그런데 어려움은 계속됩니다. 우리는 하나님의 도우심이 오지 않으니까 마음이 상하게 됩니다.

> **21절** "그들이 쓸개를 나의 음식물로 주며 목마를 때에는 초를 마시게 하였사오니"

쓸개 맛이 어떤지 잘 모를 것입니다. 아마 쓸개를 한 번 먹어 보면 그 쓴맛과 비린내를 감당하지 못할 것입니다. 예수님은 십자가에 달려 돌아가실 때 너무 목이 말라 혀가 입에 붙었습니다. 그때 예수님이 너무 목이 마르다고 하시니까 사람들은 식초와 쓸개를 탄 물을 마시게 했습니다.

그런데 하나님 백성도 고통 중에 쓸개 물을 마실 때가 있습니다. 하나님 백성이 얼마나 자존심이 강합니까? 그런데 하나님 백성이 수치와 욕을 먹으면 위액이 올라오면서 위경련이 일어납니다. 그럴 때 심장이 터지려고 합니다.

하나님은 이런 고난을 통해 성도들의 속을 터뜨리십니다. 우리 안에는 정말 놀라운 사랑과 축복, 능력이 있는데 우리는 이것을 남에게 주지 않으려고 합니다. 하나님 백성은 하나님의 복을 자기 안에 가두어 놓으려고 합니다. 그래서 하나님은 우리 육체와 심장을 터뜨림으로 하나님의 축복이 나타나게 하십니다. 우리가 어려울 때 겸손히 이겨 내고, 남이 욕할 때 참으면 하나님은 우리를 통해 축복을 흘려 보내십니다. 예수님은 십자가 위에서 수치와 욕을 당하셨습니다. 이 때문에 우리가 모두 용서받고, 구원을 얻었습니다.

2. 하나님을 믿지 않는 자의 현실

하나님 백성이 고난을 당할 때, 하나님을 믿지 않는 자들은 아무 걱정거리가 없어 보입니다. 그들은 눈에 보이는 것만 붙들고 살기 때문에 걱정할 것이 없습니다. 그러나 사실은 정반대입니다. 하나님을 믿지 않는 자들은 하나님의 진노 아래 있습니다.

소돔과 고모라가 멸망할 때, 그곳 사람들은 아무 걱정이 없었습니다. 소돔 성에 있는 동성애자들은 광기에 미쳐 날뛰면서도 자기들이 옳은 줄 알고 있었습니다. 그러나 소돔 성에는 하나님의 무서운 진노가 예비되어 있었습니다.

"동틀 때에 천사가 롯을 재촉하여 이르되 일어나 여기 있는 네 아내와 두 딸을 이끌어내라 이 성의 죄악 중에 함께 멸망할까 하노라"_창 19:15

하나님의 천사가 아브라함의 조카 롯과 그의 아내, 그리고 두 딸을 데리고 소돔 성을 나갔습니다. 그러자 하늘에서 유황과 불이 비같이 쏟아지면서 소돔 성은 멸망했습니다.

"여호와께서 하늘 곧 여호와께로부터 유황과 불을 소돔과 고모라에 비같이 내리사 그 성들과 온 들과 성에 거주하는 모든 백성과 땅에 난 것을 다 엎어 멸하셨더라" _창 19:24, 25

예수님이 십자가 위에서 고통과 수치를 당하신 것은 우리를 살리기 위한 것이었습니다. 주 예수 그리스도를 믿지 않는 자들은 위험한 심판 아래 있습니다.

24, 25절 "주의 분노를 그들의 위에 부으시며 주의 맹렬하신 노가 그들에게 미치게 하소서 그들의 거처가 황폐하게 하시며 그들의 장막에 사는 자가 없게 하소서"

세상은 하나님과 원수 되어 있습니다. 그래서 그냥 있으면 결국 소돔과 고모라같이 멸망할 수밖에 없습니다. 환경이 아무리 화려하고 현대식이어도 황폐하게 될 것입니다. 많은 사람들이 모여 거대한 도시를 이룬다 해도 거하는 자가 없을 것입니다. 우리가 영원히 멸망하지 않는 유일한 길은 십자가에 달리신 예수를 믿는 것밖에 없습니다. 우리는 하나님을 믿음으로 당하는 수치와 욕을 달게 받아야 합니다. 세상이 우리를 향해 미련하고 어리석다 욕할 때 '내가 정말 예수를 제대로 믿고 있구나!'라고 안심하시기 바랍니다.

인간은 절망의 늪에 빠져 보지 않고서는 믿음의 길을 갈 수 없습니다. 수치와 욕을 당하지 않고서는 진정으로 믿음의 길을 갈 수 없습니다. 다윗은 하나님을 믿지 않는 자들의 모습을 다음과 같이 구체적으로 묘사합니다.

23절 "그들의 눈이 어두워 보지 못하게 하시며 그들의 허리가 항상 떨리게 하소서"

하나님을 믿지 않는 자들은 돈도 많고, 좋은 옷도 입었습니다. 그렇지만 그들의 허리는 힘이 없어 일어설 수 없습니다. 사람이 나이가 들면 허리부터 이상이 생깁니다. 그러나 하나님을 믿지 않는 자들은 육체가 아니라 영혼의 허리가 힘을 내지 못합니다. 그들은 일어서지도, 걷거나 뛰지도 못하는 앉은뱅이입니다. 하나님이 주시는 힘이 없기 때문입니다. 돈의 힘이나 세상 공부로는 일어나서 뛸 수 없습니다. 그러나 하나님의 말씀은 우리에게 힘을 줍니다.

"오직 여호와를 앙망하는 자는 새 힘을 얻으리니
독수리가 날개 치며 올라감 같을 것이요 달음박질하여도 곤비하지 아니하겠고
걸어가도 피곤하지 아니하리로다"_사 40:31

더욱이 하나님을 믿지 않는 자는 눈이 보이지 않습니다. 그들은 앞을 보지 못해 앉은 자리에서 벗어나지 못합니다.

우리가 병을 치료받고 일어날 수 있는 비결은 하나님의 말씀을 먹는 것입니다. 영적으로 병든 사람은 하나님의 말씀을 잘 먹어야 일어날 수 있습니다. 앞을 볼 수도 있습니다. 그러나 믿음이 없는 자는 하나님의 말씀을 먹을 수 없습니다. 그들은 세상 음식에 길들여져 있어 편식이 심하기 때문입니다. 하나님을 믿지 않는 자들은 하나님의 말씀이 너무 맛이 없어 먹을 수 없습니다.

22절 "그들의 밥상이 올무가 되게 하시며 그들의 평안이 덫이 되게 하소서"

그들은 세상에 길들여져 있어 하나님의 말씀을 먹을 수 없습니다. 즉 하나님 말씀이 그들에게는 올무가 됩니다. 여기서 '밥상이 올무가 되게 하시며'는 음식을 먹어야 하는데 손에 수갑이 차 있어 입에 음식을 넣을 수 없는 것을 의미합니다.

예수님은 길 가에 떨어진 씨를 비유로 말씀하셨습니다.

"예수께서 비유로 여러 가지를 그들에게 말씀하여 이르시되 씨를 뿌리는 자가
뿌리러 나가서 뿌릴 새 더러는 길 가에 떨어지매 새들이 와서 먹어 버렸고"_마 13:3, 4

하나님의 말씀이 떨어지기는 떨어졌는데 단단한 길 가에 떨어지는 바람에 씨가 흙 속에 들어가지 못하고 새들이 먹어 버린 것입니다. 교회도 마찬가지입니다. 오래 신앙생활을 했어도 하나님의 말씀을 전혀 먹지 못하는 자들이 있습니다. 이런 분들은 결국 말라서 죽게 됩니다.

다윗은 '그들의 평안이 덫이 되게 하소서'라고 말합니다. 사람은 편안히 쉴 때가 가장 좋지만, 그때 갑자기 재앙이 오는 것입니다.

3. 성도의 위대한 찬송

우리가 어려운 일을 당할 때 하나님의 능력으로 승리하게 되면, 위대한 찬송을 부르게 됩니다. 어떤 찬송을 부르게 될까요? 우리의 모습이 하나님 앞에 위대한 찬송이 됩니다.

하나님은 아브라함에게 이렇게 말씀하셨습니다.

"여호와께서 이르시되 네 아들 네 사랑하는 독자 이삭을 데리고 모리아 땅으로 가서 내가 네게 일러 준 한 산 거기서 그를 번제로 드리라"_창 22:2

아브라함은 하나님의 말씀을 듣고 순종했습니다. 하나님은 말씀에 순종한 아브라함의 믿음을 귀히 보시고 숫양 한 마리를 준비하셨습니다.

"사자가 이르시되 그 아이에게 네 손을 대지 말라 그에게 아무 일도 하지 말라 네가 네 아들 네 독자까지도 내게 아끼지 아니하였으니 내가 이제야 네가 하나님을 경외하는 줄을 아노라"_창 22:12

아브라함과 이삭은 산에서 내려왔을 때 이미 영광스럽게 변화되어 있었습니다. 겸손 가운데 나타난 그들의 권세 있는 모습이 하나님의 위대하심을 나타냈습니다.

또한 예수님이 십자가 죽음을 앞두고 감람산에 올라 기도하실 때, "천사가 하늘로부터 예수께 나타나 힘을 더하여"(눅 22:43) 예수님의 모습이 위대한 찬송이 되었습니다. 더욱이 예수님이 십자가에서 죽으시고 사흘 만에 무덤 문을 열고 나오셨을 때 그것보다 더 위대한 찬송은 없었습니다.

우리는 어려움을 당할 때 비참한 기도를 드립니다.

29절 "오직 나는 가난하고 슬프오니 하나님이여 주의 구원으로 나를 높이소서"

'나는 가난하고 슬프오니'라는 구절이 얼마나 비참하고 불쌍한 고백인지 모릅니다. 이 말은 '나는 이 세상에서 가장 불쌍하고 비참한 사람입니다'라는 뜻입니다. 그리고 '하나님이여 주의 구원으로 나를 높이소서'라고 기도합니다. 이 말은 이제는 하나님의 이름을 위해 높여 주셔야 한다는 시편 기자의 간절한 고백입니다.

그런데 하나님은 우리를 높이시고 승리하게 하십니다.

30절 "내가 노래로 하나님의 이름을 찬송하며 감사함으로 하나님을 위대하시다 하리니"

29절에서 30절로 가면서 내용이 완전히 달라집니다. 하나님은 우리를 일으키셔서 하나님의 위대하심을 찬송하게 합니다. 하나님은 여호와를 바라는 자로 하여금 수치를 당하지 않게 하십니다.

이것이 얼마나 대단한 제사인지 모릅니다.

31절 "이것이 소 곧 뿔과 굽이 있는 황소를 드림보다 여호와를 더욱 기쁘시게 함이 될 것이라"

옛날 이스라엘 백성에게는 뿔과 굽이 있는 황소를 드리는 제사가 최고 제사였습니다. 그러나 환난 가운데 믿음을 지킨 성도는 황소의 제사보다 훨씬 값진 제사를 드린 것입니다. 하나님이 기뻐하시는 제사를 드린 것입니다.

한 성도가 어려움을 이기고 승리했을 때, 온 세상은 축제 분위기가 됩니다.

32절 "곤고한 자가 이를 보고 기뻐하나니 하나님을 찾는 너희들아 너희 마음을 소생하게 할지어다"

한 사람이 믿음으로 승리하면 곤고한 중에 있는 자들이 모두 기뻐합니다. 그러면서 '하나님을 찾는 너희들아 너희 마음을 소생하게 할지어다'라고 말합니다. 우리는 일어나 새 힘을 내야 합니다. 한 성도가 이기면 다 이긴 것입니다. 주님이 이기시면 우리 모두가 이긴 것입니다.

33절 "여호와는 궁핍한 자의 소리를 들으시며 자기로 말미암아 갇힌 자를 멸시하지 아니하시나니"

한 사람이 승리하면 그때부터 기도 응답이 빨라집니다. 하나님은 '궁핍한 자의 소리'를 멸시하지 않으십니다. 하나님 앞에서는 가난하고 궁핍한 자의 기도가 최우선입니다. 우리는 하나님 앞에서 가난하고 어려운 것을 부끄러워할 필요가 없습니다.

우리가 어려움을 이기고 승리한 모습이 얼마나 대단한 찬송이 되는지 모릅니다.

> 34절 "천지가 그를 찬송할 것이요 바다와 그중의 모든 생물도 그리할지로다"

어려움을 통과한 성도들의 모습을 보고 천지가 하나님을 찬송할 것입니다. 바다의 모든 물고기들도 춤을 추면서 하나님을 찬송할 것입니다. 하나님은 우리를 통해 세상을 축복하기를 원하십니다. 그동안 우리는 너무 이기적이어서 우리만 편하려고 했습니다. 그러나 하나님은 연단을 통해 우리를 더 겸손하고 아름답게 만들어 가십니다. 이로 인해 온 세상을 복되게 하십니다.

하나님은 그분을 바라보며 끝까지 참고 인내하는 성도로 하여금 수치를 당하지 않게 하십니다. 이 말씀을 체험하는 성도들이 다 되시기 바랍니다.

74

시 70:1–5

하나님이여 나를 다시 도우소서

사람이 천재나 인재 같은 사고로 모든 것을 잃어버리면 자기 힘으로 살아갈 수 없습니다. 어느 지역에 큰 지진이 나서 많은 사람이 건물 더미에 깔려 죽었는데, 그중 어떤 사람이 기적적으로 구조대에 발견되면 살 수 있습니다. 그러나 이 사람은 건물 더미에서는 기적적으로 살아났지만 집이 무너지고, 양식과 옷도 없기 때문에 다시 도움을 받지 않으면 살 수 없습니다.

우리는 신앙생활하면서 이런 일을 당할 때가 많습니다. 우리에게 가장 중요한 문제는 죄와 영원한 멸망에서 건짐을 받는 것입니다. 처음 예수를 믿으면 영생을 얻었다고 기뻐하며 하나님을 찬송합니다. 그러나 우리는 얼마 지나지 않아 다시 염려에 빠집니다. 현실적인 문제가 아직 해결되지 않고 남아 있기 때문입니다.

신앙의 가장 큰 모순점이 여기에 있습니다. 많은 형제자매가 자신이 죄와 마귀의 세력에서 건짐 받은 것을 믿고 감사합니다. 하지만 아직 결혼 상대를 구하지 못하고, 등록금이 없으며, 직장을 구하지 못한 것이 더 큰 문제로 남아 있어 염려합니다. 많은 성도가 영원한 멸망에서 구원받은 것은 기뻐하지만 질병과 경제적인 어려움, 자녀 문제로 근심합니다.

그러나 이것은 이스라엘 백성도 이미 겪은 어려움이었습니다. 이스라엘 백성은 애굽에서 노예로 생활하다가 하나님의 열 가지 기적으로 구원을 받았습니다. 그러나 이스라엘 백성은 애굽에서 나온 지 얼마 되지 않아 홍해를 앞에 두고 가로 막혔습니다. 그러나 이스라엘 백성은 기적적으로 홍해를 건넜습니다. 하지만 또다시 광야에서 먹고 마시는 문제로 어려움을 겪었습니다. 하나님은 이스라엘 백성을 애굽에서 나오게 하셨던 것처럼 광야에서도 굶어죽지 않게 지켜 주셨습니다.

이스라엘 백성이 홍해는 하나님의 능력으로 건넜지만, 가나안 땅을 눈앞에 두고 요단 강을 건너려고 했을 때는 자신들의 힘으로 건널 수 없었습니다. 그러나 신실하신 하나님은 이스라엘 백성을 위해 또다시 요단 강을 가르셨습니다. 우리는 예수님을 믿고 하나님의 은혜로 오늘까지 살아왔습니다. 그러나 우리 중에는 중대한 어려움을 눈앞에 두고 하나님의 도움이 간절히 필요한 분이 있습니다. 사실 우리는 모두 하나님의 도우심이 필요합니다. 그것을 위해 시편 70편이 준비되어 있습니다.

시편 70편은 형식만 보면 아주 간단하고 평범한 시로 되어 있습니다. 그러나 이 시가 만들어진 과정을 보면 아주 적합한 시라는 것을 알 수 있습니다. 시편 70편은 시편 40편의 뒷부분을 잘라 만든 시입니다.

시편 40편의 앞부분은 이렇습니다.

"나를 기가 막힐 웅덩이와 수렁에서 끌어올리시고 내 발을 반석 위에 두사 내 걸음을
견고하게 하셨도다 새 노래 곧 우리 하나님께 올릴 찬송을 내 입에 두셨으니
많은 사람이 보고 두려워하여 여호와를 의지하리로다 여호와를 의지하고 교만한 자와
거짓에 치우치는 자를 돌아보지 아니하는 자는 복이 있도다"_시 40:2-4

그리고 시편 40편의 중간 부분에는 메시야가 등장합니다.

"주께서 내 귀를 통하여 내게 들려주시기를 제사와 예물을 기뻐하지 아니하시며 번제와 속죄제를 요구하지 아니하신다 하신지라 그때에 내가 말하기를 내가 왔나이다 나를 가리켜 기록한 것이 두루마리 책에 있나이다"_시 40:6, 7

즉 하나님께서 원하시는 것은 짐승의 제사가 아니라 메사야가 하나님의 뜻에 순종하는 것이었습니다.

마지막으로 시편 40편의 뒷부분은 이렇습니다.

"여호와여 은총을 베푸사 나를 구원하소서 여호와여 속히 나를 도우소서 내 생명을 찾아 멸하려 하는 자는 다 수치와 낭패를 당하게 하시며 나의 해를 기뻐하는 자는 다 물러가 욕을 당하게 하소서"_시 40:13, 14

대부분 시편 40편의 앞부분을 떼어 새로운 시를 만들면 좋을 것이라고 생각할 것입니다. 그러나 시편 70편은 시편 40편의 뒷부분으로 하나의 완전한 시를 만들고 있습니다. 하나님은 우리가 큰 죄에서 한 번 구원받은 것만으로는 이 세상에서 살 수 없다는 것을 아시기 때문입니다. 하나님은 우리에게 먹을 것이 필요하다는 것을 알고 계십니다. 또한 하나님은 지금 당하고 있는 어려움에서 건짐 받는 것이 필요하다는 것을 알고 계십니다.

1. 위기에서 속히 건져주시기를 바람

우리는 예수 그리스도의 보혈의 공로로 무서운 저주와 멸망에서 건짐을 받았습니다. 우리는 '기가 막힐 웅덩이와 수렁'에서 건짐 받은 것입니다. 이제 아무것도 걱정할 필요가 없습니다. 그럼에도 불구하고 우리는 몸을 가진 인간이기 때문에 아름답게 살아가기 위해서는 필요한 것들이 너무 많이 있습니다. 그러나 우리는 병이 들기도 하고, 가난하여 부족한 삶을 살아가야 할 때가 많습니다. 우리는 너무 다급하게 도움이 필요한데 아무 힘이 없어 어려움을 당할 때가 있습니다. 다윗은 시편 70편에서 하나님을 다급하게 찾고 있습니다.

1절 "하나님이여 나를 건지소서 여호와여 속히 나를 도우소서"

한글개역은 '하나님이여 속히 나를 건지소서 여호와여 속히 나를 도우소서'로 번역되어 있습니다. 한글개역에서는 '속히'라는 말이 두 번이나 나옵니다. 다윗은 무슨 일인지 모르지만 지금 당장 하나님이 도와주시지 않으면 안 되는 상태에 빠져 있습니다. 아마도 다윗이 적에게 포위가 되었는지 아니면 양식이 다 떨어져 도저히 견딜 수 없게 되었는지 모릅니다. 인간은 모두 너무 연약한 재질로 만들어져 조금만 충격이 와도 부서질 수밖에 없습니다. 인간은 결코 전지전능하지 않습니다.

그러나 하나님은 우리에게 많은 돈과 높은 권세를 주지 않으십니다. 더욱이 하나님은 우리로 하여금 세상에서 자랑할 것이 아무것도 없게 하셔서 비참함을 느끼게 하십니다. 우리는 잘 이해되지 않습니다. 하나님은 기가 막힐 웅덩이와 수렁에서 우리를 건져주셨는데, 왜 축복해 주시지 않을까요? 그것은 우리에게 먼저 필요한 것이 있기 때문입니다. 만약 우리 속사람이 연단되지 않은 상태에서 물질의 복을 받으면 급격히 부패해져 다시 죄의 수렁에 빠지게 됩니다. 그래서 하나님은 우리로 하여금 하나님만 의지하게 하기 위해 세상 것을 많이 주지 않으십니다.

지금 상황이 이렇게 어려운 이유는 우리가 그동안 믿노라 하면서도 너무 많이 세상을 의지하고 바라보았기 때문입니다. 우리는 세상과 하나님을 동시에 다 가지려고 욕심을 부렸습니다. 이것이 바로 부패한 것입니다. 이것이 바로 죄의 수렁에 다시 빠지는 것입니다.

하나님은 다윗을 다시 수렁에 빠지게 하셨습니다. 다윗이 빠진 수렁은 죄의 수렁이 아니었습니다. 다윗은 죄의 수렁에서는 건짐을 받았습니다. 그러나 하나님은 다윗으로 하여금 다시 하나님만 바라보게 하기 위해 위기의 수렁에 집어넣으셨습니다. 이 때 다윗은 모든 자존심을 버리고 하나님께 도와달라고 부르짖었습니다.

우리는 하나님께 도와달라고 기도하는 것을 아주 자존심 상하는 일로 생각할 때가 많습니다. 그러나 하나님께 부르짖는 것은 부끄러운 일이 아닙니다. 오히려 이렇게 할 때 하나님을 제대로 체험하게 됩니다. 하나님은 새로운 인생을 창조하시는 창조자이기 때문입니다.

아브라함은 자식 문제로 오랫동안 마음고생을 했습니다. 어느 날 하나님은 아브라함에게 밤하늘의 별을 헤아려 보라고 하셨습니다. 아브라함은 하나님이 하늘의 별을 만드신 것처럼 새 생명을 창조하실 수 있다는 것을 믿게 되었습니다. 하나님은 아브라함의 이 믿음을 의로 인정하셨습니다.

"아브라함이 하나님을 믿으매 그것을 그에게 의로 정하셨다 함과 같으니라"_갈 3:6

인간은 할 수 있는 대로 이 세상에서 행복과 성공을 찾으려 합니다. 그러나 진짜 복은 아무것도 없는 가운데 하늘에서 임하는 것입니다. 하나님이 우리에게 바라시는 것은 세상의 복으로 만족해하는 것이 아닙니다. 하나님은 그의 백성이 창조자이신 하나님을 바라보기를 원하십니다.

다윗은 '하나님'과 '여호와'의 이름을 부르고 있습니다. '하나님'은 모든 이방인에게도 복을 주십니다. 그러나 '여호와'는 오직 택한 백성, 구원받은 백성에게만 복을 주시는 하나님입니다.

이스라엘 백성은 여호와의 이름에 여러 가지 이름을 붙여 불렀습니다. 이들에게 양식이 필요할 때는 '여호와 이레'의 하나님을 불렀고, 병이 들었을 때는 '여호와 라파'의 하나님을 불렀습니다. 그들이 전쟁하게 되었을 때는 깃발을 들고 달려오시는 '여호와 닛시'의 하나님을 불렀습니다. 그러면 하나님께서 달려오셔서 이스라엘 백성을 위기에서 건져주셨습니다.

물론 우리도 하나님이 너무 세밀하게 들어주셔서 놀랄 때가 있습니다. 그러나 아무리 기도해도 응답이 안 될 때가 있습니다. 어떤 분 중에는 하나님이 작은 기도는 들어주시는데, 중요한 문제는 잘 안 들어주신다고 불평합니다. 즉 작은 돈 문제는 잘 응답해 주시는데, 결혼이나 취직같이 중요한 문제는 잘 안 들어주신다고 불평합니다. 그 이유가 어디에 있을까요? 우리가 중요하게 생각하는 것과 하나님이 중요하게 생각하시는 것이 다르기 때문입니다. 하나님의 생각과 우리의 생각에는 큰 차이가 있습니다.

우리는 우리에게 필요한 것은 다 있어야 한다고 생각합니다. 그러나 우리는 연단 받지 않아 형편없을 때가 많습니다. 우리의 생각은 하나님의 생각과 거리가 멉니다. 우리의 지성과 지각은 잘 다듬어져 있지 않습니다. 하나님은 우리가 겸손하기를 바라십니다. 그런데 우리는 겸손 같은 것은 중요하게 생각지 않습니다. 하나님은 우리가 하나님의 능력으로 살기를 바라십니다. 그런데 우리는 '내 능력이 우선이고, 하나님은 뒤에서 조금 도와주시면 된다'라고 생각합니다. 그래서 하나님은 작은 문제는 먼저 들어주시지만, 큰 문제는 뒤로 미루어서 우리로 하여금 자꾸 생각하게 하십니다. 우리의 지각이 자라고 겸손함으로 하나님께 나아가면, 지금 우리가 원하는 것들은 아무것도 아닌 것이 됩니다.

2. 악한 자가 실패하도록

하나님 백성과 하나님을 믿지 않는 자 사이에는 중요한 차이가 있습니다. 하나님 백성은 '기가 막힐 웅덩이와 수렁'에서 건짐을 받습니다. 그런데 이들은 돈과 지위, 권력을 가지지 못합니다. 반면 하나님을 믿지 않는 자들은 죄와 기가 막힐 웅덩이에서 건짐을 받지 못합니다. 그러나 이들은 돈과 지위, 권력을 가지고 있습니다.

세상의 가치관으로 보면, 하나님을 믿지 않는 자들이 훨씬 유리하고 복을 받은 것처럼 보입니다. 그런데 하나님을 믿지 않는 자들은 교만해 하나님의 백성을 미워하고 대적합니다. 그런데 이것이 하나님 백성에게는 너무 힘이 들고, 어떤 때는 사느냐 죽느냐 하는 위기가 됩니다. 이 때 우리는 어떻게 해야 할까요?

세상의 눈으로 보면, 이런 믿지 않는 자들에게 고개 숙이고 복종하면 될 것 같은데 때로는 이 요구가 끝이 없을 때가 있습니다. 하나님을 믿지 않는 자들은 우리도 자기들과 같이 죄의 수렁에 다시 들어가기를 바라는 것입니다. 하나님 백성은 하나님을 믿기 때문에 얻는 존귀함이 있습니다. 예수님도 이렇게 말씀하셨습니다.

"거룩한 것을 개에게 주지 말며 너희 진주를 돼지 앞에 던지지 말라
그들이 그것을 발로 밟고 돌이켜 너희를 찢어 상하게 할까 염려하라"_마 7:6

세상 것으로 만족해하는 자는 하나님의 말씀을 사랑하는 자를 미워합니다. 그러나 우리가 이들과 싸우면 똑같은 수준이 되어버립니다. 우리는 악한 자들과 같이 싸우면 안 됩니다. 그러면 우리 자신이 손해를 봅니다.

세상 사람들은 하나님의 백성을 미워하고 공격하는 데 완전히 의견 일치를 이루었습니다. 그러나 강한 자와 약한 자가 마주치면 강한 자는 아무것도 아니지만, 약한 자는 생명의 위험을 느낍니다. 하나님 백성은 하나님을 믿고 난 이후 기질적으로 약하게 되었습니다. 하나님 백성은 야생동물에서 유순한 양으로 변했습니다. 그래서 하나님 백성은 세상 사람들을 기질적으로 절대 이길 수 없습니다. 이 때 우리는 하나님의 도우심을 구해야 합니다.

> **2절** "나의 영혼을 찾는 자들이 수치와 무안을 당하게 하시며 나의 상함을 기뻐하는 자들이 뒤로 물러가 수모를 당하게 하소서"

세상 사람들은 우리의 영혼을 찾고 있습니다. 즉 악한 자들은 우리로 하여금 절망하게 하려고 우리 영혼을 사냥합니다. 이 때 우리가 그들을 두려워하면 병에 걸립니다. 우리 마음과 육체가 상하고, 병들게 됩니다. 그런데 믿음의 눈으로 우리 영혼을 공격하는 자들을 자세히 바라보면, 그들의 목에 쇠사슬이 감겨 있어 우리를 결정적으로 물지 못함을 알 수 있습니다. 그래서 우리는 악한 자들의 정체를 바로 보게 해 달라고 기도해야 합니다.

존 번연이 쓴 〈천로역정〉을 보면, 크리스천이 믿음의 길을 가는데 도망쳐 오는 한 사람을 만나게 되었습니다. 그가 왜 도망쳐 오느냐고 물었더니 앞에 있는 사자가 물려고 해서 도망쳐 온다고 했습니다. 그래서 크리스천이 앞으로 가야 하는지, 뒤로 도망쳐야 하는지 고민하고 있는데 먼저 간 자 중에 누군가가 그 사자는 쇠사슬로 묶여 있어 한 가운데로 걸어가면 물지 않는다고 알려 주었습니다. 크리스천이 그 말을 믿고 사자 앞을 지나가는데 사자가 아무리 물려고 해도 물지 못해 크리스천은 안전하게 지나갈 수 있었습니다.

여기서 다윗은 '나의 영혼을 찾는 자들이 수치와 무안을 당하게 하시며' 라고 기도합니다. 왜 영혼을 찾는 자들이 수치와 무안을 당하게 될까요? 그들은 틀림없이 하나님 백성을 물었다고 생각합니다. 그러나 하나님 백성은 아무리 물어도 물리지 않습니다. 이것은 사자와 늑대에게는 엄청난 수치와 무안입니다. 즉 그들은 하나님 백성의 허점을 들추어내 죽이려고 하지만, 그들은 전혀 물리지 않습니다. 그들의 목에 하나님의 쇠사슬이 감겨 있기 때문입니다.

3절 "아하, 아하 하는 자들이 자기 수치로 말미암아 뒤로 물러가게 하소서"

여기서 '아하, 아하' 하는 것은 하나님 백성을 조롱하고 비웃는 것을 의미합니다. 하나님을 믿지 않는 자들은 하나님 백성이 힘이 없고 어려운 것을 틈타 구경거리로 삼으려 합니다. 하나님 백성으로 하여금 수치를 당하게 합니다. 그러나 하나님 백성은 악한 자들이 물려고 하면 할수록 이상하게 잘됩니다. 그래서 하나님 백성은 악한 자들이 공격하고 괴롭힐수록 더 높아집니다.

그러나 악한 자는 자기 문제에 빠져 퇴보합니다. 악한 자에게는 아무 발전이 없습니다. 악한 자는 '기가 막힐 웅덩이와 수렁'에 빠져 있기 때문입니다. 악한 자는 자신의 모습을 진정 보지 못합니다. 악한 자는 깊은 수렁에서 형편없는 인생이 되고 맙니다.

3. 하나님 백성에게 주시는 축복

하나님 백성은 '기가 막힌 웅덩이와 수렁에서는 건짐을 받았는데, 왜 세상에서는 성공하지 못할까?' 하고 고민합니다. 그것은 하나님이 우리에게 복을 주지 못하거나 힘이 없으셔서 그런 것이 아닙니다. 하나님은 우리를 연단하사 귀한 믿음을 가지게 하십니다. 하나님은 우리의 지성을 연마하시고, 우리가 하늘의 복을 가져오는 자가 되기를 원하십니다. 즉 하나님은 우리로 하여금 세상과 상관없이 하나님 앞에 홀로서는 성숙한 자들이 되게 하려고 연단하십니다. 우리가 무능해서 그런 것이 아닙니다.

그래서 하나님은 우리로 하여금 날마다 기뻐하게 하십니다.

> **4절** "주를 찾는 모든 자들이 주로 말미암아 기뻐하고 즐거워하게 하시며 주의 구원을 사랑하는 자들이 항상 말하기를 하나님은 위대하시다 하게 하소서"

하나님은 주를 찾는 모든 자들이 실망하지 않게 하십니다. 하나님은 우리가 무서운 죄에서 구원받은 후 세상을 찾는 자가 되지 않게 하십니다. 우리가 아무리 세상으로 가고 싶어도 하나님은 가지 못하게 막으십니다. 그 대신 하나님은 우리로 하나님을 찾게 하시고, 그분의 문을 두드리게 하십니다. 그때마다 우리는 하나님으로 말미암아 기뻐하게 됩니다. 우리는 하나님 앞에서 진정으로 자기 자신을 되찾게 됩니다. 우리에게 가장 기쁜 것은 자기 자신의 가치를 찾는 것입니다. 마귀는 우리로 하여금 자기 가치를 상실하게 만들었습니다. 인간은 진정한 자아를 잃어버리게 되었습니다. 그러나 우리가 하나님께 가까이 갈수록 내 자신이 얼마나 소중하고 가치 있는 자인지 깨닫게 됩니다. 이것이 우리에게 가장 큰 기쁨을 줍니다. 하나님은 우리를 소중히 여기시며, 인격적으로 대하십니다. 또한 하나님은 우리로 하여금 사랑을 알게 하십니다.

그래서 우리는 '주의 구원'을 사랑하게 됩니다. 여기서 '주의 구원'을 사랑한다는 것은 소중하게 생각한다는 뜻입니다. 과거 우리는 하나님의 구원을 값싸게 생각했습니다. 신학자들은 '값싼 은혜, 값싼 구원'이라는 말을 했습니다. 그러나 우리는 하나님의 구원이 얼마나 고상하고 값비싼 것인지 알게 됩니다. 우리는 이 세상 어떤 것보다 하나님의 구원을 가장 소중하게 생각합니다. 우리는 다른 어떤 것보다 예수님의 보혈을 소중하게 생각합니다. 그리고 우리는 하나님을 위대하다고 고백합니다. 하나님은 우리를 그냥 구원하신 것이 아니라 진실로 우리를 고상하고 존귀하게 만드셨습니다.

그러나 성도에게는 여전히 풀리지 않는 문제가 있습니다. 그것은 바로 경제적인 궁핍입니다. 아마 다윗은 아주 가난해서 하나님이 당장 도와주시지 않으면 굶어죽을 지경이었던 것 같습니다. 성도님들 중에서도 돈이 없어 먹을 것이 없는 분들이 있을지 모릅니다. 장래가 불투명해 가족과 주위 사람들에게서 무시를 당하는지도 모릅니다. 혹은 무서운 질병에 걸려 수술을 받아야 하는 분도 있을 것입니다.

> **5절** "나는 가난하고 궁핍하오니 하나님이여 속히 내게 임하소서 주는 나의 도움이시요 나를 건지시는 이시오니 여호와여 지체하지 마소서"

우리 모두 이 기도를 드릴 수 있길 바랍니다. 아무 이유가 없습니다. 우리가 위급할 때 무조건 하나님께 '속히 임해 주소서'라고 기도하기 바랍니다. 하나님은 우리의 도움이시고, 우리를 건지시는 분입니다. 우리에게 있는 어려운 문제를 모두 하나님께 말씀드리시기 바랍니다. '나의 기쁨을 빼앗아가고 나를 비참하게 하는 이 모든 어려움에서 건져주옵소서'라고 하나님께 간절히 기도하시기 바랍니다. 하나님이 속히 도와주실 것을 믿으시기 바랍니다.

75

시 71:1–24

내 평생 의지할 하나님

우리가 한평생 살다보면 좋을 때도 있지만 정신적으로 방황할 때도 있습니다. 그런데 결국 마지막에 가면 '신앙을 가지고 살았느냐 아니면 신앙 없이 살았느냐?' 하는 것이 결정적으로 중요한 것을 볼 수 있습니다. 신앙 없이 세상에서 성공한 사람은 마치 남들이 올라가지 못한 높은 산꼭대기에 올라간 만족감은 있을지 모릅니다. 그러나 진정 자기 자신을 찾지 못한 것을 보게 됩니다. 하나님이 없는 인생은 자신과 남을 진정으로 사랑할 줄 모릅니다. 그러나 하나님을 만나 신앙으로 사는 사람의 인생은 아름답습니다.

시편 71편은 시편 제2권의 결론에 해당하는 말씀입니다. 더욱이 시편 71편은 지금까지 전개된 시편 전반부의 결론에 해당하는 시이기도 합니다. 그러면 시편 전체의 거의 절반에 해당하는 시편 전반부의 결론이 무엇일까요? 그것은 바로 성도들이 당하는 고난입니다. 하나님 백성이라면 모두 이 모양, 저 모양으로 많은 고난을 당합니다. 즉 하나님 백성의 대표적인 브랜드가 고난입니다. 그런데 성도들이 공통적으로 노래하는 사실이 있습니다.

하나님은 환난 가운데 언제나 우리의 피할 바위와 요새가 되신다는 것입니다. 하나님은 언제든지 우리를 어려움에서 건져주십니다. 악한 자가 공격할 때도 우리를 지켜 주시는 반석이 되십니다.

그런데 시편 71편 전체를 이루는 하나의 사상이 있습니다. 하나님은 우리를 무조건 도와주시는 것이 아니라 '주의 의'로 건지신다는 것입니다. 2절은 '주의 의로 나를 건지시며'라고 말하고 있습니다. 19절은 '하나님이여 주의 의가 또한 지극히 높으시니이다'라고 노래하고 있습니다. 24절은 '나의 혀도 종일토록 주의 의를 작은 소리로 읊조리오리니'라고 말하고 있습니다.

하나님은 우리를 무조건 고난에 넣으시지 않습니다. 하나님은 우리를 참으로 아름답고 깨끗하게 하셔서 성숙한 보석이 되게 하십니다. 그래서 우리는 하나님을 찬양하게 됩니다. 하나님이 우리를 고난에서 이기게 하신 것도 감사한데 우리로 하여금 악한 자에게 지지 않게 하신 것도 감사한 것입니다. 하나님은 결국 고난을 통해 우리를 보석같이 만들어 주십니다.

1. 하나님은 피할 바위

우리가 하나님의 백성으로 살아가면서 이해되지 않는 것은 하나님의 백성에게 고난이 너무 많다는 사실입니다. 그런데 한평생 어려운 것이 아니라 나름대로 잘 믿는다고 하는데 갑자기 환난이 닥쳐오면서 고생을 많이 하게 됩니다. 이 때 우리는 기도해야 합니다. 우리가 보통 때는 기도한다고 하지만 건성으로 할 때가 많습니다. 그러나 고난이 오면 정말 진실하게 기도하게 됩니다. 지금까지 한 기도보다 더 깊은 기도를 고난 중에 하게 됩니다. 우리는 하나님을 그토록 사랑하는데 왜 하나님은 우리에게 그렇게 심한 고난을 주실까요? 당시에는 그 이유를 알지 못합니다. 그렇지만 우리는 이런 고난을 통해 한 편으로는 비참해지지만 다른 한편으로는 하나님께 피하는 법을 배우게 됩니다.

1절 "여호와여 내가 주께 피하오니 내가 영원히 수치를 당하게 하지 마소서"

바로 이 말씀이 시편 전반부의 결론에 해당합니다. 하나님 백성은 이 세상에서 이유를 알 수 없는 고난을 많이 당합니다. 그러나 하나님 백성은 여호와께 피하여 위기에서 건짐을 받습니다. 뿐만 아니라 하나님의 놀라운 축복의 세계로 들어가게 됩니다.

시편 기자는 어려움을 당할 때 '내가 주께 피하오니'라고 했지만 사실 우리는 어려움을 당할 때 어디로 피해야 할지 알지 못합니다. 그리고 우리는 어떻게 하는 것이 하나님께 피하는 것인지도 알지 못합니다. 그래서 하나님 백성은 우왕좌왕하며 절망에 빠집니다.

우리가 하나님을 믿지 않을 때는 내 힘으로 모든 것을 할 수 있었습니다. 내 힘으로 안 될 때는 처음부터 다른 사람에게 도와달라고 하면 되었습니다. 그런데 우리가 하나님을 믿고 난 뒤에는 이것도 안 되고, 저것도 안 되는 상태에 빠지게 된 것입니다. 우리는 내 힘으로도 어려움을 해결할 수 없고, 다른 사람의 도움을 받을 수도 없게 되었습니다. 그러나 하나님의 도움까지 오지 않는 것입니다. 이 때가 가장 힘든 순간입니다.

하나님을 믿는 자들은 엘리야와 모세같이 하나님의 능력으로 모든 시험을 물리쳐야 하는데, 실제로는 힘도 없고 세상에서 도와줄 자도 없어 꼭 실패할 수밖에 없는 처지에 빠지게 되는 것입니다. 이 때가 가장 위험합니다. 이 때 교회와 그를 위해 기도해 줄 성도가 필요합니다. 우리는 아직 새끼 사자와 같아 하나님의 능력을 힘입는 것이 잘 안 되기 때문입니다.

그때 우리에게 획기적인 변화가 찾아옵니다. 우리가 기도하게 됩니다. 우리는 예수를 믿으면서 기도하면 하나님이 다 들어주신다는 것을 배웠습니다. 그러나 우리는 기도를 배우기는 했지만 잘할 줄 모릅니다. 그러다 어려움이 오면 필사적으로 기도하게 됩니다. 이 때 우리가 붙들 수 있는 것은 하나님의 말씀밖에 없습니다. 우리가 고난당할 때 사람이 하는 말은 전부 공허하고 가슴에 와 닿지 않습니다. 그런데 이상하게 하나님의 말씀을 들으면 나에게 하시는 말씀 같고 한 말씀, 한 말씀이 가슴에 와 닿기 시작합니다. 이것이 무엇입니까? 우리가 하나님께 피하는 것입니다. 우리 인생은 이상한 쪽으로 흘러가고 있지만, 결국 하나님은 모든 것을 바로 잡아 주셔서 가장 아름다운 인생으로 인도하십니다. 하나님을 바라보는 자는 영원히 수치를 당하지 않습니다.

시편 기자는 이어서 이렇게 말합니다.

> **2절** "주의 의로 나를 건지시며 나를 풀어 주시며 주의 귀를 내게 기울이사 나를 구원하소서"

시편 기자는 하나님께 나를 결박에서 풀어 주시며 내가 부르짖는 기도에 귀를 기울여 달라고 기도합니다. 시편 기자는 이 절망스러운 고난에서 구원해 달라고 간절히 기도합니다. 그런데 2절 맨 앞에 '주의 의'로 나를 구원해 달라고 기도하고 있습니다. 여기서 '주의 의'는 무엇을 말할까요?

> **3절** "주는 내가 항상 피하여 숨을 바위가 되소서 주께서 나를 구원하라 명령하셨으니 이는 주께서 나의 반석이시요 나의 요새이심이니이다"

여기서 하나님은 누구에겐가 '나를 구원하라'고 명령을 내리십니다. 하나님은 누구에게 이 명령을 내리시는 것일까요? 하나님은 천사에게 이 명령을 내리시는 것일까요? 아니면 사람에게 내리시는 것일까요? 하나님은 '구원하라'고 명령하셨는데 왜 사람들은 빨리 움직이지 않는 것일까요?

이것은 '하나님의 의'와 관계가 있습니다. 하나님은 우리를 빨리 구조하는 것이 목적이 아닙니다. 하나님은 우리를 깨끗하게 하기를 원하십니다. 하나님은 우리가 성숙하게 변화되기를 원하십니다. 하나님은 우리가 그분 앞에서 의로워지기를 원하십니다. 하나님은 어려움을 통해 우리가 겸손해지기를 원하십니다. 우리가 죄악을 다 버리고 눈처럼 흠도 티도 없는 자가 되기를 바라십니다. 참으로 지혜로운 자가 되기를 원하십니다.

우리는 고난이 오면 길이 보이지 않아 고민합니다. 고난 속에서 하나님의 뜻을 몰라 많은 생각에 빠집니다. 그런데 그때 우리 안에 있는 죄를 깨닫게 되고, 교만도 알게 됩니다. 우리가 얼마나 미련했는지 깨닫게 되는 것입니다. 그것이 바로 '하나님의 의'로 우리를 구원하시는 것입니다.

하나님은 우리의 반석이고 요새이십니다. 시편 기자는 '주는 내가 항상 피하여 숨을 바위가 되소서'라고 기도합니다. 바위는 거센 바람이 불어올 때나 홍수가 났을 때 완전하게 피할 수 있는 장소입니다. 광야에서 맹수를 만났을 때 큰 바위 뒤로 피하면 그곳으로는 맹수가 올라오지 못합니다. 너무 더운 더위를 만났을 때는 바위 그늘에서 쉴 수도 있습니다. 그러나 하나님의 반석은 놀라운 능력이 있습니다. 하나님의 반석에서는 생수가 나옵니다. 또한 바위에 손이 있어 우리가 위기에 처했을 때 우리를 건져냅니다. 그리고 이 바위는 발이 달려 있어 언제나 우리를 따라다닙니다. 이 반석이 무엇입니까? 바로 우리 주 예수 그리스도입니다. 마치 소방관이 소방 호스를 가지고 달리듯이 우리에게는 하나님의 능력이 연결되어 있습니다.

그런데 적이 공격할 때 반석만으로는 부족할 수 있습니다. 이 때는 요새가 있어야 합니다. 요새는 벽과 문이 있어 그 안에 들어가 있으면 적들이 아무리 많이 몰려와도 안전합니다. 또한 요새 안에는 비상식량이 있어 굶어죽지 않고 얼마든지 견딜 수 있습니다.

예수님은 "하나님의 아들이어든 명하여 이 돌들로 떡덩이가 되게 하라"(마 4:3)고 시험하는 마귀에게 이렇게 말씀하셨습니다.

"예수께서 대답하여 이르시되 기록되었으되 사람이 떡으로만 살 것이 아니요 하나님의 입으로부터 나오는 모든 말씀으로 살 것이라 하였느니라 하시니"_마 4:4

사람이 떡으로만 사는 것이 아닙니다. 하나님의 말씀으로 살 때 하나님의 요새 안에 있는 것입니다. 예수님은 주기도문에서 "오늘 우리에게 일용할 양식을 주시옵고"(마 6:11)라고 기도하셨습니다. 우리가 일용할 양식으로 살아갈 때 하나님의 요새 안에 있게 됩니다. 불안한 세상에서 우리는 하나님의 요새 안으로 피해야 합니다. 그것은 많은 돈을 쌓아두고 잘사는 것이 아니라 하루하루 사는 법을 배우는 것입니다. 그러면 핵이 폭발해도 안전할 수 있습니다. 하나님은 요새에서 불말과 불병거로 우리를 항상 지켜 주시기 때문입니다.

2. 이해할 수 없는 인생

우리 삶을 돌이켜 보면, 도무지 이해할 수 없는 순간이 있습니다. 우리 인생은 예측할 수 없습니다. 지나온 삶을 돌아보면, 지금 이 자리에 있게 되리라고는 꿈에도 생각지 못한 때가 있을 것입니다.

시편 기자는 이렇게 고백합니다.

7절 "나는 무리에게 이상한 징조같이 되었사오나 주는 나의 견고한 피난 처시오니"

시편 기자의 삶은 다른 사람들에게 아주 이상한 인생으로 보였습니다. 한글개역에는 '나는 무리에게 이상함이 되었사오나'라고 번역되어 있습니다. 이것은 한 사람의 삶이 주위 사람들에게 도무지 이해할 수 없는 인생으로 보였다는 뜻입니다.

처음 우리는 다른 사람들과 크게 다를 바 없이 정상적으로 살았습니다. 우리는 공부도 정상적으로 하고, 친구 및 친척들과의 관계도 좋았습니다. 그러나 우리가 하나님을 믿고 난 후부터는 이상하게 삶이 바뀌기 시작했습니다. 가족과도 이상한 관계가 됩니다. 세상에서도 도무지 길이 잘 열리지 않습니다. 거기에다 환난이 찾아오면 아주 괴로운 인생을 살게 됩니다.

그런데 중요한 것은 '그러나'입니다. 시편 기자는 '그러나 주는 나의 견고한 피난처시오니'라고 기도합니다. 여기서 '피난처'는 이해하기 쉬운 말로 표현하면 아주 강한 자석 같은 힘을 지닌 피난처를 의미합니다. 즉 하나님이 우리를 잡아당기셨기 때문에 우리 인생은 이상하게 된 것입니다. 비행기가 자기력이 아주 강한 지역을 통과하면 진로가 이상하게 변합니다. 그래서 비행기 안에서는 비행기 진로에 영향을 미치는 전자 기기를 사용하지 말라고 합니다. 우리 인생 역시 어느 순간부터 하나님의 강한 전파를 받고 있습니다. 그래서 우리 인생은 내 뜻대로 가지 않습니다. 그러나 돌아보면 하나님에게로 끌려가는 인생이 바로 사는 길이고, 복을 받는 길입니다.

시편 기자는 어렸을 때를 회상해 봅니다. 그의 삶은 어렸을 때부터 하나님의 손에 붙들려 있었습니다. 이 귀한 사실을 발견하게 된 것입니다.

5절 "주 여호와여 주는 나의 소망이시요 내가 어릴 때부터 신뢰한 이시라"

하나님은 시편 기자가 모르는 사이에 그를 지켜 주셨습니다. 그는 이 은혜를 회상하며 소망이 되시는 하나님을 신뢰합니다. 하나님은 왜 우리를 어렸을 때부터 하나님께로 당기셨을까요? 하나님은 왜 우리 인생을 평범하지 않게 만드셨을까요? 하나님은 우리를 사용하시기 위해 그런 것입니다. 하나님은 우리를 그의 손에 붙들린 주님의 도구로 사용하기를 원하십니다.

목수와 대장장이 모두 도구를 사용합니다. 아무리 기술이 뛰어나다 해도 도구 없이는 일을 할 수 없습니다. 그런데 이 기술자들은 모두 자기만의 도구가 있습니다. 이 도구는 기술자의 손에 딱 맞아서 마음대로 쓸 수 있습니다. 그러나 아무리 새 도구라도 길들이지 않은 것은 손에서 미끄러집니다. 자기 혹은 다른 사람들을 다치게 하기 때문에 잘 사용하지 않습니다.

마찬가지로 세상에 잘나고 똑똑한 사람은 많지만 모두 자기 마음대로 살아가기 때문에 하나님의 손에 맞지 않습니다. 하나님의 손에 딱 맞아야 모세나 엘리야같이 능력이 나타납니다.

그런데 시편 기자는 자기가 태어난 때까지 생각해 봅니다.

> 6절 "내가 모태에서부터 주를 의지하였으며 나의 어머니의 배에서부터 주께서 나를 택하셨사오니 나는 항상 주를 찬송하리이다"

아마 시편 기자는 어머니의 태안에서 죽을 고비를 넘겼던 것 같습니다. 유산의 위기가 있었다든지 아니면 부모가 이 아기를 원하지 않았다든지 혹은 누군가가 독살시키려고 독이 든 음식과 물을 마시게 했는데도 살아났던 것입니다. 더 중요한 것은 우리가 이 시대에 태어난 이유입니다. 인간은 삶의 회의를 많이 느낍니다. 사실 오늘날 자기가 지금 살아야 할 이유를 모르는 자들이 너무 많습니다. 그러나 하나님은 이 시대를 위해 우리를 태어나게 하셨습니다. 하나님은 우리를 이 시대에 살도록 택하셨습니다. 우리는 하나님이 우리에게 귀한 사명을 주셨다는 사실을 깨달아야 합니다.

우리가 살아가는 목적을 알면 하나님을 찬송할 수 있습니다.

> **8절** "주를 찬송함과 주께 영광 돌림이 종일토록 내 입에 가득하리이다"

우리는 하나님이 택하신 종이자 천사입니다. 그러기에 이 세상 사는 것을 두려워해서는 안 됩니다.

> **10, 11절** "내 원수들이 내게 대하여 말하며 내 영혼을 엿보는 자들이 서로 꾀하여 이르기를 하나님이 그를 버리셨은즉 따라 잡으라 건질 자가 없다 하오니"

우리에게는 원수가 있습니다. 원수는 우리가 망하기를 바랍니다. 원수는 우리의 약점을 노리고 있습니다. 그러나 마음속에 피난처와 반석이 있는 자는 두려워할 필요가 없습니다. 천만인이 우리를 공격하여 진을 쳐도 두려워할 필요가 없습니다. 우리에게는 하나님의 능력이 있기 때문입니다.

3. 장년의 위기

요즘 우리 사회는 장년의 위기를 많이 경험하고 있습니다. 과거에는 삶에서 장년 시기가 경제적으로 가장 안정되었습니다. 그러나 지금은 장년에 이르면 은퇴해야 합니다. 또한 건강 문제로 고통을 당합니다. 특히 세상에서 성공한 자들이 갑자기 함정에 빠지면 인생 최저점으로 떨어질 때가 있는데, 바로 그때가 장년 시기입니다.

시편 기자는 이렇게 기도합니다.

9절 "늙을 때에 나를 버리지 마시며 내 힘이 쇠약할 때에 나를 떠나지 마소서"

시편 기자는 '늙을 때에 나를 버리지 마시며'라고 기도합니다. 여기서 '늙을 때'는 노년의 시기를 말할 수도 있지만 장년의 시기부터를 말합니다.

신앙생활에서 청소년기가 있습니다. 신앙적으로도 청소년기는 질풍노도의 시기입니다. 이 때 많이 방황하고 연단을 받습니다. 하나님밖에는 정말 소망이 없습니다. 모세는 미디안 광야에서 방황하면서 영적으로 청소년 시기를 보냈습니다. 모세는 청소년 시기가 사십 년쯤 되었습니다.

그러나 청년기는 능력의 시기입니다. 이 때는 돈도, 현실도 모르고 오직 하나님의 손에 붙들려 일합니다. 삼손은 이 청년기 때 나귀 턱뼈로 블레셋 사람 천 명을 죽였고, 가드의 성문을 뜯어서 옮겼습니다. 그러나 삼손은 청년기 때 이성에 빠지는 바람에 속아서 눈이 뽑히고 머리카락이 밀리게 되었습니다. 청년기는 가장 순수하고 이상적인 시기이지만 오래갈 수 없습니다. 현실을 모르기 때문입니다.

그러나 장년기는 돈과 현실을 아는 시기입니다. 장년기는 잘못하면 돈과 명예에 빠지기 쉽습니다. 자기만족에 빠져 실족하기 쉽습니다. 다윗은 가장 행복할 장년기에 두 가지 큰 함정에 빠집니다. 하나는 신하의 부인인 밧세바에게 유혹되어 죄를 짓게 된 것입니다. 다른 하나는 압살롬의 반역으로 탄핵을 받아 왕의 자리에서 쫓겨나게 된 것입니다. 이것이 바로 장년기에 생길 수 있는 무서운 함정입니다.

또한 장년기에는 자기도 모르게 체력이 떨어져 돌연사를 할 수 있습니다. 대개 유능하고 열정적인 자들이 쉴 줄 모르고 자기 일에 몰두하다 이런 일을 당합니다. 또한 장년기가 되면 자기가 하는 일에 싫증을 느낍니다. 자기가 하는 일이 이미 궤도에 들어섰기 때문에 새로울 것이 없기 때문입니다. 물론 새로운 도전을 해 볼 수도 있지만 떨어진 체력으로 굳이 도전해 보고 싶지 않은 것입니다.

그리고 장년과 노년 시기의 가장 큰 위기는 외로움입니다. 청년기 때만 해도 친구가 있어 무슨 이야기든 할 수 있고, 인생이 지겹지 않았습니다. 그러나 장년이 되고, 또 노년이 되면 무슨 이야기든 할 수 있는 친구가 없게 됩니다. 그러나 사탄은 이 때를 노리고 있다 치명적으로 공격합니다. 실컷 목표를 달성해 놓은 후에 넘어지는 자들을 많이 봅니다. 그런데 신앙을 가진 자들이 한 번 넘어지면 그것이 미치는 영향은 매우 큽니다. 인간은 성공하고 나이가 들면서 돈과 명예, 이성의 유혹에 넘어집니다.

늙어서까지 아름다울 수 있는 비결이 어디에 있을까요?

17절 "하나님이여 나를 어려서부터 교훈하셨으므로 내가 지금까지 주의 기이한 일들을 전하였나이다"

우리가 젊어서부터 하나님의 말씀에 뿌리를 내리면 늙어서도 계속 아름다운 열매를 맺을 수 있습니다. 그러나 세상에 뿌리를 내린 자는 이미 추해져 냄새가 나기 시작합니다.

포도나무와 가지 비유를 들 수 있습니다.

"나는 포도나무요 너희는 가지라 그가 내 안에, 내가 그 안에 거하면 사람이 열매를 많이 맺나니 나를 떠나서는 너희가 아무것도 할 수 없음이라"_요 15:5

시편 기자는 또한 이렇게 기도합니다.

18절 "하나님이여 내가 늙어 백발이 될 때에도 나를 버리지 마시며 내가 주의 힘을 후대에 전하고 주의 능력을 장래의 모든 사람에게 전하기까지 나를 버리지 마소서"

결국 하나님의 말씀이 우리 안에 가득 차 있고, 연단을 받아야 장년의 유혹이나 인생의 탐욕을 밀어낼 수 있습니다. 그래야 아름다운 열매를 맺을 수 있습니다. 세상 지식에 뿌리를 내린 자는 썩어가는 것을 막을 수 없습니다. 우리는 왜 젊었을 때 세상에서 실패하고, 고통을 받아야 하는지 이해하게 됩니다. 이 세상을 돈과 지식으로 살지 않고, 하나님의 능력으로 사는 법을 배우기 때문입니다.

자기 힘으로 사는 자는 인생의 끝이 아름답지 않습니다. "풀은 마르고 꽃은 시드나 우리 하나님의 말씀은 영원히 서기"(사 40:8) 때문입니다. 하나님의 보석은 시들지 않습니다.

19절 "하나님이여 주의 의가 또한 지극히 높으시니이다 하나님이여 주께서 큰 일을 행하셨사오니 누가 주와 같으리이까"

하나님은 우리를 보석으로 바꾸셨습니다. 이것보다 더 위대한 일은 없습니다.

20절 "우리에게 여러 가지 심한 고난을 보이신 주께서 우리를 다시 살리시며 땅 깊은 곳에서 다시 이끌어 올리시리이다"

하나님은 우리를 고통과 절망에 빠지게 하셨는데, 거기서 우리를 살리셨고 다시 끌어내셨습니다.

21절 "나를 더욱 창대하게 하시고 돌이키사 나를 위로하소서"

하나님은 우리를 더욱 창대하고 아름답게 하실 것입니다. 우리는 포도나무에 붙은 가지이기 때문입니다. 우리는 젊었을 때나 늙었을 때나 아름다운 열매를 많이 맺을 것입니다. 그러나 자기 힘으로 사는 자들은 썩은 열매만 맺다 망할 것입니다.

마지막으로 시편 기자는 하나님을 찬양합니다.

22-24절 "나의 하나님이여 내가 또 비파로 주를 찬양하며 주의 성실을 찬양하리이다 이스라엘의 거룩하신 주여 내가 수금으로 주를 찬양하리이다 내가 주를 찬양할 때에 나의 입술이 기뻐 외치며 주께서 속량하신 내 영혼이 즐거워하리이다 나의 혀도 종일토록 주의 의를 작은 소리로 읊조리오리니 나를 모해하려 하던 자들이 수치와 무안을 당함이니이다"

'비파와 수금'으로 하나님을 찬양합니다. '나의 입술이 기뻐 외치며' 노래합니다. '나의 혀'도 노래합니다. 왜 하나님을 찬양하게 될까요? 내가 죽어야 하는데 살아났기 때문입니다. 성숙한 은혜로 말과 행실이 아름답게 변화되었습니다. 더 중요한 것은 하나님의 능력을 행하는 삶을 살 수 있게 되었습니다. 우리 모두 이런 은혜로 한평생 하나님을 의지하고 승리할 수 있길 바랍니다.

76

시 72:1–19

미래의 축복 비결

요즘 우리는 정치 권력자들이 수많은 부패를 행하여 한순간에 삶이 바뀌는 모습을 자주 봅니다. 이들은 불과 얼마 전까지만 해도 권력을 쥐고 있었습니다. 그런데 무언인가 잘못되면서 권력을 잃어버리고, 사람들로부터 비난받으면서 추운 감옥에 갇히는 신세로 전락하게 되었습니다. 한편 무료 급식소에서 봉사하는 분들의 이야기를 들어보면, 무료 급식을 받는 사람 중에 명문대 출신도 없잖아 있다고 합니다. 더욱이 노숙자들 중에도 명문대 출신이 있다고 합니다. 아마 이들이 자신들의 인생이 이렇게 될 줄 미리 알았더라면 분명 인생길을 바꾸었을 것입니다. 그러나 인간은 자신의 미래를 알지 못하기 때문에 최고 성공의 길이라 생각하고 살아갑니다. 그러다 함정에 빠집니다.

인간은 미래가 가장 걱정됩니다. 인간은 아무도 자신의 미래를 알지 못합니다. 인간은 자신의 미래가 어떻게 될지 모르는 가운데 살아가야 할 운명에 처해 있습니다. 인간은 모두 자신의 미래가 아름답고 풍성하기를 바랍니다. 미래가 아름다울 수만 있다면 지금의 어려움은 참을 수 있을 것입니다. 그러나 많은 사람들이 어려운 현실뿐만 아니라 잘 보이지 않는 미래 때문에 힘들어하고 있습니다.

시편 72편은 시편 제2권의 마지막에 해당하는 시입니다. 우리가 이 시를 시편 제2권의 결론이라고 말하지 않는 이유는 시편 71편이 시편 제2권과 1권의 결론이기 때문입니다. 지금까지 많은 시가 있었지만, 하나님 백성의 공통된 결론은 '고난'이었습니다. 하나님 백성은 이 세상을 살아가면서 공통적으로 힘든 고난의 시간을 겪습니다. 그러나 우리는 이런 고난을 통해 하나님을 우리의 반석으로 삼게 됩니다. 이 반석에서는 샘물이 나옵니다. 그리고 우리는 하나님을 요새로 삼게 됩니다. 요새에는 일용할 양식이 있습니다. 그리고 하나님의 불말과 불병거가 있어 적이 아무리 불화살을 쏘아도 망하지 않습니다. 하나님을 바라보는 자는 결코 수치를 당하지 않는 것입니다.

그런데 시편 72편은 놀랍게도 다윗의 시가 아니라 솔로몬의 시입니다. 시편 72편 20절을 보면, '이새의 아들 다윗의 기도가 끝나니라'라고 되어 있습니다. 시편 제1권과 2권은 대부분이 다윗의 시인데, 하필이면 제2권 마지막 시를 솔로몬의 시로 끝맺음하고 있는 것을 볼 수 있습니다. 그 이유가 어디에 있을까요? 이것이 바로 다윗의 미래이고, 우리의 미래이기 때문입니다. 성경에 보면 "눈물을 흘리며 씨를 뿌리는 자는 기쁨으로 거두리로다"(시 126:5)라고 말씀하고 있습니다. 오늘날 우리는 하나님의 말씀을 듣고 따라가면서도 미래에 대해서는 회의적일 때가 많습니다. 이 세상 현실은 우리가 하나님의 말씀을 듣고 순종한다고 해서 달라질 것이 아무것도 없어 보이기 때문입니다. 그러나 우리의 미래는 하나님 말씀에 달려 있습니다.

1. 말씀에 이끌리는 삶

한때 릭 워렌이 쓴 『목적이 이끄는 삶』이 아주 인기를 끌었던 적이 있습니다. 목적 없이 사는 삶은 성공할 수 없고, 영적인 목적을 분명히 세워 그 목적을 따라갈 때 성공한다는 것입니다. 그러나 좋은 목적을 가지고 그것을 열심히 추구한다고 해서 성공을 보장받을 수 없습니다. 우리 인생에는 전혀 예상하지 못한 함정과 시험이 도처에 놓여 있기 때문입니다. 그래서 우리의 삶은 반드시 하나님의 말씀에 따라 이끌림을 받아야 합니다.

여기서 우리는 아주 중요한 사실을 발견하게 됩니다. 이스라엘 백성이 누릴 미래의 축복이 1절 말씀에 모두 달려 있다는 것입니다.

> **1절** "하나님이여 주의 판단력을 왕에게 주시고 주의 공의를 왕의 아들에게 주소서"

솔로몬은 어린 나이에 이스라엘의 왕이 되어 도저히 이스라엘을 이끌어 갈 자신이 없었습니다. 그래서 솔로몬은 모든 일정을 뒤로 미루고 하나님 앞에 일천 번제를 드렸습니다. 솔로몬은 하나님께 기도하면서 결사적으로 매달렸습니다.

> **"이에 왕이 제사하러 기브온으로 가니 거기는 산당이 큼이라 솔로몬이 그 제단에 일천 번제를 드렸더니"**_왕상 3:4

솔로몬이 일천 번제를 드리기를 마쳤을 때 하나님은 솔로몬에게 물어보셨습니다.

"기브온에서 밤에 여호와께서 솔로몬의 꿈에 나타나시니라 하나님이 이르시되 내가 네게 무엇을 줄꼬 너는 구하라"_왕상 3:5

그러자 솔로몬은 하나님께 이렇게 대답했습니다.

"나의 하나님 여호와여 주께서 종으로 종의 아버지 다윗을 대신하여 왕이 되게 하셨사오나 종은 작은 아이라 출입할 줄을 알지 못하고 주께서 택하신 백성 가운데 있나이다 그들은 큰 백성이라 수효가 많아서 셀 수도 없고 기록할 수도 없사오니 누가 주의 이 많은 백성을 재판할 수 있사오리이까 듣는 마음을 종에게 주사 주의 백성을 재판하여 선악을 분별하게 하옵소서"_왕상 3:7-9

솔로몬의 기도가 하나님의 뜻에 완전히 일치되어 하나님은 솔로몬을 칭찬하셨습니다. 솔로몬은 부귀영화와 원수 갚는 것을 구하지 않고, 이스라엘을 바로 이끌어 갈 수 있는 지혜를 구했습니다. 하나님은 이를 기뻐하시고 지혜는 물론 부귀영화와 장수까지 다 주겠다고 응답하셨습니다.

우리가 복된 삶을 사는 비결은 오직 여호와의 율법을 즐거워하며 하나님의 말씀을 주야로 묵상하는 것입니다.

"복 있는 사람은 악인들의 꾀를 따르지 아니하며 죄인들의 길에 서지 아니하며 오만한 자들의 자리에 앉지 아니하고 오직 여호와의 율법을 즐거워하여 그의 율법을 주야로 묵상하는도다"_시 1:1, 2

인간은 누구나 이 세상에서 가장 높은 자리에 올라가기를 원합니다. 권력을 손에 쥐고 빨리 성공하기를 원합니다. 악한 꾀를 따르는 것을 좋아합니다. 그래서 누군가가 나쁜 꾀를 이야기를 하면, 그것이 옳지 않은 줄 알면서도 그 꾀를 따라갑니다. 악한 자의 말을 듣지 않으면 미움을 받아 자리에서 쫓겨난다는 것을 알기 때문입니다. 그런데 그것은 바로 자기 영혼과 양심을 더럽히는 것입니다. 결국에는 악한 꾀를 따랐기 때문에 치욕을 당하게 됩니다.

인간은 높은 자리에 오르기를 바랍니다. 그러나 나중에 보면 높은 자리에 올라간 것이 아무것도 아니라는 것을 알게 됩니다. 이것은 마치 산꼭대기에 한 번 올라갔다가 내려오는 것밖에 안 됩니다. 물론 산꼭대기에 올라가면 남이 올라오지 못한 곳에 올라왔다는 자부심이 생길 것입니다. 그러나 산꼭대기는 오래 있을 수도 없고, 아주 미끄럽고 위험한 곳입니다. 인간은 권력의 자리에 있기를 원합니다. 그러나 하나님은 권력의 자리야말로 죄인의 길이 되기 쉽다고 말씀하십니다. 권력은 바로 돈과 직결되기 때문입니다. 누군가 권력을 쥐면 사람들이 돈을 가지고 찾아옵니다. 또한 권력을 가진 자는 쉽게 돈을 요구합니다. 가장 쉽게 돈을 모을 수 있기 때문입니다.

그러나 복 있는 사람은 여호와의 율법을 즐거워합니다. 여기서 '즐거워한다'는 단순히 공부하거나 연구하는 것을 뜻하지 않습니다. '즐거워한다'는 세계 안으로 들어가 울고, 웃고, 춤을 추면서 그 맛을 자기 것으로 만드는 것을 의미합니다. 이런 자는 하나님의 말씀을 듣고 연구하면서 시간 가는 줄을 모릅니다. 하나님의 말씀이 주는 기쁨에 온전히 몰입합니다. 이런 자는 시냇가에 심은 나무처럼 열매를 많이 맺습니다.

그러나 우리가 세상을 살아가다 보면, 지속적으로 하나님의 말씀에 붙잡히기가 아주 어렵습니다. 우리가 하나님의 말씀을 즐거워하고 그 말씀에 순종하면 복을 받습니다. 그런데 우리 마음이 금세 교만해지고 세상을 따라갑니다. 그래서 우리에게는 하나님의 말씀을 가르쳐 주고, 인도해 주는 목자가 필요합니다. 우리가 개인적으로 하나님의 말씀을 사랑해야겠지만,

이스라엘 곧 교회 전체가 하나님의 말씀을 따라가야 합니다. 여기에 하나님이 주시는 미래의 축복이 있습니다. 그리고 그렇게 이끌어 갈 수 있는 자가 왕이고, 왕의 아들입니다. 이스라엘이 계속 부흥하고 복을 받으려면 왕만 하나님의 말씀을 붙잡는다고 해서 되지 않습니다. 왕의 아들도 하나님의 말씀을 붙잡아야 합니다. 개인적으로 하나님의 말씀을 사랑하는 것이 교회 전체로 이어져야 합니다.

또한 이스라엘이 계속 부흥하고 복을 받으려면 지속적인 기도가 필요합니다. 여기에 이스라엘의 미래가 달려 있기 때문입니다. 솔로몬은 왕이 되자마자 자신의 위신을 뽐내지 않고, 하나님 앞에서 결사적으로 기도했습니다. 그리고 하나님의 말씀을 깨닫고 적용할 수 있도록 지혜를 구했습니다.

하나님은 이를 기뻐하시고 이스라엘에 복을 주셨습니다. 우리나라는 한 시절은 하나님의 뜻에 잘 부합해 복을 받았지만, 지속적으로 복을 받는 데 실패했습니다. 멸망 길로 향하고 있는 것입니다. 과연 추락하고 있는 비행기를 다시 올릴 수 있을까요? 그러나 우리는 믿고 시도해 보아야 합니다. 이때 우리가 해야 하는 것은 결사적인 기도입니다. 우리가 세상을 사랑하고, 일시적인 복에 만족하며, 오만한 자의 자리에 앉았던 것을 철저하게 회개해야 합니다. 하나님께 다시금 부흥의 불을 붙여 달라고 기도해야 합니다.

우리가 누릴 미래의 축복은 개인의 믿음과 능력에 달려 있다기보다 우리 전체의 영적 부흥에 달려 있습니다. 그래서 우리에게는 전체적인 부흥을 위해 희생이 필요합니다. 우리가 하고 싶은 것이 있더라도 포기하고 하나님 앞에 일천 번제를 드려야 합니다. 그러면 추락하던 비행기가 다시 올라가듯 우리의 미래가 다시 복을 받아 독수리같이 올라갈 것입니다.

2. 공의를 실현하는 백성

아모스 선지자는 이렇게 말했습니다.

"오직 정의를 물같이, 공의를 마르지 않는 강같이 흐르게 할지어다"_암 5:24

비가 와서 물이 많고 거기에 장애물이 없으면 물은 강같이 흐릅니다. 사실 정치하는 방법 중에 가장 좋은 방법은 정부가 심하게 간섭하지 않으면서 사람들로 하여금 신바람이 나서 일을 하게 하는 것입니다. 그러면 모든 부분이 살아나고 잘될 수밖에 없습니다. 그러나 비도 오지 않아 강물은 다 바닥이 났는데, 장애물을 만들어 물의 흐름을 자기 멋대로 바꾸면 농사를 더 망치게 됩니다. 어떤 사회든지 사람들로 하여금 자기가 사는 세상을 신뢰하고 최선을 다하게 하려면 정의가 실현되어야 합니다. '정의'는 옳은 것은 옳다고 하고, 틀린 것은 틀렸다고 하는 것입니다.

모든 사람이 불법을 저지르지 않고 하나님의 말씀대로 살면 틀림없이 복을 받을 것입니다. 이런 확신을 가져야 합니다.

2절 "그가 주의 백성을 공의로 재판하며 주의 가난한 자를 정의로 재판하리니"

솔로몬이 하나님께 일천 번제를 마치고 왕궁으로 돌아왔을 때 솔로몬의 정의를 시험하는 어려운 문제가 그를 기다리고 있었습니다. 그것은 어린아이의 살인에 대한 문제였습니다.

예루살렘에 두 창기가 있었습니다. 예루살렘에 창기가 있었다는 사실이 얼마나 말씀과 현실이 다른지 보여 줍니다. 이 두 창기가 거의 동시에 임신

해서 아기를 낳았습니다. 그런데 한 여자가 밤에 잠을 자다 자기 아기를 깔려 죽게 했습니다. 그리고는 다른 창기의 아기를 훔쳐다가 자기 아기라고 주장했습니다. 이 때까지만 해도 솔로몬은 창기가 뭐하는 여자인지 몰랐습니다. 그리고 솔로몬은 아직 결혼하지 않았기 때문에 아기들은 다 똑같이 생긴 줄 알았습니다. 두 여자 모두 죽은 아기는 자기 아기가 아니라고 하고, 살아 있는 아기가 자기 아기라고 주장했습니다. 솔로몬은 누구의 말이 진실인지 도무지 알 수 없었습니다. 이 때 만일 엉뚱한 판단을 하면, 이스라엘의 공의가 어두워지고 백성의 마음은 답답하게 될 것입니다. 이스라엘 백성이 솔로몬 왕이 나이가 어릴 뿐만 아니라 무능하다는 판단을 하게 되면 그때부터 왕도, 기도도, 말씀도 가볍게 여길 것입니다.

그러나 솔로몬은 정의롭고 지혜로웠습니다. 솔로몬은 두 여자가 모두 살아 있는 아기를 자기 아기라고 하니 죽여서 반으로 나누어 가지라고 했습니다. 이 때 나쁜 여자는 자기 꾀에 걸려들어 '좋다'고 대답합니다. 그러나 아기의 진짜 엄마는 아기를 살려야 하니 '절대로 안 된다'고 말합니다.

백성은 솔로몬의 명 판정을 듣고 왕을 두려워하고, 하나님도 두려워하게 되었습니다. 이 때부터 이스라엘은 하나님의 말씀에 이끌림 받는 나라가 되었습니다.

> **5절** "그들이 해가 있을 동안에도 주를 두려워하며 달이 있을 동안에도 대대로 그리하리로다"

이스라엘에 정의가 실현되자 백성은 해와 달이 있는 동안 계속 하나님을 두려워했습니다. 하나님이 왕에게 칼을 주시고, 높은 자리에 있는 사람에게 권력을 주신 것은 정의를 실현하라는 뜻입니다. 높은 사람이 공정하면 백성은 미래에 대해 안심하게 됩니다. 백성은 죄를 멀리하고, 부정을 행하지 않으면 복을 받게 된다고 생각했습니다. 그래서 백성은 아주 신바람이 나서 자신의 일도, 하나님의 일도 하게 되었습니다. 이로 인해 하나님의 축복이 모든 백성에게 임하게 되었습니다.

특히 왕은 높은 자리에 있거나 자기 측근이라고 해서 봐 주면 안 됩니다.

4절 "그가 가난한 백성의 억울함을 풀어 주며 궁핍한 자의 자손을 구원하며 압박하는 자를 꺾으리로다"

왕은 가난하고 궁핍한 자의 이야기를 들어주고, 그들의 억울함을 풀어 주어야 합니다. 그렇게 할 때 하나님이 좋아하십니다. 그러나 목회를 하다 보면 할 수 있는 대로 모든 사람들이 스스로 깨달을 때까지 기다리는 것이 최고로 잘하는 것입니다. 당장 큰 소리를 치거나 책망하면 바로 잡을 수 있겠지만 그렇게 하는 것보다는 시행착오를 겪더라도 본인이 하나씩 깨달아 가는 것이 훨씬 좋은 방법입니다. 솔로몬 스스로 하나님의 말씀에 복종하고, 사치하지 아니하며, 신하들과 백성이 부족한 것이 있어도 기다렸다면 이스라엘의 축복은 오래 계속되었을 것입니다.

청년들을 지도할 때도 소크라테스의 산파술같이 질문을 던져 스스로 생각하게 한 다음 답을 찾게 하는 방법이 더 좋은 기술입니다. 그러나 솔로몬은 너무 정답만 아는 지도자였습니다. 문제 푸는 과정을 잘 보여 주지 못했습니다. 자기 자신도 잘 몰랐기 때문입니다. 솔로몬은 요즘으로 하면 일등만 한 수재였습니다. 아니 솔로몬은 확실히 천재였습니다. 그러나 솔로몬은 고난이 주는 유익을 몰랐습니다. 반석과 요새의 비밀도 몰랐습니다. 솔로몬은 하나님을 바라보는 자는 영원히 수치를 당하지 않는다는 비밀을 몰랐습니다. 결국 솔로몬은 자기 자신이 하나님의 말씀에서 벗어나 추락하는 것을 느끼지 못하게 됩니다.

3. 하나님이 주시는 미래의 축복

하나님 백성이 개인적으로 하나님의 말씀을 사랑하고, 거기서 멈추는 것이 아니라 전체적으로 하나님의 말씀을 따라가면 이스라엘에는 부흥이 일어납니다. 부흥은 하나님과 그의 백성이 견고한 말씀으로 하나가 되어 하나님의 모든 은혜와 축복을 남김없이 누리는 것을 말합니다.

이 때 하나님은 이스라엘에 전쟁이 일어나지 않게 지켜 주십니다.

3절 "의로 말미암아 산들이 백성에게 평강을 주며 작은 산들도 그리하리로다"

여기서 '산'은 적들이 예상치 못하게 공격하는 것을 말합니다. 산 너머에 있는 것은 사람의 눈에 보이지 않습니다. 그래서 적들은 언제나 눈에 보이지 않는 곳에서 전쟁을 준비하다 갑자기 쳐들어옵니다. 사람들은 아무것도 모르고 있다 산 위에서부터 요란한 소리로 적들이 쳐들어오면 우왕좌왕하게 됩니다.

그러나 부흥이 일어나는 나라와 백성에게는 적들이 산을 넘어 갑자기 공격해 오지 못합니다. 그들 마음에는 하나님 백성을 이길 자신이 없기 때문입니다. 특히 하나님의 불말과 불병거가 지키고 있기 때문에 적들이 넘어올 수 없습니다. 여기서 '작은 산들도 그리하리로다'라고 말합니다. 작은 산은 얼마든지 기습적으로 공격할 수 있을 것 같은데 못하는 것입니다. 하나님이 요새가 되어주시기 때문입니다. 우리가 전쟁을 막으려면, 나라 전체를 하나님의 말씀에 이끌리게 할 수는 없지만 일단 하나님의 말씀으로 충만해야 합니다. 우리 안에 있는 분열을 없애고, 허물이 있어도 사랑으로 덮어 주어야 합니다. 그리고 염려와 욕심을 버리고 결사적으로 기도해야 합니다.

하나님은 이스라엘에게 복을 주십니다. 하나님이 얼마나 놀랍게 복을 주시는지 그야말로 눈 깜짝할 사이에 성공하게 됩니다.

6, 7절 "그는 벤 풀 위에 내리는 비같이, 땅을 적시는 소낙비같이 내리리니 그의 날에 의인이 흥왕하여 평강의 풍성함이 달이 다할 때까지 이르리로다"

여름에 풀을 다 베어 버리면 아무것도 남지 않습니다. 약간의 그루터기만 남는데 '이렇게 해서야 언제 풀이 자라겠나?' 하는 생각이 듭니다. 사실 오래된 풀은 베어 버리는 것이 훨씬 좋습니다. 새 풀이 자라는 데 도움이 되기 때문입니다. 한 번 소나기가 퍼붓고 나면 새 풀이 며칠 사이에 다 자랍니다. 특히 의인들이 흥왕합니다. 하나님의 말씀을 사랑하는 자들이 크게 복을 받습니다. 모든 복이 하나님에게서 오기 때문입니다.

16절 "산꼭대기의 땅에도 곡식이 풍성하고 그것의 열매가 레바논같이 흔들리며 성에 있는 자가 땅의 풀같이 왕성하리로다"

산꼭대기는 농사를 지을 수 없는 단단한 땅입니다. 그런데 산꼭대기도 곡식이 풍성하니까 산등선과 들판이 온통 곡식 천지가 됩니다. 그리고 열매가 얼마나 많이 맺히는지 레바논같이 흔들린다고 합니다. 레바논은 큰 나무로 유명한 곳입니다. 그런데 레바논 나무같이 열매가 많이 열리고, 성에 있는 사람들은 풀같이 왕성하게 되는 복을 누리게 됩니다.

특히 하나님 백성은 빨리 성공하지 못해 악한 자들에게서 조롱과 무시를 많이 당했습니다. 그러나 세상 사람들은 드디어 하나님 백성을 존중하게 됩니다.

9절 "광야에 사는 자는 그 앞에 굽히며 그의 원수들은 티끌을 핥을 것이며"

광야에 사는 자들은 야만족들이며 거친 자들입니다. 그들은 아무리 하나님의 말씀으로 이야기해도 알아듣지 못합니다. 그러나 그런 야만족들이 머리를 숙이고, 원수들은 얼굴을 땅에 대고 티끌을 핥을 것입니다.

11절 "모든 왕이 그의 앞에 부복하며 모든 민족이 다 그를 섬기리로다"

여기서 '그'는 다윗의 아들을 말하기도 하지만 사실은 주님을 말합니다. 하나님은 주의 백성에게 복을 주실 것입니다.

18, 19절 "홀로 기이한 일들을 행하시는 여호와 하나님 곧 이스라엘의 하나님을 찬송하며 그 영화로운 이름을 영원히 찬송할지어다 온 땅에 그의 영광이 충만할지어다 아멘 아멘"

마지막에 '아멘'이 두 번이나 나옵니다. 이것은 참된 말씀이기 때문입니다. 우리의 미래는 내 개인의 의지보다 교회 전체가 하나님의 말씀에 붙잡히는 데 있습니다. 하나님은 우리로 하여금 영원히 교만하지 않게 하십니다. 하나님은 우리가 말씀에 주리고 목마른 자들이 되어서 영원토록 복 받기를 원하십니다.

77

시 73:1-28

하나님께 가까이

인간에게는 누구나 성공하고 싶은 강렬한 욕망이 있습니다. 더욱이 젊을 때는 성공하고 싶은 욕망이 더 강합니다. 그래서 어떤 자들은 무슨 수를 써서라도 유명해지려 합니다. 우리 사회에는 자신들의 양심과 영혼까지 팔아 성공하는 자들이 많이 있습니다. 그렇지만 그들은 결국 얼마가지 않아 파멸합니다. 그러나 하나님 백성은 아무리 세상에서 성공하려 해도 안 될 때가 많습니다. 하나님 백성은 오히려 이 세상에서 별로 성공하지 못해 교만한 자들에게서 무시와 업신여김을 당합니다.

시편 73편은 하나님 백성이 이 세상을 살아가면서 속상해 하는 현실을 이야기해 줍니다. 이 시에 나오는 성도는 하나님과 신앙에 대해 회의를 느끼고 있습니다. 그러나 다시금 무엇인가를 깨닫고 하나님을 찬양합니다. '하나님께 가까이함이 내게 복이라'고 말합니다. 시편 73편 앞부분에는 하나님께 원망하며 자포자기하는 마음이 묘사되어 있는데, 뒷부분에서는 오히려 하나님을 찬양하고 기뻐하는 모습으로 바뀝니다.

1. 자포자기에 빠질 뻔한 사람

시편 73편의 표제는 '아삽의 시'입니다. 아삽은 다윗 당시 악장이었습니다. 즉 아삽은 다윗 당시 찬양대 지휘자였습니다. 아삽은 다윗의 시를 정리해 노래로 남긴 자로 알려져 있습니다. 특히 시편 73편은 하나님 백성의 불만을 그대로 표현합니다. 그래서 우리가 시편 73편을 제대로 이해하면 인생의 숙제가 풀립니다.

아삽은 이렇게 시를 시작합니다.

1절 "하나님이 참으로 이스라엘 중 마음이 정결한 자에게 선을 행하시나"

이 구절은 하나님 백성의 극히 정상적인 신앙 고백입니다. 하나님은 마음이 깨끗하고 양심적으로 살려 하는 자들에게 복을 주십니다. 특히 하나님은 이스라엘 백성 중에 마음이 더 깨끗하고 정결한 자에게 선을 행하십니다. 우리는 이런 하나님을 믿기 때문에 어려운 일을 당해도 인내합니다. 또한 열심히 신앙생활하고 주어진 일에 최선을 다할 수 있습니다.

그러나 우리가 어려움을 이기고 신앙생활했는데 너무 실망스러울 때가 있습니다. 우리가 양심과 믿음을 지킨 결과는 별로 나타나지 않고, 오히려 탐욕을 부린 자들이 성공하는 것입니다. 그래서 시편 기자는 이렇게 말합니다.

2절 "나는 거의 넘어질 뻔하였고 나의 걸음이 미끄러질 뻔하였으니"

시편 기자는 하나님을 열심히 믿었지만 결과가 좋지 못해 실망했다고 말합니다. 이로 인해 넘어질 뻔했다고 말합니다. 여기서 '넘어질 뻔했다'는 것은 '하나님을 버릴 뻔했다'는 뜻입니다. 시편 기자는 하나님과 자기 자신에 대해 실망한 나머지 신앙을 버릴 뻔했다고 고백합니다. 심지어는 하나님을 부정할 뻔했다고 말합니다. 시편 기자는 자신의 상태를 실감나게 설명합니다. 그는 믿음의 길을 달리다 돌부리에 걸려 거의 넘어질 뻔했다고 합니다.

그 이유가 무엇일까요? 시편 기자는 모든 어려움을 참고 하나님을 붙잡았는데, 그 결과가 아무것도 아니었습니다. 오히려 하나님을 멀리하고 세상을 따라 산 자들이 잘되었습니다. 그래서 시편 기자는 성공한 자를 향해 시기심과 불 끓는 분노가 치밀어 올라왔습니다.

3절 "이는 내가 악인의 형통함을 보고 오만한 자를 질투하였음이로다"

시편 기자는 하나님을 믿으면 자신의 삶이 아름다워지고 행복해질 줄 알았습니다. 그러나 그가 하나님 앞에서 정결한 마음을 가지려고 노력한 것은 아무 의미가 없어 보였습니다. 그의 인생은 여전히 아무것도 아니었습니다. 오히려 신앙 없는 자들이 인정받고 성공했습니다.

욥은 성공하여 사람들로부터 존경받은 자였습니다.

"우스 땅에 욥이라 불리는 사람이 있었는데 그 사람은 온전하고 정직하여 하나님을 경외하며 악에서 떠난 자더라"_욥 1:1

그런데 연거푸 재앙을 만나면서 실패하게 됩니다. 욥은 갑자기 일어난 재앙으로 양떼와 소떼, 종들까지 다 잃어버렸습니다. 자식들도 다 죽게 되었습니다. 심지어 욥은 온몸에 피부병이 생겨 고통을 받았습니다.

"사탄이 이에 여호와 앞에서 물러가서 욥을 쳐서 그의 발바닥에서 정수리까지

종기가 나게 한지라 욥이 재 가운데 앉아서 질그릇 조각을 가져다가 몸을 긁고 있더니"_욥 2:7, 8

욥은 이 피부병이 너무 가려워 기왓장을 가지고 온몸을 긁고 있었습니다. 그때 욥의 부인은 그에게 이렇게 말합니다.

"그의 아내가 그에게 이르되 당신이 그래도 자기의 온전함을 굳게 지키느냐 하나님을 욕하고 죽으라"_욥 2:9

그때 욥은 부인에게 이렇게 대답합니다.

"그가 이르되 그대의 말이 한 어리석은 여자의 말 같도다 우리가 하나님께 복을 받았은즉 화도 받지 아니하겠느냐 하고 이 모든 일에 욥이 입술로 범죄하지 아니하니라"_욥 2:10

우리는 이렇게 여유롭게 말하지 못할 것입니다. 하나님이 많이 원망스러울 것입니다. 차라리 하나님을 저주하고 죽고 싶은 마음일 것입니다.

그런데 욥기를 보면 천상에서 하나님과 사탄이 내기를 합니다. 욥이 비참해지면 하나님을 원망하는지 원망하지 않는지 보자는 것입니다. 인간 편에서는 인생에서 성공하고 잘사는 것이 중요한 것 같지만 하나님 앞에서는 그 어떤 고난 중에도 하나님을 원망하지 않고 참는 것이 최고 승리라는 것을 알 수 있습니다. 그러나 인간은 세상 가운데서 이런 하나님의 마음을 도저히 알 수 없습니다. 우리는 그저 다른 사람들이 누리는 복 중에서 하나라도 누리지 못하면, 하나님이 나를 사랑하지 않으신다고 생각합니다.

2. 이해할 수 없는 하나님

악한 자라고 해서 늘 비참하고 가난한 것은 아닙니다. 하나님을 믿지 않는 자들이 악하고 교만하게 살면서 끝까지 부를 유지합니다. 그들은 이렇게 살다가 죽음을 맞이합니다.

시편 기자는 세상에서 악한 방법으로 성공한 자가 일시적으로는 부자가 될지 모르지만 결국 하나님이 그를 치셔서 비참하게 될 것이라고 생각했습니다. 그러나 그는 아직까지 신앙의 핵심이 되는 축복을 발견하지 못했습니다. 하나님이 주시는 최고의 축복을 깨달으면, 세상에서 성공한 자를 부러워하거나 시기할 이유가 전혀 없습니다. 자기 자신의 가치를 찾지 못했기 때문에 하나님을 두려워하지 않는 것입니다. 이런 상태에서는 성공한 자를 볼 때 속이 상하고 열등감이 듭니다.

시편 기자는 교만한 방법으로 성공한 자들이 죽기 전에 망할 줄 알았습니다. 그러나 실제로는 정반대였습니다. 이 악한 자들은 죽을 때까지 잘살았고, 심지어는 장수하는 복까지 누렸습니다.

> **4, 5절** "그들은 죽을 때에도 고통이 없고 그 힘이 강건하며 사람들이 당하는 고난이 그들에게는 없고 사람들이 당하는 재앙도 그들에게는 없나니"

우리는 교만해도 잘사는 자에게 어떤 재앙이 닥치면 속이 좀 시원할 것 같습니다. 그래도 내가 그 사람보다 바른 신앙을 가졌고, 끝내는 바른 길을 살아왔다는 것이 나타날 것이라고 생각합니다. 그런데 악한 자에게는 다른 사람들이 흔히 당하는 어려움도, 재앙도 닥치지 않습니다. 하나님 백성은 너무 억울합니다. 시편 기자는 하나님을 믿는다 하면서도 종일 재난을 당하며 아침마다 징벌을 받습니다. 그러나 악하고 교만한 자에게는 그런 것조차 없습니다.

그래서 악한 자들은 더 기고만장해서 교만하게 행동합니다. 이들은 겁나는 것 없이 하나님과 성도들을 업신여깁니다. 시편 기자는 신앙생활을 해봐야 아무 소용이 없다는 생각까지 듭니다.

6절 "그러므로 교만이 그들의 목걸이요 강포가 그들의 옷이며"

악한 자들은 교만을 드러내 놓고 자랑합니다. 그들의 옷은 강포입니다. 그들은 폭력을 휘두릅니다. 그렇지 않으면 폭언으로 사람들을 무시하고 업신여깁니다.

이들이 얼마나 살이 찌고, 수입 또한 얼마나 많은지 말로 표현할 수 없습니다.

7절 "살찜으로 그들의 눈이 솟아나며 그들의 소득은 마음의 소원보다 많으며"

이 부자들이 얼마나 살이 쪘는지 이제 다른 네는 더 찔 데가 없어서 눈까지 살이 찝니다. 그런데 이 교만한 자들이 돈은 또 얼마나 잘 벌어들이는지 생각보다 수입이 흘러넘칩니다. 그러니까 이들은 겁나는 것이 없습니다. 그런데 이들은 하나님을 믿는 자들이 가장 기분 나쁩니다. 이들은 무엇인가 고상하고 존귀한데 가난하기는 너무 가난한 것입니다. 그래서 교만한 자들은 이 기회에 하나님의 백성을 마음껏 욕하고 무시합니다.

8절 "그들은 능욕하며 악하게 말하며 높은 데서 거만하게 말하며"

이들은 하나님 믿는 백성을 보면 기분이 좋지 않습니다. 자기들이 가난하면 아첨이라도 해야 하는데 아첨하지 않으니까 화가 나는 것입니다. 그래서 이들은 하나님의 백성을 볼 때마다 욕하고 능욕합니다. 이 세상에서 성공하는 것이 최고이지, 하나님을 믿는 것이 뭐가 중요하냐는 식으로 능욕하면서 비참하게 합니다.

9절 "그들의 입은 하늘에 두고 그들의 혀는 땅에 두루 다니도다"

이들은 하나님에 대해 말하면서도 전혀 두려움이 없습니다. 이들은 자기들이 하나님을 가장 잘 안다고 생각합니다. 자기들이 세상의 모든 일을 다 안다고 생각합니다. 그들은 자기들의 생각이 최고 옳은 진리라고 여기기 때문에 다른 사람의 말을 들으려 하지 않습니다.

그런데 사람들은 이런 교만한 자가 옳다고 생각합니다. 그래서 교만한 자의 잔을 마십니다.

10절 "그러므로 그의 백성이 이리로 돌아와서 잔에 가득한 물을 다 마시며"

세상이 교만한 자를 추종하는 이유는 그들의 상에서 빵 부스러기가 떨어지기 때문입니다. 그러나 세상은 자기들이 빵 부스러기만 먹는 줄 생각하지만 실로 교만의 독약을 마시고 있는 것입니다. 더 무서운 것은 이런 심각성을 깨닫지 못한다는 사실입니다.

인간은 누구의 말을 듣느냐에 따라 자기 영혼의 가치가 달라집니다. 그래서 하나님 백성은 이 세상의 물이 자기에게 맞지 않는 것을 압니다. 이 세상은 교만과 거짓의 물입니다. 그들은 하나님이 아무것도 보지 못하고 모르신다고 생각합니다. 그들이 교만하게 음모를 꾸며도 모든 것이 자기 뜻대로 되기 때문입니다. 그러나 이는 잘못된 것입니다. 하나님의 뜻에 맞지 않는 것은 처음부터 되지 말아야 합니다. 믿음으로 하지 않는 것은 단 하나도 되지 말아야 합니다. 그래야만 나중에라도 바른 길을 찾을 수 있습니다. 그러나 악한 자들이 교만해도 언제나 평안하고, 재물을 더 모으는 것은 하나님이 그들을 버리셨기 때문입니다.

그러나 시편 기자는 알지 못했습니다. 그래서 그는 하나님을 믿는 것이 아무 소용이 없다고 사람들 앞에서 말할 뻔했습니다.

> 13절 "내가 내 마음을 깨끗하게 하며 내 손을 씻어 무죄하다 한 것이 실로 헛되도다"

시편 기자는 어떡해서든 믿음으로 살려고 애를 많이 썼습니다. 그리고 죄를 짓지 않으려고 애를 썼습니다. 죄를 지으면 하나님께 회개하며 눈물 흘렸습니다. 그런데 나중에 보니까 그런 것이 아무 소용없는 것 같았습니다. 아무리 하나님을 잘 믿으려 해도 어려움은 계속되었습니다.

> 14, 15절 "나는 종일 재난을 당하며 아침마다 징벌을 받았도다 내가 만일 스스로 이르기를 내가 그들처럼 말하리라 하였더라면 나는 주의 아들들의 세대에 대하여 악행을 행하였으리이다"

시편 기자는 하루 종일 어려움을 당하고, 아침마다 징벌을 받았습니다. 그런데 그는 이런 불만과 분노가 목까지 올라왔지만 결코 말하지 않았습니다. 이런 가운데서도 하나님의 뜻을 찾아보려고 많이 고민했던 것입니다.

> 16절 "내가 어쩌면 이를 알까 하여 생각한즉 그것이 내게 심한 고통이 되

었더니"

시편 기자는 이런 고통 가운데서도 하나님의 뜻이 있을 것이라 믿고 그 뜻을 찾았습니다. 그러나 그는 오랜 시간 하나님의 뜻은 모른채 정신적인 고통만 겪어야 했다고 고백합니다.

3. 급격한 전환점

시편 기자는 자기가 처한 상황을 다른 사람과 자꾸 비교합니다. 우리는 다른 사람의 사정을 모르기 때문에 겉만 보고 비교하면 누구든지 시험에 들게 되어 있습니다. 우리는 무슨 일이 있어도 자기 자신을 다른 사람과 비교하지 않겠다고 결심해야 합니다. 그리고 우리는 악한 사람이든 좋은 사람이든 망하는 것보다 잘되는 것을 좋아해야 합니다. 이 시편 기자는 하나님을 믿기는 하지만 현실 문제 때문에 큰 절망에 빠졌습니다. 그는 하나님을 믿는 것이 아무 소용이 없다고 단정하게 되었습니다.

그러나 그의 삶에 엄청난 변화가 일어났습니다. 이 변화는 그가 성전에 들어가면서 일어났습니다.

17절 "하나님의 성소에 들어갈 때에야 그들의 종말을 내가 깨달았나이다"

시편 기자가 가지고 있던 인생의 모든 의문과 의심은 그가 성전에 들어가면서 전부 해결되었습니다. 성전에 들어갔다는 것은 어떤 의미가 있을까요?

시편 기자는 지금껏 열심히 하나님을 섬겼지만 아직 하나님을 진정으로 만나지 못했습니다. 그의 마음에는 여전히 세상을 사랑하는 마음이 있었습니다. 율법에 얽매여 하나님을 의무적으로 사랑했습니다. 그에게 하나님은 아무리 가까이하려 해도 가까이할 수 없는 멀리 계신 분이었습니다.

그러던 어느 날 시편 기자는 하나님을 만나게 되었습니다. 살아 계신 하나님과의 만남이었습니다. 이것은 마치 바울이 예수 믿는 자들을 잡으러 가다 다메섹에서 예수님을 만난 체험과 같았습니다. 이것은 또한 모세가 미디안 광야에서 사십 년을 방황하다 불타는 떨기나무 속에서 하나님을 만난 체험과 같았습니다.

시편 기자는 살아 계신 하나님을 만나면서 모든 것이 변했습니다. 그는 지금까지 살아온 자신의 인생이 죄로 물들어 있음을 발견했습니다. 하나님은 불꽃같은 눈으로 그를 보며 말씀하셨습니다. 그는 오직 하나님의 말씀과 은혜만이 진정 가치 있다는 것을 깨닫게 되었습니다. 더 놀라운 것은 그가 하나님을 발견하게 되었을 때, 자기 자신을 찾게 되었습니다.

모든 인간은 자기 자신의 인생을 잃어버렸습니다. 자기 자신을 잃어버린 인간은 마귀의 종으로 살아갑니다. 그러나 하나님의 말씀을 듣고 하나님을 만난 순간 바른 정신이 돌아오면서 자신을 찾게 됩니다.

예수님은 "사람이 만일 온 천하를 얻고도 자기 목숨을 잃으면 무엇이 유익하리요"(막 8:36)라고 말씀하셨습니다. 세상에서 가장 가치 있는 일은 자기 자신을 찾는 것입니다. 우리가 반드시 하나님을 찾아야 하고, 하나님의 말씀을 들어야 하는 이유가 여기에 있습니다. 하나님은 우리에게 사랑을 가르쳐 주십니다. 하나님은 우리가 얼마나 사랑받을 자격이 있는 자이며, 이 세상 사람들도 모두 사랑받을 자격이 있는 자라는 것을 가르쳐 주십니다. 하나님을 모르는 자는 사랑을 알지 못합니다. 한 사람의 가치는 돈과 명예로 바꿀 수 없는 값진 보물입니다.

이런 눈으로 교만한 자들이 이룬 성공을 보면 그들의 처지가 얼마나 불안하고 위태로운지 알 수 있습니다.

18절 "주께서 참으로 그들을 미끄러운 곳에 두시며 파멸에 던지시니"

세상은 스스로 성공했다고 자만심을 가집니다. 그러나 그들이 올라간 정상은 미끄럽고 추우며, 사람이 살 수 없는 곳입니다. 그들은 남들보다 높은 곳에 있다고 하지만 미끄러운 비탈길에 서 있는 것입니다. 그리고 그들 발밑에는 지옥의 뜨거운 용암이 흐르고 있습니다. 세상의 복은 모래와 같아 영원히 자기 것으로 만들 수 없습니다. 이 세상에서 영원한 것은 하나님의 사랑과 말씀밖에 없습니다. 이것을 모르고 쌓은 업적은 아무 쓸모가 없습니다.

19, 20절 "그들이 어찌하여 그리 갑자기 황폐되었는가 놀랄 정도로 그들은 전멸하였나이다 주여 사람이 깬 후에는 꿈을 무시함같이 주께서 깨신 후에는 그들의 형상을 멸시하시리이다"

세상의 성공과 물질적인 부는 아무 의미가 없습니다. 그것은 갑자기 황폐하게 됩니다. 인간이 죽을 때 돈과 명예는 아무 도움이 되지 않습니다. 하나님은 그들의 가치를 인정하지 않으십니다. 사람이 수면 중에는 꿈이 대단히 진실한 것 같지만 잠에서 깨면 무시하게 됩니다. 하나님은 세상 방법으로 사는 자들을 무시합니다.

우리는 이 세상에서 갈등을 겪습니다. 가치 없는 자들이 우리 마음을 차지할 때가 많기 때문입니다. 그래서 우리는 하나님께 우리가 정말 무지하다는 것을 고백하지 않을 수 없습니다. 인간은 어리석습니다. 그러나 하나님은 오른손으로 우리를 붙잡으십니다. 하나님은 주님의 교훈으로 인도하시고, 영광으로 우리를 높여 주십니다.

21-24절 "내 마음이 산란하며 내 양심이 찔렸나이다 내가 이같이 우매 무지함으로 주 앞에 짐승이오나 내가 항상 주와 함께하니 주께서 내 오른 손을 붙드셨나이다 주의 교훈으로 나를 인도하시고 후에는 영광으로 나를 영접하시리니"

세상에서 하나님을 아는 지식보다 더 보배로운 것은 없습니다. 예수 그리스도를 아는 지식보다 더 고상한 것은 없습니다. 우리가 하나님의 말씀을 마음속에 담을 때 기적의 사람으로 변합니다. 세상에서 가장 가치 있는 분은 오직 하나님밖에 없습니다. 하나님에게는 가치와 존귀함, 영광과 지혜, 능력이 있습니다. 하나님이 없는 부귀와 명예는 아무 쓸모가 없습니다. 마귀에게 종노릇하는 것밖에 되지 않습니다.

우리의 복은 세상에 있지 않고 하늘에 있습니다. 하늘에서나 땅에서나 오직 우리가 사모할 분은 하나님밖에 없습니다.

25절 "하늘에서는 주 외에 누가 내게 있으리요 땅에서는 주밖에 내가 사모할 이 없나이다"

하나님만이 우리 인생을 참으로 가치 있게 하십니다. 하나님은 우리 인생을 아름답고 행복하게 하십니다. 여기서 '사모한다'는 것은 열렬하게 사랑하는 것을 의미합니다. 우리의 마음과 뜻, 생명을 다해 사랑하는 것입니다. 하나님은 우리가 열렬하게 사모할 가치가 있는 분이십니다.

27절 "무릇 주를 멀리하는 자는 망하리니 음녀같이 주를 떠난 자를 주께서 다 멸하셨나이다"

아무리 좋은 옷을 입고, 돈이 많아도 음란한 행동이나 사기로 돈을 번다면 행복하지 않을 것입니다. 하나님을 모르고 성공한 것은 음녀의 성공과 같습니다.

하나님을 가까이하는 것이 복입니다. 하나님만이 우리 인생을 진정 가치 있게 하시며, 우리의 피난처가 되어주시기 때문입니다. 여기서 위대한 고백이 나옵니다.

> 28절 "하나님께 가까이함이 내게 복이라 내가 주 여호와를 나의 피난처로 삼아 주의 모든 행적을 전파하리이다"

하나님 안에 진정한 복이 있습니다. 그렇다면 지금까지 우리가 주야로 고통당하며 고생한 까닭은 무엇일까요? 그것은 우리를 하나님께로 인도하는 과정이었던 것입니다. 우리는 수많은 고난을 통해 하나님께로 가게 되었습니다. 드디어 우리는 가장 비참한 곳에서 살아 계신 하나님을 만났습니다. 우리가 아무리 고통 받고 비참하더라도 하나님을 바로 만나면 복된 사람이 됩니다.

하나님은 매우 큰 부자이십니다. 그러나 하나님은 우리가 자신의 가치를 찾기 원하십니다. 하나님은 우리가 하나님을 닮기를 원하십니다. 하나님은 우리가 천국의 비밀을 알기를 원하십니다. 그때 우리의 삶이 진정 아름답게 만들어집니다.

78

시 74:1–23

하나님을 잃어버린 이스라엘

우리는 소중함을 알지 못하다가 없어진 후에 아쉬워할 때가 있습니다. 그중의 하나가 예배의 감격과 기쁨입니다.

교회가 자라고, 성도들이 은혜 받으며 사는 것은 아름다운 예배와 선한 성도들이 있기 때문입니다. 그런데 교회가 분열되면, 그런 시절이 오지 않습니다. 군에 간 청년들은 주일인데도 하나님께 예배드리지 못하고 임무를 해야 할 때 그렇게 예배가 그립다고 합니다.

시편 74편 해석에는 어려운 문제가 하나 있습니다. 그것은 시편 74편의 시기입니다. 시편 74편 표제는 '아삽의 마스길'입니다. 아삽은 다윗 당시 활동했던 지휘자 중 한 사람입니다. 그런데 아삽은 성전이 불타고 파괴될 것을 이야기하고 있습니다. 성전이 이렇게 불타게 된 시기는 다윗 때가 아니고 후에 예루살렘이 멸망할 때였습니다. 물론 시편 표제는 성경 본문처럼 권위를 가지는 것은 아닙니다. 그러나 아삽의 시들을 이렇게 모아놓은 것을 보면 이 시가 다윗 시대의 시일 가능성이 높습니다. 그래서 우리는 시편

74편의 배경을 후에 바벨론 때의 성전 파괴에 앞서 성전이 불타고 파괴되었던 때로 가정해 볼 수 있습니다. 그때가 언제일까요? 엘리 제사장의 아들 홉니와 비느하스 때입니다. 홉니와 비느하스는 블레셋과 싸우면서 하나님의 궤를 가지고 갔다 빼앗깁니다. 그때 블레셋 사람들은 성막이 있던 곳까지 쳐들어와 성전을 부수고 불태웠습니다.

홉니와 비느하스는 이방 종교의 영향을 받아 백성이 드리는 제물을 빼앗고 성전에서 봉사하는 여성들과 성관계를 가졌습니다. 그들은 '제사장'이라는 직책을 악용해 하나님의 제사와 성전을 더럽혔습니다. 그 결과 성전이 파괴되었고, 이스라엘 백성이 망하게 되었습니다. 우리 역시 성전이 무엇이며, 바른 신앙이 어떤 것인지 모르면 하나님의 축복과 종교 의식만 자랑하다 스스로 망하게 됩니다. 그래서 하나님 백성에게는 중간 지대가 없습니다. 하나님 백성은 바르게 믿든지 아니면 망하든지 둘 중 하나의 길을 가야 합니다.

1. 하나님의 양떼를 불태우심

만약 우리에 불이 난다면 양과 소는 밖으로 피하지 못하는 바람에 더 비참하게 죽고 말 것입니다. 차라리 우리 밖에서 키우던 양과 소 같으면 불이 나더라도 얼마든지 피할 수 있지만, 잘 키운다고 우리 안에 가두어둔 양과 소는 불을 피하지 못해 비참하게 죽고 마는 것입니다.

그런데 우리에 주인이 불을 질렀다면, 그것은 보통 심각한 일이 아닙니다. 주인이 자기가 아끼는 우리에 불을 질렀다면, 그 우리에 아주 좋지 못한 전염병이 퍼졌기 때문에 그것을 막으려고 불을 지른 것입니다. 바로 양과 소를 살처분하는 것입니다. 우리나라에서도 구제역이 발생하면 일정 지역

안에 있는 소와 돼지는 무조건 땅에 묻어 죽이게 되어 있습니다. 일본 동북부 지역에 쓰나미가 밀려와 원전이 폭발했을 때, 그 지역에 방사능이 퍼졌습니다. 나중에 사람들이 소와 개들이 줄에 묶여 굶어 죽어 있는 것을 보게 되었습니다.

시편 74편을 보면 하나님이 아끼시던 우리에 불을 지르셔서 양들을 죽이는 것을 보게 됩니다.

> **1절** "하나님이여 주께서 어찌하여 우리를 영원히 버리시나이까 어찌하여 주께서 기르시는 양을 향하여 진노의 연기를 뿜으시나이까"

하나님은 양떼들을 특별히 사랑하셔서 우리 안에 넣고 잘 키우셨습니다. 그동안 양들은 우리에서 보호를 받으며 살았습니다. 그런데 어느 날 하나님이 이 양들을 버리셨습니다. 하나님이 우리에 불을 질러 모든 양들을 죽게 하신 것입니다. 양들은 이해되지 않았습니다. 그 이유가 무엇일까요? 그것은 하나님이 양들을 사랑하지 않으셔서 그런 것이 아닙니다. 물론 이 양들을 버리면서 하나님은 마음이 아프셨습니다. 그러나 하나님이 이 양들을 모두 불로 태울 수밖에 없던 이유는 이 안에 무서운 병이 돌고 있었기 때문입니다. 그 병은 바로 교만과 성공, 상업화의 병이었습니다.

하나님이 양들을 특별히 사랑하셨던 것은 어디까지나 그들이 하나님의 양이었기 때문입니다. 양들은 하나님의 말씀을 먹으며 깨끗하게 자랐습니다. 양들은 목자가 어디로 인도하든 따라갔습니다. 이들은 우상과 음행으로 더럽혀지지 않은 자들이었습니다. 그런데 어느 날부터인가 이 양들에게 병이 생겼습니다. 그것은 바로 이방 종교의 병이었습니다. 이들은 하나님의 말씀을 거부하고, 성공을 숭배하며, 돈을 사랑했습니다. 심하게는 음란을 사랑했습니다. 하나님은 양 한 마리, 한 마리를 살펴보셨습니다. 하나님은 양들이 모두 세상에 오염되었다는 결론을 내리셨습니다. 그래서 하나님은 이스라엘을 살처분하기로 결정하셨습니다.

이것은 하나님에게도 큰 손실이었습니다.

> **2절** "옛적부터 얻으시고 속량하사 주의 기업의 지파로 삼으신 주의 회중을 기억하시며 주께서 계시던 시온 산도 생각하소서"

이스라엘 백성은 아주 옛날부터 하나님이 매우 큰 희생을 치르고 사신 재산이었습니다. '주의 기업'은 하나님의 재산 1호라는 뜻입니다. 이스라엘 백성은 하나님의 천사보다 더 소중한 재산이었습니다. 그들은 '주의 회중'으로서 예배하는 자들이었습니다. 하나님은 이스라엘 백성의 예배를 받으시고 진노를 축복으로 바꾸셨습니다. 하나님은 심판을 치료의 능력으로 바꾸셨습니다. 더욱이 하나님은 이스라엘 백성이 있는 시온에 언제나 임재하셨습니다. 그곳에만 가면 하나님을 만날 수 있었습니다. 온 우주를 지으신 하나님, 전 우주보다 크신 분을 시온에 가기만 하면 만날 수 있다는 것이 얼마나 대단한 일입니까?

그러나 이스라엘 백성은 이 같은 중요성을 깨닫지 못했습니다. 그래서 이들은 세상 욕심과 음란, 명성에 오염되었습니다. 그 결과 하나님은 백성과 성전을 모두 살처분하게 되셨습니다.

> **3절** "영구히 파멸된 곳을 향하여 주의 발을 옮겨 놓으소서 원수가 성소에서 모든 악을 행하였나이다"

하나님은 이스라엘 백성에게서 발을 끊으셨습니다. 그런데 누군가가 하나님을 향해 '영구히 파멸된 곳을 향하여 주의 발을 옮겨 놓으소서'라고 말하고 있습니다. 그는 하나님 말씀에 사로잡힌 다윗이었습니다. 하나님은 누군가가 설득하면 들으시고, 다시 걸음을 옮기시는 분입니다. 그래서 하나님은 다윗이 언약궤를 옮길 때 이스라엘 백성과 함께 예루살렘에 입성하셨습니다.

우리가 세상에서 아무리 성공했다 해도 하나님을 모시지 않으면 아무 소용이 없습니다. 지금 우리는 하나님이 우리 가운데 다시 오시도록 설득해야 합니다. 다윗은 하나님께 다시 한 번 이스라엘에 찾아오셔서 예배의 부흥을 주시고, 영적인 축복을 달라고 설득하고 있는 것입니다.

2. 오염된 성전의 결과

야생동물과 인간은 좋아하는 냄새가 다릅니다. 야생동물은 특유의 냄새가 있습니다. 야생동물은 몸을 씻지 않고, 먹는 것이 다르기 때문입니다. 야생동물은 그런 생활과 냄새를 좋아합니다. 그러나 인간은 매일 씻고, 향수나 로션을 사용해 좋은 냄새를 냅니다. 하지만 짐승들은 그 냄새를 싫어합니다. 야생동물이 가장 싫어하는 것은 인간이 내는 소음과 그 냄새일 것입니다.

마찬가지로 하나님과 인간은 '거룩'에 대한 개념이 다릅니다. 인간은 죄 가운데 태어나서 죄를 지으며 사는 것이 아주 자연스럽고 편합니다. 그에 비해 하나님은 지극히 거룩하시기 때문에 조금이라도 죄 냄새가 나는 것을 참지 못하십니다.

그래서 인간과 하나님이 함께 있는 것은 불가능했습니다. 그러나 하나님이 결단을 내리셨습니다. 우리가 마음을 다해 하나님 말씀에 순종하면, 우리의 삶이 예배와 찬송이 되어 하나님 앞에 드려지게 됩니다. 죄인 된 우리에게서 말씀에 근거한 새로운 향기가 나는 것입니다. 구약 제사의 핵심은 제물을 태울 때 나는 냄새입니다. 하나님은 그 냄새를 흠향하셨습니다.

"제사장은 그것을 제단 위에서 불사를지니 이는 화제로 드리는 음식이요 향기로운 냄새라 모든 기름은 여호와의 것이니라"_레 3:16

그런데 인간은 이것을 잘 느끼지 못합니다. 인간에게 죄짓는 것은 너무 자연스러운 일이기 때문입니다. 인간은 더러운 마음으로 예배드려도 잘못을 느끼지 못할 때가 많습니다. 우리가 교만한 마음으로 예배드리면 하나님은 기뻐하시지 않습니다. 또한 우리가 교만한 마음으로 신앙생활을 하면 우리의 삶은 황폐해집니다.

하나님은 이것을 참으십니다. 그러나 참고 또 참다 도저히 참을 수 없게 되면 하나님은 그 예배에서 떠나십니다. 또한 성전을 떠나십니다. 그러면 한순간에 성전은 파괴되고, 이스라엘 백성은 망합니다.

4, 5절 "주의 대적이 주의 회중 가운데에서 떠들며 자기들의 깃발을 세워 표적으로 삼았으니 그들은 마치 도끼를 들어 삼림을 베는 사람 같으니이다"

여기서 '주의 대적'은 아마 블레셋일 것입니다. 그리고 나중에는 바벨론이었습니다. 그들은 성전에서 떠들며 자기들의 깃발을 세웠습니다. 또한 그들은 도끼로 나무를 베듯 성전을 파괴했습니다.

6, 7절 "이제 그들이 도끼와 철퇴로 성소의 모든 조각품을 쳐서 부수고 주의 성소를 불사르며 주의 이름이 계신 곳을 더럽혀 땅에 엎었나이다"

이스라엘 백성은 성전과 자기들이 대단하다고 생각했습니다. 하나님이 이스라엘 백성을 감히 망하게 하시지 못한다고 생각했습니다. 그러나 하나님이 기뻐하시지 않는 성전과 성전 기구는 모두 원수의 파괴 대상이었습니다. 그들은 도끼로 '성소의 모든 조각품'을 부수고 땅에 엎어 버렸습니다.

> 8절 "그들이 마음속으로 이르기를 우리가 그들을 진멸하자 하고 이 땅에 있는 하나님의 모든 회당을 불살랐나이다"

이방인들은 하나님의 성전을 두려워하지 않았습니다. 그들은 '하나님의 모든 회당'을 불살라 버렸습니다. 이스라엘 백성 안에 하나님의 진실한 말씀이 없었기 때문입니다.

> 9절 "우리의 표적은 보이지 아니하며 선지자도 더 이상 없으며 이런 일이 얼마나 오랠는지 우리 중에 아는 자도 없나이다"

이스라엘 백성 가운데 표적이 없었습니다. '표적'은 기도 응답이며, 말씀의 능력입니다. 선지자도 없었다고 말합니다. 하나님의 바른 말씀이 없으니 성전도, 예배도 소용없었던 것입니다.

> 11절 "주께서 어찌하여 주의 손 곧 주의 오른손을 거두시나이까 주의 품에서 손을 빼내시어 그들을 멸하소서"

하나님은 손을 주머니에 넣고 도무지 빼지 않으셨습니다. 하나님의 손이 도와주셔야 살 수 있는데, 가만히 계시니 이스라엘 백성은 힘이 없었습니다. 그래서 선지자는 하나님께 손을 주머니에서 좀 빼달라고 요청하고 있습니다. 하나님이 그분의 손을 빼셔야 일이 해결됩니다. 하나님이 주머니에 손을 넣고 가만히 계시면 우리는 망할 수밖에 없습니다. 우리에게 중요한 것은 하나님으로 하여금 손을 빼시게 하는 것입니다.

3. 놀라우신 하나님

우리는 하나님이 어떤 분이신지 잊을 때가 많습니다. 그래서 우리는 하나님을 성전 안에 조용히 계시는 고독한 분으로 생각하기 쉽습니다. 그러나 그것은 하나님을 잘못 생각하고 있는 것입니다. 하나님은 온 우주를 만드신 분입니다. 과학자들은 우주가 처음 만들어질 때 큰 폭발이 있었다고 말합니다. 그 증거로 빅뱅 이론을 이야기하는데, 그 큰 폭발을 만드신 분이 바로 하나님이십니다.

따라서 인간은 처음부터 하나님을 바로 모신다는 것이 불가능했습니다. 이스라엘 백성이 시내 산에서 보았듯이, 하나님은 소멸하는 불이시며, 감당할 수 없는 능력의 하나님이시기 때문입니다.

> 13절 "주께서 주의 능력으로 바다를 나누시고 물 가운데 용들의 머리를 깨뜨리셨으며"

여기서 '용'은 바다 가운데 소용돌이를 일으키는 괴물을 말합니다. 고대인들은 바다 용이 큰 소용돌이를 일으키면서 배들을 삼킨다고 생각했습니다. 그런데 하나님은 바다 용의 머리를 깨뜨리시고, 하나님의 백성을 위해 바다를 가르셨습니다. 어떤 학자들은 '용'이 애굽의 바로와 그 군대라고 해석합니다.

14절 "리워야단의 머리를 부수시고 그것을 사막에 사는 자에게 음식물로 주셨으며"

여기서 '리워야단'은 악어이기도 한 괴물을 말합니다. 하나님은 이 바다 괴물을 죽이셔서 사막에 사는 들개나 다른 짐승들에게 먹이로 주십니다. 사실 이것은 하나님의 능력의 지극히 작은 부분에 불과합니다.

15절 "주께서 바위를 쪼개어 큰물을 내시며 주께서 늘 흐르는 강들을 마르게 하셨나이다"

하나님은 큰 능력을 베푸시는 분입니다. 하나님은 마음을 다해 그분의 말씀을 믿는 자들을 위해 사막에서 바위를 쪼개어 큰물이 나게 하셨습니다. 또한 하나님은 요단 강을 마르게 하셔서 건너가게 하셨습니다. 하나님은 우리가 하나님 앞에서 부족하면 부족할수록 더 기뻐하십니다. 더 큰 능력을 베푸십니다. 반대로 하나님 앞에서 교만할수록 손해를 봅니다. 우리가 세상에서 가난하고 힘이 없는 것은 반드시 불리한 것이 아닙니다. 하나님은 용의 머리를 치셔서 바다에 길을 내시고, 바위를 쪼개어 생수를 주실 것이기 때문입니다.

16절 "낮도 주의 것이요 밤도 주의 것이라 주께서 빛과 해를 마련하셨으며"

하나님은 온 우주의 빛과 태양을 만드신 분입니다. 하나님의 능력 앞에서는 하나님을 믿는 자와 믿지 않는 자 모두 아무것도 아닙니다. 하나님 앞에서 자기가 능력 있다고 큰 소리칠 수 있는 사람은 없습니다. 그런데 하나님은 진정으로 예배드리며 말씀을 믿는 자에게 기적을 베풀어 주십니다.

19절 "주의 멧비둘기의 생명을 들짐승에게 주지 마시며 주의 가난한 자의 목숨을 영원히 잊지 마소서"

인간은 하나님 앞에서 멧비둘기밖에 되지 않습니다. '멧비둘기'는 힘이 없고 보잘 것 없는 새입니다. 그러나 시편 기자는 이런 멧비둘기를 사나운 짐승의 먹이로 주시지 말라고 하나님께 부탁합니다. 우리는 하나님 앞에서 아무 힘이 없습니다. 가치도 없습니다. 그러나 하나님은 이런 연약한 자들의 기도를 반드시 들어주십니다.

21절 "학대받은 자가 부끄러이 돌아가게 하지 마시고 가난한 자와 궁핍한 자가 주의 이름을 찬송하게 하소서"

시편 기자는 하나님께 학대받는 자들이 빈손으로 돌아가지 않게 해 달라고 기도합니다. 또한 그는 궁핍한 자들로 하여금 하나님을 찬송하게 해 달라고 기도합니다.

그러나 하나님과 우리를 연결하는 핵심이 20절 상반절에 있습니다.

20절(상) "그 언약을 눈여겨보소서"

우리가 하나님의 말씀을 붙잡으면 아무리 연약해도 천지를 지으신 하나님과 연결됩니다. 반대로 하나님은 그분을 비방하며 큰 소리치는 자들을 치십니다.

23절 "주의 대적들의 소리를 잊지 마소서 일어나 주께 항거하는 자의 떠드는 소리가 항상 주께 상달되나이다"

하나님 앞에서 잘난 체하고 떠드는 자들은 그들의 소리가 하나님 앞에 모두 보고되고 있는 줄 모릅니다. 그러나 하나님은 그들이 하는 소리를 다 듣고 치십니다.

하나님은 크신 분입니다. 우리의 종교적 열심은 하나님 앞에서 아무것도 아닙니다. 하나님의 말씀이 아닌 자신들의 열심을 믿을 때 망하게 됩니다. 우리가 하나님의 말씀을 붙잡을 때, 하나님은 찾아오셔서 손을 빼 도와주십니다.

79

시 75:1-10

하나님의 이름을 가진 자들

사람들은 흔히 세상을 두 부류로 분류합니다. 한 부류는 다른 사람을 지배하는 지배자이고, 다른 한 부류는 다른 사람의 지배를 받는 피지배자입니다. 그런데 이 세상에서 지배자는 모든 권한과 힘을 가지는 반면, 피지배자는 아무것도 가지지 못한 채 복종만 강요당합니다. 이 때문에 사람들은 할 수만 있으면 모두 지배자가 되려고 합니다.

하나님은 이 세상에 지배자와 피지배자를 모두 주셨습니다. 하나님은 어떤 자에게는 '권력'이라는 뿔을 주어 많은 사람을 지배하게 하십니다. 그런데 하나님은 그의 백성에게는 이런 뿔을 주시지 않을 때가 많습니다. 특히 하나님 백성은 하나님을 사랑하고 그 말씀에 순종하려 하는 자들인데 뿔이 없기 때문에 이 세상을 살면서 어려움을 당합니다. 그러나 하나님은 그의 백성에게 세상의 뿔을 주는 대신 하나님의 이름을 주십니다. 이로 인해 그분과 가까이하게 하십니다. 하나님 백성이 처음에는 아무 힘이 없어 뿔을 가진 자들에게서 많은 고난을 당하지만, 나중에는 존귀하게 됩니다.

시편 75편의 표제는 '아삽의 시, 인도자를 따라 알다스헷에 맞춘 노래'입니다. '알다스헷'은 '멸망시키지 마소서'라는 뜻을 가지고 있습니다. 이스라엘 백성은 곡조에 이런 이름을 붙여 노래하는 특징이 있습니다. 시편 75편은 아마도 하나님의 백성이 힘을 가진 자들에 의해 핍박을 당한 후에 쓴 것으로 생각됩니다. 시편 75편의 배경이 언제인지 분명히 알 수 없습니다. 어떤 학자는 히스기야 때 앗수르 군대가 예루살렘을 포위했다가 천사 한 명이 하룻밤 사이에 앗수르 군대 십팔만 오천 명을 죽였을 때 쓴 시라고 말합니다. 다른 학자는 유대인들이 70년 동안 바벨론에서 포로 생활하다가 해방되었을 때 지은 시라고 합니다. 그러나 다윗은 막강한 힘을 가진 사울에게 쫓겨다녔습니다. 후에 사울은 죽고 다윗이 왕이 되었습니다. 이를 볼 때 다윗의 삶이 시편 75편과 일치한다고 할 수 있습니다.

그런데 시편 75편은 이스라엘 여성의 믿음 속에 도도하게 흐르는 정신인 것을 볼 수 있습니다. 이스라엘 여성이 심한 수치와 가난, 모욕 속에서도 꿋꿋히 자신을 지킬 수 있었던 것은 시편 75편의 정신이 있었기 때문입니다.

사무엘의 어머니 한나는 아이를 낳지 못해 '브닌나'라는 다른 부인에게 학대와 공격을 당했습니다. 그때 한나는 거의 살 수 없었습니다. 그러나 한나는 나중에 이런 시를 쓰게 됩니다.

"심히 교만한 말을 다시 하지 말 것이며 오만한 말을 너희의 입에서 내지 말지어다 여호와는 지식의 하나님이시라 행동을 달아 보시느니라"_삼상 2:3

"여호와는 죽이기도 하시고 살리기도 하시며 스올에 내리게도 하시고 거기에서 올리기도 하시는도다 여호와는 가난하게도 하시고 부하게도 하시며 낮추기도 하시고 높이기도 하시는도다 가난한 자를 진토에서 일으키시며 빈궁한 자를 거름더미에서

올리사 귀족들과 함께 앉게 하시며 영광의 자리를 차지하게 하시는도다 땅의 기둥들은 여호와의 것이라 여호와께서 세계를 그것들 위에 세우셨도다"_삼상 2:6-8

"여호와를 대적하는 자는 산산이 깨어질 것이라 하늘에서 우레로 그들을 치시리로다 여호와께서 땅끝까지 심판을 내리시고 자기 왕에게 힘을 주시며 자기의 기름 부음을 받은 자의 뿔을 높이시리로다 하니라"_삼상 2:10

시편 75편은 순서와 표현만 조금 다를 뿐 한나의 시와 같은 사상인 것을 알 수 있습니다. 그리고 이 사상은 예수님의 어머니 마리아의 시에도 그대로 나타납니다.

"그의 팔로 힘을 보이사 마음의 생각이 교만한 자들을 흩으셨고 권세 있는 자를 그 위에서 내리치셨으며 비천한 자를 높이셨고"_눅 1:51, 52

구약의 요셉 역시 아무 죄도 없이 애굽에 노예로 팔려가 노예생활을 했지만 후에 감옥에 들어가서 굴복하지 않았던 것은 하나님이 모든 것을 바로 잡아 주신다는 믿음이 있었기 때문입니다.

1. 하나님의 이름의 능력

시편 75편에는 두 종류의 사람이 등장합니다. 한 부류는 뿔이 있는 자입니다. 그리고 다른 부류는 뿔이 없는 자입니다. 짐승들 중에도 큰 뿔이 있는 짐승은 그 뿔로 다른 짐승을 물리칠 수 있고, 좋은 것도 차지할 수 있습니다. 그에 비해 뿔이 없는 짐승은 뿔이 있는 짐승의 학대를 받으면서 살아갈 수밖에 없습니다. 우리는 피지배자가 지배자로부터 얼마나 비참한 고통을 받는지 알고 있습니다. 하나님은 자기 백성에게 뿐이 아닌 하나님의 이름을 주셨습니다. 그런데 하나님의 이름은 이 세상에서 아무 소용없습니다.

> **1절** "하나님이여 우리가 주께 감사하고 감사함은 주의 이름이 가까움이라 사람들이 주의 기이한 일들을 전파하나이다"

하나님은 믿는 자들에게 하나님의 이름을 주셨지만, 우리는 그분의 이름으로 세상에서 할 수 있는 것이 아무것도 없습니다. 이 세상은 하나님의 이름을 알지 못하기 때문입니다. 그런데 우리가 하나님의 이름을 바르게 사용하려면 이 이름을 가지고 하나님께 나아가야 합니다. 어느 순간 하나님의 이름이 위력을 나타냅니다. 그때가 언제일까요? 우리가 하나님의 말씀을 붙잡을 때입니다. 우리가 하나님의 말씀을 듣고 해석하며 적용할 때 하나님께로 가까이 나아가는 것입니다.

우리가 기도하는 것도 하나님의 이름을 사용하는 것입니다. 우리가 하나님의 말씀을 지속적으로 붙잡고, 하나님의 이름으로 기도할 때 하나님의 위력이 나타납니다. 하나님의 이름은 살아 있습니다. 그분의 이름은 기적을 일으킵니다. 그때 우리는 하나님의 이름이 헛된 이름이 아니라 실제로 권능이 있다는 것을 발견하게 됩니다. 하나님의 이름은 우리 삶에 살아 있는 이름이 되어야 합니다. 그러려면 하나님의 이름에 불을 붙여야 합니다. 그것이 하나님의 말씀이고 믿음입니다. 그때 하늘 문이 열리고, 하나님의 능력이 나타납니다. 그때 우리는 그동안 나를 짓누르고 있던 질병과 가난, 압제에서 벗어납니다.

사람들이 주의 기이한 일들을 전파합니다. 여기서 '사람들'은 하나님의 이름을 붙든 성도를 말합니다. 그리고 '기이한 일들'은 도저히 일어날 수 없는 일이 일어나는 것을 말합니다. 다윗같이 비천한 자가 이스라엘에서 높은 자리에 올라가리라고는 아무도 생각하지 못했습니다. 더욱이 다윗이 사울의 미움을 받아 쫓겨났을 때 사람들은 다윗의 인생은 이제 끝이 났다고 생각했습니다. 그러나 기이하게도 다윗은 죽지 않고 이스라엘의 왕이 되었습니다.

그러나 하나님 백성은 연단을 통해 인간이 머리로는 하나님을 잘 믿는다고 하지만 실제로 하나님의 말씀대로 사는 것이 얼마나 어려운가 하는 것을 알게 됩니다.

우리가 하나님의 이름을 가진다는 것은 하나님의 능력과 축복의 상속자가 되는 것입니다. 그러나 우리가 얼마나 세상 것을 가지려고 몸부림쳤는지 모릅니다.

하나님은 우리에게 이렇게 말씀하십니다.

"은도 내 것이요 금도 내 것이니라 만군의 여호와의 말이니라"_학 2:8

하나님은 세상에 있는 것들은 아무것도 아니라고 말씀하십니다. 우리는 입으로는 하나님을 사랑한다고 하지만 실제로는 세상을 사랑하고, 눈에 보이는 것들을 의지합니다. 그러나 우리가 고난 가운데 소망이 없을 때 세상에 있는 것들은 생명을 지켜 주지 못합니다. 우리가 마음을 다해 하나님을 사랑할 때 하나님은 능력을 행하십니다. 믿음의 선한 역사를 베푸십니다. 어느 순간 하나님의 구원이 임합니다.

2절 "주의 말씀이 내가 정한 기약이 이르면 내가 바르게 심판하리니"

하나님은 '정한 기약이 이르면 내가 바르게 심판하리니'라고 말씀하셨습니다. 그런데 하나님이 심판하시는 때가 우리에게는 길게 느껴집니다. 하나님은 우리에게서 모든 희망이 사라질 때까지 바르게 심판하지 않으십니다. 그 이유가 무엇일까요? 그만큼 우리 안에 교만이 뿌리 깊게 박혀 있기 때문입니다. 세상의 우상이 쉽게 벗겨지지 않기 때문입니다. 우리 안에 있는 교만과 우상의 탈이 벗겨지려면 온 힘을 다해 하나님의 이름을 붙잡아야 합니다. 그래서 하나님이 정한 기약이 그렇게 오래 걸리는 것입니다. 그런데 우리가 하나님께 내려놓으면 그 기간이 단축될 수 있습니다. 교회 안에 교만의 싹이 자라지 못하게 해야 합니다. 어떻게 하든지 세상 자랑보다 주님의 십자가를 자랑해야 합니다. 그래야 악의 지배를 피할 수 있습니다.

2. 세상을 뒤집으시는 하나님

빵 굽는 사람은 위, 아래를 적절히 뒤집어서 전체가 골고루 익게 해야 합니다. 이 작업이 빵 굽는 데 아주 중요합니다. 마찬가지로 하나님은 이 세상을 한 번씩 뒤집어서 속에 있는 것은 밖으로 나오게 하고, 밖에 있는 것은 속으로 들어가게 하십니다.

> **3절** "땅의 기둥은 내가 세웠거니와 땅과 그 모든 주민이 소멸되리라 하시도다"

하나님은 온 세상을 하나님의 말씀으로 세우셨습니다. 하나님이 공중에 있는 하늘과 태양, 지구를 그의 말씀으로 지탱하고 계십니다. 하나님은 이 세상에 두 부류의 사람을 두셨습니다. 하나는 하나님의 이름을 가진 자들이고, 다른 하나는 자신의 기질과 혈기로 사는 자들입니다. 그런데 하나님 백성은 모두 '땅의 기둥'을 붙들고 살아가기 때문에 세상에서 별로 두드러지지 않을 뿐더러 능력을 나타내지도 않습니다. 오히려 하나님 백성은 고난 가운데 하나님의 말씀으로 연단을 받습니다. 하나님 백성은 음식에 비유하면 속으로는 익었지만 겉으로 나타나지 않는 것과 같습니다. 그에 비해 세상 사람들은 이 세상의 열기에 노출되어 타들어갑니다. 그래서 하나님은 세상이 거의 타들어갈 때쯤 위와 아래, 속과 겉을 뒤집으셔서 속에 있는 것이 겉으로 나오게 하십니다.

즉 '땅의 기둥'은 밖으로 나오게 하시고, 겉에 있는 것들은 속으로 들어가게 하십니다. 세상 사람들은 겉으로 보이는 것만 가지고 살아갑니다. 그래서 속에 있는 것이 세상에 나타나면 당황합니다. 이들은 탐욕으로 가득 차 있습니다. 이 세상을 목표로 살아가는 자들은 돈과 권력이 없어지면 아무것도 없게 됩니다. 이들에게는 돈과 권력이 전부였는데, 그것도 자기의 것이 아니기 때문입니다. 이들의 소유는 사실 하나님이 빌려 주신 것입니다. 그런데 '전부 반납하라'는 명령과 함께 모두 없어지게 됩니다. 대신 세상에서 얼마나 더러운 탐욕과 위선으로 살아왔는지 드러나게 됩니다. 사람이 내리는 객관적 평가가 얼마나 무서운지 모릅니다. 역사적 평가는 더욱 그렇습니다. 아무리 대단한 권력가라도 죽고 난 후에는 형편없는 미치광이로 평가됩니다.

반대로 하나님의 손에 연단 받은 하나님 백성은 고통에서 벗어나 마음껏 자유를 누리게 됩니다. 물론 하나님 백성은 높아졌다고 해서 거만해지지 않습니다. 이들은 그것이 얼마나 위험한지 잘 압니다. 하나님 백성은 그분의 축복 안에서 하나님이 주시는 부흥을 누리며 살아갑니다.

하나님 백성은 이 세상의 뿔은 없지만 하나님의 기둥을 붙잡고 살아가는 자들입니다. 우리가 하나님의 기둥을 잘 붙잡고 있으면 하늘이 무너질 염려가 없습니다. 흔히 '하늘이 무너진다'는 표현을 씁니다. 이것은 온 세상이 흔들리는 것을 뜻합니다. 하나님 백성은 비유를 들자면 하늘의 기둥을 발견하고 그곳으로 헤엄쳐 가는 짐승과 같습니다. 이들은 세상에서 다른 것을 찾지 않고, 하늘을 향해 헤엄치는 자들입니다. 이들은 하나님의 기둥을 붙잡기 때문에 절대 실패하지 않습니다.

세상에서 가장 무의미하고 불쌍한 자는 오만한 자입니다.

4절 "내가 오만한 자들에게 오만하게 행하지 말라 하며 악인들에게 뿔을 들지 말라 하였노니"

물론 여기서 '오만한 자들'은 세상에서 아주 높은 자리에 올라가 자기를 최고로 생각하는 자를 뜻할 수 있습니다. 그러나 비록 높은 자리에 올라가지 못했다 해도 그 마음에 하나님의 성품을 가지지 못한 자는 모두 오만한 자입니다. 인간의 마음속에 하나님의 성품이 없으면 마치 야생동물과 같아 공격적입니다. 야생동물에게는 공격적인 성향이 있습니다. 마음에 하나님의 성품이 없기 때문입니다. 그래서 세상에서는 강한 자가 약한 자를 굴복시키면서 살아갑니다. 마음속에 하나님의 성품이 없는 자는 뿔을 가지고 있습니다. 더욱이 세상에는 뿔로 사용할 수 있는 많은 것이 있습니다. 돈과 지식, 권력이 오만한 본성과 만나면 더욱 큰 뿔로 변합니다.

그러나 하나님은 '오만한 자들에게 오만하게 행하지 말며 악인들에게 뿔을 들지 말라'고 말씀하십니다. 오만한 자의 자리가 굉장히 위험하기 때문입니다. 큰 뿔을 가진 자는 오히려 그 뿔 때문에 죽을 수 있습니다. 그러나 세상 사람들은 자신들의 오만한 마음에 세상의 뿔을 달아 아주 큰 뿔을 만들어 사람에게 인정받고 기세등등하게 살아가기를 좋아합니다.

하나님은 교만한 자들을 향해 이렇게 말씀하십니다.

5절 "너희 뿔을 높이 들지 말며 교만한 목으로 말하지 말지어다"

물론 하나님 백성도 처음에는 뿔을 가진 자들을 부러워했습니다. 자신들도 이들처럼 높은 뿔을 가지기를 원했습니다. 그러나 신앙생활을 하다 보니 뿔을 가진 자들이 뿔 때문에 전부 넘어지는 것을 보게 되었습니다. 이 세상의 뿔은 잠깐 오만을 즐기는 것뿐입니다. 뿔을 가진 자들은 얼마 후면 전부 비참하게 망하게 됩니다.

하나님 백성은 많은 환난 가운데 '저런 높은 자리에 올라가지 않은 것이 얼마나 다행인가?' 하고 깨닫게 됩니다.

6, 7절 "무릇 높이는 일이 동쪽에서나 서쪽에서 말미암지 아니하며 남쪽에서도 말미암지 아니하고 오직 재판장이신 하나님이 이를 낮추시고 저를 높이시느니라"

인간은 더 높아지기 위해 동분서주하며 인기를 끌려 합니다. 세상에서 유명해지려면 동서남북 돌아다니면서 정복하는 것이 중요할 것입니다.

그러나 인간은 너무 성공해도 안 됩니다. 하나님 앞에서 자기 자신을 잘 지키면서 절제해야 합니다. 끝까지 바른 길을 가는 것이 중요합니다. 하나님 말씀을 붙잡고 자신의 한계를 아는 겸손한 자만이 그렇게 할 수 있습니다. 그래서 자신의 한계를 아는 것이 중요합니다. 그렇지 않고 끊임없이 높아지려 할 때 자기 자신을 지키지 못하고 광기에 사로잡혀 살게 됩니다. 겉으로 보이는 화려함과 달리 방탕한 삶을 살다 넘어지게 됩니다.

3. 하나님의 심판의 포도주

세상에는 아름다운 것이 많이 있습니다. 그래서 우리는 진짜 중요한 것을 보지 못합니다. 세상에는 잘 생기고 예쁜 사람이 많습니다. 그래서 우리는 속사람을 아름답게 해 주는 하나님의 말씀을 보지 못합니다. 마찬가지로 돈과 성공도 멋있습니다. 사업에 성공하면 돈을 많이 벌게 되고, 많은 사람들의 존경도 받을 수 있습니다. 그러나 인간은 이 세상의 성공 때문에 하나님이 주시는 부요함과 풍성함을 보지 못합니다.

성경은 이런 부요함을 하나님의 손에 들린 포도주로 비유하고 있습니다.

> 8절 "여호와의 손에 잔이 있어 술거품이 일어나는도다 속에 섞은 것이 가득한 그 잔을 하나님이 쏟아내시나니 실로 그 찌꺼기까지도 땅의 모든 악인이 기울여 마시리로다"

포도주는 맛이 아주 좋습니다. 그래서 자꾸 마시게 됩니다. 사람이 포도주를 많이 마시면 취해서 비틀거립니다. 사람이 술에 취하면 자기가 유명하게 된 것 같습니다. 술기운에 모든 것을 할 수 있을 것 같지만, 실제로 변한 것은 아무것도 없습니다. 오히려 자꾸 술에 취해 나중에는 알코올 중독자가 됩니다. 알코올 중독자는 술을 마시지 않으면 아무것도 할 수 없습니다. 결국에는 언제나 술 취한 상태에 빠집니다.

이 세상에 있는 좋은 것들은 하나님을 비추어 주는 거울이 되어야 합니다. 아름다운 얼굴을 통해 하나님을 보여 주어야 합니다. 학문을 통해서도 하나님을 보여 주어야 합니다. 나아가서는 겸손한 모습으로 하나님을 보여 주어야 합니다. 부자가 되어서도 하나님의 부요하심을 보여 주어야 합니다. 그러나 인간의 힘만으로는 불가능합니다. 세상의 성공과 축복은 모두 취하게 하는 성분을 가지고 있기 때문입니다. 포도주의 멋진 빛깔에 거품까지 일어나는 것을 보면 인간은 하나님을 생각할 수 없습니다. 모두 그 포도주를 마시고 오만한 자가 되고 맙니다. 더욱이 연약한 자들은 술 찌꺼기마저 마십니다. 그러면 더 천박한 자들이 되고 맙니다. 결국 인간은 처음에는 좋은 술을 마시는 것 같지만, 나중에는 천박한 찌꺼기를 마시고 방탕한 자리에 있게 됩니다.

우리가 고상하고 아름다운 사람이 되려면 포도주와 그 찌꺼기를 마셔서는 안 됩니다. 우리는 하나님의 진액을 마셔야 합니다. 하나님의 진액은 바로 하나님의 말씀이자 성령의 능력입니다. 포도 가지인 우리는 하나님의 진액, 즉 참 포도나무 진액을 받아 마실 때 술 취하지 않고 아름다운 열매를 맺을 수 있습니다. 세상 사람들은 그 진액을 마실 줄 모르기 때문에 술 취하는 것입니다.

9절 "나는 야곱의 하나님을 영원히 선포하며 찬양하며"

여기서 '야곱의 하나님'은 야곱이 가장 가난하고 소망이 없을 때 그에게 나타나셔서 말씀과 은혜를 주신 하나님을 말합니다. 하나님 백성이 가난하고 어려울 때 야곱이 됩니다. 그때 하나님은 우리에게 그의 진액을 마시게 하십니다.

10절 "또 악인들의 뿔을 다 베고 의인의 뿔은 높이 들리로다"

'악인들의 뿔'은 모두 가짜입니다. 이 뿔은 언젠가는 베어질 뿔이기 때문입니다. 하나님은 때가 되면 이 뿔을 정리하십니다. 하나님은 가짜 뿔을 달고 잘난 체하는 자들을 심판하십니다. 그러나 하나님 백성에게는 진짜 뿔이 있습니다. 하나님이 주시는 지혜와 능력, 그리고 축복입니다. 그래서 악인들은 불쌍합니다. 한평생 가짜 뿔을 진짜 뿔인 줄 알고 돌아다니기 때문입니다. 그들의 삶 전체가 술 취한 인생입니다.

그러나 하나님 백성은 뿔이 없는 줄 알았는데 알고 보니 진짜 뿔이 있습니다. 그 뿔은 눈에 보이지 않습니다. 이들은 하나님 앞에 아주 존귀한 자로서 있습니다. 하나님의 이름과 능력을 가지고 천사를 부릴 수 있는 위치에 있는 것입니다. 하나님 백성의 인생이 최고 성공한 인생입니다. 이로 인해 하나님을 영원히 찬송할 것입니다.

80

시 76:1-12

하나님의 처소 예루살렘

요즘 우리나라에서는 교회 다니지 않는 사람은 물론이고 교회 다니는 사람도 교회가 무엇을 하는 곳인지 의아해하는 것을 보게 됩니다. 어떤 사람은 교회가 선한 사업을 하는 곳이라고 생각합니다. 다른 어떤 사람은 좋은 설교를 듣는 곳이라고 생각합니다. 또 다른 어떤 사람은 천국 가는 문턱이라고 생각합니다. 사람들은 교회 규모와 성도 수로 교회를 판단합니다.

예수님과 당시 유대 지도자들 사이에는 하나님의 교회를 바라보는 시각이 많이 달랐습니다. 예수님은 성전을 가리켜 "내 아버지의 집"(눅 2:49)이라고 말씀하셨습니다. 또한 예수님은 온 세상 사람들이 기도해서 죄 사함을 받고, 기도 응답을 받는 곳이라고 말씀하셨습니다. 그에 비해 유대 지도자들은 성전을 이스라엘 백성으로 하여금 헌금을 하게 해서 유대 사회가 힘을 가지는 매개로 생각했습니다. 그러나 예수님은 대제사장과 지도자들에게 "내 집은 기도하는 집이 되리라 하였거늘 너희는 강도의 소굴을 만들었도다 하시니라"(눅 19:46)라고 비판하셨습니다.

우리는 아삽의 시 가운데 성전에 대해 완전히 대조되는 두 개의 시를 볼 수 있습니다. 하나는 이미 살펴본 바 있는 시편 74편입니다. 하나님은 이 시에서 이스라엘 백성이 성전을 더럽혔기 때문에 이방인들이 성전을 불사르며 파괴시킨다고 말씀하셨습니다. 이 때 성전은 아무 힘이 없어 하나님의 백성을 지켜 주지 못했습니다. 성전이 파괴의 대상이 되고 만 것입니다. 그에 비해 시편 76편에는 성전이 살아 있습니다. 하나님이 성전에 임재하시기 때문에 이방인들이 아무리 공격해도 화살과 창이 소용없습니다. 하나님이 한 번 꾸짖으시니 말과 병거가 잠이 들어 공격하지 못합니다.

하나님의 성전은 극에서 극을 왔다 갔다 합니다. 성전이 타락할 때는 파괴의 대상이 되어 하나님 백성을 지켜 주지 못합니다. 하지만 하나님이 성전에 임재하실 때는 적이 감히 공격하지 못합니다. 시편 74편의 이스라엘 백성이 가장 위험합니다. 이들은 '하나님이 지켜 주시겠지!'라고 믿고 있었는데 사실 하나님은 이미 떠나셨기 때문입니다. 그러나 시편 76편에서는 하나님이 눈에 보이지 않고, 주의 백성은 힘이 없지만 적은 이기지 못합니다.

1. 시온에 계신 하나님

하나님은 온 세상을 창조하신 능력의 하나님입니다. 세상 모든 피조물은 하나님을 경외해야 합니다. 그런데 하나님은 아주 작은 이스라엘의 하나님이셨습니다. 하나님은 유다의 하나님이셨기 때문에 사람들은 하나님을 잘 인정하지 않았습니다.

> **1절** "하나님은 유다에 알려지셨으며 그의 이름이 이스라엘에 알려지셨도다"

우리가 하나님을 믿는 데 아주 큰 어려움이 있습니다. 그것은 하나님을 믿는 것이 힘들어서 그런 것이 아닙니다. 우리가 하나님을 믿는 데 가장 큰 어려움은 하나님이 우리를 사랑하셔서 우리의 인격을 존중하신다는 것입니다. 하나님은 우리에게 많은 자유와 권한을 주셨습니다.

그런데 하나님은 온 세상에 자신의 존재를 알리지 않으셨습니다. 하나님은 수많은 나라 중 아주 작은 유다와 이스라엘에 자신을 알리셨습니다. 그것도 하나님은 오직 하나님의 말씀으로 자신을 알리셨습니다. 하나님은 이스라엘 백성에게 강제로 믿게 하지 않으셨습니다. 하나님을 믿지 않는다고 매일 징계하지 않으셨습니다. 만약 그렇게 했다면 이스라엘 백성 중에 하나님을 믿지 않을 자는 아무도 없었을 것입니다.

그런데 하나님은 우리를 사랑하셔서 이방인에게는 자신을 알리지 않으시고, 이스라엘 백성에게만 알리셨습니다. 그랬더니 세상은 물론이고 이스라엘과 유다 백성도 하나님을 마음을 다해 믿으려 하지 않았습니다. 이것이 함정입니다. 하나님은 하나님을 거절하는 자로 하여금 강제로 믿게 하지 않으십니다. 그러나 하나님을 사랑하는 자에게는 값진 축복으로 인도하십니다.

하나님은 이스라엘과 유다 백성에게 말씀으로 자신을 알리셨습니다. 그런데 이들은 하나님의 말씀을 가볍게 여겼습니다. 인간의 눈에는 세상 지식과 권력이 더 대단해 보였습니다. 그러나 유다와 이스라엘 백성 중에 적은 숫자이지만 하나님 말씀의 뜻을 아는 자들이 있었습니다. 하나님은 이들에게 어떤 분이셨을까요? 하나님은 크신 분이셨습니다. 하나님은 하나님을 가까이하는 자들에게 힘을 주십니다.

세상의 복은 하나님의 창조의 부산물로 볼 수 있습니다. 건축가가 큰 집을 짓다보면 여러 가지 부산물이 생겨날 수 있습니다. 목재와 시멘트, 못 등이 많이 남습니다. 하나님은 이 세상에 있는 많은 자들에게 창조의 부산물인 복을 주셨습니다. 그러나 소수의 사람들 중에 자발적으로 하나님의 말씀을 사랑하는 자에게는 하나님의 창조의 능력, 즉 근원적인 복을 주십니다. 예수님은 이 능력을 세상에 가지고 오셨습니다.

그래서 예수님은 물을 포도주로 만드셨습니다.

"예수께서 그들에게 이르시되 항아리에 물을 채우라 하신즉 아귀까지 채우니 이제는 떠서 연회장에게 갖다 주라 하시매 갖다 주었더니 연회장은 물로 된 포도주를 맛보고도 어디서 났는지 알지 못하되"_요 2:7-9

또한 예수님은 보리떡 다섯 개와 물고기 두 마리로 오천 명을 먹이셨습니다.

"예수께서 떡을 가져 축사하신 후에 앉아 있는 자들에게 나눠 주시고 물고기도 그렇게 그들의 원대로 주시니라 그들이 배부른 후에 예수께서 제자들에게 이르시되 남은 조각을 거두고 버리는 것이 없게 하라 하시므로 이에 거두니 보리떡 다섯 개로 먹고 남은 조각이 열두 바구니에 찼더라"_요 6:11-13

예수님은 많은 병자와 귀신 들린 자를 고치시고 죽은 자도 살리셨습니다. 예수님이 이 세상에 오신 것은 우리로 하여금 하나님의 능력을 경험하게 하기 위해서입니다. 그런데 우리가 하나님의 능력을 지속적으로 받는 것이 쉽지 않습니다. 어떤 때 우리는 백화점에서 좋은 옷을 눈여겨봤는데 다음에 가 보면 그 옷이 없어 사지 못할 때가 있습니다. 그래서 하나님은 이 세상에 하나님의 장소를 하나 정해 놓으셨습니다. 그것이 바로 성전입니다. 하나님은 우리가 하나님의 성전에 가면 언제든지 하나님을 만날 수 있게 해 주셨습니다. 하나님의 능력을 받을 수 있게 해 놓으신 것입니다.

2절 "그의 장막은 살렘에 있음이여 그의 처소는 시온에 있도다"

하나님은 한 장소를 정해 그곳에 오면 사람들이 하나님의 말씀을 듣고, 기도 응답을 받을 수 있게 해 놓으셨습니다. 그곳이 예루살렘 성전입니다. 물론 하나님은 어느 곳에나 다 계시지만, 특별히 예루살렘 성전에는 능력으로 임재하셨습니다. 하나님은 우리의 죄를 사하시며, 말씀으로 기적을 베푸십니다. 그래서 우리가 하나님의 말씀을 들으면 기적이 일어납니다. 그러나 예루살렘 성전에는 한 가지 조건이 있었습니다. 하나님의 말씀에는 세상 불순물이 들어오면 안 됩니다. 그런데 인간에게 어떻게 불순물이 섞이지 않을 수 있습니까?

제사장과 선지자는 하나님의 말씀을 그대로 믿어야 합니다. 우리가 하나님의 말씀을 그대로 믿을 때 세상의 이익과 사람들의 인기를 놓칠 수 있습니다. 어리석게 보이기도 합니다. 그럼에도 불구하고 하나님의 말씀을 그대로 믿으면 하나님은 능력으로 임재하사 우리에게 기적을 베푸십니다. 불가능이 가능하게 됩니다. 길이 없는데 길이 열립니다. 치료가 불가능한 병이 치료됩니다. 더 중요한 것은 전혀 쓸모없는 인생이 가치 있는 삶으로 변화합니다.

우리가 보기에 하나님의 말씀에 붙잡히면 모든 것을 놓치게 되기 때문에 손해를 보는 것 같습니다. 그런데 하나님의 말씀 없이 세상을 붙잡으면 그것은 모두 부패해서 썩어 버립니다.

2. 하나님의 성전의 능력

요즘 우리 사회는 돈과 지식을 중요하게 생각하지만, 과거에는 군사력이 중요했습니다. 하나님의 성전에서 예배드린다고 해서 전쟁까지 이길 수 있는 것은 아니었습니다. 이스라엘 백성은 하나님을 믿으면서도 늘 전쟁의 공포에 시달렸습니다. 그러나 이스라엘과 유다 백성은 하나님의 성전이 예배만 드리는 곳이 아니라는 것을 깨닫지 못했습니다. 그들은 하나님께 예배드릴 때 아무 힘이 없는 것 같았습니다. 힘 있는 자들이 성전을 공격해 그 안에 있는 보물을 빼앗아갈 것만 같았습니다. 그러나 하나님이 임재하시는 곳에는 하나님의 천사가 따라오고, 하나님의 군사 본부가 생기게 됩니다.

우리나라 대통령의 가장 큰 권한 중 군대를 통솔할 수 있는 권한이 있습니다. 적이 쳐들어와 군사력을 가지고 공격하려면 대통령이 명령을 내려야 합니다. 마찬가지로 하나님은 성전에서 이 지시를 내리실 수 있습니다.

3절 "거기에서 그가 화살과 방패와 칼과 전쟁을 없이하셨도다"

하나님 백성이 성전에서 하나님의 말씀을 있는 그대로 믿고 순종할 때 하나님은 모든 적들을 물리치셔서 아무것도 할 수 없게 만드십니다. 한 나라가 상대 나라와 전쟁하려면 자기 마음대로 하지 못합니다. 어떤 나라든지 전쟁을 하려면 사탄이 그들을 충동질해야 합니다. 틀림없이 이길 것 같은 자신감을 주어야 합니다. 그런데 하나님 백성이 영과 진정으로 하나님께 예배드리면 사탄이 능력을 잃고 결박당하게 됩니다. 사탄이 결박당하면 아무리 군대가 강해도 전쟁을 일으킬 수 없습니다. 사탄이 없는 군대는 마치 기름이 없는 것과 같아서 전쟁할 수 없기 때문입니다.

그래서 세상 통치자는 화살과 칼, 방패를 준비하지만, 하나님의 백성은 성전을 준비해야 합니다. 성전이 바른 성전인지 아닌지는 예배에 뜨거움이 있느냐에 달려 있습니다. 하나님이 함께하시는 예배에는 뜨거움이 있습니다. 하나님이 함께하시는 기도에는 눈물이 있습니다. 우리가 하나님의 말씀을 진심으로 들을 때 우리 마음이 감동되어 모든 어려움을 하나님께 맡길 수 있습니다. 그때 사탄이 힘을 잃고 결박당합니다. 전쟁이 일어나지 않게 하기 위해서는 사탄을 결박해야 합니다. 그러기 위해서는 우리의 예배와 말씀이 뜨거워야 합니다.

4절 "주는 약탈한 산에서 영화로우시며 존귀하시도다"

여기서 '약탈한 산'은 예루살렘을 뜻합니다. 세상에서 힘이 있는 자는 하나님의 산을 인정하지 않습니다. 그들은 하나님 백성을 약탈할 대상으로 여겨 실컷 공격하고 포위합니다. 기드온 때 미디안 군대가 이스라엘을 약탈하려고 수십만 명을 몰고 왔는데, 삼백 명의 용사들이 밤중에 세 대로 나누어서 나팔을 불고 항아리를 부수며 횃불을 들자 수십만 명이 양식과 전리품을 다 두고 도망쳤습니다.

"삼백 명을 세 대로 나누어 각 손에 나팔과 빈 항아리를 들리고 항아리 안에는 횃불을 감추게 하고 세 대가 나팔을 불며 항아리를 부수고 왼손에 횃불을 들고 오른손에 나팔을 들어 불며 외쳐 이르되 여호와와 기드온의 칼이다 하고"_삿 7:16, 20

이 때 이스라엘 백성은 갑자기 부자가 되었습니다.

엘리사 때도 수리아 군대가 사마리아를 약탈하려고 했는데, 밤중에 갑자기 말과 병거 소리가 들리는 바람에 수리아 군인들은 모든 전리품을 두고 도망쳤습니다.

"이는 주께서 아람 군대로 병거 소리와 말 소리와 큰 군대의 소리를 듣게 하셨으므로

아람 사람이 서로 말하기를 이스라엘 왕이 우리를 치려 하여 헷 사람의 왕들과 애굽 왕들에게 값을 주고 그들을 우리에게 오게 하였다 하고 해질 무렵에 일어나서 도망하되 그 장막과 말과 나귀를 버리고 진영을 그대로 두고 목숨을 위하여 도망하였음이라"_왕하 7:6, 7

이로써 사마리아는 단 하루 만에 모든 양식 문제가 해결되었습니다. 아무리 적이 우리를 약탈하려 해도 하나님은 영화로우시며 존귀하십니다. 하나님은 적들로 하여금 모든 전리품을 두고 도망치게 하십니다.

5절 "마음이 강한 자도 가진 것을 빼앗기고 잠에 빠질 것이며 장사들도 모두 그들에게 도움을 줄 손을 만날 수 없도다"

여기서 '마음이 강한 자'는 아주 독한 마음을 가진 자를 뜻합니다. 이런 자는 어린 아이나 여성이라고 해서 사정을 봐 주지 않습니다. 마음이 악한 자들은 예루살렘에서 여자와 어린 아이 할 것 없이 다 죽이기로 결심했습니다. 문제는 그들에게 잠이 쏟아졌습니다. 앗수르 군대가 예루살렘을 포위했을 때도 잠이 쏟아졌습니다. 그리고 그들은 모두 잠에서 깨어나지 못한 채 죽고 말았습니다. 장사들도 모두 열병이 났는데, 아무도 그들의 손을 잡아 주지 않았습니다. 전쟁할 때 군인에게는 전염병이 가장 무섭습니다. 장티푸스 같은 전염병이 퍼지면 결국 그 군대는 철수해야 합니다. 죽은 병사들도 불에 태워야 합니다. 병균이 다 없어지지 않기 때문입니다. 그러나 하나님의 백성은 그런 병에 걸리지 않습니다.

6절 "야곱의 하나님이여 주께서 꾸짖으시매 병거와 말이 다 깊이 잠들었나이다"

적군은 지금 말과 병거를 준비해서 공격해 옵니다. 그런데 야곱의 하나님이 꾸짖으시니 말도, 병거도 잠들어 결국 후퇴하고 맙니다. 그런데 여기서 하나님은 '야곱의 하나님'입니다. 야곱의 하나님은 야곱이 가장 가난하고 비참할 때 만나 주신 분입니다. 우리가 힘들고 약할 때 바로 이 능력의 하나님을 찾을 때입니다. 이 때 하나님은 야곱을 찾아오셨던 것처럼 하늘과 땅이 연결된 사닥다리 위에서 우리에게 말씀하십니다. 우리는 거기서 오르락내리락 하는 천사들을 봅니다.

하나님 백성은 가난하고 어려울 때 훨씬 능력을 받게 됩니다. 우리는 일부러 가난할 필요가 있습니다. 우리가 쌓은 업적을 의지하지 말고, 처음 은혜 받았을 때 그 마음으로 하나님께 나가면 전쟁의 영은 잠들게 됩니다.

3. 하나님의 진노

7절 "주께서는 경외받을 이시니 주께서 한 번 노하실 때에 누가 주의 목전에 서리이까"

이 말씀만 보면, 우리가 하나님을 경외하지 않으면 하나님이 당장 노하실 것처럼 들립니다. 그러나 하나님은 인간처럼 매일 화를 내는 분이 아닙니다. 오히려 우리가 하고 싶은 대로 내버려 두시는 것이 진노입니다. 하나님 사랑 없이는 우리가 단 하루도 살 수 없기 때문입니다.

하나님의 말씀을 사랑하는 것이 하나님을 경외하는 것입니다. 우리가 하나님을 경외하면 아무것도 내 마음대로 할 수 없습니다. 그러나 교만한 자는 모든 것을 자기 마음대로 합니다. 그들은 하나님 앞에 설 수 없습니다. 그들의 옷은 죄와 탐욕으로 가득 차 있기 때문에 기도할 자격이 없습니다.

시편 기자는 '주께서 한 번 노하실 때에 누가 주의 목전에 서리이까'라고 말합니다. 하나님은 태양보다 더 뜨거운 분이십니다. 누가 하나님의 열기를 감당할 수 있겠습니까? 모세가 시내 산에서 하나님의 말씀을 받을 때 아무도 그 앞에 설 수 있는 자가 없었습니다. 그러나 모세는 하나님의 말씀을 듣고 받았습니다. 모세는 하나님의 말씀을 마음을 다해 들었기 때문입니다. 모세는 십계명 돌판을 받을 때도 사십 일을 주야로 금식하고 받았습니다. 이것은 목숨 걸고 받은 것을 말합니다.

"모세가 여호와와 함께 사십 일 사십 야를 거기 있으면서 떡도 먹지 아니하였고 물도 마시지 아니하였으며 여호와께서는 언약의 말씀 곧 십계명을 그 판들에 기록하셨더라"_출 34:28

우리가 하나님의 말씀을 받을 때 하나님은 판결을 내리십니다.

8절 "주께서 하늘에서 판결을 선포하시매 땅이 두려워 잠잠하였나니"

우리가 하나님의 말씀을 받기 전에는 땅이 진동했습니다. 또한 창과 칼이 부딪치는 소리가 요란했습니다. 그러나 우리가 하나님의 말씀을 듣는 순간, 하나님은 우리의 하나님이 되셨습니다. 우리는 하나님의 기업이 되었습니다. 하나님은 온 세상을 향해 '잠잠하라'고 말씀하셨습니다. 그러자 군대가 조용해지고, 땅도 지진을 일으키지 못했습니다. 전염병도 퍼지지 못했습니다. 땅이 하나님의 말씀을 두려워했습니다.

하나님은 어떤 자를 구원하기 원하십니까? 바로 온유한 자입니다.

9절 "곧 하나님이 땅의 모든 온유한 자를 구원하시려고 심판하러 일어나신 때에로다"

여기서 '온유한 자'는 하나님을 믿는 자로, 모든 것을 자기 혈기대로 하지 않는 자를 의미합니다. 즉 하나님의 말씀을 듣고 온순하게 변한 자입니다. 세상에서 온유한 자는 강한 자에게 피해를 입게 되어 있습니다. 그러나 하나님의 눈에 가장 귀한 자는 온유한 자입니다. 하나님께서 말씀으로 새로 탄생시킨 자이기 때문입니다. 세상은 사자 같은 자가 이기는 것 같습니다. 하지만 하나님을 의지하며 기다리는 자가 결국 승리합니다. 하나님은 온유한 자를 위해 일어서십니다.

세상에는 두 가지 노여움이 있습니다. 하나는 약한 자의 노여움입이다. 약한 자는 정의가 실현되지 않고, 하나님의 응답이 없어 노여워합니다. 그에 비해 강한 자의 노여움이 있습니다. 강한 자는 자기 멋대로 노여워합니다. 이들은 더 많이 가지려고 노여워합니다. 그러나 하나님은 약한 자의 노여움은 들어주시고, 강한 자의 노여움은 물리치십니다.

10절 "진실로 사람의 노여움은 주를 찬송하게 될 것이요 그 남은 노여움은 주께서 금하시리이다"

하나님 백성이 겪는 답답한 고통은 하나님을 찬송하게 합니다. 하나님은 그들의 기도를 들어주시기 때문입니다. 그러나 '그 남은 노여움'은 강한 자가 행한 탐욕의 노여움을 의미합니다. 세상의 눈으로 보면 강한 자의 노여움이 맹렬합니다. 그 앞에서 우리는 아무것도 아닌 것 같습니다. 그러나 하나님은 강한 자의 노여움을 금하십니다. 강한 자를 부끄럽게 하십니다.

하나님은 우리가 예배 중심으로 살기 원하십니다.

11절 "너희는 여호와 너희 하나님께 서원하고 갚으라 사방에 있는 모든 사람도 마땅히 경외할 이에게 예물을 드릴지로다"

여기서 '너희 하나님께 서원하고 갚으라'는 구절은 우리 삶 모두를 예배 중심으로 살라는 뜻입니다. 우리의 예배가 세상에도 영향을 미쳐 평화를 주기 때문입니다. 우리는 예배만 드리면 세상에서 고립되어 아무것도 하지 못한다고 생각하기 쉽습니다. 하지만 그렇게 할 때 세상이 우리를 찾아옵니다. 더욱이 우리가 드리는 예배는 전쟁을 일으키려고 하는 왕과 방백의 기를 꺾어 전쟁을 막습니다.

12절 "그가 고관들의 기를 꺾으시리니 그는 세상의 왕들에게 두려움이시로다"

여기서 '고관들'은 적의 고관을 말하기도 하지만 전쟁을 일으키려 하는 악한 영을 말합니다. 이들은 하나님의 백성을 늘 시기합니다. 하나님 백성을 괴롭힐 기회를 노리고 있습니다. 그래서 하나님 백성은 틈을 주어서는 안 됩니다. 우리는 하나님을 믿는다 하면서도 조금만 편안해지면 자기도 모르는 사이에 세상으로 나갑니다. 그때마다 우리는 말씀으로 돌아가야 합니다. 그래야만 하나님의 진노를 막을 수 있습니다.

참된 성전과 예배는 전쟁을 막을 수 있습니다. 우리는 하나님 앞에 엎드려 기도해야 합니다. 그때 하나님께서 말과 병거를 다 잠들게 하실 것입니다.

81

시 77:1-20

고난의 때에 부르는 노래

우리는 믿음으로 살지만 때때로 원하지 않은 어려움을 당해 마음이 상할 때가 많습니다. 고통의 강도가 너무 커 더 이상 살 길이 보이지 않을 때 우리는 혼자 고민합니다.

아마도 세상에서 가장 절망에 떨어야 했던 자들이 있다면, 그들은 출애굽한 후에 홍해를 앞에 두고 길이 막혔던 이스라엘 백성일 것입니다. 이들은 출애굽할 때까지만 해도 그렇게 절망하지 않았습니다. 오히려 이들은 하나님의 열 가지 기적을 보고 신이 났습니다. 하나님의 능력만 있으면 못할 일이 없을 것 같았습니다. 그러나 불과 몇 시간도 되지 않아 모두 죽을 수밖에 없는 구렁텅이에 빠졌습니다. 이스라엘 백성 앞에는 바다가 가로놓여 있고, 뒤에서는 애굽 군대가 이들을 죽이려고 맹추격해 오고 있었습니다. 이 때보다 두렵고 절망적인 때는 없었습니다. 모세는 이스라엘 백성에게 "너희는 두려워하지 말고 가만히 서서 여호와께서 오늘 너희를 위하여 행하시는 구원을 보라"(출 14:13)고 말했습니다. 이것이 믿음입니다.

하나님은 바다에 길을 내신 분입니다. 하나님은 우리가 절대적으로 믿을 수 있는 분입니다. 우리가 하나님을 믿으면 아무것도 두려워할 것이 없습니다.

시편 77편은 아삽의 시입니다. 시편 77편의 표제는 '인도자를 따라 여두둔의 법칙에 따라 부르는 노래'입니다. 여두둔은 아삽과 마찬가지로 다윗 당시 악장의 한 사람이었습니다. 그는 성가대의 한 파트를 지휘했는데, 이 파트가 내는 음이 여두둔의 법칙이었습니다. 대개 아삽의 시는 '마스길'이라고 해서 교훈시가 많습니다. 그러나 시편 77편은 고난 중에 부르는 체험 시입니다. 이 시 앞부분에는 성도들이 고난 중에 부르짖으며 기도한 내용이 나옵니다. 뒷부분에는 하나님이 이스라엘 백성을 홍해에서 구원하신 것을 노래한 내용이 나옵니다. 우리가 당하는 많은 시험은 이스라엘 백성같이 길이 없고 절망적일 때가 많습니다. 그러나 하나님은 틀림없이 우리를 구원해 내십니다. 그러기에 우리는 두려워할 필요가 없습니다. 하나님은 고난을 통해 우리에게 분명히 가르쳐 주시고자 하는 것이 있습니다. 우리는 이 고난의 가르침을 제대로 이해해야 합니다.

1. 위로받을 수 없는 고난

다윗은 고난을 당할 때마다 위대한 시를 지었습니다. 그래서 다윗의 시를 보면, 그가 어떤 위기에 이 시를 썼는지 짐작할 수 있습니다. 이것이 우리에게 큰 도움이 됩니다. 다윗은 사울에게 쫓겨 다닐 때 시를 지어 하나님을 찬양했습니다. 또한 아들 압살롬이 반역을 일으켰을 때 하나님께 시를 지어 노래했습니다. 다윗은 밧새바와 범죄하고 난 후에도 시를 지었습니다.

그런데 아삽의 시를 보면, 누가 어떤 환난 가운데 이 시를 썼는지 알 수 없습니다. 아삽의 시는 성도들이 당하는 고난을 모두 용해시켜 일반화했기 때문입니다. 시편 77편을 보면, 한 성도가 큰 환난을 당해 밤에도 잠을 자지 못하고 고민하며 괴로워하고 있습니다. 인간은 아무 도움이 되지 않습니다. 이 성도는 혼자 그 긴 밤을 지내며 괴로워해야 합니다. 혼자 그 고통을 참아야 합니다. 이 성도는 어느 누구와도 자신의 고통을 나눌 수 없는 상황에 놓여 있습니다. 이 때 겪는 외로움은 말로 표현할 수 없습니다.

1절 "내가 내 음성으로 하나님께 부르짖으리니 내 음성으로 하나님께 부르짖으면 내게 귀를 기울이시리로다"

보통 사람이 어려움을 당하면 하나님께 먼저 부르짖기보다는 혼자 자신이 당면한 불행을 소화하려고 합니다. 그래서 그는 마음속으로 '이 세상 많은 사람들 중 왜 하필이면 내게 이런 일이 닥쳤을까? 다른 사람들이 내가 지금 이 상황에 있는 것을 알면 얼마나 불쌍히 여길까?' 하고 생각합니다. 그리고 그는 '왜 하나님은 나를 사랑하신다고 하면서 이런 일이 일어나게 하셨을까? 이것이 사실이 아니고 꿈이라면 얼마나 좋을까?' 하고 생각합니다.

그러나 이런 생각은 우리를 불행하게 만듭니다. 우리를 믿지 않는 자보다 더 비참하게 만듭니다. 하나님을 믿지 않는 자에게는 이런 일이 일어나지 않기 때문입니다. 그러나 하나님 백성은 어려운 위기를 당할 때 붙잡을 사람이 없을 때가 많습니다. 그래서 우리 마음속에는 답답함이 쌓입니다. 결국 마지막으로 하나님께 부르짖습니다. 우리에게는 이것보다 더 좋은 방법이 없습니다.

하나님 백성이 구조대를 부르는 방법이 바로 하나님께 부르짖는 것입니다. 그러나 우리가 이런 부르짖는 기도를 많이 해 보지 않으면 얼마나 오래 부르짖어야 하나님이 들으시는지 모릅니다. 그래서 생각만큼 잘하지 않습니다. 우리는 모든 일을 위해 부르짖으며 기도해야 합니다. 걱정은 우리를 응급 사태로 몰아갈 수 있습니다. 그래서 부르짖으며 기도해야 합니다. 혼자 있을 때나 성도들이 함께 모였을 때 기도해야 합니다. 그래서 우리 믿는 자들은 항상 응급 사태를 대비해야 합니다. 즉 혼자 있을 때 묵상하며 기도해야 합니다.

특히 교회는 계속 기도해야 합니다. 교회에서 기도할 때 성도 개인의 문제를 놓고 같이 기도해야 합니다. 여기에 보면 '내 음성으로 하나님께 부르짖으면 내게 귀를 기울이시리로다'라고 말합니다. 즉 우리가 부르짖으면서 기도하는 것은 하나님께 응급 요청을 하는 것이기 때문에 하나님은 반드시 들으십니다. 성도와 교회는 항상 기도할 준비가 되어 있어야 합니다.

우리는 이 성도가 매우 심각한 위기에 빠져 있는 것을 알 수 있습니다.

> **2절** "나의 환난 날에 내가 주를 찾았으며 밤에는 내 손을 들고 거두지 아니하였나니 내 영혼이 위로받기를 거절하였도다"

여기서 '환난 날에 내가 주를 찾았으며'라고 말합니다. 이 성도는 그동안 세상에서 성공한 인생을 살았습니다. 그래서 특별히 하나님을 만나 기도할 필요를 느끼지 못했습니다. 이것이 성공한 하나님 백성의 문제입니다. 이들은 자기가 아주 신앙이 좋아 성공했다고 생각합니다. 그런 착각에 빠져 있기 때문에 개인적으로 하나님을 찾아야 할 필요를 느끼지 못합니다. 그래서 성공한 지도자는 언제나 성공만 생각합니다. '어떻게 하면 높은 자리에 올라갈 수 있을까?'만 생각합니다. 그러나 인간은 자기 마음에 교만이 가득하여 정직하지 못하고 음란한 생각에 빠져 있다는 것을 모르고 있습니다.

성공한 자는 자기 스스로를 대단하다고 생각하기 때문에 개인적으로 하나님께 부르짖으며 기도해야 한다는 것을 모릅니다. 안타까운 것은 이것이 신앙 없는 자의 이야기가 아니고, 신앙이 아주 좋은 자의 이야기라는 것입니다. 이것은 다윗과 솔로몬, 히스기야의 이야기입니다. 신앙 좋은 자도 어려움에 처하면 결국에는 자기의 뿌리 깊은 내면을 보게 됩니다. 하나님 앞에서 자기가 죄인이라는 것을 깨닫게 됩니다. 하나님 앞에 자기는 아무것도 아닌 것입니다.

사람이 밤에 잠을 자지 못하고 혼자 밤을 지새워야 한다는 것이 얼마나 외로운 일인지 모릅니다. 그 시간이 고통에 빠진 자에게는 얼마나 길고 외로운 시간인지 모릅니다.

아마도 이 성도는 갑자기 큰 어려움에 빠진 것 같습니다. 그에게는 위로해 줄 자가 없었습니다. 고통을 나눌 자도 없었습니다. 그러나 다행스럽게도 이 성도에게는 신앙이 있었습니다. 그래서 그는 '내가 그동안 하나님 앞에서 얼마나 교만했으며, 오만한 자의 자리에 앉았던가?' 하는 것을 깨닫고 하나님께 회개할 수 있었습니다. 이제 하나님을 찾게 되었습니다.

2. 마음에 찾아오는 의심

우리가 한 번 큰 어려움에 빠지면 회복하는 데 오랜 시간이 걸립니다. 그런데 성도에게는 세상적으로 성공하거나 평안한 것이 더 위험할 때가 많습니다. 일단 사탄의 올무에 한 번 걸리면 빠져 나가는 것이 쉽지 않습니다.

그때 우리 마음은 불안합니다.

3절 "내가 하나님을 기억하고 불안하여 근심하니 내 심령이 상하도다"

이 성도는 '하나님을 기억하고 불안하여 근심하니'라고 말합니다. 왜 하나님을 기억하는데 불안할까요? 물론 이 성도는 하나님밖에는 자기를 구원해 주실 자가 없다는 것을 알고 있습니다. 그래서 부르짖어 기도하지만 하나님의 도움이 빨리 오지 않습니다. 하나님이 말씀으로는 위로하시지만 실제로 건져주시지 않으니까 '말씀이 무슨 소용 있나?' 하는 의심이 드는 것입니다. 여기서 인간이 얼마나 연약한 존재인지 알 수 있습니다.

우리가 성공할 때는 자신이 정말 대단한 존재인 것 같지만, 한 번 어려움이 생기면 비참한 사람이 됩니다. 부모는 자녀에게 사고가 나거나 인생에 큰 어려움이 닥치면 마음이 상합니다. 그래서 부모는 자녀를 자랑할 수도, 욕심을 부릴 수도 없습니다. 다윗도 자기 아들이 반역을 저질렀을 때 죽고 싶었을 것입니다. 인간은 약한 존재입니다. 우리는 하나님이 일 초만 내버려 두셔도 인생 최저점에 떨어져 비참할 수밖에 없습니다.

4절 "주께서 내가 눈을 붙이지 못하게 하시니 내가 괴로워 말할 수 없나이다"

인간은 세상에서 성공할 때는 잠 잘 시간도 아까워 사람들을 만나고 일을 벌입니다. 그러나 인생 최저점에 한 번 떨어지고 나면 그런 것이 아무 의미가 없다는 것을 깨닫게 됩니다. 오직 사느냐 죽느냐 하는 것만 중요합니다. 사람은 많은 일을 하지 못해도 사는 것이 좋습니다. 오히려 자기가 절대자인 줄 알고 너무 많은 일을 잘하려고 하면 죽음의 위기가 찾아옵니다.

5절 "내가 옛날 곧 지나간 세월을 생각하였사오며"

인간은 인생의 위기가 찾아오면 과거 일부터 생각합니다. 과거 자기가 얼마나 보잘 것 없는 상태였는지 돌아봅니다. 비참한 자신이 하나님의 사랑을 얼마나 많이 받았는지도 생각합니다. 그리고 자기가 얼마나 교만하며 진실하지 못했는지 부끄러운 기억을 꺼내 봅니다. 그러나 인간은 과거를 아무리 생각해도 그것만 가지고는 현재의 어려움을 해결하지 못합니다. 지금 이 위기에서 벗어나려면 옛날 기억보다 더 확실한 근거가 있어야 합니다. 하나님은 "너희 믿음대로 되라"(마 9:29)는 능력의 말씀을 해 주셔야 합니다.

"예수께서 돌이켜 그를 보시며 이르시되 딸아 안심하라 네 믿음이 너를 구원하였다 하시니 여자가 그 즉시 구원을 받으니라"_마 9:22

그러나 이 성도는 이런 확신이 들기까지 엄청난 회의에 빠집니다.

6-9절 "밤에 부른 노래를 내가 기억하여 내 심령으로, 내가 내 마음으로 간구하기를 주께서 영원히 버리실까, 다시는 은혜를 베풀지 아니하실까, 그의 인자하심은 영원히 끝났는가, 그의 약속하심도 영구히 폐하였는가, 하나님이 그가 베푸실 은혜를 잊으셨는가, 노하심으로 그가 베푸실 긍휼을 그치셨는가 하였나이다"

여기서 '밤에 부른 노래'는 이 성도가 가장 어려울 때 은혜를 받고 부른 노래입니다. 하나님은 그때 그의 순수한 신앙을 보시고 축복하셨습니다. 그는 유명한 장군이 되었고, 결국 왕이 되어 높은 자리에 있게 되었습니다. 그런데 그는 지금 옛날 비참하고 힘들 때 부른 노래를 또 불러도 되는지 의아해하고 있습니다. 그때는 순수했지만 지금은 세상의 때가 묻었기 때문입니다. 그때는 가난했지만 지금은 부유하기 때문입니다. 그러나 하나님은 옛날 가난했던 그때의 노래를 다시 부르기를 원하십니다. 하나님은 순수했던 신앙을 되찾기를 바라십니다.

그래서 우리에게는 고난이 필요합니다. 고난이 필요 없을 정도로 완전한 자는 없습니다. 우리는 고난이 왔을 때 숨길 필요가 없습니다. 하나님은 고난을 통해 우리와 더 가까이하시기 때문입니다.

이 성도는 옛날 순수했던 마음을 되찾으면서 하나님에 대해 더 깊이 생각합니다.

> **10, 11절** "또 내가 말하기를 이는 나의 잘못이라 지존자의 오른손의 해 곧 여호와의 일들을 기억하며 주께서 옛적에 행하신 기이한 일을 기억하리이다"

여기서 시편 기자는 아주 이상한 표현을 씁니다. 그는 '이는 나의 잘못이라'고 말합니다. 부정적인 것을 생각하면서 하나님을 의심하는 것은 잘못입니다.

여기에 보면 '지존자의 오른손의 해'라고 말합니다. 세상은 다 똑같지 않습니다. 하나님의 오른손의 때가 있는가 하면 왼손의 때가 있습니다. '오른손의 해'는 하나님이 나를 강하게 하시며 축복하시는 때입니다. 그때는 무엇을 해도 성공합니다. 그러나 '왼손의 해'도 있습니다. 이 때는 하나님이 나를 연단하사 겸손하게 하시는 때입니다. 결국 하나님은 우리가 삶의 어느 곳에 있든지 언제나 유익하게 하십니다. 즉 하나님은 오른손의 때 우리를 축복하셔서 감사하게 하십니다. 하나님은 왼손의 때 우리를 겸손하게 하셔서 하나님의 은혜를 깊이 알게 하십니다. 속사람을 아름답게 하시니 유익한 것입니다. 하나님이 하시는 일은 언제나 기이합니다. 우리가 성공할 때 하신 일도 놀랍고, 어려울 때 은혜를 베푸신 일도 놀랍습니다. 지금 환난으로 속사람을 깨끗하게 하시는 것도 감사한 일입니다.

3. 상상할 수 없는 능력의 하나님

출애굽한 이스라엘 백성은 자기들이야말로 세상에서 가장 불행한 자들이라고 생각했습니다. 이들은 애굽에서 노예 생활을 했습니다. 출애굽한 뒤에는 홍해에서 죽음을 당할 뻔했습니다. 홍해를 건넌 후에는 광야에서 죽을 고생을 했습니다.

그러나 출애굽한 이스라엘 백성이야말로 위대한 하나님의 능력을 체험한 자들입니다. 이들은 애굽에서 하나님의 열 가지 재앙을 체험했습니다. 또한 홍해가 갈라지는 것을 체험했습니다. 하나님이 물이 없는 사막에서 물을 내시는 것도 체험했습니다. 그래서 우리는 우리에게 닥치는 어려움만 생각할 것이 아니라 이 어려움을 통해 하나님이 어떤 일을 행하실 것인지 기대해야 합니다.

이스라엘 백성이 홍해에서 죽음을 당하게 되었을 때, 하나님이 바다를 가르신 것은 어느 누구도 할 수 없는 일이었습니다. 그러나 하나님이 바다에 길을 내신 것은 그분의 수많은 능력 중 하나에 불과했습니다. 그래서 우리는 어려운 일을 당한다 해도 두 가지를 기억해야 합니다. 하나는 하나님이 이번에 무슨 일을 행하실지 기대하는 것입니다. 다른 하나는 자포자기하지 말고 끝까지 하나님을 신뢰하는 것입니다.

예수님은 회당장 야이로에게 이렇게 말씀하셨습니다.

"아직 예수께서 말씀하실 때에 회당장의 집에서 사람들이 와서 회당장에게 이르되 당신의 딸이 죽었나이다 어찌하여 선생을 더 괴롭게 하나이까 예수께서 그 하는 말을 곁에서 들으시고 회당장에게 이르시되 두려워하지 말고 믿기만 하라 하시고"_막 5:35, 36

예수님은 회당장 야이로의 딸이 죽었는데도 "두려워하지 말고 믿기만 하라"고 말씀하신 것입니다.

13절 "하나님이여 주의 도는 극히 거룩하시오니 하나님과 같이 위대하신 신이 누구오니이까"

'주의 도'는 하나님의 말씀을 말합니다. 하나님의 가르침은 지극히 거룩합니다. 이 세상 어떤 가르침과도 다른 것이 하나님의 도입니다. 우리가 하나님을 믿게 된 것은 위대한 일입니다. 그러나 우리는 이 믿음의 도를 우리 수준으로 낮추어 생각할 때가 많습니다. 우리가 믿음의 길을 따라가면 야곱이 본 것같이 하늘에 사닥다리가 있으며, 이스라엘 백성처럼 바다에 길이 있습니다. 그러나 우리는 세상길을 가려다가 안 되니까 하나님의 능력을 의심합니다. 그러나 세상길은 우리의 길이 아닙니다. 광야길이 우리의 길입니다.

14, 15절 "주는 기이한 일을 행하신 하나님이시라 민족들 중에 주의 능력을 알리시고 주의 팔로 주의 백성 곧 야곱과 요셉의 자손을 속량하셨나이다"

하나님은 정말 기이한 능력의 하나님이십니다. 우리의 머리로는 절대 따라갈 수 없는 지혜의 하나님이십니다. 하나님은 야곱과 요셉의 자손을 속량하셨습니다. 하나님은 빈털터리인 야곱의 인생을 천국의 부자로 바꾸셨습니다. 또한 하나님은 죄수의 신분인 요셉을 총리로 바꾸셨습니다. 요셉으로 하여금 많은 이의 생명을 살리는 자가 되게 하셨습니다.

하나님 앞에서는 자연도 흔들리고 굴복하는데, 하나님은 그 가운데로 우리를 걸어가게 하십니다.

16, 17절 “하나님이여 물들이 주를 보았나이다 물들이 주를 보고 두려워하며 깊음도 진동하였고 구름이 물을 쏟고 궁창이 소리를 내며 주의 화살도 날아갔나이다”

바다가 주님을 보고 두려워하며 진동합니다. 구름은 놀라서 물을 쏟고, 궁창은 소리를 냅니다. 주의 화살은 번개같이 빠릅니다. 하나님은 주의 백성을 칼과 창이 아닌 비와 번개, 회오리바람으로 도우십니다. 이것이 하나님의 의외성입니다. 하나님은 우리가 짜놓은 계획대로 움직이지 않으십니다. 우리가 상상하지 못한 방법이 하나님께는 수백, 수천 개가 준비되어 있습니다.

19절 “주의 길이 바다에 있었고 주의 곧은 길이 큰 물에 있었으나 주의 발자취를 알 수 없었나이다”

‘주의 길’이 바닷속에 있을 줄은 아무도 몰랐습니다. 그러나 하나님의 길은 바닷속에 나 있었습니다. 인간의 눈으로는 아무리 보아도 길이 없는 것 같습니다. 앞에는 홍해가 놓여 있고, 뒤에는 애굽 군대가 최신 병기를 끌고 추격해 옵니다. 정상적으로 보면, 이스라엘 백성은 모두 바다에 빠져 죽을 수밖에 없습니다. 그런데 바다가 갈라지면서 거기에 숨어 있던 하나님 백성의 길이 나타났습니다.

성도는 하나님의 길을 가는 자들입니다. 세상 사람들이 출세하는 길과는 완전히 다릅니다. 성도는 악인이 잘되는 것을 부러워해서는 안 됩니다. 지금도 하나님은 이 능력으로 우리를 인도하십니다. 세상에서 가장 기쁜 것이 하나님을 믿고 따라가는 것입니다. 우리 모두에게는 안전한 길이 있습니다.

82

시 78:1–22

실패한 역사

우리는 높은 산을 올라갈 때 무조건 산꼭대기만 보고 올라갈 것이 아니라 한 번씩 뒤를 돌아보아야 합니다. 우리가 산꼭대기만 쳐다보면 아직 오르지 못한 목표를 빨리 달성하고 싶어 초조해지지만, 한 번 씩 뒤를 돌아보면 내가 그동안 이렇게 많이 올라왔나 하는 생각이 들면서 자기 자신이 대견해집니다. 그래서 앞으로 올라갈 정상을 바라보면서도 자신감을 갖게 됩니다. 이것은 인생을 살아가면서도 마찬가지입니다. 오직 눈앞의 성공만을 생각하면 더 많은 노력을 해야 합니다. 그리고 사람들에게서 더 인정받아야 한다고 생각하기 때문에 나중에는 지쳐 쓰러집니다.

그러나 그동안 살아온 과거를 생각하면 지독한 가난 속에서도 살아남았습니다. 도저히 살 길이 없어 보이는 상황에서도 길을 찾았습니다. 상상하지 못한 성공도 거두었습니다. 이런 것을 볼 때 복 받은 것을 알게 됩니다. 그래서 우리는 여기까지 살아온 자신이 얼마나 대단한지 깨닫게 됩니다.

사람은 인생을 살아가면서 두 가지 태도를 보입니다. 어떤 사람은 오직 앞만 보며 해결되지 않은 문제를 놓고 끊임없이 걱정합니다. 그러면서 자기 자신을 몰아붙이며 살아갑니다. 그에 비해 어떤 사람은 자기를 격려하면서 잘한 것을 칭찬하며 살아갑니다. 물론 짧은 생을 통해 보면 끊임없이 자기를 몰아붙이며 살아가는 자가 잘되는 것 같지만, 긴 생을 통해 보면 마음의 여유를 갖고 자신을 격려하면서 살아가는 자가 정신적으로나 육체적으로 건강한 것을 볼 수 있습니다.

시편 78편은 아주 긴 시입니다. 이 시는 무려 72절로 구성되어 있습니다. 시편 78편은 이스라엘 백성이 출애굽하고 난 후 겪은 기적을 말하고 있습니다. 이스라엘 백성이 하나님의 기적을 체험하기 전과 후를 비교하고 있습니다. 또한 이스라엘 백성이 광야에 있을 때와 가나안 땅에 있을 때를 비교하고 있습니다. 우리가 하나님의 기적과 기도 응답을 체험하면 그것을 미래에 적용해 아무리 어렵고 길이 없어도 하나님을 믿어야 합니다. 그런데 이스라엘 백성은 그렇게 하지 못했습니다. 그래서 아삽은 이스라엘 백성의 역사는 배신과 실패의 역사라고 말했습니다.

이것은 우리에게도 마찬가지입니다. 인생은 한 가지 일이 해결되고 나면 또 다른 일이 기다리고 있습니다. 우리는 한 가지 어려움이 해결되어도 또 다른 어려움이 기다리고 있기 때문에 한평생 걱정하며 살 수밖에 없습니다. 우리가 연약한 인간이기 때문입니다. 그러나 그런 식으로 살면 인생은 걱정과 불안으로 가득 찰 것입니다. 여기에 하나님이 원하시는 메시지가 있습니다. 하나님은 하나의 어려움이 해결되었을 때 믿음으로 굳게 나아가길 원하십니다. 급변하는 세상 속에서 변치 않으시는 하나님의 말씀을 붙잡고 그분의 영광을 위해 살길 원하십니다. 이것이 하나님이 우리에게 요구하시는 믿음입니다.

1. 야곱과 약속하신 하나님

아삽은 시편 78편을 '율법'이라고 가리키며, 예로부터 감추어진 진리라고 비유해 말합니다.

> 1, 2절 "내 백성이여, 내 율법을 들으며 내 입의 말에 귀를 기울일지어다 내가 입을 열어 비유로 말하며 예로부터 감추어졌던 것을 드러내려 하니"

아삽이 시편 78편을 '율법'이라고 말한 이유는 이 시가 단순히 이스라엘 백성의 과거를 회고하는 시가 아니기 때문입니다. 시편 78편 중심에는 하나님의 약속인 '율법'이 있습니다. 여기에는 이스라엘 백성이 바르게 믿고 순종하면 복을 받는다는 약속의 말씀이 나옵니다. 더욱이 아삽은 시편 78편을 비유로 '예로부터 감추어졌던' 말씀이라고 말합니다. 여기서 '비유'는 비밀을 뜻합니다. 하나님을 믿지 않는 자들은 감추어진 말씀을 알 수 없습니다. 오직 하나님의 백성에게만 적용되는 비밀스러운 진리입니다.

> 3, 4절 "이는 우리가 들어서 아는 바요 우리의 조상들이 우리에게 전한 바라 우리가 이를 그들의 자손에게 숨기지 아니하고 여호와의 영예와 그의 능력과 그가 행하신 기이한 사적을 후대에 전하리로다"

하나님의 백성에게는 세상 사람들이 알 수 없는 비밀스러운 세계가 있습니다. 아삽은 하나님이 옛날 야곱에게 증거를 세우신 것부터 이야기합니다.

> 5절 "여호와께서 증거를 야곱에게 세우시며 법도를 이스라엘에게 정하시고 우리 조상들에게 명령하사 그들의 자손에게 알리라 하셨으니"

하나님이 야곱에게 증거를 세우신 것은 두 가지로 생각할 수 있습니다. 하나는 야곱이 형 에서를 피해 하란으로 도망칠 때, 하나님이 빈들에서 돌을 베개하고 자는 야곱을 찾아오셔서 축복하신 것입니다.

"한 곳에 이르러는 해가 진지라 거기서 유숙하려고 그곳의 한 돌을 가져다가
베개로 삼고 거기 누워 자더니 꿈에 본즉 사닥다리가 땅 위에 서 있는데
그 꼭대기가 하늘에 닿았고 또 본즉 하나님의 사자들이 그 위에서 오르락내리락 하고
또 본즉 여호와께서 그 위에 서서 이르시되 나는 여호와니
너의 조부 아브라함의 하나님이요 이삭의 하나님이라
네가 누워 있는 땅을 내가 너와 네 자손에게 주리니"_창 28:11-13

사람이 들판에서 돌을 베개하고 잔다는 것은 인생의 최저점에 있는 것입니다. 이 때 야곱에게는 미래가 없었습니다. 야곱은 하나님의 복을 받고 싶어 팥죽 한 그릇에 형의 장자권을 샀지만, 하나님의 복은 불발탄이었습니다. 그러나 하나님은 야곱이 인생에서 가장 비참한 자리에 있을 때 그를 만나 주셨습니다. 그리고 그에게 축복을 약속하셨습니다. 이것이 하나님의 백성이 가지고 있는 딜레마입니다. 우리는 가장 비참할 때 하나님을 만납니다. 우리는 가장 힘들 때 하나님을 붙잡게 됩니다. 그러면 야곱은 하나님의 약속만 믿고 나갔어야 합니다. 그런데 야곱은 밧단 아람에 간 후 먹고 사는 문제와 결혼에 매여 이십 년을 종살이했습니다. 이것이 바로 야곱의 연약함입니다.

다른 하나는 야곱이 얍복 나루에서 형 에서를 만나는 것을 두려워하고 있을 때, 하나님이 천사의 모습으로 찾아오셔서 씨름하신 것입니다.

"야곱은 홀로 남았더니 어떤 사람이 날이 새도록 야곱과 씨름하다가 자기가

야곱을 이기지 못함을 보고 그가 야곱의 허벅지 관절을 치매 야곱의 허벅지 관절이 그 사람과 씨름할 때에 어긋났더라"_창 32:24, 25

야곱은 밤새도록 천사와 씨름했습니다. 야곱을 이길 수 없다 판단한 천사는 야곱의 엉덩이를 쳐 그의 대퇴부 뼈를 어긋나게 했습니다. 그때 걸을 수 없게 된 야곱은 하나님께 축복을 구했습니다.

"그 사람이 그에게 이르되 네 이름이 무엇이냐 그가 이르되 야곱이니이다 그가 이르되 네 이름을 다시는 야곱이라 부를 것이 아니요 이스라엘이라 부를 것이니 이는 네가 하나님과 및 사람들과 겨루어 이겼음이니라"_창 32:27, 28

하나님은 야곱에게 '이스라엘'이라는 새 이름을 주셨습니다. 위기의 순간이 바로 은혜 받을 때입니다. 하나님의 은혜를 받으면 아무것도 염려하지 말고 오직 믿음으로 나가야 합니다.

7절 "그들로 그들의 소망을 하나님께 두며 하나님께서 행하신 일을 잊지 아니하고 오직 그의 계명을 지켜서"

우리가 하나님의 은혜를 받으면, 모든 소망을 하나님께 두고 그분의 말씀만 붙들고 나가야 합니다. 그러나 인간은 그렇지 않습니다. 우리는 하나님의 은혜를 받았다고 하지만 어려움이 찾아오면 염려에 사로잡히고 맙니다.

이스라엘 백성 역시 그랬습니다. 그들은 은혜와 세상 문제를 분리해서 생각했습니다. 그래서 하나님은 이스라엘 조상의 믿음을 가리켜 완고하고 패역하다고 책망하셨습니다.

8절 "그들의 조상들 곧 완고하고 패역하여 그들의 마음이 정직하지 못하며 그 심령이 하나님께 충성하지 아니하는 세대와 같이 되지 아니하게 하려 하심이로다"

여기서 '완고하고 패역하여'는 다른 것을 두고 말하는 것이 아닙니다. 이스라엘 백성이 인생 최저점에서 하나님의 은혜를 체험했으면, 하나님이 함께하신다는 약속을 믿고 그분의 말씀만 붙들고 나가야 했습니다. 하지만 그들은 또다시 먹고 사는 문제를 두고 고민에 빠졌습니다.

우리는 하나님이 기적적인 손길을 베푸셔서 어려움이 해결되면 그다음부터는 믿음으로 살아야 합니다. 그러나 우리는 인간이기 때문에 걱정합니다. 우리는 물질이 생겨도 걱정합니다. 물론 물질이 없으면 걱정에 더 사로잡힙니다. 그러나 하나님은 그러지 말라고 말씀하십니다. 믿음은 하나님의 은혜를 받은 후에 그분의 말씀만 붙잡고 나가는 것입니다.

아삽은 한 가지 예로 가나안 땅을 정복할 당시 에브라임 지파가 보인 태도를 지적하고 있습니다.

9-11절 "에브라임 자손은 무기를 갖추며 활을 가졌으나 전쟁의 날에 물러갔도다 그들이 하나님의 언약을 지키지 아니하고 그의 율법 준행을 거절하며 여호와께서 행하신 것과 그들에게 보이신 그의 기이한 일을 잊었도다"

에브라임 지파는 힘이 없지 않았습니다. 하나님은 그들을 광야에서 인도하시고 그들에게 무기와 활을 주셨습니다. 그러나 에브라임 지파는 가나안 땅에서 자신감을 갖지 못했습니다. 자신들이 얼마나 특별한 자들인지 잊어버렸기 때문입니다. 하나님 백성은 비밀을 간직한 자들입니다. 하나님은 우리가 어려울 때 찾아와 증거를 주십니다. 그때 우리는 모든 염려를 물리치고 오직 믿음으로 나가야 합니다. 물론 가난도, 어려움도 오지만 우리는 그것을 감당해야 합니다.

2. 광야에서 행하신 기적

이스라엘 백성은 애굽에서 나온 후 광야길을 가야 했습니다. 이 때부터 이스라엘 백성의 입에는 원망과 불평이 그치지 않았습니다. 그러나 이스라엘 백성에게 광야는 하나님의 기적으로 가득 찬 신비의 세계였습니다. 광야는 이스라엘 백성에게 마치 보물 창고와 같았습니다. 이스라엘 백성이 하나님의 인도하심을 따라 광야로 갔을 때 그 광야는 하나님의 기적의 보물 창고였습니다. 이스라엘 백성은 거기서 보았던 기적을 간직했어야 합니다.

이스라엘 백성이 본 가장 놀라운 기적은 바로 홍해가 갈라진 것이었습니다.

> 13절 "그가 바다를 갈라 물을 무더기같이 서게 하시고 그들을 지나가게 하셨으며"

하나님은 '바다를 갈라 물을 무더기같이 서게' 하셨습니다. 이처럼 하나님은 이스라엘 백성에게 큰 기적을 보여 주셨습니다. 이스라엘 백성은 이 능력을 간직했어야 합니다. 이스라엘 백성이 바다를 건넌 것만으로는 모든 것이 끝난 게 아니었습니다. 이스라엘 백성은 바다를 가르고, 물을 서게 할 수 있는 능력을 붙잡았어야 합니다. 물론 이스라엘 백성이 바닷물을 가죽 주머니에 넣어 간다고 해서 기적이 일어날 수 있는 것은 아니었습니다. 그러나 바닷물을 갈라지게 한 것은 막대한 에너지였습니다. 그것은 하나님의 말씀에 있었습니다. 여호수아는 그 능력을 붙잡았기 때문에 요단 강을 건널 수 있었습니다. 그래서 우리는 하나님의 은혜를 받은 후 염려에 빠지면 안 됩니다. 하나님의 말씀으로 어려움을 담대히 통과해야 합니다. 그러면 기적이 또 일어납니다.

두 번째로 이스라엘 백성은 광야에서 구름과 불기둥의 기적을 보았습니다.

14절 "낮에는 구름으로, 밤에는 불빛으로 인도하셨으며"

이스라엘 백성은 광야에서 길을 알지 못했습니다. 그들은 한 번도 애굽 밖을 나가 본 적이 없습니다. 그때는 지도도 없었습니다. 그러나 놀랍게도 하나님은 낮에는 구름 기둥으로 이스라엘 백성이 가야 할 방향을 보여 주셨습니다. 그리고 밤에는 불기둥으로 그들의 길을 인도해 주셨습니다. 이것은 어떤 의미에서 하나님의 시험이었습니다. 하나님의 양떼는 목자가 어디로 인도하든 따라가야 합니다. 이스라엘 백성에게 구름과 불기둥이 나타난다는 것은 하나님이 그들의 길을 인도하신다는 의미입니다.

그러나 이스라엘 백성은 그것을 믿을 수 없었습니다. 구름과 불기둥이 인도한 곳에는 먹을 양식과 물이 없었기 때문입니다. 그래서 이스라엘 백성은 기회가 있을 때마다 모세를 원망하고 대적했습니다. 그 결과 이스라엘 백성은 광야 사십 년을 돌아야 했습니다. 이스라엘 백성은 하나님이 전지 전능하시다는 것을 인정할 때 광야에서 벗어날 수 있었습니다.

인간은 아무리 똑똑해도 하나님보다 더 똑똑할 수 없습니다. 하나님이 말씀하시는 대로 묵묵히 순종할 때 광야에서 벗어날 수 있습니다. 지금도 하나님은 우리의 길을 인도하고 계십니다. 우리는 그 길을 묵묵히 따라가야 합니다. 그러나 똑똑할수록 말이 많습니다. 내 경험과 생각이 하나님이 하시는 것과 다르기 때문입니다. 그러면 결국 제자리에 계속 맴돌게 됩니다. 우리 사회는 정치적으로나 종교적으로 계속 제자리에서 맴돌고 있습니다. 그 이유는 하나님의 말씀을 믿지 않기 때문입니다. 하나님의 말씀이 아니면 우리는 한 걸음도 앞으로 나갈 수 없습니다.

세 번째로 이스라엘 백성은 반석에서 생수가 터져 나오는 기적을 보았습니다.

> 15, 16절 "광야에서 반석을 쪼개시고 매우 깊은 곳에서 나오는 물처럼 흡족하게 마시게 하셨으며 또 바위에서 시내를 내사 물이 강같이 흐르게 하셨으나"

이스라엘 백성이 걸어가는 광야에는 강이 없었습니다. 이성적으로 생각하면, 이스라엘 백성은 광야에서 물이 없어 모두 죽어야 했습니다. 그래서 이스라엘 백성은 죽고 싶지 않아 모세에게 대항했습니다. "당신이 어찌하여 우리를 애굽에서 인도해 내어서 우리와 우리 자녀와 우리 가축이 목말라 죽게 하느냐"(출 17:3)는 것이었습니다. 이스라엘 백성은 홍해 기적과 구름과 불기둥을 경험하고도 물이 없어 목마른 현실 앞에서 그 능력을 적용하지 못했습니다. 그들은 하나님이 행하신 기적을 기억하며 또다시 목마름을 해결해 주실 것을 믿어야 했습니다. 그러나 이스라엘 백성에게는 믿음이 없었습니다.

그러나 하나님은 반석을 쪼개셨습니다. 반석 깊은 곳에서 나온 물이 시내와 강이 되었습니다. 이스라엘 백성은 모든 염려를 버리고 광야를 힘차게 걸어갔어야 했습니다. 그러나 인간은 새로운 어려움이 생기면, 연약해서 과거 하나님이 주신 은혜를 다 잊어버립니다. 새로운 의심과 염려에 빠져 하나님을 원망합니다.

3. 이스라엘의 불신앙

이스라엘 백성이 하나님의 놀라운 기적을 체험하고도 불신앙에 빠졌던 것은 하나님의 능력이 우연히 한 번 나타난 것이라고 생각했기 때문입니다. 하나님이 이스라엘 백성에게 보이신 기적은 그분의 무한한 능력 중 아주 작은 부분에 불과했습니다. 하나님은 앞으로도 얼마든지 더 많은 기적을 행하실 수 있습니다. 만일 이스라엘 백성이 이 은혜를 믿었더라면 어려움이 오더라도 덜 불안했을 것입니다. 그러나 인간에게는 하나님의 능력은 눈에 보이지 않고, 세상의 어려움은 너무 크게 보입니다. 그래서 하나님을 계속해서 믿는 것이 어려운 것입니다.

우리 역시 하나님을 믿는다 하면서도 어려움이 찾아오면 걱정하고 염려에 빠집니다. 항상 '만일'이라고 생각하기 때문입니다. '지금까지 하나님이 도와주셨지만, 만일 이번에 하나님이 안 도와주시면 나는 실패한다'라고 생각하기 때문입니다. 그러나 믿음 위에 굳게 서서 "'만일'이라는 것이 어디 있어? 모든 것은 하나님의 영광을 위해 이루어져!"라고 고백하면, 우리는 불신앙에 빠지지 않을 수 있습니다.

그러나 이스라엘 백성에게는 '광야'라는 현실이 자신 없었습니다. 이스라엘 백성은 광야에서 먹을 것이 없을 때 불안해하며 염려만 한 것이 아니라 불신앙의 말을 입으로 표현했습니다. 이것이 그들의 실패 원인입니다. 우리도 인간인 이상 어려운 현실 앞에서 잠시 걱정하고 불안해할 수 있습니다. 그러나 그럴 때일수록 더욱 하나님의 말씀으로 자신을 돌아보아 담대히 나가야 합니다. 어렵다고 원망하는 말까지 하면 결국 실패입니다.

17절 "그들은 계속해서 하나님께 범죄하여 메마른 땅에서 지존자를 배반하였도다"

하나님은 광야에서 신기한 일을 계속 행하셨습니다. 그러나 이스라엘 백성은 이 은혜를 믿지 않았습니다. 이스라엘 백성은 스스로 약해졌습니다. 이스라엘 백성은 모든 것이 갖추어진 삶을 원했습니다. 이들은 모든 것이 보장된 삶을 살고자 했습니다. 그러다 보니 이스라엘 백성은 광야를 지나는 내내 하나님을 의심하며 걸었습니다. 이것은 '지존자'를 배반하는 것입니다.

18, 19절 "그들이 그들의 탐욕대로 음식을 구하여 그들의 심중에 하나님을 시험하였으며 그뿐 아니라 하나님을 대적하여 말하기를 하나님이 광야에서 식탁을 베푸실 수 있으랴"

이스라엘 백성은 먹을 것이 없을 때 하나님을 시험했습니다. 여기서 '시험하였으며'는 불신을 의미합니다. 이들은 '하나님이 광야에서 식탁을 베푸실 수 있으랴?' 하고 하나님이 기뻐하시지 않는 말을 했습니다. 누가 생각해도 광야에서 잔치를 차리는 것은 불가능한 일입니다. 그러나 이스라엘 백성은 한 상 차려내라는 식으로 하나님을 불신했습니다. 이스라엘 백성은 어린 아이처럼 잘 먹어야겠다고 떼를 썼던 것입니다. 사실 이스라엘 백성은 살아 있는 것이 기적이었습니다.

하나님은 반석을 쪼개 물을 주셨습니다. 하지만 이스라엘 백성은 이 은혜는 잊은 채 하나님을 원망했습니다.

20절 "보라 그가 반석을 쳐서 물을 내시니 시내가 넘쳤으나 그가 능히 떡도 주시며 자기 백성을 위하여 고기도 예비하시랴 하였도다"

반석에서 물을 내신 하나님은 이스라엘 백성에게 양식도 주시고, 그들의 남은 인생도 책임지실 것입니다. 그러나 이스라엘 백성은 하나님의 능력을 믿지 못했습니다. 이들은 물과 음식, 고기를 다 따로 생각했습니다. 즉 하나님이 물까지는 주실 수 있을지 몰라도 음식과 고기는 주실 수 없다고 말했습니다. 이 때 하나님은 이스라엘 백성에게 실망하셨습니다. 하나님은 이스라엘 백성에게 진노하신 것입니다.

> 21, 22절 "그러므로 여호와께서 듣고 노하셨으며 야곱에게 불같이 노하셨고 또한 이스라엘에게 진노가 불타올랐으니 이는 하나님을 믿지 아니하며 그의 구원을 의지하지 아니한 때문이로다"

물론 하나님은 이스라엘 백성에게 만나와 메추라기를 주셔서 양식을 먹게 하셨습니다. 그러나 하나님은 이스라엘 백성에게 실망하셨습니다. 더욱이 야곱에 대해서도 화가 나셨습니다. 그들에게 믿음이 없었기 때문입니다. 이것이 이스라엘 백성의 실패한 역사입니다.

하나님은 우리가 어려울 때 만나 주십니다. 하나님의 은혜를 한 번 체험한 후에는 모든 의심과 염려를 버려야 합니다. 우리 앞에 무엇이 놓여 있든 하나님을 의지하는 믿음으로 나갑시다.

83

시 78:23-42

광야에서의 실패

예전에는 이집트에서 시내 산을 거쳐 예루살렘으로 가는 길이 성지 순례의 필수 코스였습니다. 그러다 우리나라 성지 순례 팀이 탄 버스에 폭탄 테러가 발생하면서 그 길로 가는 것이 금지되었습니다. 그곳이 바로 성경에 나오는 광야길입니다.

광야길 중간에 서 있으면 얼마나 뜨거운 바람이 부는지 숨을 쉴 수 없습니다. 그곳에서는 물을 구할 수 없습니다. 자갈밭이 끊임없이 계속됩니다. 광야는 뜨거운 자갈밭으로 되어 있어 농사도 지을 수 없고, 집도 지을 수 없습니다. 광야에는 그늘도 없어 쉴 곳이 없습니다. 그러나 이스라엘 백성은 무려 사십 년을 뜨거운 햇빛 아래 살아야 했습니다. 하나님은 이스라엘 백성을 애굽 종살이에서 이끌어내신 후 광야로 데리고 가셨습니다. 이스라엘 백성은 그 광야에서 인생 최저점을 경험했습니다.

성도들 중에 실직과 가난 때문에 광야를 경험하고 있는 분들이 있을 것입니다. 그들에게는 미래가 보이지 않습니다. 이 때 우리는 영적으로는 하나님의 말씀을 듣고 은혜를 받지만, 육신적으로는 희망 없는 삶을 살아가게 됩니다. 하나님은 왜 우리에게 광야 같은 인생을 살게 하시는지 이해되지 않습니다.

1. 광야로 인도하신 하나님

하나님은 이스라엘 백성을 애굽에서 인도하여 내신 후 홍해를 가르셔서 애굽 군대의 추격에서 건져내셨습니다. 그 후 하나님은 이스라엘 백성을 광야로 데리고 가셨습니다. 그런데 광야는 온통 자갈밭이었습니다. 낮에는 뜨거운 바람이 불고, 그늘도 없어 사람이 살 수 없었습니다. 물론 밤에는 장막을 치고 잠을 잤지만, 아무리 장막을 쳐도 바닥이 돌 투성이였기 때문에 잠을 제대로 잘 수 없었습니다.

이스라엘 백성은 애굽을 떠난 후 젖과 꿀이 흐르는 가나안 땅으로 들어가게 되리라고 믿었습니다. 그러나 현실은 애굽 생활보다 더 비참했습니다. 애굽의 노예 생활에 비하면 하나님을 마음대로 믿을 수 있다는 것 빼고는 너무 고통스럽고 비참한 생활이었습니다. 이스라엘 백성은 '하나님은 왜 우리를 이 고통스러운 광야로 데리고 오셨을까?'라고 생각했을 것입니다. 이스라엘 백성은 하나님이 그들을 가나안 땅에 데리고 갈 능력이 없다고 생각했습니다.

이스라엘 백성은 하나님이 그들을 광야에 데리고 오신 것을 보면서 능력이 부족하다고 생각한 것입니다. 이스라엘 백성은 광야에서 하나님을 많이 원망했습니다. 그런데 이스라엘 백성은 광야에서 다른 어느 누구도 경험하지 못한 이상한 체험을 하게 됩니다. 하나님은 하늘로부터 이상한 양식을 내려주셨습니다. 이것이 이스라엘 백성에게 다른 점입니다.

23, 24절 "그러나 그가 위의 궁창을 명령하시며 하늘문을 여시고 그들에게 만나를 비같이 내려 먹이시며 하늘 양식을 그들에게 주셨나니"

다른 사람 같으면 이런 광야에서 틀림없이 굶어 죽었을 것입니다. 그들이 여우나 뱀을 잡아 먹을 수 있는 것도 아니고, 결국 며칠을 가지 못해 죽었을 것입니다. 그러나 이스라엘 백성은 놀랍게도 하늘에서 내리는 양식을 먹고 살았습니다. 이 양식의 이름은 만나였습니다. '만나'는 '이것이 무엇이냐'라는 뜻입니다. 하나님은 하늘의 궁창에 명령을 내리셨습니다. 이스라엘 백성은 하늘문이 열리면서 비같이 내리는 하늘 양식을 먹을 수 있었습니다. 그런데 재미있는 것은 이 만나에 대한 하나님의 해석입니다.

25절 "사람이 힘센 자의 떡을 먹었으며 그가 음식을 그들에게 충족히 주셨도다"

여기서 '힘센 자'는 천사를 말합니다. 천사가 얼마나 힘이 센지 히스기야 때 천사 한 명이 십팔만 오천 명의 앗수르 군사들을 죽게 만들었습니다.

"여호와께서 한 천사를 보내어 앗수르 왕의 진영에서 모든 큰 용사와 대장과 지휘관들을 멸하신지라 앗수르 왕이 낯이 뜨거워 그의 고국으로 돌아갔더니 그의 신의 전에 들어갔을 때에 그의 몸에서 난 자들이 거기서 칼로 죽였더라"

_대하 32:21

이스라엘 백성이 먹은 것은 천사들의 떡이었습니다. 여기서 '힘센 자'는 기적을 행할 수 있는 자를 말합니다. 이스라엘 백성은 기적을 행할 수 있는 양식을 먹었던 것입니다. 예수님도 "사람이 떡으로만 살 것이 아니요 하나님의 입으로부터 나오는 모든 말씀으로 살 것이라"(마 4:4)고 말씀하셨습니다. 좋은 직장에서 일하며 많은 돈을 벌면 어려움 없이 살 수 있을지는 모르지만 기적의 양식은 먹을 수 없습니다. 그러나 도저히 살 수 없는 환경 가운데서 하나님의 말씀을 붙잡을 때 기적을 행할 수 있는 양식을 먹게 됩니다. 하나님은 이 양식을 충족히 주셨습니다. 우리는 광야에서 하늘 양식을 무한정으로 공급받을 수 있는 것입니다.

그러나 이스라엘 백성은 만나의 의미를 알지 못했습니다. 그들에게는 오히려 만나가 불만이었습니다. 만나는 그렇게 맛있는 음식이 아니었고, 쌓아 놓을 수도 없었습니다. 더욱이 이스라엘 백성에게는 만나를 배부르게 먹는 것보다는 다른 것이 더 필요했습니다. 이스라엘 백성에게는 안정된 생활과 미래의 성공이 필요했습니다. 이것은 우리에게도 마찬가지입니다. 우리는 하나님의 은혜로 하루하루 사는 것보다 미래의 비전과 안정된 직장을 더 필요로 합니다.

그런데 이스라엘 백성은 하나님을 분노하게 하는 요구를 하나 했습니다. 이스라엘 백성은 고기가 먹고 싶다며 하나님을 원망했습니다.

"이스라엘 자손이 그들에게 이르되 우리가 애굽 땅에서 고기 가마 곁에 앉아 있던 때와 떡을 배불리 먹던 때에 여호와의 손에 죽었더라면 좋았을 것을 너희가 이 광야로 우리를 인도해 내어 이 온 회중이 주려 죽게 하는도다"_출 16:3

이스라엘 백성이 애굽에 거주할 때는 구운 양고기와 염소 고기를 자주 먹었습니다. 그러나 광야에서는 고기를 먹을 수 없었습니다. 이스라엘 백성은 하나님이 고기는 절대 주실 수 없다고 생각했습니다. 그때 하나님은 동풍과 남풍을 불게 하셔서 많은 고기를 하늘에서 내려주셨습니다.

27-29절 "먼지처럼 많은 고기를 비같이 내리시고 나는 새를 바다의 모래 같이 내리셨도다 그가 그것들을 그들의 진중에 떨어지게 하사 그들의 거처에 두르셨으므로 그들이 먹고 심히 배불렀나니 하나님이 그들의 원대로 그들에게 주셨도다"

하나님은 고기를 먹고 싶다며 우는 이스라엘 백성을 위해 메추라기를 준비하셨습니다. 가끔 철새들이 하늘을 나는 것을 보면 새카만 먼지가 나는 것처럼 보입니다. 하나님은 동풍과 남풍으로 메추라기를 모으사 먼지같이 날아오게 하셨습니다. 이스라엘 백성은 메추라기를 원대로 먹었습니다.

2. 이스라엘 백성에게 광야를 주신 이유

하나님은 얼마든지 기적을 행하실 수 있는 분인데도 불구하고 왜 이스라엘 백성으로 하여금 광야 같은 극한 상황에 살게 하셨을까요?

첫 번째로, 하나님은 이스라엘 백성이 광야에서 뿌리를 바꾸기를 원하셨습니다. 우리는 모두 세상에 뿌리를 두고 사는 자들입니다. 쉽게 말해, 사도 바울이 말했던 것처럼 돌 감람나무와 같은 자들입니다.

"네가 원 돌 감람나무에서 찍힘을 받고 본성을 거슬러 좋은 감람나무에 접붙임을 받았으니 원 가지인 이 사람들이야 얼마나 더 자기 감람나무에 접붙이심을 받으랴"_롬 11:17

우리는 세상의 기질을 가지고 자랐습니다. 우리는 세상 욕망을 가지고 성공을 바라며 사는 돌 감람나무입니다. 우리는 너무 떫어 먹을 수 없는 야생 돌 감람나무인 것입니다. 하나님은 우리로 하여금 이 세상의 못된 진액은 다 빠져나가게 하십니다. 하나님은 우리가 참 감람나무가 되기를 원하십니다. 그러려면 하나님의 가지에 접붙임되어야 합니다. 그런데 애굽과 가나안 땅에서는 불순물이 섞여 있어 안 되었습니다. 그래서 하나님은 이스라엘 백성이 광야에서 순수한 하나님의 말씀으로 접붙임되어 그 기질과 생각, 믿음이 백 퍼센트 하나님의 사람으로 바뀌기를 원하셨습니다.

그런데 이 접붙임에서 가장 중요한 것은 진액입니다. 하나님 백성이 순수한 하나님의 말씀을 먹어야 참 감람나무로 변합니다. 그 후에는 열매도 맛이 있고, 기름도 순수해서 불을 붙이면 바로 부흥의 불이 붙습니다. 또한 상처에 바르면 상처가 바로 회복됩니다. 그러나 세상의 불순물이 들어 있는 돌 감람나무 열매는 정말 고약한 맛을 냅니다. 좋은 기름인 줄 알고 불을 붙이면 연기와 고약한 악취만 납니다. 이미 있던 불까지 꺼뜨립니다.

하나님은 이스라엘 백성이 원망하는 모습을 보면서 세상의 나쁜 감람 열매를 보셨습니다. 이스라엘 백성은 세상에 젖어 있어 하나님의 진액을 좋아하지 않았습니다. 결국 이스라엘 백성은 고기는 먹었지만, 그 고기가 축복이 되지 못했습니다. 하나님은 탐욕스러운 이스라엘 백성을 치셨습니다.

> 30, 31절 "그러나 그들이 그들의 욕심을 버리지 아니하여 그들의 먹을 것이 아직 그들의 입에 있을 때에 하나님이 그들에게 노염을 나타내사 그들 중 강한 자를 죽이시며 이스라엘의 청년을 쳐 엎드러뜨리셨도다"

이스라엘 백성은 메추라기를 보고 서로 더 많이 먹으려고 싸웠습니다. 고기를 먹을 때도 혼자 많이 먹으려고 옆에 쌓아 놓고 먹었습니다. 그래서 하나님은 어른과 청년을 죽게 하셨습니다. 결국 탐욕에 가득 찬 자들에게는 축복이 죽음과 저주, 징계가 됩니다.

두 번째로, 하나님은 이스라엘 백성이 광야에서 하늘의 기적을 맛본 자들이 되기를 원하셨습니다. 세상 사람들은 돈과 성공을 따라 사는 자들입니다. 그러나 이 세상 원리는 누군가가 많이 가지면 가질수록 다른 사람은 적게 가져야 하고, 굶어야 하며, 비참해져야 합니다. 돈과 지위, 권력은 한계가 있기 때문입니다. 그러나 하나님이 주시는 축복과 능력은 무한정입니다. 그래서 하나님은 그의 백성이 광야에서 하나님의 기적을 가져오는 방법을 배우기를 원하셨습니다. 이것이 기도 응답의 원리이자 기적의 원리입니다.

하나님은 하늘문을 여시사 만나를 내리셨습니다. 또한 하나님은 동풍과 남풍으로 메추라기를 모으셨습니다. 이 기술을 안다면 무한한 능력을 가진 자가 될 것입니다. 사실 모세는 지팡이 하나로 이백만 명이 넘는 하나님의 백성을 사십 년간 먹여 살렸습니다. 모세의 지팡이에서는 무한한 능력이 흘러나왔던 것입니다.

훌륭한 음악가나 선수도 무명 시절 혼자 연습하고 기술을 익혔기 때문에 후에 세계적인 실력을 나타낼 수 있는 것입니다. 이렇게 무명 시절 좋은 선생님을 만나 훈련받고 연습하는 것이 출세하는 비결입니다. 특히 이스라엘 백성은 광야에서 하나님께 훈련을 받았습니다.

3. 이스라엘 백성의 실패와 성공

이스라엘 백성 중에 광야에서 아무리 훈련을 받아도 변하지 않는 자들이 있었습니다. 이들은 바로 출애굽한 자들입니다. 이들은 하나님의 열 가지 재앙을 직접 경험했고, 유월절 어린 양의 피도 문기둥에 발랐습니다. 더욱이 홍해를 건넌 자들입니다. 그러나 이들은 절대 변하지 않았습니다. 이들은 '애굽'이라는 문명 세계에 깊이 빠져 있었기 때문입니다. 이들은 기회가 있을 때마다 애굽으로 돌아가려 했습니다. 자기 머리와 생각을 믿었지 하나님 말씀의 능력을 믿지 않았습니다. 그래서 출애굽한 자들 중에는 남자 육십만 명 중 단 두 명만 가나안 땅에 들어가게 됩니다. 그 두 명이 바로 여호수아와 갈렙입니다.

> <u>32, 33절</u> "이러함에도 그들은 여전히 범죄하여 그의 기이한 일들을 믿지 아니하였으므로 하나님이 그들의 날들을 헛되이 보내게 하시며 그들의 햇수를 두려움으로 보내게 하셨도다"

그리고 나머지는 모두 광야에서 죽습니다. 출애굽한 자들이 무려 사십 년 동안 광야를 돌면서도 변하지 않은 것을 보면, 사람이 변하는 것이 얼마나 어려운지 알 수 있습니다.

이들은 하나님을 몇 번이나 대적했습니다. 한 번은 물이 없어 모세와 싸웠습니다. 모세는 반석을 두 번이나 치게 됩니다. 그리고 이스라엘 백성은 모세가 시내 산에 십계명 돌비를 받으러 간 사이 금송아지를 만들어 우상숭배에 빠졌습니다. 한편 가나안 땅을 정탐하고 난 후에는 자기들의 힘으로 절대 그 땅을 정복하지 못한다고 했습니다. 그렇게 돌이키는 바람에 사십 일이 사십 년으로 늘어났습니다. 또한 이스라엘 백성은 광야 생활이 힘들다고 하나님을 원망하는 바람에 불뱀에 물려 죽는 시험을 당했습니다.

그러나 놀랍게도 하나님의 말씀을 끝까지 믿고 따른 자들은 다른 육십만 명이었습니다. 이들은 출애굽 후 광야에서 태어난 자들입니다. 이들은 사실 애굽의 문명은 구경도 하지 못했습니다. 더욱이 '학교'라고는 문턱에도 가본 적 없는 자들입니다. 심지어는 할례도 받은 적이 없습니다. 이들은 광야에서 하나님의 말씀을 믿고 끝까지 순종했습니다. 결국 이들이 요단 강을 건너고, 여리고성을 무너뜨리며, 가나안 땅을 차지합니다. 하나님 앞에서는 학벌도, 가문도 중요하지 않습니다. 오직 하나님의 말씀을 믿는 것이 중요합니다.

34, 35절 "하나님이 그들을 죽이실 때에 그들이 그에게 구하며 돌이켜 하나님을 간절히 찾았고 하나님이 그들의 반석이시며 지존하신 하나님이 그들의 구속자이심을 기억하였도다"

여기서 '하나님이 그들을 죽이실 때에'라는 구절은 어른들을 죽게 하신 것을 의미합니다. 어른들은 자존심이 강해 잘 훈련되지 않았습니다. 그러나 어린 아이들은 하나님을 자신들의 반석으로 믿어 구원을 받았습니다. 요즘 우리나라는 어른이나 아이나 똑같은 것 같습니다. 하나님의 손에 길들여져야 하는데 성공한 세대는 잘 길들여지지 않습니다.

그런데 이스라엘 백성이 하나님 앞에 크게 거짓을 행했습니다. 이스라엘 백성은 가나안 땅에 들어가고 난 후 변질되고 말았습니다.

36, 37절 "그러나 그들이 입으로 그에게 아첨하며 자기 혀로 그에게 거짓을 말하였으니 이는 하나님께 향하는 그들의 마음이 정함이 없으며 그의 언약에 성실하지 아니하였음이로다"

하나님이 이스라엘 백성에게 가나안의 복을 주신 것은 무조건 잘 살라는 뜻이 아니었습니다. 하나님은 이스라엘 백성이 가나안 땅에 들어간 후에도 광야에서 믿던 그 신앙으로 기적을 나타내길 원하셨습니다. 그러면 이스라엘 백성은 좋은 땅에 심긴 씨앗같이 삼십 배, 육십 배, 백 배의 결실을 거두게 될 것입니다. 그러나 이스라엘 백성은 가나안 땅에 들어간 후에 변했습니다.

인간은 부자가 되면 돈에 신경을 더 씁니다. 더 큰 명예를 얻기 위해 노력합니다. 과거 가난했지만 순수했던 신앙을 버리게 됩니다. 이것은 변질이고 아첨이며 타락입니다.

> 41, 42절 "그들이 돌이켜 하나님을 거듭거듭 시험하며 이스라엘의 거룩하신 이를 노엽게 하였도다 그들이 그의 권능의 손을 기억하지 아니하며 대적에게서 그들을 구원하신 날도 기억하지 아니하였도다"

인간은 성공할 때 더 위험합니다. 우리는 지금 이룬 성공을 생각할 것이 아니라 하나님이 행하신 능력을 기억해야 합니다. 하나님이 우리로 하여금 성공하게 하신 것은 과거의 신앙을 끝까지 더 지키라고 하시는 것입니다.

우리는 지금 하나님의 손에서 기적을 배우고 있습니다. 하나님을 신뢰하는 자는 망하지 않습니다.

> 38절(상) "오직 하나님은 긍휼하시므로 죄악을 덮어 주시어 멸망시키지 아니하시고"

살아갈 길이 보이지 않을 때 우리에게는 기적의 길이 준비되어 있습니다. 하나님의 손에서 기적을 배운 자들은 절대 망하지 않습니다. 잠시라도 하나님을 원망하지 않기를 바랍니다. 하나님을 불신하면서 한평생을 허비하지 맙시다.

84

시 78:43-72

하나님의 능력

나라의 최고 군 총수권자는 중요 군사 작전을 개시할 때 위협적으로 행동하지 않습니다. 오히려 차분한 목소리로 장관이나 참모총장에게 지시를 내립니다. 그러나 총수권자가 내린 명령이 실제로는 무시한 공격으로 나타납니다. 부대에서는 군인들이 움직이고, 항공모함과 구축함이 포를 쏘며, 전투기가 적진으로 날아가 폭격을 합니다.

마찬가지로 하나님 말씀은 평화롭게 들립니다. 우리가 하나님의 말씀을 들을 때 전혀 공격력 있는 말씀으로 들리지 않습니다. 그러나 이스라엘 백성은 하나님이 모세에게 조용하게 하신 말씀이 애굽 백성에게는 얼마나 무서운 능력으로 나타나는지를 실제로 보게 되었습니다.

본문은 시편 78편 43-72절까지의 말씀으로 되어 있습니다. 본 시편은 주의 깊게 살펴보면 세 가지 말씀으로 되어 있습니다. 첫 번째는 하나님의 말씀이 모세와 이스라엘 백성에게는 아주 조용하게 임했지만, 애굽 땅에는 무서운 폭발력으로 나타났습니다. 이것이 하나님 말씀의 위력입니다. 하나님의 말씀이 우리에게는 아주 평화롭게 들리지만 현장에서는 큰 위력으로 나타납니다.

두 번째는 하나님이 말씀의 약속에 따라 이스라엘 백성에게 가나안 땅을 나누어 주셨지만, 이스라엘 백성은 의심에 빠져 이 말씀의 위력을 믿지 못했습니다. 그래서 이들은 우상 숭배에 빠져 하나님을 진노하게 만들었습니다. 이로 인해 하나님의 능력은 무력화되었습니다.

세 번째는 하나님 말씀의 능력을 되살려놓은 자들이 있었습니다. 이들은 많은 수가 아니었습니다. 불과 한두 명에 불과한 자들이 하나님의 말씀을 붙잡자 능력이 되살아났습니다. 하나님은 잠에서 깨신 것같이 대적을 물리치시고, 이스라엘 백성을 회복시키셨습니다. 우리에게 이 말씀보다 더 중요한 것은 없습니다. 우리는 하나님의 잠들어 있는 것 같은 능력을 다시 깨워야 합니다.

1. 애굽에 나타난 하나님의 능력

하나님이 모세를 통해 이스라엘에게 하신 말씀은 너무 평범했습니다. 하나님은 모세에게 나타나셔서 내 백성 이스라엘을 이끌고 애굽을 떠나라고 하셨습니다.

"이제 내가 너를 바로에게 보내어 너에게 내 백성 이스라엘 자손을 애굽에서 인도하여 내게 하리라"_출 3:10

하나님은 이스라엘 백성이 애굽을 떠나 하나님을 예배하는 백성이 되기를 원하셨습니다. 하나님이 모세와 이스라엘 백성에게 하신 말씀은 평범한 말씀이었습니다.

하나님은 바로에게 이렇게 말씀하셨습니다.

"이스라엘의 하나님 여호와께서 이렇게 말씀하시기를 내 백성을 보내라 그러면 그들이 광야에서 내 앞에 절기를 지킬 것이니라 하셨나이다"_출 5:1

이 말씀도 평범한 말씀이었습니다. 이스라엘 백성은 하나님의 말씀을 신뢰하지 못했습니다. 특히 바로와 그 신하들은 하나님의 말씀을 업신여겼습니다. 바로는 이스라엘 백성이 엄살을 부린다고 생각했습니다. 그래서 이스라엘 백성에게 더 많은 일을 시켰습니다. 그러나 하나님의 평범한 말씀이 애굽 땅에 무시한 능력으로 나타나기 시작했습니다.

43절 "그때에 하나님이 애굽에서 그의 표적들을, 소안 들에서 그의 징조들을 나타내사"

여기서 '소안 들'은 애굽을 의미합니다. 하나님 말씀은 애굽 들판에 무서운 능력으로 나타났습니다. 하나님의 평범한 말씀이 애굽 땅에 대재앙으로 나타난 것입니다.

44절 "그들의 강과 시내를 피로 변하여 그들로 마실 수 없게 하시며"

애굽의 나일 강과 운하는 애굽 사람들이 농사짓는 데 사용하는 물이었지만 중요한 식수원도 되었습니다. 그런데 이 강과 운하가 모두 피로 변했습니다. 애굽 사람들은 마실 물이 없게 되었습니다. 하나님의 말씀 한 마디로 마실 물과 농사지을 물이 전부 없어지게 되었습니다. 마실 물이 없으면 매우 고통스럽습니다. 강이 바닥을 드러내면 농사지을 물마저 없게 됩니다. 얼마나 고통스러운 재앙입니까?

하나님은 거기서 멈추지 않으셨습니다. 하나님의 평범한 말씀은 곤충의 재앙으로 나타났습니다.

> 45절 "쇠파리 떼를 그들에게 보내어 그들을 물게 하시고 개구리를 보내어 해하게 하셨으며"

여기서 '쇠파리'는 개역한글에 '파리'로 번역되어 있습니다. 시편 기자는 '쇠파리 떼를 그들에게 보내어 물게 하시고'라고 말합니다. 학자들은 파리가 보통 파리가 아니라 무는 파리인 쇠파리라는 것을 알게 되었습니다. 그래서 개역개정에는 '쇠파리'로 번역되었습니다. 쇠파리는 물고 쏘는 파리입니다. 그런 파리가 새카맣게 날아들어 사람들을 물기 시작했습니다.

그리고 하나님의 평범한 말씀은 개구리 재앙으로 나타났습니다. 많은 개구리가 온 집안과 들판에 있으니 사람들은 무서워 움직일 수 없었습니다. 개구리가 우는 소리 때문에 잠을 잘 수도 없었습니다. 이 때 비로소 바로는 모세에게 개구리들을 없애 달라고 부탁합니다. 바로가 부탁한 그 시간에 개구리들이 한꺼번에 다 죽었습니다. 개구리들이 하나님의 말씀에 따라 움직이고 있었습니다. 모세의 기도에 따라 살기도 하고 죽기도 했습니다.

다음으로 하나님의 평범한 말씀은 수억 마리의 메뚜기로 나타났습니다.

> 46절 "그들의 토산물을 황충에게 주셨고 그들이 수고한 것을 메뚜기에게 주셨으며"

하나님은 애굽 사람들이 곡식 먹을 자격이 없다고 판단하셨습니다. 그래서 그들이 농사지은 것을 전부 메뚜기에게 주셨습니다. 인간이 인간다운 행동을 해야 농사지은 것을 메뚜기나 다른 것에게 빼앗기지 않는데, 그렇게 행동하지 않으면 실컷 고생해 놓고 다른 데 다 빼앗깁니다.

그럼에도 애굽 사람들은 계속 반항했습니다. 하나님의 말씀은 무서운 우박으로 나타났습니다.

> 47, 48절 "그들의 포도나무를 우박으로, 그들의 뽕나무를 서리로 죽이셨으며 그들의 가축을 우박에, 그들의 양떼를 번갯불에 넘기셨으며"

애굽은 포도로 유명했습니다. 그러나 하나님 말씀은 우박 폭탄이 되어 포도나무와 뽕나무를 죽였습니다. 가축도 우박에 맞아 죽었습니다. 양들은 번개에 맞아 죽었습니다.

결국 하나님 말씀은 애굽의 모든 장자를 죽이는 재앙으로 나타났습니다.

> 49–51절 "그의 맹렬한 노여움과 진노와 분노와 고난 곧 재앙의 천사들을 그들에게 내려보내셨으며 그는 진노로 길을 닦으사 그들의 목숨이 죽음을 면하지 못하게 하시고 그들의 생명을 전염병에 붙이셨으며 애굽에서 모든 장자 곧 함의 장막에 있는 그들의 기력의 처음 것을 치셨으나"

하나님은 애굽에 '재앙의 천사들'을 보내셨습니다. 그리고 하나님은 '진노로 길을 닦으사' 그들로 하여금 죽음을 면하지 못하게 하셨습니다. 불순종의 길이 진노의 길입니다. 여기서 '전염병'은 한글개역에 '염병'으로 번역되어 있습니다. 그래서 학자들은 장자의 재앙이 염병을 뜻하지 않는가를 놓고 생각합니다.

그러나 하나님 말씀이 이스라엘 백성에게는 구원이자 생명이었습니다.

52, 53절 "그가 자기 백성은 양같이 인도하여 내시고 광야에서 양떼같이 지도하셨도다 그들을 안전히 인도하시니 그들은 두려움이 없었으나 그들의 원수는 바다에 빠졌도다"

하나님의 말씀이 이스라엘 백성에게는 홍해를 가르는 기적으로 나타났습니다. 하나님의 말씀이 그의 백성에게는 길을 인도하는 구름 기둥과 불기둥으로 나타났습니다. 반석을 쳐서 생수가 솟아나는 능력으로 나타났던 것입니다.

하나님 말씀이 우리에게는 왜 평범하게 들릴까요? 우리가 하나님의 집, 곧 성전에 있기 때문입니다. 그러나 하나님 말씀이 곧 능력이고, 기적이며, 생명입니다. 우리는 더 이상 다른 능력을 찾을 필요가 없습니다. 어떤 나라는 군사력을 힘으로 삼고, 또 어떤 나라는 경제력을 힘으로 삼지만 우리는 만군의 하나님이 주시는 말씀으로 능히 이길 수 있습니다.

2. 가나안 땅에서의 의심

이스라엘 백성은 오직 하나님 말씀의 능력으로 가나안 땅을 정복하는 데 성공했습니다. 가나안 땅은 광야에 비하면 목축과 농사를 하기에 좋은 땅이었습니다. 하나님은 이스라엘 백성에게 가나안 땅을 가리켜 "젖과 꿀이 흐르는 땅"(신 26:9)이라고 말씀하셨습니다. 이것은 목축과 농사를 하기에 적절한 땅이라는 뜻입니다. 특히 요단 동편 땅은 목축하기에 좋았고, 북부 평지는 농사짓기에 이상적인 곳이었습니다.

54, 55절 "그들을 그의 성소의 영역 곧 그의 오른손으로 만드신 산으로 인

도하시고 또 나라를 그들의 앞에서 쫓아내시며 줄을 쳐서 그들의 소유를 분배하시고 이스라엘의 지파들이 그들의 장막에 살게 하셨도다"

하나님은 가나안 땅을 '그의 성소의 영역'이라고 부르셨습니다. 이는 하나님의 말씀이 역사하는 거룩한 땅이라는 뜻입니다. 그리고 '그의 오른손으로 만드신 산'이라고 말씀하셨습니다. 하나님은 여호수아에게 이렇게 말씀하셨습니다.

"여호와의 군대 대장이 여호수아에게 이르되 네 발에서 신을 벗으라 네가 선 곳은 거룩하니라 하니 여호수아가 그대로 행하니라"_수 5:15

가나안 땅은 하나님의 오른손, 즉 축복으로 만드신 땅이기 때문에 이스라엘 백성이 하나님의 말씀만 듣고 가면 정복되는 땅입니다. 그 땅에는 복이 가득합니다.

하나님은 실제로 이것을 이스라엘 백성에게 보여 주셨습니다. 하나님은 이스라엘 백성이 요단 강을 건널 때 하나님의 궤를 앞세우고 건너게 하셨습니다. 여리고성을 무너뜨릴 때도 언약궤를 앞세우고 돌게 하셨습니다. 이것이 바로 하나님의 성소의 영역입니다. 하나님의 오른손의 법칙인 것입니다. 그러나 이스라엘 백성은 가나안 땅에 들어간 후 깊은 의심에 빠졌습니다.

56, 57절 "그러나 그들은 지존하신 하나님을 시험하고 반항하여 그의 명령을 지키지 아니하며 그들의 조상들같이 배반하고 거짓을 행하여 속이는 활같이 빗나가서"

여기서 '지존하신 하나님을 시험하고'는 그들이 하나님을 의심했다는 뜻입니다. 그리고 '반항하여'는 하나님의 말씀을 불신했다는 뜻입니다. 이스라엘 백성은 정작 축복의 땅에 이르러서는 하나님의 명령에 불순종하고 세상을 따라갔습니다. '조상들'은 출애굽 세대를 말합니다. 출애굽 세대 육십만 명은 하나님의 큰 능력을 보고도 하나님을 완전히 신뢰하지 못했습니다. 그들은 광야 사십 년 동안 변하지 않았습니다. 그래서 단 두 명을 제외하고는 가나안 땅에 들어가지 못했습니다.

그러면 이스라엘 백성은 왜 가나안 땅에서 의심에 빠졌을까요? 이스라엘 백성은 눈에 보이는 것을 보고 열등감에 빠졌기 때문입니다. 가나안 땅에 들어가 보니 가나안 족속은 문명과 지식, 그리고 군사력이 뛰어났습니다. 이 때 이스라엘 백성은 자기들이 얼마나 무지하고 시대에 뒤떨어졌는지 깨닫게 되었습니다.

이스라엘 백성은 가나안 땅에 들어가 열등감에 빠졌습니다. 이들은 광야를 돌아다니느라 남자, 여자 할 것 없이 모두 얼굴이 새카맣게 탔습니다. 이스라엘 여성은 화장이라고는 해 본 적이 없었습니다. 그리고 이스라엘 여성은 부드러운 천으로 만든 옷을 입어본 적이 없었습니다. 그러나 가나안 여성은 화장품을 발라 피부가 곱고, 몸에 달라붙는 부드러운 옷을 입었습니다. 그뿐만 아니라 가나안 사람들은 유식했고, 사는 집도 이스라엘 백성이 사는 텐트와 달랐습니다. 그들의 문명은 뛰어났고, 무기도 매우 발달해 있었습니다. 이렇듯 이스라엘 백성은 가나안 사람들을 보고 열등감에 빠졌습니다. 그 결과 하나님의 말씀에 의심을 품게 되었습니다.

이스라엘 백성은 믿음이 부족했습니다. 이들은 눈에 보이는 것만 믿었습니다. 가나안 땅이 하나님의 거룩한 땅이라는 사실을 망각했습니다. 하나님의 말씀만 붙들고 나가면 복을 받을 텐데 그런 믿음이 부족했습니다. 그래서 이스라엘 백성은 가나안 족속을 따라가기 시작했습니다.

58, 59절 "자기 산당들로 그의 노여움을 일으키며 그들의 조각한 우상들로 그를 진노하게 하였으매 하나님이 들으시고 분내어 이스라엘을 크게 미워하사"

인간은 다른 누군가를 부러워하면, 그의 인정을 받고 싶어 합니다. 이스라엘 백성은 가나안 족속을 부러워했습니다. 그러자 그들의 호감과 인정을 받고 싶었습니다. 그런데 이스라엘 백성에게는 인정받을 만한 것이 없었습니다. 가나안 족속은 이스라엘 백성을 대화상대로 인정해 주지 않았습니다. 그런데 이스라엘 백성이 우상과 산당을 만들자 조금씩 인정해 주었습니다.

이스라엘 백성이 말씀만 붙잡았다면 하나님의 능력이 크게 나타났을 것입니다. 그러나 인간은 눈에 보이는 것만 좋아합니다. 사실 하나님의 말씀을 간직하는 것이 가장 존귀한 것입니다. 하나님의 말씀을 듣는 것이 최고로 세련된 것입니다. 그런데 그것을 모릅니다. 하나님 백성은 자기 정체성을 잃으면 맛을 잃은 소금과 같습니다.

하나님 백성이 하나님의 말씀을 버리고 세상을 따라가면 하나님은 진노하십니다. 여기서 '진노하게 하였으매'는 하나님이 더 이상 능력을 주지 않으신다는 것을 의미합니다. 결국 이스라엘 백성은 하나님의 능력이 없어 추락하게 되었습니다.

60, 61절 "사람 가운데 세우신 장막 곧 실로의 성막을 떠나시고 그가 그의 능력을 포로에게 넘겨주시며 그의 영광을 대적의 손에 붙이시고"

하나님은 '실로의 성막'을 떠나셨습니다. 그리고 하나님의 영광인 언약궤를 블레셋 사람들에게 빼앗기게 되었습니다. 이 때 실로가 불탄 것으로 추정됩니다. 그리고 많은 이스라엘 백성이 죽었습니다. 언약궤를 빼앗길 때도 죽고, 사울 왕 때 길보아에서도 많이 죽었습니다. 청년이 불에 타고, 처녀가 결혼 대상을 구하지 못하게 되었습니다. 처녀가 결혼 대상을 구하지 못한 것은 하나님 백성이 세상을 따라간 결과입니다. 세상을 한 번 따라가면 부흥의 불이 꺼집니다. 한 번 꺼진 부흥의 불은 잘 피어오르지 않습니다. 이스라엘 안에 하나님의 능력이 잠들어 버렸습니다. 이스라엘은 오랫동안 무능한 나라가 되고 말았습니다.

3. 하나님의 능력을 깨운 자들

이스라엘 백성 안에 하나님 말씀의 능력은 오랫동안 잠들어 있었습니다. 이스라엘 백성은 블레셋의 종으로 학대받으면서 비참하게 지내야 했습니다. 그런데 잠들어 있던 하나님의 능력을 깨운 자들이 있었습니다. 이들은 결코 많은 숫자도, 유명한 집안 출신도 아니었습니다. 이들은 오직 하나님의 말씀에 사활을 건 자들이었습니다. 이들은 사무엘과 다윗이었습니다.

이 때 하나님은 이런 모습으로 말씀하셨습니다.

> **65, 66절** "그때에 주께서 잠에서 깨어난 것처럼, 포도주를 마시고 고함치는 용사처럼 일어나사 그의 대적들을 쳐 물리쳐서 영원히 그들에게 욕되게 하셨도다"

하나님은 오랫동안 안 계신 것 같았습니다. 이스라엘 백성을 잊어버리신 것 같았습니다. 그런데 사무엘이 나타났습니다. 그는 원래 성전에서 심부름하던 사환이었습니다. 사환은 잔심부름을 하는 가장 낮은 자를 말합니다. 그러나 사무엘은 하나님의 말씀을 듣기 시작했습니다. 사무엘은 처음에는 하나님의 말씀을 듣고서도 깨닫지 못했습니다. 어린 사무엘이 엘리 제사장에게 달려가자 그는 이렇게 말했습니다.

"엘리가 사무엘에게 이르되 가서 누웠다가 그가 너를 부르시거든 네가 말하기를 여호와여 말씀하옵소서 주의 종이 듣겠나이다 하라 하니 이에 사무엘이 가서 자기 처소에 누우니라"_삼상 3:9

사무엘은 먼저 하나님의 말씀을 들었습니다. 그리고 난 후 사무엘은 자기가 들은 하나님의 말씀을 그대로 전했습니다. 그때 하나님의 말씀이 이루어지기 시작했습니다. 그때까지만 해도 사람들은 하나님의 말씀이 이루어지는 것을 경험하지 못했습니다. 사무엘은 이스라엘 백성에게 미스바에 모여 모든 우상을 버리고 회개하라고 했습니다. 이스라엘 백성이 그 말씀을 듣고 미스바에 모였을 때 블레셋이 공격했습니다. 그러나 하나님은 우박으로 블레셋 사람을 치셨습니다. 드디어 하나님의 능력이 살아났습니다.

"사무엘이 번제를 드릴 때에 블레셋 사람이 이스라엘과 싸우려고 가까이 오매 그날에 여호와께서 블레셋 사람에게 큰 우레를 발하여 그들을 어지럽게 하시니 그들이 이스라엘 앞에 패한지라"_삼상 7:10

그리고 다윗이 등장합니다. 다윗은 대단한 인물도 아니고, 집안이 훌륭한 것도 아니었습니다. 그러나 다윗은 하나님의 말씀을 사랑했습니다. 하나님은 다윗을 하나님의 마음에 합한 자라고 하셨습니다. 다윗은 하나님의 말씀을 노래했습니다.

"금 곧 많은 순금보다 더 사모할 것이며 꿀과 송이 꿀보다 더 달도다"_시 19:10

하나님의 말씀이 얼마나 좋은지 금보다 더 귀하며, 송이 꿀보다 더 달다고 말합니다. 하나님은 양 치는 소년 다윗에게 능력을 부어 주셔서 골리앗을 물맷돌로 이기게 하셨습니다.

> 70, 71절 "또 그의 종 다윗을 택하시되 양의 우리에서 취하시며 젖 양을 지키는 중에서 그들을 이끌어내사 그의 백성인 야곱, 그의 소유인 이스라엘을 기르게 하셨더니"

침체된 이스라엘로 하여금 하나님의 능력으로 일어서게 하는 자는 학자도, 부자도 아니었습니다. 오직 하나님의 말씀에 붙들린 자들이었습니다. 이런 자들이 나타났을 때 하나님도 일어나셨습니다. 하나님은 큰 소리를 지르시며 적을 물리치셨습니다. 하나님은 세상적으로 성공한 요셉 지파와 에브라임 지파를 사랑하지 않으셨습니다. 오히려 말씀을 사랑한 유다 지파를 사랑하셨습니다.

> 72절 "이에 그가 그들을 자기 마음의 완전함으로 기르고 그의 손의 능숙함으로 그들을 지도하였도다"

하나님은 다윗에게 '마음의 완전함'을 주셨습니다. 개역한글은 '마음의 성실함'이라고 번역했습니다. 그는 흔들리지 않는 믿음을 가진 자였습니다. 그리고 그에게는 '손의 능숙함'이 있었습니다. 그는 손재주가 뛰어났습니다. 개역한글은 '손의 공교함'이라고 번역했습니다. 즉 하나님의 종은 지혜뿐만 아니라 기술도 뛰어나 결국 세상을 이기게 됩니다.

오늘 우리에게 필요한 자는 유명 정치인이나 대기업 총수가 아닙니다. 우리에게는 하나님의 능력을 깨울 수 있는 자가 필요합니다. 우리는 할 수 있습니다. 하나님은 그분의 능력을 잠에서 깨어나게 하셔서 우리로 하여금 강대국을 물리치게 하십니다. 다시 축복의 시대가 올 줄 믿습니다.

85

시 79:1-13

버려진 하나님의 목장

탄광촌에 가 보면 오래전 광산이었던 곳이 폐쇄되어 굴만 남아 있는 것을 볼 수 있습니다. 광산이 폐쇄된 것은 그 안에 있는 광물이 사고 위험이 있기 때문입니다. 옛날 사람들은 우물이나 굴을 팔 때 카나리아 새를 초롱에 넣어 갔다고 합니다. 카나리아는 잘 지저귀는 새인데, 새가 갑자기 조용하면 그곳에서 가스가 나와 새가 죽은 것이기 때문에 일하는 자들은 거기서 빨리 나와야 목숨을 건질 수 있었습니다.

유다 백성은 하나님의 양떼이고, 이스라엘은 하나님의 목장이었습니다. 그런데 하나님은 이 목장을 폐허로 만드셨습니다. 하나님의 종이 죽어도 그 시체를 매장해 주지 않아 공중의 새와 들짐승이 먹었습니다. 더욱이 성전에는 이방인이 돌아다녔고, 폐허가 된 이스라엘은 돌무더기가 되었습니다. 유다 백성은 이 상황이 이해되지 않았습니다. 그래서 본 시편 기자는 하나님께 질문합니다. “언제까지 하나님의 성전을 버려두실 겁니까?”

시편 79편은 아삽의 시입니다. 하지만 내용을 보면 바벨론이 예루살렘을 멸망시킨 후에 지은 시라는 것을 알 수 있습니다. 이방 나라가 와서 하나님의 성전을 더럽히고, 주의 성전이 돌무더기가 되었다는 것은 바벨론이 예루살렘을 멸망시켰다는 것을 보여 줍니다. 그래서 시편 79편은 아삽의 시로 분류되지만 아삽이 쓴 것은 아니고 후에 아삽의 시에 삽입된 것임을 알 수 있습니다. 시편 79편은 하나님의 목장인 이스라엘이 어떻게 폐허가 되고 버려질 수 있는가 하는 문제를 다루고 있습니다.

1. 하나님 백성의 위험성

세상에는 아주 위험한 직업에 종사하는 자들이 있습니다. 가장 위험한 직업 중 하나가 소방대원입니다. 소방대원은 불이 붙은 건물 속에 들어가 불을 끄고, 사람을 구출합니다. 이렇게 사람의 생명을 살리는 일은 가치가 있지만, 불이 난 건물이 무너져 퇴로가 차단되면 소방대원들은 희생당하게 됩니다.

이스라엘 백성 중 하나님을 섬기는 것이 얼마나 위험한 일인지 아는 자는 별로 없었습니다. 성전에서 제사드리고, 하나님의 율법을 가르치는 일이 전혀 위험해 보이지 않았기 때문입니다. 물론 제사장의 직무를 하는 것이 쉬운 것은 아니었습니다. 사람들이 가지고 온 소와 양을 불로 태워야 했고, 또 새벽과 저녁으로 하나님께 번제를 드려야 했습니다. 또한 제사장은 백성에게 율법을 가르치기 위해 무언가를 늘 연구해야 했습니다. 다른 직업을 가질 수도 없었습니다. 그러나 성전 제사장은 직무상 제사에 바친 짐승의 일부를 받을 수 있었고, 백성에게서 십일조를 받았습니다. 율법을 가르치는 일이 존경받는 일이기도 했습니다.

그런데 제사장들 중에는 율법을 엉터리로 가르치는 자가 있었습니다. 아는 사람이 없으니 틀렸다고 말하는 자도 없었습니다. 또한 이스라엘 자손 중에는 죄를 가볍게 생각한 자들이 있었습니다. 그들은 아무리 죄를 지어도 하나님 앞에 번제물을 드리면 용서받을 수 있다고 생각했습니다. 그러나 이스라엘의 제사장과 백성이 깨닫지 못한 것이 있습니다. 제사장과 백성이 하나님의 말씀대로 순종하지 않으면, 하나님이 그들을 망하게 하신다는 사실 말입니다. 이처럼 하나님은 큰 능력을 가진 분이십니다.

오늘날에도 목회자들 중에는 목회를 하며, 예수 그리스도를 믿는 것이 얼마나 위험한 일인지 모르는 자들이 많습니다. 목회자들 중에 목회 잘하는 것이 성공의 길이라고 생각하는 자들이 많은 것 같습니다. 언제부터인가 거대한 교회 건물은 성공의 상징이 되었습니다. 그러나 이것은 잘못된 생각입니다. 또한 어떤 목회자는 개척해서 크게 키운 교회를 남에게 주기 아까워 자식에게 주기 위해 물의를 빚습니다. 이런 일이 생기는 것은 교회를 하나님과의 관계에서 보지 않고, 사람과의 관계에서 보기 때문입니다. 즉 사람의 눈에는 교회가 대형 교회가 되고, 목회자가 목회에 성공하면 이것보다 더 큰 성공이 없는 것처럼 보입니다. 그러나 이것보다 더 위험한 멸망 길은 없습니다. 유창한 설교와 크고 화려한 교회, 그리고 성도 수로 목회의 성공을 가늠하는 것이 얼마나 어리석은 생각인지 모릅니다. 하나님을 가볍게 생각하고, 신앙을 유치하게 생각하는 것입니다.

처음 모세의 성전이 지어졌을 때 성전 안에 하나님의 영광의 구름이 얼마나 가득 찼던지 제사장이 감히 들어갈 수 없었습니다. 심지어 아론의 두 아들인 나답과 아비후는 성소에서 향을 피우다 율법과 다른 불을 사용해 즉사했습니다.

"나답과 아비후는 다른 불을 여호와 앞에 드리다가 죽었더라"_민 26:61

성경은 "하나님께 가까이함이 내게 복이라"(시 73:28)고 말합니다. 우리는 이 복이 아주 위험하다는 것을 알아야 합니다. 우리는 마치 수십만 볼트가 넘는 전깃줄에서 작업하고 있는 것과 같습니다. 원전의 수억만 배 되는 에너지를 끌어오고 있는 것입니다. 만일 우리가 이 작업에서 성공하면 하나님의 능력이 우리에게 나타납니다. 홍해가 갈라지며 여리고성이 무너집니다. 맹인과 장애인들이 치료되며 귀신 들린 자가 온전한 정신으로 돌아옵니다. 암이 나으며 경제적으로 엄청난 복을 누립니다. 그러나 우리가 일을 그르치면 재앙이 일어납니다.

이스라엘과 유다 백성은 하나님을 섬기는 일을 너무 쉽게 생각했습니다. 그 결과 예루살렘 성전은 폐허가 되고, 주의 종들은 죽임을 당했습니다. 예루살렘은 돌무더기가 되었습니다.

> **1절** "하나님이여 이방 나라들이 주의 기업의 땅에 들어와서 주의 성전을 더럽히고 예루살렘이 돌무더기가 되게 하였나이다"

우리가 하나님 앞에 바르게 나아가는 방법은 그분의 말씀을 믿고 순종하는 것밖에 없습니다. 모세가 홍해를 눈앞에 두고 하나님의 말씀에 순종했을 때 홍해가 갈라졌습니다. 백성은 목숨 걸고 모세 뒤를 따라 바다를 건넜습니다. 우리는 하나님의 말씀을 다 이해하려 해서는 안 됩니다. 우리는 어떤 의식으로 만족하려 해서도 안 됩니다. 주의 종은 하나님 말씀을 목숨 걸고 전해야 하고, 백성은 그 말씀에 순종해야 합니다.

여기에 절대 들어와서는 안 되는 것이 상업주의입니다. 제사장도 인간이기 때문에 하나님은 성전에서 드린 제물과 십일조로 살라 하셨습니다. 그러나 더 성공하기 위해 종교를 가지고 장사를 해서는 안 됩니다. 하나님의 신앙 안에 경영 개념이 들어오면 아주 위험합니다. 그리고 이것이 하나의 권력이 되어서는 안 됩니다. 우리가 하나님의 말씀을 전하고 그대로 집행하기 위해서는 권위가 필요합니다. 그러나 이것이 하나의 계급이 되면 위험합니다.

하나님의 신앙 안에 세상의 성공이 들어와서도 안 됩니다. 성공한 자나 가난한 자, 높은 자나 낮은 자 모두 하나님의 말씀 앞에 동등합니다. 우리는 하나님의 말씀을 듣는 데 동등한 권리가 있습니다. 그러나 세상에서 성공했기 때문에 더 우대받고, 돈이 많기 때문에 더 인정받는다면 하나님의 능력이 진노로 변합니다. 그래서 하나님의 종은 이 말씀을 지키기 위해 죽을 각오를 해야 합니다. 나라 지도자와 백성에게 미움 받을 각오도 해야 합니다. 그러나 예루살렘의 제사장들과 선지자들은 하나님을 섬기면서 많은 돈과 안정적인 삶을 누리려 했습니다. 더욱이 사람에게 인정받으려 했습니다. 그때 성전은 제 기능을 발휘하지 못했습니다. 하나님의 능력이 성전에서 진노로 나타났습니다.

우리는 하나님을 믿는 것이 위험한 일이라는 것을 생각해야 합니다. 말씀으로 섬기며 예배자로 봉사하는 것이 얼마나 크고 위험한 일인가를 인식해야 합니다. 상업적인 목회자가 되는 것보다 차라리 되지 않는 것이 더 낫습니다.

예수님 당시에도 대제사장과 서기관들은 성전을 통해 엄청난 돈벌이를 하고 있었습니다. 그때 예수님은 노끈으로 채찍을 만들어 돈 바꾸는 상을 엎으셨습니다. 그리고 짐승들을 성전 안에서 내쫓으셨습니다. 그리고 이렇게 말씀하셨습니다.

"저희가 예루살렘에 들어가니라 예수께서 성전에 들어가사 성전 안에서
매매하는 자들을 내어쫓으시며 돈 바꾸는 자들의 상과 비둘기 파는 자들의
의자를 둘러엎으시며 이에 가르쳐 이르시되 기록된 바
내 집은 만민의 기도하는 집이라 칭함을 받으리라고 하지 아니하였느냐

너희는 강도의 굴혈을 만들었도다 하시매"_막 11:15, 17

대제사장과 서기관이 하나님을 두려워했다면, 예루살렘은 절대 멸망하지 않았을 것입니다. 기도하는 일에 전념했다면, 예루살렘은 망하지 않았을 것입니다. 그러나 그들은 하나님의 말씀은 제쳐 놓고 돈벌이에 전념했습니다. 이로 인해 그들은 강도가 되었고, 성전은 강도의 소굴이 되었습니다.

2, 3절 "그들이 주의 종들의 시체를 공중의 새에게 밥으로, 주의 성도들의 육체를 땅의 짐승에게 주며 그들의 피를 예루살렘 사방에 물같이 흘렸으나 그들을 매장하는 자가 없었나이다"

공중의 새와 들짐승이 '주의 종들의 시체'를 먹는 것은 저주받은 죽음을 의미합니다. 그런데 이스라엘 백성 중에 가장 먼저 저주받은 자들은 바로 주의 종들입니다. 그들은 제사장과 선지자, 왕과 그의 가족입니다. 그들은 하나님의 종인 것을 우습게 알았습니다. 그리고 이스라엘 백성은 저주의 백성이 되었습니다. 그들은 하나님을 믿는 것을 쉽게 생각했습니다. 그 결과 성도들의 피를 예루살렘 사방에 물같이 흘렸으나 아무도 그들을 매장해 주지 않았습니다. 그들은 저주받은 백성이었기 때문입니다.

하나님의 종과 백성은 운명적인 자들입니다. 하나님을 한 번 믿은 이상 말씀을 붙잡고 그대로 순종해야 합니다. 그러면 생각지 못한 기적과 축복이 일어납니다. 그러나 자기 욕심대로 살면 저주가 임합니다. 물론 처음에는 잘 모르지만 결국 저주의 돌무더기가 되고 맙니다. 우리는 마음을 다해 하나님의 말씀을 믿어야 살 수 있습니다. 그러나 인간은 성공하면 자기 자신을 믿습니다. 이것이 위험합니다. 그래서 인간은 실패했을 때보다 성공하고 난 후가 더 위험합니다.

2. 하나님 백성의 소망

시편 기자는 축복받은 백성이 이렇게 멸망한 것이 이해되지 않았습니다. 존귀한 하나님의 백성이 멸시를 받게 되었습니다. 그러면 하나님 백성에게는 전혀 소망이 없는 것일까요? 그렇지 않습니다. 오히려 하나님 백성은 인생 최저점에 내려갔을 때 소망이 생깁니다. 인간은 길이 없을 때 전심으로 하나님을 찾게 됩니다.

4절 "우리는 우리 이웃에게 비방거리가 되며 우리를 에워싼 자에게 조소와 조롱거리가 되었나이다"

예루살렘은 중동 지방에서 보석 중의 보석이었습니다. 그때 유다 백성은 겸손과 진실함을 잃어버렸습니다. 유다 백성은 하나님에 대해 진지하지 않았습니다. 하나님 말씀에 대해서도 진실하지 않았습니다. 그 결과는 재앙이었습니다.

유다 백성은 완전히 땅에 떨어졌습니다. 그런데 그들을 거들떠보는 자들이 한 명도 없었습니다. 그때의 비참함이란 말할 수 없습니다. 그런데 놀라운 것은 이런 고통 속에서 유다 백성이 하나님 말씀을 진지하게 생각하기 시작했습니다. 유다 백성은 주변 나라들에게 손가락질을 당했지만 이제 하나님에 대해 진지하게 생각하게 되었습니다. 유다 백성은 하나님이 그들을 포기하지 않으신다는 것을 발견했습니다. 하나님은 질투심에 그들에게 이렇게 진노를 내리신 것입니다.

5절 "여호와여 어느 때까지니이까 영원히 노하시리이까 주의 질투가 불붙듯 하시리이까"

여기서 '질투'는 사랑하지 않는 것이 아닙니다. 오히려 질투는 너무 사랑하는 것입니다. 즉 사랑은 독점해야 하는 것인데, 상대방이 진실하지 않기 때문에 화가 나서 보복한 것입니다. 만일 상대방이 진실하면 다시 한 번 회복할 가능성이 있습니다. 하나님은 어떤 분이십니까? 하나님은 우리가 진실하면 얼마든지 마음을 돌이키실 수 있는 자비로운 분입니다. 그런데 다른 사람들이 손가락질하고 욕할 때 하나님 백성에 대한 하나님의 긍휼이 불붙습니다. 즉 우리가 원수에게서 손가락질당할 때 하나님의 질투가 사랑으로 변합니다. 우리가 다른 사람에게서 욕을 당할 때가 하나님의 질투를 사랑으로 회복할 수 있는 기회입니다. 그래서 시편 기자도 이 기회를 놓치지 않고 하나님께 매달리고 있습니다.

6, 7절 "주를 알지 아니하는 민족들과 주의 이름을 부르지 아니하는 나라들에게 주의 노를 쏟으소서 그들이 야곱을 삼키고 그의 거처를 황폐하게 함이니이다"

유다 백성은 하나님의 도움을 받지 못한 것도 억울했지만 이방인에게 손가락질당하며 조롱받은 것이 더 비참했습니다. 하나님 백성은 자존심이 강하기 때문입니다. 하나님 백성이 스스로 망할 때는 잘 깨닫지 못할 때가 많습니다. 그런데 주변 나라들이 손가락질하면 위기감을 느낍니다. 전쟁이 날 수도 있고, 도움 받을 수 있는 길이 전혀 없다는 것을 깨닫게 되기 때문입니다. 그러나 이것이 하나님 백성에게는 오히려 기회가 될 수 있습니다. 이 때 하나님께 매달리면, 하나님이 얼마든지 저주를 옮기실 수 있기 때문입니다.

그러나 조건이 있습니다. 조상들이 지은 죄를 버리는 것입니다.

8절 "우리 조상들의 죄악을 기억하지 마시고 주의 긍휼로 우리를 속히 영접하소서 우리가 매우 가련하게 되었나이다"

이스라엘 조상은 출애굽의 기적을 체험했으면서도 하나님의 말씀을 신뢰하지 않았습니다. 그리고 이들의 조상은 가나안의 복을 받았음에도 불구하고 하나님의 말씀을 소중하게 생각하지 않았습니다. 그들은 받을 복만 생각했지, 하나님의 말씀에 진실하지 않았습니다. 그런데 유다 백성은 '조상들의 죄악'을 깨닫고, 그 죄를 버리겠다고 하나님 앞에 고백했습니다. 이스라엘 자녀들은 이제 부모의 죄악을 절대 따라가지 않겠다고 결단했습니다.

우리나라는 성공이 우상이 되었습니다. 교회와 성도 모두 성공의 우상에 빠져 있습니다. 우리는 성공의 우상에 빠지지 말고 진실한 신앙을 붙잡아야 합니다. 세상의 쾌락보다 예배하는 자리를 사모하고, 실패할지라도 감사해야 합니다. 그때 하나님은 우리에게 기적을 베풀어 주셔서 다시 일어서게 하십니다. 지금 우리에게 중요한 것은 참된 신앙입니다.

"아브라함이 또 가로되 주는 노하지 마옵소서 내가 이번만 더 말씀하리이다 거기서 십 인을 찾으시면 어찌 하시려나이까 가라사대 내가 십 인을 인하여도 멸하지 아니하리라"_창 18:32

하나님은 의인 열 명으로도 소돔과 고모라를 지켜 주겠다고 약속하셨습니다.

3. 하나님 이름의 능력

우리가 하나님을 바로 믿으면 하나님의 이름이 능력을 나타내게 됩니다.

이것이 하나님 백성이 이해할 수 없는 비밀입니다.

> **9절** "우리 구원의 하나님이여 주의 이름의 영광스러운 행사를 위하여 우리를 도우시며 주의 이름을 증거하기 위하여 우리를 건지시며 우리 죄를 사하소서"

하나님의 이름은 매우 놀랍습니다. 하나님은 구원의 하나님이시기 때문에 어떤 자도 어려움에서 건져내실 수 있습니다. 그런데 하나님이 그동안 우리를 도울 수 없던 이유는 고민하셨기 때문입니다. 어떻게 보면 하나님의 아들인 것 같은데, 행실을 보니 전혀 하나님을 닮지 않았던 것입니다. 그런데 어느 날 보니까 하나님의 자녀가 틀림없었습니다. 그 분명한 특징이 하나님의 말씀을 철저하게 믿는 것입니다. 이것보다 더 분명한 증거가 없습니다. 그리고 하나님의 자녀는 모든 일에 하나님을 신뢰합니다. 병이 들어도 하나님을 찬양하고, 고통 중에도 하나님을 인정합니다. 즉 하나님의 자녀는 정체성이 분명합니다. 그때 하나님은 하나님의 이름을 행사하기 시작하십니다. 하나님의 위엄을 나타내시며, 하나님의 소유권을 발동하십니다.

우리가 하나님의 도움을 받는 가장 중요한 잣대는 나의 정체성을 분명히 하는 것입니다. 우리가 세상 사람인 체하면 하나님은 도우실 수 없습니다. 그러나 "나는 무슨 일이 있어도 하나님의 자녀다"라고 선포할 때 하나님은 도우십니다. 하나님의 말씀을 강하게 붙잡을 때, 하나님의 능력이 나타납니다.

예수님은 많은 지식과 능력에도 불구하고 하나님의 말씀만 믿었습니다. 사탄이 유혹해도 예수님은 듣지 않으셨습니다. 그래서 하나님은 예수님을 죽음에서 살리시고 하늘 보좌 우편에 앉히셨습니다. 틀림없는 하나님의 아들이셨기 때문입니다.

10절 "이방 나라들이 어찌하여 그들의 하나님이 어디 있느냐 말하나이까 주의 종들이 피 흘림에 대한 복수를 우리의 목전에서 이방 나라에게 보여 주소서"

우리의 정체성만 분명하면 이방 나라들이 감히 '하나님이 어디 있느냐?' 라고 말하지 못합니다. 특히 이방 나라들이 하나님의 종들을 죽이면 이미 진 것입니다. 일본이 하나님의 종들을 죽였을 때 이미 그들은 진 것입니다. 그래서 성도는 아픈 것과 죽는 것을 두려워해서는 안 됩니다. 하나님을 믿는 자가 죽는 것은 엄청난 사건이기 때문입니다. 하나님은 반드시 복수하실 것입니다.

11절 "갇힌 자의 탄식을 주의 앞에 이르게 하시며 죽이기로 정해진 자도 주의 크신 능력을 따라 보존하소서"

갇힌 자가 주님을 위해 탄식하면 그 소리가 하나님 앞에까지 들립니다. 죽음이 결정된 자도 하나님의 크신 능력을 따라 살게 됩니다.

12절 "주여 우리 이웃이 주를 비방한 그 비방을 그들의 품에 칠 배나 갚으소서"

하나님을 바로 믿으려고 하는 자들을 비방하면 하나님을 비방한 것입니다. 하나님은 그 비방을 칠 배나 갚으실 것입니다. 여기서 '칠 배'는 그들이 대대로 비방당하게 되는 것을 말합니다. 나치 독일은 유대인을 학살하고, 가는 곳마다 민간인을 죽였습니다. 일본도 남경 학살을 저지르고, 여성들을 정신대로 끌고 갔습니다. 이들은 대대로 비방당해야 합니다. 하나님을 바로 믿으려고 하는 종과 백성을 비방하면 안 됩니다. 오히려 그들이 영원히 비방당하게 됩니다.

> 13절 "우리는 주의 백성이요 주의 목장의 양이니 우리는 영원히 주께 감사하며 주의 영예를 대대에 전하리이다"

드디어 하나님의 목장이 회복되었습니다. 하나님의 능력이 회복되었기 때문입니다. 우리가 하나님의 양인 것이 얼마나 행복한지 모릅니다. 세상에서 하나님을 믿고 의지하는 것보다 더 멋있는 것은 없습니다. 우리가 그리스도인으로 살다 죽는 것보다 더 아름다운 것은 없습니다. 우리는 하나님을 믿기 때문에 언제 죽음이 와도 두렵지 않습니다. 항상 준비되어 있습니다.

우리에게는 기적과 기도 응답이 있습니다. 또한 최고의 예배와 찬양이 있습니다. 찬송가 중에 〈주는 나를 기르시는 목자〉가 있습니다. 이 찬송의 가사는 이렇습니다.

> "주는 나를 기르시는 목자요 나는 주님의 귀한 어린 양 푸른 풀밭 맑은 시냇물가로 나를 늘 인도하여 주신다. 예쁜 새들 노래하는 아침과 노을 비끼는 고운 황혼에 사랑하는 나의 목자 음성이 나를 언제나 불러주신다. 못된 짐승 나를 해치 못하고 거친 비바람 상치 못하리 나의 주님 강한 손을 펼치사 나를 주야로 지켜 주신다. 주는 나의 좋은 목자 나는 그의 어린 양 철을 따라 꼴을 먹여 주시니 내게 부족함 전혀 없어라."

우리는 역시 하나님의 양인 것이 안전합니다. 세상을 따라가지 말고 하나님의 양으로 끝까지 살아남기 바랍니다.

86

시 80:1-19

눈물의 양식

요즘 우리나라 교계를 살펴보면 그래도 다행스러운 것이 있습니다. 하나는 종교개혁에 대해 깊은 관심을 나타내고 있는 사실입니다. 마틴 루터의 종교개혁 500주년을 맞이해 그 의미를 오늘날 종교계에 어떻게 적용해야 할지 깊이 생각하는 분위기인 것 같습니다. 그 이유는 교회 현실이 종교개혁 당시와 많이 닮아 있기 때문입니다. 현대 교회는 부패하고, 목회자는 탐욕스러워졌습니다. 그래서 교회가 개혁되었으면 하는 마음이 큰 것 같습니다. 어떤 이유로든 현대 교회는 개혁이 필요한 시점에 와 있습니다.

그런 의미에서 시편 80편은 밀접한 관계가 있습니다. 물론 전체적으로 관계가 있지만, 13절을 보면 '숲속의 멧돼지들이 상해하며 들짐승들이 먹나이다'라는 말씀이 나옵니다. 이 말씀은 교황이 종교개혁을 일으킨 마틴 루터에게 쓴 표현입니다. 마틴 루터가 비텐베르크 성당 문에 95개조 반박문을 붙이고 면죄부 판매에 대해 비판하자 교황은 '주여 일어나소서'(Exsurge Domine)라는 칙서를 내렸습니다. 교황은 이 칙서에서 마틴 루터를 향해 "주여 숲속의 멧돼지가 나와서 주님의 포도원을 짓밟나이다"라고 말하면서 그를 파문했습니다.

다른 하나는 많은 성도들이 부활절과 고난 주간을 중요하게 여기면서 주님의 십자가를 붙들려 한다는 사실입니다. 성도들은 고난 주간에 대해 깊이 묵상합니다. 십자가의 의미를 다시 생각하며 은혜를 구합니다.

시편 80편은 대단히 종교개혁적인 시입니다. 또한 그리스도 중심의 시입니다. 따라서 '숲속의 멧돼지'는 마틴 루터가 아니라 하나님의 교회를 통해 사리사욕을 채우려고 하는 종교 지도자를 뜻합니다. 우리가 그리스도를 깊이 생각할 때 다시 하나님의 빛을 봅니다. 이로써 하나님의 도우심을 얻게 됩니다.

1. 하나님을 떠난 이스라엘

세상 사람들은 아무리 돈이 많고 권력이 있어도 무언가 결핍된 느낌이 들 때가 많습니다. 그들은 하나님의 사랑과 그분의 존귀함을 모르기 때문입니다. 그러나 하나님 백성은 아무리 가난해도 깊은 은혜를 누립니다. 그들에게는 하나님의 사랑과 그분의 존귀함이 있기 때문입니다. 그러나 하나님 백성도 고난을 겪지 않으면 하나님의 은혜의 소중함을 잘 깨닫지 못합니다. 그때 하나님의 백성에게는 위기가 닥칩니다.

하나님은 이스라엘 백성을 사랑하셨습니다. 그래서 하나님은 모든 이스라엘 백성을 요셉같이 사랑하셨습니다.

1절 "요셉을 양떼같이 인도하시는 이스라엘의 목자여 귀를 기울이소서 그룹 사이에 좌정하신 이여 빛을 비추소서"

하나님은 목자가 양떼를 인도하듯 이스라엘 백성을 가나안 땅으로 인도하셨습니다. 여기서 하나님은 '요셉'을 인도하셨다고 말하고 있습니다. 이 표현은 이스라엘 백성 중에 요셉의 자손인 에브라임과 므낫세 지파가 축복의 중심에 있었다는 것을 보여 줍니다.

그러나 다른 의미에서 하나님은 이스라엘 백성 전체를 요셉같이 만드셨고 또 인도하셨습니다. 하나님은 요셉을 정말 사랑하셨습니다. 물론 하나님은 요셉을 고생하게 하셨지만, 하나님이 요셉을 사랑하지 않아 그렇게 하신 것은 아니었습니다. 만일 요셉이 고생하지 않고 아버지 사랑만 받으며 자랐다면 버릇없는 아이가 되었을지도 모릅니다. 그러나 요셉은 감옥에 갇히는 연단을 통해 하나님의 뜻을 정확하게 해석할 수 있는 능력을 갖게 되었습니다. 그래서 요셉은 칠 년 대흉년으로부터 애굽과 가나안, 그리고 자기 가족을 다 살렸습니다.

그런데 하나님은 이스라엘 백성을 광야에서 인도하셨습니다. 이스라엘 백성이 뜨거운 광야에서 고생할 때, 그들은 요셉과 같았습니다. 사실 이스라엘 백성은 요셉보다 더 위대합니다. 그들은 하늘의 만나를 먹고, 반석에서 나오는 생수를 마셨습니다. 요단 강을 기적으로 건넜고, 여리고성도 무너뜨릴 수 있었습니다. 오늘도 하나님의 말씀 아래 연단 받은 성도는 요셉과 같습니다. 이스라엘 백성은 하나님의 말씀을 해석할 수 있게 되었습니다. 반석에서 생수가 나게 하며, 요단 강을 건널 수 있는 능력을 얻게 되었습니다.

그런데 이스라엘 백성은 가나안 땅의 풍요로움을 보고 자신들 안에 있는 하나님의 능력을 과소평가했습니다. 가나안 땅은 비옥했고, 사람들의 문화 수준도 높았습니다. 광야에서 사십 년을 돌아다닌 자기들과는 도저히 비교되지 않았습니다. 그래서 이스라엘 백성은 가나안 땅에 들어가자 말자 그곳의 성공과 풍요를 향해 달려갔습니다. 목자가 아무리 돌아오라고 소리질러도 소용없었습니다.

하나님은 이스라엘 백성을 광야에서의 훈련을 통해 요셉으로 만들어 놓으셨습니다. 요셉이라면 그곳 문화가 아무리 뛰어나도 그 뒤에 있는 하나님의 진노의 심판을 보았을 것입니다. 이스라엘 백성은 가나안의 문화와 전쟁 무기를 보기 이전에 그들 안에 있는 죄를 보아야 했습니다. 그 이면에 있는 하나님의 진노의 심판을 보아야 했습니다.

그러나 이스라엘 백성은 가나안 땅에 들어가자 말자 세상을 향해 달려갔습니다. 그 결과 이스라엘 백성은 가나안 땅의 문화와 물질적인 복은 갖게 되었지만, 하나님의 빛을 잃어버리게 되었습니다. 결국 이스라엘은 포로로 붙잡혀갔습니다. 나중에서야 이스라엘과 유다 백성은 깨달았습니다. 하나님 백성에게 가장 중요한 것은 교육, 문화, 군사 수준이 아니라 '빛'이라는 사실 말입니다. 이스라엘 백성은 빛이 없으면 망합니다.

여기서 하나님의 '빛'은 두 가지 의미가 있습니다. 첫 번째로, 하나님의 빛은 우리에게 하나님의 '말씀'입니다. 하나님 백성이 하나님의 말씀을 잃어버리면 그때부터 방향을 잃고 방황합니다. 배나 비행기가 방향을 잃으면 결국 파선하거나 추락합니다. 이스라엘과 유다가 망했지만 아직 생존자들이 있었습니다. 만약 하나님이 이 생존자들에게 빛을 비추시면 그들은 살 수 있습니다.

두 번째로, 하나님의 빛은 '능력'을 의미합니다. 빛 중에서 가장 무서운 빛은 원자탄이 폭발할 때 나는 빛입니다. 이 빛이 비춰면 그것을 보는 사람은 다 죽게 됩니다. 그러나 하나님의 빛은 더 강합니다. 이 빛이 한 번 '번쩍' 하면 모든 것이 재로 변합니다. 그래서 시편 80편의 기자는 '그룹 사이에 좌정하신 이여 빛을 비추소서'라고 말합니다.

2절 "에브라임과 베냐민과 므낫세 앞에서 주의 능력을 나타내사 우리를 구원하러 오소서"

하나님의 빛은 구원하는 능력입니다. 하나님 백성은 말씀의 능력을 되찾아야 살 수 있습니다.

4절 "만군의 하나님 여호와여 주의 백성의 기도에 대하여 어느 때까지 노하시리이까"

하나님은 이스라엘 백성을 버리신지 오래되었습니다. 그들은 하나님의 능력이 얼마나 크고 중요한지 몰랐습니다. 하나님의 능력은 무시하고, 세상 영광을 위해 열심히 달려갔습니다. 그래서 하나님은 이스라엘 백성에게 눈물의 양식을 먹이셨습니다.

5절 "주께서 그들에게 눈물의 양식을 먹이시며 많은 눈물을 마시게 하셨나이다"

인간이 한순간 실패해서 인생 최저점에 이르면 얼마나 눈물이 흐르는지 모릅니다. 과거에는 사랑과 존귀한 대우를 받았습니다. 그런데 지금은 너무 비참합니다.

하나님의 말씀을 잃어버린 이스라엘과 하나님 백성도 그럴 수 있습니다. 우리는 이것을 미리 막아야 합니다. 이렇게 되지 않으려면 요셉의 본질을 되찾아야 합니다. 세상의 화려한 것 뒤에 숨어 있는 부패와 타락을 꿰뚫어 보아야 합니다. 하나님 말씀의 가치를 절대 놓치지 말아야 합니다. 아무리 높은 자리에 가더라도 하나님의 빛을 잃지 말아야 합니다.

2. 포도나무의 오해

이스라엘 백성은 하나님이 그들에게 하신 것을 이해할 수 없었습니다. 하나님은 애굽 땅에 있는 작은 포도나무를 가져오셔서 가나안 땅에 심으셨습니다. 그런데 이 포도나무가 가나안 땅에서 크고 울창한 포도나무가 되었습니다. 얼마나 큰지 그 나무 그늘이 산을 덮었고, 그 가지가 백향목 나무와 같았습니다. 그리고 그 나뭇가지가 바다를 건너갈 정도로 굵었고, 그 넝쿨이 나일 강과 유브라데 강에 닿을 정도로 울창했습니다.

그런데 하나님은 이 포도나무를 소중하게 다루지 않으셨습니다. 하나님은 포도원의 울타리 담장을 허물어서 아무나 들어와 포도를 따 가게 하셨습니다. 여기서 시편 80편의 유명한 말씀이 나옵니다. 숲속의 멧돼지가 나와서 하나님의 포도원을 짓밟은 것입니다.

성경을 보면 이 포도나무가 얼마나 대단했는지 알 수 있습니다.

> 8절 "주께서 한 포도나무를 애굽에서 가져다가 민족들을 쫓아내시고 그 것을 심으셨나이다"

하나님이 애굽에서 가져오신 포도나무는 물론 이스라엘 백성을 뜻합니다. 하나님이 얼마나 정성껏 이 포도나무를 가꾸셨는지 모릅니다.

> 9절 "주께서 그 앞서 가꾸셨으므로 그 뿌리가 깊이 박혀서 땅에 가득하며"

이 포도나무는 뿌리도 가득했습니다.

> 10, 11절 "그 그늘이 산들을 가리고 그 가지는 하나님의 백향목 같으며 그

가지가 바다까지 뻗고 넝쿨이 강까지 미쳤거늘"

이 포도나무가 얼마나 크게 자랐는지 더 이상 포도나무가 아니라 백향목 같았습니다. 그런데 하나님은 이 포도나무를 폐품처럼 다루셨습니다.

12, 13절 "주께서 어찌하여 그 담을 허시사 길을 지나가는 모든 이들이 그것을 따게 하셨나이까 숲속의 멧돼지들이 상해하며 들짐승들이 먹나이다"

더 비참한 것은 이 포도나무가 베임을 당하며 불에 탔습니다.

16절 "그것이 불타고 베임을 당하며 주의 면책으로 말미암아 멸망하오니"

하나님은 이 큰 포도나무를 헐값에 따 가게 하셨습니다. 또한 멧돼지가 이 포도나무를 짓밟게 놓아 두셨습니다. 하나님은 왜 그렇게 하셨을까요? 이 포도나무가 크고 멋있기 때문입니다. 포도나무는 크고 멋있다고 해서 가치 있는 것이 아닙니다. 포도나무는 그 열매 때문에 가치 있습니다. 가지가 백향목 같고, 그 넝쿨이 멀리 뻗었기 때문에 가치 있는 것이 아닙니다. 오히려 하나님은 이 포도나무가 작아지기를 바라셨습니다. 하나님은 이 포도나무가 모든 잔가지를 잘라 버리고, 오직 하나님의 말씀으로 싱싱한 열매를 맺기를 원하셨습니다.

그러나 이 포도나무는 겉으로 너무 크고 멋있어지는 바람에 열매는 보잘것 없고, 맛은 지독하게 쓴 포도가 되어버렸습니다. 이 포도 열매는 전혀 상품 가치가 없었습니다. 그래서 하나님은 이 포도를 방치하셔서 아무나 따가게 하시고, 멧돼지가 나와 짓밟게 하셨습니다. 또한 땔감으로 쓰게 하셨습니다. 이스라엘과 유다 백성이 하나님께 '우리를 구원하소서'라고 아무리 부르짖어도 소용없는 것은 그들이 아주 떫은맛을 내는 들 포도가 되었기 때문입니다.

그러나 이스라엘 백성에게 희망이 없는 것은 아닙니다.

> 15절 "주의 오른손으로 심으신 줄기요 주를 위하여 힘 있게 하신 가지니이다"

원래는 참 좋은 포도나무였는데, 이 포도나무가 하나님의 말씀을 안 듣고 제멋대로 가 버렸기 때문에 실패한 것입니다. 이 포도나무가 다시 살려면 두 가지를 해야 합니다. 하나는 진액을 바꾸어야 합니다. 이 포도나무는 가나안의 물을 너무 많이 먹었습니다. 그래서 포도의 원래 맛을 잃어버렸습니다. 다른 하나는 외모를 너무 키웠습니다. 이 포도나무는 너무 화려하게 커졌기 때문에 원래 그 아름다운 맛을 잃어버렸습니다.

오늘날 한국 교회의 모습이 이 크고 멋진 포도나무와 같습니다. 원래 심을 때는 작은 나무였는데, 하나님의 축복으로 너무 커졌습니다. 교회 규모가 얼마나 커졌는지 만 명 넘는 교회가 수두룩합니다. 그중에는 교수나 사업가, 정부 고위직이나 유명한 사람들도 많습니다. 성도들의 수준과 욕구가 얼마나 높아졌는지 어느 목사가 와도 견디지 못하고 다 쫓겨나는 형편입니다. 이제 한국 교회에서 목회를 하려면 박사 학위는 물론이고 개그맨과 사업가 재주, 학자의 지식에다 정치인이나 연예인의 능력까지 갖추지 않으면 쫓겨나는 형편인 것입니다. 한국 교회는 베드로가 와도 무식해서 안 되고, 사도 바울이 와도 못생겨서 안 되며, 로이드 존즈가 와도 설교를 너무 오래하기 때문에 안 되고, 스펄전은 학벌이 없어서 안 되는 교회가 된 것입니다. 저는 분명히 말합니다. 그런 교만한 교회라면 빨리 나오십시오. 그런 포도나무는 이미 썩은 나무이기 때문입니다.

3. 그리스도를 생각하는 신앙

이스라엘과 유다 백성은 하나님의 축복을 잃어버리고 난 후에야 비로소 자신들이 가졌던 것이 얼마나 값진 것인지 그 가치를 알게 되었습니다. 이스라엘 백성이 가진 예배와 성전, 말씀과 찬양이 얼마나 소중한 보물인지 깨닫게 되었습니다.

마틴 루터의 저서 중 『탁상 담화』가 있습니다. 이 책은 마틴 루터가 자기 집에서 제자들과 식탁 교제를 하며 나눈 대화 내용입니다. 제자들은 루터가 식사하면서 한 말이 무척 가치가 있어 그 말을 전부 필기하기 시작했습니다. 루터가 하지 말라고 해도 제자들은 루터의 말을 한 마디도 놓치지 않고 전부 기록했습니다. 그런데 이 책이 영국으로 넘어가게 되었습니다. 영국 왕은 루터의 책을 전부 불태우라고 했습니다. 거기에다 그것을 가지고 있는 자는 처형하겠다고 공포했습니다. 그런데 그 사실을 안 누군가가 목숨을 걸고 루터의 책을 땅에 묻었습니다. 그런데 세월이 흘러 딱 한 권이 발굴되었습니다. 결국 영국 왕의 허락을 받아 이 책이 영어로 번역되었습니다.

지금 우리가 쓰고 있는 성경은 기적적인 과정을 거쳐 오늘날까지 거의 완전하게 보존되었습니다. 성경은 계속 번역되고 있습니다. 독일의 진젠돌프 백작은 오래된 신앙 서적을 찾으려고 전 세계를 돌아다니다 시내 산 밑에 있는 성 카트린 수도원에서 성경 전체 사본을 발견했습니다. 그는 성경을 입수하기 위해 결국 러시아 황제의 허락까지 받게 됩니다. 돈을 많이 준다고 하면 수도원 측에서 가치 있는 줄 알고 안 줄까 봐 아주 싼 값으로 겨우 가지고 오게 됩니다. 영국에 가져와 전시하자 수십만 명의 사람들이 줄을 서서 그 양피지 성경을 구경했습니다.

그런데 이스라엘 자손이 포로 된 곳에서 하나님의 말씀을 깊이 묵상할 때 세상에서 가장 가치 있는 한 분을 발견하게 되었습니다. 그분은 바로 하나님의 오른편에 계신 분이었습니다.

> 17절 "주의 오른쪽에 있는 자 곧 주를 위하여 힘 있게 하신 인자에게 주의 손을 얹으소서"

어느 누구도 빛이신 하나님 아버지께 바로 나아갈 수 없습니다. 누구든지 하나님을 보는 순간 죽을 것입니다. 그런데 우리가 하나님께 나아갈 수 있는 유일한 길이 있습니다. 우리는 하나님 보좌 우편에 계신 인자, 곧 예수 그리스도를 통해 하나님께 나아갈 수 있습니다. 하나님은 예수 그리스도에게 모든 능력과 존귀, 힘을 주셨습니다. 하나님은 오른편에 계신 인자에게 손을 얹으셔서 모든 것을 맡기셨습니다. 우리는 뒤로 물러날 필요가 없습니다. 담대하게 하나님께 나아가면 됩니다.

> 18절 "그리하시면 우리가 주에게서 물러가지 아니하오리니 우리를 소생하게 하소서 우리가 주의 이름을 부르리이다"

우리는 보좌 우편에 계신 인자를 생각하며 두려워할 필요가 없습니다. 우리는 거절당할 것도 두려워할 필요가 없습니다. 인자는 우리에게 복 주시기를 원하기 때문입니다. 우리는 다시 소생할 것입니다.

> 19절 "만군의 하나님 여호와여 우리를 돌이켜 주시고 주의 얼굴의 광채를 우리에게 비춰소서 우리가 구원을 얻으리이다"

하나님은 돌이키시사 그 얼굴의 광채를 우리에게 비추어 주십니다. 우리는 다시 살아나 능력을 받게 됩니다. 이로 인해 축복의 백성이 됩니다.

87

시 81:1–16

네 입을 크게 열라

옛날 봄이 되면, 제비가 날아와서 처마 밑에 둥지를 틀고 알을 품었습니다. 조금 지나면 알에서 제비 새끼들이 부화하는데, 그때 어미 새는 부지런히 날아다니면서 벌레를 물어다가 새끼 새들 입에 넣어 줍니다. 이 때 어미 새가 오면 모든 제비 새끼들이 입을 열면서 먹이를 달라고 소리를 지릅니다. 그런데 어미 새는 기가 막히게 먼저 먹은 새끼에게는 먹이를 주지 않고, 먹지 않은 새끼에게 먹이를 줍니다. 이런 것을 보면 새끼 새도 양심이 좀 없는 것 같습니다. 이미 먹이를 먹은 새끼는 입을 다물고 있어야 다른 안 먹은 새끼들이 먹이를 먹을 텐데 어미가 올 때마다 입을 여는 것입니다. 그러나 어미는 먹은 것과 먹지 않은 것을 기가 막히게 구별해 냅니다.

그러나 학자들의 보고에 따르면, 최근 어미 새가 새끼 새들을 키울 때 먹이를 먹었는지 먹지 않았는지 구별하는 능력을 잃어버렸다고 합니다. 그래서 새끼 새들이 입을 열면 아무 입에나 먹이를 넣어 주는 바람에 그중에는 영양실조에 걸려 굶어 죽는 새가 발생한다고 합니다. 학자들은 어미 새가 이 능력을 잃어버린 이유가 고층 빌딩의 영향을 받아 그런 것이라고 판단합니다. 그리고 공해 때문에 그런 것이라는 판단도 나오고 있습니다.

아이들은 엄마가 숟가락에 밥을 올려 주면 입을 벌려 맛있게 먹습니다. 그러면 엄마도 기분이 좋고, 아이도 쑥쑥 자랍니다. 그러나 까다로운 아이는 엄마가 숟가락에 맛있는 밥을 올려 주어도 입을 절대 열지 않습니다. 또 어떤 아이는 도망치다가 붙들려 와서 강제로 밥을 먹습니다.

하나님은 하나님과 이스라엘 백성 사이를 어미 새와 새끼 새, 엄마와 아기의 관계로 생각하셨습니다. 하나님은 이스라엘 백성이 하나님을 향해 입을 열면 가득 채워 주십니다.

시편 81편은 이스라엘 백성이 장막절에 부른 노래입니다. 이스라엘 백성의 장막절은 그들 달력으로 7월이지만, 우리 달력으로는 9월이나 10월 추수기에 해당됩니다. 이스라엘 백성은 이 가을 추수 때 장막절, 즉 추수 감사절을 지켰습니다. 또한 대속죄일과 나팔절을 지켰습니다. 이스라엘 백성은 이 때부터 새로운 한 해가 시작된다고 생각했습니다. 우리가 은혜를 받은 때가 우리에게는 큰 축복의 날입니다. 인생은 그때부터 새로 시작합니다.

시편 81편의 표제는 '아삽의 시, 인도자를 따라 깃딧에 맞춘 노래'입니다. 여기서 '깃딧'은 '기쁨의 노래'라는 뜻입니다. 그런데 시의 내용을 보면 그렇게 기쁜 내용은 아닙니다. 오히려 책망하는 내용으로 되어 있습니다. 어떻게 이스라엘 백성은 하나님이 책망하시는 노래를 기쁘게 부를 수 있었을까요? 하나님이 우리를 책망하시는 것은 유익한 일이기 때문입니다. 우리는 하나님이 책망하시는 것을 하지 않으면 됩니다. 그리고 기쁨으로 새 출발하면 아무 문제가 없습니다. 하나님 말씀 안에서 새 노래로 출발하면 하나님은 우리가 입을 여는 대로 채워 주십니다.

1. 하나님을 노래하자

하나님은 이스라엘 백성이 어려움에 빠져 낙심할 때 가장 먼저 해야 할 일을 알려 주셨습니다. 하나님은 그들이 길을 잃고 하나님의 축복을 잃어버렸을 때 하나님을 노래하라 하셨습니다.

> 1, 2절 "우리의 능력이 되시는 하나님을 향하여 기쁘게 노래하며 야곱의 하나님을 향하여 즐거이 소리칠지어다 시를 읊으며 소고를 치고 아름다운 수금에 비파를 아우를지어다"

하나님은 이스라엘 백성이 길을 잃고 방황할 때 하나님을 노래하기를 원하셨습니다. 이스라엘 백성이 홍해 를 앞에 두고 갈 길을 잃었을 때, 그들은 마치 거대한 덫에 걸린 짐승과 다를 바 없었습니다. 이스라엘 백성은 홍해에 빠져 죽을 수밖에 없었습니다. 그들은 바로 군대의 창에 찔러 죽을 수밖에 없었습니다. 그들은 광야에서 길을 잃고 헤매다 목이 말라 죽을 수밖에 없었습니다.

그러나 하나님은 이스라엘 백성에게 기쁜 가락으로 하나님을 노래하라고 말씀하십니다. 하나님은 소고를 치며 아름다운 수금에 맞춰 즐겁게 소리치라고 말씀하십니다. 이제 이스라엘 백성은 하나님의 능력의 손에 붙들린바 되었기 때문입니다. 이것이 하나님 백성과 세상 사람의 차이입니다. 만일 세상 사람이 홍해 앞에 가로막히면 반드시 죽을 것입니다. 그러나 이스라엘 백성은 하나님 말씀으로 인도함을 받았습니다. 하나님은 그들로 하여금 기적의 길로 행하게 하셨습니다.

여기서 이스라엘 백성이 부르는 노래의 주제는 '우리의 능력 되시는 하나님'입니다. 이스라엘 백성이 하나님 말씀을 따라 막다른 길까지 오면 거기서 능력 되신 하나님을 봅니다. 우리는 막다른 길에서 하나님의 기적과 능력을 봅니다. 이스라엘 백성은 실제로 홍해가 갈라지는 것을 체험했습니다. 그들은 홍해를 건넌 후 소고를 치며 하나님을 노래했습니다. 이스라엘 백성은 광야 길에 들어섰지만 구름과 불기둥이 그들과 함께했습니다. 그들은 반석에서 나오는 기적의 생수를 마셨고, '만나'라는 기적의 양식을 먹었습니다.

우리가 하나님을 노래하는 이유는 하나님이 우리의 능력이시기 때문입니다. 사람마다 자신의 능력으로 삼는 것이 다릅니다. 어떤 사람은 국민의 지지율을 능력으로 삼고, 다른 어떤 사람은 고시 합격이나 인맥을 능력으로 삼습니다. 북한은 핵무기를, 중국과 미국은 경제력과 군사력을 능력으로 삼습니다. 세상에서 이런 능력이 있으면 자신만만하게 살아갈 수 있을 것입니다. 그러나 하나님 백성에게 최고의 능력은 '하나님'입니다. 어떻게 눈에 보이지도 않고, 우리가 꼭 필요할 때 도우실지도 모르는 하나님이 우리의 능력이 될까요? 이것이 하나님 백성에게는 가장 어려운 일입니다.

다윗은 이런 고백을 했습니다.

"나의 힘이신 여호와여 내가 주를 사랑하나이다 여호와는 나의 반석이시요
나의 요새시요 나를 건지시는 이시요 나의 하나님이시요
내가 그 안에 피할 나의 바위시요 나의 방패시요 나의 구원의 뿔이시요
나의 산성이시로다"_시 18:1

어떻게 눈에 보이지 않는 하나님이 나의 힘과 능력이 될 수 있을까요? 이것이 하나님 백성만 가지고 있는 영적 비결입니다. 우리는 막다른 골목에서 능력 되시는 하나님을 봅니다. 거기서 우리는 세상이 이해할 수 없는 체험을 하게 됩니다. 우리는 막다른 골목에 이를지라도 즐겁게 노래할 수 있습니다. 길이 보이지 않을 때, 오히려 즐겁게 소리칠 수 있습니다.

3, 4절 "초하루와 보름과 우리의 명절에 나팔을 불지어다 이는 이스라엘의 율례요 야곱의 하나님의 규례로다"

여기서 '초하루와 보름과 우리의 명절'은 다른 절기도 포함하지만 특히 유대인의 7월에 해당하는 초막절, 곧 장막절을 말합니다. 이 때는 한 달 내내 중요한 날이 많습니다. 이스라엘 백성이 집을 떠나 초막에서 살아야 하는 초막절과 대제사장이 지성소에 들어가 피를 뿌리고 나오는 대속죄일, 그리고 제물에 대해 나팔을 부는 나팔절이 있습니다. 이스라엘 백성은 무려 사십 년을 초막에서 살았지만 죽지 않았습니다. 오히려 그들은 그때마다 나팔을 불어 새롭게 출발했습니다. 대제사장이신 메시야가 그들의 능력이 되어주셨기 때문입니다.

히스기야 때 앗수르 군대 십팔만 오천 명이 쳐들어왔습니다. 앗수르 군대가 예루살렘을 에워싸고 예루살렘 사람들을 다 죽이려 했습니다. 그러나 이스라엘 백성을 죽이는 것은 불가능한 일입니다. 그들은 아무것도 없는 광야에서 사십 년을 산 족속이기 때문입니다. 결국 하룻밤 사이에 천사가 내려와서 앗수르 군대 십팔만 오천 명을 다 죽였습니다.

"이 밤에 여호와의 사자가 나와서 앗수르 진영에서 군사 십팔만 오천 명을 친지라 아침에 일찍이 일어나 보니 다 송장이 되었더라"_왕하 19:35

하나님은 우리의 능력입니다. 만일 하나님이 우리의 진정한 능력이라면, 우리는 하나님을 자랑해야 합니다. 인생의 막다른 골목까지 기꺼이 갈 수 있어야 합니다.

히스기야는 죽을병에 걸렸다가 기도로 나았습니다. 그때 바벨론에서 사신들이 왔습니다. 하지만 히스기야는 하나님을 자랑하지 않았습니다. 대신 히스기야는 왕궁 창고 안에 있는 보물을 자랑했습니다.

"히스기야가 이에 여호와의 성전과 왕궁 곳간에 있는 은을 다 주었고 또 그때에 유다 왕 히스기야가 여호와의 성전 문의 금과 자기가 모든 기둥에 입힌 금을 벗겨 모두 앗수르 왕에게 주었더라"_왕하 18:15, 16

히스기야가 하나님을 자랑하지 못한 이유는 바벨론 사람들이 하나님을 모르기 때문에 하나님을 자랑한다 해도 믿지 않을 것이라고 생각했기 때문입니다. 그러나 이사야 선지자는 히스기야를 책망했습니다.

히스기야는 바벨론 사신들에게 이렇게 말해야 했습니다.

"이는 여호와께로 말미암는 너를 위한 징조이니 곧 여호와께서 하신 말씀을 그가 이루신다는 증거이니라 보라 아하스의 해시계에 나아갔던 해 그림자를 뒤로 십 도를 물러가게 하리라 하셨다 하라 하시더니 이에 해시계에 나아갔던 해의 그림자가 십 도를 물러가니라"_사 38:7, 8

히스기야는 죽을병에 걸렸습니다. 하지만 하나님은 히스기야를 살리시사 그 증거로 해시계의 일영표가 십 도나 뒤로 물러가게 하셨습니다. 히스기야가 이런 능력의 하나님을 바벨론 사람들에게 자랑했다면, 그들이 '이스라엘은 전지전능하신 하나님이 지키고 계시구나' 하고 생각해서 다시는 공격하지 못했을 것입니다.

사실 믿지 않는 자들은 우리가 믿는 하나님과 신앙에 대해 많은 호기심을 가지고 있습니다. 문제는 우리가 하나님을 의심하는 것입니다. 우리는 하나님의 말씀을 믿다 막다른 길에 이를지라도 능력의 하나님을 만나게 될 것입니다.

2. 알지 못하는 말씀

하나님은 이스라엘 백성을 구원하러 가셨습니다. 그때 시편 기자는 '내가 알지 못하던 말씀'을 들었습니다.

> 5, 6절 "하나님이 애굽 땅을 치러 나아가시던 때에 요셉의 족속 중에 이를 증거로 세우셨도다 거기서 내가 알지 못하던 말씀을 들었나니 이르시되 내가 그의 어깨에서 짐을 벗기고 그의 손에서 광주리를 놓게 하였도다"

여기서 '하나님이 애굽 땅을 치러 나가신다'는 것은 하나님이 전쟁하러 가시는 것을 뜻합니다. 하나님은 이스라엘 백성을 건지기 위해 전쟁하셨습니다. 여기서 '그의 어깨에서 짐을 벗기고 그의 손에서 광주리를 놓게 하였도다'라는 구절은 이스라엘 백성을 노예 생활에서 해방시킨다는 의미입니다. '광주리'는 노예의 광주리를 말합니다. 이스라엘 백성은 이 광주리로 흙과 돌을 나르며 노예 생활을 했습니다. 그러나 하나님은 이제 이스라엘 백성이 짊어지고 있는 짐을 벗기겠다 말씀하십니다. 그들이 들고 다니는 노예의 광주리도 내려놓게 하겠다고 말씀하십니다. 그런데 시편 기자가 '알지 못하던 말씀'은 무엇일까요? 그것은 뒤에 나옵니다.

> 7절 "네가 고난 중에 부르짖으매 내가 너를 건졌고 우렛소리의 은밀한 곳에서 네게 응답하며 므리바 물가에서 너를 시험하였도다"

이 세상 어느 누구도 하나님께서 이스라엘 백성을 애굽에서 건져내시는데 열 가지 재앙을 내리실 줄은 아무도 몰랐습니다. 하나님은 이스라엘 백성을 위해 지금까지 어느 신도 내리지 못한 재앙을 애굽에 내리셨습니다. 처음에는 애굽 사람들과 이스라엘 백성 모두 믿기지 않았습니다. 강이 피로 변하고, 개구리가 떼를 지어 사람을 괴롭히며, 파리 떼가 습격할 때만 해도 그들은 모두 '정말 하나님이 계시기는 한가?' 하는 식으로 반신반의했습니다. 그러나 재앙이 계속되면서 하나님은 살아 계시다는 것을 분명히 알게 되었습니다. 후에 하나님은 불 우박을 내리셨습니다. 태양마저 캄캄하게 하시며, 장자를 죽이는 재앙까지 내리셨습니다. 그들은 이럴 줄 몰랐습니다. 더욱이 하나님이 이스라엘 백성을 위해 바다를 가르실 줄은 아무도 몰랐습니다.

또한 이스라엘 백성은 하나님이 시내 산에서 불붙는 번개와 천둥 가운데 말씀을 주실 줄 몰랐습니다. 시편 기자는 '우렛소리의 은밀한 곳에서 네게 응답하며'라고 말합니다. 하나님이 율법을 주실 때 온 시내 산이 흔들렸습니다. 강도 7 이상의 지진이 일어난 것입니다. 이것이 하나님 말씀의 능력입니다.

그럼에도 불구하고 하나님은 이스라엘 백성을 또 위기 가운데로 몰아넣으셨습니다. 이스라엘 백성은 므리바 물가에서 다시 한 번 시험을 보아야 했습니다. 그들은 물이 없는 가운데 견뎌야 했습니다. 그런데 이스라엘 백성은 다른 시험은 잘 견뎌냈지만, 물 시험은 이기지 못했습니다. 이스라엘 백성은 홍해를 건너는 시험은 잘 통과했지만, 목마른 시험은 실패하고 말았습니다. 그때 모세가 얼마나 화가 났던지 이스라엘 백성 앞에서 반석을 두 번 쳤습니다. 그러자 반석이 깨지며 물이 솟아났습니다. 하지만 하나님께 영광 돌리는 데 실패했습니다. 이로 인해 모세도 가나안 땅에 들어가지 못하게 되었습니다.

물 없이 죽어가면서 끝까지 하나님을 신뢰한다는 것은 어려운 일입니다. 특히 온 백성이 하나님을 원망하는 상황 속에서 하나님을 끝까지 신뢰하는 것이 어려웠을 것입니다. 그러나 그들이 견디기 어려울 때 사실 물은 다 준비되어 있었습니다. 그들이 조금만 더 참았다면 다시 한 번 능력의 하나님을 노래할 수 있었을 것입니다. 그러나 그들이 원망하는 바람에 노래를 부르는 데 실패했습니다. 므리바의 반석이 중요한 이유가 무엇일까요? 하나님은 애굽에서는 재앙을 내리셨지만, 이스라엘 백성의 순종을 통해 사람을 살리는 능력을 나타내시려 했습니다. 여기서 이스라엘 백성은 실패하고 말았습니다.

3. 하나님이 우리에게 바라시는 것

하나님께서 이스라엘 백성과 우리를 통해 바라시는 것이 무엇일까요? 하나님은 우리가 성공해서 하나님께 영광 돌리는 것을 원하지 않으십니다. 물론 그렇게 할 수도 있습니다. 그러나 그것은 어디까지나 결과적으로 따라오는 것입니다. 하나님이 우리에게 원하시는 것은 많은 것이 아닙니다. 하나님은 우리가 오직 하나님의 말씀을 듣기를 원하십니다.

> **8절** "내 백성이여 들으라 내가 네게 증언하리라 이스라엘이여 내게 듣기를 원하노라"

하나님이 우리에게 요구하시는 것은 오직 하나, 하나님 백성이 그분의 말씀을 듣는 것입니다. 우리는 하나님을 믿으면 무엇인가 해야 한다고 생각합니다. 그래서 이해가 안 됩니다. 하나님의 말씀을 듣기만 하는 것은 무슨 소용이 있을까요? 한 걸음 더 나아가서 하나님의 말씀을 듣기만 한다고 해서 우리에게 무슨 일이 일어날까요? 물론 우리가 하나님의 말씀을 듣는다고 해서 당장 돈과 직장이 생기거나 결혼이 성사되는 것은 아닙니다.

그러나 우리가 하나님의 말씀을 들으면서 마음이 뜨거워지면 하나님에 대한 믿음이 생깁니다. 인간에게 있어 마음이 뜨거워지는 것이 가장 어려운 일입니다. 그리고 우리가 하나님을 믿는 것이 어려운 일입니다. 그러나 우리가 하나님의 말씀을 들음으로 믿음이 생길 때 하늘 문을 열 수 있습니다. 그때 하나님은 천사를 보내어 우리를 도우십니다. 그래서 우리가 많은 애를 쓰지 않아도 일이 저절로 해결됩니다. 기도 응답이 나타나며, 악한 세력이 거꾸러집니다.

하나님은 우리에게 하나님 외에 다른 신을 두지 말라고 요구하십니다.

9절 "너희 중에 다른 신을 두지 말며 이방 신에게 절하지 말지어다"

인간은 자기 자신이 신이 될 때가 많습니다. 많은 이들이 자기 자신만 행복하면 된다고 생각합니다. 세상 모든 것을 누리는 데 관심을 쏟습니다. 그렇게 우상을 만듭니다. 더 무서운 것은 성공이 우상이 되고 있습니다. 종교적인 성공과 세상적인 성공 이 모두가 우상입니다. 우리는 오직 하나님의 종으로 끝까지 남아야 합니다. 다른 사람들이 세상적인 방법으로 부를 누리는 것을 부러워할 필요가 없습니다. 그 이유는 길이 다르기 때문입니다.

하나님은 우리가 하나님을 향해 입을 크게 열기를 원하십니다.

10절 "나는 너를 애굽 땅에서 인도하여 낸 여호와 네 하나님이니 네 입을 크게 열라 내가 채우리라 하였으나"

하나님은 우리가 하나님을 향해 입을 크게 열면 그만큼 채워 주신다고 약속하셨습니다. 예수님도 이렇게 말씀하셨습니다.

"구하라 그리하면 너희에게 주실 것이요 찾으라 그리하면 찾아낼 것이요 문을 두드리라 그리하면 너희에게 열릴 것이니"_마 7:7

'입을 크게 열라'는 것은 믿음의 그릇이 크게 되어야 한다는 뜻입니다. 우리가 너무 작은 것으로 채움 받으려 할 것이 아니라 믿음의 큰 꿈을 가지고 그릇을 준비하면 하나님께서 채워 주십니다. 하나님 앞에서 말씀의 진리를 깨닫게 하시고, 기도에 큰 능력을 더하여 주셔서 하나님의 지혜와 통찰력을 달라고 기도하면 하나님은 이루어 주십니다.

"그런즉 너희는 먼저 그의 나라와 그의 의를 구하라 그리하면 이 모든 것을 너희에게 더하시리라"_마 6:33

우리가 세상 욕심으로 구하는 것은 하나님을 향해 구하는 것이 아닙니다. 오히려 하나님을 향해 입을 닫는 것이고, 세상을 향해 입을 여는 것입니다.

하나님은 이스라엘 백성을 책망하셨습니다.

11절 "내 백성이 내 소리를 듣지 아니하며 이스라엘이 나를 원하지 아니하였도다"

이스라엘 백성은 하나님의 말씀을 듣지 않고, 하나님의 축복도 원하지 않았습니다. 세상에 좋은 것이 다 있어 보였기 때문입니다. 그러나 세상의 성공은 진짜 보물이 아닙니다. 하나님이 주시는 축복이 진짜 보물입니다. 그래서 하나님은 이스라엘 백성을 버리사 포로가 되게 하셨습니다.

> 12절 "그러므로 내가 그의 마음을 완악한 대로 버려 두어 그의 임의대로 행하게 하였도다"

하나님은 이스라엘 백성을 버리사 자기 마음대로 살게 하셨습니다. 그 결과 이스라엘 백성은 다시 비참한 노예가 되었습니다. 우리의 믿음이 자라지 않으면 망하게 됩니다. 중간은 없습니다.

> 13절 "내 백성아 내 말을 들으라 이스라엘아 내 도를 따르라"

하나님은 이스라엘 백성에게 지금이라도 하나님의 말씀을 듣고 그 도를 따르면 산다고 말씀하십니다. 결국 하나님의 구원이 나타납니다. 하나님은 세 가지를 약속하십니다.

> 14-16절 "그리하면 내가 속히 그들의 원수를 누르고 내 손을 돌려 그들의 대적들을 치리니 여호와를 미워하는 자는 그에게 복종하는 체할지라도 그들의 시대는 영원히 계속되리라 또 내가 기름진 밀을 그들에게 먹이며 반석에서 나오는 꿀로 너를 만족하게 하리라 하셨도다"

첫 번째는 원수를 물리치신다고 약속하십니다. 두 번째는 그들의 시대가 영원할 것이라고 약속하십니다. 말씀에 순종하는 자는 영원합니다. 세 번째는 기름진 밀과 반석에서 나오는 꿀로 먹이겠다고 약속하십니다.

끝까지 하나님을 의지하는 자는 망하지 않습니다. 두려워하지 말고 담대하게 나아가는 성도들이 되시기 바랍니다.

88

시 82:1-8

하나님의 엘로힘

톨스토이의 단편 소설 중 『사람은 무엇으로 사는가』라는 작품이 있습니다. 그 단편을 보면, 친절하고 가난한 구두장이인 시몬이 등장합니다. 어느 날 시몬은 자신과 아내가 같이 입을 겨울 코트를 만들려고 양 가죽을 사러 나갔습니다. 가죽을 사려면 그동안 구두를 수선해 준 농부에게 외상값을 수금해야 했습니다. 그는 수금하러 가는 길에 아내의 저금통에서 조금의 돈을 빌렸습니다. 가까스로 수금을 했지만, 5루블은 받지 못하고 겨우 20코펙만 받을 수 있었습니다. 홧김에 시몬은 20코펙으로 보드카를 마시고 얼큰하게 취한 채 집에 가던 길이었습니다.

길모퉁이 교회 앞을 지나다가, 시몬은 교회 앞 담에 기대어 있는 희미한 물체를 보게 되었습니다. 자세히 보니 건강 상태가 나빠 보이는 벌거벗은 청년이었습니다. 그냥 지나치려다가 고개를 들고 시몬을 바라다보는 그 청년과 마주치게 되었습니다. 시몬은 마음속으로 외면한 것을 부끄러워하며 그를 도와주기로 했습니다.

시몬은 그 청년에게 자신의 외투를 입혀 집으로 데려왔습니다. 같이 나란히 걸었지만, 그 청년은 좀처럼 왜 그렇게 내팽겨져 있었냐는 시몬의 질문에 그저, "신이 내게 벌을 내렸다고밖에 할 말이 없소!"라고 대답했습니다.

그런데 이 청년에게는 구두를 고치는 신기한 재주가 있었습니다. 다른 사람의 미래를 알아내는 놀라운 지혜도 있었습니다. 그래서 어떤 사람이 찾아와 멋진 가죽 부츠를 해 달라고 주문하면, 그는 장례용 슬리퍼를 만들었습니다. 주문한 사람이 곧 죽어서 부츠가 아닌 장례용 신발이 필요하다는 것을 알았기 때문입니다. 나중에 시몬은 자기가 도와준 그 청년이 천사였다는 것을 알았습니다.

우리가 보기에는 좀 황당한 이 단편도 우리에게 시사하는 바가 있습니다. 우리는 다른 사람에게 천사가 될 수도 있고, 악마가 될 수도 있습니다. 그런데 우리 안에는 천사도 있고, 악마도 있습니다. 그래서 우리는 천사 같은 마음으로 악마 같은 못된 마음을 이겨야 합니다.

이 세상에는 전문 지식과 절대 권력을 가지고 진리를 가르치며, 정의를 실현해야 하는 자들이 있습니다. 그런 권력을 가진 자 중에 판사, 교수, 목사, 의사가 있습니다.

판사는 죄지은 자에게 사형을 명하기도 하고, 자유를 박탈해서 감옥에 가두기도 합니다. 죄지은 자에게는 판사의 말 한마디가 신의 음성과 같이 절대적입니다. 한편 교수는 학생들에게 권위를 가지고 학문을 가르치며, 성적과 논문을 평가 및 심사합니다. 그것은 교수의 학문적 양심과 지식에 따라 이루어집니다. 그런데 교수가 공평하지 않게 학생을 대하면, 학생은 많은 어려움을 당하게 됩니다. 또한 의사는 환자의 병을 진단해 약을 처방하거나 수술해야 합니다.

1. 하나님의 회의

세상에서도 중요한 문제가 생기면 특별히 회의를 합니다. 마찬가지로 하나님 앞에서는 이 세상에서 전문 지식과 권력을 가진 자들에 대한 회의가 열립니다.

> **1절** "하나님은 신들의 모임 가운데에 서시며 하나님은 그들 가운데에서 재판하시느니라"

이 말씀이 한글개역에는 '하나님이 하나님의 회 가운데 서시며 재판장들 중에서 판단하시되'로 번역되어 있습니다. 그러나 한글개역에 번역된 '재판장들'이 히브리어 성경에는 '엘로힘', 즉 '신들'로 되어 있습니다. 그래서 좀 더 정확하게 직역해 보면, '하나님은 하나님의 회 가운데 서시며 신들 가운데 재판하신다'가 됩니다. 물론 한글개역의 '재판장들'이 의미는 맞지만 의역된 것입니다.

여기서 '하나님의 회'는 먼저 욥기에 나옵니다. 욥기에 보면 하나님 앞에 회의가 열리는데, 이 회의에 '하나님의 아들들' 즉 천사도 참여하지만, '사탄'도 참여합니다.

"하루는 하나님의 아들들이 와서 여호와 앞에 섰고
사탄도 그들 가운데에 온지라"_욥 1:6

하나님의 회의에서 가장 중요한 주제는 "의인 욥이 왜 하나님을 믿으며, 언제까지 하나님을 원망하지 않겠느냐?"였습니다. 하나님은 사탄 앞에서 의인 욥의 믿음을 자랑합니다. "그와 같이 온전하고 정직하여 하나님을 경외하며 악에서 떠난 자는 세상에 없느니라"(욥 1:8). 욥의 모든 비극은 하나님의 자랑에서부터 시작되었습니다. 이 때 사탄은 욥이 하나님을 잘 믿는 것은 하나님이 욥에게 복을 많이 주셨기 때문이라고 주장합니다.

"주께서 그와 그의 집과 그의 모든 소유물을 울타리로 두르심 때문이 아니니이까 주께서 그의 손으로 하는 바를 복 되게 하사 그의 소유물이 땅에 넘치게 하셨음이니이다"_욥 1:10

그러면서 욥의 믿음을 참소하며 공격합니다. 사탄은 만일 하나님이 욥의 복을 빼앗으면 그는 당장 하나님을 믿지 않을 것이라고 충동질했습니다. 그러자 하나님은 사탄에게 욥의 모든 복은 빼앗되 그의 육신은 손대지 못하게 하셨습니다. 사탄은 욥의 모든 재산과 자녀들의 생명을 빼앗아갔습니다.

그러나 욥은 이렇게 고백합니다.

"주신 이도 여호와시요 거두신 이도 여호와시오니 여호와의 이름이 찬송을 받으실지니이다 하고 이 모든 일에 욥이 범죄하지 아니하고 하나님을 향하여 원망하지 아니하니라"_욥 1:21, 22

또 하나님의 회의가 열렸습니다. 하나님은 사탄에게 "그와 같이 온전하고 정직하여 하나님을 경외하며 악에서 떠난 자가 세상에 없느니라 네가 나를 충동하여 까닭 없이 그를 치게 하였어도 그가 여전히 자기의 온전함을 굳게 지켰느니라"(욥 2:3) 하시면서 욥을 자랑했습니다.

그러자 사탄은 하나님께 대들면서 재산과 자녀를 빼앗는 것만으로는 안 된다고 했습니다.

"이제 주의 손을 펴서 그의 뼈와 살을 치소서

그리하시면 틀림없이 주를 향하여 욕하지 않겠나이까"_욥 2:5

사탄은 욥의 몸을 고통스럽게 하면 그가 하나님에 대한 믿음을 버릴 것이라고 충동질했습니다. 하나님은 사탄에게 욥의 육신을 병으로 치되 생명은 건드리지 말라고 하셨습니다.

"욥을 쳐서 그의 발바닥에서 정수리까지 종기가 나게 한지라

욥이 재 가운데 앉아서 질그릇 조각을 가져다가 몸을 긁고 있더니"_욥 2:7, 8

욥은 온몸에 종기가 생겨 고통 중에 잠도 자지 못하며 괴로워했습니다. 그때 욥의 부인은 욥을 보고 '그래도 당신은 하나님을 믿느냐?'고 하면서 '하나님을 욕하고 죽으라'고 저주했습니다.

그러자 욥은 이렇게 대답합니다.

"그가 이르되 그대의 말이 한 어리석은 여자의 말 같도다

우리가 하나님께 복을 받았은즉 화도 받지 아니하겠느냐 하고

이 모든 일에 욥이 입술로 범죄하지 아니하니라"_욥 2:10

하나님은 우리가 믿음으로 신앙생활 잘하는 것을 보시고 천사들 앞에서 자랑하십니다. 그런데 하나님의 회의에서 가장 큰 주제는 '인간은 언제까지 입으로 하나님을 원망하지 않겠느냐?'였습니다. 그런데 욥은 고난 중에서도 하나님을 원망하지 않았습니다. 그는 자기가 태어난 것을 원망할지언정 하나님을 원망하지 않았습니다. 욥은 고난을 통해 하나님의 진리를 더 깊이 깨달았습니다. 하나님은 고난을 통해 인간을 연단하십니다. 이로써 욥은 고난이 유익하다는 것을 깨달았습니다.

우리가 믿음 안에서 날마다 변화하는 것은 놀라운 일입니다. 그런데 하나님 앞에서 가장 놀라운 승리는 어떤 고난 속에서도 입술로 하나님을 원망하지 않는 것입니다. 우리가 고난을 통해 하나님의 깊은 진리를 발견할 때, 승리는 우리의 것입니다. 하나님 앞에서 가장 중요한 것은 우리가 하나님을 믿는 것입니다. 그리고 우리가 고난을 통해 정금같이 변할 때, 우리는 하나님의 주인공으로 승리한 것입니다. 최고의 주인공은 고통 중에서도 하나님을 원망하지 않고, 다른 사람을 저주하지 않는 성도입니다.

2. 엘로힘이 되게 하신 하나님

우리는 세상에서 절대 권력과 지식, 기술을 가지고 다른 사람들 위에 군림하는 자를 볼 수 있습니다. 하지만 성도는 자기 행복을 추구하는 것이 아니라 하나님을 대신해 다른 사람을 돕고 축복하는 일을 해야 합니다. 하나님은 강한 자들 앞에서는 비굴하고, 약한 자들에게는 큰 소리치는 어리석은 자들을 재판하십니다.

유다 사회에서 직책을 맡은 자의 중요한 역할은 "오직 정의를 물같이, 공의를 마르지 않는 강같이 흐르게 하는"(암 5:24) 것이었습니다. 농부에게 물을 대는 것은 아주 중요한 일입니다. 모내기를 한 후에 논과 밭에 물을 공급해 주어야 하는데, 어떤 자가 심술을 부려 물을 엉뚱한 곳으로 돌리거나 보를 쌓아 물의 흐름을 막아 버리면 식물이 타 죽어 갑니다. 이 때 아무리 물을 기다려도 물이 오지 않습니다. 그때 누군가가 물길을 바로 잡으면 그렇게 가슴이 시원할 수 없습니다.

그러나 일단 권력을 가진 자는 그렇게 할 필요가 없다고 생각합니다. 정의를 물같이, 공의를 강같이 흐르게 한다고 해서 사람들이 알아주는 것도 아니기 때문입니다. 오히려 사람들은 정의를 굽게 해야 권력자를 향해 대단하다고 생각합니다. 그래서 그들을 두려워하며 뇌물을 갖다 바칩니다. 하지만 그것은 하나님 앞에서 어리석은 행동입니다. 하나님 앞에서 가장 아름다운 것은 자기가 가진 직책과 지식을 통해 어려움에 빠진 자를 도와주는 것입니다. 그것이 사명이기 때문입니다.

다시 말해, 우리는 모두 하나님 앞에서 인생을 연기하고 있는 자들입니다. 하나님의 드라마 중 최고가 욥 같은 드라마입니다. 그다음으로 중요한 것이 남을 돕고 봉사하는 것입니다. 하나님은 그 영역에서 우리를 '엘로힘'이 되게 하셨습니다. 여기서 '엘로힘'은 '신'이라는 뜻도 있지만 '천사'라는 뜻도 있습니다. 우리는 이 세상에서 천사로서 살아가야 합니다.

예수님도 비슷한 말씀을 하신 적이 있습니다.

"예수께서 이르시되 너희 율법에 기록된바 내가 너희를 신이라 하였노라 하지 아니하였느냐 성경은 폐하지 못하나니 하나님의 말씀을 받은 사람들을 신이라 하셨거든 하물며 아버지께서 거룩하게 하사 세상에 보내신 자가 나는 하나님의 아들이라 하는 것으로 너희가 어찌 신성모독이라 하느냐"_요 10:34-36

예수님이 자신을 가리켜 "하나님의 아들"이라고 하자 유대인들은 참담하다고 하면서 예수님을 돌로 치려 하였습니다. 사람이 자신을 하나님의 아들이라고 하니까 가증하다는 것입니다. 이 때 예수님은 율법도 하나님의 말씀을 맡은 자를 '신'이라 하였다고 말씀하십니다. 이는 인간이 신일 수는 없지만 하나님이 주신 신성한 직책을 수행할 때는 하나님 같은 권위를 가지고 행하게 된다는 뜻입니다. 그만큼 직책을 맡는 것은 중요합니다. 하나님이 그 사람에게 신적인 능력을 주시기 때문입니다. 하나님은 모세를 바로에게 보내면서 이렇게 말씀하셨습니다.

"여호와께서 모세에게 이르시되 볼지어다
내가 너를 바로에게 신같이 되게 하였은즉"_출 7:1

이것은 모세가 하나님이 된다는 뜻이 아닙니다. 그러나 모세는 바로의 눈에 하나님처럼 위대하게 보일 것입니다. 모세의 모든 말은 하나님의 말씀처럼 그대로 이루어집니다. 그래서 우리는 세상에서 돈을 얼마나 버느냐 하는 것으로 따져서는 안 됩니다. 우리는 무슨 일을 맡든 하나님과 천사처럼 될 수 있기 때문입니다. 실제로 믿음으로 행할 때 그런 능력이 나타납니다.

베드로와 요한은 구걸하는 걸인에게 이렇게 말했습니다.

"베드로가 이르되 은과 금은 내게 없거니와 내게 있는 이것을 네게 주노니
나사렛 예수 그리스도의 이름으로 일어나 걸으라 하고"_행 3:6

그는 장애가 치료되어 벌떡 일어나게 되었습니다. 더욱이 성경은 하나님의 말씀을 맡은 자를 '엘로힘'이라 부르고 있습니다. 인간이 하나님의 말씀을 전한다는 것은 인간으로 할 수 있는 최고의 영광입니다. 그러나 오늘날에는 하나님의 종도 세상 사람들과 똑같이 인간적인 것을 보게 됩니다. 똑같이 화를 내며, 자기 이익을 챙깁니다. 그것은 하나님 앞에서 형편없는 행동입니다. 하나님이 엘로힘의 직분을 주셨지만, 그는 은 삼십을 받고 예수를 판 가룟유다가 되고 맙니다. 왕이 되었음에도 불구하고 그것을 감당하지 못한 사울처럼 되고 맙니다. 하나님 백성에게 가장 비참한 것은 하나님이 직분과 지식을 주셨지만 그것으로 하나님의 영광을 나타내지 못하는 것입니다.

성도는 아무리 작은 영역이라도 천사와 엘로힘이 될 수 있습니다. 세상에 그것보다 아름답고 영광스러운 일은 없습니다. 천사는 돈도, 학벌도 필요 없습니다. 천사는 천사인 것으로 충분합니다.

과거 처녀의 몸으로 우리나라 소록도에 오셔서 한평생 한센 환자들을 돌본 두 수녀님이 계십니다. 얼마 전 이들을 위해 기념비를 제작했습니다. 그곳에 있는 환자들은 우리가 천사와 함께 있었다고 말합니다. 천사들이 있는 나라는 행복한 나라입니다. 하나님은 그런 인생을 아름답게 생각하십니다.

3. 하나님 앞에 실패한 자

세상에서 가장 큰 행복은 우리가 하나님을 알게 된 것입니다. 하지만 하나님은 권력을 악용해 자기 욕심만 채우며 산 자들을 심판할 것이라고 말씀하셨습니다.

2절 "너희가 불공평한 판단을 하며 악인의 낯 보기를 언제까지 하려느냐"

하나님은 남들이 가지지 못한 권한과 지식을 주셨습니다. 하지만 권력자들은 그것으로 돈만 벌려 했습니다. 이에 하나님은 세상에 정의를 세우지 못한 자들을 판단하셨습니다.

인간은 강한 자보다 약한 자를 더 공격하고 이용합니다. 그들은 무지하고 힘이 없기 때문입니다. 야생에서도 사자와 이리 같은 맹수가 주로 공격하는 대상은 아무것도 모르는 새끼입니다. 새끼 노루나 물소, 사슴은 힘이 없고 빨리 달리지도 못합니다. 맹수는 이런 약한 짐승을 우선 공격합니다. 이것들을 잡아먹는 것이 쉽기 때문입니다.

그런데 성도들을 보면 정말 연약한 갈대입니다. 강한 자가 공격하면 부러질 수밖에 없는 연약한 갈대인 것입니다. 그런데 주님은 상한 갈대를 꺾지 않으십니다. 주님은 상한 갈대 같은 우리를 지켜 주십니다. 주님은 꺼져가는 심지 같은 우리를 지켜 주십니다.

"상한 갈대를 꺾지 아니하며 꺼져가는 심지를 끄지 아니하기를 심판하여 이길 때까지 하리니"_마 12:20

그러나 세상 사람들은 그런 것을 알지 못합니다. 그들은 상한 갈대를 꺾으려 합니다.

하나님은 권력을 가진 자들을 판단하십니다. 하나님은 그들의 재판이 공정하지 못하다고 판단하십니다. 그들은 자기 욕심과 야망에 빠져 하나님의 정의를 이루지 못합니다.

3, 4절 "가난한 자와 고아를 위하여 판단하며 곤란한 자와 빈궁한 자에게 공의를 베풀지며 가난한 자와 궁핍한 자를 구원하여 악인들의 손에서 건질지니라 하시는도다"

하나님의 종은 공정해야 합니다. 더욱이 사회적 약자들은 가난하기 때문에 불이익을 당하지 않게 권력을 가진 자가 잘 돌보아 줄 책임이 있습니다. 고아와 과부는 힘이 없습니다. 사람들은 이런 자들을 무시합니다. 마음대로 판결해도 누가 뭐라고 하는 사람이 없습니다. 그러나 이런 불의함은 하나님 앞에서 큰 실수를 하는 것입니다. 그것은 천사의 자격을 잃어버리는 것입니다.

이런 자들은 아무것도 알지 못합니다. 우리가 세상에 사는 것은 하나님 앞에서 드라마를 연기하는 것과 같습니다. 이들은 하나님의 드라마에서 대사도, 연기도 모르기 때문에 어두운 데 있다 나가는 엑스트라밖에 안 됩니다.

5절 "그들은 알지도 못하고 깨닫지도 못하여 흑암 중에 왕래하니 땅의 모든 터가 흔들리도다"

그들은 하나님의 드라마를 알지 못합니다. 그들은 하나님의 조명도 받지 못합니다. 그들은 주인공이 아니기 때문입니다. 그래서 그들은 어두운 흑암 중에 몇 번 왔다 갔다 하다가 없어지는 자에 불과합니다.

하나님은 그들에게 좋은 기회를 주십니다. 그러나 그들은 그 기회를 살리지 못합니다.

6, 7절 "내가 말하기를 너희는 신들이며 다 지존자의 아들들이라 하였으나 그러나 너희는 사람처럼 죽으며 고관의 하나같이 넘어지리로다"

하나님은 누구든지 '엘로힘'이 될 수 있게 하셨는데, 인간은 자기 이익만 따지기 때문에 결국 아무것도 아닌 평범한 인간으로 죽고 맙니다. 그러나 그들은 평범한 인간보다 더 비참한 악마가 되기 쉽습니다. 하나님은 언젠가 그들에게 주신 권력과 부를 다시 찾으실 것입니다. 그때 그들은 비참함에 빠질 것입니다.

8절 "하나님이여 일어나사 세상을 심판하소서 모든 나라가 주의 소유이기 때문이니이다"

하나님은 기회를 주시지만, 자기 멋대로 욕심을 채우는 자들은 그 자리에서 내리치십니다. 하나님을 믿지 않고 성공의 자리에 있는 자들이 가장 비참합니다. 그들은 모두 망하게 될 것입니다. 그러나 하나님은 세상 사람들에게 기회를 주십니다. 하나님 백성도 복종하는 법을 배워야 하기 때문입니다. 우리는 남을 다스리기 전에 복종하는 것을 먼저 배워야 합니다. 남을 가르치기 이전에 먼저 배워야 합니다. 우리가 수준 높은 연기를 하려면 배우고 훈련받아야 합니다. 그때 우리는 기회를 놓치지 않고 멋지게 엘로힘의 역할을 감당할 수 있습니다.

89

시 83:1-18

하나님의 불길

얼마 전 미군은 시리아 정부군을 공격하면서 미사일 59개를 한꺼번에 발사했습니다. 또 아프가니스탄에 있는 이슬람 무장 단체를 폭격하기 위해 '폭탄의 어머니'라는 폭탄을 사용했습니다.

그런데 하나님도 대적이 그의 백성을 멸망시키기 위해 너무 많이 몰려오면, 하늘에서 불 우박을 떨어뜨리십니다. 그렇게 해서 하나님의 백성을 지켜 주십니다.

하나님은 이스라엘 백성이 출애굽할 때 하늘에서 불 우박을 떨어뜨려 많은 애굽 사람들과 가축이 죽게 하셨습니다. 또한 사무엘 당시 이스라엘 백성이 미스바에서 회개할 때 하늘에서 우박이 떨어져 블레셋 사람들이 도망쳤습니다. 이것이 '하나님의 불'의 한 예입니다. 그런데 시편 83편 기자인 아삽은 더 무서운 하나님의 불을 알고 있습니다.

그런데 하나님의 불은 쉽게 나타나지 않습니다. 이것은 하나님 백성에게 가장 두려운 사실입니다. 만일 하나님 백성이 악한 자들에게서 공격을 당하는데, 하나님의 불이 나타나지 않으면 그들은 망할 수밖에 없습니다. 이것이 가장 어려운 문제입니다. 하나님 백성은 하나님이 도우실 것이라고 기대하고 있는데, 하나님이 도와주시지 않으면 끝내 비참하게 망하고 맙니다. 이것은 우리에게도 가장 심각한 문제입니다. 그래서 우리는 싸움에서 승리하기 위한 비결을 가지고 있어야 합니다.

1. 하나님의 침묵

하나님 백성이 가장 답답한 때는 하나님께 부르짖으며 기도하는데도 하나님에게서 아무 응답이 없을 때입니다. 그래서 하나님 백성은 늘 위기의식을 가지고 살아갑니다. 기도해도 하나님이 들어주시지 않으면 망할 수밖에 없다는 위기감을 늘 안고 사는 것입니다. 사실 하나님 백성이 기도하기보다 다른 인간적인 방법을 택하는 이유는 기도해도 하나님이 반드시 들어주신다는 보장이 없기 때문입니다.

하나님 백성의 가장 큰 딜레마는 '지금 기도해야 하는가? 아니면 내 힘으로 해결해야 하는가?' 하는 것입니다. 그래서 우리는 많은 성도들이 기도하지 못하는 것을 이해할 필요가 있습니다. 그들도 머릿속으로는 기도하는 것이 가장 큰 능력이라는 것을 알기는 하지만 기도한다고 해서 반드시 하나님의 응답이 나타난다고 보장할 수 없기 때문입니다. 그러나 이것은 우리만 겪은 일이 아니라 이스라엘과 유다도 겪은 어려움이었습니다.

> **1절** "하나님이여 침묵하지 마소서 하나님이여 잠잠하지 마시고 조용하지 마소서"

이스라엘과 유다 지도자들이 보기에 지금 하나님은 침묵하실 때가 아닙니다. 하나님은 큰 소리로 능력을 나타내셔야 합니다. 이스라엘 백성의 머리 위로는 적들이 쏜 화살이 날아와 여기저기에서 사람들이 쓰러져 죽고 있습니다. 또한 성문은 부서졌습니다. 하나님은 적들을 쫓아내시며, 이스라엘 백성을 위로해 주셔야 합니다. 그러나 이스라엘 백성에게는 하나님이 아무 관심 없는 분으로 보였습니다. 그래서 이스라엘 백성은 다급함에 '하나님이여, 조용히 계시지 마시고 적들을 쫓아주시사 우리를 구원해 주십시오'라고 소리지른 것입니다.

하나님 백성이 가장 어려울 때는 하나님이 응답하시지 않을 때입니다. 우리는 이런 막막함을 많이 경험합니다. 그래서 우리는 '기도해야 하는가? 아니면 인간적인 힘을 의지해야 하는가?' 하는 갈등을 겪게 됩니다. 그리고 많은 경우 인간적인 힘을 의지하려 합니다. 적어도 내가 가진 인간적인 힘은 확실하게 보이기 때문입니다.

그런데 세상에는 다양한 나라와 민족이 있습니다. 큰 나라가 있는가 하면 작은 나라도 있고, 군사력이 강한 나라가 있는가 하면 군사력이 약한 나라도 있습니다. 그러나 이 세상을 믿음의 눈으로 보면, 하나님을 믿는 백성과 하나님을 믿지 않는 자들로 나누어집니다. 물론 인간은 하나님을 믿는 것과는 상관없이 자기 이익을 위해 싸우고, 전쟁을 일으키기도 합니다. 그러나 눈에 보이지 않는 영역에 사탄이 있습니다. 사탄은 궁극적으로 하나님 백성을 죽이려는 계획을 가지고 있습니다.

예수님이 귀신 들려 말 못하는 자를 보시고 능력으로 귀신을 쫓아내시니 바리새인과 서기관들은 예수님을 이렇게 비난했습니다.

"바리새인들은 이르되 그가 귀신의 왕을 의지하여 귀신을 쫓아낸다 하더라"_마 9:34

이 때 예수님은 서로 다투는 나라마다 서지 못한다고 말씀하셨습니다. 사탄이 이 상황을 이용해 뒤에서 모든 것을 조종하고 있는 것을 지적하셨습니다.

"예수께서 그들의 생각을 아시고 이르시되 스스로 분쟁하는 나라마다 황폐하여질 것이요 스스로 분쟁하는 동네나 집마다 서지 못하리라"_마 12:25

인간은 자기 이익을 위해 싸우며, 전쟁도 일으키지만 그 숨은 계획 속에는 하나님 백성을 죽게 하려는 의도가 숨어 있습니다. 그래서 나폴레옹이나 히틀러같이 전쟁을 좋아하는 전쟁광이 한 명 등장하면 수천만 명의 사람을 죽게 할 뿐만 아니라 하나님의 백성도 많이 죽게 합니다. 그래서 어떻게 해서든지 이런 자들이 기회를 잡지 못하게 기도해야 합니다.

시편 83편 기자는 사탄이 떠드는 소리를 들었습니다.

2절 "무릇 주의 원수들이 떠들며 주를 미워하는 자들이 머리를 들었나이다"

전쟁이 나는 것을 보면 신앙과는 상관없어 보입니다. 전쟁은 단지 나라 사이의 이해관계가 맞지 않아 일어나는 것처럼 보입니다. 국력을 팽창시켜 더 많은 이권을 누리고자 전쟁하는 것처럼 보입니다. 그러나 실제로는 사탄의 의도가 숨어 있습니다. 사탄은 할 수 있는 대로 많은 자들을 죽이고 싶어 합니다. 그리고 그 깊은 계획 속에는 하나님에 대한 반항과 자기가 최고라는 생각이 자리 잡고 있습니다. 그리고 그들에게 더 중요한 목적은 하나님 백성을 모두 멸망시켜 하나님의 이름을 부르지 못하게 하는 것입니다.

3, 4절 "그들이 주의 백성을 치려 하여 간계를 꾀하며 주께서 숨기신 자

를 치려고 서로 의논하여 말하기를 가서 그들을 멸하여 다시 나라가 되지 못하게 하여 이스라엘의 이름으로 다시는 기억되지 못하게 하자 하나이다"

사탄이 모든 것을 주는 것처럼 보이지만 실제로는 세상 사람들이 평화롭게 사는 것을 봐 주지 않습니다. 더욱이 사탄이 가장 참지 못하는 것은 하나님 백성이 평안하게 하나님을 찬송하며 예배하는 것입니다. 그래서 사탄은 교만한 자를 부추겨 전쟁을 일으키려 합니다. 많은 사람들을 죽게 만드는 동시에 하나님이 숨겨 놓으신 백성을 찾아내 죽이려 합니다. 사탄의 목적은 이 세상에서 하나님의 백성을 없애는 것입니다. 사탄은 전쟁이 없을 때도 많은 고난을 통해 하나님을 바로 믿으려고 하는 성도와 진정으로 부흥이 일어나는 교회를 없애려고 합니다.

한 번은 예수님이 가다라 지방에서 귀신 들린 자를 만났을 때, 그 속에 있는 귀신이 이렇게 항의했습니다.

"이에 그들이 소리질러 이르되 하나님의 아들이여 우리가 당신과 무슨 상관이 있나이까 때가 이르기 전에 우리를 괴롭게 하려고 여기 오셨나이까 하더니"_마 8:29

이 구절은 이방 땅은 사탄의 땅이기 때문에 하나님의 아들이 여기에 오면 안 된다는 뜻입니다. 그런데 하나님 백성은 이 세상에서 자신들이 하나님의 백성이라는 인식 없이 살 때가 많습니다. 우리도 인간이기 때문에 인간으로서 누릴 수 있는 모든 것은 누리면서 살겠다는 것입니다. 우리가 하나님 백성의 정체성을 가지지 못하고 세상과 짝하여 살면 하나님은 침묵하십니다. 그래서 우리는 하나님 백성의 정체성을 가지고 긴장하며 살아야 합니다. 하나님 백성은 "떡으로만 살 것이 아니요 하나님의 입으로부터 나오는 모든 말씀으로"(마 4:4) 살아야 합니다. 작은 것부터 합심으로 기도하여 응답받는 훈련을 해야 합니다. 부흥의 불을 일으키는 훈련을 해야 하나님의 응답을 받을 수 있습니다.

2. 이스라엘의 위기

유다 백성이 이 노래를 불렀을 때 다른 이방 나라들이 연합해서 유다와 이스라엘을 공격했을 뿐만 아니라 앗수르도 대대적으로 공격했습니다.

> 5-7절 "그들이 한마음으로 의논하고 주를 대적하여 서로 동맹하니 곧 에돔의 장막과 이스마엘인과 모압과 하갈인이며 그발과 암몬과 아말렉이며 블레셋과 두로 사람이요"

이스라엘 백성과 예루살렘이 큰 위기에 빠졌습니다. 그동안 이스라엘 지도자들과 백성은 하나님이 침묵하고 계신 것을 몰랐습니다. 그들은 자기들의 성공만 계속 떠들고 있었기 때문입니다. 유다와 이스라엘 지도자들은 하나님이 침묵을 지키시는 것을 알지 못했습니다. 그러다가 주변 나라들이 동맹해서 이스라엘을 공격해 오자 무엇인가 잘못되었다는 것을 인식하기 시작했습니다. 이스라엘의 입장에서는 한 나라만 공격해 와도 막아내기 어려운데 적대적인 나라들이 모두 동맹해서 공격해 온 것입니다. 그런데 이 나라들은 이스라엘 백성과 아주 가까웠습니다. 이들은 이스라엘의 성공과 축복을 시기했습니다. 에돔과 모압, 암몬과 아말렉, 블레셋이 모두 동맹해서 이스라엘을 공격한 것입니다.

그러나 이런 나라들이 가한 공격은 사실 들러리에 불과했습니다. 이스라엘을 진짜 공격한 세력은 앗수르였습니다.

> **8절** "앗수르도 그들과 연합하여 롯 자손의 도움이 되었나이다"

결국 이스라엘과 유다에 치명적인 타격을 입힌 나라는 앗수르였습니다. 여기서 시편 기자는 두 가지 예를 들어 기도합니다. 과거 하나님은 이스라엘 백성을 결정적인 멸망에서 건지셨습니다. 성경에 기록된 사건은 단순히 과거의 역사가 아닙니다. 현재에도 얼마든지 일어날 수 있는 약속의 말씀입니다.

> **9절** "주는 미디안에게 행하신 것같이, 기손 시내에서 시스라와 야빈에게 행하신 것같이 그들에게도 행하소서"

기드온 때 미디안 족속이 쳐들어온 것과 드보라 때 시스라와 야빈의 군대가 철 병거 구백 대를 앞세워 쳐들어온 것은 이스라엘 백성을 멸절시키려는 최후의 결전이었습니다. 악한 마귀는 이스라엘과 그 백성을 존재하지 않게 하려고 미디안 족속과 시스라의 철 병거를 동원한 것입니다.

> **10절** "그들은 엔돌에서 패망하여 땅에 거름이 되었나이다"

여기서 '엔돌'은 시스라의 군대가 패한 장소로 추정됩니다. 거기서 시스라의 군대는 패망하여 땅에 거름이 되었습니다.

> **11절** "그들의 귀인들이 오렙과 스엡 같게 하시며 그들의 모든 고관들은 세바와 살문나와 같게 하소서"

오렙과 스엡, 세바와 살문나는 모두 미디안 군대의 귀족이었습니다. 그러나 기드온의 삼백 용사는 일차적으로 미디안 군대를 무너뜨렸습니다. 그 후 에브라임 지파가 오렙과 스엡을 붙잡아 죽였습니다. 오렙은 오렙 바위에서, 스엡은 스엡 포도주 틀에서 죽임을 당했습니다. 그리고 세바와 살문나는 기드온 군대에 잡혀 죽임을 당했습니다.

시편 83편은 이스라엘이 만난 세 번의 큰 위기를 말하고 있습니다. 첫 번째가 야빈과의 전쟁이고, 두 번째가 미디안과의 전쟁이며, 세 번째가 롯의 자손과 앗수르의 연합 공격인 것을 알 수 있습니다. 어쩌면 이 때가 앗수르 군대 십팔만 오천 명이 예루살렘을 에워쌌던 때라고 볼 수 있습니다.

시스라와 야빈이 이스라엘을 공격했을 때, 이스라엘에는 지도자가 없었습니다. 그리고 이스라엘은 시스라의 철 병거 구백 대를 막을 무기나 방법도 없었습니다. 이 때 야빈과 시스라는 이스라엘 백성을 다볼 산에서 멸망시키려고 계획했습니다. 그때 지도자는 오직 사사 드보라밖에 없고, 무기는 하나님 말씀밖에 없었습니다.

그런데 드보라는 바락에게 이렇게 말합니다.

"드보라가 사람을 보내어 아비노암의 아들 바락을 납달리 게데스에서 불러다가 그에게 이르되 이스라엘의 하나님 여호와께서 이같이 명령하지 아니하셨느냐 너는 납달리 자손과 스불론 자손 만 명을 거느리고 다볼 산으로 가라"_삿 4:6

바락은 자신이 없어 드보라에게 함께 가지 않으면 안가겠다고 했습니다. 이 때 드보라는 바락에게 이렇게 말합니다.

"이르되 내가 반드시 너와 함께 가리라 그러나 네가 이번에 가는 길에서는 영광을 얻지 못하리니 이는 여호와께서 시스라를 여인의 손에 파실 것임이니라 하고

드보라가 일어나 바락과 함께 게데스로 가니라"_삿 4:9

드보라는 바락에게 전쟁은 이기겠지만, 상은 받지 못한다고 말했습니다. 그는 하나님이 말씀하시면 믿어야 하는데, 의심했기 때문입니다. 그리고 하나님은 갑자기 비를 내리셔서 시스라의 철 병거가 모두 물에 빠지게 하셨습니다. 그때 야빈의 군대가 패하고, 도망치던 시스라는 이방 여인의 말뚝에 머리가 박혀 죽었습니다. 이 전쟁은 여인들의 전쟁이었습니다.

그리고 미디안 군대가 이스라엘에 쳐들어왔을 때, 하나님은 가장 약한 사람 기드온을 찾아가 이스라엘의 지도자가 되게 하셨습니다. 오직 삼백 명으로 싸우게 하셨습니다. 그러나 기드온의 삼백 용사가 하나님 말씀에 순종하여 횃불을 들고 소리지르자 십삼만 명의 미디안 군대가 서로를 죽이며 도망쳤습니다.

하나님 백성은 하나님께 능력이 있다는 것을 믿었습니다. 그래서 앗수르와 롯 자손이 공격해 오는데도 하나님이 옛날같이 능력을 나타내시리라고 믿었습니다. 하나님은 그렇게 하실 수 있는 능력이 있습니다. 그러나 하나님 백성에게도 믿음이 있어야 합니다. 우리가 세상을 사랑하면서 하나님을 믿으면 하나님은 침묵하십니다. 가장 중요한 하나님의 불이 붙지 않습니다. 하나님의 불이 없는 이스라엘 백성은 세상에서 밥이 됩니다.

12절 "그들이 말하기를 우리가 하나님의 목장을 우리의 소유로 취하자 하였나이다"

하나님의 백성에게 부흥의 불이 꺼지는 것은 전쟁과 멸망을 부르는 것입니다. 엘리사는 아람 군대가 쳐들어와 성을 에워쌌을 때 하나님의 불말과 불병거가 지키고 있는 것을 보았습니다. 하나님의 백성이 모인 곳에는 항상 불이 붙어 있어야 합니다. 그래야 마귀가 가까이하지 못하고, 전쟁도 일어나지 못합니다. 교회 안에 부흥의 불이 붙으면 악한 세력이 몰려든다 해도 모두 타서 죽고 말 것입니다.

3. 부흥의 불이 붙게 하소서

드디어 하나님 백성은 주변 나라와 무서운 앗수르의 공격을 물리칠 수 있는 방법을 깨닫게 되었습니다. 그것은 바로 유다와 이스라엘에 부흥의 불이 붙는 것이었습니다. 부흥의 불만 붙으면 천사 한 명이 앗수르 군대 십팔만 오천 명을 다 죽일 수 있습니다.

이스라엘 백성은 하나님께 다시 부흥의 불을 붙게 해 달라고 기도하게 되었습니다.

> 13-15절 "나의 하나님이여 그들이 굴러가는 검불 같게 하시며 바람에 날리는 지푸라기 같게 하소서 삼림을 사르는 불과 산에 붙는 불길같이 주의 광풍으로 그들을 쫓으시며 주의 폭풍으로 그들을 두렵게 하소서"

이스라엘 백성 안에 하나님의 불이 붙는 순간 원수들은 모두 지푸라기로 변합니다. 여기서 '검불'은 얇은 지푸라기로 전혀 힘이 없습니다. 이런 검불은 불이 가까이 오면 오그라들면서 없어지고 맙니다. 하나님은 부흥의 불이 붙는 동시에 아주 강한 바람이 불게 하십니다. 이 바람은 '광풍'과 '폭풍'으로 변하면서 온 산과 들을 태웁니다. 메마른 나무에 붙은 불이 순식간에 어마어마한 산불로 변합니다. 이 불은 적들을 멸망시킵니다.

하나님 백성에게 중요한 것은 돈과 명예, 권세가 아닙니다. 하나님의 불이 붙어야 하고, 하나님의 바람이 불어야 합니다. 하나님의 바람이 불지 않으면 죄의 바람이 불게 됩니다.

하나님의 불이 붙고, 하나님의 바람이 불게 하려면 하나님 백성이 하나님의 말씀을 붙잡고 기도에 전념해야 합니다. 그 대표적인 예가 오순절 마가 다락방에서 기도한 성도들입니다. 그들은 예루살렘을 떠나지 말고, 하나님의 약속을 기다리라는 주의 말씀을 붙잡고 기도에 전념했습니다. 그때 오순절 부흥의 불이 붙었습니다.

"오순절 날이 이미 이르매 그들이 다같이 한 곳에 모였더니
홀연히 하늘로부터 급하고 강한 바람 같은 소리가 있어 그들이 앉은 온 집에 가득하며
마치 불의 혀처럼 갈라지는 것들이 그들에게 보여 각 사람 위에 하나씩 임하여 있더니
그들이 다 성령의 충만함을 받고 성령이 말하게 하심을 따라
다른 언어들로 말하기를 시작하니라"_행 4:1-4

그때 성도들이 기도하던 방에는 성령이 불과 같이 임했습니다. 그래서 성령의 바람이 불게 되었습니다. 온 성도가 성령의 충만함을 받았습니다. 베드로와 요한이 예수의 이름으로 명하자 병든 자가 낫게 되었습니다. 결국에는 삼천 명이 회개하는 역사가 일어났습니다.

우리 사회 안에는 동성애나 자살 같은 맹렬한 바람이 불고 있습니다. 이런 움직임은 하나님의 말씀에 반하는 것입니다. 이 때 우리에게 성령의 불이 붙어야 합니다.

16, 17절 "여호와여 그들의 얼굴에 수치가 가득하게 하사 그들이 주의 이름을 찾게 하소서 그들로 수치를 당하여 영원히 놀라게 하시며 낭패와 멸망을 당하게 하사"

이제 세상은 수치를 알아야 합니다. 하나님을 업신여기는 자들이 수치심을 느껴야 합니다. 그들은 회개하며, 하나님을 찾아야 합니다.

"그들이 이 말을 듣고 마음에 찔려 베드로와 다른 사도들에게 물어 이르되 형제들아 우리가 어찌할꼬"_행 2:37

온 세상의 주인은 하나님이시며, 온 세상에서 가장 강한 분도 하나님이십니다.

18절 "여호와라 이름 하신 주만 온 세계의 지존자로 알게 하소서"

하나님만이 최고입니다. 우리로 하여금 다른 것을 찾지 말게 하시고, 오직 하나님의 능력만 구하게 해 달라고 간절히 기도하시기 바랍니다. 그때 하나님의 위대한 구원이 다시 한 번 이 땅에 나타날 것입니다.

90

시 84:1-12

아름다운 성전

요즘은 유리 만드는 기술이 발달해서 고층 건물의 전체 벽면을 통유리로 많이 만듭니다. 그러면 건물 전체가 거대한 빛을 내면서 보석처럼 보입니다. 그러나 새들에게는 통유리로 된 고층 빌딩이 큰 재앙입니다. 건물의 유리 벽면에 하늘과 구름이 그대로 비취기 때문에 새들은 이 유리가 하늘인 줄 알고 날아가다가 부딪쳐서 많이 죽기 때문입니다. 뉴욕에서는 이런 식으로 건물 유리에 부딪쳐 죽는 새만 해도 수천 마리가 된다고 합니다.

사람마다 자기가 좋아하는 장소가 다릅니다. 젊은이들은 카페를 좋아해 그곳에서 친구를 만나고, 음악도 들으며, 스터디도 합니다. 또한 여성은 백화점과 쇼핑몰을 즐겨 찾습니다. 어떤 분은 서점과 도서관을 좋아합니다. 또 어떤 분은 대학 캠퍼스의 고풍스러운 분위기를 좋아해 여러 캠퍼스를 방문합니다.

사람들이 이런 곳을 좋아하는 이유는 거기에 자기가 가장 가치 있게 생각하는 것이 있기 때문입니다. 물론 우리가 하나님을 알기 전에는 너무 당연합니다. 그것들이 우리의 지적 갈증을 채워 주고, 행복감도 주기 때문입니다.

그러나 우리가 하나님을 알고 난 후에는 하나님의 성전, 그중에서도 특히 하나님께 예배드리는 시간이 가장 소중합니다. 우리는 예배의 자리에서 하나님을 만나며, 자신의 소중한 가치도 찾을 수 있기 때문입니다.

시편은 84편부터 고라 자손의 시가 시작됩니다. 고라 자손은 다윗 당시 하나의 성가대를 차지했습니다. 그들은 특히 다윗의 시를 많이 수집하고 편집한 것으로 알려져 있습니다. 시편 84편의 표제는 '고라 자손의 시, 인도자를 따라 깃딧에 맞춘 노래'입니다. 여기서 '깃딧'은 기쁜 곡조를 의미합니다. 특히 시편 84편은 하나님의 성전, 곧 하나님의 장막이 얼마나 아름다운지를 노래하고 있습니다.

1. 주의 장막의 아름다움

세상에서 하나님의 성전보다 더 아름다운 집은 많이 있습니다. 나라의 왕궁은 대리석과 나무로 화려하게 지어졌습니다. 이방 신전도 웅장하게 지어졌습니다. 그러나 하나님의 성전은 솔로몬이 백향목과 대리석으로 짓기 전에는 천막으로 된 보잘 것 없는 집이었습니다. 더욱이 하나님의 성막은 겉모습이 검은 색으로 되어 있어 그렇게 아름답지 않았습니다. 그러나 하나님의 성막에서 하나님을 만나면 세상 그 어떤 장소보다 하나님의 성막을 더 사랑하게 되었습니다.

1절 "만군의 여호와여 주의 장막이 어찌 그리 사랑스러운지요"

여기서 '주의 장막'은 이중 구조로 되어 있습니다. '주의 장막'은 겉으로 보면 검은 색으로 보잘 것 없지만, 장막 안은 외부와는 완전히 다른 모습이었습니다. 즉 하나님의 성막 안은 모두 황금으로 되어 있었습니다. 벽도, 그 안에 있는 기구도 황금이었습니다. 그리고 지성소 입구에 있는 휘장에는 천사가 크게 수로 새겨져 있었는데, 이것은 천사들이 지성소 안을 날아다니며 지키는 것을 보여 줍니다. 그리고 지성소 안에는 금으로 싸여진 하나님의 언약궤가 놓여 있었습니다. 이것은 우리가 하나님을 만나 그분 앞에서 변화되는 모습을 보여 줍니다.

인간은 하나님을 알기 전에는 마치 죄 덩어리와 같았습니다. 인간이 자기 자신의 가치를 알지 못한 채 온갖 더러운 탐욕에 사로잡혀 살아간다면 고통스러울 것입니다. 만약 어떤 사람이 술에 취하면 잠시는 기분이 좋을지 몰라도 곧 견딜 수 없는 고통을 느끼게 될 것입니다.

우리는 마치 세상에 버려진 아이들과 같이 살아왔습니다. 우리는 내 영혼에 정말 필요한 사랑을 받지 못하며 살아왔습니다. 그런데 어느 날 하나님의 말씀을 들으면서 나를 찾으시는 하나님 아버지의 음성을 듣게 되었습니다. 물론 처음에는 이것이 나를 부르시는 하나님의 음성인 줄 몰랐고, 그것을 믿지도 않았습니다.

그러나 인생의 절박한 고통 가운데 하나님의 말씀을 믿게 되자, 우리는 모든 죄의 독을 토해 내게 되었습니다. 그때부터 우리는 자기 자신을 찾게 되었습니다. 어떤 사람이 독을 다 토해 냈다고 해서 금방 기운을 차리는 것은 아닙니다. 그에게는 상당 기간 그 독의 후유증이 남아 있습니다. 그러나 하나님은 우리를 개인적으로 만나셔서 독을 다 토해 내게 하십니다. 그 후 우리에게 새 힘과 사랑을 주십니다. 누군가 사랑해 주는 사람이 있다는 것은 우리 자신을 얼마나 가치 있게 만드는지 모릅니다. 우리는 하나님과 만난 그 순간을 영원히 잊지 못합니다. 내가 하나님 말씀을 듣고 은혜 받은 때를 잊지 못합니다. 눈물로 죄를 고백하고 깨끗한 마음을 얻자 하나님은 나의 사랑하는 아버지가 되어주셨습니다. 내 마음에 성령이 오셨습니다.

은혜 받은 성도마다 모두 이런 순간이 있습니다. 마틴 루터는 자기 영혼의 구원을 얻기 위해 수도원에 들어가 수도사가 되었습니다. 그는 자주 금식하며 기도했습니다. 때로는 등에서 피가 날 정도로 자신을 채찍질했습니다. 그러나 마틴 루터는 진노하시는 하나님에게서 피하여 도망칠 수 없었습니다. 그는 로마까지 가서 순례하면서도 마음의 안식을 얻지 못했습니다. 그러다가 마틴 루터의 스승은 그를 비텐베르크 신학교에 가서 신학생들에게 강의하게 했는데, 그는 탑같이 생긴 방에서 성경 시편과 로마서를 연구하면서 예수 십자가를 통한 죄 사함을 믿게 되었습니다. 하나님의 은혜를 체험한 것입니다. 그것이 마틴 루터의 탑의 체험입니다.

설교의 황태자라 불리는 찰스 스펄전은 청소년기에 죄 문제로 많이 고민하다 어느 날 눈이 많이 와서 집 가까이에 있는 작은 교회에서 예배를 드리게 되었습니다. 그날 교회 목사님은 눈 때문에 못 나오셔서 양복 일을 하시는 집사님이 설교하셨는데, 찰스 스펄전은 그분의 '하나님을 바라보라'는 설교를 듣고 하나님을 바라보게 되었다고 합니다. 조지 휘트필드는 옥스퍼드 교정의 한 숲에서 혼자 기도하던 중 죄 사함 받는 은혜를 체험하게 되었습니다. 존 웨슬리는 올더스게이트에 있는 그리스도인들의 모임에서 로마서 말씀을 들으면서 마음이 뜨거워지게 되었습니다. 존 번연은 어떤 두 여인이 예수님의 십자가에 대해 하는 말을 엿듣고 은혜를 받게 되었습니다.

그때 우리는 죄 용서를 체험하며 소중한 내 자신을 찾게 됩니다. 하나님이 나를 사랑하시는 것을 체험하게 됩니다. 그때 우리는 하나님을 사랑하게 됩니다. 우리는 계속해서 하나님을 만나기를 원합니다. 하나님의 은혜를 체험하기를 원합니다. 그런데 우리는 성전에서 예배드릴 때 처음 하나님을 만났던 순간을 다시 경험합니다. 우리는 성전에서 예배드리는 가운데 그 감동과 은혜를 계속 체험하게 됩니다. 우리는 그 시간이 너무 기다려집니다. 그 시간보다 더 행복한 시간은 없습니다.

> **2절** "내 영혼이 여호와의 궁정을 사모하여 쇠약함이여 내 마음과 육체가 살아 계시는 하나님께 부르짖나이다"

다윗은 성전을 사모했습니다. 그 열심이 그를 삼킬 정도였습니다. 그러나 그는 사울에게 쫓겨나 성전에 갈 수 없었습니다. 그때 그는 성전에 가고 싶어 울부짖었습니다. 그래서 다윗은 '내 마음과 육체가 살아 계시는 하나님께 부르짖나이다'라고 말합니다. 성도는 예배를 드리지 못하면 기쁨이 없어지고, 의욕도 사라져 아무 소망이 없게 됩니다. 이제 우리는 성전 안에서 자신의 가치와 행복을 찾았습니다.

하나님 백성이 공통으로 고백하는 말이 무엇입니까? 하나님은 '나의 왕, 나의 하나님'이신 것입니다.

> **3절** "나의 왕, 나의 하나님, 만군의 여호와여 주의 제단에서 참새도 제 집을 얻고 제비도 새끼 둘 보금자리를 얻었나이다"

예수님을 만나 은혜를 받은 자도 예수님께 '나의 왕, 나의 하나님'이라고 고백했습니다. 하나님은 나의 왕이시며, 내 모든 것의 주인이십니다. 그리고 하나님은 하나님이시기 때문에 모든 것을 하실 수 있습니다. 하나님은 우리를 높이실 수도 있고, 낮추실 수도 있습니다. 또한 하나님은 우리에게 큰 능력을 주실 수도 있고, 작은 능력을 주실 수도 있습니다. 우리는 전능하신 하나님의 손에 붙들려 있기 때문에 아무것도 걱정할 필요가 없습니다.

그런데 시편 기자는 성전에서 재미있는 현상을 발견했습니다. 하나님의 성전은 거룩하기 때문에 하나님의 천사와 제사장 외에는 아무도 들어갈 수 없을 줄 알았습니다. 그런데 놀랍게도 성전 제단에는 참새가 살고 있었고, 제비도 둥지를 만들어 새끼를 키우고 있었습니다. 아무도 참새를 잡는 자가 없었고, 제비더러 나가라고 하는 자도 없었습니다. 즉 아무리 부족하고 약한 자도 하나님의 성전에 들어가 은혜를 받을 수 있습니다. 아무리 보잘 것 없는 자도 하나님의 성전에서 찬양할 수 있습니다. 참새와 제비는 각각 소리를 냈습니다. 그 모든 소리가 하나님의 성전에서 화음을 이루었습니다. 가난하다고 해서 하나님 앞에서 쫓겨나지 않습니다. 가난한 과부는 물론이고 청년과 어린이, 심지어는 아기도 하나님 앞에서는 환영받을 존재입니다.

4절 "주의 집에 사는 자들은 복이 있나니 그들이 항상 주를 찬송하리이다"

여기서 '주의 집에 사는 자들'은 제사장과 레위 사람만 말하는 것이 아닙니다. 그들은 수시로 성전에 들어가 하나님께 예배하고 기도하는 자를 말합니다. 성도 중에 성전을 사모하여 먼 곳에서도 늘 오셔서 예배하고 기도하는 분이 있습니다. 이 분은 주의 전에 사시는 것입니다. 그는 항상 하나님을 찬송합니다. 그의 마음은 늘 기쁘고 깨끗합니다. 인간의 마음이 깨끗하고 항상 기쁠 수 있다는 것이 얼마나 큰 복인지 모릅니다.

2. 하나님의 성전을 가까이하는 자의 복

우리가 하나님의 성전을 가까이할 때 어떤 유익이 올까요? 우리는 하나님의 성전에서 힘을 얻고, 하나님과 가깝게 교제할 수 있습니다.

5절 "주께 힘을 얻고 그 마음에 시온의 대로가 있는 자는 복이 있나이다"

하나님의 성전으로 나아갈 때 우리는 힘을 얻습니다. 하나님이 모든 죄의 짐을 벗겨 주시기 때문입니다. 인간은 무거운 짐을 지고 진흙탕 가운데 걸어갑니다. 인간이 진흙탕 속을 걸어가면 걸어갈수록 발에 붙은 진흙이 많아져 다리를 옮기는 것이 힘들어집니다. 나중에는 진흙의 무게를 이기지 못해 쓰러지고 맙니다.

그러나 하나님은 우리의 어두운 과거를 치료해 주시고, 새 마음을 주십니다. 하나님이 우리에게 살아갈 용기와 힘을 주시기에 자신감을 얻게 됩니다. 그래서 하나님 백성은 예배드리기 전과 후가 완전히 다릅니다. 하나님 백성은 예배를 드리면서도 시간 차이로 표정과 감정이 달라집니다. 이것이 하나님의 치료 효과입니다. 그리고 우리 마음에 시온의 대로가 열리게 됩니다. 이 대로는 하나님께 가는 길입니다. 우리가 하나님의 성전을 찾은 후에는 다시 방황하지 않습니다. 우리는 인생길을 찾고, 능력의 비결을 알았기 때문입니다. 우리가 이 길을 그대로 따라가면 목적지에 도달할 수 있습니다. 그리고 이 길에 들어서면 수많은 하나님의 증거와 확신을 체험하게 됩니다. 이 세상 사람들은 길을 찾은 것 같지만 결국 가 보면 길이 없습니다. 우리는 아브라함과 모세, 엘리야와 다윗이 걸었던 그 길을 가고 있는 것입니다.

우리는 이 길을 찾기까지 많은 고생을 했습니다. 그리고 이 길을 걸어가면서도 계속 어려움을 당하게 될 것입니다. 그러나 하나님은 이 길에서 결코 쓰러지지 않도록 생수로 우리를 마시게 하십니다.

6절 "그들이 눈물 골짜기로 지나갈 때에 그곳에 많은 샘이 있을 것이며 이른 비가 복을 채워 주나이다"

'그들이 눈물 골짜기로 지나갈 때'라는 구절은 두 가지 의미로 생각할 수 있습니다. 하나는 우리가 이 대로를 찾기까지 고난의 골짜기를 많이 통과했다는 뜻입니다. 우리는 하나님을 만나 그 은혜를 체험하기까지 많은 고생을 했습니다. 그러나 이 모든 고생이 하나님을 만나기 위한 과정이었습니다. 하나님은 눈물 골짜기를 통과하게 하심으로 우리로 하여금 세상으로 가지 않고, 하나님에게로 오게 하십니다. 이 믿음의 길을 그대로 따라가면 생수의 샘이 터집니다. 마치 이스라엘 백성이 반석에서 생수를 마셨듯이 우리도 살 수 있게 됩니다. 어떤 형편에 있든지 우리에게는 반드시 살 길이 있습니다. 그리고 '이른 비'는 씨를 뿌리는 비를 말합니다. '눈물 골짜기'에서는 땅이 너무 척박해 농사를 지을 수 없습니다. 그러나 하나님은 '이른 비'를 주셔서 씨가 자라게 하십니다.

7절 "그들은 힘을 얻고 더 얻어 나아가 시온에서 하나님 앞에 각기 나타나리이다"

하나님의 성전을 찾은 사람은 힘을 더 얻게 됩니다. 우리 마음속에 끊임없이 솟아나는 성령의 근원이 있기 때문입니다. 인간은 한 번 힘을 다 쓰고 나면 다시는 힘을 내지 못할 것 같습니다. 그러나 잠시 있으면 또 새로운 힘과 영감이 생겨 상상할 수 없는 일을 해 내게 됩니다. 우리는 시온에서 하나님 앞에 직접 나가게 될 것입니다. 우리는 하나님을 만나 능력을 받게 될 것입니다.

3. 우리의 기도를 들으시는 하나님

우리가 하나님께 기도 응답을 받는 것이 때로는 어려울 때가 많습니다. 만약 우리가 원하는 대로 기도 응답을 받는다면 돈도, 직장도 필요 없을 것입니다. 기도하기만 하면 응답을 받는데 이런 것들이 왜 필요하겠습니까? 그래서 우리는 기도하기는 하지만 하나님을 불신하면서 세상 것을 가지려 합니다.

그런데 우리는 성전에서 기도 응답을 체험합니다.

> **8절** "만군의 하나님 여호와여 내 기도를 들으소서 야곱의 하나님이여 귀를 기울이소서"

하나님께 기도드렸는데 응답이 있다는 것은 굉장히 신기한 일입니다. 물론 하나님은 우리의 기도를 들으시지만, 응답은 잘 나타나지 않습니다. 기도가 이루어져도 우연의 일치라고 생각할 때가 많습니다. 하나님이 나같이 보잘 것 없는 사람의 기도를 들으신다는 것이 믿어지지 않기 때문입니다. 그런데 하나님이 우리의 기도를 잘 응답해 주시지 않는 이유는 시온의 대로를 찾게 하기 위한 것입니다. 여기 보면 '만군의 하나님'과 '야곱의 하나님'이 나옵니다. '만군의 하나님'은 우주에서 가장 높으신 하나님을 말합니다. 그런데 이 하나님은 허물이 많은 '야곱의 하나님'이셨습니다. 어떻게 기도 응답을 받을 수 있을까요? 하나님 백성이 모여서 기도하는 것이 중요합니다. 오직 하나님의 말씀만 붙들고 기도할 때 부흥이 일어납니다.

> **9절** "우리 방패이신 하나님이여 주께서 기름 부으신 자의 얼굴을 살펴보옵소서"

하나님은 우리의 방패이십니다. 하나님은 사탄의 세력을 물리치는 방패이십니다. 하나님은 자신이 기름 부으신 메시야를 늘 대면하여 보십니다. 하나님은 메시야가 하시는 말씀은 다 들어주십니다. 우리가 말씀을 가지고 하나님께 나아갈 때 메시야를 만날 수 있고, 하나님께 응답도 받을 수 있습니다. 자기 자랑이나 공로로 나아가면 반드시 실패합니다.

그때 우리는 성전의 가치를 깨닫습니다. 우리는 성전에서 미래를 봅니다. 성전에서 하나님의 복이 임합니다. 모든 사람이 성전에서 아름답게 변화합니다. 모든 사람이 보물로 변하게 되는 것입니다.

> **10절** "주의 궁정에서의 한 날이 다른 곳에서의 천 날보다 나은즉 악인의 장막에 사는 것보다 내 하나님의 성전 문지기로 있는 것이 좋사오니"

이 말씀을 믿기가 참 어렵습니다. 세상이 주는 복은 모래와 같습니다. 바닷가에서 모래를 아무리 쌓아도 파도가 불면 다 없어지는 것과 같습니다. 그러나 우리가 성전에서 예배드리며 기도할 때 온 세상의 주인과 천사들이 그곳에 있습니다. 우리는 불과 하루 있는 것 같지만 이 세상에서는 천 날 있는 것보다 더 가치가 있습니다. 우리가 하나님의 성전 문지기로 있을지라도 성전에 있는 것이 더 가치 있는 것입니다.

> **11, 12절** "여호와 하나님은 해요 방패이시라 여호와께서 은혜와 영화를 주시며 정직하게 행하는 자에게 좋은 것을 아끼지 아니하실 것임이니이다 만군의 여호와여 주께 의지하는 자는 복이 있나이다"

여기서 시편 기자는 '하나님은 해'라고 말합니다. 해가 없으면 빛과 열이 없어 모든 것이 얼어 죽을 수밖에 없습니다. 하나님은 우리에게 진정한 복을 주시는 분입니다. 그러나 악한 자들이 우리를 공격하려고 할 때 하나님은 방패가 되어주십니다. 하나님은 전쟁과 공격, 그리고 시험을 막아 주십니다. 하나님은 은혜와 영화를 주십니다. 하나님은 자격 없는 우리에게 복을 주시고, 높은 명예까지 주십니다. 그리고 우리가 하나님 앞에 정직하면 좋은 것을 아끼지 않으시는 분입니다. 하나님은 우리가 능력이 부족해도 정직하면 좋은 것을 아끼지 않으십니다. 여호와를 의지하는 자는 복이 있습니다. 하나님을 의심하지 말고, 끝까지 의지하시기 바랍니다.

91

시 85:1-13

정의와 사랑의 만남

인간은 자기가 사는 사회가 정의로운 사회이기를 바랍니다. 과거 독재 시절에는 경찰이 길에서 누구든 붙잡아 가방을 수색했습니다. 또 어떤 자는 이유도 모르고 정부 기관에 끌려가 한 달씩 고문을 당했습니다. 그런 시대에 미국은 모든 인간에게 자유가 있는 나라였습니다. 그 나라에서는 죄를 짓지 않는 이상 아무도 끌려가는 것을 두려워할 필요가 없었습니다. 미국은 법치 국가였습니다.

요즘은 많은 나라가 복지 국가로 변화하고 있습니다. 복지 국가는 국가의 돈으로 국민에게 혜택을 줍니다. 그 바람에 유럽의 많은 나라가 망하게 되었습니다. 지금 우리나라는 모호한 상태에 놓여 있습니다. 머리로는 법치 국가로 가야 한다는 것을 알지만, 실제로는 복지 국가를 선호합니다. 그러나 현실적으로는 파벌과 권력형 정치가 이루어지고 있습니다.

정의를 세우는 기관은 정부와 법원입니다. 그곳에서는 법으로 모든 것을 판단합니다. 일단 법에 어긋나면 벌금형을 내리거나 감옥에 가두어서 처벌

합니다. 그에 비해 사랑을 내세우는 곳은 가정입니다. 부모는 자식이 허물이 있어도 덮어 줍니다. 과연 이 사회가 가정 같고, 이 세상 통치자들이 부모와 같다면 얼마나 살기 좋은 세상이 될까요?

그러나 사회가 가정같이 잘못해도 무조건 감싸주면 정의가 사라져 더 엉망이 될 수 있습니다. 아름다운 세상이 되려면 정의와 사랑이 함께 공존해야 합니다. 즉 잘못된 것은 잘못되었다고 하고, 부족한 것은 감싸주어서 일어서게 하는 사회가 좋은 사회인 것입니다.

한때 우리 사회에서는 미국 학자 마이클 샌더스가 쓴 저서 『정의란 무엇인가』가 베스트셀러가 되면서 많은 관심의 대상이 되었습니다. 그는 "많은 사람이 이익을 위해 소수를 희생시키는 것이 정의인가? 아니면 다수를 희생시키는 한이 있더라도 소수를 살리는 것이 정의인가?" 하는 문제를 제기하고 있습니다. 우리는 '정의'라고 하면 소수든 다수든 법대로 처리하는 것이 정의라고 생각합니다. 그러나 이 세상에 그런 정의는 존재하지 않습니다. 정의는 결국 힘을 가진 자의 뜻에 따라 움직입니다. 통치자가 절대 권력을 가지고 있으면 그의 뜻대로 처리하는 것이 정의이고, 국민이 힘을 가지고 있으면 다수의 국민이 원하는 대로 하는 것이 정의이기 때문입니다.

시편 기자는 10절에서 '인애와 진리가 같이 만나고 의와 화평이 서로 입맞추었으며'라고 말하고 있습니다. 이 시 후반부에 나오는 내용이 가장 중요한 것을 알 수 있습니다. '어떻게 하면 정의와 인애가 입 맞출 수 있느냐?' 하는 것입니다. 정의와 사랑이 함께 완성되면 억울한 사람이 없을 것입니다. 젊은이들이 절망에 빠지지도 않을 것입니다.

시편 85편은 포로에서 돌아온 자들이 부른 노래입니다. 포로에서 해방되어 돌아온다는 것이 얼마나 기쁜 일입니까? 그들은 기뻐하며 춤을 출 것입니다. 그러나 그들은 기뻐하며 춤을 추지 못하고 있습니다. 일단 풀려나기는 했지만, 모든 어려움이 완전히 해결된 것은 아니기 때문입니다. 아직 포로에서 풀려나지 못한 자도 있고, 아직 부채가 남아 있는 자도 있습니다.

우리는 한 가지 어려움이 해결되었다고 해서 완전히 기뻐할 수 없습니다. 그 뒤에 더 큰 문제가 있기 때문입니다. 이것을 해결할 수 있는 방법은 오직 하나님이 무조건적으로 축복하시는 것밖에 없습니다. 그것이 바로 정의와 인애가 만나는 것입니다.

1. 포로에서 돌아오다

이스라엘 백성 중에 많은 자들이 포로로 붙잡혀갔다가 돌아오게 되었습니다. 그들은 모두 가족을 만나 감격의 눈물을 흘렸습니다.

> 1, 2절 "여호와여 주께서 주의 땅에 은혜를 베푸사 야곱의 포로 된 자들이 돌아오게 하셨으며 주의 백성의 죄악을 사하시고 그들의 모든 죄를 덮으셨나이다"

하나님은 이스라엘 땅에 은혜를 베푸셔서 이스라엘의 포로 된 자들을 돌아오게 하셨습니다. 여기서 '야곱의 포로 된 자들'이 돌아온 때가 언제인지는 분명하지 않습니다. 어떤 학자들은 유다 백성이 바벨론 포로에서 돌아온 때라고 말합니다. 그러나 이스라엘과 유다 백성은 많은 전쟁을 겪었고, 그때마다 수십만 명의 사람들이 포로로 붙잡혀서 노예로 팔려갔습니다. 그런데 그 사람들 중 일부가 돌아온 것입니다. 그 기쁨과 감격은 말로 표현할 수 없습니다.

그런데 성경은 이들이 포로로 붙잡혀가게 된 것은 그들의 죄악 때문이라고 말합니다. 이스라엘 백성 전체가 하나님의 말씀에 불성실하고 우상을 따라갔기 때문에 이들이 포로로 붙잡혀간 것입니다. 그런데 가족이 포로로 붙잡혀 간 남편과 아들을 위해 울면서 기도했습니다. 그래서 하나님은 그들의 죄악을 용서하시고, 다시 이스라엘에 복을 주셨습니다. 그 결과 포로로 붙잡혀간 자들이 돌아오게 되었습니다.

우리의 미래는 우리의 능력에 달려 있지 않습니다. 우리의 미래는 하나님의 손에 달려 있습니다. 우리가 하나님의 말씀을 붙드는 데 있습니다. 인간은 조금만 성공하면 교만해져 자기 능력을 의지하려 합니다. 그런 중에도 어려움 당한 성도들은 하나님 앞에 눈물로 기도합니다. 그때 하나님은 먼저 그들의 죄를 덮으시고, 불가능한 일이 일어나게 하십니다. 이처럼 눈물의 기도는 죄를 덮는 효력이 있고, 불가능한 일을 가능하게 합니다.

3절 "주의 모든 분노를 거두시며 주의 진노를 돌이키셨나이다"

우리는 하나님을 아무 감정이 없는 분으로 생각하기 쉬운데 사실 하나님은 아주 감정이 예민하신 분입니다. 하나님은 자기 백성이 하나님의 말씀을 업신여기고 세상을 따라가면 분노하십니다. 여기서 '주의 모든 분노'는 하나님이 기쁨으로 복을 주시지 않는 것을 의미합니다. 그들이 세상에 좋은 것은 다 차지할지 몰라도, 한없이 솟아나는 하나님의 축복은 받지 못하는 것입니다. 이 세상의 복은 갇혀 있는 물과 같아 지금 당장은 풍성한 것 같지만, 날씨가 더워지면 결국 말라붙어 바닥이 갈라지고 맙니다.

그래서 우리는 하나님이 우리를 기쁨으로 사랑하시게 해야 합니다. 우리는 세상에 없어질 복으로 만족해서는 안 됩니다. 우리는 영원히 마르지 않는 축복의 샘물을 터뜨려야 합니다. 그것이 바로 반석에서 터져나온 생수입니다.

이스라엘 백성이 일부 포로에서 돌아오기는 했지만 완전히 기뻐할 수 없었습니다. 얼마든지 다시 붙잡혀갈 수 있는 처지였기 때문입니다. 그들에게는 여전히 전쟁의 위험이 도사리고 있었습니다. 그러면 포로에서 돌아온 자들이 해야 할 일은 무엇일까요? 하나님의 완전한 구원과 평화가 내리도록 계속 기도해야 합니다.

2. 이스라엘의 기도와 간구

시편 기자는 다시 이렇게 기도합니다.

> **4절** "우리 구원의 하나님이여 우리를 돌이키시고 우리에게 향하신 주의 분노를 거두소서"

시편 기자는 다시금 주의 분노를 거두어 달라고 기도하고 있습니다. 지금 구원과 평화가 완전하지 않기 때문입니다. 그런데 여기에서 '우리 구원의 하나님'이라는 말이 중요합니다. 이스라엘 백성은 작은 기적을 체험했습니다. 이스라엘 여성과 아이, 그리고 가난한 자들이 눈물로 기도하자 하나님이 실제로 포로로 붙잡혀간 자들을 돌아오게 하셨습니다. 이처럼 하나님은 더 큰 일도 행하실 수 있습니다.

우리가 하나님께 기도하는데 아무 응답이 없는 것과 아주 작은 응답이라도 있는 것 사이에는 큰 차이가 있습니다. 우리가 하나님께 아무리 기도해도 응답이 없는 것은 아직 때가 많이 남은 것입니다. 그때는 더욱 인내하며 기도해야 합니다.

그런데 우리가 하나님께 기도하는데 무엇인가 응답이 있었다고 합시다. 이 때는 기도와 부흥의 때가 오고 있는 것이기 때문에 많은 사람들이 어려움에서 벗어날 수 있도록 더 합심해서 기도해야 합니다. 하나님은 구원의 하나님이시기 때문입니다. 여기서 '우리를 돌이키시고'라고 했는데, 이것은 돌아오게 해 달라는 뜻입니다. 일차적으로는 포로에서 돌아오게 해 달라는 뜻이지만, 더 중요한 것은 우리 마음이 다시 하나님께로 향할 수 있게 해 달라는 뜻입니다.

세상 지식은 무엇인가 도움이 되지만, 하나님 말씀은 늘 같아 보이기 때문에 하나님의 말씀을 사랑하는 것이 어렵습니다. 하나님 백성이 실패하는 이유가 여기 있습니다. 하나님은 모든 축복과 능력을 그분의 말씀 속에 넣어 주셨습니다. 그런데 하나님의 말씀을 멀리하면 결국 하나님의 진노가 하나님과 우리 사이를 가로막습니다. 하나님 백성은 능력을 잃고 죽어 갑니다. 이것이 모든 시대에 걸쳐 하나님 백성이 빠진 문제입니다.

5절 "주께서 우리에게 영원히 노하시며 대대에 진노하시겠나이까"

그렇다면 하나님의 진노를 어떻게 막을 수 있을까요? 하나님 말씀이 송이 꿀보다 달고, 정금보다 가치 있는 말씀이 될 수 있을까요? 그 비결이 있습니다. 그것은 하나님의 말씀을 바로 해석하면 됩니다. 겉으로는 하나님의 말씀이 딱딱해 보이지만, 그것을 해석하면 그 안에서 송이 꿀과 정금이 나오기 때문에 우리가 하나님의 말씀을 사랑할 수 있게 됩니다. 그래서 하나님 백성에게 억지로 하나님의 말씀을 먹게 하고, 종교 행위를 강요하면 별로 효과가 없습니다. 하나님의 말씀을 해석하고, 그 의미를 자신에게 적용하면 살아 있는 말씀이 됩니다. 그때 하나님과 우리 사이를 가로막고 있는 분노가 없어집니다. 하나님의 구원이 나타납니다.

6절 "주께서 우리를 다시 살리사 주의 백성이 주를 기뻐하도록 하지 아니하시겠나이까"

여기서 '우리를 다시 살리사'는 하나님 백성이 힘을 다 잃어버렸다는 뜻입니다. 놀라운 사실은 이스라엘이 세상을 따라가면 처음에는 성공하는 것 같지만 어느 순간 갑자기 망하게 됩니다. 더 이상 기도의 능력이 나타나지 않습니다. 하나님의 능력이 나타나지 않는 것입니다. 그때 인간은 돈과 자기 생각으로 문제를 해결하려 합니다. 그러면서 이스라엘은 죽어갑니다.

이스라엘이 다시 살아나 하나님을 기뻐하려면, 하나님의 말씀을 사랑해야 합니다. 세상에서 쾌락을 맛본 이스라엘 백성이 하나님의 말씀을 사랑할리가 없습니다. 그런데 포로로 붙잡혀간 가족을 그리워하며 그 어려움을 놓고 간절히 기도한 자들은 하나님 말씀의 능력과 기도의 효력을 알게 됩니다. 이들은 하나님을 기뻐합니다.

이런 자들이 한두 명씩 모일 때 이스라엘은 다시 살아납니다. 그때 이들은 하나님께 담대하게 기도합니다.

7절 "여호와여 주의 인자하심을 우리에게 보이시며 주의 구원을 우리에게 주소서"

'주의 인자하심'은 회개하는 죄인에 대한 한없는 사랑을 말합니다. 하나님은 죄를 짓고도 잘난 체하는 자를 아주 싫어하십니다. 그런데 죄를 짓지 않는 사람은 아무도 없습니다. 하나님 백성은 인간이기 때문에 죄를 지을 수밖에 없지만, 죄를 짓고 난 후 하나님 앞에 눈물을 흘리면서 기도합니다. 그때 하나님은 그들의 죄를 말갛게 씻어 주시고, 그들의 미래를 책임져 주십니다. 우리가 하나님 앞에서 말씀대로 살지 못한 것을 정직하게 회개하면 살 길이 열립니다. 시편 기자는 '주의 구원을 우리에게 주소서'라고 말합니다. 이 구원은 완전한 구원입니다.

우리가 하나님의 말씀을 사랑하면 살 길이 열립니다.

> **8절** "내가 하나님 여호와께서 하실 말씀을 들으리니 무릇 그의 백성, 그의 성도들에게 화평을 말씀하실 것이라 그들은 다시 어리석은 데로 돌아가지 말지로다"

우리가 하나님 말씀의 깊은 뜻을 알게 되면 그 말씀을 기대하게 됩니다. 우리는 하나님이 앞으로 하실 말씀까지 들을 준비가 되어 있습니다. 그 말씀은 화평의 말씀입니다. 그때 하나님 백성은 다시는 어리석은 데로 돌아가지 않습니다. 우리는 세상을 자랑하지 않고, 내 안에 있는 하나님의 축복을 사랑할 수 있게 됩니다.

3. 하나님의 완전한 구원

정치인들은 국민에게 선심성 공약을 내세웁니다. 그럼에도 불구하고 그런 포퓰리즘이 실패하는 이유는 인간의 돈과 능력이 한계가 있기 때문입니다. 인간은 노력하지 않으면서 돈을 벌면 결국 게을러져서 불행하게 됩니다. 인간은 무엇인가 보람 된 것을 하면서 가치 있는 것을 추구할 때 만족을 얻습니다. 그렇게 살 때 행복할 수 있습니다. 하나님 백성은 가치 있는 것을 하면서 행복하게 삽니다. 하나님의 정의와 인자가 함께하기 때문입니다.

> **9절** "진실로 그의 구원이 그를 경외하는 자에게 가까우니 영광이 우리 땅에 머무르리이다"

하나님은 그의 백성에게 구원을 주시기를 원합니다. 그러나 하나님은 우리가 하나님을 경외하기를 원하십니다. 이는 우리가 형식적으로 하나님을 믿는 것이 아니라 실제로 느끼는 것을 말합니다. 우리가 하나님을 실제로 느낄 때 하나님의 구원은 가깝게 임합니다. 하나님의 능력이 우리에게 나타납니다. 시편 기자는 '영광이 우리 땅에 머무르리이다'라고 말합니다. 여기서 '영광'은 세상과 다른 무엇입니다. 영광이 머무는 곳에는 새롭고 창의적인 축복이 있습니다.

그런데 세상에서 가장 찾아보기 어려운 것이 하나님의 백성 안에 나타납니다.

10절 "인애와 진리가 같이 만나고 의와 화평이 서로 입 맞추었으며"

'인애'와 '진리'는 세상에서 가장 만나기 어려운 것입니다. '인애'는 부족하고 잘못한 것을 덮어 주는 것이며, '진리'는 옳고 그른 것을 따지는 것입니다. '의'는 잘못된 것을 처벌하며 책망하는 것입니다. 그러나 '화평'은 서로 화해하며 용서하는 것입니다. 보통 국가는 사랑보다 정의를 우선적으로 내세웁니다. 국가에 정의가 없으면 모두 죄를 짓기 때문입니다. 그러나 가정은 정의보다 사랑과 인애를 앞세웁니다. 그런데 하나님 나라에서는 정의와 사랑이 입을 맞춥니다. 그 이유가 무엇일까요? 하나님의 능력이 무한히 크기 때문입니다.

아무리 부자라도 버려진 고아를 다 입양하지는 못합니다. 또한 국가가 아무리 부강하더라도 죄수들을 다 석방하지 못합니다. 가난한 자들에게 집을 다 사줄 수도 없습니다. 그러나 하나님은 하실 수 있습니다. 하나님은 모든 죄인을 용서하셨고, 모든 고아도 자식으로 입양하셨습니다. 때로는 교회가 엉망으로 보일 때가 있습니다. 때로는 하나님 말씀을 듣지 않을 때가 있습니다. 그래서 세상이 교회를 걱정합니다.

그러면 하나님의 정의는 어디에 있을까요? 하나님은 그의 아들로 하여금 목숨을 다해 우리의 죄와 허물을 다 해결하게 하셨습니다. 하나님은 우리의 죗값을 다 받으셨습니다. 이제 하나님은 한 사람, 한 사람을 진리로 키우기 시작하십니다.

하나님은 우리를 어린 아이 상태에서 성인으로 자라게 하십니다. 사람이 어른이 되면 어렸을 때 같이 유치한 행동을 하지 않습니다. 하나님은 믿음으로 의롭다 하시고 그 후에 말씀으로 자라게 하십니다. 이것이 정의와 사랑이 만나는 비결입니다.

11절 "진리는 땅에서 솟아나고 의는 하늘에서 굽어 보도다"

우리는 땅에 진리를 심습니다. 우리 마음에도 심습니다. 그러면 싹이 나고 꽃이 피며 열매가 맺힙니다. 그때 하늘에서도 의가 기다리고 있습니다. 의가 구름이 되어 비를 내리려고 기다리고 있습니다. 즉 진리를 심을 때 의의 비가 내립니다.

12절 "여호와께서 좋은 것을 주시리니 우리 땅이 그 산물을 내리로다"

하나님은 우리에게 좋은 것을 주십니다. 여기서 '좋은 것'은 무엇일까요? 모든 좋은 것입니다. 예수님은 이렇게 말씀하셨습니다.

"너희가 악한 자라도 좋은 것으로 자식에게 줄 줄 알거든 하물며 하늘에 계신 너희 아버지께서 구하는 자에게 좋은 것으로 주시지 않겠느냐"_마 7:11

하나님 아버지는 전쟁을 막아 주시고, 아름다운 미래를 주시며, 어려움을 이기는 능력을 주십니다. 그때 세상에서도 복 된 삶이 이루어집니다. 이 세상의 복은 우리의 믿음을 따라옵니다.

13절 “의가 주의 앞에 앞서 가며 주의 길을 닦으리로다”

하나님 앞에 ‘의’가 있습니다. 우리가 믿음으로 걸어가면 하나님은 반드시 오십니다. 그리고 우리의 길은 열립니다. 모든 성도들에게 이런 길이 열리기를 바랍니다.

92

시 86:1-17

가난한 자의 기도

모든 인간은 가난에서 벗어나려고 애를 씁니다. 어떤 사람들은 자신의 가난했던 시절이 지겨울 정도로 싫었다고 말합니다. 또 부모 세대는 전세 기간이 만료되면 변두리로 이사해야 했던 시절이 너무 싫을 것입니다. 그러다 드디어 자기 집을 마련하게 되었을 때 느낀 기쁨은 그 누구도 모를 것입니다. 그래서 가난한 것이 유익한가 아니면 돈이 많은 것이 더 유익한가 묻는다면 사람들은 좀 이상하게 생각할 것입니다.

그런데 성경은 반대로 이야기합니다. 성경은 가난한 것이 돈이 많은 것보다 하나님 앞에서 훨씬 유리하다고 말합니다. 야고보 사도는 "낮은 형제는 자기의 높음을 자랑하고 부한 자는 자기의 낮아짐을 자랑할지니 이는 그가 풀의 꽃과 같이 지나감이라"(약 1:9, 10)고 말했습니다. 여기서 '낮은 형제'는 가난한 성도를 말합니다. 왜 성경은 가난한 형제에게 자기의 높음을 자랑하라고 말씀하고 있을까요? 여기서 '높음'은 하나님 앞에서 은혜를 받는 데 월등하게 유리한 위치에 있는 것을 말합니다. 가난한 형제는 하나님 앞에서 은혜 받는 데 높은 위치에 있습니다. 그에 비해 부한 형제에게는 자기의 낮아짐을 자랑하라고 말씀하고 있습니다. '부한 자'는 돈이 많이 있기 때문에 신앙이 자라기가 어렵습니다. 이 세상 모든 것은 풀의 꽃과 같이 빨리 지나갑니다.

예수님은 팔복을 언급하시면서 "심령이 가난한 자는 복이 있나니 천국이 그들의 것임이요"(마 5:3)라고 말씀하셨습니다. 여기서 심령이 가난하다는 것은 육신적으로 가난할 뿐만 아니라 마음까지도 가난한 것을 말합니다. 가난한 자는 가진 돈이 없을 뿐만 아니라 자랑할 것도 없습니다. 그러기에 이 사람의 마음에는 다른 어느 누구보다 하나님의 나라가 임할 가능성이 많습니다. 그는 하나님의 말씀을 들으면, 그 말씀을 믿고 신앙이 쑥쑥 자랄 수 있습니다.

저는 어렸을 때 가난한 집에서 자랐습니다. 가난했을 때는 가진 것이 없기 때문에 나의 삶 모든 것을 다른 사람이 다 알았습니다. 있는 그대로의 모습으로 사람들에게 다가갈 수 있었습니다. 그런데 돈이 조금 생기자 다른 사람들에게 말하지 않는 것이 생겼습니다. 그때 제 마음이 편하지 않았습니다. 가진 것이 없을 때는 하나님의 말씀을 대하는 태도가 결사적이었고, 그 말씀이 나의 삶 전부였습니다. 내가 가진 것은 그것밖에 없었기 때문입니다. 그러나 무엇인가 내가 가진 것이 있게 되면서 말씀이 전부가 아닌 삶을 살아가고 있었습니다.

하나님 말씀 말고도 다른 것을 많이 알고 있는 지성인으로 보이고 싶었습니다. 그때 많은 책을 읽었습니다. 그리고 지성인처럼 보였습니다. 그런데 어느 목회자 집회에서 한 목사님이 저에게 와서 조심스럽게 질문했습니다. "목사님, 평소에 성경만 들고 연구하라 하셨는데 오늘 설교를 들어보니 목사님은 너무 많은 것을 알고 계십니다"라고 말씀하시는 것이었습니다. 이 질문을 받고 잠시 생각에 잠겼습니다. 돌아보니 무엇인가를 가지려 했을 때 제 마음에는 위선과 깨끗하지 못한 마음이 찾아와 불편한 생각이 들었습니다. 이것이 가장 두려운 일입니다.

시편 86편은 가난한 자의 기도입니다. 다윗은 가장 가난하고 궁핍했을 때 이 기도를 드렸습니다. 다윗은 왕이 된 후에도 과거 가난했을 때를 회상하면서 이 시를 쓴 것 같습니다. 다윗은 왕이 되어 부자가 된 후에도 옛날 가난하고 순수했을 때를 사모하고 있습니다. 다윗 역시 심령이 가난한 자였습니다.

시편 86편은 하나님 앞에서 가난한 것이 왜 유익한가 하는 것을 노래하고 있습니다. 우리는 옛날 그 가난함이 가졌던 순수한 때를 사모해야 합니다. 우리는 가난할 때 하나님을 바로 알 수 있었습니다. 그때 말씀을 더 갈망했습니다. 그때 기도의 비밀을 더 알았습니다. 시편 86편에 묘사된 다윗의 기도는 그가 가난하고 궁핍한 가운데 하나님을 더 알게 되었고, 기도 응답을 받았으며, 하나님의 진리를 깊이 깨달을 수 있었음을 잘 보여 줍니다.

1. 가난한 자의 유익

다윗은 어렸을 때 아주 가난한 집에서 자랐습니다. 다윗이 부자였다면 들판에서 목동 일을 하지 않았을 것입니다. 다윗이 부잣집 아들이었더라면 다른 부잣집 아이들과 어울려 다니면서 전쟁하는 것을 배웠을 것입니다. 그러나 다윗은 가난한 집에서 자랐기 때문에 목동 일을 할 수밖에 없었습니다. 목동 일은 남는 것이 시간이었기 때문에 다윗은 마음껏 상상하고 율법을 암송할 수 있었습니다.

그러나 다윗이 가장 가난하고 비참했을 때는 사울에게 쫓길 때였습니다. 그때 다윗은 먹을 것이 없어 배가 고팠으며, 잠잘 곳조차 없어 추위에 떨어야 했습니다. 그런데 다윗의 마음속에는 그 시절이 언제나 있었습니다.

1절 "여호와여 나는 가난하고 궁핍하오니 주의 귀를 기울여 내게 응답하소서"

다윗의 마음은 언제나 가난했습니다. 다윗은 한창 감수성이 예민한 시기에 어려움을 겪었기 때문에 왕이 된 후에도 그의 마음은 늘 가난했습니다. 다윗에게는 돈과 지위로는 결코 만족할 수 없는 가난한 마음이 있었습니다. 다윗은 하나님의 은혜가 와야 배불렀습니다. 다윗은 하나님의 말씀이 흘러 넘쳐야 비로소 궁핍함을 채울 수 있었습니다.

예수님은 말씀하셨습니다.

"심령이 가난한 자는 복이 있나니 천국이 그들의 것임이요 애통하는 자는 복이 있나니 그들이 위로를 받을 것임이요 온유한 자는 복이 있나니 그들이 땅을 기업으로 받을 것임이요 의에 주리고 목마른 자는 복이 있나니 그들이 배부를 것임이요"_마 5:3-6

다윗은 어렸을 때부터 청년기에 이르기까지 육신적으로 가난한 시기를 겪었습니다. 그래서 그의 마음도 가난하고 궁핍했습니다. 그런데 다윗의 마음은 육신적인 가난에서 돈이나 양식으로 채울 수 없는 영적인 가난으로 발전합니다.

다윗은 옛날 그 가난했던 시절이 좋았습니다. 그때 자기 마음이 가장 순수했기 때문입니다.

2절 "나는 경건하오니 내 영혼을 보존하소서 내 주 하나님이여 주를 의지하는 종을 구원하소서"

여기서 다윗이 '나는 경건하오니'라고 말한 것은 가장 순수한 것을 의미합니다. 과연 인간이 하나님 앞에서 경건할 수 있을까요? 그것은 불가능합니다. 인간은 본성 안에 죄가 있기 때문에 하나님 앞에서 완전히 경건할 수 없습니다.

그럼에도 불구하고 하나님 백성은 가난하고 궁핍할 때 훨씬 순수하고 깨끗합니다. 하나님 백성은 다른 사람에게 자랑할 것이 없습니다. 하나님 백성은 하나님의 말씀에 대해 진지할 수밖에 없습니다. 하나님 백성이 가질 수 있는 유일한 것이 하나님의 말씀이기 때문입니다.

가난한 자는 감출 것도, 빼앗길 것도 없기 때문에 있는 모습 그대로 사람들을 만납니다. 인간은 돈이 있기 때문에 무엇인가 죄지을 생각을 합니다. 우리는 가진 것이 있기 때문에 하나님 말씀에 대한 태도도 옛날같이 진실하지 못합니다. 우리는 가진 것이 있기 때문에 위선적인 행동을 합니다. 목회 현장에서 청년들의 불만을 자주 듣습니다. 돈이 없어 아무것도 하지 못한다는 것입니다. 또 가난한 교회 목회자들이 푸념하는 소리를 듣습니다. 돈이 없어 어렵다는 것입니다. 그러나 그들이 알지 못하는 것이 있습니다. 그들이 가장 귀한 것을 가지고 있다는 사실입니다. 그들 영혼이야말로 정말 순수합니다.

우리가 가난하면 기도를 해도 진실하게 됩니다. 우리가 어려울 때 바라볼 수 있는 분은 하나님 한 분밖에 없기 때문입니다. 우리는 하나님이 도와주시지 않으면 살 수 없습니다. 다윗은 1절 후반절에 '주의 귀를 기울여 내게 응답하소서'라고 말합니다. '지금 내가 드리는 기도가 필사적이기 때문에 하나님이여 귀를 기울여 들어주소서!'라고 말하는 것입니다.

그런데 다윗은 '나는 경건하오니 내 영혼을 보존하소서'라고 말합니다.

인간이 망하는 것은 그 영혼이 부패했기 때문입니다. 그런데 이해되지 않는 것은 세상에서 때가 묻은 영혼들은 잘 사는 것 같은데, 깨끗한 영혼들은 어려움에 빠져 고생을 합니다. 이것이 우리가 이해할 수 없는 모순입니다. 왜 하나님은 세상에 사는 영혼들은 잘 살게 하시면서, 경건한 영혼들은 죽음의 위기에 처하게 하실까요?

하나님은 그의 백성을 보석으로 만들기를 원하십니다. 하나님 백성은 궁핍한 가운데 필사적으로 하나님을 의지할 수밖에 없습니다. 가난이 우리를 하나님께 밀어붙입니다.

인간은 언제나 하나님과 느슨한 관계를 원합니다. 인간은 하나님을 믿기는 하지만 자유롭기를 원합니다. 그러나 환난과 궁핍이 찾아오면 하나님에게 밀착되어 숨을 쉴 수 없습니다. 가난과 궁핍은 우리로 하여금 숨을 쉴 수 없게 만듭니다.

3절 "주여 내게 은혜를 베푸소서 내가 종일 주께 부르짖나이다"

우리에게는 하나님의 은혜가 필요합니다. 그러나 하나님의 은혜가 하루 종일 오지 않습니다. '은혜'가 무엇일까요? 사람이 사람으로 존중받는 것이 은혜일 것입니다. 그러나 하나님 백성이 궁핍하면 아무도 찾아주는 사람이 없습니다. 다윗은 가난하고 궁핍할 때 하루 종일 누군가 자기를 찾아주기를 얼마나 바랐는지 모릅니다. 그러나 아무도 그를 찾아주지 않았습니다.

다윗은 이런 어려움 가운데 놀라운 체험을 했습니다. 그가 하나님을 바라보자 기쁜 일이 생겼습니다.

4절 "주여 내 영혼이 주를 우러러보오니 주여 내 영혼을 기쁘게 하소서"

우리가 사람을 기다리면 소망이 없지만, 하나님을 바라면 좋은 일이 생깁니다. 여기서 '내 영혼이 주를 우러러보오니'는 하나님의 말씀을 듣고 그 말씀을 묵상하며 은혜로 사는 것을 의미합니다. 그러면 놀라운 일이 일어납니다. 가난한 성도는 아무것도 없는 가운데서도 하나님이 채워 주시는 체험으로 살아가게 됩니다.

2. 하나님에 대한 발견

하나님 백성에게 가장 신기한 일은 날마다 하나님을 새로 발견하는 것입니다. 신학생들이 배우는 조직 신학 중에 '신론'이라는 과목이 있습니다. 신론 서두에 보면 "하나님은 무소부재하시며 전지전능하시며"라는 주제가 나옵니다. 그런데 전혀 감동이 오지 않습니다. 또한 신론에서 빠질 수 없는 것이 삼위일체론에 대한 논쟁입니다. 이와 같이 이론적으로 하나님을 배우면 감동이 없습니다. 그런데 우리가 삶을 통해 하나님을 알아가면 하나님이 참 인자하시다는 것을 배우게 됩니다.

> **5절** "주는 선하사 사죄하기를 즐거워하시며 주께 부르짖는 자에게 인자함이 후하심이니이다"

여기서 '인자함'은 하나님이 죄인에 대해 한없이 자비로우신 것을 의미합니다. 인간은 죄인을 미워합니다. 그러나 하나님은 죄인에 대해 한없이 자비로우십니다. 하나님은 죄짓지 않은 천사보다 죄를 지은 인간을 더 사랑하십니다. 그러나 인간은 죄를 짓지 않을 수 없습니다. 우리는 본성 안에 죄를 가지고 태어났기 때문에 생각할 때 이미 죄를 짓습니다. 그런데 우리가 하나님께 죄를 자복하고 회개하면, 하나님은 용서해 주시고 이를 기뻐하십니다.

예수님은 율법을 가지고 따지는 유대 지도자들을 향해 이렇게 말씀하셨습니다.

"나는 자비를 원하고 제사를 원하지 아니하노라 하신 뜻을 너희가 알았더라면 무죄한 자를 정죄하지 아니하였으리라"_마 12:7

여기서 '자비'는 용서를 말합니다. 하나님은 우리가 많은 예배를 드리는 것보다 죄인을 용서해 주고 사랑하는 것을 더 좋아하십니다. 다윗은 '주께 부르짖는 자에게 인자함이 후하심이니이다'라고 말합니다. 하나님은 부르짖는 자에게 살 길을 주십니다. 하나님은 우리의 죄를 고백하면 용서해 주시고, 피할 길을 마련해 주십니다.

다윗은 진정한 기도의 응답을 가난할 때 배웠습니다. 이 때 기도가 응답되는지 안 되는지 분명하게 확인됩니다.

6, 7절 "여호와여 나의 기도에 귀를 기울이시고 내가 간구하는 소리를 들으소서 나의 환난 날에 내가 주께 부르짖으리니 주께서 내게 응답하시리이다"

이것이 우리가 가난하고 궁핍할 때 기도하는 자세입니다. 우리는 병들거나 먹을 양식이 떨어지면 필사적으로 하나님께 매달리며 기도합니다. 하나님이 기도를 듣지 않으시면 죽을 수밖에 없기 때문입니다. 그때 하나님은 우리의 기도를 들어주십니다. 먹을 양식이 생기고, 병이 차도를 보입니다. 우리는 이것이 기도 응답이라는 것을 알게 됩니다. 언제나 그 자세로 기도

하면 됩니다. 우리는 가난할 때나 부요할 때나 하나님의 말씀을 붙잡아야 합니다. 그 말씀을 붙잡고 필사적으로 기도하면 응답됩니다.

다윗은 하나님에 대해 또 발견했습니다. 신들 중에 하나님 같은 신이 없다는 것입니다.

> 8, 9절 "주여 신들 중에 주와 같은 자 없사오며 주의 행하심과 같은 일도 없나이다 주여 주께서 지으신 모든 민족이 와서 주의 앞에 경배하며 주의 이름에 영광을 돌리리이다"

우리가 세상의 다른 종교를 보면 하나님을 믿는 것이 아무것도 아닌 것처럼 보일 때가 많습니다. 그들이 드리는 장엄한 종교 의식이라든가 신전의 위대함, 그들의 지식을 보면 그런 생각이 듭니다. 또한 지식인들이 유창하게 말하는 것을 보면 내 신앙은 세련되지 못하다는 생각이 들 때가 있습니다. 그러나 세상의 어떤 종교와 지식에도 기도 응답이 없습니다. 거기에는 기적이 없습니다.

그러나 우리가 어려울 때 하나님께 기도하는 것은 마치 하나님께 비밀 통로를 뚫는 것과 같습니다. 가난한 성도들이 발견한 하나님이 진짜 하나님입니다. 이 신앙이야말로 온 백성이 믿어야 할 하나님입니다.

그래서 우리는 가난한 것에 대해 열등감을 가질 필요가 없습니다. 이것은 우리 책임이 아닙니다. 하나님은 세상 부자와 유식한 자들을 부끄럽게 하시려고 우리를 그렇게 만드신 것입니다. 우리는 당당해야 합니다.

> 10절 "무릇 주는 위대하사 기이한 일들을 행하시오니 주만이 하나님이시니이다"

하나님만이 참 하나님이십니다. 다른 종교와 인간의 이론은 모두 공상 소설에 불과합니다. 부요한 자들의 신앙은 종교 놀이일 가능성이 높습니다. 우리는 거기에 현혹될 필요가 없습니다. 하나님은 위대하신 분입니다. 하나님은 신기한 일을 행하십니다.

우리는 가난하고 궁핍할 때 배운 진리가 진짜 진리라는 것을 알아야 합니다.

> 11절 "여호와여 주의 도를 내게 가르치소서 내가 주의 진리에 행하오리니 일심으로 주의 이름을 경외하게 하소서"

우리가 하나님의 진리를 깨닫게 될 때가 바로 이 때입니다.

"사람이 떡으로만 살 것이 아니요
하나님의 입으로부터 나오는 모든 말씀으로 살 것이라"_마 4:4

우리가 하나님의 말씀을 듣고 승리했다면 하나님의 말씀으로 산 것입니다. 우리는 앞으로도 계속 그렇게 살면 됩니다. 돈은 우리의 본질이 될 수 없습니다. 우리의 본질은 하나님의 말씀으로 사는 것입니다. 그렇게 하면 우리는 절대 망하지 않습니다. 하나님은 우리 영혼을 보존하십니다.

3. 당면한 어려움에 대한 기도

다윗은 이미 왕이 되었고 가난에서 벗어난 처지였습니다. 그는 이스라엘 왕이 되어 모든 부귀와 영화를 누렸습니다. 그렇지만 다윗에게 어려운 시련은 계속되었습니다. 내란과 아들과 신하들의 반란이 있었습니다. 이것은 과거 가난했던 때보다 훨씬 복잡하고 어려운 시험이었습니다. 그야말로 지옥이었습니다.

> **13절** "이는 내게 향하신 주의 인자하심이 크사 내 영혼을 깊은 스올에서 건지셨음이니이다"

청년 시절 가난한 것은 얼마든지 견딜 수 있습니다. 그때는 젊음과 패기가 있기 때문입니다. 그러나 인간은 성공의 절정에 서 있다가 갑자기 밑바닥으로 떨어지면 눈앞이 캄캄해집니다. 그 이유는 이미 높은 자리에 올라와 있기 때문에 떨어지는 충격이 그만큼 크고, 다시 일어설 힘이 없기 때문입니다.

마찬가지로 하나님의 종들은 한창 성공의 길을 달리다 한 번 쓰러질 때가 있습니다. 그것이 건강의 문제면 다행입니다. 그러나 돈이나 부정 혹은 도덕적 문제라면 다시 일어서기가 정말 어렵습니다.

다윗은 돈 문제는 깨끗한 자였습니다. 다윗은 돈에는 욕심이 없는 자였습니다. 그러나 다윗은 여자 문제에는 늘 약했습니다. 다윗은 우리아의 아내 밧세바와 잘못된 사랑에 빠졌습니다. 이것이 다윗에게는 빠져나올 수 없는 스캔들이었고 스올, 곧 지옥이었습니다. 이 때 다윗은 스캔들에만 빠진 것이 아니라 그 남편을 죽이게 사주했습니다. 청부 살인까지 했던 것입니다. 그러나 하나님은 곪을 대로 곪은 다윗의 죄를 터뜨리셔서 회개하게 하셨습니다. 그리고 다윗을 다시 살리셨습니다. 다윗은 침상이 젖을 정도로 회개하며 기도했습니다. 인간은 눈앞의 달콤함에 속아 죄에 빠집니다. 하나님 백성은 죄가 주는 달콤함에 속을 것이 아니라 그 후에 오는 씁쓸함을 알아야 합니다.

그 후 다윗에게는 상상할 수 없는 시험이 더 닥쳐왔습니다. 다윗이 가장 믿었던 아들 압살롬과 그의 신하들이 다윗을 대항하여 반역을 일으켰습니다. 다윗은 왕의 자리에서 쫓겨나 또다시 도망자 생활로 돌아가게 되었습니다. 그런데 놀라운 것은 하나님은 다윗을 다시 일으켜 세우셨습니다. 세상 사람들이 보기에는 압살롬의 기세가 너무 세서 다윗은 끝이 난 것 같았습니다. 다윗이 다시 일어서는 것은 불가능해 보였습니다. 그러나 다윗에 대한 하나님의 인자는 끝이 없었습니다. 다윗의 마음은 하나님 앞에서 늘 가난했기 때문입니다.

14, 15절 "하나님이여 교만한 자들이 일어나 나를 치고 포악한 자의 무리가 내 영혼을 찾았사오며 자기 앞에 주를 두지 아니하였나이다 그러나 주여 주는 긍휼히 여기시며 은혜를 베푸시며 노하기를 더디 하시며 인자와 진실이 풍성하신 하나님이시오니"

여기서 '교만한 자들'은 압살롬과 신하들을 뜻합니다. 그들은 다윗이 하나님의 말씀에 치우친 것을 싫어했습니다. 그들은 세상 방법을 받아들이면 열 배나 더 효과가 있다고 생각했습니다. 그래서 다윗을 왕의 자리에서 쫓아내고, 세상 방법으로 이스라엘을 부흥시키려 했습니다. 그들은 다윗을 죽이려고 추격했습니다.

그러나 다윗에게는 이런 시험이 필요했습니다. 다윗은 부요한 가운데 부패하고 있었습니다. 세상 안일함에 빠져 있던 것입니다. 그래서 하나님은 사랑하는 종에게 시험을 주셨습니다. 그러나 이 시험은 다윗을 한 번 더 정결하게 하기 위한 것이었습니다. 이로써 백성은 기도할 수 있었습니다.

16절 "내게로 돌이키사 내게 은혜를 베푸소서 주의 종에게 힘을 주시고 주의 여종의 아들을 구원하소서"

하나님은 다윗에게 잠시 등을 돌리신 것 것입니다. 그의 마음이 자꾸 부요해지려 했기 때문입니다. 그러나 다윗의 마음이 다시 가난해졌을 때 하나님은 돌이키셨습니다. 하나님은 그의 종에게 힘을 주셨습니다. 여기서 '여종의 아들'은 정말 비천했던 어린 다윗을 말합니다. 하나님은 우리 마음이 가난한 것을 좋아하십니다. 우리 역시 여종의 아들입니다. 이 때야말로 우리가 가장 순수합니다.

다윗은 하나님께 은혜의 표징을 보여 달라고 말합니다.

17절 "은총의 표적을 내게 보이소서 그러면 나를 미워하는 그들이 보고 부끄러워하오리니 여호와여 주는 나를 돕고 위로하시는 이시니이다"

다윗은 하나님께 기도합니다. 다윗이 하나님께 요구한 표적이 무엇일까요? 기드온이 요구한 양털의 기적이었을까요? 아니면 삼손같이 머리털이 다시 자라는 표적이었을까요? 이것은 다윗과 하나님 사이의 비밀 표시였습니다. 하나님 백성에게는 작은 기도의 응답이 있습니다. 이것이 바로 표시입니다. 이것이 큰 능력으로 나타나면, 원수들은 부끄러움을 당하고 망하게 됩니다.

하나님은 선하신 분입니다. 하나님은 우리를 돕고 위로하시는 분입니다. 하나님 앞에서 가난한 마음이 되면 살 길이 열립니다. 사람을 부끄러워하지 마십시오. 하나님 앞에 다시 가난하고 순수하게 되어서 다윗처럼 응답받기를 바랍니다.

93

시 87:1-7

시온의 아름다움

얼마 전 여성 부흥회를 가진 후 여성이 행복해야 온 세상이 행복하다는 사실을 깨달았습니다. 사실 '여성'이라고 하면 형편과 나이에 따라 많은 차이가 있습니다. 아이를 키우는 젊은 엄마도 있고, 나이는 들었지만 아직 결혼하지 않은 올드미스도 있고, 오십이 넘어 갱년기 우울증을 겪고 있는 중년 부인도 있고, 연세가 꽤 드신 할머니도 있습니다. 그러나 그들 모두에게 공통된 특징이 있습니다. 여성이라는 점과 모두 사랑이 필요하다는 사실입니다. 여성의 마음속에는 돈과 명품, 커피, 자녀들의 성공으로 채울 수 없는 허전함과 갈급함이 있습니다.

인간에게는 모두 공통된 문제가 있습니다. 우리 모두 사랑에 굶주려 있습니다. 누군가가 나를 좀 알아주고 위로해 주면 좋겠는데, 그럴 수 있는 사람이 아무도 없습니다. 또 다른 문제는 우리 미래가 점점 더 어두워지고 있다는 사실입니다. 만일 미래 가능성이 제로라면, 우리는 살아갈 의욕이 없을 것입니다.

그런데 하나님은 이 세상에 희망이 솟아나는 곳을 하나 두셨습니다. 이 세상의 모든 축복과 건강, 그리고 미래는 그곳에서 솟아납니다. 바로 '시온'이라는 곳입니다.

창세기에 보면, 에덴동산에는 얼마나 물이 풍부했던지 거기서 솟아나는 물이 무려 네 개의 강이 되어 흘러갔다고 말씀하고 있습니다. 그러나 하나님은 온 세상의 사랑과 축복이 흘러나오는 곳을 만드셨습니다. 그곳은 '시온'이라는 작은 산과 그 위에 세워진 성입니다. 누구든지 시온 성 안에 들어가면 아름다운 자기 자신을 찾을 수 있습니다. 또한 그곳에서 하나님의 사랑을 한없이 받을 수 있습니다.

만일 어떤 산에 올라가 가장 좋은 경치를 볼 수 있다면, 그곳에 가려고 할 것입니다. 만일 모든 병을 고칠 수 있는 샘을 알고 있다면, 그곳에 가서 샘물을 마시려고 할 것입니다. 만일 나의 가장 아름다운 모습을 되찾을 수 있는 거울이 있다면, 그 거울을 보려고 할 것입니다. 만일 인생의 어려움 앞에서 이를 해결할 수 있는 선생님을 알고 있다면, 어려운 일이 있을 때마다 그 선생님을 찾아가 최고의 진리를 배우려고 할 것입니다. 그런데 이 모든 것을 합친 곳이 시온입니다. 하나님의 산 시온에서 우리는 내 자신을 다시 찾을 수 있고, 아름다워질 수 있으며, 사랑의 굶주림을 채울 수 있습니다. 이로써 새로운 미래를 얻을 수 있습니다.

1. 세상에서 가장 아름다운 곳

시편 87편의 표제는 '고라 자손의 시, 곧 노래'입니다. 여기서 '시'는 낭독용이며, '노래'는 찬송용입니다. 그래서 시편 87편은 낭독으로 읽기도 하고, 노래로 부르기도 했습니다. 그러나 당시 사람들은 시편 87편을 절대 이해하지 못했을 것입니다. 하나님은 이스라엘 백성의 원수였던 애굽 사람부터 바벨론, 블레셋, 두로, 구스에 이르기까지 모두 시온에서 났다고 말씀하고 있기 때문입니다. 어떻게 이스라엘의 원수였던 자들이 시온에서 나올 수 있을까요?

그러나 시편 87편은 모든 인간이 하나님의 사랑에 굶주려 있다는 것을 잘 말해 줍니다. 인간이 이기적이고 악한 이유는 모두 하나님의 사랑에 굶주려 있기 때문입니다.

세상에 한 성이 있는데, 그 성의 기초는 '시온'이라는 바위산입니다. 산 전체가 하나의 바위로 된 산이 있습니다. 그런 산은 튼튼하고 아무나 함부로 올라갈 수 없습니다. 그런데 그런 산 위에 성이 있다면 이 성이야말로 어떤 적도 쳐들어올 수 없을 것입니다. 즉 세상에서 가장 견고한 성일 것입니다. 그런데 그 성이야말로 정말 희한한 곳입니다. 그 성에는 하나님의 능력이 나타나기 때문입니다. 특히 그 성이 있는 성전에서 말씀을 듣는 가운데 사람들의 마음이 치유되었습니다. 세상에서 분별력을 잃어버린 자들이 온전한 자신을 찾게 되었습니다. 얼굴이 추하게 된 자들도 아름다운 모습을 되찾게 되었습니다. 그곳은 바로 시온에 있는 여호와의 성전입니다. 그곳은 어떤 적도 침략할 수 없습니다. 하나님의 천사들이 지켜 주는 곳이기 때문입니다.

그런데 하나님의 성전이 시온에 있기 전에는 성전이 이스라엘 백성과 함께 온 세상을 돌아다니는 이동식 성전이었습니다. 하나님의 텐트를 치기만 하면 그곳이 시온이 되었던 것입니다. 후에 다윗이 왕이 되면서 '시온'이라는 바위산이 성전 터가 되었습니다. 그곳은 옛날 아브라함이 아들, 이삭을 번제물로 드리려 했던 장소입니다. 그리고 그곳 예루살렘에 전염병이 퍼져 칠만 명이 죽었을 때, 다윗이 보니 죽음의 천사가 칼을 빼들고 서 있었습니다. 그런데 다윗이 그곳에서 하나님께 번제를 드리자 전염병은 멈추게 되었습니다.

"다윗이 거기서 여호와를 위하여 제단을 쌓고 번제와 화목제를 드려 여호와께 아뢰었더니 여호와께서 하늘에서부터 번제단 위에 불을 내려 응답하시고 여호와께서 천사를 명령하시매 그가 칼을 칼집에 꽂았더라"_대상 21:26-27

그러나 예수님이 이 땅에 오시면서 성전은 다시 이동식으로 변했습니다. 예수님은 움직이는 하나님이자 천국, 그리고 성전이었습니다. 예수님은 일곱 귀신 들린 막달라 마리아를 온전한 정신으로 변화시키셨습니다. 예수님은 현장에서 음행을 저지르다 돌에 맞아 죽게 된 여인에게 새 인생을 주셨습니다. 예수님은 다섯 번 결혼에 실패하고 절망 가운데 살아가던 한 사마리아 여인에게 하나님 사랑의 샘물을 마시게 하셨습니다.

예수님은 야곱의 우물을 보시며 이렇게 말씀하셨습니다.

"예수께서 대답하여 이르시되 이 물을 마시는 자마다 다시 목마르려니와 내가 주는 물을 마시는 자는 영원히 목마르지 아니하리니 내가 주는 물은 그 속에서 영생하도록 솟아나는 샘물이 되리라"_요 4:13, 14

예수님은 제자들에게 "두세 사람이 내 이름으로 모인 곳에는 나도 그들 중에 있느니라"(마 18:20)고 말씀하셨습니다. 성령님이 오신 후 성전은 다시 움직이는 성전이 되었습니다.

2절 "여호와께서 야곱의 모든 거처보다 시온의 문들을 사랑하시는도다"

여기서 '야곱'은 이제 하나님께로 돌아온 이스라엘 백성을 의미합니다.

야곱은 형과 아버지를 속여 멀리 이방으로 도망친 자였습니다. 야곱은 하나님의 축복을 받아 아름다운 인생을 살고 싶었지만, 현실은 그를 하나님에게서 아주 먼 곳으로 쫓아냈습니다. 그러나 야곱은 빈 들판에서 돌을 베개하고 자는 가운데 하나님을 만났습니다. 하나님은 야곱을 찾아오사 그의 이름을 불러주셨습니다. 그리고 그의 미래를 약속해 주셨습니다. 야곱은 하나님의 약속대로 기적적인 삶을 살았습니다.

야곱은 하란에서 양과 소, 낙타가 많은 부자가 되었습니다. 그는 부인이 네 명이나 되었고, 아들들도 열두 명이나 되었습니다. 그러나 야곱의 삶은 만족스럽지 못했습니다. 그는 늘 불안했고 무엇인가에 쫓겼습니다. 가정 역시 행복하지 않았습니다. 그의 부인들은 늘 싸웠고, 자녀들도 서로 사이가 좋지 않았습니다. 장인과 처남들은 야곱의 재산을 늘 빼앗으려 했습니다.

그러나 더 중요한 것은 야곱이 하나님의 말씀과 사랑에 굶주려 있었습니다. 야곱은 하란에 있는 동안 하나님의 말씀을 제대로 듣지 못했습니다. 야곱은 하란에서 진정으로 사랑받지 못했습니다. 그래서 야곱은 진정으로 사랑받는 인생을 되찾기 위해 목숨을 걸고 하란을 탈출합니다. 이것을 안 외삼촌 라반과 친척은 야곱을 다시 붙잡아오기 위해 추격합니다. 결국 따라잡게 되지만 하나님이 꿈에 라반에게 나타나셔서 야곱을 건드리지 말라고 경고하십니다.

"밤에 하나님이 아람 사람 라반에게 현몽하여 이르시되

너는 삼가 야곱에게 선악간에 말하지 말라 하셨더라"_창 31:24

그럼에도 불구하고 야곱은 형 에서가 사백 명을 데리고 온다는 소식을 듣고 죽는 것이 두려워 떱니다. 그러다 야곱은 밤새 누구인지도 모르는 사람과 씨름하게 됩니다. 야곱의 씨름 상대는 하나님이셨습니다. 하나님은 야곱에게 '나는 너를 사랑한다. 너는 사랑받을 자격이 있다. 나는 네가 태어나기 전부터 너를 사랑했노라. 너는 제발 정신을 차리라'고 말씀하는 것인데 야곱은 동이 터올 때까지 오직 죽지 않을 생각만 했습니다. 동이 틀 무렵 야곱은 하나님의 얼굴을 보았습니다. 야곱은 하나님이 밤새 무엇을 말씀하시려고 했는지 그제야 깨달았습니다. 그것은 하나님의 사랑이었습니다. 그리고 야곱은 하나님의 천사를 붙들고 통곡했습니다. 이제까지 야곱은 하나님의 사랑에 굶주려 있었고, 불안한 미래 때문에 늘 안절부절 살았습니다. 그런 그에게 하나님은 찾아오셨습니다. 하나님은 그곳에서 야곱을 사랑해 주셨습니다.

"그가 이르되 네 이름을 다시는 야곱이라 부를 것이 아니요 이스라엘이라 부를 것이니 이는 네가 하나님과 및 사람들과 겨루어 이겼음이니라"_창 32:28

하나님은 '야곱의 모든 거처보다 시온의 문들을 사랑하시는도다'라고 말씀하십니다. 여기서 '시온의 문들'은 우리 같은 죄인이 하나님께 돌아오는 문입니다. 하나님 사랑에 굶주린 자들이 그 사랑을 받고, 하나님의 품 안으로 들어오는 문입니다.

인간은 모두 사랑에 굶주려 있습니다. 인간은 자기 자신을 찾고 싶어 합니다. 사람이 난폭해지는 것은 아무도 그를 사랑해 주지 않기 때문입니다. 그런데 이 세상에서 자기를 찾는 유일한 곳이 있습니다. 하나님의 말씀을 듣는 곳입니다. 하나님은 그의 말씀을 통해 우리를 알아주시고, 사랑해 주시며, 치료해 주십니다. 우리를 아름답게 회복시켜 주십니다. 그런데 어떤 분은 "하나님의 말씀을 들을 때는 좋은데, 돌아서면 원래 나쁜 모습으로 돌아가요"라고 말합니다. 그것은 당연합니다. 우리는 죄로 인해 하나님 형상에서 심하게 변형되었기 때문입니다. 누군가가 나를 사랑하신다는 것을 알고 처음 내 마음을 열었을 때, 그곳이 바로 '시온의 문'입니다. 그분이 바로 하나님이십니다. 하나님이 나를 진정으로 알아주시고 사랑해 주신다는 것을 깨달아 알 때 우리는 더 이상 필요한 것이 없습니다.

예수님이 영광스럽게 변화되시고, 모세와 엘리야가 나타나 하나님의 은혜가 충만히 임했을 때 베드로는 이렇게 말했습니다.

"우리가 여기 있는 것이 좋사오니 우리가 초막 셋을 짓되 하나는 주를 위하여, 하나는 모세를 위하여, 하나는 엘리야를 위하여 하사이다 하되 자기가 하는 말을 자기도 알지 못하더라"_눅 9:33

이것은 다른 말로 표현하면 '저는 더 원하는 것이 없습니다. 여기서 바로 천국에 가도 좋습니다'라는 뜻입니다.

우리가 타인으로 인해 정신적, 육체적으로 상처를 입는 근본 이유는 아직 자기 자신을 찾지 못했기 때문입니다. 그리고 우리가 하나님 사랑에 굶주려 있기 때문입니다. 하나님은 우리의 모든 삶을 사랑하시지만, 우리가 하나님의 사랑으로 자기 자신을 되찾아 아름다운 모습으로 변화되기를 원하십니다. 시온의 문만 찾으면 더 원하는 것이 없게 됩니다. 우리는 이미 하나님의 사랑으로 배부르기 때문입니다. 예수님은 "의에 주리고 목마른 자는 복이 있나니 그들이 배부를 것임이요"(마 5:6)라고 말씀하셨습니다.

3절 "하나님의 성이여 너를 가리켜 영광스럽다 말하는도다"

세상은 하나님의 성 안에 있는 자와 하나님의 성 밖에 있는 자로 나뉩니다. 물론 하나님의 성 안에 있다고 해서 좋은 옷을 입고 있거나 세상의 좋은 지식과 권력을 다 가지고 있는 것은 아닙니다. 오히려 하나님의 성 안에 있는 자가 남루한 옷을 걸치고 있을 수 있고, 더 가난할 수 있습니다. 그러나 그의 얼굴에는 기쁨과 만족이 있습니다. 하나님의 성 안에 있는 자는 자신의 가치를 찾았기 때문입니다.

그러나 하나님의 성 밖에 있는 자는 높은 지위에 앉아 값비싼 말을 타고 다니지만 여전히 자기 가치를 찾지 못합니다. 그들은 끊임없이 욕망을 품고 살아갑니다. 다른 사람을 미워합니다. 그래서 시편 기자는 '하나님의 성이여 너를 가리켜 영광스럽다 말하는도다'라고 말한 것입니다. '하나님의 성'에서 내 자신과 미래, 하나님의 사랑을 찾기 때문입니다.

2. 세상 사람을 보는 눈

이 세상에는 다양한 사람들이 있습니다. 그중에는 성공한 자도 있고, 성공하지 못한 자도 있습니다. 선한 자도 있지만, 악한 자도 있습니다. 그러나 믿음의 눈으로 보면, 단 두 종류의 사람이 있는 것을 알 수 있습니다. 하나는 하나님의 사랑에 자기 마음의 문을 연 사람입니다. 다른 하나는 하나님의 사랑에 끝까지 마음 문을 닫은 사람입니다.

> **4절** "나는 라합과 바벨론이 나를 아는 자 중에 있다 말하리라 보라 블레셋과 두로와 구스여 이것들도 거기서 났다 하리로다"

여기서 '라합'은 여리고성의 기생 라합을 말하는 것이 아니라, 바다 괴물, 즉 '용'을 말합니다. 특히 나일 강을 보면 강둑이나 바닥에 악어들이 있는데, 이 악어들은 아주 사나울 뿐만 아니라 쉽게 사냥할 수 없었습니다. 악어들은 물 안이나 강가의 풀 사이에 숨어 있다가 지나가는 사슴이나 노루의 발을 물어 강으로 끌고 들어가서 잡아먹습니다. 그래서 애굽 사람과 애굽을 이 악어에 비교할 때가 많습니다.

이스라엘 백성이 볼 때, 애굽 사람들과 바벨론 사람들은 정말 이해되지 않았습니다. 이들은 정말 악어 같았습니다. 이들은 하나님을 믿지 않으면서도 강한 나라가 되었고, 강한 군사력으로 하나님의 백성을 포로로 끌고 갔습니다. 그런데 하나님은 그들도 '나를 아는 자 중에 있다'고 말씀하십니다. 이것이 무슨 뜻일까요? 애굽과 바벨론 사람들의 마음 깊은 곳을 들여다보면, 이들이 그렇게 사나운 이유가 있습니다. 이들은 하나님 사랑에 굶주려 마음 문이 닫혔습니다. 알고 보면 하나님 사랑에 굶주리지 않은 자는 이 세상에 아무도 없습니다.

악한 자는 하나님에 대해 마음 문을 닫아 버려 속이 새카맣기 때문입니다. 자신의 힘만 믿고 하나님 사랑에 마음의 문을 닫은 자들이 가장 불쌍합니다. 이들은 바로 마귀의 종입니다. 악한 자들도 뿌리를 거슬러 올라가 보면, 모두 하나님에게서 나왔는데 오랫동안 하나님 사랑에 굶었기 때문에 괴물로 변하고 만 것입니다. 동화 〈뷰티 앤 더 비스트〉(미녀와 야수)를 보면, 야수가 미녀의 눈물로 마법이 풀리면서 멋진 왕자로 변합니다. 이것이 현실에서도 가능할까요?

하나님은 우리를 천사의 자격으로 이 세상에 보내셨습니다. 예수님은 제자들에게 이렇게 말씀하셨습니다.

"보라 내가 너희를 보냄이 양을 이리 가운데로 보냄과 같도다
그러므로 너희는 뱀같이 지혜롭고 비둘기같이 순결하라"_마 10:16

그러나 우리는 분석해 보아야 합니다. 먼저 우리 자신을 보면, 여전히 우리 안에 늑대가 있습니다. 이것이 우리로 하여금 슬픔과 실망, 좌절을 줍니다. 우리는 하나님을 만났지만, 마음 깊은 곳에는 여전히 굶주린 늑대가 살고 있습니다. 그래서 우리는 매일 하나님의 말씀이 필요합니다. 하나님의 말씀을 먹으면 먹을수록 우리 안에 있는 늑대가 힘을 잃습니다.

우리는 늘 조심할 수밖에 없습니다. 늑대는 더러운 냄새를 풍기며, 약한 짐승들을 보면 잡아먹으려고 합니다. 그래서 우리는 자아상을 확고하게 하는 것이 아주 중요합니다. 우리는 하나님의 천사입니다. 우리는 더 이상 늑대가 아닙니다.

그러나 우리 안에 늑대의 흔적은 있습니다. 그래서 우리는 하나님의 은혜를 더 갈망합니다. 하나님 백성은 권력과 돈을 가지고 세상에서 성공할 때 가장 위험합니다. 그러나 우리는 하나님의 천사의 자아상을 확고히 가져야 합니다. 그런 눈으로 세상을 바라보면, 아무리 악한 자라도 그 안에 사랑에 대한 굶주림이 있습니다. 단지 그들은 이 굶주림이 너무 비뚤어져 타인을 학대하고, 그들의 인격과 아름다움을 빼앗은 것입니다. 이것을 통해 허기짐을 채우려 합니다. 그러나 악한 자들은 자기를 진실하게 대해 준 자들이 아무도 없었다고 말합니다.

블레셋과 두로, 구스 사람들 모두 뿌리를 거슬러 올라가면 하나님 사랑에 굶주려 있는 자들입니다. 누군가가 이런 사람들도 사랑해 줄 수 있을까요? 이스라엘 백성이 이런 이방인들과 접촉한 때는 그들이 성공했을 때가 아닙니다. 그들이 종 되었을 때 이들을 만나게 되었습니다. 그래서 너무 잘 되는 것만이 반드시 좋은 것은 아닙니다. 오히려 우리가 병들었을 때 많은 병자를 친구로 만나게 됩니다. 우리가 가난할 때 가난한 자들을 친구로 만나게 됩니다.

3. 온 세상을 사랑하시는 하나님

하나님은 시온을 통해 온 세상을 사랑하기를 바라십니다. 하나님은 마지막 때 온 세상에 시온을 세워 영원히 멸망할 수밖에 없는 죄인들을 받아들이실 것입니다.

> 5절 "시온에 대하여 말하기를 이 사람, 저 사람이 거기서 났다고 말하리니 지존자가 친히 시온을 세우리라 하는도다"

하나님은 시온에 대해 두 가지로 말씀하십니다. 하나는 모두가 시온에 속했다고 말씀하십니다. 즉 인간의 눈으로 보기에는 이 사람과 저 사람의 차이가 너무 큰 것 같지만, 하나님의 눈에는 그렇지 않습니다. 이 세상 모든 사람이 하나님 사랑에 마음을 열기만 하면 악마 같은 사람이 천사가 될 수 있습니다.

인간은 하나님과 천사들의 눈에는 영원히 지옥에 가야 마땅한 자들입니다. 분노에 찬 욕설과 악한 마음으로는 도저히 하나님 앞에 설 수 없습니다. 늑대는 죽어도 늑대입니다. 그러나 하나님은 모두를 그분의 강권적인 능력으로 천사가 되게 하셨습니다. 그래서 우리는 이 세상을 끝까지 천사로 살아가야 합니다. 천사에게는 돈과 학벌이 중요하지 않습니다. 천사에게는 오직 사랑만 중요합니다.

우리는 이미 아름답게 변했습니다. 이 세상에서 부족한 것이 없습니다. 우리는 예수님의 발에 향유를 부은 여인과 같습니다.

> **"그 동네에 죄를 지은 한 여자가 있어 예수께서 바리새인의 집에 앉아 계심을 알고 향유 담은 옥합을 가지고 와서 예수의 뒤로 그 발 곁에 서서 울며 눈물로 그 발을**

적시고 자기 머리털로 닦고 그 발에 입 맞추고 향유를 부으니"_눅 7:37, 38

우리는 한센 병에 걸렸지만 예수님의 말씀을 듣고 치료받은 사마리아 사람과 같습니다. 또 우리는 죽은 지 나흘이 되어 썩어 가고 있었지만, 예수님이 그 이름을 불러주셔서 살아난 나사로와 같습니다.

우리는 이제 만족합니다. 단지 우리는 천사의 자아상을 가지면 됩니다. 우리는 더 이상 학대받는 자가 아닙니다. 우리는 더 이상 살 목적을 잃어버려 방황하는 자가 아닙니다. 우리는 페르시아의 왕비가 된 에스더와 같고, 애굽의 총리가 된 요셉과도 같으며, 이스라엘의 왕이 된 다윗과도 같습니다.

6, 7절 "여호와께서 민족들을 등록하실 때에는 그 수를 세시며 이 사람이 거기서 났다 하시리로다 노래하는 자와 뛰어 노는 자들이 말하기를 나의 모든 근원이 네게 있다 하리로다"

하나님은 천국 백성의 이름을 모두 책에 기록하셨습니다. 하나님은 그 수를 정확하게 헤아리고 계십니다. 그런데 그 수에 포함된 자들은 모두 시온에서 은혜를 받은 자들입니다. 우리는 천국에서 영원히 노래하며 뛰놀 자들입니다. 우리의 모든 근원은 하나님께 있습니다. 하나님이 기쁨의 근원입니다. 하나님은 우리가 살아야 할 이유입니다. 우리는 하나님이 감당하지 못할 시험을 주지 않으실 줄 믿기에 기뻐하고 뛰놀 수 있습니다.

"오직 하나님은 미쁘사 너희가 감당하지 못할 시험 당함을 허락하지 아니하시고 시험 당할 즈음에 또한 피할 길을 내사 너희로 능히 감당하게 하시느니라"_고전 10:13

예수님은 이렇게 말씀하셨습니다.

"너희가 악한 자라도 좋은 것으로 자식에게 줄 줄 알거든 하물며
하늘에 계신 너희 아버지께서 구하는 자에게 좋은 것으로 주시지 않겠느냐"_마 7:11

예수님은 오직 그 나라와 의를 구하라고 하시면서 그리하면 이 모든 것을 더하여 주실 것이라고 하셨습니다.

"너희는 먼저 그의 나라와 그의 의를 구하라
그리하면 이 모든 것을 너희에게 더하시리라"_마 6:33

우리는 더 이상 사랑받지 못하는 자가 아닙니다. 우리는 하나님의 보배이며 천사입니다. 하나님께 사랑을 달라고 기도합시다. 더 이상 세상을 두려워하지 맙시다.

94

시 88:1-18

고통의 늪에서

사람이 건강할 때는 마음만 먹으면 무엇이든지 할 수 있을 것 같습니다. 특히 청년이나 청소년 때는 힘이 넘치기 때문에 자신 앞에 한없는 미래가 펼쳐져 있는 것 같습니다. 자신이 미래에 과연 무엇을 하며, 어떤 사람이 되어 있을까 하는 공상을 많이 합니다. 청소년들은 밤에 잠을 자지 않고 친구와 소곤소곤하면서 이야기를 하는데, 그 이유는 세상과 미래에 대해 그만큼 알고 싶은 것이 많기 때문입니다.

그러나 날씨가 좋다가 갑자기 하늘에서 시커먼 먹구름이 끼고 소나기가 내리는 것처럼 인생에 무서운 병이 찾아올 때가 있습니다. 이런 병에 걸리면 그 고통은 말로 표현할 수 없습니다. 어떤 분은 심장이 너무 조여 숨을 제대로 쉬지 못하고, 다른 어떤 분은 머리가 깨질 것처럼 아파 고통을 겪습니다. 또 다른 어떤 분은 자기가 살 수 없는 병에 걸렸다는 것을 알고는 절망에 빠집니다. 사람이 이런 병에 걸리면 아무것도 할 수 없을 뿐만 아니라 죽음이 가까이에 있다는 것을 알게 됩니다. 이 때 인간은 죽음의 문제를 심각하게 생각합니다.

인간은 언젠가는 죽습니다. 인간은 이런 병에 걸리기 전까지는 자기에게 무한한 미래가 열려 있는 것으로 생각합니다. 그래서 인간은 지금 자기에게 주어진 시간과 능력을 총동원해서 더 큰 일을 하려고 노력합니다. 그러나 전혀 예기치 못한 순간에 병은 찾아옵니다. 무서운 병에 걸리면 인간의 모든 계획과 위대한 업적이 아무 소용없다는 것을 깨닫게 됩니다.

요즘 청년들은 '실업'이라는 덫에 걸려 미래를 향해 나가지 못하고 있습니다. 이들은 마치 덫에 걸린 맹수처럼 울부짖습니다. 그 덫에서 벗어나기만 하면 미래를 향해 달려갈 수 있을 것입니다. 그런데 그 덫에서 빠져나오기가 쉽지 않습니다. 세상 사람들은 인생이 잘 풀리는 것 같은데, 왜 믿음의 형제자매들은 미래가 잘 풀리지 않을까요? 우리는 그 이유를 알지 못합니다. 단지 우리가 믿는 것은 하나님의 허락 없이는 참새 한 마리도 땅에 떨어지지 않는다는 사실입니다.

시편 88편은 표제가 깁니다. '고라 자손의 찬송 시, 곧 에스라인 헤만의 마스길, 인도자를 따라 마할랏르안놋에 맞춘 노래'입니다. 여기서 '마할랏르안놋'은 '병자의 노래'라는 뜻을 가지고 있습니다. 따라서 시편 88편은 이스라엘과 유다 왕이 무서운 병에 걸렸을 때 지은 시이자 기도임을 알 수 있습니다. 이스라엘과 유다 왕은 왕으로서 나라에서 할 수 없는 것이 아무것도 없었을 것입니다. 왕이 명령을 내리면 신하들은 즉시 복종했습니다. 이 때 이스라엘과 유다 왕은 마치 자기 자신이 신인 것 같았습니다. 왕은 이스라엘과 유다 안에서 최고 위치에 있는 자로, 그가 말한 것은 누구든 즉시 따라야 했습니다.

그런데 이스라엘과 유다 왕의 말을 듣지 않는 것이 하나 있었습니다. 그것은 자기 몸에 있는 병이었습니다. 이스라엘과 유다 왕은 모든 악은 정복할 수 있었지만, 단 하나 정복할 수 없는 것이 있었습니다. 그것은 바로 병이었습니다. 인간은 병에 걸려보기 전에는 병을 고치는 것이 얼마나 어려운지 알지 못합니다. 아무리 왕이라도 병과 싸워 이기지 못하면 결국 죽음의 세계로 가야 합니다. 그의 화려했던 업적과 인기는 아무 소용없습니다. 시편 88편은 유다 왕 히스기야가 지었을 가능성이 높습니다. 히스기야는 거의 죽음의 문턱까지 갔다 다시 살아난 경험이 있기 때문입니다.

1. 고통 중에 있는 환자

인간은 큰 병에 걸리기 전까지는 자신의 미래가 계속된다고 생각합니다. 자기가 칠팔십 세까지 무난하게 살 것이라고 생각합니다. 앞으로 무엇을 할 것인지도 많이 생각합니다. 이렇듯 인간은 '병'이라는 불청객이 찾아오기 전까지는 자신의 미래가 열려 있다고 생각합니다.

그런데 어느 날 암과 같은 병이 찾아오면 자신과 다른 사람의 인생에 대해 생각하게 됩니다. 어떤 사람은 한평생 일을 해서 돈을 많이 모았습니다. 그런데 죽을병에 걸리니까 그 돈은 병원에 다 들어가게 되고, 돈으로도 병은 고치지 못하게 됩니다. 한 걸음 더 나아가 생각해 보면, 자신이 세운 업적은 아무 소용없게 됩니다. 다른 사람들이 다 가져가고, 영구적으로 자신의 것은 아무것도 남지 않게 됩니다.

이스라엘과 유다 왕으로서 건강할 때는 나라 전체가 자기 것인 것 같았습니다. 죽을 때까지 왕 노릇을 할 수 있을 것 같았습니다. 그런데 죽음을 눈앞에 두고 보니 자기 것은 아무것도 없었습니다. 이 때 인간은 비로소 자신이 하나의 티끌에 불과하다는 사실을 깨닫게 됩니다.

인간은 세상에 살아 있을 때는 대단한 것 같지만, 죽고 난 후에 정말 가치 있는 것을 남기는 것이 쉽지 않습니다. 사람이 죽은 후에 그런 사람이 있었다는 것을 누가 알아주겠습니까?

환자가 병상에서 할 수 있는 것은 세 가지밖에 없습니다. 하나는 신음 소리를 내면서 아파하는 것입니다. 그렇지 않으면 남을 원망하거나 자기 아픈 것을 하소연하는 것입니다. 마지막으로 하나님을 향해 기도하는 일일 것입니다. 시편 기자는 세 번째 것을 택했습니다. 즉 그는 병상에서 하나님께 기도했습니다. 그는 자신이 티끌인 것을 알게 되었습니다. 그가 할 수 있는 것이 아무것도 없었습니다. 그러나 그는 병상에서 하나님을 생각했습니다.

1절 "여호와 내 구원의 하나님이여 내가 주야로 주 앞에서 부르짖었사오니"

환자가 기도하는 것은 사실 쉽지 않습니다. 그러나 하나님을 믿는 환자는 하나님께 기도합니다. 이 때 가장 진실하고 솔직한 기도를 드리게 됩니다. 지금까지는 기도한다고 하면서도 자기 자신이 대단하다고 생각했기 때문에 자기 자랑으로 다른 사람을 의식하며 기도했습니다. 그러나 사람이 병에 걸리면 다른 사람은 전혀 중요하지 않습니다. 하나님이 과연 자기를 살리실 것인가 아니면 죽게 하실 것인가만 중요할 뿐입니다. 그래서 병에 걸린 환자는 자기 평생 가장 진실하고 솔직한 기도를 하나님께 드리게 됩니다.

시편 기자는 하나님을 '내 구원의 하나님'이라고 부르고 있습니다. 여기서 '주 앞에 부르짖었사오니'라고 말하고 있는데, 환자는 부르짖을 힘이 없습니다. 그런데 그는 제발 나의 기도가 하나님에게 상달될 수 있게 해 달라고 기도하고 있습니다. 즉 나의 기도가 하나님의 귀에 들리게 해 달라는 것입니다.

2절 "나의 기도가 주 앞에 이르게 하시며 나의 부르짖음에 주의 귀를 기울여 주소서"

왜 시편 기자는 자기 기도가 하나님께 상달되지 않을 것이라고 생각합니까? 그는 자기가 너무 힘이 없어 거의 들릴까 말까 하는 소리로 기도하기 때문에 하나님께 전달되지 않을 것이라 생각한 것입니다. 그리고 그는 병에 걸려 누워 있어 보니, 그동안 자기가 했던 모든 일 가운데 죄가 많았던 것을 깨닫게 되었습니다.

즉 하나님의 일을 한다고 하면서 광기에 차 있었고, 자기 욕심을 위해 일했습니다. 음란하기도 했고, 정직하지 못할 때도 있었습니다. 그래서 이 왕은 자기와 하나님 사이를 죄의 담이 가로막고 있다고 생각합니다. 그런데 그는 제발 자기 기도가 하나님께 상달되기를 바랍니다. 우리는 하나님의 일을 하면서도 인간이기 때문에 정직한 마음으로 하나님의 일을 할 수 없을 때가 있습니다. 그러나 하나님은 이 사정을 이해하고 계십니다. 하나님은 이 왕을 살리려고 하십니다. 수많은 마귀가 덤벼들어 이 왕을 멸망으로 끌고 가려 하지만, 성도의 기도는 마귀를 다 내쫓을 수 있습니다.

2. 치료가 불가능한 상태

시편 기자는 병세가 아주 위중할 뿐만 아니라 당시 의술로는 치료가 불가능한 상태였습니다.

3절 "무릇 나의 영혼에는 재난이 가득하며 나의 생명은 스올에 가까웠사오니"

시편 기자는 자기 영혼에 '재난'이 가득하다고 말하고 있습니다. 그는 과거 후회되는 일이 생각나 고통스러웠습니다. 그의 육체 역시 너무 고통스러웠습니다. 사람이 몸에 통증이 생기면 기분이 나빠집니다. 화도 나고 모든 것을 부정적으로 생각하게 됩니다. 지금 마귀는 멸망을 향해 그의 영혼을 잡아당기고 있습니다. 그가 아무리 몸부림쳐도 조금씩 절망으로 끌려가게 됩니다. 그리고 그는 죽음이 멀지 않은 곳에 있다는 것을 느낍니다. 이제 몸에 기력이 없고, 숨을 쉬는 것조차 힘듭니다. 자다 죽음에 이르지 않을까 하는 생각도 듭니다.

그리고 그는 의학적으로 이미 죽을 자로 판단되었습니다.

> **4, 5절** "나는 무덤에 내려가는 자같이 인정되고 힘없는 용사와 같으며 죽은 자 중에 던져진바 되었으며 죽임을 당하여 무덤에 누운 자 같으니이다 주께서 그들을 다시 기억하지 아니하시니 그들은 주의 손에서 끊어진 자니이다"

얼마나 용한 의사들이 왕을 치료하려고 모여들었겠습니까? 그러나 그들은 여러 방법을 다 써보았지만 왕의 병은 악화되기만 했습니다. 그래서 의사들은 안 되겠다고 판단했습니다. 이 왕은 한때 적과 싸워 군대를 무찌른 용사였습니다. 하지만 지금은 자기 병을 이기지 못한 힘없는 용사인 것입니다.

그는 자기가 관 안에 누웠다고 생각해 보았습니다. 그가 누운 곳은 아주 좁은 관으로, 그 위에는 뚜껑과 흙이 덮일 것입니다. 사람들은 당장 며칠은 그의 죽음을 두고 슬퍼하겠지만, 곧 그의 존재는 잊힐 것입니다. 이 세상은 마치 아무 일도 없었다는 듯이 흘러갈 것입니다.

인생은 한순간의 무대와 같습니다. 우리는 무대인지도 모르고 무대 가운데 서서 연기하는데, 시간이 되면 그 무대에서 내려와야 합니다. 우리는 무엇인가 가치 있는 일을 할 수 있을 것 같았는데, 막상 시간이 지나고 보니 아무것도 아닌 것입니다. 우리는 인생의 무대에서 내려와야 합니다. 우리는 어떤 가치를 따라 인생을 살아갈지를 신중히 생각해야 합니다.

3. 하나님께 매달림

제 아무리 학자이고, 사장이며, 판검사라도 결국 병들고 죽게 되면 남는 것이 아무것도 없습니다. 그러나 하나님 백성은 미리 연단 받는 것이 굉장히 유익입니다. 우리가 이런 것들을 미리 볼 수 있기 때문입니다.

인간 문제는 결국 병도 아니고 죽음도 아닙니다. 인간에게 가장 심각한 문제는 하나님에 대한 불신입니다. 그래서 우리는 영원한 것이 무엇인지 생각해 보아야 합니다.

성경은 이렇게 말합니다.

"그러므로 모든 육체는 풀과 같고 그 모든 영광은 풀의 꽃과 같으니 풀은 마르고 꽃은 떨어지되 오직 주의 말씀은 세세토록 있도다 하였으니 너희에게 전한 복음이 곧 이 말씀이니라"_벧전 1:24, 25

왜 하나님의 말씀이 영원할까요? 하나님 말씀이 영원한 이유는 하나님 말씀만이 우리를 하나님께로 인도할 수 있기 때문입니다. 인간에게 가장 고통스러운 것은 다른 사람에게서 소외당하는 것입니다. 병과 죽음이 고통스러운 이유는 나를 다른 사람에게서 영원히 고립시키기 때문입니다.

그런데 본질적인 원인은 하나님에게서의 소외에 있습니다.

6, 7절 "주께서 나를 깊은 웅덩이와 어둡고 음침한 곳에 두셨사오며 주의 노가 나를 심히 누르시고 주의 모든 파도가 나를 괴롭게 하셨나이다"

모든 사람은 각자의 웅덩이에 빠져 있는 죄수와 같습니다. 모든 사람들의 마음에는 어둡고 침침한 방이 있습니다. 모두 그 방 안에 갇혀 있습니다. 그런데 우리가 하나님과 화해할 수 있는 유일한 길은 하나님의 말씀을 듣는 것입니다. 우리가 하나님의 말씀을 믿을 때 깊은 웅덩이와 음침한 골방에서 나올 수 있습니다. 우리는 더 이상 하나님의 진노의 자녀가 아닙니다. 하나님의 파도도 나를 멸망시키는 파도가 아닙니다. 우리 마음에 하나님의 말씀을 둘 때, 깊은 고독과 소외에서 벗어날 수 있습니다.

예수님은 높은 산에 올라가 기도하실 때, 죽음을 눈앞에 두고 깊은 절망과 두려움에 빠져 계셨습니다. 그러나 예수님은 결코 혼자가 아니셨습니다. 예수님에게는 하나님의 영광이 있었습니다. 모세와 엘리야도 함께 나타났습니다.

그리고 하나님은 친히 이렇게 말씀하셨습니다.

"마침 구름이 와서 그들을 덮으며 구름 속에서 소리가 나되 이는 내 사랑하는 아들이니 너희는 그의 말을 들으라 하는지라"_막 9:7

하나님 백성에게 연단은 필요합니다. 고독과 절망에 미리 빠져보는 것이 좋습니다. 우리는 이런 경험을 해 보아야 인간의 성공이 아무것도 아님을 알 수 있습니다. 결국 하나님의 말씀만이 영원합니다. 인간이 아무리 성공해도 결국은 모래성을 쌓는 것밖에 되지 않습니다. 비가 오고 바람이 불면 다 무너지고 맙니다.

이것을 깨달으면 우리는 하나님 앞에 더 담대해질 수 있습니다. 하나님은 우리를 깨닫게 하시려고 이런 시련을 주십니다.

그래서 우리는 병중에 더 담대하게 기도할 수 있습니다.

> **9절** "곤란으로 말미암아 내 눈이 쇠하였나이다 여호와여 내가 매일 주를 부르며 주를 향하여 나의 두 손을 들었나이다"

시편 기자는 병으로 눈을 뜰 수 없었습니다. 그러나 그는 매일 입으로 주를 부르며 두 손을 들었습니다. 이것이 그의 예배 방식이었습니다. 그리고 그는 하나님을 향해 자기가 다시 살아야 할 이유를 설명했습니다.

> **10절** "주께서 죽은 자에게 기이한 일을 보이시겠나이까 유령들이 일어나 주를 찬송하리이까"

그는 자기가 이 세상에서 해야 할 무엇이 있다는 것을 깨닫게 되었습니다. 그것은 명예도, 돈도, 성공도 아니었습니다. 그것은 하나님의 아름다우심이었습니다. 우리가 이 세상에 사는 기쁨이었습니다. 알버트 슈바이처 박사는 '생의 외경'이라는 철학을 주장했습니다.

우리가 하나님을 바로 알고 살아간다는 것이 얼마나 경이로운 일인지 모릅니다. 우리는 예수님의 사랑을 가슴에 안은 채 살아갑니다. 물론 우리는 천국을 믿고, 천국 가기를 사모합니다. 그렇지만 이 세상 성공을 생각하면 숨 막힐 정도로 답답합니다. 우리가 하나님의 사랑으로 살아 있다는 것이 얼마나 감사한 일인지 모릅니다. 우리가 하나님 안에서 숨을 쉬며 다른 살아 있는 것들을 만난다면 뱀도, 이리도 아름다울 것입니다.

> **11절** "주의 인자하심을 무덤에서, 주의 성실하심을 멸망 중에서 선포할

수 있으리이까"

물론 우리는 천국에 소망이 있습니다. 하지만 이 세상에서도 하나님의 인자하심과 성실하심을 체험하며 나타낼 수 있습니다. 그것이 얼마나 신기하고 아름다운 일인지 모릅니다. 그러나 우리는 성공에 급급했고, 좋은 것을 차지하기 위해 욕심을 부렸습니다. 이것이 병의 시작이었습니다.

그런데 이 병든 왕은 하나님의 말씀 외에도 자기가 놓친 것을 알게 되었습니다. 그것은 바로 하나님의 말씀을 사랑하는 친구들을 멀리한 것입니다.

8절 "주께서 내가 아는 자를 내게서 멀리 떠나게 하시고 나를 그들에게 가증한 것이 되게 하셨사오니 나는 갇혀서 나갈 수 없게 되었나이다"

그는 병 때문에 친구들과 멀어지게 되었습니다.

18절 "주는 내게서 사랑하는 자와 친구를 멀리 떠나게 하시며 내가 아는 자를 흑암에 두셨나이다"

그는 성도들이 하나님의 말씀으로 모이면 기적의 성전이 되어 병이 치료된다는 것을 몰랐습니다. 우리는 하나님의 말씀 위에 힘써 모여야 합니다. 그때 하나님이 우리 가운데 계셔서 주의 얼굴을 보이십니다. 우리의 병을 낫게 하시고, 하늘 영광으로 우리를 축복하십니다.

우리는 기도할 수밖에 없습니다. 우리는 모두 피조물에 불과합니다. 결국 티끌같이 없어지고 맙니다. 그런데 하나님의 말씀으로 우리 마음을 채우면 영원히 없어지지 않는 하나님 나라가 세워집니다. 하나님의 집에 모인 그의 백성은 영원히 없어지지 않을 보배가 될 줄 믿습니다.

95

시 89:1-8

위대하신 하나님

인간의 눈은 한계가 있기 때문에 작은 방 안에 있으면 그 방이 전부인 줄로 생각합니다. 하물며 어떤 사람이 지하실 안에 갇혀 있으면 캄캄한 지하실이 전부인 줄로 생각할 것입니다. 그러나 높은 산에 올라가 보면 얼마나 세계가 광대한지 놀라게 됩니다. 또한 바다 한가운데 가 보면 이 세상 끝에서 저 끝까지가 드넓은 바다로 되어 있는 것을 보게 됩니다.

하물며 우주 한가운데 올라가 있으면 그 광대한 우주 가운데서 우리가 얼마나 작은 자인지 절감하게 될 것입니다. 모든 인간은 외로운 자들입니다. 우리는 모두 '자기 자신'이라고 하는 작은 방 안에 갇혀 혼자 외롭게 살아갑니다. 우리는 미래를 볼 눈이 없습니다. 그래서 우리는 모두 우리 앞에 거대한 벽이 가로놓여 있어 앞으로 한 걸음도 나아갈 수 없는 자신을 발견할 때가 있습니다. 거기에다 환난이 밀어닥치면 우리는 그 자리에 주저앉아 버리고 맙니다.

그런데 우리 눈이 활짝 열릴 때가 있습니다. 그때 우리는 미래를 향해 눈이 열립니다. 또한 저 광대한 우주를 향해 눈이 열립니다. 비로소 온 세상을 향해 눈이 열리는데, 그때 하나님을 만나게 됩니다.

시편 89편 표제는 '에스라인 에단의 마스길'입니다. 시편 89편은 유다가 망해 포로가 된 상황에서 다윗 자손이 왕이 되지 못하고 지은 시입니다. 하나님 백성의 눈이 다시 닫히는 때가 있습니다. 그들이 골방에 다시 갇혀 살게 되는 때가 있습니다. 그들은 모든 축복을 잃어버리고 캄캄한 절벽을 앞에 두고 있습니다. 하나님 백성이 하나님을 잃어버린 것입니다. 그 핵심에 축복과 성공이 있습니다.

우리는 성공해서 많은 복을 누리는 것이 자신을 찾는 것이라 생각합니다. 그래서 열심히 성공을 추구합니다. 또한 축복을 가지려고 합니다. 그런데 그 성공과 축복이 우리로 하여금 하나님을 잃어버리게 합니다. 내 자신을 잃게 만드는 핵심이 됩니다. 하나님이 주신 성공과 축복이 우리 눈을 멀게 하여 하나님에 대한 간절함을 잊게 만들기 때문입니다. 그래서 하나님이 주신 성공과 축복에도 독이 있다는 것을 알아야 합니다. 하물며 세상 사람들이 거둔 성공과 축복은 치사량을 넘는 독 그 자체입니다. 그렇다고 해서 늘 가난하고 비참해야 하는 것은 아닙니다. 성공에는 독이 들어 있다는 것을 알고 그 독을 빼는 법을 배워야 합니다.

시편 89편은 장엄한 시입니다. 이 시는 하나님이 얼마나 위대하며 높은 분이신지를 노래하고 있습니다. 온 우주에서 하나님을 이길 수 있는 신은 없습니다. 이스라엘 백성은 위대한 하나님과 언약을 맺은 백성입니다. 이스라엘은 위대한 하나님을 믿기 때문에 복을 받았습니다. 그러나 그들은 포로가 되어 죽임을 당했습니다. 세상에서 가장 비참한 자들이 되었습니다. 그런데 하나님의 말씀을 다시 발견한 이스라엘 백성은 하나님께 다윗의 언약을 지켜 달라고 부르짖었습니다. 하나님은 한 번 약속하면 지키십니다. 이것이 이스라엘 백성과 온 세상 사람들이 사는 길이었습니다.

한국 교회는 지금 멸망의 길을 가고 있습니다. 그들은 성공에 도취되어 자기 자신의 판단을 대단하게 생각합니다. 우리는 시편 89편 말씀을 다시 붙들어야 합니다. 우리는 다시 순수해져야 합니다. 다시 마음이 가난해져야 합니다. 하나님에 대한 간절함을 회복해야 합니다.

1. 하나님이 언약을 맺으심

세상에는 많은 복이 있습니다. 그런데 남이 알지 못하는 진짜 값진 복이 있습니다. 그것은 바로 온 세상을 지으시고, 인간을 만드신 하나님과 언약을 맺는 것입니다. 우리가 하나님과 언약을 맺는다는 것은 하나님이 내 모든 삶을 책임지시며, 하나님의 모든 복을 상속받는 것을 말합니다.

어떤 부자가 있다고 합시다. 그 부자가 거지에게 돈을 주는 것이 나을까요? 아니면 부자가 그 거지를 자녀로 삼는 것이 좋을까요? 아마 거지는 돈을 받는 것이 좋을지 모릅니다. 그 돈을 받으면 당장 빵을 사서 굶주린 배를 채울 수 있기 때문입니다. 만일 그 부자를 따라가 공부하게 되면 얼마나 고생을 하며 잔소리를 들어야 할까요? 그러나 부자를 따라가 아들의 신분을 보장해 주는 도장을 찍는 것이 돈 받는 것보다 수백 배 이익일 것입니다.

우리는 하나님과 언약을 맺은 자들입니다. 하나님은 그들에게 돈과 권력을 주지 않으십니다. 하나님은 그들에게 인기도 주지 않으십니다. 그것이 그들에게 독이 되기 때문입니다. 주위에 성공하신 분들이 좋아 보일지 몰라도 그들의 정신이 바로 되지 못한 경우가 많습니다. 그들은 성공했기 때문에 오히려 눈이 멀게 되고, 돈이 많기 때문에 겸손을 잃어버리게 됩니다.

이 세상에서 하나님과 언약을 맺는다는 것은 무엇일까요? 다른 조건은 아무것도 없습니다. 누구든지 하나님의 말씀을 듣고 믿으면 하나님과 언약을 맺는 자가 됩니다. 이 때 인감 증명이라든지 신원 보증 같은 것이 필요 없습니다. 이 세상에서 누리는 최고의 복은 하나님의 말씀을 듣고 믿는 것입니다.

우리가 하나님의 말씀을 듣고 믿을 때 보여 주시는 것이 두 가지 있습니다. 하나는 하나님의 인자하심이고, 다른 하나는 하나님의 성실하심입니다.

> **1절** "내가 여호와의 인자하심을 영원히 노래하며 주의 성실하심을 내 입으로 대대에 알게 하리이다"

하나님은 자신과 언약을 맺은 자에게 가장 먼저 '인자하심'을 보여 주십니다. 하나님의 '인자하심'은 죄인에 대한 한없는 사랑을 말합니다.

우리는 보통 어떤 사람이 나에게 잘못을 저지르면 아무래도 그 사람에 대해 마음이 조금은 상하게 되어 있습니다. 그래서 그 사람이 사과를 한다 해도 조금은 감정이 남을 수 있습니다.

그런데 하나님은 그렇지 않습니다. 하나님은 죄에 대하여는 절대 기뻐하지 않으십니다. 하나님은 아무리 작은 죄라도 결코 용납하지 않으십니다. 그러나 하나님 말씀을 듣고 믿은 사람이 일단 죄를 인정하고 하나님께 용서를 구하면, 아무리 하나님의 마음을 아프게 했다 할지라도 하나님은 그 사람을 용서해 주시고 사랑으로 받아주십니다. 이것이 하나님의 인자하심입니다. 하나님은 우리의 죄를 용서해 주시는 데 아주 적극적이십니다. 전 우주에서 죄지은 사람을 죄짓지 않은 사람보다 더 사랑하시는 분은 하나님밖에 없습니다.

하나님 앞에서 용서받지 못할 죄인은 없습니다. 하나님 앞에서 용서받을 수 없는 죄는 없습니다. 그런데 마치 죄가 없는 것처럼 행세하면 더 손해를 봅니다. 하나님은 얼마든지 용서해 주시려고 하는데, 자기가 용서받을 기회를 놓치는 것입니다. 우리가 하나님께 나가면 하나님은 더 사랑해 주십니다. 하나님은 죄를 고백하면, 더 기뻐하시고 복을 내려주십니다. 우리의 지위도 더 높여 주십니다. 우리는 이것을 이해하지 못합니다.

하나님의 인자하심을 깨닫는 것이 복입니다. 아무리 무서운 죄에 빠졌다 해도 하나님께 나아가 '잘못했습니다'라고 이야기하면 살길이 생기기 때문입니다.

그러나 하나님은 인자하실 뿐만 아니라 성실하신 분입니다. 보통 성실하다는 말은 자기가 맡은 일을 끝까지 잘 감당하는 것을 의미합니다. 하나님이 만드신 자연을 보면 얼마나 성실하게 만드셨는지 몇 십 년 아니 몇 백 년, 몇 천 년이 흘러도 질서 있게 돌아갑니다. 하나님이 인간의 몸 안에 만드신 장기를 보면 칠십, 팔십 년을 사용해도 잘 순환합니다. 하나님이 얼마나 우리의 몸을 성실하게 만드셨습니까?

그러나 시편 89편에서 하나님의 성실하심을 찬양하겠다는 것은 그런 창조의 성실함이 아닙니다. 여기서 '성실하심'은 그냥 용서만 하는 것이 아니라, 열심히 노력해서 원상으로 회복시키는 은혜를 말합니다. 하나님은 우리의 실패한 인생을 일일이 고치셔서 원상으로 깨끗하게 회복시켜 놓으십니다. 이것이 바로 성실입니다. 우리의 틀어진 인생을 하나님 앞에 가지고 나가면, 하나님은 그냥 고치는 것이 아니라 고장 나기 전보다 완전하게 새 것으로 고쳐 주십니다.

2절 "내가 말하기를 인자하심을 영원히 세우시며 주의 성실하심을 하늘에서 견고히 하시리라 하였나이다"

여기서 '인자하심을 영원히 세우시며'라는 구절은 어느 누구도 하나님의 인자하심을 허물 수 없다는 뜻입니다. 하나님은 영원토록 인자하시기 때문에 늦은 것도, 안 되는 것도 없습니다. 하나님은 '주의 성실하심을 하늘에서 견고히' 하십니다. 하나님은 하늘이 무너지지 않게 해 놓으셨습니다. 그러나 하나님을 믿지 않는 자는 하늘이 무너지는 일을 당합니다. 그들은 헛된 것을 믿기 때문입니다. 그러나 하나님 백성은 아무리 어려운 환난이 와도 무너지지 않습니다. 성도는 미래에 대한 부정적인 생각을 버리고 믿음으로 살아야 합니다.

2. 하나님이 다윗을 택하심

하나님은 무한한 능력의 하나님이십니다. 하나님은 못하실 일이 없으십니다. 어느 누구도 하나님을 이길 수 있는 사람은 없습니다. 그런데 하나님은 사랑이 많으셔서 그분의 복을 우리에게 지속적으로 주기를 원하십니다. 그래서 하나님은 누군가를 택하기를 원하십니다. 여기서 하나님이 택하신다는 것은 어떤 사람에게 지속적으로 복을 주기로 작정하는 것을 말합니다. 그런데 하나님이 이렇게 하시는 이유는 인간이 하나님의 복에 합당하지 않고 의심이 많기 때문입니다. 이들은 하나님을 체질적으로 좋아하지 않기 때문입니다.

하나님이 인간을 아무리 사랑하시려고 해도, 인간은 하나님의 축복에만 욕심을 내지 하나님을 절대 가까이하지 않습니다. 인간은 하나님에게 매이는 것을 싫어합니다.

그런데 하나님은 한 사람을 잡으셨습니다. 그는 바로 아브라함이었습니다. 아브라함은 당시 사람들 중 하나님의 말씀을 믿은 자였습니다. 그래서 하나님은 아브라함에게 하늘의 복을 독점적으로 약속하셨습니다. 하나님이 아브라함에게 주신 복은 상속되는 복이었습니다. 하나님은 아브라함의 자손에게 하나님의 복을 잃지 않는 방법을 가르쳐 주셨습니다. 그것은 모세의 법을 어기지 않는 것이었습니다. 이스라엘 백성은 모세의 법만 어기지 않으면 자동적으로 하나님의 복을 상속받게 되어 있었습니다.

이스라엘 백성에게는 그것이 너무 어려웠습니다. 인간이 머리로는 하나님의 말씀을 지켜야 한다는 것을 인정하지만, 실제로는 세상이 좋았던 것입니다. 인간 눈에는 세상 권력과 명예가 너무 좋아 보입니다. 그래서 케케묵은 여호와의 율법을 내 마음을 다하고 뜻을 다하고 힘을 다하여 지킨다는 것은 말도 안 되는 것처럼 보입니다. 이스라엘 백성이 가나안 땅에 들어가 보니 자기들은 시대에 너무 뒤떨어져 있었습니다. 이 세상에는 배울 것도 많고, 받아들일 것도 많은데 몇 백 년 전 광야에서 하신 말씀만 믿는 것은 시대에 뒤떨어진 것이라 생각했습니다.

그런데 이스라엘 백성은 광야에서 하나님을 믿었던 그 믿음이 진짜 믿음이라는 것을 몰랐습니다. 하나님은 절대 시대에 뒤떨어지는 분이 아니십니다. 오히려 하나님은 시대를 앞서가시는 분입니다. 단지 율법의 껍질만 단단해 보이지 그 안에 들어 있는 내용은 백 퍼센트 하늘의 복입니다. 이스라엘 백성은 그 비밀을 알지 못했습니다.

그런데 하나님이 보시기에 마음에 맞는 자가 하나 있었습니다. 그 자는 작은 아이로 보잘 것 없는 목동이었습니다. 바로 다윗이었습니다. 하나님은 다윗을 왕으로 세우시고 "내 마음에 합한 사람"(행 13:22)이라고 하셨습니다. 다윗은 하나님의 율법을 읽고 묵상하며 노래했습니다. 다윗은 그런 과정 속에서 율법의 껍질을 벗게 되었습니다. 그때 다윗은 하나님의 말씀이 송이꿀보다 더 달았습니다. 다윗에게는 하나님의 말씀이 금보다 더 소중한 보물이었습니다. 다윗은 하나님의 말씀에서 빛이 나는 것을 발견했습니다.

그래서 다윗은 이렇게 말했습니다.

그때 이스라엘 백성에 대한 하나님의 태도가 변하게 되었습니다. 하나님은 목동에 불과한 다윗을 이스라엘 왕으로 세우셨습니다. 하나님은 다윗을 죽을 위기에서 여러 번 살리셨습니다.

그리고 하나님은 다윗에게 맹세하셨습니다.

> 3, 4절 "주께서 이르시되 나는 내가 택한 자와 언약을 맺으며 내 종 다윗에게 맹세하기를 내가 네 자손을 영원히 견고히 하며 네 왕위를 대대에 세우리라 하셨나이다"

하나님은 다윗 이전에는 이런 세습제를 생각하지 않으셨습니다. 그런데 하나님은 다윗이 하나님을 진실하게 믿는 것을 보시고 다윗의 자손을 완전히 믿으셨습니다. 하나님은 다윗의 후손에게 영원히 왕위가 끊어지지 않게 하겠다고 약속하셨습니다. 이것이 시편 89편의 핵심입니다. 그런데 다윗의 후손은 끊어졌고, 이스라엘과 유다는 멸망하고 말았습니다. 우리가 대대로 복을 받는 비결은 하나님을 그냥 믿는 것이 아니라, 다윗처럼 믿어야 합니다. 다윗에게는 하나님의 말씀밖에 없었습니다. 그리고 다윗은 형들같이 잘 생기지도 않았고, 사울같이 키가 크지도 않았습니다. 그뿐만 아니라 다윗은 사람들의 인정도 받지 못했습니다. 열등감과 결점이 많은 자였습니다. 그러나 다윗은 하나님의 말씀만큼은 사랑했습니다. 이것이 그가 택함 받은 이유입니다.

하나님은 다윗의 후손에게 왕위만 주신다고 약속한 것이 아닙니다. 하나님은 다윗의 후손이 오직 하나님의 말씀만 붙잡고 나가면 온 세상이 반대해도 부흥과 승리를 주겠다고 약속하셨습니다. 아무리 다윗의 자손이라도 말씀만 붙들고 나가면 많은 반대와 훼방, 그리고 상처를 받을 것입니다. 그러나 하나님은 부흥을 주십니다. 이것이 다윗 자손이 받은 약속입니다.

하나님은 이스라엘 백성이 말씀을 들을 때 온 세상에 부흥의 불을 일으키겠다고 약속하셨습니다. 이것은 목회자에게도 마찬가지입니다. 목회자가 오직 하나님의 말씀만 가지고 설교할 때 훼방이 찾아옵니다. 성도들과 주위 사람들에게서 상처도 받습니다. 그런데 어느 순간 설교에 불이 붙으면서 부흥이 일어납니다. 성도들이 변화합니다. 그렇지 않고 사람들이 듣기 좋아하는 이야기를 해서 사람들을 구름떼같이 모으는 것은 진정한 부흥이 아닙니다. 다윗의 후손은 이 사실을 믿지 못해 포로로 붙잡혀 간 것입니다.

3. 놀라운 하나님을 발견

이스라엘과 유다 백성은 본국에서 잘 살고 있을 때는 하나님의 말씀을 폐지 수준으로 생각했습니다. 그런데 이스라엘과 유다 백성이 하나님의 말씀을 버리고 세상을 따라가자 어느 순간부터 실패를 막을 수 없었습니다. 이것은 마치 롤러코스터를 타는 것 같았습니다. 하늘로 올라가더니 갑자기 땅으로 떨어지고 말았습니다. 이스라엘과 유다 백성이 처음부터 말씀에서 벗어나 모든 것이 막혔다면 고칠 수 있었을 텐데, 성공하다 떨어지니까 고칠 수 없었습니다.

이것이 하나님 백성에게 위험한 일입니다. 하나님은 우리를 시험하며 기회를 주십니다. 우리가 하나님의 말씀에서 벗어나도 세상에서 잘되는 것은 이것이 옳아서 그런 것이 아닙니다. 그리고 하나님이 바보라서 속으시는 것도 아닙니다. 하나님 백성이 얼마나 어리석은지 모릅니다. 그들은 상식적으로 말도 되지 않는 것을 믿고 따라갑니다.

이스라엘과 유다 백성은 실패한 후에야 다시 말씀을 붙들었습니다. 하나님은 포로 된 백성을 사랑하셔서 에스겔과 다니엘을 보내셨습니다.

"갈대아 땅 그발 강가에서 여호와의 말씀이 부시의 아들 제사장 나 에스겔에게 특별히 임하고 여호와의 권능이 내 위에 있으니라"_겔 1:3

그런데 쓰러진 이스라엘과 유다 백성이 말씀을 붙들고 기도하자 다시 부흥의 불이 일어났습니다. 그때 이스라엘 자손은 위대한 하나님을 되찾게 되었습니다.

5절 "여호와여 주의 기이한 일을 하늘이 찬양할 것이요 주의 성실도 거룩한 자들의 모임 가운데에서 찬양하리이다"

하나님은 하나님의 말씀을 믿는 자들에게 놀라운 일을 행하십니다. 하나님은 건물에 갇힌 분이 아니며, 교리나 교파에 제한된 분도 아닙니다. 하나님은 무한하신 분입니다. 우리가 하나님을 붙잡는 비결은 그분의 말씀을 사랑하고 믿는 것입니다.

이 때 이스라엘 자손은 깨달았습니다. 우리가 모이는 것은 세상일을 하려는 것이 아닙니다. 하나님의 말씀을 붙잡고 함께 기도할 때 부흥이 일어납니다. 하나님 백성이 합심해서 모일 때 모든 마귀를 물리칠 수 있습니다. 그 때 바벨론 같은 악한 나라가 멸망합니다. 이로써 포로들이 돌아오게 됩니다.

6절 "무릇 구름 위에서 능히 여호와와 비교할 자 누구며 신들 중에서 여호와와 같은 자 누구리이까"

많은 신과 권력자가 있습니다. 이 세상 권력자는 자신이 신인 것처럼 전쟁을 벌이고, 사람도 죽입니다. 그러나 진짜 신은 구름 위에 올라가 보아야 압니다. 하나님 보좌에서는 여호와 하나님만 참 신이십니다. 이 세상 권력자와 마귀는 가짜입니다. 그런데 온 세상을 쥐고 흔드는 것이 가짜 신입니다. 하나님 백성이 똑똑하지 못하면 가짜에 속아 전쟁에서 집니다. 설상가상으로 포로로 붙잡혀 가서 노예 생활을 하게 됩니다. 그들은 이미 돈과 세상의 노예였습니다. 그래서 노예생활을 할 수밖에 없었습니다.

그러나 사드락과 메삭, 아벳느고, 그리고 다니엘은 노예가 아니었기 때문에 불에서 구원을 받았습니다.

"느부갓네살이 맹렬히 타는 풀무불 아귀 가까이 가서 불러 이르되 지극히 높으신 하나님의 종 사드락, 메삭, 아벳느고야 나와서 이리로 오라 하매 사드락과 메삭과 아벳느고가 불 가운데에서 나온지라"_단 3:26

또한 하나님은 다니엘을 사자 굴에서 지켜 주셨습니다.

"나의 하나님이 이미 그의 천사를 보내어 사자들의 입을 봉하셨으므로 사자들이 나를 상해하지 못하였사오니 이는 나의 무죄함이 그 앞에 명백함이오며 또 왕이여 나는 왕에게도 해를 끼치지 아니하였나이다 하니라 왕이 심히 기뻐서 명하여 다니엘을 굴에서 올리라 하매 그들이 다니엘을 굴에서 올린즉 그의 몸이 조금도 상하지 아니하였으니 이는 그가 자기의 하나님을 믿음이었더라"_단 6:22, 23

7절 "하나님은 거룩한 자의 모임 가운데에서 매우 무서워할 이시오며 둘러 있는 모든 자 위에 더욱 두려워할 이시니이다"

여기서 '거룩한 자의 모임'은 천사들을 말합니다. 그러나 성도도 거룩한 자의 모임입니다. 성도가 모인 곳에 영광과 권세가 있고, 하나님의 능력이 있습니다.

8절 "여호와 만군의 하나님이여 주와 같이 능력 있는 이가 누구리이까 여호와여 주의 성실하심이 주를 둘렀나이다"

하나님은 참 능력이 있는 분이십니다. 하나님처럼 능력 있는 분은 아무도 없습니다. 이 세상 권력자들은 모두 엉터리 능력을 가지고 있습니다. 하나님은 무에서 유를 창조하시며, 죽은 자도 살리시는 분입니다. 하나님은 쓰러진 인생을 아름답게 재창조하십니다. 하나님은 모든 천사보다 더 두려워할 분이십니다. 다른 것은 아무것도 두려워할 필요가 없습니다.

사도 바울은 이렇게 말합니다.

"내가 확신하노니 사망이나 생명이나 천사들이나 권세자들이나 현재 일이나 장래 일이나 능력이나 높음이나 깊음이나 다른 어떤 피조물이라도 우리를 우리 주 그리스도 예수 안에 있는 하나님의 사랑에서 끊을 수 없으리라"_롬 8:38, 39

세상의 환상에 속지 마시기 바랍니다. 성도의 모임 가운데 하나님을 만날 수 있길 바랍니다. 주 안에서 빛을 비추며 미래를 바라보길 바랍니다.

96

시 89:9-24

하나님의 능력

우리는 예측할 수 없는 불안한 시대를 살아가고 있습니다. 우리가 속한 가정과 사회에서 늘 불안을 경험합니다. 특히 우리나라는 혹시라도 북한이 핵무기나 미사일을 가지고 전쟁을 일으키지는 않을까 걱정하고 있습니다. 만일 내가 걱정하는 일을 해결해 줄 수 있는 책임자를 잘 알고 있다면, 그는 이 모든 어려움이 일어나지 않게 우리를 최우선적으로 도와줄 것입니다. 그런데 우리에게는 그런 분이 한 분 있습니다. 그분은 바로 여호와 하나님이십니다. 그분은 우리가 당하는 모든 어려움을 최우선적으로 해결해 주십니다.

시편 89편은 아주 장엄한 시입니다. 시편 기자는 하나님이 온 하늘 위의 주인이시며, 바다의 파도도 다스리신다고 말씀하고 있습니다. 하늘과 땅, 바다가 모두 하나님의 것입니다. 하나님은 능력이 무한하신 분입니다. 그런데 하나님의 능력이 아무리 무한하시다 해도, 그 능력이 집중되면 아주 강력한 힘을 나타냅니다.

나무에 못을 박을 때 날카로운 송곳으로 힘을 집중시키면 쉽게 구멍을 뚫을 수 있습니다. 마찬가지로 하나님의 능력은 온 우주에 퍼져 있고, 온 세상이 하나님의 능력으로 운영됩니다. 하지만 하나님은 그 능력을 한 나라에 집중시키셨습니다. 그 나라가 이스라엘입니다. 그리고 하나님은 이스라엘에 집중된 능력을 한 사람에게 집중시키셨습니다. 그 사람이 바로 다윗입니다. 그래서 다윗은 물맷돌 하나로 거인 골리앗을 물리칠 수 있었습니다. 또한 다윗은 이스라엘을 사십 일 동안의 치욕에서 건져냈습니다. 많은 블레셋 사람들도 물리칠 수 있었습니다.

그러나 시편 89편 후반부를 보면 이스라엘 백성에게는 그 믿음이 없었습니다. 이스라엘 백성은 자신들이 얼마나 위대한 백성인가 하는 자아상이 없었습니다. 그래서 이스라엘은 멸망하고, 유다는 치욕을 당했습니다. 오늘날 하나님은 모든 능력을 우리에게 집중시키고 계십니다. 하나님은 그중에서도 그의 말씀에 집중하고 계십니다. 우리는 자신이 어떤 사람인지 아는 것이 아주 중요합니다. 우리는 우리 자신을 세상적인 잣대로 판단해서는 안 됩니다. 세상 사람들이 하는 이야기에 흔들려서도 안 됩니다.

1. 바닷속에 있는 용을 죽이시는 하나님

옛날 사람들에게는 무서운 것이 몇 가지 있었습니다. 한 가지는 배를 타고 바다를 건너는 것이었습니다. 바닷가는 자주 폭풍이 밀어닥칩니다. 특히 지중해는 겨울이면 바다에 나가는 것 자체가 불가능할 정도로 예측할 수 없는 폭풍이 갑자기 밀어닥칩니다. 로마도 처음 카르타고와 전쟁할 때 전쟁에서는 이겼지만, 갑자기 폭풍이 밀어닥치는 바람에 로마 군인이 모두 바다에 빠져 죽고 말았습니다. 이렇듯 바다에서 밀어닥치는 폭풍은 왕도,

장군도 어떻게 할 수 없습니다. 옛날 사람들은 바닷속에 거대한 용이 살고 있어 이런 폭풍을 일으킨다고 생각했습니다.

다른 한 가지는 비가 오지 않는 것이었습니다. 특히 이스라엘에는 몇 년 동안 비가 한 방울도 내리지 않을 때가 있었습니다. 이것은 그들에게 무서운 일이었습니다. 또 다른 한 가지는 전쟁이었습니다. 사람들은 농사일을 하다 갑자기 군대가 들이닥치면 아무 대책 없이 죽거나 노예로 붙잡혀 갈 수밖에 없었습니다.

욥기를 보면, 욥은 폭풍과 전쟁을 만났습니다. 욥은 성공해서 행복하게 살고 있었습니다. 그런데 갑자기 강한 바람이 불어와 가족이 있는 집을 무너뜨렸습니다. 그래서 자녀들이 죽었습니다.

"그가 폭풍으로 나를 치시고 까닭 없이 내 상처를 깊게 하시며"_욥 9:17

그리고 다른 나라 군대가 갑자기 쳐들어와 종들을 죽이고, 가축도 다 빼앗아갔습니다. 심지어 욥은 병까지 걸렸습니다. 인간은 모두 행복하게 살기를 원합니다. 그런데 우리 힘으로 할 수 있는 것이 아무것도 없습니다. 인간은 세상의 변화 앞에 속수무책으로 당하고 맙니다. 우리 몸에 큰 병이 생기면 내 힘으로 감당하지 못합니다. 우리는 빨리 의사의 치료를 받아야 합니다.

그런데 시편 기자는 한 가지 사실을 알았습니다. 하나님은 불확실한 세상 속에서 우리를 건지십니다. 하나님은 모든 불행을 치료할 수 있는 능력을 가지고 계십니다. 그분은 바로 만군의 여호와 하나님이십니다. 이스라엘 백성은 출애굽한 후 하나님이 홍해에서 바다의 용을 죽이시는 것을 보았습니다.

9, 10절 "주께서 바다의 파도를 다스리시며 그 파도가 일어날 때에 잔잔하게 하시나이다 주께서 라합을 죽임 당한 자같이 깨뜨리시고 주의 원수를 주의 능력의 팔로 흩으셨나이다"

이스라엘 백성도 우리와 같이 연약한 인간입니다. 그들은 하나님의 능력으로 애굽은 탈출했지만, 그만 홍해 앞에 막히고 말았습니다. 이스라엘 백성 앞에는 홍해가 막혀 있고, 양쪽에는 산들이 둘러싸여 있었습니다. 더욱이 뒤에서는 애굽 군대가 이스라엘 백성을 죽이려고 병거를 몰고 맹렬하게 추격하고 있었습니다.

하필이면 이스라엘 백성이 홍해까지 왔을 때 풍랑이 아주 세게 불었습니다. 강한 파도는 이스라엘 백성이 바다에 한 치도 발을 들여놓지 못하게 위협했습니다. 이스라엘 백성은 바닷속에 있는 악한 용이 자기들을 잡아먹으려 한다고 생각했습니다. 그 용이 바로 라합이었습니다. 바닷속에 사는 무시한 용이 성난 파도를 일으키는 바람에 이스라엘 백성은 배가 있다 해도 그 바다를 건널 수 없었습니다.

그런데 하나님은 파도를 잔잔하게 하셨습니다. 하나님은 이스라엘 백성이 바다에 들어가기 전에 먼저 성난 파도를 다스리셨습니다. 그 후 이스라엘 백성은 놀라운 장면을 보았습니다. 하나님은 홍해를 갈라지게 하셨습니다. 이스라엘 백성은 하나님이 거대한 바다 용의 배를 가르시는 것으로 생각했습니다. 하나님은 이스라엘 백성의 앞길을 가로막고, 그들을 몰살시키려 한 거대한 용의 배를 가르셨습니다. 하나님은 바다 용을 죽이고 능력으로 깨뜨리셔서 이스라엘 백성으로 하여금 바다를 걸어서 건너가게 하셨습니다.

이것은 우리에게도 마찬가지입니다. 우리가 앞길이 잘 열리지 않는 것은 악한 마귀가 길을 막고 있기 때문입니다. 그때 하나님을 원망하면 안 됩니다. 조용히 하나님을 바라볼 때 하나님은 먼저 파도를 잔잔하게 하십니다. 그 후 용을 물리치사 우리의 앞길을 열어 주십니다. 하나님은 이스라엘을 죽이려고 쫓아오는 원수를 능력의 팔로 흩으셨습니다. 하나님은 애굽 군대를 바다에서 모두 몰살시키셨습니다. 그래서 우리는 눈에 보이지 않지만, 우리의 진로를 막고 못 가게 하는 이 악한 세력을 물리쳐 달라고 하나님께 기도해야 합니다. 이 라합을 물리치기 위해서는 오직 하나님의 말씀에 순종해야 합니다. 우리의 길이 막힌 것은 다른 길이 없다는 뜻입니다. 이 때 아무리 다른 길로 가려 해도 길은 열리지 않습니다. 이것은 우리가 하나님의 택한 백성이며, 홍해를 갈라야 살 수 있다는 증거입니다. 우리는 모세같이 하나님을 향해 손을 뻗어야 합니다.

옛날 사람들은 주로 농사와 목축을 주업으로 했습니다. 그래서 비는 무척 중요했습니다. 비가 오지 않으면 풀과 나무, 밀이 죽어 사람들은 굶어 죽을 수밖에 없었습니다. 물론 부자들은 몇 달 혹은 몇 년씩 먹을 것을 쌓아 놓지만, 가난한 자들은 살 수 없었습니다. 그래서 가나안 사람들은 바알을 믿었습니다. 바알이 비를 내리는 신이라 믿었기 때문입니다.

이스라엘 백성은 원래 목축하던 자들이었는데, 가나안 땅에 들어가면서 농사를 짓게 되었습니다. 그래서 이스라엘 백성도 바알을 섬겼습니다. 그런데 이 세상에 비를 내리시는 분은 하나님입니다. 특히 비를 만드시는 것은 하나님만의 중요한 기술입니다. 하나님은 바다의 물을 아주 가늘게 증발시키셔서 하늘의 구름을 만드셨습니다. 이 구름은 지구의 온도를 조절하는 역할을 합니다. 만일 구름이 없으면, 지구 온도가 너무 올라가서 모두 타 죽고 맙니다. 그러다 구름이 어느 정도 무거워지면 물방울이 되어 땅에 떨어집니다. 그러나 큰 물방울이 떨어지면 사람과 짐승이 위험할 수 있습니다. 그래서 물방울은 공기의 마찰로 아주 작은 비가 되어 땅을 적시게 됩니다.

11절 "하늘이 주의 것이요 땅도 주의 것이라 세계와 그중에 충만한 것을 주께서 건설하셨나이다"

하늘과 땅이 모두 하나님의 것입니다. 세계에 충만한 모든 것이 하나님의 것입니다. 그런데 이 모든 생명체는 물이 없으면 죽습니다. 하나님은 바로 이 물을 주시는 분입니다. 이스라엘 백성은 광야에서 이것을 경험했습니다. 광야는 마실 물이 전혀 없는 곳이었습니다. 거기에는 강도, 우물도, 호수도 없었습니다. 그런데 모세가 반석을 지팡이로 치자 거기서 물이 쏟아져 나왔습니다. 반석에서 물이 터져 나온 것입니다.

세상 사람은 하늘에서 내리는 비로 살지만, 이스라엘 백성은 반석에서 솟아나는 기적의 물로 삽니다. 이들은 하나님의 말씀에 순종해서 반석을 친 믿음의 사람들입니다. 하늘과 땅이 다 주의 것입니다. 거기에 충만한 것도 다 하나님의 것입니다.

옛날 사람들은 전쟁도 두려워했습니다. 전쟁이 일어나면 사람들은 재산은 물론 가족까지 빼앗겨야 했습니다. 자기 목숨도 잃을지 몰랐습니다. 그런데 하나님은 오직 이스라엘을 특별 구역으로 정하셨습니다.

12, 13절 "남북을 주께서 창조하셨으니 다볼과 헤르몬이 주의 이름으로 말미암아 즐거워하나이다 주의 팔에 능력이 있사오며 주의 손은 강하고 주의 오른손은 높이 들리우셨나이다"

다볼 산과 헤르몬 산은 이스라엘 중부와 북부에 있습니다. 이스라엘 백성은 전쟁이 일어나면 이 산으로 도망칠 수밖에 없었습니다. 그런데 적들은 이 산까지 쫓아왔습니다.

여 사사 드보라 때 다볼 산에서 큰 전투가 벌어졌습니다. 그런데 하나님은 남과 북을 창조하셨습니다. 하나님은 이스라엘의 북쪽과 남쪽 한계를 정하셔서 적들이 침략하지 못하게 하셨습니다.

지정학적으로 보면, 이스라엘은 아시아와 아프리카, 유럽을 잇는 중간 지점에 위치합니다. 그래서 전쟁이 일어나지 않는다는 것이 불가능했습니다. 그러나 '주의 팔에 능력이 있사오며 주의 손은 강하고 주의 오른손은 높이 들리우셨기' 때문에 군대가 쳐들어올 수 없었습니다.

> 14절 "의와 공의가 주의 보좌의 기초라 인자함과 진실함이 주 앞에 있나이다"

하나님은 정의로운 분이기 때문에 사람을 차별하지 않으십니다. 하나님은 누구든지 하나님의 말씀을 믿으면 사랑하십니다. 누구든지 하나님의 말씀대로 살아가면 하나님은 비를 주시고, 앞길도 열어 주십니다. 또한 전쟁을 막아 주십니다.

2. 하나님 백성의 기쁨

우리가 세상에서 가질 수 있는 최고의 복은 하나님을 알고, 믿게 된 것입니다. 하나님은 온 우주의 주인이십니다.

예수님은 사마리아 수가 성에서 한 여인을 만났습니다. 그리고 이렇게 말씀하셨습니다.

"사마리아에 있는 수가라 하는 동네에 이르시니
야곱이 그 아들 요셉에게 준 땅이 가깝고 사마리아 여자 한 사람이

물을 길으러 왔으매 예수께서 물을 좀 달라 하시니"_요 4:5, 7

그랬더니 그 여인은 아주 쌀쌀맞게 말했습니다.

"사마리아 여자가 이르되 당신은 유대인으로서 어찌하여 사마리아 여자인 나에게 물을 달라 하나이까 하니 이는 유대인이 사마리아인과 상종하지 아니함이러라"_요 4:9

그때 예수님은 그 여인에게 이렇게 말씀하셨습니다.

"예수께서 대답하여 이르시되 네가 만일 하나님의 선물과 또 네게 물 좀 달라 하는 이가 누구인 줄 알았더라면 네가 그에게 구하였을 것이요 그가 생수를 네게 주었으리라"_요 4:10

지금 여인에게 물을 달라고 하신 분은 하나님의 아들이셨습니다. 그는 여호와 하나님이셨습니다. 예수님은 그 여인에게 새로운 삶을 주려고 오셨습니다. 죄 용서와 성령의 생수를 선물로 주려고 오신 것입니다.

"예수께서 대답하여 이르시되 이 물을 마시는 자마다 다시 목마르려니와 내가 주는 물을 마시는 자는 영원히 목마르지 아니하리니 내가 주는 물은 그 속에서 영생하도록 솟아나는 샘물이 되리라"_요 4:13, 14

우리는 하나님을 믿는다 하면서도 끊임없이 세상의 잣대로 우리 자신을 판단합니다. 그러나 우리 인생에서 가장 놀라운 성공은 하나님을 믿는 것입니다. 우리가 하나님, 더욱이 하나님의 아들을 믿게 된 것은 하나님의 집안에 들어가서 모든 것을 가질 수 있게 된 것을 의미합니다.

15절 "즐겁게 소리칠 줄 아는 백성은 복이 있나니 여호와여 그들이 주의 얼굴 빛 안에서 다니리로다"

'즐겁게 소리칠 줄 아는 백성'은 어떤 백성을 말합니까? 하나님을 알고, 믿는 자들을 말합니다. 여기에 보면 또 다른 음성이 들립니다. '여호와여 그들이 주의 얼굴 빛 안에서 다니리로다.' 바로 여호와 하나님은 모든 축복의 비밀인 분이십니다. 하나님을 모르는 자들은 하나님의 얼굴 빛을 늘 피해 다닙니다. 그들은 하나님의 축복이 주는 찬란한 빛이 싫어 어두운 축복을 챙기면서 만족합니다.

그러나 우리는 즐겁게 소리칠 줄 아는 자들입니다. 우리는 생명의 근원과 능력의 본질을 찾았기 때문입니다. 우리는 모든 축복의 근원을 찾았기 때문에 즐겁게 소리칠 수 있습니다. 우리가 당면한 어려운 문제는 이제 완전하게 해결되었습니다. 이제 내 자신의 가치와 아름다움을 찾았기 때문에 너무 기쁩니다. 우리는 하나님의 얼굴 빛 안에서 다니게 됩니다. 하나님은 우리를 하루 종일 보며, 지키고 계시기 때문에 마귀가 일체 틈을 탈 수 없습니다.

물론 우리는 불편할 수 있습니다. 그래서 때때로 하나님의 얼굴 빛을 피하려고 합니다. 그것은 우리가 마음으로 하나님을 부정하는 것입니다. 우리가 하나님의 얼굴 빛 안에 살아야 마귀가 틈을 타지 못합니다.

16, 17절 "그들은 종일 주의 이름 때문에 기뻐하며 주의 공의로 말미암아 높아지오니 주는 그들의 힘의 영광이심이라 우리의 뿔이 주의 은총으로 높아지오리니"

하나님은 온 세상을 창조하신 능력을 우리 믿는 자에게 집중시키십니다.

그래서 하나님 백성은 세상 사람들에 비해 백 배 이상의 능력을 나타낼 수 있습니다. 우리에게는 하나님의 기름 부으심이 있기 때문입니다. 나무에 불을 붙여도 불이 잘 붙지만, 기름에 불을 붙이면 더 잘 붙습니다. 그러나 나무에 물이 젖어 있으면 아무리 불을 붙여도 붙지 않습니다. 세상 사람들은 모두 젖은 나무와 같습니다. 그래서 불을 붙이기가 아주 어렵습니다.

그러나 성령의 기름은 나무와 돌, 심지어는 젖은 나무에도 불이 붙게 합니다. 우리 모두 기름만 준비되면 얼마든지 성공할 수 있습니다. '그들의 힘'에는 영광이 있습니다. 이것은 하나님의 능력이 나타나는 영광입니다. 그리고 '우리의 뿔'은 강하고 높습니다.

> **18절** "우리의 방패는 여호와께 속하였고 우리의 왕은 이스라엘의 거룩한 이에게 속하였기 때문이니이다"

이스라엘 백성이 사용한 방패는 이상하게도 적의 공격을 잘 막아냈습니다. 그들의 방패는 모든 적의 불화살을 막아냈습니다. 그들이 사용한 방패는 하나님의 방패였습니다. 하나님 나라의 방패를 쓰자 마귀의 불화살이 뚫지 못했습니다. 그리고 이스라엘 왕은 전쟁하는 데 지치지 않았습니다. 그는 하나님의 손에 붙들렸기 때문입니다. 하나님이 지치지 않으시니까 왕도 지치지 않았습니다.

3. 다윗을 찾아내신 하나님

하나님은 그분의 능력을 특별히 나타내기 위해 이스라엘을 택하셨습니다. 이스라엘 백성은 모두 특별한 자들입니다. 그들에게는 성령의 기름 부음이 있기 때문입니다. 그들은 이 세상에 사는 천사입니다. 그러나 아무리 이스라엘 백성이라도 인간이기 때문에 세상을 사랑하지 않을 수 없습니다. 이 세상의 화려함에 눈이 멀지 않을 수 없습니다. 그래서 이스라엘 백성은 자주 길을 잃어버렸습니다. 자신의 정체성을 잃고 세상을 따라가기도 했습니다. 그래서 하나님은 이스라엘 백성이 흔들림 없이 하나님을 따라갈 수 있도록 그분의 능력을 한 사람에게 집중시키셨습니다.

> 19절 "그때에 주께서 환상 중에 주의 성도들에게 말씀하여 이르시기를 내가 능력 있는 용사에게는 돕는 힘을 더하며 백성 중에서 택함 받은 자를 높였으되"

하나님은 환상 중에 성도들에게 말씀하셨습니다. 하나님이 우리에게 아무리 말씀하셔도 우리는 그것을 깨닫지 못할 때가 많습니다. 우리는 인간이기에 세상을 따라가게 되어 있습니다. 그래서 하나님은 그의 백성에게 목자를 주기로 결심하셨습니다. 양은 길도 모르고, 고집도 세지만 목자를 따라가면 살 수 있습니다. 그래서 하나님은 이스라엘 백성을 말씀으로 인도해 줄 사람을 찾아내셨습니다. 하나님은 그에게 능력을 더해 주셨습니다. 그를 더 존귀하게 하셔서 모든 이스라엘 백성이 항상 부흥할 수 있게 하셨습니다. 그가 바로 다윗이었습니다.

하나님은 다윗을 찾아내셨다고 말씀합니다.

> 20절 "내가 내 종 다윗을 찾아내어 나의 거룩한 기름을 그에게 부었도다"

여기서 '내가 내 종 다윗을 찾아내어'라는 구절은 하나님이 설마 다윗을 알고 계실 줄은 이 세상 어느 누구도 알지 못했다는 것을 의미합니다. 다윗 자신도 하나님이 자기를 찾아내실 줄은 몰랐습니다. 하나님은 숨어 있던 다윗을 찾아내 그에게 기름 부으셨습니다.

오늘도 하나님은 숨어 있는 신실한 종을 찾고 계십니다. 세상에서 사람의 인정을 받으려 하는 자는 실격입니다. 하나님은 모든 사람의 중심을 보십니다. 하나님은 기름 부어 사용하실 종을 찾고 계십니다. 사람이 알아주지 않는다 해도 하나님은 우리를 알고 계십니다. 하나님은 우리가 준비되기를 바라십니다. 우리는 하나님이 기회만 주시면 불을 붙일 수 있어야 합니다.

> **21-24절** "내 손이 그와 함께하여 견고하게 하고 내 팔이 그를 힘이 있게 하리로다 원수가 그에게서 강탈하지 못하며 악한 자가 그를 곤고하게 못하리로다 내가 그의 앞에서 그 대적들을 박멸하며 그를 미워하는 자들을 치려니와 나의 성실함과 인자함이 그와 함께하리니 내 이름으로 말미암아 그의 뿔이 높아지리로다"

얼마나 아름답고 귀한 말씀입니까? 그러나 하나님이 기름 부으신 종은 다른 사람에게서 시기와 미움을 당합니다. 그에게 하나님의 특별한 능력이 나타나기 때문입니다. 하나님은 그의 택한 종으로 하여금 원수를 이기게 하십니다. 또한 하나님은 그의 택한 종을 미워하는 자를 멸하십니다. 하나님은 우리의 뿔을 더 높이십니다. 이것은 교만의 뿔이 아닙니다.

우리는 모두 하나님의 특별한 백성이며, 기름 부음 받은 자들입니다. 우리는 하나님 백성 고유의 아름답고 존귀한 자아상을 회복해야 합니다. 즐겁게 소리칠 줄 아는 백성은 복이 있습니다. 하나님을 믿는 것으로 즐겁게 소리치는 성도들이 되기 바랍니다.

97

시 89:25-52

이해되지 않는 현실

우리는 주위에서 원래 모습에서 너무 변해 이 사람이 과연 옛날 그 사람인지 도저히 알아보지 못할 때가 많습니다. 한 친구가 있었는데, 그는 아주 부잣집 아들이고, 돈도 많아 외국으로 유학을 갔습니다. 그런데 어느 날 보니 알코올에 찌들어서 노숙자가 되어 있었습니다. 아마 아무도 이 현실을 믿으려 하지 않을 것입니다. 또 어떤 분은 유명한 교수였습니다. 그런데 그는 치매에 걸려 자기가 누구인지도 모르고, 남루한 옷을 입은 채 거리를 헤매고 있었습니다. 이 또한 아무도 그를 알아보지 못할 것입니다.

병원 중환자실에 가 보면, 병에 걸려 원래 모습에서 너무 달라진 환자 분을 볼 수 있습니다. 이런 것을 보면 병이 얼마나 무서운지 알 수 있습니다. 그러나 병보다 더 무서운 것이 교만과 죄입니다. 자기가 최고인 줄 알고 한 순간 판단을 잘못하면 인생에서 바닥으로 떨어지고 맙니다.

하나님은 온 천하를 창조하신 무한한 능력을 이스라엘과 교회에 집중시키셨습니다. 이것은 마치 돋보기로 햇빛을 모으면 종이를 태울 수 있는 것과 같습니다. 그래서 이스라엘과 교회는 하나님의 강한 능력이 집중되는 곳입니다. 그런데 하나님은 그 능력을 다시 한 사람에게 집중시키셨습니다. 바로 다윗과 그의 자손이었습니다.

그러나 지금 유다는 너무 비참한 모습입니다. 유다는 멸망했고, 예루살렘과 성전은 불타 재가 되었습니다. 백성은 모두 죽고, 다윗 자손은 포로가 되어 먼 바벨론 땅에서 노예 생활을 했습니다. 이스라엘 백성은 자신들의 비참해진 모습이 이해되지 않았습니다. 그래서 하나님께 질문합니다. "하나님, 우리가 왜 이렇게 되었습니까? 하나님은 유다 백성과 다윗 자손을 버리지 않겠다고 약속하셨는데, 어떻게 그 약속을 이렇게 팽개치실 수 있습니까?" 그것은 유다 백성과 지도자들이 하나님의 말씀을 업신여긴 결과였습니다. 유다 백성과 지도자들은 자신들의 성공에 도취되어 교만과 죄를 낳았기 때문입니다.

1. 하나님의 위대한 약속

사람이 낮은 위치에서 넘어지면 넘어져도 충격이 적습니다. 그러나 아주 높은 위치에서 떨어지면 충격이 커서 살 수 없게 됩니다. 하물며 하나님의 종으로서 능력 있는 종이 된다는 것은 굉장히 두려운 일입니다. 하나님의 능력이 나타나고, 부흥이 일어나는 것은 이 세상 어떤 권력보다 훨씬 높은 자리에 올라가는 것이기 때문입니다.

사람 앞에서 하나님의 말씀을 선포함으로써 그분의 능력이 나타나는 것은 천사 같은 존재가 되는 것입니다. 하나님은 그의 신실한 종에게 영광과 능력을 약속하셨습니다.

25절 "내가 또 그의 손을 바다 위에 놓으며 오른손을 강들 위에 놓으리니"

여기서 '그의 손을 바다 위에 놓으며 오른손을 강들 위에 놓으리니'라는 구절은 하나님이 그의 신실한 종에게 모세와 여호수아 같은 능력을 주시겠다는 뜻입니다. 물론 하나님은 모든 일을 똑같이 행하시지 않습니다. 그러기에 모세 다음에 홍해를 가른 자가 없었고, 여호수아 외에 요단 강을 건너가게 한 자도 없었습니다. 그러나 하나님의 큰 능력은 바다와 강을 가르기 이전에 하늘을 여는 능력에서 나타납니다. 그래서 엘리야 선지자는 하늘을 열고 닫는 능력으로 비가 오게 하거나 오지 않게 할 수 있었습니다. 하나님의 종에게는 하나님의 응답을 가져올 수 있는 약속이 있습니다. 이 약속은 세상 어느 누구도 흉내낼 수 없습니다.

예수님은 제자들에게 이렇게 말씀하셨습니다.

"이르시되 너희 믿음이 작은 까닭이니라 진실로 너희에게 이르노니 만일 너희에게 믿음이 겨자씨 한 알 만큼만 있어도 이 산을 명하여 여기서 저기로 옮겨지라 하면 옮겨질 것이요 또 너희가 못할 것이 없으리라"_마 17:20

만일 산을 옮겨 바다에 빠뜨리면, 이것은 엄청난 지진이 일어나는 것입니다. 예수님은 우리가 기도하면 산을 옮기는 것 같은 폭발력이 나타난다고 말씀하셨습니다. 우리가 이 약속을 믿는다면 강력한 무기가 필요 없을 것입니다. 단지 이런 능력이 어떻게 나타나는지 잘 모르는 것이 문제입니다.

26절 "그가 내게 부르기를 주는 나의 아버지시요 나의 하나님이시요 나의 구원의 바위시라 하리로다"

우리에게 아버지가 있다는 것이 얼마나 대단한 일입니까? 아들은 아버지가 있기 때문에 모든 것을 물려받을 수 있습니다. 아들은 아버지가 있기 때문에 중요한 문제를 의논할 수 있고, 도움도 받을 수 있습니다. 우리에게 하나님이 있다는 것이 얼마나 값진 일입니까? 우리가 어려운 일을 만날 때 기도할 수 있는 믿음의 대상이 있다는 것이 얼마나 대단한 일입니까?

하나님은 온 세상을 창조하신 창조주이십니다. 하나님은 '구원의 바위'이십니다. 큰 홍수가 나서 강물이 모든 것을 쓸고 내려갈 때 큰 바위 위에서 있으면 안전합니다. 또한 뜨거운 햇빛이 비치는 더운 여름, 바위 그늘 아래 있으면 더위를 피할 수 있습니다. 더욱이 비바람이 불어올 때 바위 안에 들어가 있으면, 추위와 비를 피할 수 있습니다. 물이 없어 갈증으로 죽어갈 때, 이 바위를 치면 생수가 터져 나옵니다. 다시 말해, 이 바위는 만능 바위입니다. 하나님의 백성에게는 이 만능 바위가 하나씩 있습니다.

27절 "내가 또 그를 장자로 삼고 세상 왕들에게 지존자가 되게 하며"

우리는 하나님의 '장자'입니다. 장자는 다른 모든 아들을 대표하는 아들입니다. 이 세상을 대표하는 자는 대통령도, 대기업 회장도 아닙니다. 이 세상을 대표하는 자는 하나님의 종과 백성입니다.

성경은 우리를 가리켜 이렇게 말합니다.

"그러나 너희는 택하신 족속이요 왕 같은 제사장들이요 거룩한 나라요 그의 소유가 된 백성이니 이는 너희를 어두운 데서 불러내어 그의 기이한 빛에 들어가게 하신 이의 아름다운 덕을 선포하게 하려 하심이라"_벧전 2:9

성경은 우리가 '왕 같은 제사장'이라고 말씀합니다. 우리는 이 세상을 대표하는 장자입니다. 하나님은 우리를 보시며, 우리의 이야기도 들어주십니다. 이 세상에 은혜를 내려주십니다. 그래서 하나님은 '세상 왕들에게 지존자가 되게' 할 것이라고 말씀하셨습니다. 여기서 '지존'은 하나님 같은 존재를 말합니다. 이 세상 왕들로 하여금 감히 가까이할 수 없는 위대한 사람이 되게 하십니다. 그러나 하나님의 종이 된다는 것은 위험한 일입니다.

우리가 하나님의 종이 되어 축복받는 것은 좋은 일이지만, 그것을 감당하는 것은 너무 어렵습니다. 사울은 갑자기 이스라엘 왕이 되고 보니 불안해서 견딜 수 없었습니다. 그래서 그는 하나님의 말씀이 아닌 용병들을 의지해 정치하려고 했습니다. 결국 그는 우울증과 정신 분열증으로 고통을 당해야 했습니다. 결국 사울은 정신적인 공허함을 이기지 못해 무당까지 찾아갔습니다. 그곳에서 죽은 사무엘의 음성을 들으려다가 저주를 받았습니다. 그 다음 날 전쟁에서 세 아들과 함께 죽게 됩니다.

다윗은 하나님의 영감으로 시편을 쓰고, 폭포수 같은 능력으로 모든 전쟁도 이겼습니다. 하지만 위대한 왕이 된 다윗도 그 능력을 감당하지 못해 성범죄에 빠지고 말았습니다. 아들 압살롬이 다윗을 왕좌에서 쫓아내 그는 방랑하게 됩니다. 그러나 다윗은 하나님의 말씀을 다시 붙잡고 회복됩니다.

한편 솔로몬은 하나님의 말씀대로 나라를 다스리기 위해 일천 번제까지 드렸습니다. 하지만 부와 명예, 권력을 누리게 되니 성적 욕심에 빠졌습니다. 그는 부인이 천 명이나 되었습니다. 다른 왕들도 하나님의 말씀대로 살지 못하고 광기에 빠져 우상을 숭배했습니다. 여기서 우리는 인간이 얼마나 무서운 존재인지 알 수 있습니다.

그러나 하나님은 영원한 인자를 약속하셨습니다.

28절 "그를 위하여 나의 인자함을 영원히 지키고 그와 맺은 나의 언약을 굳게 세우며"

여기서 '인자함'은 죄인에 대한 한없는 긍휼과 자비를 의미합니다. 하나님은 인간이 얼마나 연약하며 믿음이 없는지 알고 계십니다. 하나님은 우리가 유혹에 얼마나 잘 넘어지는지 알고 계십니다. 그래서 하나님은 우리가 하나님 앞에 정직하면 모든 것을 책임져 주십니다. 오히려 하나님은 넘어진 우리를 더 사랑하고 이해하십니다. 그리고 축복해 주십니다.

하나님의 종과 백성에게는 정직이 생명입니다. 우리가 하나님 앞에서 죄 없다고 주장하며, 다른 사람의 허물을 가지고 공격하면 하나님은 모든 은혜를 거두어 가십니다. 우리는 하나님 앞에서 완전하려고 해서는 안 됩니다. 우리는 하나님 앞에서 부족한 죄인입니다. 우리가 그것을 하나님 앞에서 인정할 때 넘어지지 않습니다.

캐나다의 여성 작가 루시 모드 몽고메리가 쓴 『빨강머리 앤』은 허구의 이야기입니다. 고아원의 실수로 여자 아이 앤이 남자 아이를 원하는 늙은 남매가 사는 집에 보내지게 됩니다. 이 분들은 이 공상 많고 실수를 저지르는 아이와 함께 살게 됩니다. 후에 이 아이는 공부를 잘해 초등 교사가 되는 아카데미에 입학합니다. 그때 아이를 키운 머릴라가 "네가 커서 완전히 떠날 것이 두렵다"고 하자 앤은 "저는 영원히 그린 게이블의 앤이고, 머릴라와 매튜의 앤이에요"라고 이야기합니다.

하나님은 우리를 사랑하셔서 모든 복을 주고 싶어 하십니다. 그런데 우리는 복을 받고 나면 하나님을 떠나려 합니다. 인간은 누구나 더 넓은 세계로 나가기를 원합니다. 인간은 하나님을 인정하지 않는 지성의 세계로 나가기를 원합니다. 인간을 최고로 생각하는 문명의 세계로 나가기를 원합니다. 우리는 하나님 말씀이 잔소리라고 생각합니다. 우리를 잡아매어 아무것도 하지 못하게 가둔다고 불평합니다. 그러나 그때 우리가 하나님께 '우리는 영원히 하나님을 떠나지 않습니다. 우리는 하나님의 어린 아이이고, 하나님의 길 잃은 양입니다'라고 고백하면 하나님은 그 언약을 지키십니다.

우리는 하나님의 말씀을 붙잡고 정직하게 행하면 절대 떨어지지 않습니다.

2. 다윗 자손에게 주신 약속

부흥과 하나님의 축복은 계속해서 흘러가야 합니다. 만일 여름철 소나기같이 한순간만 흐르다 끊어지면 굉장히 답답할 것입니다. 그러나 교회사를 보더라도 성령의 역사가 지속되지 못하고, 오랫동안 끊어진 것을 볼 수 있습니다. 하나님 백성에게 성령의 역사가 멈추면 미신과 우상 숭배가 가득하게 됩니다. 자살과 동성애, 정신 질환과 탈선이 가득하게 됩니다. 하나님 백성은 하나님의 은혜를 끊임없이 흘러 보내야 합니다. 그런데 인간은 성공하면 교만해집니다. 그러면 하나님의 은혜에서 멀어지게 됩니다.

29절 "또 그의 후손을 영구하게 하여 그의 왕위를 하늘의 날과 같게 하리로다"

하나님은 다윗에게 계속해서 왕위와 부흥을 주겠다고 약속하셨습니다. 이것이 사무엘하 7장의 다윗 언약입니다. 이 언약의 배경은 다윗이 하나님의 성전을 지으려고 한 열정에서 나온 것입니다. 다윗은 하나님의 성전을 사모한 나머지 당시 낡은 천막으로 되어 있던 하나님의 성전을 백향목과 대리석으로 짓고 싶다는 제안을 선지자 나단에게 했습니다.

그러자 선지자 나단은 이렇게 대답했습니다.

"나단이 왕께 아뢰되 여호와께서 왕과 함께 계시니 마음에 있는 모든 것을 행하소서 하니라"_삼하 7:3

그날 밤 하나님은 나단에게 말씀하셨습니다.

"여호와가 또 네게 이르노니 여호와가 너를 위하여 집을 짓고 네 수한이 차서 네 조상들과 함께 누울 때에 내가 네 몸에서 날 네 씨를 네 뒤에 세워 그의 나라를 견고하게 하리라 그는 내 이름을 위하여 집을 건축할 것이요 나는 그의 나라 왕위를 영원히 견고하게 하리라"_삼하 7:11-13

하나님은 다윗에게 "네가 내 집을 짓겠다는 말이냐? 아니다. 내가 네 집을 지어주겠다"라고 말씀하셨습니다. 하나님은 다윗에게 너는 성전을 지을 수 없다고 말씀하셨습니다. 더욱이 성전은 인간이 지을 수 있는 집이 아니었습니다. 그러나 하나님은 다윗의 뜨거운 마음을 사랑하셨습니다. 하나님은 다윗의 성전 사모하는 마음을 받으셨습니다. 그래서 자손 대대로 왕이 되는 언약을 세워 주셨습니다.

하나님은 다윗 자손에게 세습의 특권을 주신 것이 아닙니다. 다윗 자손이 다윗이 믿은 만큼만 믿으면, 하나님은 그 후손에게도 하늘을 여는 능력과 부흥을 주겠다고 약속하신 것입니다. 하나님은 다윗을 믿으셨습니다. 하나님은 이 정도로 하나님의 율법과 성전을 사랑하는 자를 만나 보지 못하셨습니다.

예수님은 백부장의 믿음을 보시고 이렇게 말씀하셨습니다.

"예수께서 들으시고 놀랍게 여겨 따르는 자들에게 이르시되 내가 진실로 너희에게 이르노니 이스라엘 중 아무에게서도 이만한 믿음을 보지 못하였노라"_마 8:10

하나님은 다윗 후손이 다윗의 신앙을 흉내내기만 해도 그들을 버리지 않고 축복하겠다고 약속하신 것입니다.

시편 89편 30-34절 말씀은 사무엘하 7장과 비슷합니다.

> **30-34절** "만일 그의 자손이 내 법을 버리며 내 규례대로 행하지 아니하며 율례를 깨뜨리며 내 계명을 지키지 아니하면 내가 회초리로 그들의 죄를 다스리며 채찍으로 그들의 죄악을 벌하리로다 그러나 나의 인자함을 그에게서 다 거두지는 아니하며 나의 성실함도 폐하지 아니하며 내 언약을 깨뜨리지 아니하고 내 입술에서 낸 것은 변하지 아니하리로다"

하나님은 다윗의 등불을 꺼뜨리지 않고, 계속 왕위를 이어주겠다고 약속하셨습니다. 그러나 하나님은 만일 다윗 자손이 하나님의 법을 버리고, 말씀대로 행하지 않으면 채찍과 회초리로 징계하겠다고 말씀하셨습니다. 그런데 다윗 후손은 하나님의 회초리가 얼마나 아픈지 생각하지 않았습니다. 하나님은 예루살렘이 멸망하여 바벨론에 칠십 년 동안 포로로 붙잡혀 가게 하셨습니다. 하나님은 한 번 징계하시면 무섭게 징계하십니다. 그런데 유다 지도자들은 하나님을 생각하지 않고, 인간에게 따돌림과 공격당하는 것만 두려워했습니다.

하나님은 다윗에게 이렇게 약속하셨습니다.

> **35-37절** "내가 나의 거룩함으로 한 번 맹세하였은즉 다윗에게 거짓말을 하지 아니할 것이라 그의 후손이 장구하고 그의 왕위는 해같이 내 앞에 항상 있으며 또 궁창의 확실한 증인인 달같이 영원히 견고하게 되리라 하셨도다"

하나님은 다윗에게 한 약속을 끝까지 지키겠다고 말씀하셨습니다. 그런데 다윗 언약은 왕위만 계속되는 것이 아닙니다. 다윗의 등불이 꺼지지 않는 것입니다. 다윗의 등불은 부흥의 등불입니다. 즉 열방이 분노하고, 민족이 대적하더라도 다윗 후손이 하나님의 말씀을 믿고 나가면 히스기야 같은 기적이 일어나게 됩니다. 부흥의 불이 일어납니다. 병이 나으며 원수가 멸망하는 기적이 일어납니다.

그런데 인간은 눈에 보이지 않는 하나님의 약속을 믿는 것이 너무 어렵습니다. 다윗 후손은 하나님의 채찍을 맞으면서도 세상을 따라가고 말았습니다. 하나님은 하늘의 달같이 나라를 지켜 주겠다고 약속하셨습니다. 그런데 달은 있지만, 나라는 없어지고 말았습니다.

3. 이스라엘 백성의 현재 모습

하나님의 종과 백성은 천사들이 흠모할 정도로 높은 자들입니다. 그런데 그들은 망하여 노예가 되었습니다. 이스라엘 자손은 이런 현실이 이해되지 않았습니다.

> 38-41절 "그러나 주께서 주의 기름 부음 받은 자에게 노하사 물리치셔서 버리셨으며 주의 종의 언약을 미워하사 그의 관을 땅에 던져 욕되게 하셨으며 그의 모든 울타리를 파괴하시며 그 요새를 무너뜨리셨으므로 길로 지나가는 자들에게 다 탈취를 당하며 그의 이웃에게 욕을 당하나이다"

하나님은 다윗 후손과 언약을 맺으신 것을 아주 싫어하셨습니다. 그래서 하나님은 기름 부음 받은 자들을 물리치셨습니다. 하나님은 이스라엘을 지키시던 은혜의 울타리와 눈에 보이지 않는 요새를 다 무너뜨리셨습니다. 아무나 이스라엘 땅에 들어가 도둑질을 했습니다. 이스라엘 백성은 탈취를 당하며 욕을 먹었습니다. 하나님은 다윗 후손을 하늘의 달같이 견고하게 하겠다고 약속하셨는데, 어떻게 이렇게 버리실 수 있었을까요?

다윗 후손은 전혀 다윗 같지 않았기 때문입니다. 그들에게는 말씀에 대한 사랑도, 성전을 사모하는 열정도 없었습니다. 그들에게는 오직 다윗의 후손이라는 이름만 있었습니다. 그들은 그 이름을 가지고 하나님을 이용하려 했습니다. 우리는 두렵고 진실한 마음으로 하나님을 대해야 합니다. 하나님의 이름을 이용해 자기 이익을 챙기는 자는 가장 어리석은 자입니다. 어떻게 인간이 하나님을 속일 수 있습니까? 하나님은 절대 속는 분이 아니십니다.

마귀는 예수님을 성전 꼭대기로 데려가 시험했습니다.

"또 이끌고 예루살렘으로 가서 성전 꼭대기에 세우고 이르되 네가 만일 하나님의 아들이어든 여기서 뛰어내리라 기록되었으되 하나님이 너를 위하여 그 사자들을 명하사 너를 지키게 하시리라 하였고 또한 그들이 손으로 너를 받들어 네 발이 돌에 부딪치지 않게 하시리라 하였느니라"_눅 4:9-11

이에 예수님은 마귀에게 이렇게 대답하셨습니다.

"예수께서 대답하여 이르시되 주 너의 하나님을 시험하지 말라 하였느니라"_눅 4:12

상식적으로 말도 안 되게 행동하는 종은 하나님을 우습게 아는 것입니다. 그들은 하나님이 얼마나 두려운 분이며, 인간의 중심을 꿰뚫어 보는 분이신지 생각하지 않습니다.

우리는 하나님 앞에서 정직해야 긍휼을 얻을 수 있습니다. 하나님을 속이는 것은 자기를 속이는 것입니다. 하나님은 그런 자들을 그대로 내버려

두십니다. 그 결과 세상의 멸시와 천대를 당하게 됩니다.

이스라엘과 유다 백성이 하나님 앞에 정직하지 않을 때 예루살렘과 이스라엘은 폐허가 되었습니다. 하나님은 그들을 기뻐하지 않으셨습니다. 그들은 아무 힘이 없었습니다.

43, 44절 "그의 칼날은 둔하게 하사 그가 전장에서 더 이상 버티지 못하게 하셨으며 그의 영광을 그치게 하시고 그의 왕위를 땅에 엎으셨으며"

하나님의 채찍과 회초리는 너무 아팠습니다. 하나님의 종과 백성이 자신의 가치를 깨닫지 못하면, 높은 곳에서 낮은 곳으로 떨어집니다. 높은 곳에서 맨 바닥으로 떨어지면 충격으로 온 몸의 뼈가 부서집니다. 아마 생명이 위태로울 것입니다.

우리가 하나님을 믿는 것은 그만큼 높아지는 것입니다. 그래서 우리는 돈을 벌어 성공하는 것보다 내가 누구이며, 얼마나 존귀한 자인지 필사적으로 생각해야 합니다. 우리가 마귀의 시험에 넘어가는 이유는 자신의 정체성을 생각하지 못했기 때문입니다. 우리는 하나님의 종이며, 왕 같은 제사장입니다. 위대한 하나님의 백성입니다. 우리는 하늘을 열 수 있는 능력을 가진 자들입니다.

하나님의 종과 백성이 정체성을 잃어버리면 그 칼날에 힘이 없습니다. 결국 마귀의 종이 될 수밖에 없습니다. 어떻게 하면 하나님의 자녀로서 당당할 수 있을까요? 이것만 알면 부흥은 일어납니다.

히스기야도 앗수르 왕과 신하에게 얼마나 조롱과 업신여김을 당했는지 모릅니다. 산헤립의 신하 랍사게는 예루살렘 사람들에게 히스기야를 욕했습니다.

"랍사게가 그의 주 앗수르 왕의 보냄을 받고 와서 살아 계신 하나님을 비방하였으니
당신의 하나님 여호와께서 혹시 그의 말을 들으셨을지라
당신의 하나님 여호와께서 그 들으신 말 때문에 꾸짖으실 듯하니
당신은 이 남아 있는 자들을 위하여 기도하소서 하더이다 하니라"_왕하 19:4

그 앞에서 예루살렘 사람들은 아무 말도 할 수 없었습니다. 그러나 히스기야는 역시 다윗의 후손이었습니다.

그는 하나님 앞에서 눈물로 기도했습니다.

"우리 하나님 여호와여 원하건대 이제 우리를 그의 손에서 구원하옵소서
그리하시면 천하만국이 주 여호와가 홀로 하나님이신 줄 알리이다 하니라"_왕하 19:19

그때 하나님은 히스기야의 간절한 기도를 듣고, 응답하셨습니다.

"내가 나와 나의 종 다윗을 위하여 이 성을 보호하여 구원하리라 하셨나이다
하였더라 이 밤에 여호와의 사자가 나와서 앗수르 진영에서 군사 십팔만 오천 명을
친지라 아침에 일찍이 일어나 보니 다 송장이 되었더라"_왕하 19: 34, 35

앗수르 군대 십팔만 오천 명이 하룻밤 사이에 시체로 변했습니다. 시편 기자는 이 기도를 마지막으로 합니다.

46절 "여호와여 언제까지니이까 스스로 영원히 숨기시리이까 주의 노가
언제까지 불붙듯 하시겠나이까"

하나님의 진노가 언제 그칠까요? 이스라엘 백성은 언제 바벨론 포로에

서 벗어나 다시 고향으로 돌아올 수 있을까요? 하나님은 언제까지 숨어 계실까요? 그것은 그들이 하나님을 대적하고 우상 숭배한 기간을 의미합니다. 유다 백성은 칠십 년을 포로 생활했습니다. 그리고 유다는 예수님이 오실 때까지 회복되지 않았습니다. 그래서 제자들도 예수님께 이스라엘을 회복하시는 것이 언제냐고 물었습니다.

이제 다시는 세상의 영화로움이 없을 것입니다. 하나님 백성이 그런 것까지 가지면 너무 교만해지기 때문입니다. 예배와 말씀의 자유만 있어도 굉장한 일입니다. 부흥의 불이 한 번 꺼지면 다시 붙이는 것이 아주 어렵습니다. 하나님 백성이 부흥의 가치를 모르기 때문입니다.

> 47절 "나의 때가 얼마나 짧은지 기억하소서 주께서 모든 사람을 어찌 그리 허무하게 창조하셨는지요"

인간이 부흥과 하나님의 축복을 기다려도 한평생 오지 못할 때가 많습니다. 우리나라에 복음이 온 것은 오천 년 역사에서 약 백 년에 불과합니다. 그 전 수많은 사람들이 하나님과 부흥에 대해 듣지도 못하고 죽었습니다.

> 49절 "주여 주의 성실하심으로 다윗에게 맹세하신 그 전의 인자하심이 어디 있나이까"

'그 전의 인자하심이' 이스라엘 자손을 떠나 오늘 우리에게 왔습니다. 그런데 이 인자하심이 우리를 또 떠나려 하고 있습니다. 하나님의 인자하심은 말씀의 가치를 알고 사모하는 자에게 있습니다. '주의 성실하심'은 주의 성전을 뜨겁게 사모하는 자에게 있습니다.

우리가 하나님의 종과 백성의 가치를 깨닫지 못한다면 성공한 것이 아닙니다. 우리가 부흥의 불을 꺼뜨리지 않으면, 전쟁을 막을 수 있습니다. 우리가 열정의 불을 꺼뜨리지 않으면, 수치를 당하지 않습니다.

여기서 시편 기자는 주의 백성이 당하는 비방이 사실 하나님을 향한 비방이라고 말하고 있습니다.

> 50, 51절 "주는 주의 종들이 받은 비방을 기억하소서 많은 민족의 비방이 내 품에 있사오니 여호와여 이 비방은 주의 원수들이 주의 기름 부음 받은 자의 행동을 비방한 것이로소이다"

물론 하나님의 종이 당하는 비방은 하나님을 욕하는 것입니다. 그러나 하나님의 종이 미련한 것은 자기들이 죄를 숨기면 하나님이 모르는 체하실 줄 압니다. 그러나 하나님은 주의 종들의 수치를 드러내십니다. 결국 하나님의 종들이 자신의 가치를 깨닫지 못하고 죄에 빠지면 하나님과 자신 모두 수치를 당할 수밖에 없습니다.

그래서 우리는 늘 우리 자신의 정체성을 생각해야 합니다. 우리의 죄는 감출 수 없습니다. 우리가 하나님만 의지한다고 해서 우리를 공격하는 자들이 있습니다. 그런 자들을 두려워하지 마시기 바랍니다. 오직 하나님만 두려워하십시오. 하나님의 약속을 붙들 때 바다가 갈라지며, 강이 끊어집니다. 그분의 능력 안에서 놀라운 역사가 일어납니다.

98

시 90:1-17

너무 짧은 인생

시편 90편은 '모세의 시'입니다. 이 시의 표제는 '하나님의 사람, 모세의 기도'입니다. 우리는 모세의 기도가 어떻게 모세 오경과 별도로 보관되었는지 알 수 없습니다. 이 시가 모세의 기도인 줄 어떻게 알았는지 모릅니다. 그러나 시편 90편을 보면 생생하게 이해할 수 있습니다. 이 시를 쓴 사람이 모세라는 것을 알 때, 이 시는 너무 생생한 그림처럼 우리에게 와 닿습니다. 시편 90편은 인생이 얼마나 짧고 허무한지 생생하게 보여 줍니다.

시편 기자는 10절에서 '우리의 연수가 칠십이요 강건하면 팔십이라도 그 연수의 자랑은 수고와 슬픔뿐이요 신속히 가니 우리가 날아가나이다'라고 말합니다. 모든 인간은 어느 순간 갑자기 자기가 나이든 것을 느낍니다. 인간은 나이가 들고 난 후에야 비로소 자기가 죽고 난 후에 무엇을 남길 것인가를 생각합니다. 그러나 인간은 어떻게 해서든지 무언가를 남기려고 하지만 이 세상에는 그 사람이 살던 흔적조차 티끌같이 남지 않게 됩니다. 인간은 죽고 나면 아무것도 남지 않습니다. 모든 영광이 티끌같이 사라져 버럽니다.

모세와 함께 애굽을 떠난 이스라엘 백성은 패기가 넘쳤습니다. 그들은 자신들 앞에 무한한 미래가 펼쳐져 있을 줄로 기대했습니다. 그들은 애굽왕 바로와 신하들을 꺾고 바다를 건넜습니다. 그들은 하루 빨리 이 광야를 건너 가나안 땅으로 들어가면 무한한 축복이 기다리고 있을 것이라고 기대했습니다. 그러나 하나님은 이스라엘 백성에게 오직 율법만을 주시면서 그 말씀에 순종하라고 하셨습니다. 가나안 땅에 들어가서 부자가 될 생각을 한 이스라엘 백성에게는 하나님의 말씀이 시시해 보였습니다.

이스라엘 백성은 자기 힘으로 이 광야를 건너가면 모든 것을 할 수 있을 것 같았습니다. 그래서 이스라엘 백성은 하나님의 말씀을 거부했습니다. 그 결과 이스라엘 백성은 광야에서 빠져나갈 수 있는 길을 찾지 못했습니다. 이스라엘 백성은 끝없이 광야를 걸어야 했습니다. 이스라엘 백성은 피난민같이 한 곳에 정착하지도 못했습니다. 사십 년을 걷고 또 걸었지만 처음 출발했던 그 자리로 돌아와 있었습니다.

처음 애굽을 떠날 때 혈기 왕성했던 청년들은 모두 육십이 넘은 노인이 되어 죽음을 맞이해야 했습니다. 애굽을 떠날 당시 이십 세 이상인 장정들이 구십만 명이 넘었는데 두 명을 빼놓고는 모두 광야에서 죽음을 맞이했습니다. 하나님의 말씀을 믿은 여호수아와 갈렙만 살아남았습니다. 시편 90편이 말씀하는 것은 단순한 인생무상이 아닙니다. 인간이 아무리 성공했다 해도 나이 앞에서는 장사가 없습니다. 모든 업적이 죽음 앞에서는 아무 소용없습니다.

그러나 하나님의 말씀을 붙든 자는 영원히 남게 됩니다. 모세는 하나님의 말씀을 붙들어 영원히 그 이름이 남았습니다. 그뿐만 아니라 예수님이 "기도하실 때에 용모가 변화되고 그 옷이 희어져 광채가 날 때에"(눅 9:29) 모세는 예수님과 함께 변화산에 다시 나타났습니다.

1. 하나님 은혜 안에 사는 인생

어떤 사람이 사하라 사막에서 길을 잃어버렸을 때, 바른 길을 찾아 살아나온다는 것은 기적일 것입니다. 또한 높은 산에 올라갔다 거센 눈보라를 만나 조난당하면 생존 가능성은 거의 낮습니다. 이렇게 길을 잃고 헤매고 있을 때 생존하기 위해서는 그곳 지리를 잘 아는 자에게 안내를 받아야 합니다. 혼자 힘으로 길을 찾는 것은 불가능한 일입니다.

마찬가지로 인간은 모두 이 세상에서 성공의 길을 찾습니다. 그러나 그것은 진짜 길을 찾는 것이 아닙니다. 돈과 성공, 인기는 하나님께서 우리를 위해 비상식량으로 뿌려 놓으신 것이기 때문입니다. 모든 인간은 하나님의 은혜로 살아갑니다. 우리는 하나님을 만나야 살 수 있는 존재입니다.

1절 "주여 주는 대대에 우리의 거처가 되셨나이다"

여기서 '거처'는 사는 집 혹은 땅을 말합니다. 인간은 누구나 공중에서 살 수 없습니다. 인간은 모두 땅에 발을 딛고, 그 땅을 농작해서 살아가야 합니다. 인간에게 땅이 있다는 것이 얼마나 중요한지 모릅니다. 하나님은 아주 옛날부터 이 세상에 흙과 물, 공기와 따뜻한 열을 주셔서 인간으로 하여금 살 수 있게 하셨습니다.

그런데 인간이 모이다 보니 재물과 권력, 그리고 지식이 생겼습니다. 재물과 권력을 갖는 것이 길을 찾는 것이 아닙니다. 인간은 하나님을 만나야 살 수 있습니다. 그런데 인간의 힘만으로는 하나님을 절대 찾아갈 수 없습니다. 그래서 하나님은 그 아들을 보내셨습니다. 그리고 우리에게 말씀하셨습니다. 하나님의 아들 예수 그리스도가 우리에게 길을 가르쳐 주셔야 합니다. 우리는 하나님의 말씀을 통해 그분 앞에 가야 살 수 있습니다.

2절 "산이 생기기 전, 땅과 세계도 주께서 조성하시기 전 곧 영원부터 영원까지 주는 하나님이시니이다"

하나님은 '영원부터 영원까지' 생명의 주인이셨습니다. 인간이 진정으로 사는 길은 하나님의 말씀을 만나는 것입니다. 하나님의 말씀을 믿고 가는 것입니다. 그러나 인간의 눈에는 하나님의 말씀이 아무것도 아닌 것 같습니다. 돈과 명예, 인기가 더 잘사는 길처럼 보입니다.

하나님은 이스라엘 백성에게 말씀을 주셨는데, 이스라엘 백성은 애굽으로 다시 돌아가려 했습니다. 그들은 인간의 생각과 혈기로 살려 했습니다. 그 결과 이스라엘 백성은 광야에서 벗어나지 못했습니다. 아무리 머리를 쓰고, 혈기를 부려도 이스라엘 백성은 한 발자국도 광야 밖으로 나가지 못했습니다. 그들은 쳇바퀴 돌듯 계속 광야를 맴돌았습니다. 그리고 이스라엘 백성은 점점 티끌이 되어 죽어갔습니다.

3절 "주께서 사람을 티끌로 돌아가게 하시고 말씀하시기를 너희 인생들은 돌아가라 하셨사오니"

광야에서 죽은 이스라엘 백성은 모두 티끌이 되었습니다. 그들은 광야에 묻혔습니다. 나중에는 그 흔적까지 다 지워졌습니다. 인간이 죽고 나면 모든 것이 티끌이 되어 흩어집니다. 어떤 자는 거대한 집을 짓고, 동상도 만들지만 결국 부서지게 되고 맙니다.

하나님은 '너희 인생들은 돌아가라'고 말씀하십니다. 이것은 모든 인간은 티끌로 돌아가야 한다는 뜻입니다. 인간은 결국 자신의 죽음을 생각해야 합니다. 죽은 후의 모습도 생각해야 합니다. 길을 찾지 못한 인간은 한평생 돌고 돌다 결국 티끌이 되고 맙니다.

인류를 위해 무엇인가 위대한 일을 한 자들의 업적은 남습니다. 그러나 그것 역시 하나님이 주신 선물입니다.

4절 "주의 목전에는 천 년이 지나간 어제 같으며 밤의 한순간 같을 뿐임이니이다"

인간은 이 세상에서 아주 오래 사는 것 같습니다. 그러나 아무리 오래 산다 해도 살고 보면 인생이 너무 짧은 것에 놀라지 않을 수 없습니다. 인간의 삶을 돌아볼 때 가치 있게 살기는 어려운 것 같습니다. 그런데 인간은 이 모든 것을 남의 일처럼 생각하고 살아갑니다. 얼마가지 않으면 결국 자기 자신에게도 죽음이라는 현실이 찾아옵니다. 하물며 하나님이 보시기에는 천 년이라는 시간이 아무것도 아닙니다. 천 년이 흘러도 그 안에서 정말 가치 있는 인물을 찾기가 어려운 것입니다.

2. 너무 짧은 인생

인간은 모두 하나님께 너무 소중한 인생을 받았습니다. 우리에게 주어진 시간은 정금보다 더 가치 있습니다. 그러나 인간은 하나님이 주신 이 귀한 인생을 어떻게 써야 할지 몰라 헛된 일에 허비합니다. 우리는 매 순간 하나님의 말씀 앞에 순종해야 합니다.

요셉이 노예로 붙들려 와서 비참한 노예 생활을 하고 있었습니다.

"요셉이 이끌려 애굽에 내려가매 바로의 신하 친위대장 애굽 사람 보디발이 그를 그리로 데려간 이스마엘 사람의 손에서 요셉을 사니라"_창 39:1

그때 주인의 아내가 요셉의 '용모가 빼어나고 아름다운 것'(창 39:6)을 보고 그를 유혹했습니다. 그러나 요셉은 내가 어떻게 하나님 앞에서 이 큰 죄를 짓겠느냐고 말했습니다.

"이 집에는 나보다 큰 이가 없으며 주인이 아무것도 내게 금하지 아니하였어도 금한 것은 당신뿐이니 당신은 그의 아내임이라 그런즉 내가 어찌 이 큰 악을 행하여 하나님께 죄를 지으리이까"_창 39:9

그리고는 옷을 벗어 던지고 도망쳤습니다.

"그 여인이 그의 옷을 잡고 이르되 나와 동침하자 그러나 요셉이 자기의 옷을 그 여인의 손에 버려두고 밖으로 나가매"_창 39:12

인간적으로는 너무 바보 같은 짓이었습니다. 주인의 아내가 요셉이 벗어 던진 옷을 자기를 겁탈했다는 증거물로 삼았기 때문입니다. 그러나 하나님은 요셉과 함께하셔서 그를 형통하게 하셨습니다.

반면 다윗은 왕이었지만 무료함을 달래기 위해 왕궁 위를 거닐다가 여인이 목욕하는 것을 보았습니다. 자기가 그렇게 중요한 사람인지 알지 못하고, 그 여인을 불러 들여 죄를 지었습니다.

"다윗이 전령을 보내어 그 여자를 자기에게로 데려오게 하고 그 여자가 그 부정함을 깨끗하게 하였으므로 더불어 동침하매 그 여자가 자기 집으로 돌아가니라"_삼하 11:4

다윗은 감쪽같이 사람들을 속일 수 있을 거라 생각했지만 사실은 온 세상이 보고 있었습니다. 자격 없는 자는 결국 하나님 앞에서 한꺼번에 쓸려 갑니다.

5절 "주께서 그들을 홍수처럼 쓸어 가시나이다 그들은 잠깐 자는 것 같으며 아침에 돋는 풀 같으니이다"

하나님은 형편없이 연기하는 배우들을 홍수같이 쓸어 가십니다. 인간은 자기가 대단하다고 생각합니다. 그러나 하나님은 그들을 향해 무대에서 내려가라고 하십니다. 그들은 모두 자는 것 같습니다. 하나님이 그들에게 기회를 주시지 않기 때문입니다. 그들은 제대로 해내는 것이 아무것도 없습니다. 그들이 하는 연기는 자는 것밖에 없습니다. 하나님의 말씀을 모르는 자들은 '아침에 돋는 풀'과 같습니다. 아침에는 풀이 싱싱하게 올라오지만, 낮의 뜨거운 태양이 비추면 그 열기로 다 말라 죽고 맙니다.

6, 7절 "풀은 아침에 꽃이 피어 자라다가 저녁에는 시들어 마르나이다 우리는 주의 노에 소멸되며 주의 분내심에 놀라나이다"

풀은 아침이면 왕성하게 자라는 것 같습니다. 그러나 중동 지방은 낮의 태양이 뜨겁기 때문에 풀들이 하루 동안에 다 말라 죽고 맙니다.

하나님은 우리에게 소중한 인생을 주셨습니다. 한평생의 시간을 주셨습니다. 그런데 인간은 이 귀중한 시간을 돈을 벌고, 자기 야망을 채우는 데 다 허비합니다. 그렇게 살면 하나님의 열기를 이기지 못합니다. 하나님이 얼마나 뜨거운 분이십니까? 하나님의 열정이 얼마나 강합니까? 이 귀중한 인생을 오직 자기 야망을 위해 사는 자는 하나님의 열기를 견디지 못해 망합니다.

그래서 나이든 사람이나 젊은 사람이나 인생이 얼마나 빨리 지나가는지 미리 알아야 합니다. 우리가 허송세월을 보내는 동안 인생은 다 지나갑니다. 결국 티끌이 되어 없어지고 맙니다.

> 10절 "우리의 연수가 칠십이요 강건하면 팔십이라도 그 연수의 자랑은 수고와 슬픔뿐이요 신속히 가니 우리가 날아가나이다"

우리는 이 세상 살아가는 동안 가장 중요한 것을 붙잡아야 합니다. 바로 하나님과 화해해야 합니다. 나의 죄를 은밀히 고백하며 용서를 구해야 합니다. 그때 하나님의 진노를 이길 수 있는 길을 찾을 수 있습니다.

> 8, 9절 "주께서 우리의 죄악을 주의 앞에 놓으시며 우리의 은밀한 죄를 주의 얼굴 빛 가운데에 두셨사오니 우리의 모든 날이 주의 분노 중에 지나가며 우리의 평생이 순식간에 다하였나이다"

하나님은 우리가 영원한 가치를 쫓아 살아가길 원하십니다. 그런 목적으로 우리에게 인생을 주셨습니다. 하나님이 우리를 이 세상에 살게 하신 것은 돈과 정욕을 위해서가 아닙니다. 죄 용서를 받으라고 주신 것도 아닙니다.

우리는 나이가 많든 적든 오직 하나님의 말씀만을 붙잡아야 합니다. 그래야 하나님의 진노를 피할 수 있습니다. 우리가 부끄러운 인생을 면할 수 있습니다. 그러면 우리는 무엇을 할 수 있을까요?

예수님은 이렇게 말씀하셨습니다.

"그런즉 너희는 먼저 그의 나라와 그의 의를 구하라 그리하면 이 모든 것을 너희에게 더하시리라"_마 6:33

우리는 하나님이 "이 모든 것을 너희에게 더하여 주시리라"고 하신 말씀을 믿어야 합니다. 이 말씀을 간절히 믿으며 나아가야 합니다.

3. 하나님과 함께하는 인생

하나님은 이스라엘 백성을 당시 최고 문명국인 애굽에서 나오게 하셔서 뜨거운 광야로 몰아 세우셨습니다. 이스라엘 백성은 아무것도 할 수 없는 광야에서 오직 하나님의 말씀만 들었습니다. 이들은 시내 산에서 하나님의 임재만을 체험해야 했습니다. 그러나 이것은 최고의 체험이었습니다. 이스라엘 백성의 얼굴에는 하나님의 말씀을 들을수록 빛이 났습니다. 천사처럼 변했습니다.

그러나 이스라엘 백성은 그 가치를 깨닫지 못하고 계속 하나님과 모세를 원망했습니다. 그 결과 이스라엘 백성의 인생은 고생만 하다 끝나고 말았습니다.

우리는 인생이 얼마나 짧은지 생각해야 합니다.

12절 "우리에게 우리 날 계수함을 가르치사 지혜로운 마음을 얻게 하소서"

시편 기자는 우리 인생이 얼마나 짧은지 계산할 수 있는 마음을 달라고 기도하고 있습니다. 우리의 소중한 인생, 곧 한 번 가고 나면 다시 돌아오지 않는 인생을 어떻게 살아야 할지 생각하게 해 달라고 기도하고 있습니다. 우리에게 주어진 소중한 인생을 세상 공부와 돈을 위해 다 보내고 만다면 이것처럼 어리석고 미련한 일이 없을 것입니다.

13절 "여호와여 돌아오소서 언제까지니이까 주의 종들을 불쌍히 여기소서"

이스라엘 백성은 하나님이 없는 그들의 인생이 얼마나 무의미하고 헛된 것인지 깨닫게 되었습니다. 세상에서 아무리 애쓰고 노력해도 늘 영적인 허기짐이 있습니다. 성령이 없는 인생은 아무것도 아닌 것입니다. 우리 인생이 가치 있는 인생이 되려면 말씀을 붙들어야 합니다. 그래야 부흥이 일어납니다. 부흥과 함께한 인생은 헛되지 않고 영원히 없어지지 않습니다. 하나님의 말씀과 함께한 인생은 영원히 가치 있는 인생입니다.

14, 15절 "아침에 주의 인자하심이 우리를 만족하게 하사 우리를 일생 동안 즐겁고 기쁘게 하소서 우리를 괴롭게 하신 날수대로와 우리가 화를 당한 연수대로 우리를 기쁘게 하소서"

하나님이 함께하시면 성도는 영원히 가치 있는 삶을 살아갈 수 있습니다. 이 안에 놀라운 비결이 있습니다. 우리가 모든 것을 맡기고, 기도와 찬송으로 나아갈 때 하나님은 우리와 함께하십니다. 하나님은 우리에게 새 날을 주시고 부흥도 허락하십니다. 비록 고난을 당했다 하더라도 그 연수대로 다 갚아 주십니다.

16, 17절 "주께서 행하신 일을 주의 종들에게 나타내시며 주의 영광을 그들의 자손에게 나타내소서 주 우리 하나님의 은총을 우리에게 내리게 하사 우리의 손이 행한 일을 우리에게 견고하게 하소서 우리의 손이 행한 일을 견고하게 하소서"

하나님이 함께하실 때 우리 인생은 결코 헛되지 않습니다. 하나님은 우리 손으로 봉사한 모든 일을 견고하게 하십니다. 인생은 너무 빨리 지나갑니다. 그러기에 더욱 하나님의 말씀만을 굳게 잡으시기 바랍니다. 그러면 하나님이 이 모든 것을 더하여 주실 것입니다. 우리 인생이 영원히 헛되지 않게 붙들어 주실 것입니다.

99

91:1–16

전능자의 그늘

요즘 새로 지은 아파트는 보안이 철저해 외부인이 들어오는 것이 아주 어렵습니다. 그래서 집안에 있는 것이 가장 안전한 것 같습니다. 무더운 여름에도 아파트 안은 에어컨을 틀어 놓으면 시원하고, 겨울에도 난방이 되기 때문에 옛날같이 춥지 않습니다. 그러나 인간은 집안에서만은 살 수 없습니다.

또한 사람들은 운전을 해서 많이 다닙니다. 그러다 전혀 생각지도 않은 교통사고가 날 수 있습니다. 최근에는 잠이 부족한 대형 버스 운전자가 앞에 가는 차를 덮치는 바람에 아무 잘못 없는 부부가 졸지에 죽음을 당하는 일이 있었습니다. 또한 우리 몸 안에는 전혀 생각지도 못한 암이 생길 수 있습니다. 우울증이나 공황장애가 찾아오기도 하고, 심장마비나 뇌졸증이 오기도 합니다. 그러나 더 무서운 것은 언제 터질지 모르는 전쟁의 위험입니다. 우리는 매일 이런 위험에 노출되어 하루하루를 살아갑니다.

그런데 시편 91편은 이런 위기 가운데 안전하게 살아갈 수 있는 길이 있다고 말씀합니다. 그것은 바로 전능하신 하나님의 날개 아래 살아가는 것입니다. 병아리는 힘이 없지만, 어미 닭의 날개 아래 들어가 있으면 바람이 불어도 춥지 않습니다. 또 개나 고양이 같은 맹수가 가까이 오면 어미 닭이 쫓아 버립니다.

어느 날 갑자기 비가 많이 내리는데, 우산이 없으면 비를 맞고 감기에 걸릴 수밖에 없습니다. 그러나 우산이 있거나 피할 곳이 있으면 비를 맞지 않을 수 있습니다. 그러면 우리가 어떻게 하나님의 날개 밑으로 들어갈 수 있을까요? 그것은 쉽지 않습니다. 이 세상에서 하나님의 보호막을 찾는 것보다 어려운 일은 없습니다.

이 시대 우리나라 젊은이들은 믿을 것이 없습니다. 젊은이들은 대학도, 대기업도 믿을 수 없습니다. 그렇다고 해서 공무원이 되는 것만이 가장 안전한 길이라 볼 수도 없습니다. 도대체 우리는 이 불안한 세상에서 누구를 믿고 살아가야 할까요? 모든 위험을 이기고 안전하게 살아갈 수 있을까요?

시편 91편의 기자가 누구인지에 대해 많은 학자들이 관심을 가졌습니다. 어떤 학자는 앞서 시편 90편처럼 '모세의 시'일 것이라고 주장합니다. 다른 학자는 '다윗의 시'일 것이라고 주장합니다. 그러나 시편 91편의 기자는 전쟁과 전염병의 위험을 겪었으며, 뜨거운 광야를 걸으며 사자와 독사의 위험도 겪었습니다. 그런데 그는 아주 영화롭게 살아남을 수 있었습니다. 그는 하나님의 그늘 아래 피하는 법을 알았기 때문입니다.

그리고 시편 91편은 마귀가 예수님을 시험했던 시로도 유명합니다. 마귀는 예수님을 성전 꼭대기에 데리고 가 그 높은 데서 뛰어내리라고 했습니다. 그러면서 "네가 만일 하나님의 아들이어든 뛰어내리라 기록되었으되 그가 너를 위하여 그의 사자들을 명하시리니 그들이 손으로 너를 받들어 발이 돌에 부딪치지 않게 하리로다"(마 4:6)라고 유혹했습니다.

우리의 생명은 이 세상 어떤 것과도 바꿀 수 없는 소중한 것입니다. 이 시대를 살아가는 우리는 대기업도, 강대국인 미국도 믿을 수 없습니다. 이 때 가장 안전한 피난처이신 하나님을 찾아 그 안에 들어가야 합니다.

1. 안전한 피난처

만일 우리가 돈을 많이 가지고 있는데, 이 돈을 손에 들고 다니거나 집에 두고 다닌다면 불안할 것입니다. 그래서 사람들은 돈을 은행에 예금합니다. 그런데 돈보다 훨씬 비싸고 가치 있는 것이 인간의 생명입니다. 그러나 이 세상에 우리 인생을 책임지는 은행은 없습니다. 그런데 모세와 다윗 같은 믿음의 사람들은 이 세상에서 자기 생명과 영혼을 맡겨 둘 수 있는 안전한 곳을 찾았습니다. 그곳은 바로 하나님의 비밀 금고 안이었습니다.

1절 "지존자의 은밀한 곳에 거주하며 전능자의 그늘 아래에 사는 자여"

시편 기자는 '지존자의 은밀한 곳'이 있다고 말씀합니다. 여기서 '지존자'는 이 세상뿐 아니라 하늘과 땅, 바다에서 가장 높은 분을 말합니다. 지존자에게는 은밀한 장소가 있는데, 그곳은 아무도 손을 댈 수 없습니다.

그런데 바로 그곳에 사는 자들이 있었습니다. 모세와 다윗은 그들을 미워하는 자들에게 심하게 쫓겨 다녔다는 공통점이 있습니다. 모세는 노예였던 이스라엘 백성을 도우려다가 애굽의 노예 감독을 죽인 나머지 도망치게 되었습니다. 그는 무려 사십 년 동안이나 신분을 감추고 숨어 지내야 했습니다. 한편 다윗은 사울에게 미움을 받고 쫓겨 다닐 때, 새가 사냥꾼에게 쫓기듯 추격당했습니다. 모세와 다윗은 이 세상에서 살아날 가능성이 없는 자들이었습니다.

그런데 이들은 어느 날 하나님의 은밀한 곳을 찾게 되었습니다. 적들은 하나님이 계신 은밀한 곳을 더 이상 공격하지 못했습니다. 그뿐만 아니라 그들은 그곳에서 세상을 정복하고 이길 수 있는 힘을 얻었습니다. 모세는 하나님의 산 호렙에 이르러 불이 붙은 떨기나무에서 하나님의 음성을 들었습니다.

하나님은 모세의 이름을 부르면서 이렇게 말씀하셨습니다.

"하나님이 떨기나무 가운데서 그를 불러 이르시되 모세야 모세야 하시매 그가 이르되 내가 여기 있나이다 하나님이 이르시되 이리로 가까이 오지 말라 네가 선 곳은 거룩한 땅이니 네 발에서 신을 벗으라"_출 3:4, 5

하나님은 모세에게 "네 발에서 신을 벗으라"고 말씀하셨습니다. 이제는 더 이상 도망다니지 말고 내 말을 들어야 한다고 말씀하셨습니다. 모세는 하나님의 말씀에 붙들리는 순간까지 도망치려고 했습니다. 그러나 모세는 그 순간 일어나서 지팡이를 잡고 애굽으로 돌아가 바로와 대결했습니다.

다윗도 아슬하게 죽음을 면하면서 도망다녔습니다. 다윗이 아둘람 굴에 숨어 있을 때 그는 더 이상 도망칠 곳이 없었습니다. 그러나 다윗은 사울의 박해 때문에 도망쳐 온 자들에게 하나님의 말씀을 전하던 중 마음이 뜨거워졌습니다. 그리고 사울은 다윗을 죽이려고 왔지만 오히려 다윗의 손에 두 번이나 걸려들게 되었습니다. 그때 다윗은 확실히 깨달았습니다. '아! 나는 지금 하나님의 은밀한 곳, 곧 전능자의 그늘 아래 들어와 있구나!'라고 고백할 수 있었습니다.

우리가 하나님의 날개 그늘 아래 있으면 적이 우리를 건드릴 수 없습니다. 뿐만 아니라 적을 이길 수 있는 능력도 받게 됩니다. 하나님은 밤에는 불기둥으로, 낮에는 구름 기둥으로 우리의 길을 인도하십니다. 그래서 인생이 나아갈 길을 알게 됩니다.

세상에 쫓겨 도저히 길이 보이지 않을 때, 우리는 하나님의 비밀 장소에 가까이 와 있는 것입니다. 우리는 거기서 하나님의 뜨거운 말씀을 듣고, 발에서 신을 벗으면 됩니다.

그들은 이렇게 고백합니다.

> 2절 "나는 여호와를 향하여 말하기를 그는 나의 피난처요 나의 요새요 내가 의뢰하는 하나님이라 하리니"

우리는 하나님께 이 고백을 해야 합니다. 우리는 내 방법으로 살려고 몸부림칠 것이 아니라 하나님은 나의 피난처라고 고백해야 합니다. 그렇지 않으면 하나님의 그늘 밑에서 도망치려고 할 것입니다. 우리는 하나님의 우물까지 왔지만 또 다른 우물을 파려고 애를 씁니다. 하나님의 피난처에 온 후에도 도망치려고 합니다.

이 세상에서 제일 값비싼 것은 우리의 생명입니다. 오직 한 분, 지존자 하나님만 우리 인생을 책임져 주실 수 있습니다. 우리 영혼이 하나님의 말씀을 듣고 소생할 때 이미 하나님의 피난처 안에 들어와 있는 것입니다. 하나님의 불이 우리를 에워싸고 있습니다. 그렇게 하나님은 우리를 지키십니다. 하나님의 천사도 있습니다. 하나님의 피난처는 어느 지역에 한정되지 않습니다. 우리가 어디를 가더라도 하나님의 그늘이 펼쳐지기 때문입니다.

하나님의 피난처는 요새입니다. 적들이 아무리 불화살을 쏘아도 들어오지 못합니다. 그런데 피난처는 우리가 평소에 의뢰하는 하나님이십니다. 그래서 우리가 평소에 하나님을 의지하느냐 의지하지 않느냐가 중요합니다. 평소 하나님을 의지하지 않다가 위급할 때만 하나님을 찾으면 그때는 이미 늦은 것입니다.

2. 하나님 날개의 위력

사냥꾼들은 새가 방심하고 있는 동안에 그물을 쳐 놓고 갑자기 꽹과리로 놀라게 하기 때문에 새는 그물에 걸리게 됩니다. 새는 생각지도 못한 순간에 그물에 걸려 빠져나올 수 없게 됩니다.

> 3절 "이는 그가 너를 새 사냥꾼의 올무에서와 심한 전염병에서 건지실 것임이로다"

우리도 사고를 당하거나 병에 걸릴 때가 있습니다. 그러나 마귀는 우리의 생명을 노리고 있습니다. 어떤 때는 전염병이 퍼져 많은 사람들이 죽기도 합니다. 그러나 하나님의 날개는 우리를 지켜 줍니다. 예수님은 "참새 두 마리가 한 앗사리온에 팔리지 않느냐 그러나 너희 아버지께서 허락하지 아니하시면 그 하나도 땅에 떨어지지 아니하리라"(마 10:29)고 말씀하셨습니다. 하나님의 허락 없이는 참새 한 마리도 땅에 떨어지지 않는 것입니다.

> 4절 "그가 너를 그의 깃으로 덮으시리니 네가 그의 날개 아래에 피하리로다 그의 진실함은 방패와 손 방패가 되시나니"

하나님의 날개깃은 우리를 모든 원수의 공격에서 지켜 줍니다. 우리는 오직 하나님의 날개 밑으로 피하기만 하면 됩니다. 하나님은 두 개의 방패로 우리를 지켜 주십니다. 하나는 큰 방패이고, 다른 하나는 작은 방패입니다. 하나님은 큰 재앙도 막아 주시고, 작은 사고도 막아 주십니다. 하나님은 진실함으로 방패가 되어주십니다.

5, 6절 “너는 밤에 찾아오는 공포와 낮에 날아드는 화살과 어두울 때 퍼지는 전염병과 밝을 때 닥쳐오는 재앙을 두려워하지 아니하리로다”

적들이 밤에 갑자기 공격해 올 수 있습니다. 낮에도 갑자기 화살이 날아와 몸에 박힙니다. 어두울 때 찾아오는 전염병은 원인을 알 수 없습니다. 옛날에는 치료할 수 있는 약도 없었습니다. 그리고 예상하지 못한 지진과 홍수가 납니다. 우리는 이 모든 재앙을 우리 힘으로 막을 수 없습니다. 그러나 하나님은 막아 주십니다.

7절 “천 명이 네 왼쪽에서, 만 명이 네 오른쪽에서 엎드러지나 이 재앙이 네게 가까이하지 못하리로다”

수많은 사람이 옆에서 죽어갑니다. 왼쪽에서는 천 명이 죽습니다. 오른쪽에서는 만 명이 죽습니다. 그러나 하나님을 피난처로 삼은 자는 절대 재앙이 가까이 오지 못합니다. 하나님의 날개가 위력이 있기 때문입니다. 하나님의 날개는 바람을 일으킵니다. 하나님의 날개는 성령의 바람을 일으키기 때문에 왼쪽에서 덤벼들고, 오른쪽에서 덤벼든다고 해도 얼마든지 물리칠 수 있습니다.

우리는 실제로 이런 것이 가능할까 하는 의심을 가질 수 있습니다. 그러나 모세와 다윗도 그것을 경험했습니다. 날마다 수많은 마귀가 우리를 넘어뜨리기 위해 다가오고 있습니다. 어떤 때는 우리로 하여금 분노하게 합니다. 또 어떤 때는 우울증과 불면증을 일으킵니다. 또 어떤 때는 우리를 음란한 데 빠지게 합니다.

그때 하나님이 큰 날개를 펄럭이시면 마귀가 달아납니다. 비로소 우리는 우리의 정체성을 깨달아 하나님의 뜻을 명확하게 이해하게 됩니다.

8절 "오직 너는 똑똑히 보리니 악인들의 보응을 네가 보리로다"

인간적인 눈으로 보면, 우리는 아무 힘이 없고 어리석은 것 같습니다. 마귀는 우리를 시험하려고 눈을 가려 분별력을 흐리게 합니다. 마귀는 우리를 침체에 빠뜨립니다. 그런데 하나님이 나에게 말씀하실 때 혼동의 구름이 사라지면서 모든 것을 똑똑히 보게 됩니다. 즉 악한 자는 마귀의 종이 되어 끌려가는 반면, 우리는 하나님의 거처에서 당당히 서 있게 됩니다.

우리가 죄에 빠지지 않고, 하나님의 뜻 안에서 내 가치를 찾게 되는 그때가 승리하는 순간입니다. 동시에 마귀는 패배합니다. 우리가 병에 걸렸을 때도 처음에는 왜 이런 병에 걸리게 되었는지 이해가 되지 않아 혼동을 겪습니다. 그러다가 어느 순간 이 고난이 나에게 유익했다는 것을 깨닫고 기뻐할 때가 있습니다. 하나님은 그 고난을 통해 그의 백성이라는 사실을 증거로 보여 주고 깨닫게 하신 것입니다.

9, 10절 "네가 말하기를 여호와는 나의 피난처시라 하고 지존자를 너의 거처로 삼았으므로 화가 네게 미치지 못하며 재앙이 네 장막에 가까이 오지 못하리니"

하나님은 우리가 말하는 것을 들으십니다. 우리의 삶 가운데 불평하면서 하나님의 지켜 주심을 바라는 것은 이기적인 마음입니다. 우리가 미리 말해야 합니다. 하나님은 나의 피난처시고, 나의 주소는 지존자라고 고백해야 합니다. 그 주소는 바로 광야와 아둘람 굴입니다. 그곳은 모세와 다윗에게 고난의 장소였습니다. 우리는 하나님의 피난처를 확보해야 합니다. 우리가 세상 것은 다 누리면서 하나님의 주소를 찾는 것은 이미 늦은 것입니다.

3. 하나님을 사랑하는 자

하나님을 나의 피난처로 삼으려면 그냥 믿는다고 해서 되지 않습니다. 우리 마음에 하나님을 사랑하는 마음이 있어야 합니다. 그러나 눈에 보이지 않는 하나님을 어떻게 사랑할 수 있을까요? 우리는 우리 자신과 세상, 그리고 돈과 이성은 사랑하지만 눈에 보이지 않는 하나님을 향해서는 사랑을 잘 고백하지 못합니다. 그렇다면 어떻게 사랑할 수 있을까요?

> 14절 "하나님이 이르시되 그가 나를 사랑한즉 내가 그를 건지리라 그가 내 이름을 안즉 내가 그를 높이리라"

하나님은 그분을 사랑하는 자를 건져주십니다. 그런데 우리는 하나님을 사랑하지 않습니다. 우리는 하나님의 이름을 알아야 하는데, 그 이름을 모르는 것입니다. 그래서 하나님이 우리를 먼저 사랑해 주셔야 합니다. 하나님이 깊이 잠들어 있는 우리를 깨워 주셔야 합니다. 우리가 세상의 성공과 사람의 인정에 취해 있으면 하나님을 사랑할 수 없습니다.

하나님은 때로는 우리를 깊은 구덩이에 빠지게 하십니다. 절망과 비참, 가난과 환난에 빠뜨리십니다. 빛도 들어오지 않고, 어느 누구도 위로하지 않는 그 구덩이에서 오직 하나님의 말씀만 찾아옵니다. 하나님의 말씀이 나를 위로하고 견디게 합니다. 하나님의 말씀이 나를 일으켜 세워 줍니다. 우리는 그때 하나님의 말씀이 사람의 말과 다르다는 것을 깨닫게 됩니다. 우리가 탄탄대로를 가고 있을 때는 인간의 말이 얼마나 좋은지 모릅니다. 그러나 우리가 절망에 빠졌을 때는 하나님의 말씀만 위로가 됩니다. 하나님의 말씀은 생명을 버티게 합니다. 하나님의 말씀은 살아 있습니다. 하나님의 말씀은 꿀같이 달콤합니다. 이것이 바로 하나님의 사랑입니다. 하나님의 말씀을 사랑하는 것이 하나님을 사랑하는 것입니다.

물론 돈과 성공이 안정을 줄 수 있습니다. 그때 인간은 하나님의 말씀을 소홀하게 됩니다. 한편으로는 우리가 하나님의 말씀을 사랑해도 아무도 알아주지 않는다는 생각이 들 때가 있습니다. 그러나 세상 지식과 돈은 영원하지 않습니다. 하나님의 말씀밖에는 우리에게 가치 있는 것이 없습니다. 다른 것으로는 그 은혜를 구할 수 없습니다. 하나님 말씀의 은혜를 알 때 우리는 이미 하나님의 피난처 가까이에 있습니다. 우리는 하나님의 말씀을 아는 자들과 함께 공동체를 만들어야 합니다. 이 공동체가 피난처입니다. 우리는 말씀을 사랑하는 공동체와 함께 숨을 쉬며 살 수 있습니다. 하나님은 이 비밀을 아는 자들을 높여 주실 것이라고 말씀하셨습니다.

> 11절 "그가 너를 위하여 그의 천사들을 명령하사 네 모든 길에서 너를 지키게 하심이라"

우리가 걸어가는 이 세상에는 사망의 음침한 골짜기가 많이 있습니다. 자칫 발을 잘못 디디면 천 길 낭떠러지로 떨어집니다. 광야에서 길을 잃어버리고 엉뚱한 곳으로 갈 수도 있습니다. 그러나 하나님은 인생의 굽은 곳마다 천사들을 보내셔서 우리로 하여금 절벽에서 떨어지지 않게 하십니다. 잘못된 길로 가지 않게 하십니다.

> 12절 "그들이 그들의 손으로 너를 붙들어 발이 돌에 부딪히지 아니하게 하리로다"

밤에 광야를 걸어가다 보면 절벽 끝을 걸어갈 때가 있습니다. 그때 만약 발을 잘못 디디면 그대로 떨어져 죽을 수밖에 없습니다. 그러나 하나님은 우리를 돌에 부딪쳐서 죽지 않게 하십니다.

예수님이 마귀에게 시험을 당하실 때 마귀는 예수님을 성전 꼭대기로 데려가 세운 다음 뛰어내리라고 충동질했습니다. 과연 이것이 무엇일까요? 하나님의 말씀을 가지고 모험해 보라는 뜻일까요? 사실 우리는 좋지 않은 충동을 느낄 때가 많습니다. 더욱이 이런 충동을 이기기가 너무 어렵습니다. 어떤 때는 이런 충동이 아주 치명적인 결과로 나타납니다. 특히 하나님의 종이 충동에 넘어가면 크게 추락하고 맙니다. 그러나 하나님의 말씀을 사랑하면 이런 충동에 넘어가지 않게 지켜 주십니다.

우리가 이 세상을 살아갈 때 맹렬한 공격이 있습니다. 이것은 사탄의 공격이기도 하고, 사람의 공격이기도 합니다. 자연의 공격일 때도 있습니다.

13절 "네가 사자와 독사를 밟으며 젊은 사자와 뱀을 발로 누르리로다"

밤에 광야를 걸어가다 보면 어두운 곳에서 사자가 노리고 있을 수 있습니다. 독사가 똬리를 틀고 있을 때도 있습니다. 어떤 때는 젊은 사자가 공격합니다. 또 어떤 때는 뱀들이 공격합니다. 그러나 우리가 모르고 사자와 독사를 밟아도 물리지 않습니다. 천사가 이미 사자의 목과 독사를 발로 밟고 있기 때문입니다. 우리가 실수로 독사를 밟고, 젊은 사자를 건드려도 물리지 않습니다. 우리가 하나님의 날개 그늘 아래 있기 때문입니다.

우리는 하나님의 날개 그늘 아래 걸어가야 합니다. 그분의 날개 그늘 아래 있으려면 세상의 성공과 사람의 인정을 포기해야 합니다. 그래야 천사가 우리의 길을 지켜 줍니다. 절벽과 성전 꼭대기에서 떨어지지 않을 수 있습니다.

요즘 성전 꼭대기에서 떨어지는 하나님의 종들이 많습니다. 그들은 성전 꼭대기까지 올라갔습니다. 그러나 그들은 하나님의 날개 밖에서 성공했기 때문에 사탄의 충동을 이기지 못했습니다. 그래서 떨어지고 만 것입니다. 성공과 안정은 무서운 우상입니다. 우리는 과감하게 모험의 길을 걸어가야 합니다. 우리는 양식이 없을 때도 있고, 도무지 살 길이 없어 절망할 때도 있습니다. 가족에게서 무시를 당하고, 주위 사람들에게서 업신여김을 받을 때도 있습니다. 그러나 하나님의 말씀을 사랑할 때 하나님은 우리를 살게 하실 뿐만 아니라 높여 주십니다.

15절 "그가 내게 간구하리니 내가 그에게 응답하리라 그들이 환난 당할 때에 내가 그와 함께하여 그를 건지고 영화롭게 하리라"

하나님은 그분을 사랑하는 자의 간구를 들어주십니다. 하나님은 머리털 하나 상하지 않게 지켜 주십니다. 하나님은 그분을 사랑하는 자와 함께하시고, 그를 영화롭게 하십니다.

16절 "내가 그를 장수하게 함으로 그를 만족하게 하며 나의 구원을 그에게 보이리라 하시도다"

하나님은 우리가 도저히 살 수 없는데도 살게 하십니다. 하나님의 일을 하게 하십니다. 그리고 그로 하여금 만족하게 하십니다. 우리가 하나님의 길로 걸어가면 부족한 것이 없습니다. 그 결과는 만족입니다. 우리는 하나님의 은혜로 영광스러운 인생을 살게 됩니다. 그 길을 걸어가시기 바랍니다.

100

시 92:1-15

하나님의 놀라운 계획

인생을 살다보면 엄청난 재앙이 몰려와 도저히 살 수 없을 것 같다가도 잠시 환난이 그치고 숨을 쉴 수 있을 때가 있습니다. 그때 하나님을 믿지 않는 자들은 아무 일 없었듯이 옛날 생활로 돌아가 먹고 마시며 즐기려고 합니다. 그러나 하나님의 백성은 다릅니다. 하나님을 믿는 자들은 하나님이 새로운 날을 주셨다고 생각해 새 출발을 하려고 합니다. 이것이 하나님을 믿는 자와 믿지 않는 자의 차이입니다.

어느 곳에 폭우가 쏟아져 물난리가 난 적이 있습니다. 그곳 사람들은 마치 하늘에 구멍이 뚫린 줄 알았습니다. 차와 집들은 침수되고, 도로도 물에 잠겼습니다. 그 후 비는 그치고 해가 떠올랐습니다. 그때 하나님을 모르는 자는 하늘을 원망합니다. 그러나 하나님을 믿는 자는 하나님이 어두움의 세력을 물리치고 새 날을 주신 것을 찬양합니다.

시편 92편의 표제는 '안식일의 찬송 시'입니다. 이 시는 이스라엘 백성이 안식일에 부른 찬송입니다. 우리는 '안식일의 노래'라고 하면 대단히 의전적인 노래라고 생각합니다. 즉 '안식일'이라고 하면 제사장이 앞서고 찬양대가 행진하면서 하나님을 찬송하는 노래라고 생각하기 쉽습니다. 우리는 '안식일'이라고 하면 일주일 동안 열심히 세상일을 하다 하나님께 예배드리기 위해 거룩한 새 옷을 입고 엄숙하게 하나님께 나오는 날이라고 생각합니다.

그런데 시편 92편을 살펴보면, '안식'이라는 것이 생각보다 훨씬 전투적이고 격렬한 삶 가운데서 하나님께 돌아와 새 힘을 얻는 시간이라는 것을 알 수 있습니다. 그래서 시편 92편은 오늘 우리와 같이 하루하루를 치열하게 살아가는 자들에게 훨씬 마음이 와 닿는 찬송입니다.

우리는 미래를 알 수 없는 가운데 하루하루를 치열하게 싸우며 살아가고 있습니다. 우리는 마치 정글 속을 걸어가는 자들과 같습니다. 우리 주위에는 키를 훨씬 넘는, 높은 풀이 에워싸고 있어 전혀 방향을 알 수 없습니다. 우리에게는 앞으로 나아갈 길이 보이지 않습니다. 우리는 온몸이 풀에 베여 상처투성입니다. 우리는 칼로 풀을 치면서 한 걸음, 한 걸음 나아갈 뿐입니다. 이런 풀 속에는 독사가 나타나서 다리나 발을 물기도 합니다. 심지어는 사자와 표범이 덤벼들 때도 있습니다. 날씨는 더운데 물 한 방울도 마시지 못하고, 몇 시간 혹은 며칠씩 걸어야 할 때도 있습니다. 웅덩이에 빠져 허우적거릴 때도 있습니다.

그런데 어느 순간 길이 보입니다. 앞에는 시냇물이 흐르고, 집으로 갈 수 있는 길이 보일 때 우리 입에서는 저절로 환호소리가 나옵니다. 찬송이 터져 나옵니다. 우리는 지금 방향을 모르는 체 걸어가고 있습니다. 그런데 하나님은 어느 날 갑자기 이 모든 방황이 물러가게 하십니다. 하나님은 우리에게 안식과 새 힘을 주십니다. 새로운 미래를 열어 주십니다. 이 때 우리는 하나님의 인자하심을 노래하게 됩니다.

1. 하나님의 인자하심을 찬양함

1-3절 "지존자여 십현금과 비파와 수금으로 여호와께 감사하며 주의 이름을 찬양하고 아침마다 주의 인자하심을 알리며 밤마다 주의 성실하심을 베풂이 좋으니이다"

시편 기자는 하나님을 '지존자'라고 부르고 있습니다. 여기서 '지존자'는 어느 누구도 가까이할 수 없는 높은 분을 말합니다. 하나님은 저 하늘 꼭대기에 계시기 때문에 사람의 머리로는 가까이 갈 수 없습니다. 그래서 인간은 하나님이 없다고 생각하며 살아갑니다. 우리 역시 하나님을 입으로는 믿는다고 하지만 눈에 보이지 않기 때문에 하나님이 안 계신 것처럼 살아갈 때가 많습니다. 그런데 위에서 아래를 내다보면 하는 행동이 다 보입니다. 그런데 하나님의 백성이 하나님을 발견하게 될 때가 있습니다. 하나님은 안 계신 것 같고, 온통 악한 자들이 모든 것을 다 주장하는 것 같지만, 어느 순간 악의 세력은 물러가고 하나님께서 찾아오셔서 우리를 위로해 주십니다. 그때 우리는 지존자를 발견하게 됩니다.

시편 기자는 '십현금과 비파와 수금으로 여호와께 감사하며'라고 말하고 있습니다. '십현금'은 줄이 열 개 달린 현악기를 말합니다. 줄이 열 개이기 때문에 많은 음을 냅니다. '비파'는 보통 큰 현악기로 알려져 있습니다. '수금'도 당시 이스라엘 백성이 흔히 사용하던 현악기였습니다. 이렇게 여러 악기로 합주하며 감사한다는 것은 이미 마음에 새 힘을 얻었다는 것을 의미합니다.

또한 '아침마다 주의 인자하심을 알리며'라고 말하고 있습니다. 여기서 '아침'은 고통의 밤이 지나간 시간을 말합니다. 우리는 지금 살아 있기 때문에 마음껏 하나님을 찬양할 수 있습니다. 이것이 바로 '주의 인자하심'입니다. 하나님은 우리를 절대 포기하지 않으십니다. 하나님은 어떤 상황 가운데서도 우리의 생명을 살려내십니다. 하나님은 어려운 시험에서 벗어나게 하십니다.

하나님의 인자하심은 죄인에 대한 말할 수 없는 사랑을 말합니다. 우리는 하나님 앞에서 아무것도 요구할 자격이 없습니다. 우리는 하나님 앞에서 죽을 수밖에 없는 죄인입니다. 그러나 하나님은 우리를 가치 있게 생각하셔서 아침을 허락해 주시고, 또 새로운 하루를 살게 하십니다. 그래서 우리는 매일 아침마다 주의 인자하심을 노래합니다. 그러나 밤이 되면 에너지가 떨어지고 더 이상 살아갈 자신이 없습니다. 그럼에도 불구하고 우리는 절망하지 않습니다. '주의 성실하심'이 있기 때문입니다. 하나님은 우리를 밤에도 성실하게 지켜 주십니다. 사탄의 세력이 우리를 이기지 못하게 성실하게 지켜 주십니다.

우리가 처음에는 자신의 능력을 믿었습니다. 하루하루를 당연하게 살아가는 것으로 생각했습니다. 그런데 큰 어려움에 빠져 보면 하루하루 사는 것이 하나님의 은혜이고 능력인 것을 깨닫게 됩니다.

예수님도 이렇게 기도하라고 말씀하셨습니다.

"오늘 우리에게 일용할 양식을 주시옵고"_마 6:11

우리가 하루하루 살아가는 것이 기적입니다. 때때로 우리 삶은 형편이 어렵거나 병에 걸려 내일을 살아갈 자신이 없을 때가 있습니다. 그러나 하나님은 우리에게 매일 새 힘을 주시고, 또 미래를 살아갈 수 있는 힘을 주십니다.

결국 우리는 하나님이 행하신 일 때문에 놀랍니다.

4절 "여호와여 주께서 행하신 일로 나를 기쁘게 하셨으니 주의 손이 행하신 일로 말미암아 내가 높이 외치리이다"

우리도 인간이기 때문에 다른 사람들처럼 평범하게 살려고 했습니다. 그런데 하나님은 우리를 다듬기 시작하셨습니다. 하나님은 마치 기술자가 기계를 고치기 위해 분해하듯이, 우리 인생을 분해하고 계셨습니다. 우리는 그런 분해를 원하지 않았습니다. 이 모습 이대로 세상에서 성공하기를 원했습니다. 다른 사람보다 뛰어나기를 원했습니다. 이는 자동차가 고장이 났는데 고치지는 않고 세차를 한 것과 같습니다. 고장이 난 원인은 그대로 놔둔 채 외모만 더 멋있게 꾸미려고 한 것입니다. 우리는 분명 기계가 고장나서 덜거덕거리고 있는데도 불구하고 고치는 것을 원하지 않은 것입니다. 기계를 고치는 것이 무서웠기 때문입니다.

그러나 하나님은 말씀으로 우리 인생을 분해하기 시작하셨습니다. 고난으로 우리 인생을 해체하기 시작하셨습니다. 그러자 세상 사람들은 우리를 업신여겼습니다. 그런데 하나님은 어느 순간부터 우리를 고치기 시작하셨습니다. 우리 인생을 다시 결합하기 시작하셨습니다. 우리에게 새 힘과 능력을 주셨습니다. 우리는 하나님이 행하신 일로 인해 기뻐하게 되었습니다. 소리 높여 외치게 되었습니다. 하나님은 내 안에 있는 가장 어렵고 중요한 부분을 고치셨기 때문입니다.

우리가 눈에 보이는 세상을 믿지 않고, 하나님과 그분의 말씀을 믿는다는 것은 놀라운 기적입니다. 지금 내 안에 하나님의 능력이 공급되고 있다는 것은 놀라운 일입니다. 이것은 고장난 기계를 고친 것과 같습니다. 이것은 아무나 할 수 있는 일이 아닙니다.

5절 "여호와여 주께서 행하신 일이 어찌 그리 크신지요 주의 생각이 매우 깊으시니이다"

하나님은 역량이 크신 분입니다. 하나님은 우리 인생을 향해 큰 능력과 거대한 계획을 가지고 계십니다. 그리고 그 계획에 따라 인도하십니다. 하나님이 하시는 일은 정말 위대합니다. 그분의 생각은 정말 깊습니다. 하나님은 어느 길이 우리에게 맞는 길이며, 또 바른 길인지 깊이 생각하십니다. 이 하나님을 믿어야 하나님의 위대한 그릇으로 쓰임 받을 수 있습니다. 만일 하나님 말씀을 붙들려다가 또 세상을 따라가면 우리는 위대한 그릇이 되지 못합니다. 하나님은 우리 인생에 대해 정말 깊이 생각하십니다. 하나님은 우리 생각보다 훨씬 깊은 생각으로 우리를 인도하십니다. 우리는 그 은혜를 믿고 하나님을 신뢰해야 합니다.

2. 세상을 믿는 자의 한계

성경은 악하고 어리석은 자의 운명에 대해 말씀하고 있습니다. 여기서 '악하고 어리석은 자'는 하나님을 믿지 않고 눈에 보이는 세상을 따라가는 자를 말합니다.

6절 "어리석은 자도 알지 못하며 무지한 자도 이를 깨닫지 못하나이다"

'어리석고 무지한 자'는 하나님이 계신 것을 알지 못합니다. 이들은 하나님이 자기에 대해 놀라운 계획을 가지고 계신 것도 믿지 않습니다. 오히려 이들은 아주 현실적입니다. 이런 자들은 세상에서 높은 자리까지 올라갑니다. 그런데 성경은 이런 자들을 가리켜 '어리석고 무지한 자'라고 말씀하고 있습니다. 이들이 자신의 본질에 대해서는 아무것도 모르기 때문입니다.

사람이 크게 한 번 아파보면 자신의 몸에 대해 너무 몰랐다는 것을 깨닫게 됩니다. 그런데 어떤 때는 병원에서 진찰을 받아보고, 검사를 해 보아도 어디가 잘못되었는지 모를 때가 있습니다. 하물며 우리는 자신의 영혼과 운명에 대해 무엇을 알겠습니까? 우리는 미래에 무엇이 기다리고 있는지 아무것도 모르면서 오직 눈앞에 있는 이익과 쾌락만 즐기려 합니다. 그래서 우리는 하나님께 내 자신을 알게 해 달라고 기도해야 합니다. 우리는 겉으로 보기에는 잘 믿는 것 같은데, 실제로는 아무것도 모르는 어리석고 무지한 자입니다.

그런데 우리가 하나님의 말씀을 듣고 깊이 생각하면, 하나님은 내 자신의 모습을 생각나게 하십니다. 그 모습은 너무 아름답고 존귀합니다. 그리고 우리의 미래는 모르지만 우리 앞에 아름다운 미래가 있다는 것을 알게 됩니다. 그리고 하나님은 이 미지의 세계를 믿음으로 살아갈 수 있도록 용기를 주십니다. 이것이 놀라운 것입니다. 그러나 악한 자는 이것을 끝까지 믿지 않습니다. 이들은 오직 자신의 생각만 옳다고 믿습니다. 이들은 자기가 가지고 있는 것이 전부라고 생각합니다. 이런 자들의 본성은 들풀과 같습니다.

> **7절** "악인들은 풀같이 자라고 악을 행하는 자들은 다 흥왕할지라도 영원히 멸망하리이다"

여기서 '악인들'은 하나님을 믿지 않는 자들을 말합니다. 이런 자들은 들풀같이 자랍니다. 들풀은 비가 한 번 내리면 얼마나 빨리 자라는지 모릅니다. 사람의 키보다 훨씬 크게 자랍니다. 들풀의 잎사귀는 날카로워서 사람이 지나가면 베입니다. 더욱이 독도 있습니다. 이런 풀이 무성한 들판에 들어가면 길을 잃고 헤매다 결국 죽게 됩니다. 우리가 사는 세상은 이런 들풀과 같습니다.

옛날에는 억새가 아무 쓸모없는 풀이었습니다. 그런데 이런 억새풀이 무성한 곳에 들어가면 온통 풀잎에 베여 상처투성이가 되고, 길을 찾지 못해 진흙구덩이에서 헤매게 됩니다. 그런데 이런 풀은 모두 일 년 정도 살다가 말라 죽게 됩니다. 그리고 사람이 불을 붙이면 맹렬히 타서 없어집니다. 세상 사람들의 운명이 이렇습니다.

그러나 하나님은 어떤 분이십니까?

8절 "여호와여 주는 영원토록 지존하시니이다"

하나님은 저 높은 곳에서 모든 것을 보고 계십니다. 또한 모든 것을 알고 계십니다. 하나님은 그의 백성에 대해 더 완전한 계획을 가지고 계십니다. 우리는 이 세상에서 상처투성이 인생인 것 같은데, 사실은 하나님이 완전한 보석으로 만들고 계신 것입니다.

그러나 악한 자들은 하나님을 인정하지 않습니다. 그들은 두 가지 용도로 사용됩니다. 먼저 그들은 이 세상에 있는 것들을 발전시킵니다. 세상 사람들에게는 재물과 명예, 그리고 지식이 최고로 중요하기 때문입니다. 그런데 하나님 백성은 세상 것을 잘 발전시키지 못합니다. 그래서 세상 사람들은 하나님의 백성을 무시하며 공격합니다. 원수가 되어 괴롭힐 때도 있습니다. 그런데 이런 악한 자들 때문에 하나님 백성은 현실을 알게 됩니다. 지혜롭고 겸손하게 됩니다. 그러나 악한 자들은 망할 수밖에 없습니다.

9절 "여호와여 주의 원수들은 패망하리이다 정녕 주의 원수들은 패망하리니 죄악을 행하는 자들은 다 흩어지리이다"

하나님을 믿지 않고, 그의 백성을 미워하는 자들은 모두 하나님의 원수입니다. 그들은 패망할 수밖에 없습니다. 이 세상에 있는 것들은 보석이 아니기 때문입니다. 여기서 '죄악을 행하는 자들은 다 흩어지리이다'라는 구절은 '부서진다'는 뜻입니다. 하나님의 진리의 말씀과 사랑이 없는 자들은 토기같이 부서집니다.

도자기를 만드는 사람 같으면 흙으로 도자기를 빚어 불에 구워야 하는데 굽지 않은 것입니다. 불에 굽지 않은 도자기는 부서질 수밖에 없습니다. 그러나 하나님은 그분의 사랑으로 약을 바르고, 그분의 진리의 불에 넣어서 이천도 이상의 열로 굽습니다. 그렇게 만들어진 도자기는 보물 중의 보물입니다.

3. 하나님 백성의 승리

하나님은 우리 인생에 대해 거대한 계획을 세우고 계십니다. 이에 비해 현실을 보면, 우리 인생은 실패한 것 같습니다. 그러나 하나님은 재력과 지혜, 그리고 능력으로 우리 인생을 다시 결합시키십니다. 이로써 우리는 완전히 새 사람으로 태어납니다.

우리에게는 아침이 온 것입니다.

> **10절** "그러나 주께서 내 뿔을 들소의 뿔같이 높이셨으며 내게 신선한 기름을 부으셨나이다"

우리가 거친 들풀 사이에서 길을 잃고 방황할 때, 맹수에게 잡혀 죽을 위험이 도사리고 있습니다. 물이 없어 목말라 죽을 수도 있습니다. 그러나 하나님은 어느새 우리를 들소로 만드셨습니다. 특히 수컷인 들소는 뿔이 아주 크고 날카롭습니다. 들소는 어리석고 미련한 것 같지만, 그 뿔에 한 번 걸리면 사자와 늑대도 죽고 맙니다.

하나님이 한 번 뜻하시면 아무도 이기지 못합니다. 그런데 하나님은 우리의 뿔을 공격용으로 사용하지 않으시고, 거기에 기름을 부으셨습니다. 하나님 백성의 뿔은 성령의 능력이 나타납니다. 이 뿔에 담긴 기름을 환자에게 바르면 병이 낫습니다. 또한 낙심한 자에게 이 기름을 부으면 새 힘이 생깁니다. 나아가 사명을 받은 자에게 부으면 능력이 나타납니다.

11절 "내 원수들이 보응받는 것을 내 눈으로 보며 일어나 나를 치는 행악자들이 보응받는 것을 내 귀로 들었도다"

어린 들소는 맹수에게서 수많은 공격을 당합니다. 이보다 더 좋은 먹잇감이 없기 때문입니다. 그러나 아무리 들소라고 해도 뿔이 크게 생기면 아무도 함부로 건드릴 수 없습니다. 더욱이 하나님이 기름으로 채워 주시면 원수는 물러갈 수밖에 없습니다. 하나님의 능력과 지혜를 감당할 수 없기 때문입니다. 그래서 우리는 뿔이 생길 때까지 잘 견뎌야 합니다. 하나님은 기름을 부어 주십니다.

도자기에 비유하면, 기름을 칠한 다음 잘 구워질 때까지 기다리면 됩니다. 완성된 도자기는 최고급 포도주로 채울 것입니다. 그 가치는 굉장히 높습니다. 그때 흙으로 된 질그릇은 버려지게 됩니다.

세상 사람들이 풀이라면, 하나님 백성은 나무의 본성을 가지고 있습니다. 나무는 빨리 자라지 않고, 자라는 것도 잘 보이지 않습니다.

12절 "의인은 종려나무같이 번성하며 레바논의 백향목같이 성장하리로다"

하나님 백성이 들풀같이 빨리 성공하지 못하는 이유는 나무이기 때문입니다. 나무 중에서도 아주 좋은 나무이기 때문에 빨리 자라지 않습니다. 의인은 종려나무같이 번성합니다. 하나님 백성은 백향목같이 자랍니다. 처음에는 어린 묘목이어서 금방 뽑힐 것 같고, 잘 자라지도 않는 것 같습니다. 하지만 삼십 년, 사십 년 후에 보면 울창한 숲이 되어 큰 가치를 갖게 됩니다.

13절 "이는 여호와의 집에 심겼음이여 우리 하나님의 뜰 안에서 번성하리로다"

우리는 지금 하나님의 집에 심겨 있습니다. 우리의 뿌리가 하나님께 연결되어 있기 때문입니다. 우리는 무한한 수분과 진액을 공급받습니다. 그래서 우리는 말라 죽을 염려가 없습니다.

14, 15절 "그는 늙어도 여전히 결실하며 진액이 풍족하고 빛이 청청하니 여호와의 정직하심과 나의 바위 되심과 그에게는 불의가 없음이 선포되리로다"

하나님은 정직하시기 때문에 절대 거짓말하지 않으십니다. 하나님은 우리 인생을 반드시 책임지십니다. 인생이 마음대로 되지 않고 이상한 방향으로 흘러갈 때, 이미 하나님은 우리 인생을 다듬고 계신 것입니다. 하나님은 '나의 바위'가 되십니다. 이 바위는 살아서 움직입니다. 우리는 모두 바위를 하나씩 등에 짊어지고 살아갑니다. 바로 '여호와'라는 바위입니다.

하나님은 불의가 없으십니다. 우리가 인간적인 방법으로 살면 시간만 낭비하게 됩니다. 우리가 하나님을 의지할 때 하나님의 거대한 꿈이 이루어집니다. 우리 인생을 향한 하나님의 꿈을 믿길 바랍니다. 하나님의 큰 꿈이 이루어지기 바랍니다.

101

시 93:1–시 94:9

하나님의 통치

시편 93-100편까지는 하나님의 통치를 노래하는 시로 되어 있습니다. 그래서 여기에 있는 시들을 보면 '여호와께서 다스리시니'(93:1, 97:1), '새 노래로 여호와께 찬송하라'(98:1), '온 땅이여 여호와께 즐거운 찬송을 부를지어다'(100:1)라는 표현들이 나옵니다.

하나님 백성은 하나님이 온 세상을 다스리신다는 것을 믿는 자들입니다. 그들은 새 노래로 하나님을 찬양하기를 기뻐합니다. 그러나 우리는 하나님이 온 세상을 다스리신다는 것을 잊어버릴 때가 많습니다. 새 노래로 하나님을 찬송하기보다 무성의하게 하나님을 찬송합니다. 더욱이 세상일에 빠져 하나님을 찬송하는 것을 잊어버릴 때도 많습니다. 그리고 우리는 하나님이 주시는 축복을 당연한 것으로 생각합니다. 모든 것이 뜻대로 되지 않을 때 하나님을 원망하고 불평합니다.

그런데 우리는 놀랍게도 평안할 때가 아니라 재난 가운데 하나님의 위대하심을 발견합니다. 환난을 당할 때 하나님을 더욱 보게 됩니다. 우리는 왜 평소에는 하나님의 위대하심을 깨닫지 못할까요? 그것이 바로 우리 인생의 미련함입니다.

그러나 우리가 아무리 큰 위기를 당했다 하더라도 하나님의 위대하심과 다스리심을 깨달으면, 다시 축복의 새 날을 시작할 수 있습니다. 그런 의미에서 시편 93편은 하나님이 다스리시는 노래의 서곡입니다. 그런데 여기에서는 본문 말씀을 시편 93편 1절에서 94편 9절까지로 정했습니다. 오늘날 우리를 두렵게 하는 것은 자연이기도 하지만 사람일 때가 많습니다. 우리는 지금 악한 자의 위협에 노출되어 살아가고 있습니다. 전쟁의 두려움을 느끼면서 살아가고 있습니다. 이 때 "우리가 피할 수 있는 안전한 피난처가 있는가?"가 아주 중요합니다.

1. 하나님의 위대한 통치

하나님은 아무것도 없는 우주 공간에 지구를 세우셨습니다. 하나님은 철근을 사용하지도, 시멘트를 붓지도 아니하시고 우주 공간에 '지구'라는 세계를 지으셨습니다. 그런데 하나님은 이 지구에 축복을 주셔서 수많은 생명체가 살게 하셨습니다. 모든 생명체로 하여금 정밀한 자연 법칙대로 움직여 복을 받게 하셨습니다. 그런데 하나님은 이 많은 생명체와 자연에게 간섭하지 않으십니다. 이 모든 생명체가 자연스럽게 움직이면서 살아가고 있습니다. 하나님이 이 세상을 다스리시기 때문입니다.

> **93편 1절** "여호와께서 다스리시니 스스로 권위를 입으셨도다 여호와께서 능력의 옷을 입으시며 띠를 띠셨으므로 세계도 견고히 서서 흔들리지 아니하는도다"

여기서 시편 기자는 '여호와께서 다스리시니'라고 말씀하고 있습니다. 이 구절은 하나님이 온 세상에 먹을 것과 입을 것을 주시며, 우리가 살 수 있도록 지켜 주시는 것을 의미합니다. 하나님은 작은 곤충부터 많은 새와 짐승, 물고기, 인간에 이르기까지 그들에게 필요한 모든 것을 공급해 주시고 지켜 주십니다. 그런데 하나님은 이 모든 것을 해 주시면서도 하나님을 알아달라고 하지 않으십니다. 그래서 수많은 새와 짐승, 심지어는 인간도 하나님이 자기들을 지켜 주신다는 사실을 모른 체 살아가고 있습니다. 이 세상 무엇도 하나님을 알지 못합니다.

그러나 하나님은 그런 존재가 아니십니다. 세상은 너무 크고, 우리가 이 세상에 살아간다는 것은 너무 절실한 문제입니다. 그래서 하나님은 '스스로 권위를 입으셨도다'라고 말씀하고 있습니다. 하늘과 바다, 산이 계절에 따라 바뀌고, 또 비가 오며 햇빛이 비취는 것은 중요한 문제입니다. 만약 비가 오지 않고, 햇빛이 비취지 않는다면 지구상의 생명체가 전부 죽을 것입니다.

하나님은 스스로 권위를 입으셨습니다. 자연 세계를 보면 모든 생명체들이 살아남기 위해 필사적으로 몸부림칩니다. 결국 이 세상에 있는 모든 생명체들은 하나님의 도우심 없이는 단 하루도 살 수 없습니다.

하지만 인간은 하나님을 인정하려 하지 않습니다. 인간은 자기의 이성을 따라 편리한 삶을 살아갑니다. 무엇인가를 저축해서 어려움에 대비합니다. 집을 짓거나 도시를 만듭니다. 유독 인간은 자신의 이성을 믿고 쉽게 세상을 살아가려고 합니다. 그러나 자연은 거대합니다. 인간의 힘만으로는 살 수 없습니다. 하지만 하나님은 자연 가운데 능력으로 옷을 입으시고, 띠를 띠셔서 온 세상을 지켜 주십니다.

여기서 '여호와께서 능력의 옷을 입으시며'라는 구절은 우리 눈에 보이는 자연의 위대한 능력은 옷에 불과하지 하나님의 실체는 아니라는 것을 의미합니다. 우리는 거대한 산과 드넓은 바다, 들판을 봅니다. 어떤 때는 폭풍우가 치고, 폭우가 쏟아지며, 지진이 나기도 합니다. 그러나 그것은 모두 하나님의 옷자락에 불과합니다. 하나님은 단단하게 띠를 띠셔서 옷이 펄럭이지 않게 하십니다. 하나님의 옷자락이 한 번 펄럭이면 태풍과 지진이 일어나며 폭우가 쏟아집니다. 그러나 하나님은 띠를 단단하게 매시기 때문에 세계는 정상적으로 돌아갑니다. 세계는 견고히 서서 흔들리지 않습니다.

인간은 하루하루 살아가는 것을 너무 당연하게 생각합니다. 그러나 그렇게 쉬운 일이 아닙니다. 이 세상이 아름답게 정상적으로 유지되는 것은 하나님이 능력의 옷을 입으시고, 띠를 매셨기 때문입니다. 만일 하나님이 그 옷을 벗으시면, 온 세상은 해체되고 말 것입니다. 만일 하나님이 그 띠를 푸시면, 세상은 물난리와 지진이 나서 뒤집힐 것입니다.

그런데 하나님은 그분의 통치를 아주 소수의 사람, 즉 이스라엘 백성과 하나님을 믿는 자들에게만 알리셨습니다. 왜 하나님은 하나님이 온 세상을 지키며 관리하고 계신다는 것을 모든 사람에게 알리지 않으셨을까요? 하나님이 모든 인간에게 자신을 나타내지 않는 것은 하나님이 위대하시기 때문입니다. 하나님은 위대하셔서 우리가 감당할 수 없습니다. 더욱이 우리 인간은 죄에 빠져서 정상적인 상태에 있지 않습니다. 이런 상태에 있는 인간은 하나님에 대해 설명해도 알아듣지 못합니다. 그러나 하나님은 아주 소수의 사람들에게 하나님 자신을 나타내시고 알게 하셨습니다. 그 이유가 무엇일까요? 우리로 하여금 하나님을 믿고 찬송하게 하기 위해서입니다.

우리가 하나님을 믿고 찬송하며 예배한다는 것은 우리가 하나님의 능력에 합당한 자가 되었다는 증거입니다. 세상 사람들은 그들이 가진 돈과 권력, 지식을 자랑합니다. 그러나 그들은 하나님을 모르는 비참한 상태에 있습니다.

93편 2절 "주의 보좌는 예로부터 견고히 섰으며 주는 영원부터 계셨나이다"

하나님은 온 세상의 창조자이십니다. 이 세상과 우주에 있는 모든 것들은 하나님이 만드신 작품입니다. 하나님의 통치는 옛날부터 한 번도 흔들린 적이 없습니다. 하나님은 영원부터 영원까지 온 세상을 다스리십니다. 단지 인간과 짐승만이 무지해서 그 사실을 모를 뿐입니다. 따라서 우리가 하나님을 알고 예배한다는 것은 귀중한 특권을 받은 자라는 것을 말해 줍니다. 우리는 온 세상의 주인과 아주 가까운 사이인 것입니다.

2. 큰 물결의 공격

만일 하나님이 온 세상을 다스리고 돌보아 주신다면, 이 세상에는 나쁜 것이 아무것도 없어야 할 것입니다. 폭우와 지진, 살인과 가뭄도 없어야 할 것입니다. 그런데 때때로 도저히 하나님이 안 계신 것 같은 때가 있습니다. 하나님이 세상에서 손을 떼신 것같이 느껴질 때가 있습니다. 우리가 아무리 기도해도 응답이 없습니다. 큰 폭우가 쏟아져 집들이 침수됩니다. 사고가 나서 사람들이 죽습니다. 이런 것은 도대체 어떻게 된 것일까요?

93편 3절 "여호와여 큰 물이 소리를 높였고 큰 물이 그 소리를 높였으니 큰 물이 그 물결을 높이나이다"

지금 시편 기자의 형편이 얼마나 다급한지 알 수 있습니다. 갑자기 하늘에서 폭우가 쏟아졌습니다. 주위가 온통 물에 침수되어 많은 사람이 실종되었습니다. 그런데 물의 수위는 점점 높아지고 있습니다. 그래서 시편 기자는 다급하게 자신의 사정을 하나님께 말씀드리고 있습니다. 그가 서 있는 발까지 물이 온 것 같습니다. 이제 조금 더 있으면 그도 물에 떠내려가게 될 것입니다. 그런데도 비는 끊임없이 내리고 있습니다. 인간의 힘으로는 어쩔 수 없습니다.

세상 사람들은 운이 나빠 그렇다고 말합니다. 일기 예보가 틀려 그렇다고 말합니다. 그러나 우리는 알아야 합니다. 이것은 하나님이 자신의 주권을 나타내시는 것입니다. 우리는 하나님을 알고 믿는다 하지만 정작 세상을 바라보면서 살아갈 때가 많습니다. 우리는 하나님이 주신 축복을 너무 당연하게 생각합니다. 우리는 더 욕심을 채우려 합니다. 더 편한 생활을 추구합니다. 더 안일하게 살아가려고 합니다. 그래서 하나님은 때때로 인간의 교만을 내려놓게 하기 위해 여러 고난을 주십니다. 무서운 자연의 분노 앞에 인간의 지식과 기술, 그리고 돈이 아무 힘이 없다는 것을 알게 됩니다. 우리는 하나님 앞에서 아무것도 아닙니다. 우리는 하나님 앞에서 요구할 것이 없는 죄인입니다.

그런데 아이러니컬하게도 하나님 백성은 이런 어려움을 통해 하나님의 능력을 깨닫습니다. 우리는 이런 어려움을 통해 내가 할 수 있는 것이 아무것도 없다는 것을 깨닫게 됩니다. 인간은 하나님 앞에서 아무것도 아닌 존재입니다. 우리는 하나님 앞에서 흙덩이와 먼지에 불과합니다.

이 때 우리는 하나님을 생각하게 됩니다.

93편 4절 "높이 계신 여호와의 능력은 많은 물소리와 바다의 큰 파도보다 크니이다"

하나님의 능력은 이 엄청난 비와 폭풍, 바다의 파도보다 훨씬 큽니다. 그러나 현실은 그렇지 않습니다. 현실에서는 하나님이 잘 보이지 않습니다.

많은 물과 악한 자가 우리를 찾아와 두려움에 싸이게 합니다. 바다의 파도가 두렵고, 하루하루 먹고 사는 것이 어렵습니다. 이 현실의 장벽을 어떻게 극복할 수 있을까요?

93편 5절 "여호와여 주의 증거들이 매우 확실하고 거룩함이 주의 집에 합당하니 여호와는 영원무궁하시리이다"

하나님은 우리에게 주의 말씀을 주셨습니다. 하나님의 말씀은 태풍과 지진, 세상의 광기 속에서 든든한 반석이 됩니다. 또한 하나님은 우리에게 성전을 주셨습니다. 그러나 우리에게는 믿음의 모양만 있습니다. 하나님 백성에게 물난리가 나고 경제적으로 위기가 찾아오는 것은 하나님이 우리 잠을 깨우시는 것입니다. 하나님은 나태해진 정신을 깨우길 원하십니다.

예수님은 이렇게 말씀하셨습니다.

"그러므로 누구든지 나의 이 말을 듣고 행하는 자는 그 집을 반석 위에 지은 지혜로운 사람 같으리니 비가 내리고 창수가 나고 바람이 불어 그 집에 부딪치되 무너지지 아니하나니 이는 주추를 반석 위에 놓은 까닭이요"_마 7:24, 25

하나님은 나태해진 우리에게 '너희가 중요한 것은 제쳐 놓고, 반석이 아닌 것을 붙들고 있다'는 것을 알려 주십니다. 우리는 든든한 반석 위에 집을 지어야 하는데, 모래 위에 지었기 때문에 무너지고 만 것입니다.

우리는 하나님의 말씀 위에 집을 지어야 합니다. 그래야 온 세상이 물에 잠겨도 살아남을 수 있습니다. 이것은 비단 물만이 아닙니다. 전쟁도 그렇고, 사탄의 공격도 마찬가지입니다. 하나님 말씀의 반석 위에 우리 인생을 지어야 세상 공격에 무너지지 않습니다.

3. 악한 자의 지배

시편 93편은 한 무명의 시인이 큰 물난리를 겪으면서 하나님의 능력을 생각한 것을 보여 줍니다. 그러나 시편 94편으로 넘어오면 단순히 물난리가 아니라 악한 자가 온 세상을 자기 마음대로 지배하는 모습으로 나타납니다.

> 94편 1-3절 "여호와여 복수하시는 하나님이여 복수하시는 하나님이여 빛을 비추어 주소서 세계를 심판하시는 주여 일어나사 교만한 자들에게 마땅한 벌을 주소서 여호와여 악인이 언제까지, 악인이 언제까지 개가를 부르리이까 그들이 마구 지껄이며 오만하게 떠들며 죄악을 행하는 자들이 다 자만하나이다"

시편 94편을 보면 그 동기가 '물'에서 '악한 자'로 바뀌었지만, 분위기는 비슷합니다. 시편 기자는 '하나님이여 빛을 비추어 주소서'라고 기도하고 있습니다. 아직까지 장대비는 계속 내리고 있습니다. 물이 계속 불어나고 있습니다. 이제 하나님은 비와 물난리를 그치고 빛을 비추셔야 합니다. 그런데 하나님의 빛은 아직 나타나지 않고 있습니다.

또한 '복수하시는 하나님이여 복수하시는 하나님이여'라고 반복하고 있습니다. 이어서 '악인이 언제까지, 악인이 언제까지 개가를 부르리이까?'라고 말하고 있습니다. 이 시편 기자는 다급함에 반복해서 이야기합니다. 하나님 백성이 당한 고통이 물난리만이 아닌 것을 알 수 있습니다. 오히려 하나님 백성은 악인의 압제와 경제적인 어려움, 그리고 육체적인 질병으로 더 심하게 고통 받았습니다.

악인들은 모든 권력을 잡고 자기 마음대로 세상을 지배했습니다. 자기들이 생각하기에 가치가 없는 자들은 다 죽였습니다. 그렇게 죽임 당한 자들이 대부분 하나님 백성이었습니다.

하나님 백성이 은혜를 떠나면, 교만해져 어느 누구의 말도 들으려 하지 않습니다. 자기가 최고인 줄 알고 모든 것을 가지려 합니다. 하나님 백성이 교만해지면, 돈과 하나님의 축복은 가지고 있으면서 하나님의 말씀대로 살지 않게 됩니다. 그런데 하나님 백성이 성공하면 이렇게 되기가 쉽습니다. 그래서 하나님은 한 번씩 악한 자들에게 기회를 주십니다. 그때가 바로 환난과 치욕의 때입니다.

그래서 하나님 백성은 아주 다급하게 하나님을 부른 것입니다. 여기서 '복수하시는 하나님'은 여전히 하나님은 우리 편이시다는 뜻과 함께 하나님은 잘못된 것은 바로 잡는 분이시다는 뜻도 있습니다. 더불어 '하나님이여 빛을 비추어 주소서'는 '세상이 어두워 한 치 앞도 내다볼 수 없으니 길을 열어 주옵소서'라는 뜻을 포함하고 있습니다. 하나님의 정의를 실현시켜 달라고 간절히 기도한 것입니다.

악한 자들은 개가를 부르면서 온 세상을 자기 마음대로 파괴하고 있습니다. 그때 하나님 백성은 자기가 가진 모든 것을 빼앗기게 됩니다. 악한 자들은 겸손하지 않습니다. 악한 자들은 절제하지도 않습니다. 그들은 온 세상을 자기 것으로 만들기 위해 철저하게 세상을 개조하기 시작합니다. 그들은 자신들의 의사에 반대하거나 협조하지 않는 자들을 가차 없이 죽입니다.

> **94편 4-6절** "그들이 마구 지껄이며 오만하게 떠들며 죄악을 행하는 자들이 다 자만하나이다 여호와여 그들이 주의 백성을 짓밟으며 주의 소유를 곤고하게 하며 과부와 나그네를 죽이며 고아들을 살해하며"

악한 자들이 권력을 잡으면 얼마나 잘난 체하는지 모릅니다. 그들은 하나님의 백성을 짓밟습니다. 그리고 하나님의 소유를 곤고하게 합니다. 악한 자들은 하나님의 성전과 재산을 하나씩 빼앗깁니다. 하나님의 성전은 가난하게 되어 하나님께 드릴 제물이 없게 됩니다. 제사장과 레위인은 힘이 없어 제사를 드릴 수 없습니다.

그런데 악한 자들은 하나님이 이것을 보지 못하고, 자기들이 하는 말도 듣지 못하신다고 떠듭니다.

94편 7절 "말하기를 여호와가 보지 못하며 야곱의 하나님이 알아차리지 못하리라 하나이다"

결국 악한 자들은 자기들이 한 말 때문에 망합니다. 즉 이들은 하나님을 노골적으로 무시합니다.

아합이 이스라엘 왕으로 있을 때였습니다. 그때 아합 왕은 죄를 많이 지어 멸망이 예고된 상태였습니다. 그는 적극적으로 바알 종교를 끌어들였고, 남의 포도원을 탐내어 나봇을 죽이고, 그의 포도원을 차지했습니다. 그때 북쪽에 있는 아람 나라가 쳐들어왔습니다. 각본에 의하면 이스라엘이 전쟁에 지고, 아합은 망하게 되어 있었습니다.

그런데 아람 왕의 신하들이 이렇게 말했습니다.

"아람 왕의 신하들이 왕께 아뢰되 그들의 신은 산의 신이므로 그들이 우리보다 강하였거니와 우리가 만일 평지에서 그들과 싸우면 반드시 그들보다 강할지라"_왕상 20:23

그들에 따르면, 여호와는 시내 산에서 능력을 나타내는 신이기 때문에 평지에서는 힘을 나타내지 못한다는 것이었습니다. 이스라엘과 아람 군대가 싸우려고 한 곳은 평지였습니다. 아람 군대는 온 들판을 채우고 있었고,

이스라엘 군대는 작은 무리밖에 되지 않았습니다. 그러나 하나님은 아람 왕의 신하들이 한 말을 듣고, 하나님은 평지에서도 하나님이신 것을 보여 주기 위해 이스라엘이 이기게 하셨습니다.

"각각 적군을 쳐 죽이매 아람 사람이 도망하는지라 이스라엘이 쫓으니 아람 왕 벤하닷이 말을 타고 마병과 더불어 도망하여 피하니라 이스라엘 왕이 나가서 말과 병거를 치고 또 아람 사람을 쳐서 크게 이겼더라"_왕상 20:20, 21

성도는 악한 자가 하는 말을 두려워해서는 안 됩니다. 악한 자가 하는 말은 모두 자기 머리로 돌아가기 때문입니다.

그때 이스라엘 백성의 입에서 하나님의 판단이 선포됩니다.

94편 8, 9절 "백성 중의 어리석은 자들아 너희는 생각하라 무지한 자들아 너희가 언제나 지혜로울까 귀를 지으신 이가 듣지 아니하시랴 눈을 만드신 이가 보지 아니하시랴"

하나님이 인간의 귀를 만드셨는데 악인들이 하는 말을 들으시지 않겠습니까? 하나님이 인간의 눈을 만드셨는데 악인들이 하는 행동을 보시지 않겠습니까? 성도의 입에서 이 말이 나오는 순간 악인은 망하게 됩니다. 하나님이 빛을 비추시기 때문입니다. 악인이 세상을 지배하지 못하게 하려면, 하나님 백성이 겸손해야 합니다. 우리가 고개를 숙여야 합니다. 하나님 백성이 겸손할 수 있는 비결은 하나님의 말씀 안에서 비밀을 찾는 수밖에 없습니다.

그러나 지금 한국 교회는 너무 커졌습니다. 성도들은 너무 성공했고 높아졌습니다. 앞으로 고통의 때가 오려 하고 있습니다. 굴욕과 수치의 때가 오려 하고 있습니다. 이 때 우리는 돈과 세상의 성공이 아닌 하나님의 확실한 말씀을 찾아야 합니다. 하나님의 말씀을 구하면 세상의 파도가 우리를 해치지 못합니다.

102

시 94:10-23

내 발이 미끄러질 때

우리는 성공한 자들 중에 정상에서 미끄러지는 바람에 인생을 망치는 경우를 봅니다. 인간은 세상에서 최고 높은 자리까지 올라가면 인생 목표를 달성했기 때문에 굉장히 좋을 것 같습니다. 인생 꼭대기에는 권력과 돈, 명성까지 있기 때문에 하고 싶은 대로 하면서 살 수 있을 것 같습니다. 그러나 세상에서 성공하는 것은 마치 혼자 에베레스트 산꼭대기에 올라서는 것과 같습니다. 밑에서 보면 정상에 올라가는 것이 멋있어 보이지만, 막상 올라가 보면 너무 춥고 외로워서 견딜 수 없습니다.

마찬가지로 성공해서 인기 절정에 오르면 돈도 많고, 인기도 높아지지만 진정으로 이야기를 나눌 수 있는 사람은 한 명도 없습니다. 최고 높은 자리에서 할 수 있는 것은 그리 많지 않습니다. 말도 함부로 해서는 안 되고, 춤을 함부로 추어서도 안 됩니다. 다른 사람과 친해지는 것조차 조심해야 합니다.

그러나 하나님 백성은 훈련을 받았습니다. 또한 지팡이를 가지고 있기 때문에 미끄러지지 않습니다. 하나님의 말씀으로 훈련받지 않은 자는 돈과 권력으로 다른 사람을 업신여깁니다. 그러다 높은 데서 미끄러져 떨어지게 됩니다. 그들이 이룬 성공은 아무 소용없습니다. 그렇게 그들 인생은 산산이 부서지고 맙니다.

시편 기자는 18절에서 '여호와여 나의 발이 미끄러진다고 말할 때에 주의 인자하심이 나를 붙드셨사오며'라고 말하고 있습니다. 아마도 이 기자는 갑자기 시험을 당해 미끄러진 것 같습니다. 그가 지금 있는 곳에서 미끄러지면 천 길 낭떠러지로 떨어질 것입니다. 그런데 하나님은 인자하심으로 그를 붙드십니다. 하나님은 그분의 말씀 앞에 겸손하고 정직한 자에게 인자하셔서 그 모든 허물을 덮어 주십니다. 그가 미끄러지지 않도록 안전하게 잡아 주십니다. 이처럼 하나님의 말씀을 붙드는 자는 아무리 세상이 어지러워도 안전합니다.

시편 93-100편은 하나님의 다스리심을 노래하는 시들입니다. 하나님 말씀을 보면, 하나님이 온 세상을 다스리고 통치하시기 때문에 모든 것이 아름답고 행복할 것 같습니다. 그러나 실제로는 악한 자들이 권력을 잡고 사람들을 불행하게 합니다. 심지어는 전쟁까지 일으켜 수많은 자들을 죽게 합니다. 그래서 하나님의 통치가 우리 눈에 보이지 않습니다. 이 세상은 하나님이 아닌 인간이 다스리는 나라인 것 같아 보입니다. 인간이 권력을 한 번 잡으면 자기가 신이 된 것처럼 절대적인 복종을 강요하고, 자기 마음대로 세상을 지배하는 것을 보게 됩니다. 그때 하나님 백성은 두려워하면서 하나님이 어디 계신지 부르짖게 됩니다.

그래서 시편 기자는 앞서 2절에서 '세계를 심판하시는 주여 일어나사 교만한 자들에게 마땅한 벌을 주소서'라고 말했습니다. 사람들은 이것을 '하나님의 침묵'이라고 말합니다. 하나님 백성은 이해되지 않습니다. 왜 하나님은 악한 자들이 권력을 잡게 그대로 내버려 두시는지 이해되지 않습니다. 더욱이 자기 마음대로 악을 행하는 그들에게 왜 아무 말씀도 하지 않으시는지 이해되지 않습니다. 이것이 하나님 백성에게 가장 어려운 부분입니다. 왜 하나님은 전쟁이 나게 하셔서 수많은 자들을 죽게 하실까요? 우리는 그 이유를 알 수 없습니다.

1. 두 가지 지식의 길

이 세상에는 두 가지 길이 있습니다. 하나는 세상 지식의 길이고, 다른 하나는 하나님의 지식의 길입니다. 요즘은 가난한 자나 돈 있는 자나 모두 교육을 받을 수 있지만 과거에는 왕족이나 귀족만 교육을 받을 수 있었습니다. 과거에는 주로 교육 내용이 높은 자가 낮은 자를 지배하는 법적 성격이 강했습니다. 그래서 옛날 법은 낮은 자에게 무조건 복종을 강요했습니다. 그에 비해 높은 자를 대상으로 한 교육은 어떻게 하면 말을 잘하고, 권력을 가까이할 수 있으며, 그 권력을 오래 유지할 수 있느냐에 초점이 맞추어져 있었습니다. 이것이 바로 세상 지식의 내용입니다.

그에 비해 하나님의 지식이 있습니다. 하나님의 지식은 하나님이 누구신지를 가르쳐 줍니다. 하나님이 우리를 얼마나 사랑하시며, 귀하게 생각하시는지 진리를 가르쳐 줍니다. 우리는 하나님 말씀을 듣는 동안 소중한 자신을 찾게 됩니다. 하나님은 내 영혼의 가치를 찾게 하십니다.

그런데 문제는 내가 아무리 하나님의 말씀을 배우고 은혜를 받는다 해도 세상은 그것을 알아주지 않습니다. 내가 아무리 하나님의 말씀으로 속사람이 변화되고, 내 인격이 정금같이 변해도 세상 사람들은 여전히 나의 수준과 외모, 지식으로 판단합니다. 오늘날 많은 성도들과 젊은이들이 하나님의 말씀을 배우는 것보다 세상 공부와 성공을 더 중요하게 생각하는 것이 사실입니다. 내 자신의 가치를 찾는 것이 중요할까요? 아니면 세상에서 인정 받고 성공하는 것이 중요할까요?

> 10절 "뭇 백성을 징벌하시는 이 곧 지식으로 사람을 교훈하시는 이가 징벌하지 아니하시랴"

권력자가 모든 사람을 심판하는 줄 알지만 사실은 하나님이 그렇게 하십니다. 하나님은 세상의 법과 지식, 그리고 권력을 만드셔서 그것을 인간에게 임시로 맡기셨습니다. 인간은 자기가 똑똑해서 공부를 많이 하고, 말도 잘하는 줄 알지만 세상 지식을 만드신 분은 하나님입니다. 그러나 하나님이 인간의 가치를 판단하시는 기준은 세상 지식이 아니고 하나님의 지식입니다.

> 11절 "여호와께서는 사람의 생각이 허무함을 아시느니라"

이 세상 지식은 많은 것을 가르쳐 주지만, 결국 그 안에는 답이 없습니다. 소크라테스 철학은 우리에게 많은 질문을 던집니다. 그러나 소크라테스 철학 안에는 답이 없습니다. 이것은 공자도 마찬가지입니다. 공자는 인간의 도리에 대해 많은 것을 가르쳐 주지만, 그것은 현실성이 없습니다. 플라톤은 이상 정치를 꿈꾸었습니다. 플라톤에게 정치는 도덕을 실현하는 매개였습니다. 그러나 그것은 어디까지나 이상에 불과했습니다.

하나님은 사람의 생각이 허무한 것을 아십니다. 인간은 많은 것을 생각하며 가르치지만 그 안에 답이 없습니다. 인간은 하나님의 말씀 없이는 자기 자신도, 미래도 알 수 없습니다. 인간은 자신과 세상에 대해 아는 것이 없습니다. 그런 가운데 살아가고 있습니다. 그래서 인간의 지식에는 답이 없습니다.

그러나 하나님의 지식을 배우는 자들은 어떨까요?

> 12절 "여호와여 주로부터 징벌을 받으며 주의 법으로 교훈하심을 받는 자가 복이 있나니"

하나님 백성은 오히려 하나님의 말씀 때문에 많은 고난과 징벌을 당합니다. 그러나 '주의 법'으로 교훈을 받는 자가 복이 있습니다. 하나님 말씀에는 인생의 답이 분명 있기 때문입니다. 이 세상 사람들은 성공을 위해 넓은 길을 가지만, 거기에는 답이 없습니다. 즉 그 길은 가다가 갑자기 길이 끊겨 미래가 없습니다.

그에 비해 하나님 백성은 길이 없는 길을 찾아 가야 합니다. 이 길은 가시밭과 돌밭길입니다. 이 길은 사망의 골짜기로 연결되어 있습니다. 처음에는 길이 보이지 않아 낙망하지만, 자세히 보면 아주 희미하지만 좁은 길이 있습니다. 이 길에는 인생의 답이 있습니다. 우리가 이 길을 가면서 기도하면 기도 응답이 있습니다. 기도 응답이 있다는 것이 얼마나 놀라운 일인지 모릅니다. 그리고 이 길은 미래를 향해 계속 이어지고 있습니다. 그러다 우리는 하나님의 보물 창고 안에 와 있는 것을 발견하게 됩니다. 그 안에는 존귀와 영광, 지혜와 부가 모두 있습니다.

여기에 보면 두 가지 인생을 비교해서 말씀하고 있습니다.

> 13절 "이런 사람에게는 환난의 날을 피하게 하사 악인을 위하여 구덩이를 팔 때까지 평안을 주시리이다"

여기에 두 부류의 사람이 나옵니다. 한 사람은 처음부터 환난과 고생이 계속됩니다. 그는 하나님의 말씀을 붙잡고 많은 고생을 하며 살아갑니다. 그런데 놀라운 것은 하나님은 결정적인 순간 환난을 당하지 않도록 건져주십니다. 그는 벼랑 끝을 걷는 것 같은데 결국 살아남습니다.

그런데 다른 한 사람은 세상 지식을 택해 아주 평안한 삶을 살아갑니다. 그는 많은 돈과 세상의 직책을 가지고 있습니다. 이것들을 누리며 자기 마음대로 살아갑니다. 그러나 그는 누군가가 앞에 구덩이를 파고 있는 것을 알지 못합니다. 그래서 자기 앞에 함정이 있는 것을 알지 못하고 자기 하고 싶은 대로 모든 것을 누리면서 살아갑니다. 그때까지 그는 평안합니다. 그러다 갑자기 구덩이에 빠지게 되는데, 그때 그는 죽게 됩니다. 이것이 바로 세상 지식을 따라간 결과입니다. 세상 지식은 이 세상을 유익하게 하라고 준 수단이지 목적이 아닙니다. 우리 역시 세상에서 공부를 해야 하고, 돈도 필요하며, 사업도 해야 합니다. 그러나 이런 것들은 어디까지나 수단이지 목적이 아닙니다.

인생의 목적은 돈과 명예, 지식에 있는 것이 아니라 내 자신의 가치를 찾는 것에 있습니다. 즉 좁은 길을 찾는 것입니다.

예수님도 이렇게 말씀하셨습니다.

"좁은 문으로 들어가라 멸망으로 인도하는 문은 크고
그 길이 넓어 그리로 들어가는 자가 많고"_마 7:13

넓은 길은 가다가 갑자기 길이 끊겨 절벽이 됩니다. 넓은 길은 잘 나가다가 갑자기 구덩이가 나타납니다. 이내 함정에 빠져 버리고 맙니다. 세상에서 성공의 길을 걸어간 자들이 쉽게 빠지는 함정이 바로 '교만'입니다. 이런 무서운 함정이 도사리고 있습니다. 성공의 길을 간 자는 교만하지 않을 수 없습니다. 부정도 저지르지 않을 수 없습니다.

그래서 하나님은 우리에게 약속하십니다.

> 14, 15절 "여호와께서는 자기 백성을 버리지 아니하시며 자기의 소유를 외면하지 아니하시리로다 심판이 의로 돌아가리니 마음이 정직한 자가 다 따르리로다"

하나님 말씀을 듣고 따라가는 자는 그의 백성이자 소유이기 때문에 하나님이 절대 버리지 않으십니다. 그러나 눈에 보이는 돈과 지식, 권력을 따라가는 자는 스스로 자신을 속이는 것입니다. 그것은 실체가 아니기 때문입니다. 그것은 허영이고 환상입니다. 돈과 지식이 있다고 해서 내 자신을 찾은 것은 아닙니다. 단지 그런 환상에 빠져 있을 뿐입니다.

2. 위험할 때 지켜 주시는 하나님

우리는 얼음 위를 걸어갈 때 미끄러지기 쉽기 때문에 조심해서 걸어가야 합니다. 더욱이 겨울 산에 올라 눈 덮인 바위를 지날 때면, 눈이 녹았다 다시 얼어 아주 미끄럽기 때문에 십중팔구 바위에서 떨어질 수 있습니다. 그래서 높은 산에 오르는 등산가들은 발에 아이젠을 끼워 발이 미끄러지지 않게 합니다. 손에도 기구를 사용해 바위에서 미끄러지지 않게 합니다.

마찬가지로 이 세상에서 높은 곳은 아주 미끄러운 곳입니다. 인간은 권력이 있으면 교만하게 되는데, 거기서 실패하게 됩니다. 이것이 높은 곳까지 올라갔다 떨어지는 이유입니다. 그런데 하나님 백성도 인간이기 때문에 성공하면 넘어지기 쉽습니다. 그래서 우리는 높은 자리에서나 낮은 자리에서나 죄인임을 기억하고 하나님의 말씀을 붙잡아야 합니다. 하나님 말씀이 우리에게 지팡이와 막대기가 되어 넘어지지 않게 지켜 주십니다.

그런데 하나님 백성에게는 다른 미끄러짐이 있습니다. 그것은 바로 영적 침체에 빠지는 것입니다. 하나님 백성도 인간이기 때문에 고난이 길어지면 분노가 쌓여 영적 침체가 오게 됩니다. 이처럼 우리는 하나님을 믿는다고 하지만 연약한 질그릇에 불과합니다. 이 때도 하나님 말씀을 지팡이 삼아 하루하루 인내하는 수밖에 없습니다. 후에 하나님 앞에 설 때 내가 받은 마음의 상처가 전부 보석이 되어 있는 것을 깨닫게 될 것입니다.

하나님 백성은 하나님에 대해 실망할 때도 있습니다. 하나님이 해결해 주실 것이라고 끝까지 믿었는데 하나님이 응답해 주시지 않을 때 우리는 하나님에 대해 실망합니다. 이 때도 우리는 미끄러지면 안 됩니다. 우리가 당장 하나님의 뜻을 다 알 수 없기 때문입니다. 우리는 끝까지 하나님의 뜻을 기다려 보아야 합니다.

시편 기자는 사람에게 도저히 도움을 기대할 수 없었습니다.

16절 "누가 나를 위하여 일어나서 행악자들을 치며 누가 나를 위하여 일어나서 악행하는 자들을 칠까"

지금 나를 고통스럽게 하는 행악자들이 있습니다. 그런데 내 편에 서서 나를 도와줄 자가 아무도 없습니다. 인간적으로 생각하면 우리는 벌써 죽었어야 합니다. 그런데 아직 살아 있습니다. 그때 시편 기자는 하나님이 자기를 매 순간 도우셨다는 것을 깨닫게 되었습니다.

17절 "여호와께서 내게 도움이 되지 아니하셨더면 내 영혼이 벌써 침묵 속에 잠겼으리로다"

여기서 '침묵 속에 잠겼으리로다'는 죽는 것을 의미합니다. 아무 소리도 내지 못하고 죽을 수밖에 없었습니다. 그런데 내가 이렇게 살아 있는 것은 하나님이 매 순간 나를 도와주시고 지켜 주셨기 때문입니다. 물론 우리는 하나님의 뜻을 다 알 수 없습니다. 그러나 내가 지금까지 살아 있는 것 자체가 하나님이 살아 계신 아주 중요한 증거입니다.

19절 "내 속에 근심이 많을 때에 주의 위안이 내 영혼을 즐겁게 하시나이다"

우리는 어려운 환난을 당하면 많은 생각에 빠집니다. 살아야겠는데 살 길이 보이지 않기 때문입니다. 우리는 행복해지고 싶습니다. 내 자신의 가치를 찾고 싶습니다. 그러나 현실은 여전히 비참합니다. 하나님은 그런 상황 가운데 우리를 위로해 주십니다. 하나님은 말씀으로 우리의 상한 심령을 위로해 주십니다. 때로는 물질과 선물로도 위로해 주십니다. 그때 우리는 행복할 수 있습니다. 하나님이 우리의 영혼을 즐겁게 해 주시는 것입니다.

3. 하나님 앞에서의 재판

우리가 재판할 때 세상의 법과 판례를 알면 아주 유리할 것입니다. 또한 세상이 아무리 공정하다 해도 재판장과 잘 아는 사이면 결과를 신뢰할 수 있을 것입니다.

시편 기자는 후반부에 이르러 재판 이야기를 합니다.

20, 21절 "율례를 빙자하고 재난을 꾸미는 악한 재판장이 어찌 주와 어울리리이까 그들이 모여 의인의 영혼을 치려 하며 무죄한 자를 정죄하여

피를 흘리려 하나"

세상 권력을 가진 자는 재판장을 잘 알기 때문에 무슨 수를 써서라도 재판에서 이기려 합니다. 하나님 백성을 감옥에 집어넣어 망하게 하려고 합니다. 심지어 재판장이 법을 핑계 삼아 '재난'을 꾸미기도 합니다. 그러나 더 중요한 것은 하나님 앞에서의 재판입니다.

욥기를 보면, 하나님 앞에서 회의가 열립니다. 사실은 하나님이 먼저 천사들 앞에서 욥의 신앙을 자랑한 데서부터 시작합니다. 하나님은 사탄에게 의인 욥을 보았느냐고 물으시면서 이렇게 말씀하셨습니다.

"여호와께서 사탄에게 이르시되 네가 내 종 욥을 주의하여 보았느냐 그와 같이 온전하고 정직하여 하나님을 경외하며 악에서 떠난 자는 세상에 없느니라"_욥 1:8

욥은 정직하고, 하나님의 말씀대로 살려고 애썼습니다. 그러자 사탄은 발끈하면서 욥을 참소하고, 하나님을 충동질했습니다. 그래서 하나님은 욥에게 환난을 주도록 허락하셨습니다.

마찬가지로 사탄은 오늘도 하나님 백성을 공격합니다. 사탄은 너희가 죄인이며, 믿음이 없다고 주장합니다. 그런데 하나님이 사탄에게 하나님 백성이 고난당하는 것을 허락하신 것입니다. 그런데 하나님 백성은 끝까지 믿음을 지킵니다. 이것이 바로 사탄의 실패입니다. 그때 사탄의 모든 계략은 실패하게 됩니다.

이 때 하나님 백성에게는 비밀 장소가 생깁니다.

22절 "여호와는 나의 요새이시요 나의 하나님은 내가 피할 반석이시라"

하나님은 끝까지 그분을 의지하는 자들의 요새가 되어주십니다. 이 요새에는 불말과 불병거가 있어 어떤 불화살과 미사일의 공격도 막을 수 있습니다. 그리고 하나님은 피할 바위가 되십니다. 이 바위에서 생수가 터져 나옵니다. 또한 구멍이 있어 비바람을 막을 수 있습니다.

대신 악인들은 망합니다.

> **23절** "그들의 죄악을 그들에게로 되돌리시며 그들의 악으로 말미암아 그들을 끊으시리니 여호와 우리 하나님이 그들을 끊으시리로다"

여기서 '죄악을 그들에게로 되돌리시며'는 그들이 지은 죄를 모두 드러내는 것을 뜻합니다. 하나님은 그들을 끊어버리십니다. 그들의 생명 줄을 끊으사 멸망하게 하십니다. 여기서 '끊으시리니'라는 말이 두 번이나 나옵니다. 그것은 확실하게 끊는다는 뜻입니다. 우리는 세상에서 성공한 자들을 보고 부러워하지 말아야 합니다. 좁은 길을 찾아 끝까지 하나님을 신뢰하는 성도들이 되시기 바랍니다.

103

시 95:1-11

하나님이 기르시는 백성

인간은 누구나 아기로 태어나 부모님의 양육을 받습니다. 특히 갓 태어난 아기는 너무 약하기 때문에 혼자 힘으로 아무것도 할 수 없습니다. 부모는 온 정성을 다해 자녀를 돌봅니다. 아마 성도님들 중에 집이 너무 가난해서 정상적으로 학교를 다니지 못하신 분들은 가난이 싫을 것입니다.

저 역시 어렸을 때 다른 사람의 양계장에 얹혀살면서 학교를 다니지 못했습니다. 교회를 다니며 성경만 읽었습니다. 혼자 공부해야 했습니다. 그런데 저는 다른 아버지를 만나게 되었습니다. 그 아버지는 하늘 아버지셨습니다. 그런데 하늘 아버지는 저에게 많은 고생을 하게 하셨습니다. 하늘 아버지는 육신의 아버지 이상으로 저를 가난하게 하고, 또한 무능하게 하셔서 기를 완전히 꺾어 놓으셨습니다. 동시에 하늘 아버지는 저에게 복을 주셨습니다. 하나님 아버지는 제 기를 꺾어 놓으신 후에 최고로 좋은 복을 주셨습니다. 그러나 어느 순간부터 제 안에 하나님이 주시는 복으로 만족하지 못하고 더 가지려고 하는 욕심이 찾아왔습니다. 하나님에게서 조금씩 멀어지려 하는 자신을 발견하게 되었습니다. 세상과 가까워지고 싶은 마음도 들었습니다. 많은 유혹과 죄가 제 주위를 맴돌았습니다.

세상 많은 사람들이 높은 곳까지 올라가려고 합니다. 그러나 산 정상에 오르는 것보다 내려오는 것이 더 어렵습니다. 그러나 많은 사람들이 높은 곳에 올라가도 만족하지 못하고 욕심 부리다 실패합니다.

시편 95편은 우리를 가리켜 '하나님이 기르시는 백성'이라고 말씀하고 있습니다. 우리는 하나님이 돌보시는 양입니다. 이 말씀은 우리가 도저히 나아갈 수 없는 절망 가운데서 어떻게 앞으로 나아갈 수 있는지 그 길을 가르쳐 줍니다. 수많은 유혹과 시험 가운데서 살아남을 수 있는 비결을 알려주고 있습니다. 그것은 오직 하나밖에 없습니다. 그것은 바로 하나님을 사랑하는 것입니다.

1. 위대한 구원의 반석

시편 95편이 언제 지어졌는지는 분명하지 않습니다. 그럼에도 불구하고 이 시는 많은 환난과 고통 가운데 지어진 것 같습니다. 지금 이스라엘 백성은 도저히 하나님께 감사할 수 없는데도 불구하고 여호와께 노래하며 즐겁게 외치자고 말씀하고 있기 때문입니다. 우리가 어려운 상황에 있을 때 기쁜 마음으로 하나님을 찬양하는 것이 쉽지 않습니다. 인간은 생활이 안정되고 먹을 것이 풍족할 때 감사가 나옵니다. 생활이 불안하고 장래 소망이 없는데 어떻게 찬양과 감사가 나올 수 있겠습니까? 인간은 불안하고 궁핍하면 지치고 짜증이 납니다.

그러나 시편 기자는 우리가 어려울 때 하나님을 기뻐하며 찬양하자고 권면합니다. 우리가 어려울 때가 바로 새로운 하나님을 발견할 때입니다. 물론 육신의 아버지가 부유해서 나에게 필요한 것을 전부 해 준다면 그것보다 더 좋은 것은 없을 것입니다. 그러나 하늘에 계신 아버지는 육신의 아버지와 비교할 수 없을 정도로 부요하시며 전능하십니다.

예수님은 이렇게 말씀하셨습니다.

"너희가 악한 자라도 좋은 것으로 자식에게 줄 줄 알거든 하물며 하늘에 계신 너희 아버지께서 구하는 자에게 좋은 것으로 주시지 않겠느냐"_마 7:11

물론 이 세상에 있는 아버지는 악한 분이 아닙니다. 육신의 아버지도 부유하면 얼마든지 자식에게 필요한 것을 다 해 줄 것입니다. 그러나 예수님은 이 세상에 있는 아버지가 다 악하다고 말씀하고 있습니다. 육신의 아버지가 할 수 있는 것은 돈을 대주고 자녀를 보호해 주는 것뿐입니다. 그러나 이 세상에는 돈으로 안 되는 것이 너무 많습니다.

이스라엘 백성은 애굽에서 노예 생활하면서 많은 고생을 했습니다. 이스라엘 백성은 애굽에서 가장 낮은 천민이었습니다. 그들은 남녀노소 할 것 없이 강제노동을 해야 했습니다. 심지어 바로 왕은 이스라엘 남자 아이들을 태어나자마자 죽게 했습니다. 모세가 돌아와 하나님의 말씀을 전한 후 이스라엘 백성은 더 극심한 박해에 시달리게 되었습니다. 그때 이스라엘 백성은 새로운 아버지를 발견하게 되었습니다. 그분은 하늘에 계신 아버지였습니다. 하늘에 계신 아버지는 바로 왕과 백성에게 열 가지 재앙을 내리셨습니다. 그리고 죽음의 천사가 내려와 모든 장자를 죽일 때, 애굽은 바로 왕부터 시작해 노예의 아들까지 장자란 장자는 다 죽었습니다. 그러나 이스라엘 백성은 모세의 말대로 어린 양의 피를 문기둥에 발라 단 한 명도 죽지 않았습니다.

그런데 이스라엘 백성이 홍해에 이르렀을 때 더 큰 기적이 일어났습니다. 이스라엘 백성은 홍해에 막혀 앞으로 갈 수 없었습니다. 뒤에서는 애굽 군대가 추격해 오고 있었습니다. 이스라엘 백성은 모두 바다에 빠져 죽을 수밖에 없었습니다. 이 때 이스라엘 백성은 구원의 반석을 발견하게 되었습니다. 하나님은 구원의 반석이셨습니다.

> <u>1, 2절</u> "오라 우리가 여호와께 노래하며 우리의 구원의 반석을 향하여 즐거이 외치자 우리가 감사함으로 그 앞에 나아가며 시를 지어 즐거이 그를 노래하자"

여기서 시편 기자는 하나님을 '우리의 구원의 반석'이라고 노래하고 있습니다. 하나님이 얼마나 큰 반석이신지 홍해를 한 번 치자 그대로 갈라졌습니다. 또한 이 반석이 얼마나 긴지 이스라엘 백성은 이 반석 위를 걸어 홍해를 무사히 건넜습니다. 그런데 애굽 사람들에게는 구원의 반석이 없었습니다. 애굽 사람들은 강한 군대와 권력이 있었지만 반석이 없었습니다.

바로와 신하들은 홍해가 갈라진 것이 우연이라고 생각했습니다. 그래서 이스라엘 백성도 건너는 바다를 자기들도 건너지 못할 이유가 없다고 큰소리쳤습니다. 그렇게 바다를 건너다 왕과 군대 모두 빠져 죽고 말았습니다. 이것은 돈의 문제가 아닙니다. 세상에서 성공했느냐 못 했느냐의 문제도 아닙니다. 이것은 오직 하늘에 계신 아버지가 계시냐 계시지 않느냐의 문제입니다.

우리는 감사하기 어려운 시대를 살아가고 있습니다. 물론 옛날에 비하면 풍요롭게 살고 있습니다. 그러나 젊은이들의 미래는 아직 암담합니다. 많은 분들이 병으로 고통 받고 있고, 경제적으로 어려움에 처해 있습니다. 주변 나라들은 전쟁을 터뜨리려 하고 있습니다. 그러나 이 때가 하늘 아버지를 발견할 때입니다.

앞이 보이지 않는 현실 속에서도 하나님을 기뻐하고 사랑하는 것이 하나님의 자녀가 할 일입니다. 우리는 아무리 어려워도 즐거운 마음으로 하나님께 나아갈 수 있습니다. 하나님은 부요하시고, 능력 많으신 분이기 때문입니다.

여기서 하나님을 '구원의 반석'이라고 부른 이유는 오직 하나님께만 영원한 승리가 있기 때문입니다. 이 세상 모든 것에는 함정이 있어 점점 빠져 죽게 되어 있습니다.

아프리카에 가면 아주 큰 늪 지대가 있습니다. 아무리 큰 짐승이라도 일단 그 늪에 빠지면 점점 빠져들어 나중에는 숨이 막혀 죽게 됩니다. 그런데 이 세상에는 좋은 것이 너무 많습니다. 세상이 주는 성공이 너무 커 보입니다. 그러나 인간은 자기 안에 무서운 함정이 있다는 것을 알지 못합니다. 그것은 결국 탐욕과 정욕의 늪입니다. 인간은 위선의 탈을 쓰고 이런 탐욕의 늪으로 점점 내려가고 있습니다.

인간은 모두 자신을 찾기를 원하고, 사람들의 인정도 받기를 원합니다. 즉 인간은 두 마리 토끼를 잡으려고 합니다. 그러나 인간에게는 한순간 죄의 유혹에 빠질 수 있는 연약함이 있습니다. 이 정욕의 늪에서 빠져나올 수 있는 단 하나의 방법이 있습니다. 그것은 하나님을 사랑하는 것입니다. 이것은 다른 모든 것을 버리고 하나님만 최고로 생각하는 것입니다. 그때 우리는 놀랍게도 내 발이 든든한 반석 위에 서 있는 것을 발견하게 됩니다. 하나님은 구원의 반석이십니다. 하나님을 사랑하는 자는 실패하지 않습니다. 우리는 하나님만 사랑해야 합니다. 여호와께 노래하며 감사함으로 그 앞에 나아가야 합니다.

2. 우리를 기르시는 하나님

먼저 우리는 하나님 아버지의 땅이 얼마나 넓은지 알아야 합니다. 한 부자가 있는데 차를 타고 몇 시간을 가도 눈에 보이는 것이 다 그의 땅이라면, 그는 자기 땅이 몇 만평이나 되는지 짐작할 수 없을 것입니다. 그 땅 안에는 산과 강이 있고, 노루와 양, 여우와 늑대도 있습니다. 아마도 그의 아들과 딸은 말을 타고 온종일 그 들판을 돌아다녀도 될 것입니다. 그 땅이 전부 자기 아버지의 땅이기 때문입니다.

그런데 우리 하나님 아버지가 그런 분입니다.

> 3절 "여호와는 크신 하나님이시요 모든 신들보다 크신 왕이시기 때문이로다"

하나님 아버지는 유한한 능력을 가진 분이 아닙니다. 하나님 아버지는 아주 크신 분입니다. 물론 인간은 세상에 많은 신이 있다고 믿습니다. 인간이 신들을 무시할 수 없는 이유는 그 신을 믿는 자들이 권력과 돈을 가지고 있기 때문입니다. 사실 이 세상의 신은 인간이 상상으로 만든 가짜 신입니다. 그러나 인간은 돈과 권력을 가지고 큰 소리치고 있습니다. 그러나 하나님은 이 모든 권력과 성공을 만든 장본인이십니다. 하나님은 무에서 유를 만든 창조주이십니다. 하나님은 인간에게 권력을 주실 수도 있고, 거두어 가실 수도 있습니다. 하나님은 인간에게 생명을 주실 수도 있고, 거두어 가실 수도 있습니다.

> 4, 5절 "땅의 깊은 곳이 그의 손 안에 있으며 산들의 높은 곳도 그의 것이로다 바다도 그의 것이라 그가 만드셨고 육지도 그의 손이 지으셨도다"

인간은 땅속 깊은 곳에 무엇이 있는지 모릅니다. 물론 땅속 깊은 곳에 보석과 석유, 마그마도 있습니다. 땅속 깊은 곳에서 지진이 일어납니다. 하나님은 땅속 깊은 곳에 있는 마그마도 통제하셔서 인간이 안전하게 살 수 있도록 지켜 주십니다. 그래서 우리는 지진이 나거나 땅속에 갇혀 있어도 하나님의 도우심을 받을 수 있습니다. 인간은 산꼭대기까지 올라가려고 합니다. 그러나 인간이 아무리 성공했다 해도 하나님은 더 높으신 곳에서 내려다보고 계십니다. 우리가 산에서 길을 잃어버려도 하나님은 우리를 찾아내실 수 있습니다. 그 모두가 하나님의 땅이기 때문입니다. 바다와 육지도 하나님이 만드셨습니다. 온 세상이 하나님의 소유이기 때문에 우리는 거기서 무슨 일을 해도 됩니다.

그런데 우리는 하나님에게서 배워야 할 것이 있습니다. 먼저 우리는 하나님 앞에서 무릎 꿇는 법을 배워야 합니다. 이것이 우리가 하나님의 축복을 받는 길입니다.

6절 "오라 우리가 굽혀 경배하며 우리를 지으신 여호와 앞에 무릎을 꿇자"

인간에게 가장 어려운 것은 하나님 앞에 무릎 꿇는 것입니다. 인간은 뻔뻔한 야생 동물 같아서 하나님 앞에 무릎 꿇는 것이 되지 않습니다. 인간은 모두 자신이 최고라고 생각합니다. 자신의 감정이 가장 중요하다고 생각합니다. 인간은 생각과 감정이 뻣뻣한 자들입니다. 우리는 자기 자신을 위해서는 무한정 시간과 돈을 쓰지만, 눈에 보이지 않는 하나님 앞에서는 허리를 굽히지 못합니다. 그러나 하나님의 축복을 받기 위해서는 하나님 앞에 무릎 꿇어야 합니다. 우리에게 가장 기쁜 일은 하나님께 무릎 꿇는 일입니다. 원래 예배는 천사들이 하는 것입니다. 하나님은 우리를 천사보다 더 귀하게 부르셨습니다.

우리가 가장 사랑하는 분이 하나님이 되어야 합니다. 그분에게 경배하는 것이 최고의 기쁨이 되어야 합니다. 우리가 하나님만 사랑할 때 하나님이 반석이 되십니다. 이 반석은 바다에 길을 내며, 적을 물리칩니다. 하나님은 전쟁과 지진을 막으시며, 우리의 길을 내십니다.

7절(상) "그는 우리의 하나님이시요 우리는 그가 기르시는 백성이며 그의 손이 돌보시는 양이기 때문이라"

우리는 하나님의 백성입니다. 하나님은 '너희는 내 백성이기 때문에 나만 사랑하라'고 말씀하십니다. 그때 우리는 왜 세상을 사랑하면 안 되느냐고 반문하며 불평합니다. 왜 우리는 세상 사람들과 달라야 하며 고난을 받아야 하느냐고 불평합니다. 우리가 하나님을 사랑하면 세상에서 할 수 없는 것이 많다고 생각합니다. 이스라엘 백성이 망한 이유는 자신들이 특별하다는 것을 믿지 못했기 때문입니다. 우리는 지금 다른 사람들과 굉장히 다른 인생을 살아가고 있습니다. 이것은 아주 놀라운 일입니다. 왜냐하면 우리는 하나님의 백성이기 때문입니다. 우리가 다른 사람들과 다른 것이 이상한 것이 아닙니다. 우리는 남들처럼 놀지 못하고, 남들이 가지는 것을 가지지 못합니다. 그것은 우리가 특별한 자들이기 때문입니다.

하나님은 우리가 하나님의 양이 되기를 원하십니다.

7절(하) "그의 손이 돌보시는 양이기 때문이라 너희가 오늘 그의 음성을 듣거든"

하나님은 우리가 그분의 양이 되기를 원하십니다. 일단 양은 들짐승과 달라서 사납지 않습니다. 그리고 양은 어리석어서 어디에 풀과 깨끗한 물이 있는지 알지 못합니다. 그래서 양은 오직 목자를 신뢰하고 목자가 인도하는 데로 따라갑니다. 하나님은 우리가 그분을 신뢰하기를 원하십니다. 하나님은 우리가 그분의 음성을 듣고 따라가기를 원하십니다. 때로는 목자가 양들을 돌밭 혹은 길이 없는 곳으로 데리고 갈 때도 있습니다. 또한 목자는 양들을 사망의 음침한 골짜기로 데리고 갈 때도 있습니다. 그런데 양들은 아무 소리도 내지 않고 목자를 따라갑니다. 양들은 목자를 믿기 때문입니다. 우리는 어떤 상황 가운데서도 하나님을 신뢰해야 합니다. 하나님은 우리 각자에게 가장 좋은 것을 주시기 때문입니다.

우리가 생각하는 것과 하나님이 생각하시는 것이 다릅니다. 우리는 미래가 보장된 길을 가는 것을 좋아하고 안정된 삶을 원합니다. 그런데 하나님은 예측할 수 없는 길을 좋아하십니다. 그래서 하나님의 놀라운 뜻은 마지막 순간에 나타납니다. 우리는 마지막 순간까지 아무것도 모르고 갈 수밖에 없습니다. 만일 우리가 하나님을 믿지 못한다면 포기하고 말 것입니다.

3. 이스라엘 백성의 실패

하나님 백성이 되는 데는 기질이 중요하지 않습니다. 우리가 어떤 기질을 가졌든 하나님의 백성이 될 수 있습니다. 그러나 하나님의 놀라운 축복 안에 들어가려면 우리의 기질과 생각이 변해야 합니다. 인간은 모든 것을 의심하고, 내 마음대로 하려는 기질을 갖고 있습니다. 그런 기질에서 벗어나 하나님의 말씀을 믿고 따라가는 성격으로 변해야 합니다.

이스라엘 백성은 애굽에서 나와 하나님의 백성이 되는 데는 성공했지만, 하나님의 양이 되는 데는 실패했습니다. 그 결과 이스라엘 백성은 하나님의 놀라운 세계에 들어가지 못했습니다. 얼마나 많은 이스라엘 백성이 하나님의 양으로 변하는 데 실패했는지 모릅니다. 남자 육십만 명 중에서 두 명을 제외하고 전부 실패했습니다. 하나님의 마음에 맞게 변한 사람은 단 두 명에 불과했습니다.

> **8절** "너희는 므리바에서와 같이 또 광야의 맛사에서 지냈던 날과 같이 너희 마음을 완악하게 하지 말지어다"

이스라엘 백성은 뜨거운 더위에 광야를 걸어 므리바까지 왔지만 물을 구할 수 없었습니다. 이스라엘 백성은 물을 마시지 못해 죽을 것 같았습니다. 그러나 모세는 하나님이 물을 주실 것이라고 말했습니다. 그러나 므리바에는 우물도, 시내도 없었습니다. 므리바에는 바짝 마른 큰 바위만 하나 있었습니다. 그때 이스라엘 백성은 모세의 말을 믿지 않았습니다.

> **9절** "그때에 너희 조상들이 내가 행한 일을 보고서도 나를 시험하고 조사하였도다"

이스라엘 백성은 이미 출애굽과 홍해가 갈라지는 기적을 체험했습니다. 그럼에도 불구하고 이스라엘 백성은 하나님의 말씀을 의심했습니다. 그리고 이 의심이 불신이 되었습니다. 그다음에는 불평이 터져 나왔습니다. 하나님은 이스라엘 백성의 마음이 완악하다고 말씀하십니다. 여기서 '완악하다'는 다른 사람의 말을 일체 듣지 않는 것을 의미합니다. 그러나 생각해 보면 이스라엘 백성이 충분히 이해됩니다. 이스라엘 백성은 하루 종일 걸어왔는데 물이 없었습니다. 목이 말라 견딜 수 없습니다. 그런 상태에 하나님 말씀이 무슨 소용 있습니까? 모세의 말을 어떻게 믿을 수 있습니까? 그러나 이스라엘 백성은 바로 그 순간 하나님의 말씀을 듣고 믿어야 했습니다. 하나님은 구원의 반석이시기 때문입니다.

인간적으로 보면 이스라엘 백성이 지금 목말라 죽어가고 있지만, 하나님의 눈으로 보면 가장 위대한 순간에 서 있습니다. 하나님 말씀의 능력으로 바위를 쳐서 생수가 터져 나오는 것을 체험하기 직전이기 때문입니다. 하나님 말씀은 무에서 유를 창조합니다. 그래서 우리는 우리 힘으로 아무것도 할 수 없을 때 하나님의 말씀을 들어야 합니다. 하나님은 기적의 하나님이시기 때문입니다. 그러나 이스라엘 조상은 하나님의 말씀을 들으려 하지 않았습니다. 이스라엘 백성은 현실만 보았습니다. 자기 판단만 믿었습니다.

이런 일은 맛사에서도 일어났습니다. 므리바와 맛사 모두 상황이 비슷해 같은 사건으로 보기 쉽습니다. 그러나 므리바와 맛사는 다른 곳입니다. 이스라엘 백성은 맛사에서도 똑같이 물을 마시지 못해 죽을 지경이었습니다. 그런데 그들은 므리바에서 경험한 일을 우연이라고 생각했습니다. 므리바에는 이미 물이 있었는데, 모세가 바위를 치자 물이 터져 나온 것이라고 생각했습니다. 그래서 지금 맛사는 상황이 다르다고 생각했습니다. 그러나 우리에게는 우연이 없습니다. 우리에게 일어나는 모든 일은 하나님의 기적입니다. 모든 일이 하나님을 찬양할 일입니다. 그러나 이스라엘 조상은 맛사에서도 하나님을 의심했습니다. 그들은 하나님을 신뢰하지 못했습니다. 하나님의 마음이 이스라엘 백성 때문에 아주 무거웠습니다.

10절 "내가 사십 년 동안 그 세대로 말미암아 근심하여 이르기를 그들은 마음이 미혹된 백성이라 내 길을 알지 못한다 하였도다"

하나님은 무려 사십 년 동안 이 고집스러운 이스라엘 백성 때문에 근심이 되셨습니다. 하나님은 이들을 가리켜 '마음이 미혹된 백성'이라고 하셨습니다. 이들의 마음에는 이미 애굽의 바람이 잔뜩 들어 기쁨으로 하나님의 길을 따라올 수 없었습니다.

하나님 백성의 마음속에 세상 바람이 들면 하나님의 말씀을 믿고 끝까지 따라오지 못합니다. 물론 그들은 오기는 하지만 마지못해 오는 것입니다. 기쁨으로 따라오는 것이 아닙니다. 이스라엘 백성은 하나님을 의심하는 바람이 들어 하나님이 어디로 데리고 가든지 억지로 끌려갔습니다. 그들은 하나님이 얼마나 능력이 많으신 분인지 믿지 않았습니다.

11절 "그러므로 내가 노하여 맹세하기를 그들은 내 안식에 들어오지 못하리라 하였도다"

결국 하나님은 이스라엘 백성에게 축복을 포기하셨습니다. 하나님은 이 고집 세고 의심 많은 백성이 하나님의 안식에 들어가지 못한다고 분노로 맹세하셨습니다. 그들은 젖과 꿀이 흐르는 가나안 땅에 들어가지 못했습니다. 그들은 이스라엘 백성이 이방 세계를 정복하는 기적을 보지 못했습니다. 그들은 여리고성이 무너지고 태양이 머무는 기적을 체험할 수 없었습니다. 그들은 하나님의 양이 되는 데 실패했습니다.

우리가 보는 세상은 하나님의 세상입니다. 우리는 하나님의 세상에서 마음껏 누릴 수 있습니다. 그러나 이 세상이 아무리 하나님의 세상이라 해도 세상은 늪으로 되어 있어서 빠지게 되어 있습니다. 우리는 반석을 찾아야 합니다. 늪에 빠져 죽지 않는 유일한 방법은 하나님만 사랑하는 것입니다. 우리가 세상을 사랑하면, 하나님의 기적의 세계에 들어가지 못합니다. 지금 미래가 보이지 않고 어렵다면, 하나님을 기뻐하고 찬양할 때입니다. 우리는 하나님께 무릎 꿇고 예배하는 것을 최고로 여겨야 합니다. 하나님은 우리를 기적의 세계로 인도하십니다. 전쟁에서 승리해 가나안 땅을 정복할 것입니다. 젖과 꿀이 흐르는 풍요의 세계를 누리게 될 것입니다.

104

시 96:1–13

위대하신 하나님

한 신문 서평 코너에서 '어느 여고생이 본 6.25'라는 글을 본 적이 있습니다. 보통 여고생 때는 감수성이 예민해 그때 본 것은 한평생 잊지 않고 생생하게 기억합니다. 이 여고생은 한강 다리가 끊어진 것도 모르고 밤새도록 한강 가에서 많은 사람들이 떨어져 죽는 것을 보았습니다. 이 글은 엄청난 포격 현장과 안타까운 전쟁 모습을 생생하게 기록했습니다.

그 후 6.25 전쟁을 체험한 다른 사람들의 책을 더 읽어 보았습니다. 그중에는 피난 생활을 한 분들의 비참함과 전쟁에 참여했던 군인들의 피폐해진 모습을 만나볼 수 있었습니다. 우리나라 군인은 제대로 된 무기 없이 전쟁에 나가야 했습니다. 전쟁할 능력도 없이 비참한 죽음을 당해야 했습니다. 전쟁 당시 우리나라는 가진 것이 하나도 없었습니다. 군대 역시 나라를 지킬 힘이 없었습니다. 우리가 할 수 있는 것은 아무것도 없었습니다. 그때 미국은 우리나라에게 절대적인 힘이 되어주었습니다. 미군은 엄청난 힘과 물자를 가진 강한 군대였습니다.

그러나 미국의 외교 방향도 많이 달라졌습니다. 미국은 과거와 같이 무조건 우리나라를 도우려 하지 않고 있습니다. 우리나라는 이제 우리 힘으로 나라를 지켜야 합니다. 그런데 우리에게는 아직 그런 힘이 없습니다. 특히 지금 우리 상황은 과거에 비해 더욱 안 좋습니다. 강하고 악한 세력이 우리를 위협하고 있습니다. 북한은 핵무기와 장거리 미사일 개발에 성공해 미국을 위협하고 있습니다.

우리나라는 지금 무엇인가 더 강력한 힘이 필요한 실정입니다. 우리에게는 과거 미군보다 더 강력한 힘이 필요합니다. 그런 힘을 가진 자가 어디에 있을까요? 우리는 진지하게 생각해 보아야 합니다. 그러나 우리는 여전히 지금까지 믿어 오던 대로 믿으려 하고 있습니다. 그것은 분명 잘못된 판단입니다. 우리 주위에서 일어나고 있는 일들은 지금까지 일어났던 일들과는 성격이 다릅니다.

예수님이 높은 산에 올라가사 변화되시는 동안, 예수님의 제자들은 산 밑에서 귀신 들린 한 아이를 만났습니다. 그런데 그들은 이 아이를 감당할 수 없었습니다. 예수님의 제자들은 그 전까지만 해도 예수님의 보내심을 받아 여러 동네를 다니면서 귀신 들린 사람들을 고쳤습니다. 그러나 이번에 만난 아이는 달랐습니다. 이 아이 속에 든 귀신은 아주 강력했습니다. 제자들의 힘으로는 감당할 수 없었습니다. 그러나 예수님은 산에서 내려오사 그 귀신 들린 아이를 고쳐 주셨습니다.

그리고 예수님은 제자들에게 이렇게 말씀하셨습니다.

"이르시되 기도 외에 다른 것으로는 이런 종류가 나갈 수 없느니라 하시니라"_막 9:29

이 말씀이 무슨 뜻입니까? 지금 이 아이 속에 든 귀신은 아주 강력한 귀신이기 때문에 과거 힘으로는 고칠 수 없다는 말씀입니다. 그러나 예수님은 얼마든지 고칠 수 있으시며, 우리도 기도하면 새 능력을 받아 해결할 수 있다는 뜻입니다. 지금 청년들은 직장을 구하지 못해 어려움을 당하고 있습니다. 등록금을 구하지 못해 앞도 보이지 않습니다. 우리는 지금 믿음이 없는 세대를 살아가고 있습니다. 그러나 예수님은 새 능력을 받기 위해 기도하라고 말씀하십니다.

1. 새 노래로 하나님을 찬양

우리는 하나님의 새로운 능력이 임하는 것을 여러 가지 방법으로 알 수 있습니다. 하나는 말씀을 듣는 가운데 하나님의 능력을 경험하는 것입니다. 구약 선지자들이 많이 체험한 일입니다. 다른 하나는 부흥 시기에 많은 목회자들과 성도들이 기도하는 가운데 마음이 뜨거워지는 은혜를 체험하는 것입니다. 이사야 선지자는 하나님의 천사가 성전의 숯불로 자기 입을 지지는 것을 체험했다고 말하고 있습니다.

"그때에 그 스랍 중의 하나가 부젓가락으로 제단에서 집은 바 핀 숯을 손에 가지고 내게로 날아와서 그것을 내 입술에 대며 이르되 보라 이것이 네 입에 닿았으니 네 악이 제하여졌고 네 죄가 사하여졌느니라 하더라"_사 6:6, 7

한편 다윗에게는 하나님의 능력과 함께 새로운 영감이 임했습니다. 그는 감동 어린 시와 음악으로 하나님께 새 노래를 불렀습니다. 하나님 백성에게는 그분의 강한 능력이 나타날 때가 있습니다. 그때 하나님 백성은 감동하게 됩니다. 그리고 그들은 하나님의 능력이 그들에게 임한 것을 느끼게 됩니다. 다윗은 새로운 힘과 영감을 받아 하나님을 노래한 것입니다.

1, 2절 "새 노래로 여호와께 노래하라 온 땅이여 여호와께 노래할지어다 여호와께 노래하여 그의 이름을 송축하며 그의 구원을 날마다 전파할지어다"

여기서 '새 노래로 여호와께 노래하라'는 것은 단순히 찬송의 가사 혹은 악기를 바꾼다고 해서 되는 일이 아닙니다. 이 말은 하나님의 새로운 능력이 이미 임한 것을 의미합니다. 하나님의 종과 백성이라고 해서 늘 능력이 있는 것이 아닙니다. 우리는 특별한 자들이 아닙니다. 오히려 우리는 세상 사람들보다 어리석을 때가 많습니다. 그러다 큰 위기를 당하면 우리 힘으로는 도저히 감당할 수 없어 불안에 빠집니다. 그러나 우리에게는 아주 위대한 끈이 하나 있습니다. 그것은 바로 하나님의 능력을 끌고 올 수 있는 기도의 끈입니다. 우리가 절망 가운데 기도할 때 하나님은 큰 능력으로 우리에게 찾아오십니다. 이를 위해 평소와는 다른 기도가 필요합니다.

이스라엘 백성이 출애굽한 후 홍해 앞에 서게 되었을 때 그들은 죽을 수밖에 없었습니다. 그러나 모세가 믿음으로 지팡이를 내밀자 바다는 갈라졌습니다. 이 때 이스라엘 백성이 느꼈던 흥분과 감동은 말로 표현할 수 없습니다.

다윗은 사울에게 쫓기면서 죽을 수밖에 없었습니다. 사울은 다윗이 숨어 있는 굴까지 찾아왔지만 정작 그 안에 들어와서는 정신없이 코를 골면서 잠이 들었습니다. 그때 다윗은 사울에게 가서 그의 옷자락을 베었습니다.

"다윗이 일어나서 사울의 겉옷 자락을 가만히 베니라 그리 한 후에 사울의 옷자락 벰으로 말미암아 다윗의 마음이 찔려"_삼상 24:4, 5

물론 다윗은 사울의 옷자락을 베고는 마음이 아팠지만 말할 수 없는 하나님의 능력을 느꼈습니다.

히스기야 때 예루살렘이 앗수르 군대에 포위되자 그들은 칼에 찔러 죽을 수밖에 없었습니다. 그러나 하룻밤 사이에 천사가 내려와서 앗수르 군대 십팔만 오천 명을 죽였습니다. 그들은 하나님의 능력에 놀랐습니다.

우리가 새 노래로 하나님을 노래하려면 평소와 다른 기도가 필요합니다. 다니엘은 사자 굴에 던져지기 전에 하루 세 번씩 예루살렘을 향해 문을 열고 기도했습니다.

"다니엘이 이 조서에 왕의 도장이 찍힌 것을 알고도 자기 집에 돌아가서는 윗방에 올라가 예루살렘으로 향한 창문을 열고 전에 하던 대로 하루 세 번씩 무릎을 꿇고 기도하며 그의 하나님께 감사하였더라"_단 6:10

다니엘은 누구든지 왕 외에 다른 신에게 기도하는 자는 사자 굴에 던져진다는 왕의 명령을 알면서도 물러나지 않았습니다. 지금은 시험의 때요, 사탄이 평소보다 더 강하다는 것을 알았기 때문입니다. 그러나 기도의 능력은 사탄보다 더 강했습니다. 하나님은 사자보다 더 강했습니다.

초대 교회 당시 베드로가 옥에 갇혀 죽게 되었을 때, 성도들은 합심해서 기도했습니다. 그러나 어느 누구도 베드로가 살아서 돌아오리라고는 생각하지 못했습니다. 그러나 천사가 밤중에 나타나서 잠을 자던 베드로를 깨우고 쇠사슬을 풀어 주었습니다. 베드로는 옥문이 열려 나오게 되었습니다.

"주의 사자가 밤에 옥문을 열고 끌어내어 이르되"_행 5:19

누구나 사탄에게 걸려 넘어질 수 있습니다. 우리는 악한 세대를 살아가고 있습니다. 그러나 기도는 더 큰 능력이 있습니다. 우리에게는 새 노래와

각성이 필요합니다. 하나님께 기도하면 모든 것을 해결해 주십니다. 하나님은 아무리 악한 자라도 그의 능력으로 감동시키실 수 있습니다.

2. 위대하신 하나님

우리는 하나님이 얼마나 크고 위대하신 분인지 깨닫지 못합니다. 우리는 하늘이 아무리 높고 넓다 해도 폭우가 쏟아지기 전까지는 별로 관심을 갖지 않습니다. 그러나 지금 우리는 이상 기후로 자연이 비정상적으로 변화하는 시대에 살고 있습니다. 날씨가 가물어 비가 오지 않더니, 어느 곳에는 갑자기 폭우가 쏟아져 집과 차들이 침수되어 버립니다. 우리는 건강하다고 생각했는데, 어느 날 건강 검진을 해 보니 암이라고 합니다. 이 모든 것이 우리에게 새로운 관심을 가질 것을 요구합니다. 우리는 지금 누리는 행복과 평안을 당연한 것으로 생각하지만, 이 세상에 당연한 것은 아무것도 없습니다. 이 모든 현상은 자신에 대한 관심에서 벗어나 크신 하나님을 바라보라는 뜻을 내포하고 있습니다.

4, 5절 "여호와는 위대하시니 지극히 찬양할 것이요 모든 신들보다 경외할 것임이여 만국의 모든 신들은 우상들이지만 여호와께서는 하늘을 지으셨음이로다"

우리는 지금 인간의 위대함에 갇혀 살아가고 있습니다. 인간은 사회를 만들어 인간의 위대함을 마음껏 뽐내면서 살아가고 있습니다. 우리 눈에는 정치 권력이 위대해 보입니다. 대기업이 위대해 보입니다. 우리 눈에는 노벨상을 받은 학자가 위대해 보입니다. 우리는 백 층이 넘는 빌딩을 보고 찬탄합니다. 초현대식으로 지은 아파트에서 걱정 없이 살아가고 있습니다. 아무리 날씨가 더워도 에어컨을 틀어 놓으면 걱정이 없고, 아무리 추워도 난방을 따뜻하게 하면 더울 정도입니다. 인간은 자신의 성공을 자랑합니다. 인간은 자신의 좋은 지능과 가진 재산을 자랑하면서 살아가고 있습니다. 그러나 이 모든 것은 위대하신 하나님 앞에서 하나의 티끌에 불과합니다. 우상은 인간의 상상력이 만든 것이지 실체가 아닙니다. 인간은 모두 하나님의 손에 붙들린 아주 작은 인형에 불과합니다.

하나님은 어떤 분이십니까? 하나님은 하늘을 만드신 분입니다. 하늘이 얼마나 크고 광활합니까? 우주가 얼마나 크고 위대한지 인간은 우주의 끝을 가늠할 수조차 없습니다. 그런데 크신 하나님이 우리에게 찾아오셨습니다. 하나님은 영광 중에 영광을 가진 분입니다. 이 세상의 최고는 하나님이십니다. 하나님이 우리를 찾아오셔서 능력을 주십니다.

6절 "존귀와 위엄이 그의 앞에 있으며 능력과 아름다움이 그의 성소에 있도다"

우리는 성전에서 하나님을 만날 수 있습니다. 우리가 언제 저 하늘을 만드신 분을 만날 수 있겠습니까? 아마 사람들은 지금은 죽었지만 스티브 잡스가 온다고 하면 몰려올 것입니다. 하나님은 예술가 중 예술가이십니다. 하나님은 저녁노을을 만드셨습니다. 하늘에서 수많은 별똥별이 떨어지게 하셨습니다. 구름을 가지고 그림을 그리는 화가이십니다. 시골에 가면 밤하늘에 반짝이는 많은 별이 있습니다. 하나님은 별도 만드셨습니다. 하나님은 우리에게 표정을 주셔서 웃고 울게 하십니다. 하나님은 우리를 만드신 분입니다. 우리는 성전에서 그 하나님을 만날 수 있습니다. 우리는 예배드리면서 하나님을 만납니다. 하나님은 우리에게 새 능력으로 찾아오셔서 우리 힘으로 감당할 수 없는 모든 어려움을 해결해 주십니다.

하나님의 도움이 필요한 자들은 모두 하나님께 찾아오면 됩니다.

> 7, 8절 "만국의 족속들아 영광과 권능을 여호와께 돌릴지어다 여호와께 돌릴지어다 여호와의 이름에 합당한 영광을 그에게 돌릴지어다 예물을 들고 그의 궁정에 들어갈지어다"

우리는 영광과 권능을 여호와께 돌려야 합니다. 우리는 다른 데서 능력을 찾으면 안 됩니다. 우리는 하나님께 영광을 돌려야 합니다. 하나님은 영광과 능력을 가지신 분입니다. 즉 하나님의 이름에 합당한 영광을 돌려야 합니다. 하나님을 가볍게 생각하고 찾아가면 실례입니다. 우리는 예의가 있어야 합니다. 우리는 피카소 같은 세계적인 화가에게 만화를 그려 달라고 해서는 안 됩니다. 우리는 그의 그림에 놀라야 합니다.

그런데 시편 기자는 '예물을 들고 그의 궁정에 들어갈지어다'라고 말합니다. 우리가 들어가는 곳은 하나님의 궁정입니다. 하나님의 궁정에는 없는 것이 없습니다. 그러나 예물을 들고 들어가라는 것입니다. 우리는 예복을 입고 예의를 갖추어 하나님의 궁정에 들어가야 합니다. 최고 좋은 상태에서 예배를 기대하며 나아가야 합니다.

> 9절 "아름답고 거룩한 것으로 여호와께 예배할지어다 온 땅이여 그 앞에서 떨지어다"

하나님 앞에서 우리 자신을 아름답고 거룩하게 준비해야 합니다. 이것이 가장 어렵습니다. 우리는 지금 진흙 구덩이에서 하루하루를 살아가고 있기 때문입니다. 그래서 기도로 마음을 준비해야 합니다. 우리는 하나님을 기대해야 합니다.

3. 하나님의 통치 결과

사람들은 밤하늘에 수많은 별똥들이 떨어지는 것을 보고 우주 쇼가 시작되었다고 합니다. 마찬가지로 하나님이 우리에게 처음 찾아오실 때 무슨 특별한 변화가 없는 것 같습니다. 단지 우리 마음이 조금 뜨거워지고, 하나님의 말씀에 빨려드는 것 같은 느낌이 들 뿐입니다. 그런데 놀라운 것은 우리가 하나님 말씀에 빨려들면서 기도가 응답되기 시작합니다. 이것이 바로 우주 쇼가 시작된 것입니다.

악한 통치자는 측근 세력이 지켜 주고 있기 때문에 절대 죽지 않을 것 같습니다. 그 세력이 영원할 것 같습니다. 그런데 악한 통치자가 갑자기 죽게 됩니다. 하나님의 공의가 이루어진 것입니다. 이처럼 하나님 백성의 기도가 뜨겁게 회복되면 부흥이 일어납니다. 악한 자가 망하고 평화가 찾아옵니다.

> 10절 "모든 나라 가운데서 이르기를 여호와께서 다스리시니 세계가 굳게 서고 흔들리지 않으리라 그가 만민을 공평하게 심판하시리라 할지로다"

하나님은 온 세상을 다스리시지만 악한 자에게도 충분한 기회를 주십니다. 그러나 악한 자는 하나님이 자기에게 주신 기회를 악용해서 온갖 나쁜 행동을 합니다. 이들은 영원히 권력을 누리려고 합니다. 하지만 하나님은 그의 백성이 기도하는 소리를 들으시고 악한 자를 망하게 하십니다. 그동안 비정상적이었던 것이 모두 정상적으로 회복됩니다. 학대받던 자가 풀려납니다. 병든 자도 낫게 됩니다. 지진과 전염병도 그치게 됩니다.

11, 12절 "하늘은 기뻐하고 땅은 즐거워하며 바다와 거기에 충만한 것이 외치고 밭과 그 가운데에 있는 모든 것은 즐거워할지로다 그때 숲의 모든 나무들이 여호와 앞에서 즐거이 노래하리니"

땅도 세상 사람들이 불의한 것에 대해 아주 불쾌하게 생각합니다. 인간이 악해지면 하늘에서 비도 잘 내리지 않고, 땅도 황폐해집니다. 바다에서는 태풍과 사고가 자주 일어나 사람들이 죽게 됩니다. 그러나 하나님이 축복하시면, 모든 것이 정상적으로 돌아갑니다. 그러나 인간은 모든 것이 정상적으로 잘되면 이것이 당연한 줄 알고 교만해집니다. 하나님을 잊어버리고 자기중심적으로 살게 됩니다.

13절 "그가 임하시되 땅을 심판하러 임하실 것임이라 그가 의로 세계를 심판하시며 그의 진실하심으로 백성을 심판하시리로다"

하나님은 최종적으로 악한 권력자들을 죽이실 것입니다. 그리고 하나님은 그동안 감추어졌던 모든 것을 드러내실 것입니다. 그때 인간은 너무 부끄러워 바위나 굴속에 숨을 것입니다. 우리가 가난하면 숨길 것이 없지만, 부자가 되면 감출 것이 많습니다. 그러나 모든 것이 드러나게 될 것입니다. 모든 인간에게 두렵고 부끄러운 순간이 될 것입니다.

이 시대는 과거와 다르게 악한 세력이 활발하게 활동합니다. 우리는 기도가 더 필요합니다. 기도에 대한 계획을 추가하시기 바랍니다. 다니엘같이 기도해야 합니다. 초대 교회 성도같이 기도해야 합니다. 무엇보다 예수님같이 기도해야 합니다. 기도로써 악한 세력을 능히 물리치는 성도들이 다 되시기 바랍니다.

105

시 97:1-12

자연과 세상 속의 하나님

많은 사람들이 가까운 산이나 바닷가에서 휴가를 보내지만, 멀리 노르웨이나 아이슬란드, 스페인까지 다녀오는 분들도 있습니다. 노르웨이에 가면 멋진 피오르드 바위 절벽이 있고, 아이슬란드에 가면 수많은 폭포도 볼 수 있습니다. 한편 스페인의 산티아고를 몇 주일씩 걷다 오는 분들도 있습니다. 그런 곳에 가면 평소 우리나라에서는 볼 수 없는 멋진 자연을 볼 수 있습니다. 우리와는 전혀 다른 언어와 생활 풍습을 접할 수 있습니다. 오래전에 있었던 역사 이야기도 들을 수 있습니다.

그럼에도 불구하고 우리는 다시 현실 속으로 돌아와야 합니다. 요즘 많은 젊은이들이 마치 사방이 벽으로 에워싸인 것 같은 답답함을 느낄 때가 많습니다. 이들은 자신의 미래가 어떻게 될지 몰라 불안해합니다. 땅도, 세상도 흔들리는 것 같아 모든 것이 어지럽습니다. 그래서 자신의 길을 찾는 것이 아주 중요합니다. 그런데 우리의 길은 세상에 있지 않습니다.

이스라엘 백성은 애굽에서 나온 후에 길을 잃고 홍해 앞에 서게 되었습니다. 이스라엘 백성에게는 앞길이 보이지 않았습니다. 대신 뒤에서는 무서운 애굽 군대가 이스라엘 백성을 추격해 오고 있었습니다. 그때 이스라엘 백성은 길이 없어 절망했습니다. 그러나 모세에게는 하나님 말씀에 대한 믿음이 있었습니다. 모세가 하나님의 말씀대로 홍해를 향해 지팡이를 내밀자 바다가 갈라졌습니다. 이스라엘 백성의 길은 기적의 길이었습니다. 우리의 길도 이 세상에 있지 않습니다. 우리에게도 기적이 일어나야 미래가 열립니다.

시편 97편은 하나님이 온 세상을 다스리고 계신 것을 자연을 통해 보여줍니다. 자연은 아주 공평해 보입니다. 높은 곳과 낮은 곳 어디나 해가 비취고, 비가 내립니다. 그러나 자연은 비정상적일 때도 있습니다. 잔뜩 구름이 끼어 날씨가 어두울 때도 있고, 폭풍우와 지진, 태풍이 밀려올 때도 있습니다. 이 때 온 자연은 하나님의 존재를 느끼고 두려워하게 됩니다. 그러나 인간은 자신이 만든 정교한 문명 앞에서 하나님을 잘 느끼지 못합니다. 그럼에도 불구하고 하나님은 자연과 세상을 다스리십니다.

1. 자연 속에서 본 하나님

시편 기자는 먼저 '여호와께서 다스리시나니'라고 말씀하고 있습니다. 하나님은 온 세상을 다스리고 계시지만 인간은 그것을 느끼지 못합니다. 인간은 세상이 주는 기쁨과 권력의 위대함만 느낄 뿐입니다. 그런데 자연에서는 하나님의 다스리심을 잘 느낄 수 있습니다.

> **1절** "여호와께서 다스리시나니 땅은 즐거워하며 허다한 섬은 기뻐할지어다"

여기서 '땅'은 보통 땅을 말합니다. 그러나 '땅'과 '섬'은 차이가 있습니다. 땅에서는 얼마든지 왔다 갔다 하면서 세상 돌아가는 소식을 들을 수 있습니다. 그러나 섬은 고립된 곳입니다. 섬에 사는 사람들은 정보 속도가 뒤떨어져 한참 늦는 경우가 많습니다. 섬은 사면이 바다로 에워싸여 있어서 배를 타고 육지에 가는 수밖에 없습니다.

그런데 자연을 보면 땅과 섬 똑같이 봄과 여름, 가을과 겨울이 오는 것을 느낄 수 있습니다. 봄이 되어 육지에서 꽃이 피면, 섬에서도 꽃이 핍니다. 여름이 되어 육지에서 매미가 울고 곡식이 자라면, 섬에도 매미가 울고 곡식이 자랍니다. 오히려 섬에는 육지에 없는 특이한 야생화가 자라고, 새가 날아다니며, 물고기도 풍부하게 잡힙니다. 그러나 하나님이 다스리시기 때문에 땅과 섬 어느 곳에나 봄과 여름, 가을과 겨울이 옵니다.

그러면 이스라엘 백성은 이 세상에서 땅일까요, 아니면 섬일까요? 물론 이스라엘은 땅으로 되어 있지만, 신앙적으로는 섬이나 마찬가지였습니다. 이스라엘 백성은 주변 모든 나라로부터 고립되어 있었습니다. 그들만 여호와 하나님을 믿었기 때문입니다.

그런 점에서 성도도 섬에 산다고 할 수 있습니다. 성도는 예수를 믿기 때문에 믿지 않는 자들에게서 고립되어 있을 때가 많습니다. 더욱이 믿는 우리는 앞으로 나아가야 하는데, 사면이 막혀 있어 길이 보이지 않을 때가 많습니다.

그런데 시편 97편은 하나님의 통치가 신비에 싸여 있다고 말하고 있습니다.

2절 "구름과 흑암이 그를 둘렀고 의와 공평이 그의 보좌의 기초로다"

하나님을 태양에 비유한다면, 아무리 산이라도 늘 태양이 비취는 것은 아닙니다. 구름이 잔뜩 껴서 날이 어두울 때도 있습니다. 밤이 되면 캄캄해져 태양이 없는 것처럼 느껴질 때도 있습니다. 마찬가지로 하나님 주위에는 구름과 흑암이 둘러싸여 있어 인간은 감히 하나님의 통치를 다 알 수 없습니다. 그러나 우리는 하나님의 통치의 기초, 즉 뿌리는 알 수 있습니다.

시편 기자는 '의와 공평이 그의 보좌의 기초로다'라고 말씀하고 있습니다. 여기서 '의'는 하나님의 말씀을 이루어 드리는 것을 말합니다. 하나님의 모든 통치는 세상 권력이나 인간의 힘이 아닌 하나님의 말씀을 이루는 데 기초를 두고 있습니다.

예수님은 십자가 위에서 이렇게 말씀하셨습니다.

"예수께서 신 포도주를 받으신 후에 이르시되 다 이루었다 하시고 머리를 숙이니 영혼이 떠나가시니라"_요 19:30

하나님의 통치의 기초는 그의 말씀입니다. 이 세상과 자연은 하나님이 만드신 무대의 배경이 됩니다. 그 중심에는 하나님의 말씀이 있습니다. 그래서 우리는 이 세상과 자연이 대단하다고 감탄할 것이 아니라 하나님의 말씀을 가지고 명연기를 하는 사람이 주인공이 된다는 것을 알아야 합니다. 중세 시대에는 십자군 전쟁을 일으킨 교황이 아니라 마틴 루터가 주인공이었습니다. 영국에서는 감옥에 갇힌 죄수였지만 〈천로역정〉을 쓴 존 번연이 주인공이었습니다. 로마로 가는 배에서는 쇠사슬에 매여 끌려가던 사도 바울이 주인공이었습니다. 명연기를 펼치는 것이 하나님의 의입니다.

그리고 '공평'도 그의 보좌의 기초라고 말합니다. '공평'은 사람의 학벌이나 지위, 세상적인 성공을 따지지 않는 것을 말합니다. 누구든지 하나님의 말씀을 사랑하면 주인공이 될 수 있습니다. 하나님 나라에서는 하나님 사랑이 그 중심이 됩니다.

그런데 세상은 하나님의 통치를 인정하지 않습니다. 오히려 반대하며 대적합니다.

3절 "불이 그의 앞에서 나와 사방의 대적들을 불사르시는도다"

충격적인 것은 사방에서 대적들이 나타나 하나님을 에워싸고 부정합니다. 왜 이 세상에는 하나님을 대적하는 자들이 생길까요? 그것은 피조물이 가지는 특징 중 하나입니다. 어떤 피조물이든지 하나님에게서 멀어지면 악해집니다. 그러나 인간과 천사는 하나님에게서 멀어지면 사악해집니다. 원래 사탄은 아름다운 천사였는데, 하나님에게서 멀어짐으로 악한 마귀가 되었습니다. 인간도 하나님을 사랑하지 않고 그분에게서 멀어짐으로 마음이 악해졌습니다. 우리가 하나님의 말씀을 먹으면 존귀해집니다. 그러나 하나님의 말씀을 먹지 않고 세상의 지식만 채우면 사나워집니다.

그런데 하나님 앞에서 불이 나와 모든 대적을 태우십니다. 이것은 하나님을 멀리한 자들이 받아야 할 운명입니다. 결국은 모두 불에 타게 되어 있습니다. 그러나 사탄은 아무리 태워도 죽지 않기 때문에 영원히 진노의 불에 타게 됩니다. 하나님을 가까이하는 것이 존귀해지는 길입니다.

2. 하나님의 진노의 표현

하나님은 인간의 정직하지 못한 자세를 싫어하십니다. 인간은 어리석어 하나님께 영광을 돌리려고 하지 않습니다. 우선 하나님은 인간에게 뛰어난 두뇌를 주셨습니다. 인간은 이 두뇌를 사용해서 인간 중심의 세상을 만들었습니다. 인간은 집을 지어 비바람과 추위를 막는 데 성공했습니다. 그리고 지식을 쌓는 데 성공했습니다. 또한 권력을 만들어 내는 데 성공했습니다. 이것이 누적되면서 오늘날 인간의 기술이 뛰어나게 되었습니다. 천국이 따로 필요 없을 정도로 멋진 도시도 만들어 냈습니다.

그런데 인간의 두뇌가 아무리 뛰어나도 사랑은 만들 수 없습니다. 결국 인간은 서로를 미워하며 지배하게 됩니다. 나중에는 전쟁까지 해서 수많은 사람을 죽입니다. 인간은 뛰어난 세상을 만든 다음 하나님을 부정하고 말았습니다. 인간은 지식과 권력, 돈을 신으로 생각하게 되었습니다.

하나님은 인간의 이런 교만에 대해 진노하셨습니다.

4절 "그의 번개가 세계를 비추니 땅이 보고 떨었도다"

하나님은 한 번씩 지구를 아프게 하십니다. 어떤 때는 기근과 태풍이 오고, 또 어떤 때는 전염병이 돕니다. 그러나 인간은 그때 잠시 겸손해지는 것 같지만 근본적으로는 깨닫지 못합니다. 하나님은 번개와 천둥을 통해 책망하십니다. 하늘이 뚫린 것처럼 폭우가 쏟아질 때도 있고, 미친 듯이 폭풍이 불 때도 있습니다. 그렇지만 인간은 그 순간만 지나면 아무 일이 없었다는 듯이 살아갑니다. 아무것도 깨닫지 못한 채 그렇게 살아갑니다.

5절 "산들이 여호와의 앞 곧 온 땅의 주 앞에서 밀랍같이 녹았도다"

인간이 자신만만한 이유는 이 세상이 영구적이라고 생각하기 때문입니다. 아무리 세월이 흘러도 땅과 산은 그대로 있기 때문에 인간은 땅을 믿고 살아갑니다. 그러나 땅은 어디까지나 무대 장치에 불과합니다. 언젠가는 철거될 장치에 불과합니다. 땅과 산은 영원하지 않습니다. 지진이 일어나기도 하고, 쓰나미가 오기도 합니다. 특히 용암이 폭발하면 산이 녹아 흐르게 됩니다. 쓰나미가 덮치면 들판은 온통 바다로 뒤덮입니다. 인간은 핵무기까지 만들어 온 세상을 파괴하려 하고 있습니다. 그러나 하나님 백성이 연기하는 한 무대는 계속 남아 있습니다.

6절 "하늘이 그의 의를 선포하니 모든 백성이 그의 영광을 보았도다"

이 세상 권력자들은 자기가 신인 줄 알고 군림합니다. 그러나 하나님은 이 악한 자들을 여러 가지 방법으로 심판하십니다. 우선 그들에게 병을 주십니다. 아무리 권력자라도 병은 이길 수 없습니다. 그리고 그들은 전쟁에서 결국 지게 됩니다. 어떤 때는 죽음이 갑자기 찾아오기도 하고, 부하에게 배반을 당하기도 합니다. 또 어떤 때는 그들이 저지른 악행이 드러나 수치를 당합니다. 하늘이 그의 의를 선포하는 것입니다. 교만하여 악행을 저지르는 자는 반드시 망하게 되어 있습니다.

7절 "조각한 신상을 섬기며 허무한 것으로 자랑하는 자는 다 수치를 당할 것이라 너희 신들아 여호와께 경배할지어다"

인간은 뛰어난 두뇌로 자기 세계를 만듭니다. 그렇지만 하나님은 거부합니다. 인간은 그들의 상상력으로 신상을 만듭니다. 그리고 지식과 권력, 돈을 자랑합니다. 허무한 것을 내세웁니다. 허무한 것을 의지하는 자는 다 수치를 당하게 됩니다. 이것은 진정 자신의 모습이 아니기 때문입니다. 자기가 무엇인가를 가졌다고 생각하는 사람들은 자기를 신으로 생각합니다.

요즘은 공부, 야구, 경영의 신과 같이 신들이 너무 많습니다. 우리는 그런 것을 다 내려놓고 하나님을 경배해야 합니다. 그래야 아름다운 자신을 찾을 수 있습니다.

3. 하나님 백성의 반응

하나님 백성은 하나님의 심판 소식을 듣고 기뻐합니다.

8절 "여호와여 시온이 주의 심판을 듣고 기뻐하며 유다의 딸들이 즐거워하였나이다"

여기서 '시온'은 성전이 있는 곳을 말합니다. 그들이 들은 하나님의 심판 소식은 예루살렘을 에워싼 앗수르 군대의 멸망 소식일 가능성이 높습니다. 시온 백성은 그동안 하나님을 이해할 수 없었습니다. 왜 하나님은 이스라엘 백성이 그렇게 고통 받고 있는데 못 본 체하시는지 이해되지 않았습니다. 악한 자들이 악을 일삼는데도 왜 그냥 내버려 두시는지 이해되지 않았습니다. 그래서 많은 시간 이스라엘 백성은 '혹시 하나님이 안 계신 것은 아닌가?' 하고 생각했습니다.

그러나 하나님은 한 치의 오차도 없는 분이셨습니다. 하나님은 정확한 시간에 악한 자들을 망하게 하셨습니다. 하룻밤 사이에 천사가 내려와 앗수르 군대 십팔만 오천 명을 몰살시켰습니다. 이 소식을 들은 시온 백성은 기뻐했습니다. 자기들이 살게 되었을 뿐만 아니라 하나님이 살아 계신 것을 확인했기 때문입니다.

하나님은 기다리셨다가 마지막 한순간에 악한 자를 멸하십니다. 그때까지 참고 견디는 것이 우리가 해야 할 일입니다. 시편 기자는 '유다 딸들이 즐거워하였나이다'라고 말합니다. 이것은 이스라엘 백성의 정체성을 뜻합니다. 이스라엘 백성은 비유하자면 가난한 집의 딸이었습니다.

그런데 어느 날부터 이스라엘 백성은 자기들이 약한 것이 싫었습니다. 그래서 이스라엘 백성은 세상이 하는 대로 따라갔습니다. 그 결과 그들은 주인공 자리를 박탈당하고, 종노릇만 하게 되었습니다. 유다의 딸은 약하지만, 아름답고 상냥하며 사랑스럽습니다.

사도 바울은 이렇게 말했습니다.

"그러므로 내가 그리스도를 위하여 약한 것들과 능욕과 궁핍과 박해와 곤고를 기뻐하노니 이는 내가 약한 그때에 강함이라"_고후 12:10

세상에서 약하게 되는 것을 좋아하는 사람은 아무도 없을 것입니다. 인간은 모두 강해지기를 원합니다. 그러나 그러면 하나님의 사랑을 받을 수 없습니다.

10절 "여호와를 사랑하는 너희여 악을 미워하라 그가 그의 성도의 영혼을 보전하사 악인의 손에서 건지시느니라"

이것이 우리가 그동안 실패한 이유입니다. 우리는 하나님을 사랑하지만, 인간이기 때문에 죄도 사랑합니다. 하나님도 사랑하고, 죄도 사랑하면 어떻게 될까요? 우리는 인간이기 때문에 하나님만 사랑할 수 없습니다. 그런데 세상과 자신을 사랑하는 순간 우리의 가치가 떨어지게 됩니다. 그래서 우리는 은혜를 경험했을 때 결단해야 합니다. 그것은 악을 버리는 것입니다. 우리는 어느 한쪽만 선택해야 합니다. 그때 하나님은 우리 영혼을 보전해 주십니다. 하나님은 악한 자를 망하게 하십니다. 그 결과 모든 악한 계획이 실패로 끝납니다.

9절 "여호와여 주는 온 땅 위에 지존하시고 모든 신들보다 위에 계시니이다"

여기서 '지존하시고'는 혼자 높으시다는 뜻입니다. 이 세상은 모두 평지인데, 오직 산 하나만 아주 높다면 우리는 거기에 올라가고 싶을 것입니다. 하나님은 모든 신보다 높으십니다. 여기서 '모든 신들'은 권력, 인기, 돈, 지식의 신을 모두 말합니다. 우리가 하나님의 산에 올라가야 아주 높은 곳까지 올라갈 수 있습니다. 거기서 하나님은 우리에게 무엇인가를 뿌리십니다.

11절 "의인을 위하여 빛을 뿌리고 마음이 정직한 자를 위하여 기쁨을 뿌리시는도다"

여기서 '뿌리고'는 아낌없이 주는 것을 말합니다. 하나님은 우리에게 빛을 뿌리십니다. 이제 다시는 어두운 그늘이 없게 됩니다. 하나님의 산에 오르는 자는 '의인'입니다. 하나님은 그들에게 '기쁨'을 뿌리십니다. 하나님은 우리가 매일 기뻐할 수 있도록 복을 내려주십니다.

12절 "의인이여 너희는 여호와로 말미암아 기뻐하며 그의 거룩한 이름에 감사할지어다"

하나님이 과연 기쁨의 대상이 될 수 있을까요? 우리에게는 하나님만이 기쁨이 됩니다. 다른 것들은 모두 모조품이기 때문입니다. 우리는 진짜를 보면 기쁠 것입니다. 하나님 자신이 기쁨이십니다. 하나님이 우리를 사랑하셔서 이 모든 것을 선물로 주셨습니다.

하나님은 우리에게 생명을 주신 분입니다. 하나님은 우리에게 거룩한 이름을 주셨습니다. 즉 우리를 가족, 곧 사랑의 대상으로 삼으셨습니다. 우리는 여호와로 인하여 영원토록 기뻐할 것입니다.

106

시 98:1-9

온 땅과 바다의 찬양

우리는 도저히 갈 길이 보이지 않을 때 벼랑 끝에 서 있다는 말을 합니다. 이 때 길이 하나 생기면 얼마나 놀라울까요? 우리나라 사람들은 그런 일을 경험했습니다. 6.25 일사후퇴 당시 흥남 부두에서 남쪽으로 피할 길이 없던 수많은 피난민들이 미국 상선 빅토리아호에 탑승해서 피난을 갔습니다. 그런데 그때 한 명도 죽지 않고, 오히려 다섯 명의 아이가 태어났다고 합니다. 부산 쪽에서 바라본 군인들은 이상한 것을 잔뜩 실은 배가 보이자 포를 쏘려고 했습니다. 그런데 배 위에 있는 새까만 것이 석탄이 아니라 모두 사람의 머리였습니다.

2차 대전이 시작되기 직전 독일은 유대인들을 수용소에 가두기 시작했습니다. 그때 한 영국인이 체코슬로바키아에서 나치에게 억류된 유대인 어린이들을 구출했는데, 그 자는 니콜라스 윈턴이었습니다. 그는 유대인 어린이 669명을 영국에 보냈는데, 마지막 250명의 어린이를 실은 기차가 전쟁이 나는 바람에 실종되고 말았습니다. 그는 자책감에 빠져 그 뒤 신분을 감추고 숨어 버렸습니다.

그런데 어느 날 부인이 다락을 정리하다 그가 입양했던 어린이들의 기록이 있는 것을 보고는 방송사에 연락해 아이들의 행보를 찾았습니다. 그가 입양했던 어린이들은 60년이 지난 후 모두 어른이 되어 있었습니다. 그가 살린 아이들의 후손이 6,000명이 넘었습니다. 방송사는 본인에게는 알리지 않고 입양되었던 어린이들을 모이게 했습니다. 이들 중에는 성공해서 행복하게 사는 자들도 있었습니다. 그들은 모두 자리에서 일어나 그 노인을 향해 뜨거운 박수를 보냈습니다.

이런 일이 이스라엘 백성에게도 일어났습니다. 이스라엘 백성이 출애굽한 후 홍해에 이르렀을 때 앞에는 바다가 가로놓여 있고, 뒤에는 애굽 군대가 병거를 앞세우며 맹추격해 오고 있었습니다. 이스라엘 백성은 도망칠 길이 없었습니다. 이 때 하나님은 홍해를 가르셔서 이스라엘 백성을 모두 살게 하셨습니다.

시편 98편은 표제가 단순히 '시'라고 되어 있습니다. 그러나 시편 98편의 내용을 살펴보면 단순히 낭독을 위한 시가 아니라 수금과 나팔 같은 악기를 사용해서 온 힘을 다해 하나님을 찬양하는 시인 것을 알 수 있습니다.

시편 98편을 해석할 수 있는 단서가 8절에 있습니다. 시편 기자는 '여호와 앞에서 큰물은 박수할지어다'라고 말씀하고 있습니다. 큰물이 박수를 친다는 것은 무슨 뜻일까요? 물은 리듬을 타면서 한 방향으로 움직이게 되어 있습니다. 그런데 여기서 박수를 친다는 것은 물이 서로 반대되는 방향에서 와 부딪치는 것을 말합니다. 최고의 박수는 전원이 기립해서 박수를 치는 것입니다. 마찬가지로 큰물이 박수를 치려면 기립해야 하는데, 물이 일어서는 것이 바로 쓰나미입니다.

이스라엘 백성이 홍해에 이르렀을 때, 바다는 장시간 서서 하나님께 박수 칠 준비를 하고 있었습니다. 이스라엘 백성이 무사히 구출되었을 때 바다는 큰 박수를 쳤고, 산도 노래했습니다.

1. 이해할 수 없는 하나님

이스라엘 백성은 애굽을 탈출한 후 하나님이 하시는 것을 이해할 수 없었습니다. 이스라엘 백성이 보기에 하나님은 마치 길을 모르시는 것 같았습니다. 하나님은 이스라엘 백성을 애굽에서는 나오게 하셨지만, 그 뒤에는 아무 대책이 없는 분 같아 보였습니다. 하나님이 이스라엘 백성을 데리고 간 곳은 막다른 곳이었습니다. 그들 앞에는 광활한 홍해가 놓여 있었습니다. 더욱이 이스라엘 백성이 이른 곳에는 양쪽에 큰 산이 있어 빠져나갈 수 없었습니다. 그리고 애굽 군대는 이스라엘 백성을 죽이기 위해 맹렬하게 추격해 오고 있었습니다. 이 때 이스라엘 백성은 하나님과 모세를 원망했습니다.

그런데 하나님이 이스라엘 백성을 죽음의 길로 인도하신 것은 하나님이 무지하셔서 그런 것이 아닙니다. 오히려 하나님은 이스라엘 백성을 어디까지 도우실 수 있는지 보여 주기 위해 그들을 막다른 곳으로 이끄신 것입니다.

> **1절** "새 노래로 여호와께 찬송하라 그는 기이한 일을 행하사 그의 오른손과 거룩한 팔로 자기를 위하여 구원을 베푸셨음이로다"

여기서 '새 노래'는 단순히 노래 가사 혹은 음정을 바꾼다고 해서 나오는 것이 아닙니다. 새 노래를 부르려면 새 힘과 감동이 있어야 합니다. 그런데 하나님 백성이 어떻게 새 노래로 여호와를 찬양할 수 있을까요? 그것은 우리가 영의 눈을 열어 우리 주위를 보면 알 수 있습니다. 시간이 가면 갈수록 사탄의 세력은 더 교묘해지고 있습니다. 다시 말해 전쟁에서 적은 점점 더 강해지고 있는데, 자기들은 그대로 주저앉아 있다면 그 전쟁은 패배할 수밖에 없습니다.

하나님 백성은 어제까지 괜찮았다고 해서 오늘도, 내일도 괜찮다는 보장이 없습니다. 사탄은 매일 새로운 계략으로 공격해 오기 때문입니다. 그래서 우리는 기도의 수준이 올라가야 하고, 믿음도 새로워져야 합니다. 처음에는 기도를 간절하게 해도 달라지는 것은 없어 보입니다. 믿음으로 새롭게 결단해도 달라지는 것은 아무것도 없어 보입니다. 그러나 하루 이틀 지나면서 무엇인가 달라진 것을 느낍니다. 하나님이 역사하시는 것입니다. 하나님이 기이하게 역사하시는 것을 느끼게 됩니다. 하나님의 새로운 능력이 공급될 때 찬송이 터져 나옵니다. 하나님 백성이 이렇게 되어야 악한 사탄의 세력을 이길 수 있습니다.

시편 기자는 '그는 기이한 일을 행하사'라고 말합니다. 하나님은 결코 무책임한 분이 아닙니다. 우리에게 위기가 닥치는 것은 하나님이 누구도 생각하지 못한 일을 하시려고 하는 것입니다. 이것이 바로 '기이한 일'입니다. 하나님은 이스라엘 백성에게 '기이한 일'을 행하시려고 그들을 홍해 앞 죽음의 골짜기에 데리고 오신 것입니다. 인간적인 생각으로는 하나님이 무책임하신 것 같아 보이지만, 그것은 우리가 하나님에 대해 무지한 것입니다.

여기서 '그의 오른손'은 강한 손을 의미합니다. 하나님의 오른손에 한 번 걸려들면 어떤 산과 바다도 쪼개질 수밖에 없습니다. 하나님의 오른손은 강합니다. 그런데 하나님의 오른손을 '거룩한 팔'이라고도 말합니다. 여기서 '거룩한'은 아무 데나 쓰지 않는 '구별된'이라는 뜻입니다. 하나님은 이 오른손을 반드시 하나님 백성을 위해 쓰십니다.

하나님의 오른손은 아주 강하고 특별합니다. 오직 성도들의 기도를 응답하시고, 기적을 일으키는 데 이 손을 쓰십니다. 반대로 하나님은 세상 일 정도는 얼마든지 왼손으로 도우실 수 있습니다.

마찬가지로 하나님은 이 세상 어떤 위기도 왼손 하나로 충분히 해 내실 수 있으십니다. 그러나 하나님 백성이 기도하고 찬양할 때 오른손과 거룩한 팔을 사용하십니다. 어느 누구도 생각하지 못한 기적을 일으키십니다.

> 2절 "여호와께서 그의 구원을 알게 하시며 그의 공의를 뭇 나라의 목전에서 명백히 나타내셨도다"

하나님은 그의 백성을 통해 구원을 나타내기를 원하십니다. 물론 하나님은 믿지 않는 자들도 위기에서 도와주십니다. 그러나 믿지 않는 자들은 이것이 하나님의 도우심인지 알지 못합니다. 하나님 백성은 위기 가운데 하나님을 더욱 체험합니다. 그리고 하나님에게서 도망치지 않습니다. 하나님 백성은 그분의 능력을 새로 발견했기 때문에 더 힘을 냅니다.

여기에 보면 '그의 공의를 뭇 나라의 목전에서 명백히 나타내셨도다'라고 말합니다. 물론 강한 자가 일방적으로 약한 자를 공격하는 것은 불의입니다. 그런데 악한 자가 하나님의 백성을 공격하는 것은 더 큰 불의입니다.

2. 믿음을 시험하시는 하나님

하나님은 이스라엘 백성을 도저히 빠져나올 수 없는 홍해 앞에 이르게 하셔서 그들의 믿음을 시험하셨습니다. 믿음의 시험은 우리의 삶 가운데 계속됩니다. 하나님은 이스라엘 백성이 죽음의 위기 앞에서 어느 정도까지 하나님을 신뢰할 수 있는지 시험해 보셨습니다.

이 때 이스라엘 백성은 시험에 합격하지 못했습니다. 이스라엘 백성은 모두 통곡하며 모세와 하나님을 원망했습니다. 이스라엘 백성 중에는 모세와 싸우려고 하는 자들도 있었습니다. 이 때 하나님은 이스라엘 백성의 믿음 없는 것을 보지 않으셨습니다. 하나님은 오직 한 사람, 모세의 믿음만 보셨습니다.

모세도 인간이기 때문에 두려웠습니다. 그러나 모세는 여기까지 인도하신 하나님이 우리를 절대 버리실 리가 없다는 것을 굳게 믿었습니다. 모세는 하나님에 대한 믿음이 있었기 때문에 이스라엘 백성과 다투지 않았습니다.

모세는 이스라엘 백성을 향해 큰 소리로 외쳤습니다.

"모세가 백성에게 이르되 너희는 두려워하지 말고 가만히 서서 여호와께서 오늘 너희를 위하여 행하시는 구원을 보라 너희가 오늘 본 애굽 사람을 영원히 다시 보지 아니하리라"_출 14:13

이 때 모세는 홍해가 갈라질 것을 미리 알았던 것은 아닙니다. 모세라고 해서 죽는 것이 두렵지 않은 것은 아니었습니다. 그러나 모세는 하나님의 위대하심을 믿었습니다. 하나님은 모세 한 사람의 믿음을 보셨습니다. 이 후부터 하나님은 모든 이스라엘 백성의 생사를 모세의 손에 맡기셨습니다. 모세가 포기하지 않는 이상 하나님은 이스라엘 백성을 모두 살리셨습니다.

지금도 하나님은 모든 사람의 믿음을 요구하시는 것이 아닙니다. 하나님은 오직 믿는 자들의 결단을 보십니다. 이 때 우리 입에서 나오는 말이 우리의 믿음입니다.

예수님은 제자들과 함께 배를 타고 갈릴리 호수를 건너가셨습니다. 이 때 큰 광풍을 만나 배가 가라앉으려고 했습니다.

"행선할 때에 예수께서 잠이 드셨더니 마침 광풍이 호수로 내리치매 배에

물이 가득하게 되어 위태한지라 제자들이 나아와 깨워 이르되 주여 주여 우리가 죽겠나이다 한대 예수께서 잠을 깨사 바람과 물결을 꾸짖으시니 이에 그쳐 잔잔하여지더라"_눅 8:23, 24

그때 제자들은 자기 힘으로 배를 구조해 보려고 했습니다. 제자들은 두렵고 불안했습니다. 그때 제자들의 눈에는 예수님이 보이지 않았습니다. 한 제자가 예수님을 깨우면서 '주여, 주여, 우리가 죽겠나이다'라고 말했습니다. 이 말은 '우리가 모두 물에 빠져 죽게 되었는데 주무시기만 하십니까?' 라는 뜻입니다.

그때 예수님은 잠에서 깨시면서 이렇게 책망하셨습니다.

"제자들에게 이르시되 너희 믿음이 어디 있느냐 하시니 그들이 두려워하고 놀랍게 여겨 서로 말하되 그가 누구이기에 바람과 물을 명하매 순종하는가 하더라"_눅 8:25

제자들은 이 시험에서 불합격했습니다. 예수님은 바람과 파도를 꾸짖으시사 즉시 잔잔하게 하셨습니다. 예수님은 오른손의 기적을 행하셨습니다.

3절 "그가 이스라엘의 집에 베푸신 인자와 성실을 기억하셨으므로 땅끝까지 이르는 모든 것이 우리 하나님의 구원을 보았도다"

우리는 위기를 만날 때 원망해서는 안 됩니다. 이 때 우리는 하나님의 '인자와 성실'을 기억해야 합니다. 여기서 '인자'는 하나님이 우리를 무조건 구원해 주시고, 도와주시는 것을 뜻합니다. 그리고 '성실'은 하나님이 한 사람도 빼 놓지 않고 끝까지 책임져 주시는 것을 뜻합니다. 위기 때 우리는 하나님의 마음이 우리를 향해 돌아서게 해야 합니다. 이 때 우리의 모든 생각과 행동을 중단하고 전심으로 하나님을 기다려야 합니다.

제자들은 예수님이 잠들어 계셔서 도움이 되지 않는다고 생각했습니다. 하지만 사실은 제자들이 무지에서 깨어나지 못하고 있었습니다. 예수님은 언제든 준비되어 계셨습니다. 우리에게 필요한 것은 하나님의 큰 능력과 새로운 말씀입니다. 우리는 어떤 일이 있어도 하나님을 원망하지 않고 사랑해야 합니다. 그때 하나님은 인자와 성실로 우리를 기억하십니다.

우리가 지금까지 살아온 것은 모두 하나님의 은혜입니다. 우리는 버림받아 마땅한 자들입니다. 그러나 하나님께서 그동안 우리를 얼마나 사랑해 주셨습니까? 얼마나 참으시며 많은 것을 주셨습니까? 우리는 무조건 하나님께 감사할 수밖에 없습니다. 우리는 하나님을 사랑할 수밖에 없습니다. 그런데 놀라운 것은 우리가 죽을 각오로 하나님을 사랑할 때 살 길이 열립니다.

우리 힘으로 몸부림치면 위기에서 한 걸음도 벗어나지 못하고 죽게 됩니다. 우리는 무조건 하나님만 사랑해야 합니다. 그때 하나님은 오른손을 사용하셔서 우리에게 도움을 베푸십니다.

3. 온 땅과 바다의 찬양

하나님은 모세 한 사람의 믿음을 보시고 '합격'이라고 말씀하셨습니다. 그리고 하나님은 모세에게 지팡이를 들어 바다를 가리키라고 명령하셨습니다. 다 낡은 지팡이를 들어 바다를 가리킨다고 무슨 일이 일어나겠습니까? 아무 소용없는 일일 것입니다. 아마도 믿음 없는 자 같으면 "하나님, 때가 어느 때인데 한가하게 지팡이를 들고 가리키라고 하십니까? 뭔가 확실한 방법을 보여 주십시오!"라고 항의했을지도 모릅니다. 그러나 하나님이 우리에게 말씀을 주시는 것은 새로운 미래와 길을 창조하시는 것입니다. 모세가 하나님 말씀에 순종했을 때 땅이 소리지르기 시작했습니다.

땅속 깊은 곳에서부터 진동 소리가 들리기 시작했습니다.

4, 5절 "온 땅이여 여호와께 즐거이 소리칠지어다 소리 내어 즐겁게 노래하며 찬송할지어다 수금으로 여호와를 노래하라 수금과 음성으로 노래할지어다"

모세가 하나님 말씀에 순종한 순간 땅속 깊은 곳에서 지각이 움직이기 시작했습니다. 이스라엘 백성은 땅이 진동하는 소리를 들었습니다. 그러나 보통 지진이었다면 이스라엘 백성이 다 죽었을 것입니다. 그러나 하나님이 오른손으로 연주하는 지진이었기 때문에 아주 정교한 음악과 같았습니다. 땅의 지층은 정확하게 움직였고, 바닷물은 정교하게 갈라졌습니다. 이 정도로 바다가 서 있으려면, 바닷속 지진은 계속 일어나야 합니다. 한 치의 오차도 없어야 합니다. 하나님은 이 일을 해내셨습니다. 바다가 갈라진 것은 우연히 갈라진 것이 아닙니다. 하나님이 연주하신 정교한 음악이었습니다.

6절 "나팔과 호각 소리로 왕이신 여호와 앞에 즐겁게 소리칠지어다"

이스라엘 백성은 바다가 소용돌이칠 때 무서워서 앞으로 나갈 수 없었습니다. 그러나 바다가 갈라졌을 때 모세는 이것이 하나님의 위대한 구원과 능력이라고 선포했습니다. 이스라엘 백성으로 하여금 앞으로 나아가도록 호각과 나팔을 불었습니다. 이 때 이스라엘 백성은 감사와 감격이 터져 나왔습니다. 그들은 모두 여호와 앞에서 즐겁게 소리치면서 바닷속을 걸어갔습니다.

하나님은 바닷속에 길을 내시면서 이스라엘 백성을 위기에서 구해 내셨습니다. 물론 이스라엘 백성은 홍해를 건넌 후에도 땅과 양식과 물 없이 더위와 싸우며 걸어가야 했습니다. 그러나 그들은 위대한 백성이었습니다. 이스라엘 백성은 하늘의 만나를 먹었고, 바위를 쳐서 생수도 마셨습니다. 인간적으로 보면, 이스라엘 백성은 거지 떼와 다를 바 없었습니다. 그들에게는 재산도, 미래도, 군대도 없었습니다. 그러나 그들에게는 위대한 하나님의 말씀과 능력이 있었습니다. 우리가 살아 있음이 기적이자 능력입니다. 세상적인 눈으로 판단하면 하나님의 능력을 의심하게 됩니다.

이스라엘 백성이 홍해를 건널 때 바다와 그 안에 있는 모든 것들이 이스라엘 백성을 향해 열렬하게 박수쳤습니다.

> **7, 8절** "바다와 거기 충만한 것과 세계와 그중에 거주하는 자는 다 외칠지어다 여호와 앞에서 큰물은 박수할지어다 산악이 함께 즐겁게 노래할지어다"

바닷속 상어와 해파리, 오징어, 그리고 모든 해초들이 이스라엘 백성의 행진을 축하했습니다. 더욱이 바다는 이스라엘 백성이 홍해를 다 건널 때까지 기립 박수를 쳤습니다. 그리고 '산악'이 계속 노래했습니다. 우리가 하나님을 믿는다는 것은 너무 멋진 일입니다. 우리가 믿음으로 나아갈 때 땅도, 바다도 우리를 응원합니다.

> **9절** "그가 땅을 심판하러 임하실 것임이로다 그가 의로 세계를 판단하시며 공평으로 그의 백성을 심판하시리로다"

하나님은 땅을 심판하시며, 세계를 판단하십니다. 그의 백성도 심판하십니다. 결국 땅과 세계, 믿는 자 모두가 믿음이 있어야 하나님의 구원을 받을 수 있습니다. 하나님을 믿으려면 모험을 해야 합니다. 세상 유혹과 자랑은 다 끊어버리고 하나님만 사랑하길 바랍니다. 그때 하나님은 오른손으로 우리에게 기적을 베푸십니다.

107

시 99:1-9

크고 두려운 이름

사회생활을 하다보면 많은 사람을 만나게 됩니다. 사람마다 이름이 다르기 때문에 이름을 기억하는 것도 쉽지 않습니다. 우리는 친한 친구나 가족의 이름은 꼭 기억하지만, 방금 만난 사람의 이름은 다 기억할 수 없습니다. 그러나 성공하려면 할 수 있는 한 많은 사람의 이름을 기억하는 것이 좋습니다. 그렇다고 해서 모든 사람의 이름이 다 똑같이 가치 있는 것은 아닙니다.

그런데 사람 이름의 가치가 달라질 때가 있습니다. 대학 시험 발표에서 합격자 명단이 올라가 있는 것을 보면 얼마나 가치 있어 보이는지 모릅니다. 어떤 때는 사람의 이름이 큰 위엄을 나타낼 때도 있습니다. 법정에서 판사가 판결을 내릴 때 쓰는 이름은 권세가 있습니다.

2차 대전 당시 유럽 전역에서 가장 위대하고 두려운 이름은 히틀러였습니다. '히틀러'라는 이름 하나 때문에 얼마나 많은 사람이 죽었는지 모릅니다. 그러나 히틀러보다 더 위대한 이름이 나타났습니다. 그것은 바로 히틀러와 싸워서 이긴 루즈벨트와 처칠, 스탈린이었습니다. 이들은 잔악한 히틀러를 멸망시켰습니다.

시편 기자는 3절에서 '주의 크고 두려운 이름을 찬송할지니'라고 말하고 있습니다. 이 당시에는 이스라엘 주위에 크고 두려운 왕들이 많이 있었습니다. 시편 99편의 배경이 언제인지는 알 수 없습니다. 아마도 히스기야 통치 무렵 앗수르 군대가 쳐들어왔을 때일 가능성이 높습니다. 모세와 여호수아 때를 제외하고는 히스기야 때 하나님의 이름이 가장 큰 높임을 받았기 때문입니다. 앗수르 군대 십팔만 오천 명 앞에서 예루살렘의 운명은 바람 앞의 등불과 같았습니다. 그런데 하나님은 하룻밤 사이에 앗수르 군대와 그 왕을 내리치셨습니다.

시편 기자는 하나님이야말로 최고 두려운 이름이라고 말하고 있습니다. 하나님은 세상의 왕들을 심판하시는 왕이기 때문입니다.

우리는 사람의 이름이 너무 대단하게 느껴져 하나님께 예배드리는 것이 무슨 의미가 있는지 마음에 잘 와 닿지 않을 때가 있습니다. 하나님께 기도하며 말씀 듣는 것이 우리에게 무슨 변화를 가져올까요? 그러나 우리가 진심으로 하나님을 예배할 때 하나님은 우리 가운데 임재하십니다. 하나님은 온 우주를 만드시고, 온 세상을 통치하시는 그 능력으로 우리 가운데 임재하십니다.

1. 이스라엘이 경험한 하나님

이스라엘 백성은 오랫동안 애굽에서 노예로 살았습니다. 애굽을 탈출한 후에도 메마른 광야를 정처 없이 떠돌아다녀야 했습니다. 이스라엘 백성에게는 땅과 집, 직장과 군대도 없었습니다. 사실 가장 비참한 백성이었습니다. 그러나 이스라엘 백성은 자신들이 믿는 여호와 하나님이 얼마나 크고 위대하신 분인지 알지 못했습니다. 이스라엘 백성의 눈에는 애굽의 바로가 대단해 보였습니다. 광야의 더위와 물이 없는 것이 두려웠습니다. 가나안 땅의 왕과 웅장한 성, 그리고 그들의 군대가 두려웠습니다. 그러나 이스라엘 백성에게는 이 세상 어떤 왕도 가지지 못한 값진 재산이 있었습니다. 바로 여호와 하나님이 그들의 하나님이었다는 사실입니다.

이스라엘 백성은 세 단계를 통해 하나님을 경험했습니다.

> **1절** "여호와께서 다스리시니 만민이 떨 것이요 여호와께서 그룹 사이에 좌정하시니 땅이 흔들릴 것이로다"

여기서 무대가 세 단계로 이동하고 있는 것을 볼 수 있습니다. 첫 번째는 '여호와께서 다스리시니 만민이 떨 것이요'입니다. 이것은 하나님이 이방 땅 애굽에 재앙을 내리실 때의 모습입니다. 원래 애굽은 바로가 지배하던 땅이었습니다. 그러나 하나님이 애굽 땅에 재앙을 내리시자 온 애굽이 여호와 하나님 앞에 떨었습니다. 개구리와 파리, 우박과 메뚜기, 나중에는 흑암과 장자가 죽는 재앙까지 내렸습니다. 애굽 왕 바로의 맏아들이 장자의 재앙으로 죽게 되자 온 애굽이 애통해했습니다. 그러나 재앙의 절정은 홍해를 가른 기적이었습니다. 이 때 이스라엘 백성은 바다를 걸어서 무사히 건넜지만, 애굽 군대는 왕을 포함하여 모두 죽고 말았습니다. 그때 만민이 '여호와'라는 이름 앞에 떨었습니다. 하나님이 이방 나라를 다스리실 때 이처럼 무서운 재앙으로 나타났습니다.

그러나 하나님이 이스라엘 백성에게는 다른 모습으로 나타나셨습니다. 바로 능력의 말씀이었습니다. 여기서 두 번째 단계가 나옵니다. 바로 '여호와께서 그룹 사이에 좌정하시니 땅이 흔들릴 것이로다'입니다. 이것은 모세가 하나님의 율법을 받기 위해 시내 산에 올라갔을 때를 보여 줍니다. 이때 시내 산 전체는 불에 덮여 진동했습니다. 하나님은 불 가운데 임하셔서 모세에게 능력의 말씀을 주셨습니다. 하나님은 이스라엘 백성 가운데 불같이 임하셨습니다. 그러나 이스라엘 백성은 아무도 죽지 않았습니다. 그들은 반석에서 생수가 터져 나오는 기적을 경험했습니다. 하나님은 이스라엘 백성에게 만나도 주셨습니다.

광야의 이스라엘 백성은 전 세계에서 가장 가난한 자들이었습니다. 그들의 국민소득은 제로였습니다. 그러나 그들에게는 위대한 하나님의 이름이 있었습니다. 이스라엘 백성은 하나님의 소유 된 백성이었습니다. 그들에게는 하나님의 능력과 축복이 있었습니다.

세 번째로 이스라엘 백성은 가나안 땅 시온에서 하나님을 경험했습니다.

2절 "시온에 계시는 여호와는 위대하시고 모든 민족보다 높으시도다"

하나님은 시온에 계실 때 가장 조용하셨습니다. 이스라엘 백성이 보기에는 하나님이 이스라엘 제사장과 왕, 백성에게 모든 것을 맡겨 놓으시고 떠나신 것 같았습니다. 이스라엘 백성은 예루살렘에서 애굽의 열 가지 재앙 같은 하나님을 경험하지 못했습니다. 또한 광야 시내 산에서 온 산을 진동시킨 하나님의 능력을 체험할 수 없었습니다. 이스라엘 백성이 예루살렘에서 바라본 하나님은 다른 나라의 신들과 다를 바 없었습니다. 아무것도 간섭하지 않으시는 하나님 같았습니다.

사실 하나님은 동일한 하나님이셨습니다. 애굽에서 열 가지 재앙을 내리시고 홍해를 가르신 하나님과 시내 산에서 불 가운데 말씀하신 하나님, 그리고 시온 산에서 이스라엘을 사랑하셔서 복을 주며 예배를 받으신 하나님은 모두 동일하셨습니다. 그러나 인간은 재앙과 불을 내리시며 땅을 진동시킨 하나님은 두려운 하나님이시지만, 우리를 사랑해 주시고 복 주신 하나님은 가볍게 대해도 되는 분이라고 생각했습니다.

생각해 보면 무섭게 대하는 것보다 부족한 것을 참으며 사랑으로 대하는 것이 더 어려운 일입니다. 실제로 화가 날 때 화를 내는 것이 더 쉽습니다. 그에 비해 사랑으로 대하는 것이 훨씬 더 많은 인내심과 관심을 필요로 합니다. 그러나 인간은 죄로 인해 정반대로 느낍니다. 타락한 인간은 재앙을 내리시는 하나님은 두려워하지만, 사랑으로 대하는 하나님은 가볍게 생각합니다.

시편 기자는 계속해서 이렇게 말합니다.

3절 "주의 크고 두려운 이름을 찬송할지니 그는 거룩하심이로다"

시온의 하나님이 더 크고 두려운 하나님이십니다. 우리는 그 하나님을 높여야 합니다. 그런데 이것은 이스라엘 백성의 문제만이 아니라 우리의 문제이기도 합니다. 우리는 예수님을 통해 하나님이 나를 사랑하시는 것을 알게 되었습니다. 하나님의 사랑이 우리의 단단한 마음을 녹여 예수를 믿게 했습니다.

그런데 우리는 때때로 우리의 인격을 존중하시고, 우리에게 자유를 주시는 하나님을 두려워하지 않고 마음대로 살아갑니다. 사실 우리 같은 죄인에게 하나님이 참고 기다려 주시는 것은 애굽에 열 가지 재앙을 내리신 것과 시내 산에서 나팔 소리 가운데 말씀하신 것보다 더 위대한 것입니다.

이 세상은 악인이 인정받습니다. 더 안타까운 것은 사랑보다는 학대가 두려움의 대상이 되어버렸습니다. 우리 역시 이 세상에 익숙해져 하나님의 사랑을 잘 느끼지 못합니다.

2. 두려운 사람과 위대하신 하나님

인간은 하나님을 머리로는 두려운 분이라고 생각하지만, 현실적으로는 그렇게 와 닿지 않을 때가 많습니다. 그래서 인간은 늘 사람을 의식하며 살아갑니다. 그러나 우리가 가장 두려워해야 할 분은 하나님이십니다. 하나님은 우리의 일거수일투족을 다 알고 계십니다. 세상의 왕들을 다 멸하실 수 있는 분입니다. 그러나 인간에게 하나님은 조금 멀리 계신 분같이 느껴집니다. 오히려 인간은 사람을 더 두려워합니다.

"하나님의 어리석음이 사람보다 지혜롭고
하나님의 약하심이 사람보다 강하니라"_고전 1:25

성경은 하나님을 두려워하지 않는 것이 어리석은 일이라고 말씀합니다. 우리가 먼저 하나님을 두려워해야 하나님은 우리의 허물과 죄를 덮어 주시고, 해결해 주십니다.

4절 "능력 있는 왕은 정의를 사랑하느니라 주께서 공의를 견고하게 세우시고 주께서 야곱에게 정의와 공의를 행하시나이다"

하나님은 '능력 있는 왕'이십니다. 하나님은 우리의 모든 수치를 가려 주십니다. 부끄러운 죄악도 해결해 주십니다. 그러나 이스라엘 백성은 이 사실을 믿지 못했습니다. 이스라엘 백성의 눈에는 하나님이 멀리 계신 것 같았기 때문입니다. 이스라엘 백성은 하나님이 자신들이 범한 잘못과 우상숭배를 참고 계신 것을 깨닫지 못했습니다. 하나님이 참고 기다려 주시는 것이 얼마나 대단한 일인지 깨닫지 못했던 것입니다.

하나님이 이스라엘 백성이 범한 죄악에 대해 시온에서 기다리면서 사랑해 주시는 것이야말로 위대한 사랑입니다. 이 때 우리는 하나님 앞에 더 고개 숙여야 합니다.

하나님이 기다려 주고 계실 때, 우리가 그의 위대하심을 깨닫고 그분을 높여 드리면 값진 복을 누릴 수 있습니다. 하나님은 우리의 허물을 다 용서해 주시고, 말로 표현할 수 없는 축복으로 우리의 삶을 풍성하게 하십니다. 하나님이 아직 우리를 사랑하시며, 우리의 인격을 믿고 기다려 주실 때 주저하지 않고 하나님 앞에 무릎 꿇을 수 있다면, 이것은 복 중의 복일 것입니다.

하나님이 끝내 실망하셔서 이제는 도저히 안 되겠다고 생각하실 때는 이미 늦었습니다. 그때 모든 위선과 수치가 폭로됩니다. 인간은 인생 끝에 내려가게 됩니다.

5절 "너희는 여호와 우리 하나님을 높여 그의 발등상 앞에서 경배할지어다 그는 거룩하시도다"

하나님이 우리를 믿고 인내하고 계실 때, 우리가 하나님의 사랑이 얼마나 위대한지 깨닫고 그의 발등상 앞에 무릎을 꿇는다면 우리는 성공한 것입니다.

'그의 발등상'은 하나님의 발을 두는 발판을 말합니다. 온 세상은 다 하나님의 발등상입니다. 우리가 하나님의 말씀을 깨닫고 은혜 받는 그곳은 어디든지 하나님의 발등상입니다. 그래서 우리는 하나님의 은혜를 받는 그 자리에서 무릎 꿇고 하나님께 감사해야 합니다. 그러면 하나님은 우리의 죄와 수치만 씻어 주시는 것이 아니라 우리의 부족한 인생까지 축복으로 인도해 주십니다.

그러면 이 세상에서 자기가 신인 것처럼 큰 소리를 치는 자는 어떻게 될까요? 하나님은 무거운 발로 그들을 짓밟으실 것입니다. 우리는 하나님만 두려워하면 됩니다. 악한 자는 더 이상 두려워할 필요가 없습니다. 그는 애굽의 바로같이 끝까지 하나님의 심판을 당할 대상이기 때문입니다.

3. 이스라엘의 위대한 재산

많은 자원과 재산을 가진 나라는 강대국이 될 수 있습니다. 영토가 넓으면 인구도 많고, 양식도 많아서 강대국이 될 수 있습니다. 그러나 아무리 넓은 나라라도 땅이 척박하고, 가난하면 강대국이 될 수 없습니다. 중국은 경제력과 군사력이 강하고, 인구도 많은 부강한 나라입니다. 러시아도 군사 강대국입니다. 미국은 모든 면에서 여전히 세계 최강대국입니다. 북한은 핵무기로 강대국이 되려 하고 있습니다. 그에 비해 우리나라는 내놓을 만한 강력한 무기가 없습니다. 그러나 우리에게는 세계 최강의 재산과 무기가 있습니다. 그것은 바로 하나님입니다. 우리에게는 하나님이 계십니다.

이스라엘과 유다는 정말 작고 약한 나라였습니다. 그들에게는 강한 군대가 없었습니다. 그러나 이스라엘과 유다는 세계 최고 부자 나라였습니다. 하나님이 이스라엘 백성과 함께하셨기 때문입니다. 이스라엘 백성에게는 하나님이 함께하신다는 증거 두 가지가 있었습니다. 첫째, 그들에게는 하나님의 말씀을 전하는 선지자가 있었습니다. 둘째, 그들에게는 바른 제사를 드리는 제사장이 있었습니다.

6절 "그의 제사장들 중에는 모세와 아론이 있고 그의 이름을 부르는 자들 중에는 사무엘이 있도다 그들이 여호와께 간구하매 응답하셨도다"

애굽에는 말과 병거, 돈, 그리고 강한 군대가 있었습니다. 하지만 이스라엘 백성은 아무것도 없었습니다. 그럼에도 불구하고 이스라엘 백성이 애굽 군대와 바로를 이길 수 있었던 것은 그들에게 모세와 아론이 있었기 때문입니다. 모세는 하나님의 말씀을 들었고, 아론은 그 말씀을 대언했습니다. 그리고 모세와 아론은 이스라엘 백성의 제사장이 되어 하나님께 번제를 드릴 수 있었습니다. 하나님은 모세와 아론의 부르짖는 간구를 외면하지 않으셨습니다. 이스라엘 백성이 가나안 땅에 들어갔을 때, 그들은 블레셋의 식민지가 되었습니다.

그러나 하나님의 말씀을 전하는 선지자 사무엘이 나타나 이렇게 말했습니다.

"사무엘이 이스라엘 온 족속에게 말하여 이르되 만일 너희가 전심으로 여호와께 돌아오려거든 이방 신들과 아스다롯을 너희 중에서 제거하고 너희 마음을 여호와께로 향하여 그만을 섬기라 그리하면 너희를 블레셋 사람의 손에서 건져내시리라"_삼상 7:3

사무엘의 말씀을 따라 이스라엘 백성은 우상을 제거하고 미스바에 모였습니다.

"그들이 미스바에 모여 물을 길어 여호와 앞에 붓고 그날 종일 금식하고 거기에서 이르되 우리가 여호와께 범죄하였나이다 하니라 사무엘이 미스바에서 이스라엘 자손을 다스리니라"_삼상 7:6

온 이스라엘 백성이 미스바에서 회개할 때 놀라운 일이 일어났습니다.

“사무엘이 번제를 드릴 때에 블레셋 사람이 이스라엘과 싸우려고 가까이 오매 그날에 여호와께서 블레셋 사람에게 큰 우레를 발하여 그들을 어지럽게 하시니 그들이 이스라엘 앞에 패한지라”_삼상 7:10

이스라엘 백성의 최고 재산은 돈과 무기가 아니라 하나님의 말씀이었습니다. 즉 그들에게는 선지자의 기도가 있었습니다. 하나님 백성이 돈과 지식을 의지하는 것은 정말 어리석은 일입니다. 하나님을 신뢰하지 못하는 것입니다.

7절 “여호와께서 구름 기둥 가운데서 그들에게 말씀하시니 그들은 그가 그들에게 주신 증거와 율례를 지켰도다”

모세가 성막을 다 완성했을 때 하나님은 성전 안을 빛난 구름으로 가득 채우셨습니다. 그리고 그 구름 기둥 가운데서 말씀하셨습니다.

“구름이 회막에 덮이고 여호와의 영광이 성막에 충만하매”_출 40:34

하나님은 솔로몬이 성전을 완공했을 때도 빽빽한 구름으로 충만하게 채우사 그 구름 가운데서 말씀하셨습니다.

하나님은 우리 마음속에 성령으로 찾아오셔서 말씀하십니다. 우리는 이때 하나님의 증거와 율례를 붙잡아야 합니다. 우리는 세상과 하나님 사이에서 어디로 갈지 고민합니다. 우리는 몸은 성전에 있지만, 마음은 세상에 가 있습니다. 우리가 하나님 앞에 무릎 꿇고 하나님만 사랑하기로 결심할 때, 그것이 우리 믿음의 증거와 율례가 됩니다. 그때 우리는 돈과 사람이 아무것도 아니라는 것을 깨닫게 됩니다.

8절 "여호와 우리 하나님이여 주께서는 그들에게 응답하셨고 그들의 행한 대로 갚기는 하셨으나 그들을 용서하신 하나님이시니이다"

하나님은 우리에게 응답하십니다. 하나님은 우리를 기다리십니다. 우리가 하나님 앞에 무릎을 꿇으면, 모든 수치와 허물을 용서해 주십니다. 하나님은 우리 인생을 완전하게 하십니다.

우리에게 성전이 있다는 것이 얼마나 값진 재산이고 축복인지 모릅니다. 성전이 있기 때문에 우리는 원하기만 하면 하나님을 만날 수 있습니다.

9절 "너희는 여호와 우리 하나님을 높이고 그 성산에서 예배할지어다 여호와 우리 하나님은 거룩하심이로다"

우리의 가장 큰 재산과 무기는 하나님입니다. 하나님은 두렵고 무서운 하나님이시지만 동시에 우리를 오래 기다리시고 우리의 인격을 존중하시는 하나님이십니다. 하나님 앞에 무릎 꿇는 것이 가장 위대하고 아름다운 행위입니다. 이 때 하나님은 우리의 부족한 인생을 기쁨이 가득한 미래로 인도해 주십니다.

108

시 100:1-5

하나님의 궁정

사람은 누구나 산에 오를 때 정상까지 올라가려고 합니다. 산꼭대기까지 올라가기는 정말 힘이 들지만, 한 번 올라가면 성취감이 생기고 전망도 좋아 사면을 다 볼 수 있기 때문입니다. 시편을 거대한 산에 비유한다면, '이 거대한 산을 오를 때 정상이 어디일까?' 하는 생각을 하게 됩니다. 시편 100편이 시편 전체의 정상이라고 생각합니다. 시편 100편까지 오르는 것은 정말 힘들지만, 일단 시편 100편에 이르면 가장 아름다운 축복의 장소를 만날 수 있기 때문입니다.

우리가 '시편'이라는 거대한 산꼭대기에 올라가려면 전문 기술과 준비가 필요합니다. 뿐만 아니라 많은 골짜기와 산도 넘어야 합니다. 길을 잃고 방황도 해야 합니다. 어떤 때는 먹을 것이 없을 때도 있고, 또 어떤 때는 끝없는 절망에 빠지기도 합니다. 강도와 맹수의 공격을 당해 상처를 입을 때도 있습니다.

그러나 일단 하나님의 궁정에 들어가면 그 안은 더 이상 춥지 않고, 배도 고프지 않습니다. 강도와 맹수의 공격도 받지 않습니다. 그런데 시편 100편을 보면, 다섯 절의 짧은 시로 되어 있어 '이 짧은 시에서 과연 얼마나 대단한 것이 나올까?' 하는 생각이 듭니다. 어떻게 보면 실망할지도 모릅니다. 그러나 우리는 실망할 필요가 없습니다. 하나님의 궁정은 문을 열고 그 안에 들어가 보지 않으면 그 안이 얼마나 아름답고 영화로운지 알 수 없기 때문입니다.

미국의 한 교회에서 주일 날 새 신자를 안내하고 교회 사무를 돕는 분이 계셨습니다. 그는 신학 박사 학위를 가진 분이었습니다. 그때 한 성도가 그분에서 물었습니다. "성도님은 신학 박사님이신데 왜 대학에서 강의를 하지 않으시고 교회에서 안내와 사무 보조를 하십니까?" 그러자 그분은 "주의 궁정에서의 한 날이 다른 곳에서의 천 날보다 나은즉 악인의 장막에 사는 것보다 내 하나님의 성전 문지기로 있는 것이 좋사오니"(시 84:10)라고 대답하셨습니다.

스바 여왕이 먼 아프리카에서 말에 금을 8톤 정도 싣고 솔로몬을 만나기 위해 찾아왔습니다. 스바 여왕은 솔로몬이 전하는 하나님의 지혜의 말씀을 듣고 감탄했습니다. 그 여왕은 솔로몬의 신하들이 부럽다고 했습니다. 그들은 매일 하나님의 지혜의 말씀을 들을 수 있기 때문입니다. 지금도 에티오피아의 고대 도시를 가면 스바 여왕이 다른 사람 몰래 솔로몬에게 가기 위해 파놓은 지하 고속 터널이 있다고 합니다. 스바 여왕은 솔로몬에게서 하나님의 말씀을 듣기 위해 사막과 강을 건너 하나님의 궁정을 찾아왔던 것입니다.

그런데 이 세상에서 가장 귀한 것은 자기 자신의 가치를 찾는 것입니다. 우리는 하나님의 궁정에서 그분을 만남으로 소중한 자기 자신을 찾을 수 있습니다.

시편 100편은 세 부분으로 되어 있습니다. 첫 번째 부분에 해당하는 1,

2절은 온 땅이 여호와를 찬송하며 기쁨으로 하나님 앞에 나아가는 내용입니다. 그리고 두 번째 부분에 해당하는 3절은 하나님과 그의 백성인 우리의 관계를 설명하고 있습니다. 하나님은 우리를 지으신 분입니다. 우리는 그의 백성이고, 그의 기르시는 양입니다. 세 번째 부분에 해당하는 4, 5절은 우리가 하나님의 선하심과 인자하심을 체험하기 위해서는 반드시 그 문으로 들어가야 함을 말해 줍니다.

1. 온 땅이 여호와께 나아감

하나님은 세상을 만드셨습니다. 그러나 인간은 하나님의 위대하심과 뛰어난 영광을 알지 못하기 때문에 하나님께 나아오지 못합니다. 오히려 인간은 세상 권력과 영광을 찾아 돌아다닙니다. 그러나 하나님이 세상에 오시자 인간은 하나님의 능력에 떨었습니다. 인간은 하나님이 두려워서 감히 그분께 나아갈 수 없었습니다.

1절 "온 땅이여 여호와께 즐거운 찬송을 부를지어다"

우리가 하나님께 나아갈 수 없기 때문에 하나님이 세상을 찾아오셨습니다. 하나님은 먼저 애굽 땅을 찾아오셔서 하나님의 능력을 보여 주셨습니다. 그것이 바로 애굽 땅에 임한 열 가지 재앙이었습니다. 하나님의 능력 앞에 온 땅은 전율했고, 모든 애굽 사람들은 두려워 떨었습니다. 그 대신 하나님의 백성은 하나님을 찬양했습니다. 하나님은 크고 두려운 분이시기 때문입니다.

하나님은 모세의 말씀과 함께 임하셨습니다. 하나님은 이 세상의 악을 심판하기 시작하셨습니다. 강이 피로 변하고, 개구리와 파리, 메뚜기가 공격했습니다. 불 우박과 흑암 재앙이 애굽을 덮었습니다.

출애굽의 절정은 홍해가 갈라지는 순간이었습니다. 그때 이스라엘 백성은 바닷속을 무사히 건넜지만, 바로 왕과 애굽 군대는 물에 빠져 죽고 말았습니다. 바다가 박수를 치고, 땅이 진동한 것입니다. 그때 구원받은 이스라엘 백성은 기뻐하면서 하나님께 찬송으로 나아갔습니다.

그다음 하나님은 시내 산에 찾아오셨습니다. 불 가운데 임하신 하나님이 말씀하시자 그 권세가 얼마나 큰지 땅은 진동했고, 산은 온통 불덩어리였습니다. 그때 이스라엘 백성은 감히 하나님의 말씀 앞에 나아가지 못했습니다. 그들은 두려워 떨면서 모세에게 우리 대신 하나님께 나아가 말씀을 듣고 전해 달라고 말했습니다. 그때 모세는 사십 일 동안 기도한 후에 하나님의 말씀을 받았습니다. 이것은 하나님의 말씀이 얼마나 강력한지 잘 보여 줍니다. 인간이 하나님의 말씀을 받으려면 모세같이 각오를 해야 합니다.

모세가 받은 말씀은 위력이 있었습니다. 이 말씀으로 이스라엘 백성은 반석을 쳐서 생수를 마셨습니다. 또한 이 말씀의 위력으로 이스라엘 백성은 하늘에서 만나를 공급받았습니다. 이스라엘 백성은 겉으로 보기에는 나라 없는 난민이었지만, 하나님의 능력을 가진 가장 위대한 백성이었습니다. 그런데 이스라엘 백성은 이런 인식이 없었기 때문에 늘 하나님을 원망하고 불평했습니다.

보통 죄에 빠진 사람들을 보면 자기 자신에 대한 인식이 바르지 못한 것을 볼 수 있습니다. 자기 자신을 너무 외적으로만 보거나 자기중심적으로 판단하기 때문에 자기 스스로를 비하합니다. 이런 사람들은 좋은 자질을 가지고 있지만 제대로 사용하지 못합니다. 오히려 복수심으로 다른 사람을 괴롭힙니다. 죄의 유혹에 쉽게 넘어갑니다. 그러나 하나님의 말씀을 가진 백성은 위대합니다. 우리가 이 하나님의 능력을 내 것으로 만들려면 하나님의 말씀대로 살아야 합니다.

그런데 하나님은 우리가 눈으로 볼 수 있도록 직접 이 세상에 아기로 태어나셨습니다. 그때 온 세상은 숨을 죽였습니다. 아기가 놀라면 안 되기 때문입니다. 그러나 하늘에는 큰 별이 나타나서 아기가 있는 곳을 비춰 주었습니다. 수많은 천사들이 하나님의 아들이 이 세상에 오신 것을 찬송했습니다. 인간은 하나님 앞에서 진흙 같은 존재입니다. 그런데 하나님은 인간을 사랑하셔서 낮은 자의 모습으로 이 땅에 오셨습니다.

땅은 이미 하나님의 아들이 오신 것으로 놀라고 있었습니다. 하늘과 땅, 바다는 하나님의 아들이 오신 것에 반응하고 있었습니다. 그러나 인간은 그것을 알지 못했습니다. 온 세상 사람들은 죄와 사망에 빠져 병들어 있었기 때문입니다. 그들은 죄의 노예로 살아가고 있었습니다. 그런데 예수님은 이 땅에 오셔서 한 사람, 한 사람을 친히 찾아가셨습니다. 그리고 그들의 병을 고치시고, 귀신도 쫓아내셨습니다. 말씀으로 은혜 받게 하셔서 죄의 사슬을 끊어 주셨습니다. 누구든지 주님 앞에 나와 예배드리면 됩니다. 자신의 인생을 주님께 내어놓으면 됩니다.

2절 "기쁨으로 여호와를 섬기며 노래하면서 그의 앞에 나아갈지어다"

인간이 다른 것으로는 하나님 앞에 나아갈 수 없지만, 예수님을 만나면 하나님께 나아갈 수 있습니다. 우리가 어떤 상황에 있든지 하나님께 예배드리면 우리 인생을 영광스럽게 만들어 주십니다. 우리 인생을 하나님 앞에 내어놓으면 하나님은 아름답게 고쳐 주십니다. 우리는 하나님 앞에서 비로소 내 자신을 찾을 수 있습니다. 하나님 앞에 나가기 전까지는 우리 자신을 찾을 수 없습니다. 우리는 술과 돈, 마귀의 종이었습니다. 우리는 정욕에 빠져 진정으로 자신을 사랑하지 못했습니다. 가족도 사랑하지 못했습니다.

그런데 우리가 하나님을 만난 순간 내 자신을 찾게 됩니다. 하나님이 그 아들을 주시기까지 우리를 사랑하신다는 말씀을 듣는 순간 우리 삶은 변화됩니다. 그때 우리는 감격으로 하나님을 찬송하게 됩니다. 하나님께 진정으로 예배드리게 됩니다. 예배드리는 것이 행복한 이유는 예배가 우리에게 천국 잔치이기 때문입니다.

우리는 하나님 앞에서 가장 존귀한 내 모습을 찾게 됩니다. 모든 좋은 지혜로 이중삼중 무장하게 됩니다. 이것이야말로 진정한 성공입니다. 이 세상의 성공과 권력, 지혜는 가짜입니다. 진품이 아닙니다. 우리는 하나님의 나라에서 최고 진품을 갖게 됩니다. 거기서 우리는 가장 아름답고 존귀한 내 자신을 찾게 됩니다.

2. 하나님과 나의 관계

인간은 하나님이 얼마나 크신 분인지 잘 알지 못합니다. 하나님은 온 우주를 만드셨습니다. 피조물에 불과한 우리가 온 우주를 만드신 분을 감히 만날 수 있을까요? 하나님은 해와 달, 그리고 수많은 별을 만드셨습니다. 그뿐만 아니라 하나님은 새와 짐승, 물고기와 곤충을 만드셨습니다.

하나님은 그분의 형상대로 인간을 만드셨습니다. 하나님은 우리에게 생명을 주신 분입니다. 우리가 그런 분을 만날 수 있다면 얼마나 놀라운 일이겠습니까? 우리가 온 세상과 인간을 만드신 하나님을 개인적으로 잘 아는 자라면 얼마나 자랑스럽겠습니까? 우리는 그 영광 된 하나님을 만나러 왔습니다. 우리는 하나님과 가장 가까운 사이입니다.

3절 "여호와가 우리 하나님이신 줄 너희는 알지어다 그는 우리를 지으신

이요 우리는 그의 것이니 그의 백성이요 그의 기르시는 양이로다"

지금 만나고 있는 하나님이 바로 그 하나님이십니다. 온 세상 사람들은 이 지구에 세 들어 있습니다. 하나님이 나가라고 하시면 다 나가야 하는 신세입니다. 항공모함과 핵무기를 아무리 가지고 있어도 하나님이 나가라고 하시면 나가야 하는 자들입니다. 그러나 우리는 그 주인의 아들입니다. 우리 하나님이 바로 그 하나님이십니다.

시편 기자는 '그는 우리를 지으신 이요'라고 말합니다. 하나님은 우리를 이중적으로 낳으셨습니다. 우선 하나님은 우리를 인간으로 태어나게 하셨습니다. 하나님은 우리 코에 호흡을 주셨고, 몸에 피가 돌게 하셨으며, 우리에게 인생을 주셨습니다. 그러나 우리는 모두 중요한 결함을 가지고 있어 하나님과 내 자신을 찾지 못했습니다. 그래서 하나님은 우리의 죽은 영혼을 다시 살리셨습니다. 하나님은 우리의 죄를 용서하시기 위해 그의 아들을 이 세상에 육신의 몸으로 보내사 죽게 하셨습니다. 예수님의 피와 성령으로 우리를 다시 새롭게 하셨습니다.

물론 우리는 다른 사람과 똑같이 육신을 가지고 있습니다. 음식을 먹어야 하고, 옷을 입고 학교와 직장에 다녀야 합니다. 그러나 우리는 다릅니다. 우리 안에는 하나님의 생명이 있습니다. 우리는 말씀과 믿음으로 삽니다. 우리가 하나님의 말씀을 먹으면 살게 되어 있습니다. 그리고 우리는 하나님의 보물로 변하게 됩니다. 우리는 하나님의 것입니다. 우리는 하나님의 최고 재산입니다. 하나님은 구약의 이스라엘 백성을 내 기업이라고 말씀하셨습니다. 하나님의 최고 성공은 우리가 하나님의 말씀으로 충만해져 영적으로 성숙해지는 것입니다. 즉 믿음으로 살아가는 것입니다. 우리가 목숨 걸고 하나님과 그분의 말씀을 믿을 때 천국 문을 열 수 있습니다. 우리는 천국 문 안으로 들어가서 모든 축복을 가질 수 있습니다.

그런데 시편 기자는 갑자기 '우리는 그의 기르시는 양이로다'라고 말하고 있습니다. 하나님이 우리를 지으셨고, 우리는 하나님의 것인데 왜 갑자기 양이라고 했을까요? 양을 키우지 않는 우리 문화에서는 이해하기 어려운 표현입니다. 그러나 이스라엘 백성에게는 양이 가장 중요한 재산이었습니다. 양이 그들의 살아 있는 보물이었습니다. 양은 현금과 같았습니다. 그러나 양은 힘이 없고 자기를 지킬 수 없었습니다. 양은 맹수가 덤벼들면 물려 죽고 맙니다. 강도에게 잡혀 가면 도살당하고 맙니다. 그러나 양에게는 반드시 목자가 있습니다. 유능한 목자는 절대 양이 잡혀가지 않게 합니다.

하나님의 지팡이와 막대기가 우리를 모든 위험에서 지켜 줄 것입니다. 우리는 목자의 음성만 듣고 따라가면 됩니다. 우리에게 하나님 말씀이 들리는 것은 목자가 찾아온 것입니다. 목자가 험한 곳으로 데려 간다 해도 불평하지 마시기 바랍니다. 그것이 생명의 길이고, 축복의 지름길이기 때문입니다.

3. 문으로 하나님의 궁정에 들어가다

하나님이 세상에 오셔서 우리를 만나 주신 것도 감격스러운 일인데, 하나님은 우리를 그의 궁정으로 데리고 가십니다. 우리가 왕의 나라에 초대되었다고 생각해 봅시다. 왕의 궁전이 얼마나 화려하겠습니까? 나라에서 열리는 잔치에 모든 높은 사람들이 초대됩니다. 왕의 잔치에 참석한 자들은 상상할 수 없는 지혜와 능력을 가진 자들입니다. 왕의 말 한 마디, 한 마디가 바로 능력으로 나타납니다.

하물며 우리가 하나님의 잔치에 초대되면, 거기에는 가장 높은 천사들이 모두 참석해 있을 것입니다. 보물과 무기, 지혜가 다 있을 것입니다. 천사들은 빠르게 움직이면서 하나님의 말씀을 순종하고 집행할 것입니다.

그런데 하나님의 궁정에 들어가려면 반드시 문을 통과해 들어가야 합니다.

4절 "감사함으로 그의 문에 들어가며 찬송함으로 그의 궁정에 들어가서 그에게 감사하며 그의 이름을 송축할지어다"

예수님은 하나님 나라에 들어가려면 반드시 좁은 문으로 들어가야 한다고 말씀하셨습니다.

"좁은 문으로 들어가라 멸망으로 인도하는 문은 크고 그 길이 넓어 그리로 들어가는 자가 많고 생명으로 인도하는 문은 좁고 길이 협착하여 찾는 자가 적음이라"_마 7:13, 14

그런데 좁은 문으로 들어가려면 내가 가진 모든 것을 버려야 들어갈 수 있습니다. 좁은 문으로 들어간 후에도 가시에 긁히고, 길을 찾지 못해 앞으로 잘 나가지 못할 수도 있습니다. 그러는 동안 세상 사람들은 넓은 문을 통과해 고급차를 타고 달립니다. 믿음으로 살려 하는 우리는 좁은 벽에 끼어 아무것도 안 되는 것 같은데, 다른 사람들은 넓은 세상에서 좋은 것을 다 차지하는 것 같아 보입니다.

이 때 우리는 영적 침체에 빠집니다. 어떻게 그것이 하나님의 궁정에 들어가는 길이 될 수 있을까요? 그런데 놀라운 것은 우리가 그 좁은 문에서 예수님을 만나게 됩니다.

"문들아 너희 머리를 들지어다 영원한 문들아 들릴지어다 영광의 왕이 들어가시리로다 영광의 왕이 누구시냐 강하고 능한 여호와시요 전쟁에 능한 여호와시로다"_시편 24:7, 8

놀랍게도 천국 문은 한 번도 열린 적이 없습니다. 하나님의 궁정에 가 보면 큰 대문과 작은 쪽문이 있습니다. 그런데 큰 대문은 반드시 왕만 출입할 때 여는 문입니다. 감히 신하들이 그 큰 대문으로 출입할 수 없습니다. 그러나 왕이 큰 승리를 거두고 입성하면 큰 대문을 열어 왕을 맞이합니다.

그러나 하나님의 아들은 아주 작은 문으로 이 세상에 오셨습니다. 하나님의 아들은 이 세상에서 치열한 전투를 벌이셨습니다. 하나님의 아들은 사망의 세력과 싸웠습니다. 그는 온몸에 피를 흘리셨고, 양손과 발에 못이 박히셨습니다. 그의 옆구리가 창에 찔렸습니다. 그는 가시 면류관을 쓰고 숨을 거두셨습니다. 그러나 하나님의 아들은 죽기까지 하나님의 말씀을 붙드셨습니다. 하나님을 믿으셨습니다.

그래서 하나님의 아들은 사망 권세를 깨뜨리고 승리하셔서 모든 믿는 자들과 함께 천국에 입성하셨습니다. 그때 천국 문이 활짝 열렸습니다. 다시는 그 문이 닫히지 않습니다. 우리는 오직 예수 이름으로 하나님 앞에 나아갈 수 있습니다. 우리가 천국에 들어갈 때 암호는 '감사'입니다. 시편 기자는 '감사함으로 그의 문에 들어가며'라고 말합니다. 천국 문에 들어가면서 '원망!' 혹은 '불평!'이라고 말하면 들어갈 수 없습니다.

존 번연이 쓴 〈천로역정〉을 보면, 크리스천이 진흙 구덩이에 빠져 가면서 좁은 문을 통과합니다. 그리고 그는 좁은 길을 찾아갔습니다. 그러나 가는 도중 담을 넘어 들어오는 자들이 있었습니다. 크리스천은 그들에게 "왜 문으로 들어오지 않고 담으로 들어오시죠?"라고 물었습니다. 그러자 "문으로 들어오려면 많이 돌아가야 하고, 귀찮기 때문에 담을 넘어오는 것이죠!"라고 대답했습니다. 그러나 그들은 왕의 궁정에 들어가지 못했습니다. 천국 가는 길에도 곁길이 많이 있기 때문입니다. 돈의 유혹과 헛된 명예를 좇아 곁길로 빠지는 바람에 왕의 궁정에 들어가지 못했습니다.

예수님이 십자가 위에서 숨을 거두셨을 때, 성전 지성소의 휘장이 위에서 아래로 찢어졌습니다. 천국 문이 열리는 순간이었습니다. 예수님은 좁은 길에서 우리를 만나 주십니다. 그리고 하나님의 궁정으로 인도하십니다. 그래서 인간은 인생의 가장 낮은 자리에서 영광의 자리로 올라가게 됩니다. 우리는 하나님의 궁정에서 가장 존귀한 내 자신을 찾게 됩니다. 동시에 하나님께 가장 위대한 감사를 드리게 됩니다. 우리가 어려운 가운데 감사하면 기적이 일어납니다.

5절 "여호와는 선하시니 그의 인자하심이 영원하고 그의 성실하심이 대대에 이르리로다"

여기서 '여호와는 선하시니'는 참 좋으신 분이라는 뜻입니다. 하나님은 우리에게 좋은 것을 주시고 싶어 하십니다. 하나님은 우리에게 좋은 것을 주고 싶어 견디지 못하십니다. 만약 어떤 부자가 있는데, 그가 선한 자라면 그를 만나기만 하면 최고로 좋은 선물을 받게 될 것입니다. 하나님은 우리에게 나쁜 계획을 가지고 있지 않으십니다. 하나님은 우리를 도와주기를 원하십니다. 우리를 좋은 길로 인도하십니다. 하나님의 '인자하심'은 죄인에 대한 한없는 자비하심을 말합니다. 하나님은 죄인을 더 사랑하십니다. 마치 의사가 환자를 좋아하듯 하나님은 죄인을 더 좋아하십니다. 누구든지 자기가 죄인이라고 생각하는 사람은 하나님께 가면 됩니다. 하나님은 우리를 영원히 사랑하십니다.

시편 기자는 '그의 성실하심이 대대에 이르리도다'라고 말합니다. 하나님은 게으른 분이 아닙니다. 하나님은 어떤 일을 시작하셨다가 힘들다고 해서 중간에 포기하는 분이 아닙니다. 하나님은 끝까지 우리를 책임져 주시는 성실한 분입니다. 그런데 하나님은 우리 자녀들까지도 그렇게 하겠다고 하셨습니다. 우리가 하나님을 거부하지 않으면, 하나님은 자녀들에게도 복을 주십니다.

우리는 하나님과 가장 잘 아는 자입니다. 우리가 만나는 하나님은 바로 온 세상의 주인이십니다. 하나님은 우리에게 복 주시기를 원하십니다. 하나님 앞에서 아무것도 염려할 필요가 없습니다. 오직 감사함으로 하나님의 문을 두드리길 바랍니다.

"구하라 그리하면 너희에게 주실 것이요 찾으라 그리하면 찾아낼 것이요

문을 두드리라 그리하면 너희에게 열릴 것이니"_마 7:7

오직 하나님께 감사하며, 끝까지 하나님을 의지하길 바랍니다.

PSALMS

PSALMS

PSALMS

PSALMS

PSALMS